中国政法大学国际法文库
THE SERIES OF INTERNATIONAL LAW
CHINA UNIVERSITY OF POLITICAL SCIENCE AND LAW

流失文物争夺战

当代跨国文物追索的实证研究

本书得到国家文物局2015年度课题
"欧美主要文物市场国文物返还案例研究"的支持,
谨此声明并致谢!

流失文物争夺战
——当代跨国文物追索的实证研究

The Battle over the Lost Cultural Treasures ——
An Empirical Study on the Transnational Recovery of
Cultural Treasures in Modern Times

霍政欣　刘浩　余 萌◇著

中国政法大学出版社

2018·北京

图书在版编目（ＣＩＰ）数据

流失文物争夺战：当代跨国文物追索的实证研究/霍政欣，刘浩，余萌著
北京：中国政法大学出版社，2018.1
ISBN 978-7-5620-7818-0

Ⅰ.①流… Ⅱ.①霍… ②刘… ③余… Ⅲ.①文物－国际法－研究 Ⅳ.①D99

中国版本图书馆CIP数据核字(2017)第299372号

出 版 者	中国政法大学出版社
地　　　址	北京市海淀区西土城路 25 号
邮寄地址	北京 100088 信箱 8034 分箱　邮编 100088
网　　　址	http://www.cuplpress.com（网络实名：中国政法大学出版社）
电　　　话	010-58908524（编辑部）　58908334（邮购部）
承　　　印	固安华明印业有限公司
开　　　本	720mm×960mm　　1/16
印　　　张	36
字　　　数	620 千字
版　　　次	2018 年 1 月第 1 版
印　　　次	2018 年 1 月第 1 次印刷
定　　　价	89.00 元

总 序

进入 21 世纪以来，和平发展已经成为国际社会的主流和共识。各国政府认识到，基于和平共处的合作与发展是国家间关系的理想状态。尽管国际关系中依然存在各种矛盾和冲突，但是，在和而不同、求同存异的基础上解决国际争端，和衷共济地建设和谐世界符合各国人民的根本利益。而国际法在建设和谐世界，实现全球法治和治理方面无疑具有无可替代的作用。

中国的建设和发展同样需要这种和平共处的国际环境。不过，随着中国国力的增长和国际局势的演变，中国须直面的重大国际性法律问题与日俱增且日益复杂：从领土争端到海洋权益纠纷，从国际贸易摩擦到民商事法律冲突，从应对全球气候变化到资源争夺，从打击恐怖主义和国际犯罪到海外中国公民及企业权益的保护……这些超越国界的法律问题，无一不关乎中国的重大利益，也无一不需要中国国际法学者予以关注、思考和回应。

正是基于这一背景，在我的倡议下，经过中国政法大学国际法学院和中国政法大学出版社的共同努力，"中国政法大学国际法文库"得以破茧而出。值此"文库"面世之际，我在欣喜之余，感到有必要谈谈对国际法学界同仁和"国际法文库"的殷切希望。鞭策之言，不足以为弁首也。

中国政法大学拥有世界上最大的法学家集团，其法学研究与教育在我国乃至国际上均享有盛誉。作为这个法学家集团的一部分，中国政法大学国际法学人的规模和研究能力也一直为各方所关注和重视。不过，我们应该有更广阔的国际视野和历史责任感，不能固步自封，或者对过往取得的成绩沾沾自喜。坦率地讲，无论是与西方发达国家的国际法研究水准相比，还是与我国国际法同行的最高研究水平相比，我们仍然存在不小的差距。这主要表现在两个方面：第一，在面对重大、突发的国际法理论与实践问题时，鲜有我校国际法学者发出的声音、阐释的观点或者发表的著述；第二，与国内其他一流法学院校相比，我们在国际法研究方面的优势并不明显。现有的地位，在很大程度上是依靠规模而不是质量上的优势获得的。

因此，我希望中国政法大学从事国际法研究的各位同仁能对此有清醒的认识，并产生忧患意识和危机意识，自觉抵御浮华的社会风气和浮躁的学术氛围，沉下心来做学问，以科学的精神和理性的态度关注当代中国面对的重大国际法理论与实践问题，产出高质量、高水平并经得起历史检验的学术成果。"板凳须坐十年冷，文章不写半句空"。以此与各位共勉！

基于上述认识，我希望"中国政法大学国际法文库"能够成为激励中国政法大学内外国际法学界同仁潜心研究的助推器；成为集中展示具有高水平和原创力的中国国际法学术作品的窗口；成为稳定而持续地推出国内高层次国际法理论成果的平台。欲达此目的，确保"文库"作品的质量是重中之重。

"中国政法大学国际法文库"应该以"开放性"为宗旨、以"精品化"为内涵。第一，"开放性"是中国政法大学的办学理念之一，也是"文库"的首要宗旨。这里所谓的"开放性"，其一是指"文库"收录的著述以"宏观国际法"为范畴，凡属对国际公法、国际私法、国际经济法，以及涉外性、跨国性法律问题进行研究的优秀成果，均可收录其中；其二是"文库"收录的作品，应当囊括校内外和国内外国际法学者的精品力作，凡达到国内一流或国际领先的高水平的国际法著述，均在收录之列。在我看来，坚持"开放性"宗旨，是对"文库"范围的合理及必要的拓展，这不仅表明它海纳百川、百家争鸣的胸怀，更是它走"精品化"路线的前提与基础。

第二，"文库"以"精品化"为内涵与品质要求。所谓精品化，是指"文库"收录的作品应该是精品，只能是精品，必须是精品。为达此目的，"文库"要建立严格的申请和遴选制度，对申请文稿进行匿名评审，并以学术水平为评审的唯一标准。"文库"编委会应当适时召开会议，总结实际工作中的经验和教训，不断完善作品的遴选程序和办法，使"文库"出版的作品确实能够代表我国国际法学术研究的最新和最高水准。

我认为，只有秉持"开放性"与"精品化"的出版理念，坚持严格的遴选程序与标准，"中国政法大学国际法文库"才能获得持久的生命力。同时，我相信，经过一段时间的积淀，"中国政法大学国际法文库"必将成为法大乃至中国国际法研究的一个公认的学术品牌，并为构建具有"中国特色、中国风格、中国气派"的高水平国际法理论体系做出自己的贡献。

是谓序。

黄　进
2012 年 12 月 12 日于北京

序 言

文物是人类的文化印记与历史存证，是各民族的宝贵财富。作为文明古国，中国拥有极其丰富的文物资源，这些文物是中华文明的精神标识和文化标识，也是国家的"金色名片"。然而，清末以降，由于复杂的历史原因，中国有大量的文物流失海外，令人痛心。

中国政府一直高度重视海外流失文物的追索工作。进入 21 世纪以来，随着中国综合国力的迅速增强与全民族文化修养及文化主权意识的不断提升，早日让流失海外的珍贵文物走上回家之路，已成为全社会的共同关注与希望。在此背景之下，中国政府已将追索海外流失文物的工作提升到前所未有的高度，并为此做了大量卓有成效的工作。

一方面，经过多年努力，中国已建立起比较完善的、具有中国特色的文物保护法律体系，为保护文物、堵住文物流失的源头打下了坚实的国内法律基础。另一方面，我国日益重视国际合作，积极利用国际法追索流失文物、打击跨国文物犯罪，通过外交、司法、民间等各种手段多管齐下共同推进非法流失文物的追索工作，并取得可喜成绩。

需要指出的是，由于我国文物流失时间跨度较长、方式复杂多样、数量极其庞大，因此追索工作面临十分复杂的形势，追索任务异常艰巨，还有很多工作需要着手推进，需要文博、法律、外交等各领域协同努力，亟待展开大量基础性研究。这其中，对国际上已经积累的文物追索案例进行系统梳理与深入研究具有特别重要的价值。探寻这些案例的背景，分析其共性，发掘其特性，并作出分门别类的总结，有助于我们了解各国在文物返还领域的法律与实践，从而为我国制定兼具系统性与针对性的文物追索战略与方案提供富有实践价值的指导。我国正在推进"一带一路"倡议，而沿线国多为历史悠久的文物资源国与文物流失国，它们与中国一样，也面临着文物追索的任务与难题。所以，在"一带一路"倡议下，加强与沿线国在文物保护与文物追索的国际合作，形成合力，携手提高追索流失文物的能力与国际影响力，引领本领域实践与国际规则的发展与完善，对于中国而言，将具有重大的现实意义与深远的历史价值。

经过多年建设，中国政法大学已经形成以霍政欣教授为带头人的一支致力于文物追索研究的学术团队。在国家文物局的支持下，他们集中研究力量对当代各国文物追索的案例进行了系统研究，展现在读者面前的这本书，就是他们的最新研究成果。

概言之，本书的特点是密切联系实践，对主要文物市场国涉及流失文物追索的法律规定和典型案例进行了较为全面的梳理，既有全局性的统筹思考，也有显微镜式的细节观察，清晰地勾勒出跨国文物追索的历史与现状，并提出了诸多建设性观点。相信本书的出版有助于推动我国政府的流失文物追索工作，同时希望更多的有识之士关心我国的文物保护与流失文物追索工作，为流失海外的珍贵文物早日回家贡献智慧与力量！

是为序。

谢辰生

2017 年 12 月

目 录

导　言

一、文物追索：没有硝烟的文化战争

作为民族集体记忆与社会价值的媒介，文物暗藏着各个民族的"心理构图"与"文化密码"，藉此，可以洞烛民族的形成与变迁。[1]墨西哥国立古人类博物馆大门的石匾上就雕刻着这样一段文字："面对此处珍藏的文化遗迹，当代墨西哥人须对祖先表以崇高敬意，因为这里印刻着我们这个民族的身份特征。"[2]从更宏观的意义上说，各民族丰富灿烂的文物交相辉映，构成一幅色彩斑斓的文明拼图，观之，我们可以破译全人类波澜壮阔的发展史。恰如美国历史学家克莱德·克拉克洪（Clyde Kluckhohn）所言："文物是一面巨镜，以之为鉴，人类方可窥见自身之堂奥。"[3]因此，作为各民族和全人类的文化印记与历史存证，文物的价值是无法用金钱衡量的，也是无法替代的，是须加以精心呵护的珍贵遗产。

然而，人类意识到文物的价值并对之加以保护，并非自古即有；相反，以史观之，不难发现，劫掠财富（包括文化珍宝）、摧毁敌方设施（包括建筑瑰宝）往往构成战争的主要目的。以至于塞缪尔·亨廷顿（Samuel P. Huntington）认为，在人类历史上，一场战争不啻一场文化的屠杀；在很大程度上，战争就是文明的冲突。[4]所以，在古代，劫掠、摧毁文化珍宝的行为常被默许与纵容，甚至

---

[1]　王明珂：《华夏边缘：历史记忆与族群认同》，浙江人民出版社2013年版，第193页。

[2]　Craig Forrest, *International Law and the Protection of Cultural Property*, Routledge, 2010, p. 10.

[3]　L. S. Stavrianos, *A Global History: From Prehistory to the 21st Century*, Prentice Hall, Inc, 1999, p. 3.

[4]　［美］塞缪尔·亨廷顿：《文明的冲突与世界秩序的重建》，周琪等译，新华出版社2002年版，第275页。

被视为理所当然的习惯法规则。[1]

到了近代，随着地理大发现及工业革命的完成，西方在世界确立了霸权，并用暴力将亚非拉广大地区纳入其殖民统治之下。正如杰弗里·帕克（Geoffrey Parker）所言，西方的兴起，在很大程度上依赖于武力，依赖于运用其发展出的有组织暴力的优势。[2]随着西方列强的坚船利炮横扫全球，亚洲、非洲及美洲的大片地区沦为西方的殖民地或附庸。在丛林规则之下，这些地区的大量财富，包括曾见证其古老灿烂文明的文物，源源不断地流向西方。在此历史阶段，亚非拉地区的大量文物因战争、殖民、动乱、贫困、保护与管控缺失等原因流失至西方国家。中国大规模的文物流失也肇始于该历史时期。这种世界范围内的文物"西向汇聚趋势"在 19 世纪末 20 世纪初达到巅峰。[3]对于这一段历史，时任联合国教科文组织总干事的阿马杜·马赫塔尔·姆博（Amadou - Mahtar M'Bou）曾感叹道：[4]

> 在沧桑而多舛的人类历史进程中，许多民族被剥夺了本属于它们的无价珍宝，而对这些民族来说，其得以存续的民族身份只有在这些珍宝之中方能体现。建筑部件、雕像与壁缘、独石柱、马赛克、陶器、珐琅器、面具与玉器、象牙与镂金……事实上，每件被掳走的物品，从纪念碑到手工艺品，都不仅仅是饰品。它们是历史的见证者，见证的是一部文化与各民族永生不息之精神的历史。

到 20 世纪上半叶，西方基本完成了对世界其他地区财富的规模化劫掠，原本属于各民族的大量珍贵文物漂洋过海，被摆放在欧美富丽堂皇的博物馆或私人豪宅里，彰显其占有者的财富与地位。美国浪漫主义作家纳撒尼尔·霍桑（Nathaniel Hawthorne）参观完大英博物馆后发出的一段感慨堪为经典：[5]

> 昨日，参观完大英博物馆后，我深感疲倦。一个人在一处、一天看完这么多的珍宝，焉能不惫乎！怀着凝重的心情，我在一间间展览厅内徘徊，幻想着（愿上帝原谅我！）大风骤起，将希腊的埃尔金大理石雕和帕特农神庙

---

〔1〕　D. Rigby, "Cultural Reparations and a New Western Tradition", *The American Scholar*, Vol. 13, 1944, p. 274.

〔2〕　［美］塞缪尔·亨廷顿：《文明的冲突与世界秩序的重建》，周琪等译，新华出版社 2002 年版，第 37 页。

〔3〕　［美］菲利普·李·拉尔夫等：《世界文明史》，赵丰等译，商务印书馆 2001 年版，第 1 页。

〔4〕　Lyndel V. Prott (ed.), *Witnesses to History: a Compendium of Documents and Writings on the Return of Cultural Objects*, Paris: UNESCO Publishing, 2009, preface.

〔5〕　Nathaniel Hawthorne, "English Notebook", *Journal Entry*, Thursday, March 27, 1856, p. 294.

雕带、埃及的花岗岩雕像和木乃伊，以及这里展览的源自各地的文化遗迹卷入太虚，再将它们带回到古代，带回到它们原本归属的年代和土地！这里到处是历史的包袱！吾等皆为凡人，如何能在须臾间理解人类历史千万年来积累的文化财富！然而，我们却将世界各地、各时期的文物搜罗到这里，堆砌成山。我真不敢想象，未来还会有多少宝物远离故土，继续增添这里的奢华与负罪！

可以这样说：从公元 16 世纪直至 20 世纪上半叶，文物，尤其是大量古代文明产生的珍贵文物，被迫脱离了其原本所依附的民族与文化，不断流向西方，人类历史上出现了规模空前的文物单向流动潮。这场文物流动潮，其特点是持续时间长、规模大且大多以暴力或其他不公平、非道德手段实现的，文物天然的民族性被野蛮撕裂。

第二次世界大战结束以后，殖民体系土崩瓦解，亚非拉地区的民族陆续摆脱西方控制，继而走上独立、富强之路。随着发展中国家文化主权意识、民族自信心的提高与国力的增强，要求改革既存国际法规则、制定新的国际公约的呼声愈加高涨。在此背景之下，国际法开始大踏步地向更加公平公正的方向迈进。

1954 年，国际社会在海牙通过了《关于发生武装冲突情况下保护文化财产的公约》（亦即《1954 年公约》）。该公约整合、充实、完善、发展了原有海牙公约体系关于在武装冲突情况下保护文化财产的法律规则，系统、全面地规定了交战各方对保护文化财产所承担的法律责任。该公约的制定标志着战时肆意劫掠文化财产的习惯法规则被彻底废弃，武装冲突期间文物必须得到保护的原则得以明确确立。

《1954 年公约》生效实施后，国际社会开始将立法重点转向保护文化财产免受贩运与走私之害，以及将非法出口之文化财产返还其原属国的事项上来。立法重心的转移，主要系因国际政治、经济形势在二战结束后发生丕变：在新的历史环境下，贩运与走私已经迅速上升为文化财产安全的主要威胁。

二战结束以来，和平发展成为国际大势，大规模的国际战争得以避免，武装冲突因而不再成为文化财产受到破坏的首要原因。更为重要的是，近几十年来，国际市场上文化财产的价格飙涨，直接导致文化财产贩运的泛滥与文物黑市的火爆。在暴利的诱惑下，大量犯罪分子铤而走险，盗窃、盗掘、走私等文化财产犯罪遂进入高发期。据国际权威机构统计，20 世纪 90 年代以后，跨国间文化财产黑市交易已经成为利润最丰厚的非法贸易之一，并与军火及毒品走私并称当代三大非法国际贸易。[1]

由此可见，自 20 世纪 60 年代起，国际社会在文化财产领域立法重点的转移是应对新的国际环境的必然反应。半个世纪以来，在联合国教科文组织等国际组织的积极倡导与协调下，国际社会已成功订立了数个旨在打击文化财产贩运与走私以及促进被盗与非法出口文化财产返还原属国的多边国际公约。其中，最为重要的当属 1970 年联合国教科文组织主持制订的《关于禁止和防止非法进出口文化财产和非法转让其所有权的方法的公约》（以下简称《1970 年公约》）与 1995 年《国际统一私法协会关于被盗或者非法出口文物的公约》（以下简称《1995 年公约》）。截至 2017 年 1 月，这两个公约的缔约国数量分别达到 131 个与 37 个，在全世界具有重要影响。[2]

《1970 年公约》与《1995 年公约》的制订与实施，扭转了千百年来国际法对和平时期文物非法跨国流转无所规制的局面。这是继《1954 年公约》后，人类在构建公平正义的国际文化财产法秩序上取得的又一次重大进步，为保护文化财产免受盗窃、盗掘、走私与贩运之害以及原属国追索非法流失之文化财产燃起了希望。这些专门性国际公约的制定与实施，标志着更加公平、正义的国际文化财产法体系初具雏形。

在此历史背景下，越来越多的文物流失国高擎法律与道义的旗帜，积极向西方文物市场国追索流失文物，尤其是国宝级文物。至 21 世纪初，原属国追索流失文物的呼声与力度已达空前的程度，并取得了令人瞩目的成绩。"文物属于创造之的民族；非法流失之文物，理应返还"，已然成为占据国际道义高地的主导性理念。

然而，面对文物流失国愈加主动的攻势，大多数文物市场国，尤其是那些以收藏、展出他国流失文物而著称的西方大型博物馆，并没有就此投降，亦无将文化珍宝拱手返还的意愿与计划。除了以存在事实证据与法律上的障碍为由拒绝文物原属国的返还要求外，主要文物市场国及其博物馆还试图以文物的国际主义为理念，抗衡文物原属国主张的文物民族主义，以证明其继续持有他国流失文物的正当性与合理性。

所谓文物的国际主义是指，人类拥有共同的祖先，各民族的历史是相互影响、相互融合的整体，无法彼此割裂；作为文明的载体，文物构成人类的共同财

---

〔1〕 Stefan Gruber, "The Fight Against the Illicit Trade in Asian Cultural Artifacts: Connecting Domestic Strategies, Regional Cooperation and International Agreements", *Asian SIL Working Paper*, May, 2012, p. 9.

〔2〕 参见 http://www.unesco.org/eri/la/convention.asp? KO = 13039&language = E&order = alpha; http://www.unidroit.org/status - cp，访问时间：2017 年 2 月 28 日。

富且不能由某个国家或民族独享。[1] 2002 年 12 月，西方多家著名博物馆联手发布的《环球博物馆价值宣言》即典型例证。[2]该宣言行文如下：

> 必须坚决遏制考古学、艺术及人种学物品的贩运，这是国际博物馆界的共同信念。然而，我们应同时认识到，对于历史早期获得的文物，应以能反映早期历史阶段的不同感知力与价值观加以看待。那些数十年前甚至数百年前就被摆放在欧美博物馆的文物，它们被获取的条件与今日不具可比性。
>
> 随着时间的流逝，早期以各种方式——不论是购买、捐赠还是分割（分切）——获得的文物已经构成精心看护它们的博物馆的一部分，并由此构成博物馆所在国文化遗产的一部分。今天，我们深刻理解每件文物的原初背景，但亦不应忽视如下事实，即对于那些很早以前就离开其原属地的文物，博物馆亦提供了卓有效力与价值的背景。古代文明所创制的物品，如果不是被摆放在对公众开放的国际性著名博物馆里，那么，当代世界对古代文明的广泛崇敬就不可能得以形成。事实确实如此，古希腊雕像就是明证。对古希腊艺术的欣赏始于古典时代，复兴于文艺复兴时期的意大利，后来则扩展至整个欧洲与美洲。古希腊雕像被世界各地的公共博物馆所收集，这是其对全人类具有重要性和对当代世界具有持久价值的标志。更为重要的是，由于能与其他伟大文明的产物一起陈列展出，这些作品所体现的古希腊独特美学价值才能更加强烈地体现出来。
>
> 对于这些博物馆而言，如何面对将多年来一直属于它们的展品予以归还的呼吁，已经成为一项重要事项。尽管具体案例需要具体评判，但是我们必须认识到，博物馆不仅仅为某个国家的公民服务，而是为所有国家的公民服务。博物馆是文化发展的媒介，其任务在于通过持续不断地重新解释过程来增进知识，而每一件文物均对这一过程有所助益。博物馆的展品原本具有多元化和多方面的特点，缩减其范围会损害所有参观者的利益。

显而易见，文物的国际主义理念构成了上述宣言的价值基础与主基调，依之，环球博物馆（universal museums）早期以各种方式获得的他国文物已经构成

---

[1] Sharon. A. Williams, *The International and National Protection of Movable Cultural Property*, *A Comparative Study*, Oceana Publication, 1978, p. 52.

[2] 该宣言是"国际大规模展览组织者协会"于 2002 年 12 月在德国慕尼黑召开的一次会议上通过的。包括伦敦大英博物馆、巴黎卢浮宫、圣彼得堡国家博物馆、柏林国家博物馆、波士顿精品艺术馆、纽约大都市博物馆、纽约现代美术馆、洛杉矶保尔·盖特博物馆、芝加哥艺术研究院、费城艺术博物馆在内的世界上 18 所著名博物馆馆长联合签署了该宣言。"Declaration on the Importance of and Value of Universal Museums"，载 http：//www.tomflynn.co.uk/UniversalMuseumsDeclaration.pdf，访问时间：2017 年 2 月 28 日。

这些博物馆的一部分，并由此构成其所在国文化遗产的一部分。该宣言还认为，与一般意义上的博物馆不同，环球博物馆好似"百科全书式的"博物馆，旨在向参观者提供一个参观、鉴赏、比较全人类各种文明与文化成果的平台。因此，由环球博物馆继续持有、展览、收藏这些文化财产符合各国人民的利益。

一边是文物流失国愈加有力的攻势，一边是文物市场国依然顽强的守势。围绕流失文物的争夺战因而愈发激烈，且影响已远远超越经济利益层面，俨然有"一发不可牵，牵之动全身"之势。

譬如，在第二次鸦片战争期间惨遭英法联军切割并掠走的圆明园青铜兽首，从其被摆上国际拍卖台的那一日，就牵动着亿万中国人的民族情感，并对中法关系产生了诸多影响。[1]再如，经长期谈判与磋商，法国同意以"租借方式"将历史上从朝鲜半岛掠夺的外奎章阁图书返还韩国，但这一协议并没有终结两国的龃龉。法国政府在许多重要国际场合反复强调，这批图书仅以租借方式供韩国展览，依据法国法律，其所有权仍属法国；而韩国政府则不留情面地反驳："这批图书已经永久回归，韩国对其拥有无可辩驳的所有权。"[2]

相比之下，希腊与英国之间关于雅典卫城帕特农神庙的埃尔金石雕的归属纠纷，[3]不论是在争议的时间跨度上，还是在双方政府的对抗强度上，都足令前述两例相形见绌。在这场旷日持久的文物归属大战中，希腊政府动用了其可支配的全部政治、外交与经济资源，希冀英国政府与大英博物馆能将其国宝完璧归赵；然而，英国方面岿然不动，面对强大的舆论与道义压力，以各种理由拒绝归还。[4]两国之间的口水战已经演变为联合国教科文组织及其设立的"促进文化财产归还或返还政府间委员会"（以下简称 ICPRCP）历次会议上必演的"大戏"。

质言之，由于许多珍贵文物系殖民时期由西方列强从亚非拉地区劫掠而得，因此，它们的归属受到复杂的政治、历史、文化与民族情感等因素的羁绊。职是

---

〔1〕 霍政欣：《追索海外流失文物的法律问题》，中国政法大学出版社 2013 年版，代前言。

〔2〕 霍政欣：《追索海外流失文物的法律问题》，中国政法大学出版社 2013 年版，第 82－87 页。

〔3〕 "埃尔金大理石雕"（The Elgin Marbles）是雅典帕特农神庙雕塑中最精华的部分，得名于一位将石雕偷运出雅典的英国贵族托马斯·布鲁斯（Thomas Bruce）。他是埃尔金第七世勋爵，同时也是英国驻奥斯曼帝国（希腊当时处于奥斯曼帝国的统治下）的大使。因为倾心于帕特农神庙一幅幅大规模古代石雕作品，1801 年起，埃尔金勋爵开始将石雕从庙中卸下并运回英国。他宣称有奥斯曼帝国苏丹王的特许证明，只要不破坏古庙的墙体，可以搬走庙中的任何东西。1816 年，尽管有人以埃尔金勋爵"毁了雅典"为由极力反对，但这些石雕依然被大英博物馆购得，并成为该馆最珍贵的馆藏之一。从此之后，埃尔金大理石雕就一直被存放于大英博物馆。多年来，希腊政府要求英国政府归还，但迄今未获成功。详见〔美〕莎明·韦克斯曼：《流失国宝争夺战》，王若星、朱子昊译，浙江大学出版社 2014 年版，第 214－250 页。

〔4〕 参见 https://www.britishmuseum.org/about_us/news_and_press/statements/parthenon_sculptures.aspx，访问时间：2017 年 2 月 28 日。

之故，因流失文物归属而引发的国际纠纷，远非纯粹的财产权益之争，其牵涉的各方利益、吸引的国际关注、牵动的各国神经，是其他任何一种财产纠纷无法比拟的。从这个意义上说，近年来，流失文物归属纷争引发的国际关注度不断攀升，良有以也。

针对流失文物归属而引发的国际纷争，美国学者詹姆斯·库诺（James Cuno）于2014年底在《外交杂志》上撰文，将之提升到"文化战争"的高度。[1]还有学者提出，"文化外交"（cultural diplomacy）已经成为当下各国新的外交着力点，并颇有见地地指出："在全球化时代，文化也是一种硬通货。各国应慎重、妥善地处理文化财产纠纷；否则，只能打起另一种形式的'货币战争'，其结果必然是两败俱伤。"[2]

二、文物追索的途径：多元化纠纷解决机制

文物归属而引发的纠纷往往涉及法律、道德、政治、经济、历史、文化、民族情感等多重因素，此类纠纷的解决过程因而相当复杂。从20世纪下半叶以来的实践来看，文物归属纠纷的争议解决途径可以大致分为司法途径和司法外途径两种。所谓司法途径，是指通过将相关纠纷提交司法机关（亦即法院）来解决；而司法外途径是指，通过非诉讼的方式解决相关纠纷。需要指出的是，司法途径与司法外途径一般不具有排他性，不少跨国文物归属纠纷综合使用了数种途径，才最终得以妥善解决。

细言之，司法途径可以分为国内司法途径与国际司法途径。前者是指当事方将纠纷诉诸相关国家（尤其是文物现所在地国）的国内法院；后者是指当事方将纠纷提交国际法院等国际司法机构决断。

国际民商事争议的解决途径，在当代呈现多元化发展趋势。除司法诉讼外，还有其他一些争议解决方式可用来替代诉讼这一严格的司法程序。目前，在国际民商事争议的解决方面，非诉讼的争议解决方式越来越多，越来越受到重视。在民商事交往日益密切、民商事法律关系愈加复杂、民商事争议空前频繁的背景下，越来越多的人在谈论"ADR"，使用"ADR"。所谓"ADR"，英文全称为"Alternative Dispute Resolution"，意为替代争议解决方式，亦即替代诉讼解决民

---

[1]　James Cuno, "Culture War: The Case Against Repatriating Museum Artifacts", *Foreign Affairs*, November/December, 2014, pp. 119 – 129.

[2]　Irini A. Stamatoudi, *Cultural Property Law and Restitution: A Commentary to International Conventions and European Law*, Edward Elgar, 2011, p. 208.

商事争议的其他各种方式。[1]为契合汉语表达习惯，便于读者理解，本书将替代争议解决方式称为"司法外"（extra‒judicial）途径。

对于跨国文物归属纠纷的解决，司法外途径的地位更加重要，更加受到当事方的重视与欢迎，其主要原因如下：其一，文化财产领域的国内立法与国际立法迄今仍处于相当不完善的阶段，许多文物纠纷依据现行法律无法得到有效解决；其二，除涉及法律问题外，许多文物纠纷牵涉复杂的考古学、人类学、社会学以及物理学、化学、生物学、文化领域的知识与技术，仅靠律师或法官这样的法律专业人士很难妥善解决纠纷；其三，司法途径，不论是国内司法途径，还是国际司法途径本身都存在诸多缺陷，关于此点，下文将详述。

就目前来看，文物纠纷的司法外解决方式主要包括谈判与协商（negotiation and consultation）、斡旋（good offices）、调停（mediation）、和解（conciliation）、仲裁（arbitration），其中尤以谈判与协商最为常见。[2]概言之，各种具体的司法外解决方式虽各有特点，但其共性是以当事方的自愿为基础。

以司法外解决方式处理纠纷得到了《联合国宪章》及相关文化财产国际公约的鼓励与确认。《联合国宪章》第六章"争端之和平解决"第33条规定如下：

> 任何争端之当事国，于争端之继续存在足以危及国际和平与安全之维持时，应尽先以谈判、调查、调停、和解、公断、司法解决、区域机关或区域办法之利用，或各该国自行选择之其他和平方法，求得解决。

《1970年公约》第17条第5款规定，在对公约实施有争议的两个以上的公约缔约国的请求下，联合国教科文组织可以进行斡旋，以解决它们之间的争端；依据《1995年公约》第8条第2款，当事人可以同意将争议提交任何法院或者其他主管机关，或者提交仲裁。

此外，值得提及的是，ICPRCP在2010年9月召开的第16届理事会上制定了《ICPRCP调停与和解议事规则》，以加强其在解决文物纠纷中的作用。[3]如此一来，除原先具备的斡旋职能外，ICPRCP还可以应当事国的请求承担调停与和解工作。

（一）司法途径

1. 国内司法途径

从目前积累的案例来看，跨国文物归属纠纷的解决，相当比例是通过诉诸一

---

〔1〕 黄进主编：《国际私法》，法律出版社2005年版，第584页。

〔2〕 Beat Schonenberger, *The Restitution of Cultural Assets*, Stämpfli Publishers Ltd. , 2009, p. 247.

〔3〕 参见http：//unesdoc. unesco. org/images/0018/001875/187505C. pdf，访问时间：2017年2月28日。

国的国内法院解决的。一般而言，将此类纠纷提交一国法院，通常需要满足以下两个基本条件：其一，有关事实基本清楚，譬如，所涉及的文物于何时、何地被盗或被劫掠，于何时、何地发现其下落及现持有人的具体信息等；其二，法律主张"初步"（prima facie）成立，如有关当事人与诉讼标的有利害关系、所提之诉讼请求有法律依据以及时效期间尚未届满等。

与其他争议解决途径相比，国内司法途径既有其优点，也有缺陷。具体来说，其优势主要有：

第一，在一国司法机关提起诉讼，可对诉讼对方当事人形成法律、心理及舆论压力。事实上，许多跨国文物归属纠纷是在进入司法程序后，才以和解或调停的方式顺利解决的。[1] 1998 年，我国成功从英国追索 3494 件珍贵文物，就是因为中国政府在英国提起诉讼后，犯罪嫌疑人在强大的法律及舆论压力下才答应通过庭外和解的方式返还文物。[2]

第二，启动诉讼程序后，原告可以请求法院采取诉讼保全措施，以免被告在法院做出判决前转移、藏匿或毁坏标的。

第三，诉诸法院，有利于当事方（尤其是原告）获取证据。绝大多数国家的民事诉讼法均有证据公开或披露规则，诉诸法院，因而可以从对方当事人那里获得对其不利而对己有利的证据。[3] 需要指出，获得这些证据不仅有利于本诉的解决，往往还对其他相关纠纷的顺利解决大有裨益。例如，某处文化遗址因遭盗掘而导致多件文物通过同一渠道非法出境，获得其中一件文物被盗及出境的证据，对追索其他同批流失文物有重要的法律及证据意义。

第四，在绝大多数跨国文物追索诉讼中，原告通常会选择在所涉及文物的所在地法院起诉。在此情况下，一国司法机关做出的判决，其执行以国家强制力为后盾，执行力较以司法外方式作出的裁决或决定更强。

第五，"因循先例"是英美普通法的基本原则，因此，如果追索诉讼胜诉，那么，该判例将产生法律约束力，会对今后在该国追索文物提供直接的判例法支持。从这个意义上说，在普通法国家获得文物追索的胜诉判决，堪称功在当代、利在千秋。[4]

第六，各国国内法院的司法活动对于推动该领域国内法与国际法的演进与完

---

〔1〕　Beat Schonenberger, *The Restitution of Cultural Assets*, Stämpfli Publishers Ltd. , 2009, pp. 5 – 20.

〔2〕　曹兵武：《中国索还走私文物案例》，载《国际博物馆》2009 年第 2 期，第 144 – 149 页。

〔3〕　[美] 弗里德里希·K. 荣格：《法律选择与涉外司法》，霍政欣、徐妮娜译，北京大学出版社 2007 年版，第 2 页。

〔4〕　霍政欣：《追索海外流失文物的法律问题》，中国政法大学出版社 2013 年版，第 198 – 200 页。

善发挥着建设性作用。首先，一国司法机关可以通过司法判例填补国内立法的空白，也可以通过适用相关国际法规则促进本领域国内法的完善。其次，本领域国际条约的实际效力，在很大程度上有赖于各缔约国法院在司法中能否严格适用之。最后，由于包括《1970 年公约》在内的文化财产公约大都存在条款措辞模糊、含义不明的缺陷，缔约国法院在判例中的解释，对于提高此类公约含义的明确性、克服其缺陷具有积极作用。

不过，与其他争议解决方式相比，将文物归属纠纷诉诸一国国内法院也存在诸多弊端，主要包括以下几点：

第一，各国法律斑驳不一，以国际民事诉讼的方式解决争议，其诉讼结果存在不确定性；尤其是在外国法院提起诉讼的情况下，当事人还必须面对语言、文化等诸多障碍，要想准确预计诉讼结果更是难上加难。

第二，与其他争议解决方式相比，民事诉讼费用高、耗时长，往往需要经过两次甚至三次审判才能做出终审判决。对于那些贫穷的发展中国家以及私人当事方而言，高昂的诉讼成本是令他们望而却步的重要因素。

第三，与国内民事诉讼相比，国际民事诉讼涉及复杂的国际私法问题。要想在一国的法院顺利提起国际民事诉讼，原告首先要处理识别、管辖权、法律适用等事项，而其中任何一个问题的解决均非易事。即便顺利地解决了上述事项，确定了某国法律作为审理案件的准据法，依然可能面临一系列难题。除查明外国法等国际私法案件需要处理的一般困难外，涉及跨国文物纠纷的诉讼还有可能面临"准据法的落空"这一难题。换言之，由于当前关于文化财产的各国国内法尚不完善，很有可能出现确定了某国法为应适用的法律，但该国法律在此领域存在空白或缺漏的问题。在这种情况下，法官应如何解决准据法问题，颇具挑战性和不确定性。此外，即便未出现"准据法的落空"，在国际文物追索诉讼中，还存在举证、时效、法无溯及力等其他诸多难题需要克服。还需注意的是，在英美法国家，一旦败诉，判决亦会产生法律约束力，从而对今后的追索诉讼构成新的法律障碍。所以，通过国际民事诉讼成功追索流失文物，需要在起诉前进行缜密的研究与充分的准备。

第四，民事诉讼不利于纠纷以友好、秘密的方式解决，往往会使原告被告陷入对立局面，不利于双方当事人今后建立合作关系，或以友好的态度解决其他相关纠纷。譬如，中国流失海外的珍贵文物，其中相当一部分集中在几十家著名的西方博物馆中，以诉讼的方式追索其中某些文物而与这些博物馆对簿公堂，有可能破坏双方的关系，不利于我国相关机构今后与这些著名博物馆建立业务合作关系，也不利于以司法外途径解决其他文物纠纷。

第五，近几十年积累的案例表明，许多国家的法官并不擅长处理涉及文化财产归属的跨国纠纷，这既有可能源于他们对文化财产的特殊性与重要性缺少了解，也有可能源于他们缺少必要的历史或考古学知识，从而导致不少文物归属诉讼的最终判决结果并不理想。[1]

综上可见，诉诸一国的国内法院解决文物归属纠纷途径并非完美，文物原属国或原属人应针对特定流失文物的具体情况，在对相关国家的国内法，包括民商法、诉讼法、冲突法、宪法、刑法、行政法及相关判例做深入研究与充分准备后，审慎选择在胜诉有把握的国家提起民事诉讼。而对于其他问题，或在其他国家，则应尽力避免动用诉讼程序；否则，无异于作茧自缚。

2. 国际司法途径

概言之，对于因违反国际法而产生的纠纷，得依据国际法规则将之提交国际司法机构予以解决。事实上，如果当事国之间无法通过外交途径解决纠纷，将之交由适格的国际司法机构加以解决不仅是必要的，也是比由一国国内法院解决更为理想的。

国际法院是联合国六大主要机构之一和最主要的司法机关，负责依国际法解决国家之间的法律争端，并对联合国各机关和专门机构向其提出的法律问题发表咨询意见。国际法院系根据 1945 年 6 月在旧金山签署的《联合国宪章》成立，《国际法院规约》是《联合国宪章》不可分割的组成部分。国际法院的判决具有约束力，当事国不得上诉。依据《联合国宪章》第 94 条，遇有一方当事国不履行依法院判决应负之义务时，另一方得向安理会申诉。安理会如认为必要时，得作成建议或决定应采办法，以执行判决。

联合国教科文组织是联合国的专门机构，国际法院是联合国最主要的司法机关，涉及文化财产的国际争端，从理论上说，应属于后者的权限范围。细言之，有两类文化财产国际争端应可提交国际法院：第一类为"条约争端"，亦即联合国教科文组织主持缔结的文化财产公约的缔约国就公约的解释与适用产生的纠纷；第二类为"条约外争端"，即联合国教科文组织主持缔结的文化财产公约调整范围外的纠纷，这既有可能因纠纷产生于公约生效之前，也有可能因争端的一方或双方当事国为非缔约国。

截至本书写作之时，国际法院仅处理过两起涉及文物返还的国际纠纷。在

---

〔1〕 Alessandro Chechi, *The Settlement of International Cultural Heritage*, Oxford：Oxford University Press, 2014, p. 144.

"列支敦士登诉德国"案中，[1]列支敦士登王储汉斯·亚当二世（Hans Adam Ⅱ）要求德国返还17世纪荷兰绘画大师皮耶特·范·拉尔（Pieter van Laer）的一幅画作。二战结束后，捷克斯洛伐克政府没收了二战期间背叛该国政府的德国人与匈牙利人留在其境内的财产，作为本案标的的画作也在征收之列。

于是，该画作的原所有人——列支敦士登王储汉斯·亚当二世向布拉迪斯法克行政法院起诉，以其不是德国人为由，要求捷克斯洛伐克政府将画作返还之。1951年，布拉迪斯法克法院判决原告败诉。1951年，该画在德国一博物馆展出期间，汉斯·亚当二世向德国法院提起返还之诉，但亦以败诉告终。随后，王储向欧洲人权法院起诉，依然未获支持。王储最终选择诉诸国际法院，其起诉书写道："该诉讼不仅事关汉斯·亚当二世的个人权利，也涉及列支敦士登的主权权利。"不过，国际法院认为，列支敦士登的诉讼请求主要以1957年《欧洲和平解决争端公约》为依据，[2]而该公约直到1980年以后才对涉案两国生效，远远晚于本案纠纷发生之时，因此以其缺乏属时管辖权（*ratione temporis*）为由驳回了列支敦士登的诉讼请求。

与上案相比，"柏威夏寺"案的影响更大。不过，该案主要涉及领土争议，文物返还仅为附随事项。1959年，柬埔寨将泰国告上国际法院，指控泰国侵占其领土上的柏威夏寺，要求后者立即从该寺撤军，并归还从寺庙中拿走的文物，包括雕塑、石碑、陶器等。国际法院于1962年6月5日对本案实体内容作出判决：其一，以9票对3票判决，柏威夏寺在柬埔寨境内，泰国有义务从该寺撤回军队和其他所有人员；其二，以7票对5票判决，泰国须将其占领期间从柏威夏寺转移的所有文物归还柬埔寨。[3]

国际法院处理的文物归属纠纷之所以很少，主要是受其管辖权所限。依据《国际法院规约》第34条第1款，"在法院得为诉讼当事国者，限于国家。"这就排除了自然人、法人、团体和地方政府及非主权的政治实体成为国际法院当事

---

〔1〕 Liechtenstein v. Germany, Preliminary Objection, Judgment of 10 February 2005, ICJ Reports, 2005, p. 6.

〔2〕 ETS No. 3.

〔3〕 Temple of Preah Vihear (Cambodia v. Thailand), Judgment of 15 June 1962, ICJ Report 1962, 6, 34.

国的可能性。[1]

依据规约第 36 条，国际法院的管辖范围分三大类。一是当事国自愿提交的一切案件，即当事国在实现协商同意的情况下自愿提交的各类案件。国际法院对此类案件的管辖当事国被称为"自愿管辖"（voluntary jurisdiction）。二是现行国际条约、协定所涉及的一切事件。这是指，已发生的案件正是当事国在现行各种条约、协定中约定提交国际法院审理的有关条约的适用或解释而发生的争端，无论这类条约是双边的还是多边的，亦无论是造法性的还是契约性的，都可以提交国际法院解决，但对公约中的这类条款提出保留的缔约国除外。由于在此情况下国际法院的管辖权是通过条约和协定所规定的，因而被称为"协定管辖权"（conventional jurisdiction）。三是当事国随时声明，对于接受同样义务的任何国家，承认不须另订协议而接受国际法院得到强制管辖的各种法律争端。这类争端经常涉及：①条约的解释；②国际法的任何问题；③国际法院的任何事实之存在，如经确定即属违反国际义务者；④因违反国际义务而应予赔偿的性质与范围。由于这类管辖权是当事国临时声明任意承担的，且一经声明，国际法院就具有强制管辖权，因而又被称为"任意强制管辖"（optional compulsory jurisdiction）。[2]不过，总体而言，国际法院的各类管辖权，不论是基于当事国的事先协

---

[1]　可以在国际法院进行诉讼的当事国包括：①联合国会员国，即国际法院的当然当事国；②虽非联合国会员，但依《联合国宪章》第 93 条规定的条件而成为《国际法院规约》的当事国者；③既非联合国会员国，亦非规约当事国，但按规约第 35 条第 2 款的规定，该国已预先向国际法院书记处交存一项宣言，声明按宪章和规约以及程序规则接受国际法院的管辖，保证认真执行法院判决并承担宪章第 94 条加给联合国会员国的一切义务后，亦可成为国际法院的当事国。参见梁西主编：《国际法》，武汉大学出版社 2001 年版，第 486 页。

[2]　《国际法院规约》第 36 条规定如下：

一、法院之管辖包括各当事国提交之一切案件，及联合国宪章或现行条约及协约中所特定之一切事件。

二、本规约各当事国得随时声明关于具有下列性质之一切法律争端，对于接受同样义务之任何其他国家，承认法院之管辖为当然而具有强制性，不须另订特别协定：

（子）条约之解释。

（丑）国际法之任何问题。

（寅）任何事实之存在，如经确定即属违反国际义务者。

（卯）因违反国际义务而应予赔偿之性质及其范围。

三、上述声明，得无条件为之，或以数个或特定之国家间彼此拘束为条件，或以一定之期间为条件。

四、此项声明应交存联合国秘书长并由其将副本分送本规约各当事国及法院书记官长。

五、曾依常设国际法院规约第 36 条所为之声明而现仍有效者，就本规约当事国间而言，在该项声明期间尚未届满前并依其条款，应认为对于国际法院强制管辖之接受。

六、关于法院有无管辖权之争端，由法院裁决之。

商同意或依据对当事国有效的国际条约，还是当事国的随时任意声明，都是在当事国自愿接受的基础上确立的，因而并不构成真正意义上的强制管辖或对国家主权的限制。[1]

由此可见，对于国际文物归属纠纷而言，如果所涉当事方符合在国际法院进行诉讼的条件，在双方自愿的前提下，是可以将纠纷提交国际法院加以裁决的。以希腊向英国追索雅典卫城帕特农神庙埃尔金大理石雕为例，希腊政府如决定诉诸司法途径解决问题，那么，有两条路径可走。其一，可以选择以大英博物馆托管理事会为被告到伦敦法院（被告居所地）起诉，亦即付诸国内司法途径解决纠纷；[2] 其二，由于大英博物馆为国有机构，加之英国与希腊均接受国际法院的强制管辖权，所以希腊政府也可以英国政府为被告，依据《国际法院规约》第 36 条第 2 款的"任意强制管辖"，将纠纷提交国际法院裁定。在这种情况下，国际法院将依据对双方有约束力的国际条约、国际习惯法以及一般法律原则对纠纷加以裁判。[3] 不过，就目前而言，由于埃尔金雕像被切割并运到英国系发生在19 世纪初，且相关历史证据并不确凿，存在诸多争议，无论依据现行的英国法或希腊国内法，还是相关国际公约，希腊方面均无法获得足够的法律支持。所以，迄今为止，希腊政府既没有选择国内司法途径，也未选择国际司法途径来解决纠纷，而是将努力方向放在司法外途径，冀以通过道义、舆论压力来实现国宝的回归。

综上可知，在满足特定条件的前提下，国际法院有权审理跨国文物归属纠纷。但是，国际司法途径用于解决跨国文物归属纠纷存在诸多限制与缺陷，可概括如下：

---

〔1〕 目前接受国际法院任意强制管辖的国家只有六十多个，而且各国在做出接受国际法院的这种强制管辖声明时，往往在年限和范围上做出相应保留。中华民国政府曾在 1946 年 10 月 26 日做出过接受国际法院强制管辖的声明。1972 年 6 月，中华人民共和国恢复了联合国合法席位后，我国政府致函联合国秘书长，表示不承认中华民国政府的这一声明。参见梁西：《国际法》，武汉大学出版社 2001 年版，第 486 页。

〔2〕 The Brussels Convention (1968), art. 2; see also Regulation (EC) No. 864/2007 of the European Parliament and of the Council of 11 July 2007 on the Law Applicable to Non‑contractual Obligation (Rome Ⅱ), art. 4.

〔3〕《国际法院规约》第 38 条规定如下：

一、法院对于陈述各项争端，应依国际法裁判之，裁判时应适用：

（子）不论普通或特别国际协约，确立诉讼当事国明白承认之规条者。

（丑）国际习惯，作为通例之证明而经接受为法律者。

（寅）一般法律原则为文明各国所承认者。

（卯）在第 59 条规定之下，司法判例及各国权威最高之公法学家学说，作为确定法律原则之补助资料者。

二、前项规定不妨碍法院经当事国同意本"公允及善良"原则裁判案件之权。

第一，在既存国际法体系下，国际司法途径仅向国家开放，个人、法人及其他非国家组织均无法将此类纠纷提交国际法院，这无疑大大缩减了该途径用于解决跨国文物归属纠纷的范围。

第二，即便是国家之间的文物归属纠纷，如将之提交国际法院，也应以各方当事国同意为前提。从当代国际法实践来看，在选择解决国际争端的方式时，国家通常要综合考虑政治、经济、文化与法律等复杂因素后作出一个对其最为有利的决策。一般而言，对于涉及国家重大利益与牵涉民族情感的国际争端，决策者通常不倾向于将纠纷提交第三方决断，尤其是国际法院。因为纠纷一旦被提交国际司法机构，国家便几乎失去了争端解决的"控制力"，由此带来的政治风险是各国政治家不得不慎重对待的。文物，尤其是国宝级文物，往往牵动原属国人民的民族与文化情感，各国决策者将国际司法途径作为此类争端解决的最后选项，因而可资理解。

第三，国际法院做出的判决缺乏有效的强制执行机制。在实践中，只有得到相关国家当地法院的支持，国际法院的判决才能有"硬度"。[1]职是之故，当代跨国文物归属纠纷通过国际法院解决的案例屈指可数。

（二）司法外途径

1. 谈判与协商

谈判与协商是指当事方为使有关争议得到解决而进行的直接交涉，包括澄清事实、阐明观点、消除隔阂、增进相互了解和信任，寻求双方都能接受的解决方法。在国际实践中，谈判与协商是解决国际争端最基本的方法之一。作为早期国际法发展史上最常见的争端解决方法，谈判已载入一系列国际公约；相比而言，协商作为国际争端解决方式，其受到国际社会的重视是在 20 世纪 50 年代以后。从当代国际社会的争议解决实践来看，谈判与协商通常交替使用，这是因为两者联系紧密，难以截然分离——事实上，鉴于两者之间拥有许多共同之处，当代国际法往往将协商看作谈判的一种形式。[2]作为解决国际文物归属纠纷的方法之一，谈判与协商的优点十分明显。

第一，争议当事方能以完全平等的身份通过直接会谈来澄清事实、消弭误

---

〔1〕　D. Terris, C. P. R. Romano and L. Swigart (eds), *The International Judge: An Introduction to the Men and Women Who Decide the World's Cases*, Brandeis: Brandeis University Press, 2007, p. 227.

〔2〕　细言之，谈判与协商的共同特点是争端当事方之间直接交流意见，自始至终地参加和掌握谈判和协商的整个过程；而主要不同之处则在于协商更加灵活，可以不受谈判双方的限制，扩大协商参加方的范围，从而更加有利于推动争议方达成妥协。参见王铁崖主编：《国际法》，法律出版社 2001 年版，第 573 页。

解，求同存异，达成妥协与一致；对于发生在主权国家之间的文物纠纷，与其他争议解决方式相比，谈判与协商更加有利于体现国家主权的平等性与最高性等特征，因而也更能受到当事国的青睐。

第二，由于存在善意取得、时效、溯及力与证据获取等法律及其他方面的障碍，对大多数文物归属纠纷而言，如果严格按照法律规则，原属国或原属人往往难以获得有力支持。因此，通过灵活的协商与谈判，往往是实现文物返还或归还的更为有效的方式。

此外，谈判与协商的主体灵活，可以在国家之间进行，也可以在国家与机构或私人之间、机构与机构之间进行，还可以在相关私人之间进行，基本不受诉讼、仲裁等其他方式关于主体资格的限制。

从近几十年的实践来看，由于大多数重要文物追索纠纷发生在主权国家之间，加之国家通常不愿将此类纠纷提交国际司法机构解决，大多数跨国文物追索纠纷因而是以谈判与协商的方式得到解决的。据不完全统计，20 世纪 90 年代中期至 2014 年，已经有超过两千件文化财产通过这种方式回到了其合法所有人的手中。[1] 当然，其中有一部分纠纷的谈判与协商过程是与司法诉讼平行进行的，在这种情况下，尽管纠纷最终以谈判与协商的形式获得解决，但司法诉讼对当事人产生了无形的压力，对争议最终以友好方式解决起到了重要作用。韩国、希腊以及中国等文物原属国通过与文物现持有国进行直接谈判与协商，成功解决了曾长期困扰它们的文物归属纠纷，可以充分显示这一方式的优点与特点。

1866 年 10 月，法国以天主教遭迫害、神父被杀为由，派遣军舰攻打朝鲜，此为"丙寅洋扰"。1866 年 11 月 10 日，也就是法军入侵朝鲜一个月后，法国决定从朝鲜撤退，临走前将江华岛抢掠一空。江华府是朝鲜王朝的陪都之一，法军在当地放火烧毁了长宁殿和无数官衙民房，并将府库中的金银财宝尽数抢走（总计 50 万法郎），又从外奎章阁掠夺了包括《朝鲜王朝实录》《朝鲜王室仪轨》在内的大量珍贵书籍（即外奎章阁图书），给朝鲜造成重大损失。

1975 年，居住在法国的韩国历史学家朴炳善在巴黎国立图书馆首次发现外奎章阁图书，将此事公之于众。从此以后，要求法国返还这批图书的声音在韩国社会愈加高涨。1991 年，韩国正式向法国提出返还要求，但法国予以拒绝，并指出外奎章阁图书已被收藏于法国国家图书馆，其馆藏性质属于法国国家藏品，具有公共物品的性质，若将其返还，则违背法国《博物馆法》关于"公共物品

---

[1] Alessandro Chechi, *The Settlement of International Cultural Heritage*, Oxford: Oxford University Press, 2014, p. 187.

不可转让”的规定。

1993 年，韩、法之间的谈判取得了突破，时任法国总统密特朗同意以“租借”的方式送还韩国 1 册外奎章阁图书，并表明有意送还其他图书。谈判之所以在此阶段取得进展，其背景是当时韩国准备建设高速铁路，有关工程向国际招标，而法国政府正积极向韩方推销其高速列车（TGV）。因此，法国在此时做出让步，很大程度上是为取得韩国政府的好感从而为投标获得有利地位所做的考量。[1] 此后，两国又为其余图书的返还事宜展开了漫长的谈判与斡旋。

2010 年 11 月，韩国总统李明博利用首尔举办 20 国集团峰会之际，与时任法国总统萨科齐展开首脑会谈，专门就外奎章阁图书的返还事宜进行协商，并达成协议。据此，双方再次以“租借”的方式由法国将剩余的图书租借给韩国，租期为 5 年，届满后自动更新租借期，且无次数限制。如此，两国达成了互利的妥协：法国在名义上保留了图书的所有权，而韩国实际上实现了国宝的回归。[2]

此外，韩国政府也长期与日本进行直接谈判与协商，在其最高领导人的积极推动下，利用日本非法吞并朝鲜半岛 100 周年等特殊历史时机，成功促使日本归还包含《朝鲜王室仪轨》等流失日本的韩国文物。[3]

希腊是西方文明的摇篮，因战乱、盗掘等原因，也是世界上文物流失最严重的国家之一。20 世纪 70 年代希腊共和国成立以后，随着政治、经济逐渐稳定，希腊政府逐渐将追索珍贵流失文物纳入其国家外交战略。由于绝大多数国宝级文物是在历史上流失的，通过法律途径追索存在时效、证据、法不溯及既往等诸多难以逾越的障碍，因此希腊政府往往选择以谈判与协商、调停、斡旋与和解等政治、外交手段进行追索。

近二十年来，尤其是雅典取得 2004 年奥运会主办权以来，希腊政府加大了追索力度，综合采用多元化追索手段，充分利用奥运机遇，使追索工作取得了历史性突破。其中，通过谈判与协商解决纠纷的成功案例主要包括：2006 年，德国海德堡大学归还帕特农神庙雕像的组成石块，美国盖蒂博物馆归还 4 件珍贵文物，瑞典归还 48 枚古代钱币；2007 年，一位丹麦公民归还了一幅 110 年前从希腊流失的描绘雅典城的大理石凸版石雕，一位英国考古学教授归还 6 件古希腊陶艺酒坛，瑞典归还 1 件被盗的阿波罗太阳神雕像，德国返还 94 件被盗的古希腊

---

〔1〕　参见 http：//baike. baidu. com/view/3278670. htm，访问时间：2017 年 5 月 2 日。

〔2〕　参见 http：//cn. chosun. com/site/data/html_ dir/2011/04/15/20110415000005. html，访问时间：2017 年 5 月 2 日。

〔3〕　参见《韩日就日本返还韩国 1205 卷书籍文物达成协议》，载 http：//news. sina. com. cn/o/2010 - 11 - 14/103521468394. shtml，访问时间：2017 年 5 月 2 日。

文物；2008 年，美国谢尔白·怀特·里尔（Shelby White and Leon）博物馆归还一块公元前 4 世纪的古代墓碑的上半段，瑞典归还卫城遗址的一块碎片，英国归还一尊公元前 14 世纪的神像（该神像是从希腊北部的一座寺庙中被盗的，在希腊提起诉讼后，与英国通过谈判得以解决）；2009 年，比利时根特大学归还公元前 5 世纪至 2 世纪制作的 123 枚钱币及类似物，德国归还 96 件青铜及陶制古代器具，一名英国古董收藏家归还一尊拜占庭时期的雕像部件；2010 年，瑞士归还 5 件 1978 年从一所教堂中盗走的湿壁画等。[1]

在中国流失海外的文物中，相当一部分流失年代久远，被盗及流失证据缺失，所以通过法律途径追索往往存在巨大困难。职是之故，谈判与协商也是中国文物追索最常使用的方法。截至 2017 年 1 月，我国通过谈判与协商成功追回的流失文物已有 4 例，包括：1989 年从美国追回屈原纪念馆战国铜敦；2008 年从日本追回被盗北朝石刻菩萨像；2011 年从美国追回唐贞顺皇后陵墓被盗文物；2015 年从法国追回 56 件大堡子山遗址流失金饰片。其中，大堡子山遗址流失金饰片的回归是我国通过协商谈判促使流失文物回归的成功范例。

20 世纪 90 年代初，甘肃礼县大堡子山遗址被非法盗掘，金饰片及其他珍贵文物流失海外。90 年代中后期，国家文物部门对大堡子山遗址进行抢救性发掘。经科学发掘考察，大堡子山遗址在早期秦人、秦族、秦文化乃至中国古代文明的研究中具有重要价值。

大堡子山遗址被盗后，国家文物部门和有关文博单位积极努力，在相关国家政府和友好人士的支持下，陆续促成了一些流失海外的大堡子山文物回归祖国。在此次流失金饰片回归之前，已有美国收藏家范季融、胡盈莹夫妇于 2009 年将所藏 6 件秦国早期青铜器捐赠给中国，其中包括秦公鼎 3 件、秦公簋 2 件、秦式镈 1 件。经考证，捐赠文物均出自大堡子山遗址。2011 年，全国政协委员郭炎将自境外征集的 2 件鸷鸟形金饰片、1 组小型金饰片捐赠给国家。

2005 年，国家文物局启动有关海外流失文物的调查工作，针对大堡子山流失文物进行专题调查研究。在获悉法国吉美博物馆藏有大堡子山流失的金饰片后，国家文物局积极与法方协商流失文物返还事宜，并组织专题调查，收集证据材料，开展成分检测、金相分析等科技鉴定工作，最终认定吉美博物馆收藏的金

---

〔1〕 此外，近年来通过谈判与协商成功解决文物追索纠纷的案例还包括：2000 年，德国向津巴布韦归还石鸟的下半部；2005 年，意大利向埃塞俄比亚归还国宝阿克苏姆方尖碑（Axum Obelisk）；2007 年，英国皇家外科医学院向澳大利亚归还古人类遗骸，以及大英博物馆向加拿大归还古代印第安人面具等。Jeanette Greenfield, *The Return of Cultural Treasures*, Cambridge：Cambridge University Press, 3rd ed., 2007, pp. 41 - 87.

饰片为1992－1993年礼县大堡子山秦公大墓被盗文物。

2014年，中法两国联合组建专家小组，对法国吉美博物馆所藏金饰片的来源等问题进行实地考察，两国政府相关部门保持密切沟通，积极寻求文物返还的恰当途径。2014年10月，经中法两国磋商，双方就大堡子山遗址被盗流失金器返还问题达成共识，并最终促成金饰片原捐赠人——法国收藏家弗朗索瓦·亨利·皮诺（François－Henri Pinault）、克里斯蒂安·戴迪安（Christian Deydier）——同意撤销对吉美博物馆的捐赠行为，使文物退出法国国家馆藏，再将文物返还给中国。2015年4月13日、5月13日，我国分别在巴黎、北京接收法国政府通过原捐赠人皮诺、戴迪安返还的32件大堡子山流失金饰片；9月21日，戴迪安再次返还其持有的24件大堡子山流失方形金饰片。至此，流失境外二十余年的大堡子山遗址秦国金饰片回归祖国，现已划拨入藏甘肃省博物馆。

此次大堡子山遗址流失金饰片的回归，是中法两国首次通过协商合作促成流失文物回归的成功案例。中法两国摸索出了恰当的文物返还途径——私人持有人通过撤销捐赠，使文物退出所在国国有馆藏后再将其归还中国，这一方式巧妙规避了法国《博物馆法》关于国有馆藏文物不得转让的规定，同时实现了所涉文物物理与法律意义上的返还，比法韩之间解决外奎章阁图书的纠纷更为彻底，为传统的文物回归路径提供了新的尝试。

上述通过谈判与协商成功解决文物归属纠纷的案例表明，文物原属国追索流失境外的文物应依据追索对象的不同，制定有针对性与可操作性的追索战略与策略。对于那些返还缺少明确法律支持的文物，谈判与协商是比司法途径更为有效和可行的途径。在与文物流入国或有关机构进行谈判时，文物原属国可以借助经济、政治、文化等多重力量，充分利用各种适宜的机会与场合，并以务实的态度和灵活的方式，本着妥协与双赢的精神进行协商与探索，从而找到双方均可接受的解决方案。

2. 仲裁

仲裁是当前用来解决国际争议的一种常见方式，是指国际交往中的当事方通过协议，自愿将他们之间的有关争议提交某一临时仲裁机构或某一常设仲裁机构审理，由其依据有关法律或公平原则作出裁决，并约定自觉履行该项裁决所确定的义务的一种制度。[1]

与诉讼程序繁冗、固定不同，仲裁的灵活性较大。一般而言，当事方可以自主地选择仲裁地点、仲裁机构以及仲裁程序；可以选择仲裁过程中应适用的程序

---

〔1〕　黄进主编：《国际私法》，法律出版社2005年版，第597页。

法与仲裁庭裁决有关争议时应适用的实体法，还可以通过协议适用法律之外的原则或规则。此外，仲裁还有程序保密、气氛相对友好、仲裁当事方可指定本行业专业技术人员为仲裁员等特点。

国际性的仲裁依据当事方的不同性质可分为以下三类：其一，双方均为国家，这种仲裁被称为"国际仲裁"（亦即"国际公法上的仲裁"）；其二，一方为国家，另一方为自然人、法人或其他组织，这种仲裁被称为"国际混合仲裁"；其三，双方均为非国家的平等主体，这种仲裁被称为"国际商事仲裁"[1]具体到文物追索领域，由于国际商事仲裁发生在私人当事方之间，基本不涉及公共利益与国家权益，故不在本书讨论范围内。这里着重分析国际仲裁与国际混合仲裁。

文物纠纷通过国际仲裁得到顺利解决的例子，是厄立特里亚与埃塞俄比亚之间的仲裁案。2000 年 12 月 12 日，厄立特里亚政府与埃塞俄比亚政府在阿尔及尔签订和平协议。依此协议，两国政府成立了"厄立特里亚—埃塞俄比亚索赔委员会"与"厄立特里亚—埃塞俄比亚边界委员会"。其中，前一委员会成立后，就受理了一起因文化遗址遭到破坏而提起的仲裁案件。依据两国和平协议，厄立特里亚向索赔委员会提出仲裁请求，指称其境内最重要的历史文化遗迹——玛塔拉石碑（Stela of Matara）遭到埃塞俄比亚军队的毁坏，遗址之内的一些重要文物遭到劫掠，因此请求索赔委员会裁定埃塞俄比亚返还所劫掠的文物，并给予赔偿。索赔委员会经查证，认可了厄立特里亚主张的事实，并依据两国和平协议第 5 条及第 13 款，[2]裁定埃塞俄比亚返还从玛塔拉石碑遗址中非法劫掠的文物，并对造成的毁坏结果承担赔偿责任。[3]

通过国际混合仲裁解决私人当事方与国家之间的文物归属纠纷的典型例证，是曾引起国际关注的"玛瑞亚·埃尔特曼诉奥地利共和国"案。[4]该案标的物为6 幅由克里姆特（Klimt）创作的名画，[5]原所有人为费迪南德·博洛奇·鲍尔

〔1〕　Irini, A. Stamatoudi, *Cultural Property Law and Restitution*: *A Commentary to International Conventions and European Law*, Edward Elgar, 2011, p. 196.

〔2〕　该款规定为："在审理仲裁案件时，委员会应适用相关国际法规则。"

〔3〕　Irini, A. Stamatoudi, *Cultural Property Law and Restitution*: *A Commentary to International Conventions and European Law*, Edward Elgar, 2011, p. 196.

〔4〕　Maria Altmann v. The Republic of Austria, 142 F. Supp. 2d 1187 (C. D. Cal. 1999), aff'd, 317 F. 3d 54 (9th Cir. 2002), as amended, 327, F. 3d 1246 (9 th Cir. 2003)、, 541 US 677 (2004).

〔5〕　古斯塔夫·克里姆特（Gustav Klimt, 1862－1918），生于维也纳，是一位奥地利知名的象征主义画家。他创办了维也纳分离派，也是所谓维也纳文化圈代表人物。参见 http://zh. wikipedia. org/wiki/% E5%8F% A4% E6%96% AF% E5% A1%94% E5% A4% AB% C2% B7% E5%85%8B% E6%9E%97% E5% A7% 86，访问时间：2017 年 5 月 8 日。

（Ferdinand Bloch – Bauer）及其妻子阿黛尔·博洛奇·鲍尔（Adèle Bloch – Bauer）。1925 年，由于明显感受到日渐逼近的恐怖氛围，阿黛尔在临终前夕留下遗嘱，"善意地"（kindly）恳求费迪南德考虑在她去世后将这 6 幅画捐献给奥地利国家艺术馆。

1938 年，纳粹德国吞并奥地利，费迪南德匆忙逃亡，其绝大部分财产，包括这 6 幅画在内的艺术藏品、一座城堡和一家蔗糖工厂则遗留在奥地利。纳粹占领期间，没收了费迪南德的所有艺术藏品，这些藏品最后收藏于奥地利国家艺术馆。1945 年，费迪南德在苏黎世去世，留下遗嘱，将包括这 6 幅画在内的所有财产留给他的两个侄子与一个侄女——本案原告玛瑞亚·埃尔特曼（Maria Altmann）继承。

20 世纪 90 年代，在奥地利，陆续有人将奥地利国家艺术馆告上法庭，指称后者非法持有被纳粹劫掠的艺术品。为应对这些诉讼，奥地利政府开放了相关国家档案，允许公众为调查国家馆藏藏品的来源查阅之，并于 1998 年制订、通过了《关于从奥地利联邦博物馆与馆藏中索回艺术品的联邦法案》（以下简称"索回法"）[1]是年，一位名叫胡伯图斯·次泽宁（Hubertus Czernin）的奥地利记者通过研究解密档案，发现费迪南德从未将这 6 幅克里姆特名画捐赠给奥地利国家艺术馆，后者仅依据阿黛尔的遗嘱主张所有权显然存在瑕疵。

在获得这一重大事实证据后，费迪南德的侄女埃尔特曼以"索回法"为依据，正式向奥地利国家艺术馆提出返还这 6 幅名画的要求。然而，该要求遭到后者拒绝，理由是依据阿黛尔的遗嘱，这 6 幅画的所有权已归属之。埃尔特曼随即向奥地利法院提起民事诉讼。然而，由于依奥地利法律，她必须缴纳高达 6 位数的诉讼费，因此她最后不得不撤回诉讼[2]

2004 年，埃尔特曼在其住所地美国加州，以奥地利共和国与奥地利国家艺术馆为被告，向加州中区法院提起诉讼，并以美国《外国主权豁免法》（FSIA）中的"侵占例外"（expropriation exception）为依据，主张美国加州法院对该诉讼享有"事项管辖权"（subject matter jurisdiction）。依据美国《外国主权豁免法》，违反国际法取得的财产，其财产权利尚有争议并且该项财产现在美国境内，且与

---

　　[1]　"The Federal Act Regarding the Restitution of Artworks from Austrian Federal Museums and Collection", 4 December 1998, *Federal Law Gazette* 1, No. 1811（1998）.

　　[2]　依据奥地利法，诉讼费依诉讼标的额的一定比例缴纳（1.2%）。由于这 6 幅克里姆特名画当时的市场价大约为 1.35 亿美元，原告因而需缴纳 160 余万美元的诉讼费。D. S. Burris and E. R. Schoenberg, "Reflections on Litigation Holocaust Stolen Art Case", *Vanderbilt Journal of Transnational Law*, Vol. 28（2005）, pp. 1041 – 1045.

该外国在美国进行的商业活动有关的；或者该项财产是属于该外国在美国从事商业活动的某一机构所有或者属于该机构的经营者所有的，则该外国不享有豁免。[1]被告奥地利共和国与奥地利国家艺术馆提出动议，主张加州法院不享有事项管辖权，并依"非方便法院原则"（*forum non conveniens*）要求法院拒绝行使管辖。关于加州法院缺少事项管辖权，被告的主要理由是：该案涉及的纠纷发生在20世纪40年代，那时美国采用的是"绝对豁免论"；《外国主权豁免法》实施于1976年，它不具有溯及力，因此奥地利共和国在美国法院享有豁免权。

加州中区法院驳回了被告的动议，裁定其对该案享有适当的管辖权：其一，这些名画系因纳粹当局违反国际法的行径从原属人那里获得的；其二，本诉讼进行时，这些画作系由奥地利政府的机构——奥地利国家艺术馆占有；其三，该艺术馆在美国境内从事了商业活动（对克里姆特的名画做了推广与印刷活动）。

被告不服上诉，但二审法院维持了地区法院的裁决。奥地利政府于是请求美国联邦最高法院签发调卷令。美国最高法院于2003年同意签发调卷令，但将审查事项限定在《外国主权豁免法》的"侵占例外"是否能赋予美国法院对外国政府基于1976年以前（甚至是1952年美国采取限制豁免论以前）的行为行使管辖权。经审查，最高法院裁定，《外国主权豁免法》具有溯及力，奥地利共和国不享有豁免权。据此，加州法院对该诉讼具有事项管辖权，有权继续审理"埃尔特曼诉奥地利共和国与奥地利国家艺术馆"案。

尽管如此，由于证据等事项，直到2005年底，加州法院仍未能就实体问题做出判决。由于埃尔特曼年事已高，且身体状况迅速恶化，显然已无法继续承受冗长的诉讼程序。在这种情况下，原告于2006年1月与被告达成协议，终止诉讼程序，改以仲裁方式解决纠纷。依据双方的仲裁协议，仲裁庭应对本纠纷是否应适用"索回法"以及这6幅画作的归属做出裁定。双方同时约定，仲裁庭应适用奥地利的实体法与程序法。

仲裁庭成立后，依据双方提交的证据，很快做出了仲裁裁决：本纠纷的实体问题应适用"索回法"，依之，其中的5幅画应返还原告，还有1幅画因其所有权的历史与其他5幅画不同而归奥地利政府所有。[2]仲裁做出裁决后，埃尔特曼提出，归其所有的这5幅画可以由奥地利政府购买，但后者因无法获得足够的资金支持而放弃收购。随后，埃尔特曼于当年将5幅画拍卖出售，成交价创造了西

---

〔1〕　Foreign Sovereign Immunity Act, s1605（a）（3）（1976）.

〔2〕　Beat Schonenberger, *The Restitution of Cultural Assets*, Stämpfli Publishers Ltd, 2009, p. 211.

方名画拍卖史上的新高。[1]

在国际文物返还实践中，"玛瑞亚·埃尔特曼诉奥地利共和国"案是一个具有里程碑意义的案件，其重要性至少体现在以下三个方面：其一，该纠纷的解决由诉讼开始，中途改为仲裁，并最终以仲裁的方式得到顺利解决，充分体现了诉讼与仲裁各自的优缺点。其二，它表明文物归属纠纷的解决途径是灵活多样的，有些纠纷可依情况使用多种争议解决方式，在具体个案中，纠纷到底通过哪种途径解决，最终取决于双方当事人的意愿。其三，美国最高法院的裁定显示它有意愿通过行使法律解释权克服历史上被劫掠文化财产返还的法律障碍。细言之，由于美国是判例法国家，依据"因循先例"（stare decisis）原则，该案确立了人权规范具有溯及力，针对违反人权的行径提起的诉讼不受时效限制的基本原则。[2]

3. 调停、斡旋与和解

作为解决跨国文物纠纷的另一种替代争议解决途径，调停是指第三方（可以是中立的国家、组织或个人）为和平解决争端，直接参与有争议的当事方之间的谈判或提出参考性的解决方案，促使各方让步，从而平息或解决争端。[3]

与仲裁相同，调停也以当事方的同意与自觉配合为前提，但调停更为灵活，具有完全的自主性，这主要表现在以下几方面：调停通常无需完全依据严格意义上的法律规则进行，调停人在得到双方（或各方）当事人的同意与批准后，从中协调、排解疏导，以使双方（或各方）在自愿协商的基础上，谅解让步，达成协议，从而使争议得以解决。在调停过程中，调停人基于当事人的充分信任行事，这意味着他可以其认为合适的方式会见任何一方当事人，而无需向另一方披露（除非当事人的约定有相反的规定）；同时，调停人也无需为法律专业人员；不过，如调停结束时当事人达成协议，往往需要聘请法律专业人员起草法律文书。此外，在调停过程中，当事人随时可以通过合意对调停的进程、提请调停的事项等进行修改；调停如最终达成协议，这份协议的效力相当于当事人之间缔结了一份合同，如一方不履行则等于违反合同义务，从这个意义上说，调停协议不具有强制执行力。

---

〔1〕　这5幅画的售价分别为：《阿黛尔·布洛赫·鲍尔像（一）》（通称"金色阿黛尔"）1.35亿美元；《阿黛尔·布洛赫·鲍尔像（二）》8790万美元；《桦林》4030万美元；《奥特赛斯上昂特拉齐的房子》3140万美元；《苹果树（一）》3300万美元。在拍卖之前，埃尔特曼还将这5幅名画临时借展于洛杉矶县艺术博物馆。Alessandro Chechi, *The Settlement of International Cultural Heritage*, Oxford: Oxford University Press, 2014, p. 137.

〔2〕　E. Jayme, *Human Rights and Restitution of Nazi - Confiscated Artworks from Public Museums: The Altmann Case as a Model for Uniform Rules?* Kunstrechtsspiegel, 2007, pp. 47 - 49.

〔3〕　参见《和平解决国际争端公约》（1899年《海牙公约》）第4条。

　　尽管在很多国际法律文件中，调停与斡旋常被交替使用，[1]但从严格意义上讲，两者是存在差异的。斡旋是指由第三方以各种有助于促成当事方进行直接谈判的行动，促使争端当事方进行谈判，以平息或解决争议。在斡旋过程中，斡旋者不直接参与双方的谈判，但可以为各方提供建议或转达当事方相互间的意见或建议。可见，调停与斡旋的主要区别在于调停者直接参与或主持当事方的谈判，并提出条件作为谈判的基础，调和并折中当事方有冲突的主张和要求，缓和、平息相互间的敌对情绪，以使争端各方达成协议。[2]

　　和解，又称调解，也是一种替代争议解决方式，是指将争端提交给一个由若干人员组成的委员会，并由委员会查明事实，提出报告和建议，促使当事国达成协议，解决争端。和解与调停也有不同之处。调停者可以就争端处理的方法、程序提出建议并主持或参加谈判；和解则是将争端提交至由若干人组成的委员会，委员会的任务是澄清事实并提出包括解决争端建议在内的报告；此类报告不具法律约束力，当事方接受与否，悉听尊便。[3]

　　值得提及的是，自成立起，"促进文化财产归还原属国或返还非法占有文化财产政府间委员会"（ICPRCP）在斡旋、调停、调解当事国之间的文物纠纷方面做出了诸多工作和制度性贡献。依据其章程，应联合国教科文组织成员国或准成员国的请求，ICPRCP 可以启动调停或斡旋进程，以解决《1970 年公约》调整范围之外的、具有重大意义的文化财产归属纠纷。[4]

　　为加强 ICPRCP 在解决重大跨国文物纠纷上的作用并有关规则制度化，2010年 9 月，ICPRCP 第 16 届理事会制定并通过了《ICPRCP 调停与和解议事规则》。依据该规则，"调停"是指经当事国各方预先同意，由第三方介入，安排当事国进行谈判，并协助它们就文化财产的返还或归还纠纷达成友好解决方法；调停需要一名或一名以上的调停人，调停人由当事国选定，最好由文化财产返还领域的独立专家担任。"和解"是指经当事国各方预先同意，有关当事国将它们之间关于文化财产的返还或归还纠纷提交专门设立的机构，由其展开调查并促成当事国

---

　　〔1〕　1899 年《海牙公约》与 1907 年《海牙公约》未对这两个术语进行区分，《联合国宪章》第 33条第 1 款没有提及斡旋。但也有一些国际条约对两者进行了区分，如 1948 年《美洲国家组织宪章》〔也称《波哥大宪章》（Pact of Bogota）〕。《关于禁止和防止非法进出口文化财产和非法转让其所有权的方法的公约》第 17 条第 5 款特别提到，应对公约实施有争议的两个以上的缔约国的请求，联合国教科文组织可以进行斡旋，使它们之间的争端得到解决。

　　〔2〕　参见梁西主编：《国际法》，武汉大学出版社 2000 年版，第 473 - 474 页。

　　〔3〕　参见梁西主编：《国际法》，武汉大学出版社 2000 年版，第 476 - 477 页。

　　〔4〕　Statutes of the Intergovernmental Committee for Promoting the Return of Cultural Property to Its Countries of Origin or Its Restitution in Case of Illicit Appropriation, art. 2 (1978).

达成友好解决方案，和解委员会由数名由当事国选定的文化财产返还领域的独立专家构成。调停与和解均须以当事国各方的同意为前提，以充分信任为基础，秉持公平、公正、诚信的基本原则，并充分考虑国际法及国际社会公认的其他原则。[1]

同时，调停与和解的程序非常灵活，既不排除当事方曾使用过的任何争议解决方式，也不排除当事人未来转而采用其他争议解决方式，包括诉讼。满足下列条件之一时，调停或和解程序被视为终结：其一，当事各方同意达成协议；其二，当事各方以书面方式终止程序；其三，在当事方就约定调停或和解期限有约定的情况下，约定期间届满而当事方未达成协议；其四，当事方中的一方以书面方式通知并撤出程序。[2]显然，只有在第一种情况下，调停或和解程序才能生成对各方有约束力的协议。

20 世纪 80 年代以来，在 ICPRCP 的努力下，数件长期困扰部分国家的具有重大历史文化价值的文物归属纠纷得到了成功解决，其中主要包括：[3]经 ICPRCP 调停，1986 年美国辛辛那提艺术博物馆与约旦文物局达成协议，就双方长期争议的命运女神石雕组件的归属达成一致，终于使石雕得以恢复全貌；在 ICPRCP 的斡旋下，1987 年，民主德国将 7000 件刻有楔形文字的古代陶片归还给土耳其；经 ICPRCP 调停，1988 年，美国将帕侬蓝雕像归还给泰国；在 ICPRCP 的框架下，瑞士巴比亚·穆勒博物馆与坦桑尼亚于 2006 年启动谈判，并于 2010 年 5 月达成协议，从而使前者占有的一件古代人物面具得以回归；1987 年，土耳其与德国将关于博阿兹柯伊狮女神雕像归属的纠纷提交 ICPRCP，在 ICPRCP 的框架下，双方展开长期的谈判与讨论，2011 年 5 月，双方终于达成协议，德国于 2011 年 11 月将该雕像返还给土耳其；在 2012 年 6 月召开的 ICPRCP 第 19 届理事会上，德国政府与土耳其政府向大会报告了两国协议的内容以及协议履行的具体情况。

上揭案例表明，ICPRCP 已成为重要的跨国文物纠纷的争议解决平台，并已逐渐建立起一套争议解决机制。该机制不具强制性，以有关各方的自愿为前提，以程序灵活为特点。尽管缺少强制性，但鉴于 ICPRCP 的权威性，这套机制在跨

---

　　〔1〕　Rules of Procedure for Mediation and Conciliation in Accordance with Article 4, Paragraph 1, of the Statute of the Intergovernmental Committee for Promoting the Return of Cultural Property to its Countries of Origin or its Restitution in Case of Illicit Appropriation, arts. 2, 3（2010）.

　　〔2〕　*Ibid.* , at art. 10.

　　〔3〕　参见 http：//www. unesco. org/new/en/culture/themes/movable – heritage – and – museums/restitution – of – cultural – property/committes – successful – restitutions，访问时间：2017 年 5 月 3 日。

国文物追索方面仍具有重要的示范意义和道义价值。譬如，自 1982 年以来，希腊就将向大英博物馆索回"埃尔金石雕"的请求提交 ICPRCP，希望借助该委员会的平台追索国宝。尽管英国并不同意 ICPRCP 直接介入调停，但考虑到国际影响与道义因素，依然同意借助 ICPRCP 的平台与希腊展开谈判。

自此，在 ICPRCP 召开的每届理事会上，两国政府都会发表声明，阐释各自的主张与理由，以争取其他国家的支持。在 2012 年 6 月召开的 ICPRCP 第 19 届理事会上，希腊与英国政府代表再次分别向大会做了关于埃尔金石雕问题的报告。两国代表发言后，秘鲁、塞浦路斯、土耳其、巴基斯坦、厄瓜多尔、伊拉克、柬埔寨等国纷纷表示支持希腊的追索主张，要求英国应尽快将雕像返还给希腊；会场上并没有任何国家发言支持英国的主张。[1]因此，虽然两国的纠纷很难在短期内得到解决，但 ICPRCP 为希腊追索国宝提供了一个重要的国际平台，对其获得国际社会的支持并扩大道义上的优势地位具有重要作用。

在瑞士发生的一起文物纠纷也值得研究。2002 年，瑞士苏黎世州与圣加仑州通过仲裁成功解决了常年困扰它们的一起文物纠纷。尽管该案并非国际性文物归属纠纷，但因发生在联邦制国家两个平等的州之间，且涉及的文物纠纷极具典型性，故应予关注。

该案所涉及的标的包括手稿、古书、古画和一些古天文设备，共计约一百件文物。这些文物原属圣加仑州修道院的图书馆，但在第二次维尔梅根战争（War of Villmergen）结束时（公元 1712 年），遭到苏黎世州劫掠。此后，这些文物一直被收藏在位于苏黎世州的中央博物馆与瑞士国家博物馆内。20 世纪后期以来，圣加仑州一直向苏黎世州提出返还请求，理由如下：苏黎世州占据这批文物没有任何法律依据，当时的瑞士战争法"禁止劫掠文化财产"；而苏黎世州方面则指称，依据当时的国际战争法，获得战利品是战争中获胜一方享有的法定权利，且依据瑞士联邦法，圣加仑州的主张早已超过时效。[2]对此，圣加仑州从这批文物对该州历史文化的重要性入手，指出这批文物是该州历史文化标志的重要组成部分，它们的回归意义重大。

在瑞士联邦政府的斡旋下，两州政府于 2002 年达成协议，将纠纷提交由联邦政府任命的调解小组。依据协议，仲裁小组在瑞士联邦政府的主导下成立，经其调解，两州于 2006 年 4 月达成调解协议：这批文物的所有权归苏黎世州，但其中的 35 件珍贵文物以无偿的方式租赁给圣加仑州；其余文物的原件运往圣加

---

〔1〕　本书第一作者作为中国国家文物局的法律专家出席了此次会议。

〔2〕　Cf. NZZ, Nr. 203, of 3.9. 2003, 46.

仑州免费展览 4 个月，同时苏黎世州负责制作这批文物的仿制品，并将之赠送给圣加仑州。这个案例不仅再次证明调解是解决文物纠纷的一种有效途径，其调解协议的内容也为其他文物纠纷的解决提供了颇具价值的经验。[1]

三、中国的文物追索：摸着石头过河

作为四大文明古国之一，中国拥有极其丰富的文物资源，这不仅是祖先留下的文化瑰宝，也是中华民族的历史之脉、民族之根。然而，令人痛心的是，自清末以降，中国国力衰微，饱受外强欺凌，战祸不断，导致大量珍贵文物惨遭破坏或流失海外。尽管 20 世纪初以来，民国政府就开始利用法律手段保护文物、打击文物走私，但囿于军阀割据、日寇入侵、战乱不断，文物保护的法律、法规无法得到有效执行，文物犯罪一直处于失控状态，文物流失不断加剧。中华人民共和国成立后的前三十年，文物的非法流失得到有效遏制，但在"文革"期间，因受极左意识形态的影响，文物保护陷入停滞甚至倒退状态，许多文化遗产遭到人为破坏，教训惨痛。

20 世纪 80 年代以后，中国的文物保护事业进入了历史上前所未有的黄金时代。一方面，随着中国走上改革开放与依法治国之路，文物保护迎来了历史上最好的时期：立法日臻完善，执法、文物保护及研究水平不断提高，保护文物、打击文物犯罪、对非法流失海外的文物进行积极追索，已经成为当代中国社会各阶层的共识与努力方向。

另一方面，这也是一个糟糕的时代：随着文物价格的飙涨与文物非法贸易的泛滥，在巨额利润的诱惑下，大量不法分子铤而走险，大肆盗窃馆藏文物、盗掘古墓并进行走私，新一轮的文物犯罪与流失潮由此显现。更令人忧虑的是，在全球化背景下，文物犯罪呈职业化、集团化、国际化及智能化之势，堵住文物流失的潮水变得比以往任何时期都要困难，国际文物界已将中国、埃及、希腊及秘鲁并称为当代世界文物流失最严重的四个国家。[2]

进入 21 世纪，随着中国综合国力的迅速增强与全民族文化修养及文化主权意识的不断提升，早日让流失海外的国宝走上回家之路，已成为全社会的共同关注点与希望。在此背景下，中国政府将追索海外流失文物的工作提升到前所未有的高度，并为此做了大量卓有成效的工作。

---

〔1〕　详见本书第六章第三节案例三"瑞士苏黎世州政府返还圣加仑州政府古代手稿与地球仪案（2006 年）"。

〔2〕　James Cuno, *Who Owns Antiquity? Museums and the Battle over Our Ancient Heritage*, Princeton：Princeton University Press, 2008, preface.

不过，总体而言，与韩国、希腊、土耳其、埃及、意大利等其他主要文物流失国相比，中国的文物追索工作起步较晚且进展相对缓慢，成功追索回国的文物数量有限，尤其是中国主动向国外有关机构或个人提出返还文物要求的先例不多，现有案例大多是在有关外国政府查获非法入境的中国文物后通知我国政府，或像 2009 年圆明园兽首拍卖事件那样，在个案受到各界关注后，我国相关机构才被动介入的，遑论构建系统性的文物追索战略。

造成这一局面的原因颇为复杂。

第一，我国流失海外的文物数量巨大、跨越历史阶段漫长、流失出境的原因复杂多样，文物追索工作因而异常复杂与艰巨。一般认为，中国文物呈规模化的流失肇始于 19 世纪中后期，一直持续至今，可分为三个较为集中的阶段：1860 年至 20 世纪初、20 世纪 30 年代至 1949 年、20 世纪 80 年代至今。[1]

第一个阶段的集中流失，主要肇因是第二次鸦片战争及八国联军侵华战争。在这两次战争中，英法联军以及八国联军攻入北京烧杀抢掠，两次火烧圆明园，抢劫、破坏了园中大部分宫廷旧藏和大量珍宝器皿。

遗憾的是，由于当时清廷已处风雨飘摇之中，官方并未对遭到破坏及劫掠的物品做详细统计和记载，具体数量及信息已无法考证，我们只能从一些西方历史文献的记载中窥见当时的惨状。一名参加英法联军侵华战争的法国军官在写给朋友的信中描述："火烧圆明园以后，我们足足运走了三百多车战利品。砸碎的瓷器、象牙制品不计其数……"一位英军将领在日记中写道："那些法国兵没有纪律可言，单个活动，捡东西就乱抢，拿不动或不好拿的就砸，我们英国军官指挥兵士将战利品集中摆放，整整堆满了三处皇宫大院……"[2]

事实上，除圆明园外，从皇宫禁苑、官署部衙，到五公府第、民居商宅，都遭到联军地毯式的洗劫。有史料记载，经此浩劫，北京城"未然之橹楼，为联军击碎烧弃，已失数百年来巍奂之美观，旧迹留者，仅一二者"。[3] 此外，自联军撤退至清廷返京期间，由于皇家庭院处于无人看守状态，部分当地民众及游民也参与到贵重物品的偷窃与抢夺之中，致使所剩文物又遭一次涂炭，无怪乎有学者哀叹："盖自元明以来之积蓄，上至典章文物，下至国宝奇珍，扫地遂尽。"[4] 经这两次战争，中国大量国宝级文物流失海外。直至今天，国际拍卖市场上出现的

〔1〕　潘深亮：《中国文物流失经历的浪潮》，载《科学之友》2009 年第 5 期，第 51 页。

〔2〕　［法］布隆戴尔：《1860 年征战中国记》，赵珊珊译，中西书局 2011 年版，第 115 页。

〔3〕　梁启超：《详述北京战后景况》，载《清议报》第 59 册，1900 年 10 月 4 日，中华书局 2006 年版（影印版第 3 册）。

〔4〕　柴萼：《庚新记事》，载《中国近代史资料丛刊》（第 1 册），上海人民出版社 2000 年版，第 42 页。

清宫拍品，大都为北京城两次遭受浩劫时被劫掠的文物。[1]

　　除战争外，19 世纪末 20 世纪初，中国西北地区成为各国文物探险家的"乐园"。各种名目的探险队、测量队和考察队纷至沓来，仅 1876－1928 年间，到达中国西北地区的探险队就达 42 支之多。这些探险队，既有沙俄、英国、法国的，也有德国、日本、瑞典和美国的。他们未经中国政府许可就在中国西北地区肆意劫掠文物、非法发掘古文化遗址，或以低价购买的方式从占有者或保管者那里获取珍贵文物，造成中国文物的大量流失。仅以敦煌为例：敦煌石窟，历时千余载，拥有宝藏无以计数。藏经洞出土文书五万余件，多是历史上佚失无存的孤本，弥足珍贵。但几十年间，敦煌数度遭盗抢，几经劫难，敦煌遗书在中国国内现仅存两万件，英、法、日、美、俄、瑞典、奥地利诸国均有敦煌文物收藏，数量无从估计。[2]

　　20 世纪 30 年代至 1949 年，中国饱尝战乱之害，这段时期也成为中国文物大量外流的第二个高峰期。彼时，民国政府虽然陆续颁布了《名胜古迹古物保存条例》《古物保存法》等一系列法律、法规，希望借助法律手段保护文物、阻止珍贵文物外流，但囿于特殊的国际、国内环境，法律基本无法得到有效执行，民众亦极度缺乏文物保护及文化主权意识。[3]故此，文物犯罪与流失现象在此阶段异常严重。

---

〔1〕　吴树：《谁在拍卖中国》，山西人民出版社 2010 年版，第 3 页。

〔2〕　历次考察中，以英国人斯坦因、法国人伯希和在敦煌藏经洞的劫掠最为严重。据说，斯坦因买敦煌经书是依卷子大小而定；而伯希和精通中文，所掠五千余本经书和绢本、纸本画都为藏经洞中的上上品。而考察行径最为恶劣的当数美国人华尔纳，这家伙以特种油布按在敦煌千佛洞的壁画上，把带不走的壁画印在布上带回美国。他们疯狂劫掠过后，如今敦煌遗书在中国国内仅存两万件，而藏于英国大英博物馆的就有 13 700 件，法国巴黎国立图书馆有 6000 件，俄罗斯亚洲民族研究所有 12 000 件，英国印度事务部图书馆近 2000 件，日本 122 件。仅上述四国 5 处有案可查的敦煌遗书收藏量就比我国国内所藏的多出 13 800 多件。另外，美国、瑞典、奥地利、韩国等也均有敦煌文献收藏，其数量无从估计。James Cuno, *Who Owns Antiquity? Museums and the Battle over Our Ancient Heritage*, Princeton：Princeton University Press, 2008，pp. 88－104.

〔3〕　20 世纪 30 年代，欧美经济陷入空前危机，大量资本找不到合理的投资渠道，文物及艺术品遂成为闲置资本的投资对象。在此背景下，中国文物也成为西方资本追逐的目标。在中国，西方文物商用几百美金便能买到一件上好的中国古董，一万美金就可以买到国宝级文物。盗墓之风亦在中国盛行。在安阳，外国的古董商整天守在那里等着老百姓去挖商代的青铜器，而带回美国后，一件青铜器能卖好几十万美金。这些古董大都是从军阀、大家族、古董商、古玩商店，还有老百姓家里流散出来的。在陕西、山西、河南、甘肃等地，文物流失得更厉害，因为这些地区经常出土汉唐文物，一些农民在耕地、掘墓时，发现了很多东西，但他们并不懂挖到的是什么。古董商看到这种机会后，便专门去民间搜罗，以便宜的价格购入，然后以较高的价格卖出。那时，一件青铜器大概能卖几百大洋，这类事件常常在古玩界引起轰动，于是便形成了一种风气。潘深亮：《中国文物流失经历的浪潮》，载《科学之友》2009 年第 5 期，第 51 页。

日本发动的侵华战争，对中国文物而言，更是一场空前浩劫。侵华期间，劫掠文物成为日军一项有组织、有计划、有目标的任务。日军长期在中国境内进行盗掘式考古，将出土的大量珍贵文物运回日本，还以各种方式搜刮中国文物，如庐山化石标本、中央研究院珍藏的殷墟文物、中央图书馆、清凉山国学图书馆收藏的典籍、溥仪被赶出紫禁城时精心挑选的上千件国宝级文物等，都落入日寇之手；"北京人"头盖骨也在战争中神秘失踪。[1]

抗日战争给中国的文化财产造成了无法估量的灾难性破坏。[2]目前，日本拥有一千余座大小博物馆，共收藏中国历代文物二百万件之多，大多数为日本侵华战争期间被劫掠到日本的。仅东京国立博物馆一家，就藏有中国历代文物珍品九

---

〔1〕 Jeanette Greenfield, *The Return of Cultural Treasures*, Cambridge：Cambridge University Press, 2007, pp. 419 – 420.

〔2〕 据战后国民政府的不完全统计，抗战期间中国文物损失的数量及估价总目如下：

类别	损失数量	估计价值
书籍	公：2 253 252 册 另 5360 种 411 箱 44 538 部	3 804 114 元
	私：488 856 册 另 18 315 种 168 箱 1215 部	1 204 766 元
字画	公：1554 幅	185 490 元
	私：13 612 幅 另 16 箱	555 036 元
碑帖	公：455 件	37 135 元
	私：8922 件	170 764 元
古物	公：17 818 件	1 035 888 元
	私：8567 件 另 2 箱	118 246 元
古迹	公：705 处	1 620 600 元
	私：36 处	65 000 元
仪器	公：5012 件 另 63 箱	626 652 元
	私：110 件 另 3 箱	40 025 元
标本	公：14 582 件 另 1204 箱	77 369 元
	私：17 904 件	15 000 元
地图	公：125 件	480 元
	私：56 003 件	13 926 元
艺术品	公私：2506 件	39 721 元
杂件	公：648 368 件	65 429 元
	私：3 箱	10 000 元
合计	3 607 074 件 741 处 1870 箱	9 885 546 元

转引自中国第二历史档案馆档案：《中国战时文物损失数量及估价总目》，全5（2），卷913。

万余件，其中珍品、孤品不计其数，远远超过中国国内的许多博物馆。[1]此外，大阪市立东洋陶瓷美术馆、大阪市立美术馆、京都泉屋博古馆、藤井有邻馆、根津美术馆等也收藏有大量中国珍贵文物，包括王羲之的《妹至帖》《定武兰亭序》《十七帖》《集王圣教序》，前凉时代的《李柏尺牍稿》等稀世文物珍品。[2]这些被劫掠至日本的中国文物，既是中华民族无法割舍的文物珍宝，也是日本侵略者对中国人民犯下战争罪行的确切证据。

　　文物大量外流的第三个阶段始于20世纪80年代，至今尚未结束。随着国门打开，在跨国文物贸易的暴利诱导下，一条由"三盗"人员（盗墓、盗捞、盗窃）和走私者、销赃者组成的，以港澳为跳板，从内地到欧美、日本的中国文物走私链条迅速形成。这一时期流失的文物大多来源于古墓、窖藏和水底，历史价值高、数量大且呈愈加猖獗之势。以至于有人形容，改革开放以后的文物走私，80年代开了一道缝，90年代开了一道闸，21世纪则呈决堤之势。[3]至于这三十多年来到底流失了多少文物，具体数量与情况无从掌握，但业界普遍认为，这一阶段为中国文物流失最严重的阶段。[4]

　　由此可见，中国的文物流失跨越时间长，肇始于清末，延续到当代，长达百余年；流失的方式复杂多样，既有因战争劫掠、偷盗走私等流失出境的，也有因文化侵略、低价出售等非法性尚存争议的方式流往海外的；[5]流失文物的数量极其庞大，至于中国流失海外文物的具体数量究竟有多少，恐怕是一个无人能准确回答的问题。"但可以确定的是，那是一个极其庞大的数字，大得足以让国人心惊肉跳，大得足以让世人瞠目结舌。"[6]由于文物流失跨越时间长，方式复杂多样，数量极其庞大，中国文物追索面临的困难不言而喻。

　　第二，在当前的国际及国内法律框架下，追索具有明确法律依据与支撑的流失出境文物仅占一部分，甚至是一小部分；对于大部分流失海外的文物，尤其是历史上通过战争、文化考察、低价购买等途径流失海外的大量文物，在目前的法律环境下，追索尚存在诸多难以逾越的法律障碍，其中既包括当代国际公约不溯

---

〔1〕　吴树：《谁在收藏中国》，山西人民出版社2008年版，第47页。

〔2〕　谢辰生、顾廷龙主编：《中国甲午以后流入日本之文物目录》，中西书局2012年版，序言。

〔3〕　杨潇：《中国文物流失链调查》，载《南方人物周刊》2009年第11期，第28页。

〔4〕　吴树：《谁在拍卖中国》，山西人民出版社2010年版，第3－6页。

〔5〕　文化侵略，这里是指19世纪末20世纪初外国一些探险家、文物收藏者及学者打着"文化考察""地理探险""测绘""文物研究"等旗号，到我国境内对文化遗址进行私自挖掘、开发，或以购买的方式获取珍贵文物并带回其本国。与战争劫掠不同，文化侵略造成的文物流失其中有相当一部分从法律上看是处于灰色地带的，不具有直接的违法性。

〔6〕　吴树：《谁在收藏中国》，山西人民出版社2008年版，第2页。

及既往、缔约国数量有限及分布不均、履约不畅等国际法上的障碍，也包括广泛存在各国国内法上的善意取得、取得时效与诉讼时效等制度障碍，这是困扰中国追索流失海外文物的重要现实原因。此外，需要强调的是，作为迅速崛起的全球性大国，中国面对的国内外环境错综复杂，中国追索流失海外的文物必须放在国家对外战略的整体框架内予以统筹考虑，其中牵涉的事项以及需要考虑的利益与处理的问题，恐怕远超过其他任何一个文物流失国。

第三，文物追索是一项系统工程，涉及文保、法律、外交、贸易等众多领域，既需要不同政府机构的协力配合，也需要不同学科的协同研究。然而，囿于机制羁绊等原因，跨部门、跨学科的文物追索协同研究机制迄今尚未有效建立，这亦为我国文物追索工作难以取得突破的原因之一。

尤须指出，在当代国际环境下追索文物须有法可依，而从法律角度对文物追索进行研究不同于传统的法学研究，既涉及国际公法、国际私法、国际贸易法、民事诉讼法、民商法、行政法、刑法等多个法律部门，还牵涉国际关系、外交、考古等其他学科，仅凭一个法学部分或学科显然无法进行，必须借助多学科的研究视角与研究手段。然而，主要由于这个原因，加之长期未得到应有关注，我国法学界在文物追索领域的理论研究与人才储备一直较为薄弱，这直接导致政府部门在处理文物追索工作时常因缺少法学界的理论支撑而陷入"几无经验可鉴、几无资料可查、几无专家可用"的尴尬状态。我国的文物追索工作因而长期处于"摸着石头过河"的初级阶段。

四、本书缘起：追索肉身坐佛引发的学术跋涉

2014 年 10 月，匈牙利自然科学博物馆举办"木乃伊世界"展览，一尊标名为约公元 1100 年的中国佛僧肉身宝像作为最重要的展品被单独安放在一间展厅。2015 年 3 月，有关这尊肉身佛像展出的消息传到中国后，福建省三明市大田县吴山乡阳春村的村民惊奇地发现，匈牙利的展品与他们供奉在普照堂并于 1995 年被盗走的宋代章公六全祖师肉身宝像极为相似。

2015 年 3 月 18 日，中国记者赶赴该博物馆，拍摄了大量细节图片。通过阳春村提供的宝像细节信息实地近距离观察，经过比对以及佛垫上"本堂普照章公六全祖师"的文字记载，初步认为展出佛像就是阳春村的遗失宝像。

2015 年 3 月 19 日夜间，匈牙利自然科学博物馆透露，他们夜间接到荷兰博物馆的电话通知，并应佛像收藏者的要求在第二天委派运输车辆将佛像运回。2015 年 3 月 20 日，匈牙利当地侨团与阳春村近千村民在两地同时举行敬拜章公祖师仪式。在博物馆内的仪式完毕不到一小时，佛像突然被撤出并运回荷兰。原

来佛像为一名荷兰收藏家所有，通过荷兰阿森市的德伦特博物馆对外展出，2014年已在荷兰展出半年。[1]

2015 年 3 月 22 日，福建省文物部门宣布，经初步确认，匈牙利自然科学博物馆展出的"肉身坐佛"应是福建省大田县吴山乡阳春村 1995 年被盗的章公祖师像。两日后，即 2015 年 3 月 24 日，国家文物局通过其网站发布消息：根据当地遗存的照片、族谱、衣冠、坐轿等物品，以及相关证人证言，现已基本确定该"肉身坐佛"就是大田县阳春村 1995 年被盗的宋代章公祖师像。国家文物局正在梳理完善相关证据材料，并积极与有关部门协商开展追索工作。[2]随后，追索这尊肉身坐佛引发了中国社会各界的关注，甚至成为当年热度最高的社会焦点话题之一。

尽管中国政府与民间对追索这尊肉身坐佛投入了空前的热情并付出巨大的努力，然而追索路途却极其艰辛，陷入重重困难之中。起初，在强大的舆论压力下，荷兰政府曾一度表达积极配合的立场，但很快以该案不适用国际公约、政府无权插手私人财产纠纷为由，婉拒了中方提出的国际执法合作请求。

需要指出，荷兰与我国均为《1970 年公约》缔约国，但加入公约的时间不同，我国于 1989 年加入公约，而公约对荷兰自 2009 年 7 月 1 日起才生效。现有证据表明，本案所涉佛像于 1995 年自我国香港地区入境荷兰。依据国际法上"法不溯及既往"原则及《维也纳条约法公约》第 28 条关于"条约不溯及既往"的规定，[3]荷兰政府认为《1970 年公约》不能溯及既往适用于 1995 年左右入境荷兰的文物，似有依据。至于《1995 年公约》，荷兰政府虽已签署，但迄今未得到荷兰议会批准，自然也不具备法律约束力。现有文物返还领域的国际公约，其局限性与缺陷，由此可见一斑。

由于存在适用国际公约的障碍，荷兰藏家在返还的态度上日趋强硬，改变了其一度愿意促成返还的态度，改称是于 1994 年末至 1995 年初在香港从"一名真诚的中国艺术朋友"手上以 4 万荷兰盾的价格购得这尊佛像，并于 1995 年中将这尊佛像从他在香港的工作室运到阿姆斯特丹的住所，因此已取得该坐佛的所有

---

〔1〕　参见 http：//world. people. com. cn/n/2015/0323/c157278 - 26732527. html，访问时间：2017 年 2 月 28 日。

〔2〕　参见 http：//www. sach. gov. cn/art/2015/3/24/art_ 722_ 117814. html，访问时间：2017 年 2 月 28 日。

〔3〕　《维也纳条约法公约（1969）》第 28 条："条约不溯既往"："除条约表示不同意思，或另经确定外，关于条约对一当事国生效之日以前所发生之任何行为或事实或已不存在之任何情势，条约之规定不对该当事国发生拘束力。"

权。面对中国社会各界持续提出的返还要求，2015 年底，荷兰藏家最终提出返还的条件：其一，须赔偿其 2000 万美元；其二，中国政府须打包购买其收藏的其他中国文物，还须对其研究中国文物提供便利；其三，这尊坐佛返还中国后应存放于佛教大庙，而非阳春村的小庙。

对于荷兰藏家的"天价"赔偿与其他不合理要求，中国国家文物局表示，中方真诚希望荷兰藏家能以真正的良好意愿和合理条件，尽快与中方达成归还协议，让章公祖师像回到其应该属于的地方；同时强调，章公祖师像属于被盗文物，证据确凿，无论后来经过怎样的转手交易，都不能改变其被盗窃、被走私的事实。根据相关国际公约、中荷两国法律以及国际上流失文物返还的惯例，被盗文物都应无条件返还，而不能以购买方式解决。中方从未授权任何人跟荷兰藏家洽商文物买卖事项，反对将章公祖师像返还与其他不相干的事情混为一谈。[1] 鉴于荷兰藏家的上述态度事实上使双方在返还事宜上无法达成一致，阳春村村民不得不选择背水一战。2015 年 12 月，村民委托荷兰律师向荷兰阿姆斯特丹地方法院提起跨国民事诉讼，要求荷兰藏家返还该尊坐佛，并获法院受理。截至本书完成时，最新的进展是：被告于 2017 年 1 月 18 日向荷兰法院提交了初步应诉文件。荷兰法院宣布将于 2017 年 7 月 14 日就本案举行首场听证。[2]

对于阳春村村民提起的这场跨国文物追索诉讼，依笔者之见，有三点必须强调。

第一，这场跨国诉讼是一场不得不进行的法律战争。依据《荷兰民法典》第 3 :306 条关于诉讼时效的一般规定，诉讼时效为 20 年，法律另有规定的除外。[3] 在荷兰民法法律体系下，诉讼时效期间届满，不仅使得胜诉权消灭，并且无论占有人的占有是否善意，原所有人包括所有权在内的实体权也随之消灭，转移给占有人。[4] 鉴于这尊肉身坐佛于 1995 年 12 月被盗，2015 年 12 月就是我方诉诸司法追索之最后期限，因此，无论如何我们均不能错过。

第二，这场跨国诉讼是一场极其重要的法律战争。首先，在荷兰藏家本国的司法机关提起诉讼，可对其产生法律、心理及舆论压力。事实上，从各国的文物

---

〔1〕 参见 http：//news. ifeng. com/a/20151207/46559437_ 0. shtml，访问时间：2017 年 2 月 29 日。

〔2〕 刘芳、杨昕怡：《荷兰法庭宣布 7 月 14 日举行章公祖师肉身像案首场听证》，载新华网 http：// news. xinhuanet. com/world/2017 - 02/02/c_ 1120400742. htm，访问时间：2017 年 2 月 29 日。

〔3〕 Dutch Civil Code Book 3. Article 3 : 306 Liberative Prescription Rights of Action Become Prescribed on the Expiry of Twenty Years, unless the Law Provides Otherwise.

〔4〕 不同于以德国为代表的部分国家"消灭时效（诉讼时效）"仅消灭胜诉权的是，荷兰的"消灭时效"消灭的不仅是胜诉权，还包括所有权在内的实体权利。参见霍政欣：《追索海外流失文物的法律问题》，中国政法大学出版社 2013 年版，第 63 页。

追索实践来看，不少文物纠纷正是在诉诸司法后，被告才愿意与原告在庭外或当庭达成和解，从而解决纠纷。1998 年，我国成功从英国追索 3494 件珍贵文物，就是因为中国政府在英国提起诉讼后，犯罪嫌疑人在强大的法律及舆论压力下才答应通过庭外和解的方式返还文物的。其次，启动诉讼程序后，原告可以请求荷兰法院采取诉讼保全措施，以免被告在法院做出判决前转移、藏匿、转手或毁坏坐佛。再次，诉诸法院，有利于我方获取证据，因为包括荷兰在内的绝大多数国家的民事诉讼法均有证据公开或披露规则，诉诸法院遂可以从荷兰藏家那里获得对其不利而对己有利的证据。[1]最后，由于被告是荷兰公民，住所在阿姆斯特丹，这尊肉身坐佛也位于该地，所以一旦荷兰法院做出返还判决，其执行会非常便利、有效。

第三，这场跨国诉讼也是一场充满困难的法律战争。首先，荷兰法律与中国法律存在显著不同，且这尊坐佛的首次交易地系在第三地——中国香港特别行政区，以跨国民事诉讼的方式解决坐佛的所有权争议，诉讼结果因而存在较大的不确定性；尤其是在荷兰法院提起诉讼的情况下，我方当事人还必须面对语言、文化等诸多困难，要想准确预计诉讼结果更是难上加难。其次，民事诉讼费用高、耗时长，且即便荷兰法院在一审做出返还的判决，如荷兰藏家上诉，还须经过二审，甚至三审，才能做出终审判决。对于阳春村村民而言，这些都是他们必须要面对的困难。

作为多年来一直致力于研究跨国文物追索的学者，从这尊肉身坐佛被确定为中国被盗文物之日起，出于天然的学术兴趣与源自内心的责任感，笔者就对之予以高度关注，参与相关论证工作并进行了全程追踪式的学术研究。然而，在此过程之中，随着研究的推进与深入，笔者愈加深切地感受到：由于我国之前并未对当代跨国文物追索的案例进行系统梳理与研究，亦未对荷兰、欧盟的相关法律与实践进行过整理，相关资料极度匮乏，相关研究付之阙如。在这种情况下，要在短期内对追索肉身坐佛提出操作性强、准确度高、参考意义大的法律预案，何其难矣！

最终，在克服了诸多困难、完成了相关研究任务后，笔者萌生了对当代跨国文物追索的典型案例进行系统梳理与研究的想法，并得到国家文物局在课题研究与资料提供等方面的有力支持，这进一步坚定了笔者尽快付诸研究的信心与决心。

---

〔1〕 [美]弗里德里希·K. 荣格：《法律选择与涉外司法》，霍政欣、徐妮娜译，北京大学出版社2007 年版，第 2 页。

随后，笔者找到中国政法大学的两位博士研究生刘浩与余萌，与他们就研究的设想、框架、思路、方法、内容展开了细致的讨论。刘浩与余萌是两位充满朝气、锐气与灵气的青年学者，近年来一直在文物返还领域研究写作，具备较为扎实的研究基础，并对追索海外流失文物的事业怀揣着近乎虔诚的学术理想与激情。

我们三位很快组成研究团队，并明确了分工。两位青年学者的加入，大大加快了研究的进程。在之后的两年多时间里，我们倾注全力，相互鼓励，克服了诸多困难，终于按时完成了这部长达近六十万字的专著。现在回想整个写作过程，其中的酸甜苦辣唯有亲历者方能体会。

第一章　美国篇

美国是世界上最主要的文物市场国之一，也是中国文物流失的首要目的国。[1] 20 世纪下半叶以来，我国曾多次成功从美国追回流失文物。[2] 但总体而言，与非法流失到美国的海量中国文物相比，成功返还的文物目前所占比例还很小，且由于文物追索工作起步较晚，我国至今尚未建立起系统性和有针对性的对美文物追索战略与策略。

鉴此，为日后更加有针对性地开展对美文物追索工作，有效遏制我国文物的非法流失现象，有必要对美国有关文物返还的法律体系进行系统研究，并对美国返还其他国家（尤其是主要文物来源国）文物的案例进行梳理与分析。

第一节　涉及文物返还的美国法研究

作为文物市场大国，美国文化财产保护的法律制度相对完备，与文物返还有关的法律规定也较为成熟。在美国法语境下，涉及文物返还的法律框架不仅涵盖各州涉及善意取得、诉讼时效等问题的私法，也包括以《文化财产公约实施法》《国家反盗窃财产法》为核心的公法；此外，还涉及相关的国际公约、双边协定、备忘录及其他规范性文件。

---

〔1〕　Francesco Francioni and James Gordley, *Enforcing International Cultural Heritage Law*, Oxford: Oxford University Press, 2013, p. 243.

〔2〕　我国成功从美国追回的流失文物为数不少。包括 1989 年追回的屈原纪念馆战国铜敦，2001 年追回的五代王处直墓武士浮雕像，2011 年追回的唐贞顺皇后陵墓被盗文物以及 2015 年美国向我国移交的 22 件流失文物等。

一、涉及文物返还的民事法律

在追索海外流失文物的实践中，追索方如欲通过国际民事诉讼机制实现文物返还，则应对文物所在国法院提起文物返还的民事诉讼做好充分准备，要了解该国的诉讼程序及其关于诉讼主体资格的规定，尤其重要的是那些对追索方的实体权利和诉讼权利有实质性影响的民事法律规定。

在美国，追索方提起请求文物返还的民事诉讼一般为"返还原物之诉"（replevin action）。通常，决定此类诉讼成败有两个问题至关重要——善意取得和诉讼时效。

（一）善意取得

所谓"善意取得"，是指无权处分其占有物的动产占有人将该物转让给他人，善意购买人依法取得该物的所有权或其他物权。[1] 随着商品经济的发展，各国法律在处理善意取得的法律关系时，需要在财产的原所有人和善意购买人之间进行利益权衡。以比较法观之，英国等普通法系国家侧重保障财产原所有人的利益，以维护"静"的财产安全；而法国等大陆法系国家侧重保护善意购买人的利益，以维护"动"的交易安全。[2] 作为英格兰普通法传统的继承者，美国法选择侧重对财产原所有人的保护。

具体而言，由于美国是联邦制国家，调整财产、契约、婚姻家庭等关系的民事法律属于州法，由各州通过制定法和判例法来调整相应的民事法律关系。各州的州法尽管内容各异，但在财产权保护的问题上基本呈现出一致的立场，即在财产的原所有人和善意购买人之间更倾向保护原所有人。[3] 因此，在当代主要文物贸易国中，美国法也被认为对财产原所有人最为有利。[4]

一方面，已为美国50个州所采纳的《统一商法典》（简称 UCC）确立了有关善意取得的一般规则。[5] 除流通票据和货币外，美国原则上否认其他盗窃物

---

〔1〕 佟柔主编：《中国民法》，法律出版社 1990 年版，第 243 – 246 页；钱明星：《物权法原理》，北京大学出版社 1994 年版，第 208 页。

〔2〕 霍政欣：《追索海外流失文物的法律问题》，中国政法大学出版社 2013 年版，第 27 – 28 页。

〔3〕 John Henry Merryman, "Limits on State Recovery of Stolen Artifacts: Peru v Johnson", *International Journal of Cultural Property*, 1 (1992), p. 172.

〔4〕 Wojciech Kowalski, "Restitution of Works of Art Pursuant to Private and Public International Law", *Hague Academy of International Law*, Recueil des Cours, 288 (2001), p. 112.

〔5〕 Uniform Commercial Code (UCC), 1952.

的善意取得，除非存在"占有委托物"之情形。[1] 另一方面，类似的规定也体现在各州州法中。例如，印第安纳州通过判例法确定被盗物的任何受让人，即使是善意购买人，自始不得取得物的所有权或合法占有的权利。[2] 再如，加利福尼亚州州法规定，被盗财产的所有人可以自善意购买者处取回其财产，且不用支付任何赔偿。[3]

由此可见，依据美国法，善意购买人原则上不能取得被盗物的所有权，被盗文物的原所有人可以要求文物现持有人返还。

（二）诉讼时效

所谓"诉讼时效"，在不同法系国家亦称作"消灭时效"或"出诉期限"，是指提起某些诉讼或行使权利的有效期限。期限届满后，不论其诉讼请求权是否曾经存在，均不得再起诉。[4] 一般认为，消灭时效有四项主要功能：其一，保护债务人，避免因时日久远，举证困难，以致利益受损；其二，尊重现存秩序，维护法律和平；其三，权利上之睡眠者，不值得保护；其四，简化法律关系，减轻法院负担，降低交易成本。[5] 该制度广泛存在于世界各国，是对文物返还构成重大障碍的另一项法律制度。对于文物返还诉讼而言，在英美法国家，一旦诉讼时效期间届满，文物的原所有人不仅会失去胜诉权，还会失去对文物的所有权。[6]

美国各州对诉讼时效的规定差异较大，时效期间 2 - 10 年不等。[7] 例如在纽约州和马萨诸塞州，返还原物之诉的诉讼时效期间为 3 年；[8] 而在印第安纳州，返还原物之诉则适用 6 年的诉讼时效期间。[9] 不过，在文物返还之诉中，关键点往往不在于诉讼时效期间的长短，而在于诉讼时效期间从何时起算，亦即如何确定诉讼时效期间的起算点。在美国，因承袭英格兰法传统，此类诉讼一般从

---

〔1〕　曾大鹏：《商法上的善意取得制度研究——比较法的启示与中国法的完善》，载《时代法学》2011 年第 5 期，第 81 页。

〔2〕　Autocephalous Greek – Orthodox Church of Cyprus and The Republic of Cyprus v. Goldberg & Feldman Fine Arts, Inc. and Peg Goldberg, 717 F. Supp. 1374, 1400 (S. D. Ind. 1989).

〔3〕　John Henry Merryman, "Limits on State Recovery of Stolen Artifacts: Peru v Johnson", *International Journal of Cultural Property*, 1 (1992), p. 173.

〔4〕　薛波主编：《元照英美法词典》，法律出版社 2003 年版，第 851 页。

〔5〕　王泽鉴：《民法总论》，中国政法大学出版社 2001 年版，第 517 页。

〔6〕　霍政欣：《追索海外流失文物的法律问题》，中国政法大学出版社 2013 年版，第 52 – 53 页。

〔7〕　Beat Shönenberger, *The Restitution of Cultural Assets: Causes of Action, Obstacles to Restitution, Developments*, Bern: Stämpfli, 2009, p. 118.

〔8〕　New York McKinney's Civil Practice Law and Rules §214 (3); Massachusetts General Laws c. 260, § 2A.

〔9〕　Autocephalous Greek – Orthodox Church of Cyprus and The Republic of Cyprus v. Goldberg & Feldman Fine Arts, Inc. and Peg Goldberg, 717 F. Supp. 1374, 1385 (S. D. Ind. 1989).

标的物被非法占有之时起算。但是，通过长期的判例发展，两套新的诉讼时效起算标准——"发现规则"（discovery rule）和"要求并被拒绝规则"（demand and refusal rule）——在各州及联邦法院的判例法中逐渐确立下来。

发现规则最早是在"奥基弗诉赛德案"中确立下来的。[1]依据该规则，诉讼时效自文物原所有人知晓或应当知晓文物的下落和文物持有者身份之时起算。相较于传统的时效规定，发现规则无疑延长了原所有人的追索时效，对原所有人更为有利。再者，发现规则适用的前提是文物原所有人须证明其已做到"尽职调查"（due diligence）。[2]换言之，文物原所有人应尽可能采取一切必要且适当的措施来追索流失文物。目前，发现规则已逐渐发展为美国大部分法院遵循的时效起算规则。这些法院包括新泽西州、加利福尼亚州等不少州的州法院、联邦第七巡回法院辖区下的联邦法院及其他部分联邦法院。[3]

要求并被拒绝规则最早由"吉莱诉罗伯特案"确立，[4]其后在"蒙泽尔诉里斯特案"等一系列判例中得到发展和修正。[5]依据该规则，诉讼时效自文物原所有人请求文物持有人返还原物，但持有人拒绝返还之时起算。[6]可见，相比发现规则，该规则对文物原所有人的保护更加有利。[7]不过，应当注意，由于要求并被拒绝规则仅适用于持有人是善意购买人的情形，因此，在持有人是盗贼或恶意购买人的情况下，诉讼时效的起算反而无法适用该规则，而应适用传统的诉讼时效规定。以纽约州为例，在这种情况下，诉讼时效应自被盗物遭窃取或被恶意购买人取得之时起算，即使原所有人此刻并不知晓被盗物的下落。[8]目前，已知的仅有纽约州等美国少数州的州法院，以及联邦第二巡回法院和哥伦比亚特区巡

---

〔1〕　O'Keeffe v. Snyder, 405 A. 2d 840 (N. J. Super. Ct. App. Div. 1979), Rev'd, 416 A. 2d 862 (N. J. Sup. Ct. 1980).

〔2〕　Barbara T. Hoffman, *Art and Cultural Heritage*：*Law*, *Policy and Practice*, Cambridge：Cambridge University Press, 2006, p. 171.

〔3〕　美国联邦第七巡回法院下辖伊利诺伊州、印第安纳州和威斯康星州的联邦地区法院。

〔4〕　Gillet v. Roberts, 57 N. Y. 28 (1874), 1874 WL 11171.

〔5〕　Menzel v. List, 267 N. Y. S. 2d 804 (N. Y. Sup. Ct. 1966), modified by 279 N. Y. S. 2d 608 (N. Y. App. Div. 1967), Rev'd, 298 N. Y. S 2d 979 (1969).

〔6〕　不过，为了避免原所有人滥用"要求并被拒绝规则"，善意购买人可以在原告的返还请求存在"不合理的迟延"并且损害其利益时，主张衡平法上的"迟误"（lacjhes）抗辩。Barbara T. Hoffman, *Art and Cultural Heritage*：*Law*, *Policy and Practice*, Cambridge：Cambridge University Press, 2006, p. 172.

〔7〕　James Nafziger, Robert Kirkwood Paterson, and Alison Dundes Renteln, *Cultural Law*：*International*, *Comparative*, *and Indigenous*, Cambridge：Cambridge University Press, 2010, p. 551.

〔8〕　Grosz v. Museum of Modern Art, 772 F. Supp. 2d 473, 482 (S. D. N. Y. 2010).

回法院辖区下的联邦法院采用了要求并被拒绝规则。[1]

（三）其他重要法律问题

在民事法律上，除善意取得和诉讼时效之外，还有诸多法律问题需先行解决。例如，诉讼主体的资格问题，以判断原告是否具有诉讼当事人的主体资格；再如，法律适用问题，以确定实体问题适用哪个国家/地区的法律。

对于原告的诉讼主体资格，判断的标准有两项基本原则：其一，原告应是法律意义上的主体，具有法律认可的诉讼能力；其二，原告对诉讼标的有法律要求的诉讼利益。一般而言，美国法院在判断时所依据的法律是法院地法，但不排除适用他国法律的可能。以"塞浦路斯共和国、塞浦路斯希腊东正教自主教会诉哥德堡—费尔德曼艺术公司与佩格·哥德堡案"为例，美国法院指出，判断原告塞浦路斯教会是否具有诉讼主体资格时，应当依据塞浦路斯的法律考查法律教会是不是塞浦路斯法所认可的法律实体，至于教会是否具有法人资格在所不问。[2]

对于法律适用的问题，物权（财产权）纠纷适用"物之所在地法"（*lex rei sitae*）是各国普遍遵循的冲突规范。在美国，对于追索文物这类返还原物之诉，通常适用的就是文物所在地法，确切地说，即文物交易时所在地的法律。[3] 有时，在某州（如印第安纳州）缺乏有关返还原物之诉的冲突规则时，法院也会参考适用侵权纠纷的冲突规则来确定适用的法律。[4]值得注意的是，近年来，纽约州出现了摒弃"物之所在地法"而采"利益分析法"（interest analysis）的判例，法院选择适用了与诉讼有最大利害关系的国家/地区的法律（纽约州法），而不是文物交易时所在地法（瑞士法）。[5]

二、涉及文化财产的刑事法律

在联邦刑法法律中，《国家反盗窃财产法》（简称 NSPA）和《考古资源保护

---

〔1〕 美国联邦第二巡回法院下辖康涅狄格州、纽约州、佛蒙特州的联邦地区法院。哥伦比亚特区巡回法院下辖哥伦比亚特区联邦地区法院。

〔2〕 Autocephalous Greek – Orthodox Church of Cyprus and The Republic of Cyprus v. Goldberg & Feldman Fine Arts, Inc. and Peg Goldberg, 917 F. 2d 278, 285 (7th Cir. 1990).

〔3〕 Alessandro Chechi, *The Settlement of International Cultural Heritage Disputes*, Oxford: Oxford University Press, 2014, p. 90.

〔4〕 Autocephalous Greek – Orthodox Church of Cyprus and The Republic of Cyprus v. Goldberg & Feldman Fine Arts, Inc. and Peg Goldberg, 917 F. 2d 278, 286 (7th Cir. 1990).

〔5〕 Bakalar v. Vavra & Fischer, 619 F. 3d 136, 144 (2d Cir. 2010).

法》（简称 ARPA）常用于处理非法流失文物的返还问题。[1]

《国家反盗窃财产法》是联邦刑事法律，旨在对参与跨州或跨国的运输、转移、接收、处分被盗货物、伪造的商品、证券及货币等行为施加刑罚。根据该法，凡在州际或国际贸易中故意运输、转送或转移被盗物或伪造的商品、证券及货币，涉案金额超过 5000 美元的，构成违法行为，可判处罚金和/或 10 年以下监禁。[2] 类似地，凡在州际或国际贸易中故意接收、持有、隐瞒、贮藏、交换、出售或处分被盗物或伪造的商品、证券及货币，涉案金额超过 5000 美元的，同样构成违法行为，可判处罚金和/或 10 年以下监禁。[3]

《国家反盗窃财产法》适用的"被盗财产"，不仅是指美国国内的财产，也包括外国的财产。更重要的是，美国数家联邦法院已通过包括"美国诉麦克莱恩案"在内的系列判例，确认《国际反盗窃财产法》也适用于经外国文物所有权法宣告为国家所有的文化财产，前提是该外国文物所有权法的规定清晰明确。[4]

除《国家反盗窃财产法》外，1979 年《考古资源保护法》在返还流失文物方面也发挥着作用。《考古资源保护法》最初旨在保护位于美国联邦土地和印第安保留区内具有 100 年以上历史的考古资源。根据该法，凡违反联邦或当地法律挖掘、转移、买卖前述考古资源的，构成违法犯罪行为，可判处 10 000 美元以下罚金和/或 1 年以下监禁，情节严重者，从重处罚。[5] 值得关注的是，已有趋势表明《考古资源保护法》还可能适用于外国的考古资源。据统计，自 1996 年起至今，在包括"美国诉梅尔尼克斯案"在内的四起案例中，美国检方都主张将《考古资源保护法》用于保护外国的考古文物。[6]

---

〔1〕 National Stolen Property Act (NSPA), 18 USC §§ 2314 – 15. Archaeological Resources Protection Act (ARPA), Public Law 96 – 95; 16 U. S. C. 470 et seq.

〔2〕 18 U. S. C. §2314.

〔3〕 18 U. S. C. §2315.

〔4〕 United States v. McClain (McClain I), 545 F. 2d 988 (5th Cir. 1977), reh'g denied, 551 F. 2d 52 (5th Cir. 1977); United States v. McClain (McClain II) 593 F. 2d 658 (5th Cir. 1979), Cert. denied, 444 U. S. 918 (1979); United States v. Frederick Schultz, 178 F. Supp. 2d 445 (S. D. N. Y. 2002); 333 F. 3d 393 (2nd Cir. 2003); Cert. denied, 540 U. S. 1106 (2004). 参见本书第一章第二节"美国诉麦克莱恩案（1977年）"（美国返还墨西哥前哥伦布时期文物）和"美国诉舒尔茨案（2002 年）"（美国返还埃及文物）的讨论。

〔5〕 Section 6, 16 U. S. C. 470 ee.

〔6〕 United States v. Melnikas, 929 F. Supp. 276 (S. D. Ohio 1996). Alessandro Chechi, *The Settlement of International Cultural Heritage Disputes*, Oxford: Oxford University Press, 2014, p. 71.

三、涉及文化财产的行政法律

与海外流失文物返还密切相关的行政法律主要包括《文化财产公约实施法》、海关法和《前哥伦布时期遗址或建筑雕像或壁画进口条例》等。

1983 年《文化财产公约实施法》（简称 CPIA），是美国为实施 1970 年联合国教科文组织《关于禁止和防止非法进出口文化财产和非法转让其所有权的方法的公约》而颁布的国内法。[1] 依照此法，美国要承担两项公约规定的基本义务：其一，禁止进口已在公约另一成员国的博物馆及类似机构登记在册的被盗文物，一旦进口则应协助返还；其二，公约成员国在因考古或人种学材料遭受掠夺而造成其文化传承物处境危险的情况下，如向美国提出请求，美国应实施进口或其他管制。[2]

《文化财产公约实施法》的核心条款为第 303 – 305 节、第 307 节、第 308 节、第 310 节，分别涉及签订协议、采取紧急行动、指定协议和紧急行动涵盖的考古类或人种学材料、进口限制的执行、被盗文化财产以及扣押与没收等内容。其中，第 303 – 305 节及第 307 节授权总统在满足一定条件的情况下，与外国签订双边或多边协议，或颁布紧急进口限制法令，以控制从公约另一成员国进口经指定的考古类或人种学材料。[3] 根据第 308 节，禁止进口从本公约另一成员国的博物馆或宗教的或世俗的公共纪念馆或类似机构中窃取的文化财产，只要该项财产已列入该机构的清册文件。[4] 第 310 节则规定了对违反第 307 节的非法进口的考古类或人种学材料与违反第 308 节的被盗文化财产实施扣押和没收程序。[5] 该节还对归还非法进口的考古类或人种学材料以及归还被盗文化财产规定了不同的处置程序。

值得注意的是，《国家反盗窃财产法》《文化财产公约实施法》的适用并不冲突，因为前者是刑法，后者是进口管理法，二者在适用范围上有交叉，但适用

---

〔1〕 Convention on Cultural Property Implementation Act（CPIA），Title Ⅲ of Public Law 97 – 446；19 U. S. C. 2601 et seq.

〔2〕 霍政欣：《1970 年 UNESCO 公约研究：文本、实施与改革》，中国政法大学出版社 2015 年版，第 119 页。

〔3〕 Section 303 – 305 & 307, 19 U. S. C. §§2602 – 2604 & 2606. 根据第 307 节，对属于指定的此类物品的进口，必须持有其原属国签发的出口许可或其他文件，以证明出口未违反该国法律，或持有令人满意的证据证明此类物品的进口发生在被指定为禁止进口前至少十年以上，且其进口商或相关人员在此类物品入境前至少一年以内未直接或间接因其获利。

〔4〕 Section 308, 19 U. S. C. §2607.

〔5〕 Section 310, 19 U. S. C. §2609.

时互不影响。[1] 有可能某个进口被盗文物的行为会同时违反《文化财产公约实施法》《国家反盗窃财产法》，并因此要受到相应的民事处罚和刑事制裁。[2] 不过，与依《文化财产公约实施法》提起的没收程序相比，依《国家反盗窃财产法》提起的民事没收程序，会适用不同的举证责任分配制度。具体而言，对于前者，同依海关法提起的没收程序一样，美国政府仅承担初步证明责任，即能够证明有关标的物属于该法调整范围，且已列入指定名册即可；[3] 而对于后者，根据《民事资产没收改革法案》，美国政府承担以"优势证据"标准证明系争财产应当予以没收的举证责任。[4]

在没收非法进口文物和返还文物方面，同样扮演着重要角色的还有美国海关法。例如，《美国法典》第18卷"犯罪与刑事程序"第27章"海关法"之第545节"进口走私货物"规定，虚假申报进口货物属于违法行为，所涉的货物应被罚没。[5]《美国法典》第19卷"海关职责"第4章《1930年关税法案》（Tariff Act of 1930）第1595条第1款第3项规定，被盗物、走私物或私自带入境的货物将被扣押、没收。[6] 需指出的是，对于非法入境的被盗物，美国政府不仅可依据"海关法"予以扣押、没收，也可依照《国家反盗窃财产法》对被盗物启动民事没收程序，相关的民事没收程序适用2000年《民事资产没收改革法案》（简称CAFRA）。[7]

此外，1972年《前哥伦布时期遗址或建筑雕像或壁画进口条例》规定，美国海关依据美国海关法对未取得原属国签发的出口许可而进入美国的前哥伦布时期的考古材料、雕塑、壁画或其碎片进行扣押和没收。[8] 其中，所涉文物涵盖了来自墨西哥、中美洲、南美洲和加勒比群岛的前哥伦布时期印第安文物。[9]

---

〔1〕 二者也被汇编于《美国法典》的不同卷，《文化财产公约实施法》（CPIA）列在第19卷"海关职责"，而《国家反盗窃财产法》（NSPA）在第18卷"犯罪与刑事程序"中。

〔2〕 United States v. Frederick Schultz, 333 F. 3d 393, 409 (2nd Cir. 2003).

〔3〕 19 U. S. C. §2610 (1).

〔4〕 18 U. S. C. §983.

〔5〕 18 U. S. C. §545.

〔6〕 19 U. S. C. §1595a (c).

〔7〕 Civil Asset Forfeiture Reform Act (CAFRA), 18 U. S. C. §983.

〔8〕 Regulation of Importation of Pre – Columbian Monumental or Architectural Sculpture or Murals, Title Ⅱ of Public Law 92 – 587, 19 U. S. C. 2091 et seq.

〔9〕 Section 205, 19 U. S. C. 2095.

四、涉及文物返还的国际条约

（一）国际公约

20世纪末以来，美国加入了一系列保护文化财产的国际公约，其中涉及防止盗掘、非法贩运文物并促进流失文物返还原属国的国际公约主要有三个，分别是1983年9月加入的1970年《关于禁止和防止非法进出口文化财产和非法转让其所有权的方法的公约》，2005年10月加入的2000年《联合国打击跨国有组织犯罪公约》，[1] 2009年3月加入的1954年《关于发生武装冲突时保护文化财产的公约》。[2] 其中，《1970年公约》是与流失文物返还密切相关的国际公约，这里稍作展开。

《1970年公约》是首个规范和平时期文物非法流转的国际条约。公约要求各缔约国采取建立文物清册、出口证明、贸易监管、刑罚制裁或行政处分、教育宣传活动等措施防止文化财产的非法进出口和非法转让。

美国在加入《1970年公约》时，同时做出了包含一项保留、六点"理解"的声明，"附条件地"接受了公约的约束。[3] 1983年，美国为实施《1970年公约》颁布了《文化财产公约实施法》。值得注意的是，依据《文化财产公约实施

---

〔1〕　2000年《联合国打击跨国有组织犯罪公约》是国际刑事司法合作领域的重要条约，旨在预防和打击洗钱、腐败、非法贩运文化财产等有组织犯罪。

〔2〕　1954年《关于发生武装冲突时保护文化财产的公约》是专门针对武装冲突情况下保护文化遗产的国际条约。公约涉及可移动和不可移动的文化财产，包括建筑、艺术或历史纪念物、考古遗址、艺术作品、手稿、书籍和其他具有艺术、历史或考古价值的物品，以及各类科学收藏品。公约的《第一议定书》首次提出武装冲突情况下流失文化财产的返还问题。为防止文化财产从被占领领土出口，该议定书禁止从被占领领土上输出文化财产，并要求把此项财产返还给输出国。公约的《第二议定书》设立了对重大文化财产的"加强保护"制度，确立了破坏文化财产的刑事责任和打击犯罪的国际合作制度。

〔3〕　霍政欣：《1970年UNESCO公约研究：文本、实施与改革》，中国政法大学出版社2015年版，第114–115页。所谓"一项保留、六点'理解'"是指：①美国保留是否对文化财产施加出口控制的决定权。②按美国的理解，公约既不是自执行公约，也不具有溯及力。③按美国的理解，公约第3条不会修改文化财产依公约成员国法律包含的财产权益。④按美国的理解，如依据公约成员国法律，被盗文化财产的合法拥有者享有无偿索回的权利，那么，公约第7条第2款无损于其依据该法享有的其他救济，不论民事救济还是刑事救济。美国准备采取进一步措施以便实现公约第7条第2款第2项所考量的被盗文化财产的无偿归还，但须满足以下两个条件：其一，在美国宪法所要求的范围内；其二，仅适用于对美国机构给予同等对待的公约成员国。⑤按美国的理解，公约第10条第1款"视各国情况"的措辞允许各成员国决定涉及古董商的法规（如果有此类法规）的宽严程度，对美国而言，该措辞表明美国的州政府及市政府的适当机构有此决定权。⑥按美国的理解，公约第13条第4款适用于公约对相关国家生效后从原主国转移出境的物品，正如起草公约文本的政府专家特别委员会主席所声明的那样（此声明载于该委员会报告第28段）；同时，依该条第4款，归还文化财产的方式系该条第3款所指的司法诉讼，此类诉讼由被请求国的法律支配，请求国须提交必要证据。

法》第 310 节的规定,对非法进口的考古类或人种学材料和对被盗文化财产适用两套不同的归还程序。

第一种情况针对非法进口的考古类或人种学材料（如图 1－1 所示）。此类材料在被美国执法机关没收后,首先应返还给其原属国。其次,如果没有国家对该材料主张权利,则返还给申索人,前提是该申索人能证明对该材料享有所有权,或能证明其为善意购买人。最后,在既没有原属国也没有相应申索人提出返还请求时,该材料则按照海关法有关没收的规定处理。因返还、移交及与此相关的其他必要费用由被归还方承担。[1]

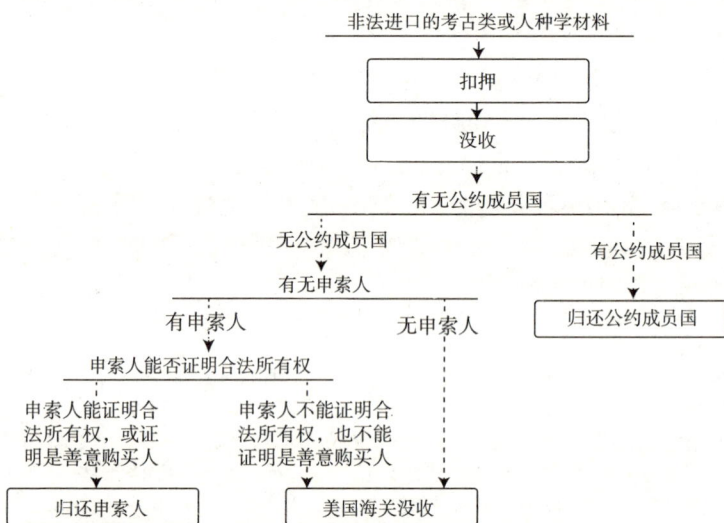

图 1－1

第二种情况针对被盗文化财产（如图 1－2 所示）。首先,从本公约另一成员国的博物馆或类似机构中被盗的文化财产,在被扣押之后,如果有申索人依据适用的法律能够证明其对该财产享有所有权,则不得没收该财产,除非请求返还的该成员国向该所有权人给予合理的补偿。其次,如果申索人不能证明其对该财产享有所有权,仅能证明其在购买时不知晓或没有理由知晓该材料是被盗物的,即仅能证明其为善意购买人,同样不得没收该财产,除非请求返还的该成员国向申索人支付其购买价款,或美国政府确认该成员国依据该国法律或互惠原则,会在

---

　〔1〕　Section 310（b）, 19 U. S. C. § 2609（b）.

相似情形下将被盗自美国博物馆或类似机构的文化财产也予以归还，且不要求支付相应补偿。最后，在没有申索人的情况下，此类文化财产在被美国执法机关没收后，应先返还给被盗财产机构所在的公约成员国，前提是该国承担因返还、移交及与此相关的其他必要费用。如果没有相关公约成员国提出返还请求，则该材料按照海关法有关没收的规定处理。[1]

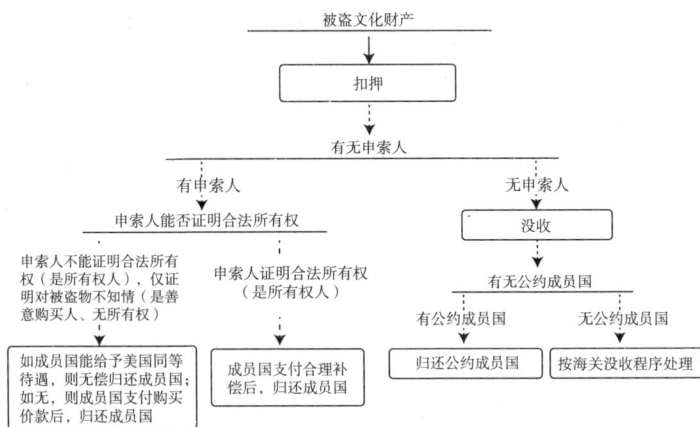

图 1-2

（二）双边协定

依照《文化财产公约实施法》，美国总统有权与外国签订双边或多边协议，或颁布紧急进口法令对外国的考古类或人种学材料实施进口限制。

截至 2017 年 2 月，美国已经与伯利兹、玻利维亚、保加利亚、柬埔寨、中国、哥伦比亚、塞浦路斯、埃及、萨尔瓦多、希腊、危地马拉、洪都拉斯、伊拉克、意大利、马里、尼加拉瓜、秘鲁和叙利亚 18 国签订了双边协议或签发了进口限制令。此外，美国与加拿大于 1997 年 4 月也签订了双边协议，但该协议已在 2002 年 4 月因五年有效期届满且未顺延，到期失效。[2]

目前现行生效的双边协议有 16 个，进口限制令有 2 个（伊拉克、叙利亚）。在 16 项双边协议中，从名称上看，有 2 项冠以"协议"之名（马里、尼加拉

---

〔1〕　Section 310（c），19 U. S. C. §2609（c）.

〔2〕　Bureau of Educational and Cultural Affairs，"Cultural Heritage Center – Bilateral Agreements"，载 https：//eca. state. gov/cultural – heritage – center/cultural – property – protection/bilateral – agreements，访问时间：2017 年 2 月 29 日。

瓜），其余 14 项被称作“谅解备忘录”，均为具有法律约束力的双边协定。其中，有 7 个“协议”或“谅解备忘录”从先前签发的紧急进口限制令发展而来（玻利维亚、柬埔寨、塞浦路斯、萨尔瓦多、危地马拉、马里、秘鲁）。在限制进口的文物范围上，有 7 项是针对经指定的考古类和人种学材料（伯利兹、玻利维亚、保加利亚、哥伦比亚、塞浦路斯、希腊、秘鲁），其余 9 项是针对经指定的考古类材料。[1]以中美谅解备忘录为例，2009 年 1 月中美两国签署了《对旧石器时代到唐末的归类考古材料以及至少 250 年以上的古迹雕塑和壁上艺术实施进口限制的谅解备忘录》。[2] 2014 年 1 月，经国务院批准并经中美双方互换照会确认，该谅解备忘录的修订及顺延有效期工作顺利完成。新文本于 2014 年 1 月 14 日生效，有效期五年。该谅解备忘录作为中美政府间的法律文件，为我国追索被盗文物提供了法律保障，对文物的非法贩运和交易起到了强有力的法律震慑作用。

近年来，在国际政治动乱、武装冲突的大背景下，为保护处于毁灭劫掠危境下的珍贵文物，美国先后颁发了针对源自伊拉克和叙利亚的考古类和人种学材料的进口限制令。

2008 年 4 月 30 日，以联合国安理会第 1483 号决议为根据，[3]在 2004 年《紧急保护伊拉克文物法》的基础上，[4]美国签发了《伊拉克考古类和人种学材料进口限制令》。据此，实施进口限制的“伊拉克考古类和人种学材料”是指自 1990 年 8 月 6 日联合国安理会通过第 661 号决议之后，从伊拉克国家博物馆、伊拉克国家图书馆等场所非法转移出境的具有重要考古、历史、文化、科学、宗教意义的文化财产及其他物品。[5]

2016 年 8 月 15 日，以联合国安理会第 2199 号决议为根据，[6]在 2016 年《保护和维护国际文化财产法》的基础上，[7]美国签发了《叙利亚考古类和人种

---

〔1〕　Bureau of Educational and Cultural Affairs, “Guide to Cultural Property Import Restrictions Currently Imposed by the United States of America”, 载 https：//eca. state. gov/files/bureau/chart – of – import – restrictions. pdf, 访问时间：2017 年 3 月 1 日。

〔2〕　《谅解备忘录》共 4 条 20 款，有效期五年，经双方同意可予修订或顺延。

〔3〕　United Nations Security Council Resolution 1483, adopted on May 23, 2003.

〔4〕　Emergency Protection for Iraqi Cultural Antiquities Act of 2004, Title Ⅲ of Public Law, pp. 108 – 429.

〔5〕　Import Restrictions Imposed on Archaeological and Ethnological Material of Iraq, Federal Register：April 30, 2008 (Volume 73, Number 84), 载 https：//eca. state. gov/files/bureau/iq2008dlfrn. pdf, 访问时间：2017 年 3 月 2 日。

〔6〕　United Nations Security Council Resolution 2199, adopted on February 12, 2015.

〔7〕　Protect and Preserve International Cultural Property Act, Public Law, pp. 114 – 151.

学材料进口限制令》。据此，美国当局将对自 2011 年 3 月 15 日之后从叙利亚非法转移出境的考古类和人种学材料实施进口限制。[1]

五、涉及文物返还的其他规范性文件

(一)二战被掠文物相关规范性文件

第二次世界大战被掠文物回归的争端由来已久。对于返还二战期间被掠文物这一历史遗留问题，国际社会一直试图采用各种方式来解决。遗憾的是，所有二战以后订立的有关促成文物返还的国际公约，受制于"条约无溯及力"原则，均无法成为二战被掠文物返还的直接法律依据。[2]尽管如此，国际社会基于道义的考虑，仍然主张将二战被掠文物返还给原属国。包括美国在内的很多国家都在此方面做出了各种尝试，积极促成二战流失文物的回归。

1943 年，美国等 18 个同盟国政府签署了《反对在敌人占领或控制领土上进行掠夺的法案的同盟国间宣言》（即《伦敦宣言》）。[3]根据《伦敦宣言》，一切被占领土上财产的转移、交易行为均属无效，不管这种转移或交易是公开掠夺还是合法的形式，即便它们被赋予"自愿"的形式也是无效的。[4]尽管《伦敦宣言》仅仅是同盟国间发表的单方声明，但该宣言确立了战争期间劫掠和转移文物属于非法无效的原则，开启了国际流失文物返还的新秩序。[5]

1998 年，在华盛顿"大屠杀时期资产返还问题"会议上，美国等 44 个国家签署了《被纳粹没收艺术品返还的原则宣言》（即"《华盛顿宣言》"）。[6]《华盛顿宣言》确立了 11 项基本原则，包括应当尽力确认被纳粹没收而未归还的艺术品下落，并为确认工作配备资金、人员；应尽一切努力宣传经确认为被纳粹没收而未归还的艺术品，并建立中央机构登记此类信息；如果能确认被纳粹没收而未

〔1〕 Import Restrictions Imposed on Archaeological and Ethnological Material of Syria, Federal Register：August 15, 2016 (Volume 81, Number 157), 载 https://www.gpo.gov/fdsys/pkg/FR - 2016 - 08 - 15/pdf/2016 - 19491.pdf，访问时间：2017 年 3 月 2 日。

〔2〕 这些国际公约主要包括：1954 年《关于发生武装冲突情况下保护文化财产的公约》及其《第一议定书》《第二议定书》、1970 年《关于禁止和防止非法进出口文化财产和非法转让其所有权的方法的公约》和 1995 年《关于被盗或者非法出口文物的公约》等。

〔3〕 《伦敦宣言》的 18 个签字国包括南非、美国、澳大利亚、比利时、加拿大、中国、捷克斯洛伐克、英国、希腊、印度、卢森堡、荷兰、新西兰、挪威、波兰、苏联、南斯拉夫、法国。

〔4〕 The Inter - Allied Declaration against Acts of Dispossession Committed in Territories under Enemy Occupation and Control, January 5, 1943.

〔5〕 王云霞：《从纳粹掠夺艺术品的返还看日掠文物返还可行性》，载《政法论丛》2015 年第 4 期，第 55 页。

〔6〕 Washington Conference Principles on Nazi - Confiscated Art, December 3, 1998.

归还艺术品的二战前原所有人或其继承人，应尽快采取步骤以促成公平、合理的解决方案；鼓励各签字国建立相应的国内法律程序以实现宣言原则，尤其是借助替代性争议解决机制来解决所有权争议等。

2009 年，在布拉格"大屠杀时期资产返还问题"会议上，美国等 46 个国家签署了《大屠杀时期资产及相关问题的泰雷津宣言》（即"《泰雷津宣言》"）[1]。《泰雷津宣言》重审了《华盛顿宣言》的宗旨，并提出应加强国际合作，鼓励各利害关系方继续深入开展系统的被掠艺术品和文化财产的来源调查工作，并倡导各国完备其法律制度或替代性程序，以促成有关被掠艺术品和文化财产的公平合理的解决方案。

尽管这些宣言是不具有法律约束力的原则声明，但它们所倡导的促进二战被掠文物的解决方案，反映了包括美国在内的不少国家在此问题上的共识，并鼓励从政府到民间各利害关系方为此做出努力。

此外，美国于 1998 年依据《美国大屠杀资产委员会法》设立了"大屠杀资产总统顾问委员会"（PHCA）[2]。该委员会负责对美国联邦政府持有的大屠杀受害者资产进行调查研究并归档，对私人和非联邦政府机构的相关资产进行评估研究，以及向总统提出政策建议，并于 2000 年发布其研究调查结果和建议报告[3]。在此背景下，博物馆、拍卖行及艺术品收藏界等也纷纷作出了正面回应。以博物馆行业为例，艺术博物馆馆长协会（AAMD）于 1998 年出台了针对二战时期纳粹掠夺艺术品的博物馆准则[4]。随后，美国博物馆联盟（AAM）也发布了指导性的道德准则，设立了藏品信息公示的标准，以便博物馆发现并调查其可能持有的二战期间被非法转移的财产[5]。

（二）博物馆行业道德准则

博物馆行业道德准则是博物馆从业人员应遵守的标准与规则。道德准则尽管是不具有法律约束力的规范性文件，却发挥着补充法律的行为引导作用。博物馆

---

〔1〕 Terezin Declaration on Holocaust Era Assets and Related Issues, June 30, 2009.

〔2〕 Presidential Advisory Commission on Holocaust Assets in the United States (PCHA).

〔3〕 PCHA final report, Plunder and Restitution: Findings and Recommendations of the Presidential Advisory Commission on Holocaust Assets in the United States and Staff Report, December 6, 2000.

〔4〕 Association of Art Museum Directors (AAMD) Guidelines: Report of the AAMD Task Force on the Spoliation of Art during the Nazi/World War II Era (1933 – 1945), June 4, 1998.

〔5〕 "American Alliance of Museums (AAM), Standards Regarding the Unlawful Appropriation of Objects During the Nazi Era", 载 http://www.aam – us. org/resources/ethics – standards – and – best – practices/collections – stewardship/objects – during – the – nazi – era, 访问时间：2017 年 3 月 3 日。

行业道德准则在世界范围内为大多数博物馆所遵守，影响颇大。[1] 以国际博物馆协会（ICOM）制定的《博物馆道德准则》为例，该准则就对全球 3500 多个博物馆成员及从业者发挥作用。[2] 在美国，除《博物馆道德准则》外，两家颇具影响力的行业协会——美国博物馆联盟和艺术博物馆馆长协会（AAMD）制定的标准规范，同样约束着美国众多博物馆及其从业人员。

根据国际博物馆协会 2004 年《博物馆道德准则》中关于"文化财产返还"的规定，当藏品来源地的国家或人民向博物馆提出返还请求时，如果其能证明请求返还的藏品或标本是在违反国际法和国内法规的情况下被出口或转移出境的，且能证明其属于该国家或人民的文化或自然遗产时，那么，如果法律允许，该博物馆就应采取迅速和负责任的措施协助返还该藏品或标本。[3]

值得注意的是，美国博物馆联盟和艺术博物馆馆长协会均于 2008 年出台了新的行业规范要求，在前述基础上设置了更严格的博物馆购藏标准。细言之，二者都采用 1970 年 11 月 17 日为基准日（即 1970 年联合国教科文组织第 16 届会议通过《关于禁止和防止非法进出口文化财产和非法转让其所有权的方法的公约》之日），并建议博物馆在购藏于当日之后出口的文化财产时，对其来源证明文件需从严要求。[4]

以美国博物馆联盟《考古材料和古代艺术品标准》为例，美国博物馆联盟建议各博物馆在购藏考古材料和古代艺术品时，应有相关文书证明该藏品是已在 1970 年 11 月 17 日之前从其发现国出口的；如果该藏品是在 1970 年 11 月 17 日之后出口的，则应掌握相关文书证明该藏品是（将）从其发现国合法出口的，并且是（将）合法进口到美国的。[5] 由此可见，博物馆的行业准则为从业人员设立的自律性行业道德标准，比一般法律规定提出了更高的责任要求，[6] 在美国

〔1〕　Barbara Torggler, Margarita Abakova, and Anna Rubin, "Evaluation of UNESCO's Standard – setting Work of the Culture Sector", Part II – 1970 Convention on the Means of Prohibiting and Preventing the Illicit Import, Export and Transfer of Ownership of Cultural Property, *Final Report*, 46, 2014.

〔2〕　International Council of Museums (ICOM), ICOM Code of Ethics for Museums, adopted in 1986, revised in 2004.

〔3〕　"6. 3 Restitution of Cultural Property", ICOM Code of Ethics for Museums.

〔4〕　Taberner, Aimée L, *Cultural Property Acquisitions: Navigating the Shifting Landscape*, Left Coast Press, 2012, p. 42.

〔5〕　American Alliance of Museums (AAM), Standards Regarding Archaeological Material and Ancient Art, 载 http://www.aam – us.org/resources/ethics – standards – and – best – practices/collections – stewardship/archaeological – material – and – ancient – art，访问时间：2017 年 3 月 3 日。

〔6〕　[澳]伯尼斯·墨菲：《现行的有约束力的多样化的博物馆道德公约——国际博协 1970 年以来对道德准则不断深入的关注》，载《中国博物馆》2006 年第 3 期，第 18 页。

尤其如此。

第二节 美国返还文物的司法案例研究

一、美国诉麦克莱恩案（1977 年）

（一）背景概述

在美国诉麦克莱恩案（以下简称"麦克莱恩案"）中，成功回归的文物来自墨西哥前哥伦布时期。[1] 1973 年，一批前哥伦布时期文物自墨西哥考古挖掘区出土，经走私入境美国加利福尼亚州加利西哥市（Calexico），再由被告转移、售卖至美国其他地区。根据墨西哥文化中心（Mexican Cultural Institute）举报并提供的线索，美国联邦调查局（FBI）对此开展了秘密侦查，并最终将被告逮捕归案。

在美国的文物返还史上，麦克莱恩案具有里程碑意义。在该案中，美国联邦第五巡回法院确立了"麦克莱恩原则"（McClain doctrine）。根据"麦克莱恩原则"，对于从外国非法出口的文物，如果该外国已通过立法明确规定国家对某类文物享有所有权，那么，此类文物即属于美国《国家反盗窃财产法》（简称 NS-PA）所称的"被盗财产"。[2] 换言之，在一定条件下，美国法院承认外国有关文物国享有的所有权法。

（二）案情简介

1. 案件基本情况

麦克莱恩案是一起刑事诉讼。在该案中，美国政府控诉五名被告帕迪·麦克莱恩（Patty McClain）、约瑟夫·荣迪格茨（Joseph Rodriguez）、阿达·辛普森（Ada Simpson）、威廉·辛普森（William Simpson）和迈克·布拉德肖（Mike Bradshaw）共谋自墨西哥非法出口的被盗文物交易。因该案经历了从一审、上诉审到案件发回重审后的一审、上诉审四个阶段，通常将发回重审前的两个阶段称为麦克莱恩 I 案，发回重审后的两个阶段称为麦克莱恩 II 案。

麦克莱恩 I 案中，一审法院美国德克萨斯州西区联邦地方法院（US District

---

〔1〕 United States v. McClain（McClain I），545 F. 2d 988（5th Cir. 1977），reh'g denied，551 F. 2d 52（5th Cir. 1977）；United States v. McClain（McClain II）593 F. 2d 658（5th Cir. 1979），Cert. denied，444 U. S. 918（1979）.

〔2〕 National Stolen Property Act（NSPA），18 USC § § 2314 – 15.

Court for the Western District of Texas）判定五名被告接收、隐瞒和/或售卖自墨西哥非法出口的前哥伦布时期被盗文物，其行为违反了《国家反盗窃财产法》，并构成共谋犯罪。五名被告对此提出上诉。1977 年，上诉法院美国联邦第五巡回法院经审理认为，一审法院对陪审团作出的指示有误，有关墨西哥立法规定，国家对境内前哥伦布时期文物享有所有权的时间不是 1897 年，而应是 1972 年。因此，第五巡回法院裁定撤销一审原判，发回重审。[1]

案件被发回重审后，德克萨斯州西区联邦地方法院在麦克莱恩 II 案中再次做出了有罪判决。除荣迪格茨外，其余四名被告对此次第二轮有罪判决重新上诉。1979 年，上诉法院部分确认了被告的有罪判决，即确认了共谋犯罪的指控，但撤销了触犯《国家反盗窃财产法》的罪名。[2]

2. 案件事实

1973 年 5 月，被告荣迪格茨携带墨西哥前哥伦布时期考古类文物藏品（简称"涉案文物"）抵达德克萨斯州后，将涉案文物交给了位于该州圣安东尼奥市的两名被告阿达·辛普森和威廉·辛普森，并授权二人出售。[3]

1973 年 12 月，四名被告荣迪格茨、布拉德肖、辛普森夫妇与威廉·麦罗福（William Maloof）一起策划将涉案文物转移至欧洲，企图通过在欧洲"拍卖"洗白后，再将文物运回美国。[4]

1974 年 2 月，警方线人本肯多夫（Benkendorfer）与阿达·辛普森取得联系，以欲倒卖文物给黑手党为借口，表示希望购进一批非法文物。阿达·辛普森回应表示，其夫威廉·辛普森与其合伙人兼评估人麦克莱恩在等一批从墨西哥出境运到美国加利福尼亚州的前哥伦布时期的文物。[5]

1974 年 3 月 4 日，美国联邦调查局探员与警方线人本肯多夫和三名被告麦克莱恩、辛普森夫妇在圣安东尼奥市商议涉案文物。[6] 次日，被告麦克莱恩和威廉·辛普森在与探员的会面中证实，他们正从墨西哥运出更多的文物，并且打算售卖一部分已经运到加利福尼亚州的文物。[7]

---

〔1〕 United States v. McClain（McClain I），545 F. 2d 988（5th Cir. 1977），reh'g denied，551 F. 2d 52（5th Cir. 1977）.

〔2〕 United States v. McClain（McClain II）593 F. 2d 658（5th Cir. 1979），Cert. denied，444 U. S. 918（1979）.

〔3〕 United States v. McClain（McClain II），593 F. 2d 658, 660（5th Cir. 1979）.

〔4〕 *Ibid.*, at 661.

〔5〕 *Ibid.*

〔6〕 *Ibid.*

〔7〕 *Ibid.*, at 663.

1974 年 3 月 6 日，在加利福尼亚州企图购买价值 850 000 美元的文物时，两名被告威廉·辛普森和布拉德肖被捕。同日，被告麦克莱恩和阿达·辛普森在圣安东尼奥市被捕。

（三）争议焦点

被告对涉案文物系自墨西哥非法出口的事实没有异议，但对被指控触犯《国家反盗窃财产法》的罪名提出异议。[1]对此，公诉方美国政府认为被告的行为触犯了《国家反盗窃财产法》，因为涉案文物自墨西哥被盗，并且墨西哥对该文物享有所有权。无论涉案文物系被告或其卖家从某个私人手中购得，或通过挖掘等方式"发现"取得，都不能改变涉案文物系墨西哥国家所有的事实。

本案涉及的问题众多，核心问题是：涉案文物是否属于"被盗财产"，这直接决定本案能否适用《国家反盗窃财产法》。《国家反盗窃财产法》适用于"被盗及伪造"财产的案件，旨在对参与运输、转让被盗货物、伪造商品、伪造证券及假币的行为施加刑罚。根据该法，凡在州际或国际贸易中故意运输、转送或转移被盗物或伪造的商品、证券及货币，涉案金额超过 5000 美元的，构成违法行为，可判处罚金和/或 10 年以下监禁。[2]

据此，本案的争议焦点是：如果外国立法规定国家对某类文物享有所有权，那么，被非法出口后入境美国的此类文物能否被定性为《国家反盗窃财产法》所规定的"被盗财产"。质言之，本案要确定的是墨西哥是否以及何时通过立法宣告国家对涉案文物享有所有权；更重要的是，这种所有权立法是否有效以及能否得到美国的承认。如果美国承认这种所有权立法，那么，未经墨西哥同意被非法出口的文物就是"被盗财产"，应受到《国家反盗窃财产法》的规制。

（四）法院裁判

在麦克莱恩案中，上诉法院第五巡回法院认为，对于本案被墨西哥宣告为国有财产后经非法出口入境美国的文物，可以适用《国家反盗窃财产法》。细言之，如果某项物品已被一国宣告为国家所有，那么，在此宣告之后，该物的非法出口即可视为"盗窃"行为，并可认定该非法出口之物属于《国家反盗窃财产法》规定的"被盗财产"。[3]这就是本案所确立下来的"麦克莱恩原则"。

具体而言，第五巡回法院分别从以下四个方面阐述了该原则：

第一，对"被盗财产"应作宽泛解释。第五巡回法院认为，对《国家反盗

---

〔1〕 United States v. McClain（McClain I），545 F. 2d 988，993（5th Cir. 1977）.

〔2〕 18 U. S. C. §2314.

〔3〕 United States v. McClain（McClain I），545 F. 2d 988，998（5th Cir. 1977）.

窃财产法》规定的"被盗财产"的解释不能过于狭隘。法院援引1957年"美国诉突勒案"及其前后数起判例,[1]以说明"被盗"一词常被赋予广义的理解。[2]所谓"盗窃",系指一人取得他人依法所有之物,并剥夺该物主所有权权益的欺骗行为。由此,物主先前是否实际占有该所有物,并不影响"盗窃"行为的成立。即便是被侵占财产(embezzled property)也属于"被盗财产",同样要受到《国家反盗窃财产法》的保护。[3]

因此,对"被盗财产"要作宽泛解释,物的"被盗"并不要求以物主先前实际"占有"为前提。上诉人(一审被告)所谓"墨西哥国家对涉案文物从未占有过""仅通过立法宣告文物所有权的做法并不足以使得涉案文物置于《国家反盗窃财产法》的保护范围之内"的观点并不成立。[4]换言之,对于从某外国非法出口的文物而言,如果该外国立法规定国家对某类文物享有所有权,那么,此类文物就属于《国家反盗窃财产法》规定的"被盗财产"。

第二,进口自他国非法出口的物品本身并不违法。第五巡回法院指出,本案适用《国家反盗窃财产法》并非基于涉案文物系非法出口的事实,因为从外国进口非法出口的物品本身并不违法。

"进口自他国非法出口的物品不违法",不仅是一项"当今在美国乃至绝大多数国家都通行的原则",更是一项在进口文物艺术品领域"普遍接受的根本原则"。也就是说,某人不能仅仅因为进口了自外国非法出口的艺术品而在美国被诉,也不能仅仅因为占有该艺术品而被诉。[5]这是被美国国会法案和国际条约所确认的基本原则。[6]

第三,适用《国家反盗窃财产法》是为保护特殊的国有财产。第五巡回法院认为,本案争议的问题并非"联邦政府是否要执行外国的出口法律",或者

---

〔1〕　United States v. Turley, 1957, 352 U. S. 407, 411, 77 S. Ct. 397, 1 L. Ed. 2d 430.

〔2〕　这里的判例,不只包括在"美国诉突勒案"中所引对"被盗"作广义理解的两起案例——"克雷布诉策布斯特案"(Crabb v. Zerbst, 5 Cir. 1939, 99 F. 2d 562, 565)和"美国诉汉德勒案"(United States v. Handler, 2 Cir. 1944, 142 F. 2d 351, Cert. denied, 323 U. S. 741, 65 S. Ct. 40, 89 L. Ed. 594),还包括在"美国诉突勒案"之后的不少案例,如"美国诉柏通恩案"(United States v. Bot - tone, 2 Cir. 1966, 365 F. 2d 389, Cert. denied, 385 U. S. 974, 87 S. Ct. 514, 17 L. Ed. 2d 437),"美国诉维嘉案"(United States v. Vicars, 6 Cir. 1972, 465 F. 2d 720)以及"雷克诉美国案"(Lake v. United States, 10 Cir. 1964, 338 F. 2d 787)。这些被援引的案例无一例外地都对"被盗"一词赋予了广义的理解。

〔3〕　United States v. McClain (McClain I), 545 F. 2d 988, 994 – 995 (5th Cir. 1977).

〔4〕　*Ibid.*, at 994.

〔5〕　Bator, International Trade in National Art Treasures: Regulation and Deregulation, in DuBoff, Art Law, Domestic and International 295, 300 (1975).

〔6〕　United States v. McClain (McClain I), 545 F. 2d 988, 996 (5th Cir. 1977).

"违反他国出口法律后入境本国的财产是否属于被盗财产"。真正的问题是：这个国家（美国）自己的法律——《国家反盗窃财产法》——是否保护那类本归国家所有却可能被私人因购买或发现而持有的特殊财产。[1] 就此问题，法院给出了肯定的回答。

第五巡回法院认为，出口管制法律是一国治安权（police power）的行使，其本身并不能创制"所有权"。创制所有权的是一国宣告某项国家所有权的立法，而该立法是一国主权的体现。[2] 美国法院承认墨西哥的这项主权权利，即承认墨西哥的文物国有立法，承认墨西哥通过立法宣告国家为其国内特定文物的所有权人。[3]

此外，第五巡回法院还指出，"占有"并不是"所有权"的先决条件（sine qua non），只是常与"所有权"相伴的事件而已。[4] 国家占有某项文物与否，并不影响该国通过立法宣告某项文物为国家所有。

第四，外国文物国有立法"足够清晰"是适用《国家反盗窃财产法》的前提。在麦克莱恩Ⅱ案中，上诉法院第五巡回法院组成了新的合议庭，对上一任合议庭在麦克莱恩Ⅰ案中确立的"麦克莱恩原则"先给予了肯定，进而做了补充。

一方面，该合议庭肯定了上一任合议庭适用《国家反盗窃财产法》的做法，认为如果墨西哥政府已颁布法律规定前哥伦布时期遗产为国家所有，那么，自墨西哥非法出口的此类文物就可以被认定为"被盗财产"，本案自然也能适用《国家反盗窃财产法》。[5] 另一方面，合议庭认为，判定墨西哥何时通过立法宣告涉案文物为国家所有的问题系外国法的查明，属于法律问题。对于此类问题，应当由一审法官判定，而不应当由陪审团认定。[6] 鉴此，合议庭撤销了实质指控的罪名——触犯《国家反盗窃财产法》的罪名，同时，有关被告共谋犯罪的指控证据确凿，合议庭确认共谋犯罪成立。

值得注意的是，在论证为何要撤销实质指控罪名时，合议庭解释道，其赞同上一任合议庭的做法，即通过适用《国家反盗窃财产法》惩戒那些侵害"合法且清晰的"墨西哥国家所有权的行为。[7] 但是，经法院查明，墨西哥的立法，

---

〔1〕 *Ibid.*, at 996.

〔2〕 *Ibid.*, at 1002.

〔3〕 *Ibid.*, at 992.

〔4〕 *Ibid.*

〔5〕 United States v. McClain（McClain II），593 F. 2d 658, 658（5th Cir. 1979）.

〔6〕 *Ibid.*, at 669.

〔7〕 *Ibid.*, at 671.

包括其早期法令和 1917 年宪法，都并没有"足够清晰"（with sufficient clarity）地宣告涉案文物所属的前哥伦布时期文化遗产为国家所有。[1]鉴此，从"正当程序"（due process）和"告知"的基本要求出发，法庭不能将涉案文物认定为"被盗财产"。[2]由此可知，在第五巡回法院看来，《国家反盗窃财产法》的适用前提是文物原属国有关文物国有的立法"足够清晰"。

（五）经验总结

麦克莱恩案的重要意义在于其确立了"麦克莱恩原则"。根据该原则，文物来源国依法所有的文物如未经许可被非法出口并入境美国，此类文物就是"被盗财产"，其交易应受到《国家反盗窃财产法》的规制。进而言之，美国法院承认文物来源国有关文物国有的所有权法，但承认的前提是该国所有权法必须符合"足够清晰"的条件。

本案之后，美国法院在多起类似的判例中，也都涉及将《国家反盗窃财产法》适用于来源国追索被盗或非法出口文物的争议，并论及"麦克莱恩原则"。这些判例包括但不限于："秘鲁政府诉约翰逊案"[3]"美国诉舒尔茨案"[4]以及"美国诉沃莉肖像案"[5]等。

值得一提的是，2003 年美国联邦第二巡回法院在"美国诉舒尔茨案"中，再次肯定了"麦克莱恩原则"，确认了该原则在其辖区（包括纽约州、康涅狄格州和佛蒙特州在内）同样具有约束力。[6]

透过麦克莱恩案，文物来源国可以从中得到的启示是：完善一国的文物所有权立法是在美诉讼成功追索文物的前提和保障。作为文化财产资源大国，我国要保证本国的法律——尤其是使国家对特定文物享有所有权的法律——制定得足够明确清晰，以便在将来可能的诉讼中有利于美国法院承认我国有关文物国有的立法，使自我国非法出口的国有文物能被认定为"被盗财产"，提高胜诉概率。

---

[1]　*Ibid.*，at 670.

[2]　*Ibid.*，at 671.

[3]　Government of Peru v. Johnson, 720 F. Supp. 810（C. D. Cal. 1989）; 933 F. 2d 1013（9th Cir. 1991）.

[4]　United States v. Schultz, 178 F. Supp. 2d 445（S. D. N. Y. 2002）; 333 F. 3d 393（2nd Cir. 2003）; Cert. denied, 540 U. S. 1106（2004）.

[5]　United States v. Portrait of Wally, 99 Civ. 9940（MBM）（2002）.

[6]　参见本书第一章第二节之"美国诉舒尔茨案（2002 年）"的讨论。

二、塞浦路斯共和国、塞浦路斯希腊东正教自主教会诉哥德堡案（1989 年）

（一）背景概述

塞浦路斯共和国、塞浦路斯希腊东正教自主教会诉哥德堡－费尔德曼艺术公司与佩格·哥德堡案（以下简称"塞浦路斯案"）涉及四件公元 6 世纪拜占庭时期镶嵌画。[1]四件镶嵌画出自塞浦路斯北部莱斯朗科密镇（Lythrankomi）帕纳基亚－卡纳卡瑞亚教堂（Church of Panagia Kanakaria，以下简称"卡纳卡瑞亚教堂"），是该教堂半圆殿巨幅镶嵌画的一部分。

卡纳卡瑞亚教堂巨幅镶嵌画由有色玻璃碎片镶拼而成，刻画的是圣母玛利亚怀抱圣婴耶稣坐在宝座上，左右两位天使长相伴，四周簇拥着十二使徒的场景。涉案的四件镶嵌画面积各约两平方英尺（约 0.19 平方米），分别描绘的是圣婴耶稣像、一位天使长的半身像以及使徒马太和使徒雅各的半身像。[2]卡纳卡瑞亚教堂镶嵌画是为数不多流传至今的拜占庭时期文化珍宝之一，具有极高的宗教、文化与艺术价值。

20 世纪 70 年代初，土耳其入侵塞浦路斯，卡纳卡瑞亚教堂所处的塞国北部沦为土耳其控制区。1976 年夏，卡纳卡瑞亚教堂的神职人员与其他希腊裔塞浦路斯人被迫逃往塞国南部时，教堂内的镶嵌画仍保存完好。70 年代末，塞浦路斯希腊东正教自主教会（以下简称"塞浦路斯教会"）陆续收到报告，称塞国北部的部分教堂和历史遗迹遭到破坏与劫掠。卡纳卡瑞亚教堂内的拜占庭时期镶嵌画也未能幸免。随后，塞浦路斯共和国和塞浦路斯教会展开了大范围的追索被盗镶嵌画行动，并将被盗事件通报各大国际组织、机构、外国政府、博物馆、拍卖行及拜占庭艺术专家学者。

1988 年，美国印第安纳州一位艺术品交易商佩格·哥德堡（Peg Goldberg）以一百多万美元的价格从某土耳其艺术品商人手中购得涉案的四件镶嵌画。后经保罗盖蒂博物馆（J. Paul Getty Museum）馆长马里昂·丘尔（Marion True）告知，塞浦路斯政府当局获悉涉案镶嵌画的下落。在请求哥德堡归还涉案镶嵌画未

---

〔1〕 Autocephalous Greek – Orthodox Church of Cyprus and The Republic of Cyprus v. Goldberg & Feldman Fine Arts, Inc. and Peg Goldberg, 717 F. Supp. 1374（S. D. Ind. 1989），aff'd，917 F. 2d 278（7th Cir. 1990），reh'g denied，No. 89 – 2809，1990 U. S. App. LEXIS 20398（7th Cir. Nov. 21，1990），stay vacated by 1991 U. S. Dist. LEXIS 6582（S. D. Ind. May 3，1991）（ordering judgment entered for plaintiffs），Cert. denied，502 U. S. 941（1991），reh'g denied，502 U. S. 1050（1992）.

〔2〕 Autocephalous Greek – Orthodox Church of Cyprus and The Republic of Cyprus v. Goldberg & Feldman Fine Arts, Inc. and Peg Goldberg, 917 F. 2d 278，280 – 281（7th Cir. 1990）.

果后，塞浦路斯共和国与塞浦路斯教会通过向美国联邦地方法院提起"返还原物之诉"（replevin action），最终成功追索回了涉案的四件镶嵌画。

1991 年，涉案镶嵌画回归塞浦路斯，现入藏位于塞浦路斯首都尼科西亚的拜占庭博物馆。[1]

（二）案情简介

1. 案件基本情况

塞浦路斯案是一起请求所有物返还的民事诉讼。原告塞浦路斯共和国、塞浦路斯教会向美国印第安纳南区联邦地方法院（US District Court for the Southern District of Indiana）起诉，请求法院判决被告哥德堡–费尔德曼艺术公司和佩格·哥德堡返还其所有的四件公元 6 世纪镶嵌画。

1989 年 8 月，印第安纳南区联邦地方法院判定原告胜诉，涉案镶嵌画归原告塞浦路斯教会所有，被告应予以返还。被告不服，上诉至美国联邦第七巡回法院（US Court of Appeals for the Seventh Circuit）。[2]

1990 年 10 月，上诉法院维持一审原判。[3]

2. 案件事实

1974 年，土耳其入侵塞浦路斯。塞国北部地区受土耳其控制期间，卡纳卡瑞亚教堂四件公元 6 世纪的拜占庭时期镶嵌画遭到劫掠。[4]

1979 年 11 月，塞浦路斯获知卡纳卡瑞亚教堂及其镶嵌画惨遭劫掠破坏。随后，塞浦路斯立即展开追索行动，并向国际组织、非政府机构、行业协会及个人积极通报并寻求协助。[5]

1988 年夏，美国印第安纳州艺术品交易商哥德堡到荷兰阿姆斯特丹收购艺术品。经友人罗伯特·菲茨杰拉德（Robert Fitzgerald）介绍，哥德堡结识了荷兰艺术品交易商米歇尔·梵·莱茵（Michel van Rijn）和美国加利福尼亚州律师雷诺·福柯（Ronald Faulk），并知晓梵·莱茵曾在法国因伪造艺术品而获罪。梵·莱茵和福柯二人提出可安排哥德堡购买四件拜占庭时期的镶嵌画作品，该镶嵌画时由居住在慕尼黑的土耳其艺术品商艾登·狄克曼（Aydin Dikman）所藏。最

---

〔1〕 Mark Rose, "Special Report: Church Treasures of Cyprus", *Archaeological Institute of America*, 51 (1998), p. 4.

〔2〕 Autocephalous Greek – Orthodox Church of Cyprus and The Republic of Cyprus v. Goldberg & Feldman Fine Arts, Inc. and Peg Goldberg, 717 F. Supp. 1374 (S. D. Ind. 1989).

〔3〕 Autocephalous Greek – Orthodox Church of Cyprus and The Republic of Cyprus v. Goldberg & Feldman Fine Arts, Inc. and Peg Goldberg, 917 F. 2d 278 (7th Cir. 1990).

〔4〕 *Ibid.*, at 280.

〔5〕 *Ibid.*, at 281.

终，哥德堡同意与菲茨杰拉德、梵·莱茵和福柯以 1 080 000 美元的价格共同购买此镶嵌画，并约定将来转售后的分成比分别为 50%、22.5%、22.5% 和 5%。[1]

1988 年 7 月 5 日，哥德堡在瑞士日内瓦自由港接收狄克曼交货，检验所购四件镶嵌画，并于当月将其带回印第安纳州。为出售画作，哥德堡与两名艺术品商接洽，后者随后联系了保罗盖蒂博物馆馆长丘尔。丘尔获悉后，向塞浦路斯古物部负责人瓦索斯·卡拉吉奥吉斯（Vassos Karageorghis）告知被盗镶嵌画位于美国，由某私人藏家持有。[2]

1988 年末，塞浦路斯经多方调查，确定该私人藏家为哥德堡，并致信要求其返还涉案四件镶嵌画。在请求归还未果后，塞浦路斯向美国印第安纳南区联邦地方法院提起了返还原物之诉。[3]

（三）争议焦点

在塞浦路斯案中，当事双方对案件基本事实的认定没有异议，主要的争议点集中在法院管辖权和诉讼时效期间是否届满的问题上。

争议点之一：法院的管辖权问题。

美国联邦法院对争议标的额大于 7.5 万美元的异籍案件享有管辖权（亦称"异籍管辖权"）。[4] 这里的"异籍"（diversity of citizenship），不仅指不同的国籍，也包括不同的州籍，并且要求所有当事人之间"完全异籍"（complete diversity）。[5] 换言之，如果在涉及多名原告和被告的案件中，只要有任意两人是同籍的，则该案就不是异籍案件，联邦法院对其就不能行使异籍管辖权。

本案中，被告对原告塞浦路斯教会的国籍提出了异议。据原告称，塞浦路斯教会具有塞浦路斯共和国国籍，是依塞浦路斯法设立的宗教法人，其主营业地在塞浦路斯，且有权享有、管理并支配其财产。[6] 对此，被告辩称，原告没有证据证明塞浦路斯教会是依塞浦路斯法设立的宗教法人，相反，塞浦路斯教会实为非法人团体，其国籍是该组织所有成员的国籍之和。进而言之，如果其中某成员是印第安纳州的公民，则该教会也具有印第安纳州的州籍，即与被告同籍，那么在此情况下，本案就不是异籍案件，联邦法院也就不能行使异籍管辖权。因此，判

---

〔1〕　*Ibid.*, at 282.

〔2〕　*Ibid.*, at 283.

〔3〕　Autocephalous Greek – Orthodox Church of Cyprus and The Republic of Cyprus v. Goldberg & Feldman Fine Arts, Inc. and Peg Goldberg, 717 F. Supp. 1374, 1385（S. D. Ind. 1989）.

〔4〕　28 U. S. C. § 1332（a）（2）.

〔5〕　李响：《美国民事诉讼法的制度、案例与材料》，中国政法大学出版社 2006 年版，第 20 页。

〔6〕　Autocephalous Greek – Orthodox Church of Cyprus and The Republic of Cyprus v. Goldberg & Feldman Fine Arts, Inc. and Peg Goldberg, 917 F. 2d 278, 284（7th Cir. 1990）.

定原告塞浦路斯教会的国籍是确定本案管辖权的前提，也是本案的争议点之一。

争议点之二：诉讼时效期间是否届满。

首先，根据印第安纳州的冲突规范，诉讼时效问题是程序问题，应适用法院地法，即印第安纳州法。其次，根据印第安纳州关于诉讼时效的规定，返还原物之诉的诉讼时效期间为 6 年。[1] 那么，6 年的诉讼时效期间从何时起算成为本案的关键，也是双方最主要的争议点。

对此，依原告主张，诉讼时效期间应当自 1988 年末原告知晓涉案镶嵌画由被告占有之时起算，那么至 1989 年原告提起原物返还之诉时，6 年诉讼时效期间并未届满。然而，被告则主张诉讼时效期间应当自 1979 年 11 月原告得知涉案镶嵌画自教堂被盗之日起算。如此，至 1989 年原告起诉时，6 年诉讼时效期间已届满，原告已丧失原物返还请求权，法院应驳回本案，不予受理。[2]

（四）法院裁判

在塞浦路斯案中，一审法院通过考察管辖权、诉讼时效、法律适用和实体法等问题，判定涉案镶嵌画由原告塞浦路斯教会所有，被告应当予以返还。[3] 上诉法院同样支持了原告的诉讼请求，在肯定一审裁判意见的基础上作出了维持原判的裁决。[4]

具体而言，上诉法院分别从以下四点论证了"原告有权要求归还涉案镶嵌画"的裁判结论：

第一，塞浦路斯教会是塞国法认可的法律实体，具有塞国国籍，因此联邦法院对本案享有异籍管辖权。上诉法院指出，判定塞浦路斯教会是否具有塞国国籍的重点是依据塞国的法律，考查教会是不是一个法律实体（juridical entity），至于教会是否具有法人资格在所不问。应注意，这里要考查的法律是塞国的法律，至于美国法律如何确定宗教组织的国籍或如何规定法人的特征等问题，与本案并无关系。[5]

法院认为，首先，本案原告已证明塞国宪法确认了塞浦路斯教会的存在，并且赋予教会"对其内部事务和财产享有支配、管理的排他性权利"。其次，塞国

---

〔1〕　Autocephalous Greek – Orthodox Church of Cyprus and The Republic of Cyprus v. Goldberg & Feldman Fine Arts, Inc. and Peg Goldberg, 717 F. Supp. 1374, 1385 (S. D. Ind. 1989).

〔2〕　*Ibid.*

〔3〕　*Ibid.*

〔4〕　Autocephalous Greek – Orthodox Church of Cyprus and The Republic of Cyprus v. Goldberg & Feldman Fine Arts, Inc. and Peg Goldberg, 917 F. 2d 278 (7th Cir. 1990).

〔5〕　*Ibid.*, at 285.

的动产法也对此予以确认。最后，塞浦路斯教会已在塞国土地登记处完成注册登记。以上证据均说明，塞浦路斯教会是塞国法认可的法律实体，因此具有塞国国籍。是故，联邦法院对本案享有异籍管辖权。[1]

第二，诉讼时效起算适用"发现规则"，因此，本案诉讼时效期间并未届满。上诉法院肯定了一审法院通过"发现规则"（discovery rule）确定诉讼时效起算点的做法。所谓"发现规则"，是指诉讼时效是自"原告知晓或应当发现（knew or should have discovered）因他人的行为或产品致使其遭受损害之时起计算"。[2] 结合本案，诉讼时效应当自原告知晓涉案镶嵌画由被告哥德堡占有之时起计算。因此，自1988年原告知晓文物下落至1989年原告诉至法院，6年诉讼时效期间并未届满，故原告有权提起返还原物之诉。[3]

此外，法院还指出，适用"发现规则"的前提是原告对潜在诉因确已做到"尽职调查"（due diligence），因为该规则所称的"遭受损害之时"系指"原告通过尽职调查已查明或能够查明所遭受损害之时"。[4] 联系本案，经一审法院查明，原告在追索被盗镶嵌画的过程中，已采用了实质性的重要措施，确已做到"尽职调查"。[5] 因此，本案适用"发现规则"正确。

第三，参考侵权纠纷，根据最密切联系原则确定适用的法律，因此本案适用印第安纳州法。上诉法院赞同一审法院根据最密切联系原则确定本案法律适用的做法。首先，应当指出的是，本案是返还原物之诉，但鉴于印第安纳州没有相关判例论及返还原物之诉的法律适用问题，故本案参考适用侵权纠纷的冲突规范。[6] 其次，根据1987年印第安纳州最高法院判定的"哈伯德制造公司诉格林森案"，该项冲突规范已发生转变——从原来的侵权纠纷适用"不法行为发生地法"（lex loci delicti commissi）转变为适用"最密切联系地法"。[7]

根据新的冲突规范，法院遵循了哈伯德案确立的"哈伯德方法"（Hubbard approach），亦称"两步判定法"：第一步，检验"不法行为地"（place of the wrong）与案件之间的联系，如果二者联系密切，则适用该"（不法）行为地法"（lex loci）；如果联系并不密切，则进入第二步，找到并适用与案件有最密切联系

---

〔1〕　*Ibid.*

〔2〕　*Ibid.*, at 288.

〔3〕　*Ibid.*, at 289.

〔4〕　*Ibid.*, at 288.

〔5〕　*Ibid.*, at 290.

〔6〕　*Ibid.*, at 286.

〔7〕　Hubbard Mfg. Co., Inc. v. Greeson, 515 N. E. 2d 1071 (Ind. 1987).

地的法律。概言之，侵权纠纷适用的是与案件有最密切联系地的法律。[1]

联系本案，由于被告哥德堡是在日内瓦取得对涉案镶嵌画的占有和控制，因此瑞士是本案的"不法行为地"。但是，经法院考察，本案与"不法行为地"瑞士的联系甚微，而与印第安纳州联系甚密，因为后者不仅是被告住所地，还是涉案文物所在地，并且涉案文物交易约定适用的法律也是印第安纳州法。[2] 因此，根据最密切联系原则，本案适用印第安纳州法。[3]

第四，印第安纳州法的"返还请求"三要件已满足，原告因此有权要求归还涉案镶嵌画。上诉法院指出，依据印第安纳州法律，原告如请求占有人返还原物，则须证明三点：一是原告对该物享有所有权或占有权；二是该物曾被非法扣押或转移；三是被告对该物的占有是非法占有。[4]

经查明，本案原告已尽到举证责任，能证明其"返还请求"符合上述要件：其一，涉案镶嵌画出自塞浦路斯帕纳基亚－卡纳卡瑞亚教堂，该教堂一直归原告塞浦路斯教会所有。原告塞浦路斯教会对该镶嵌画自始享有所有权。[5] 其二，涉案镶嵌画系自该教堂被盗，并在未经原告塞浦路斯教会或原告塞浦路斯共和国的同意下转移出境。[6] 其三，根据印第安纳州法，盗贼永远不能取得被盗物的所有权或合法占有权利，也因此无法将被盗物的所有权或合法占有权利转移给他人。被告作为被盗物的任何受让人（即使是善意购买），自始不得取得该物的所有权或合法占有的权利。因此，被告对涉案镶嵌画的占有是非法占有。[7]

（五）经验总结

从塞浦路斯案中，文物来源国可以得到的启示有两点：

---

〔1〕 Autocephalous Greek – Orthodox Church of Cyprus and The Republic of Cyprus v. Goldberg & Feldman Fine Arts, Inc. and Peg Goldberg, 917 F. 2d 278, 287（7th Cir. 1990）.

〔2〕 *Ibid.*

〔3〕 一审法院在判决中还以比较法的视角论证得出：如果本案由瑞士法院审理，根据瑞士的冲突规范，本案也适用印第安纳州法。因为根据瑞士的冲突规范，通常动产的所有权纠纷适用"财产转让时物之所在地法"（lex situs），但是对于涉案镶嵌画这样的"移动中的"（in transit）物，其所有权纠纷适用"物之最终目的地法"，联系本案，即适用印第安纳州法。对此，上诉法院认为，既然已确定本案适用印第安纳州法，那么也就没有必要讨论适用瑞士冲突规范的情形。Autocephalous Greek – Orthodox Church of Cyprus and The Republic of Cyprus v. Goldberg & Feldman Fine Arts, Inc. and Peg Goldberg, 717 F. Supp. 1374, 1395（S. D. Ind. 1989）.

〔4〕 Autocephalous Greek – Orthodox Church of Cyprus and The Republic of Cyprus v. Goldberg & Feldman Fine Arts, Inc. and Peg Goldberg, 917 F. 2d 278, 290（7th Cir. 1990）.

〔5〕 Autocephalous Greek – Orthodox Church of Cyprus and The Republic of Cyprus v. Goldberg & Feldman Fine Arts, Inc. and Peg Goldberg, 717 F. Supp. 1374, 1397（S. D. Ind. 1989）.

〔6〕 *Ibid.* , at 1398.

〔7〕 *Ibid.* , at 1400.

　　第一，依据"发现规则"，诉讼时效是自文物原所有人知晓或应当知晓文物的下落和文物持有者身份之时起算。相较于传统的时效规定，在文物追索诉讼中适用"发现规则"无疑延长了原所有人的追索时效，对原所有人更为有利。这与《1995 年公约》有关诉讼时效的规定亦有相通之处。[1]

　　"发现规则"已逐渐发展为美国大部分法院在处理诉讼时效问题时遵循的规则。这些法院不仅包括本案第七巡回法院辖区下的联邦法院，还包括其他部分联邦法院以及新泽西州、加利福尼亚州等不少州法院。[2]

　　第二，"发现规则"的适用前提是文物原所有人须证明其已做到"尽职调查"；换言之，文物原所有人应尽可能采取一切必要且适当的措施来追索流失文物。以本案为例，塞浦路斯于 1979 年获知涉案镶嵌画被盗后，立即展开追索活动，广泛通报并寻求协助，即"尽职调查"的典型体现。

　　细言之，塞浦路斯不仅多次联络联合国教科文组织（UNESCO）以寻求帮助，还将涉案镶嵌画被盗事件通报了国际博物馆协会（ICOM）、国际纪念碑与遗址协会（ICOMOS）、欧洲非政府文化组织"我们的欧洲"（Europa Nostra）、欧洲委员会（Council of Europe）、大英博物馆和卢浮宫等世界著名博物馆、佳士得和苏富比等主要拍卖行、哈佛大学敦巴顿橡树园拜占庭文化研究中心以及该领域内的专家学者。[3]最终，也正因有此番广泛通报，才有后来保罗盖蒂博物馆馆长向塞浦路斯提供线索，并促成塞国确定流失文物下落的发展。

　　值得一提的是，本案的被告曾在二审阶段向法院提出，原告塞浦路斯并未做到"尽职调查"，因为原告并未将涉案镶嵌画被盗事件通报国际艺术研究基金会（IFAR）和国际刑警组织（Interpol）。[4]对此，上诉法院予以驳斥，并指出"尽职调查"并不要求原告要联系通报所有的国际组织和机构，只要原告在追索被盗镶嵌画的整个过程中采取了实质性的重要措施，就可以认定其已做到"尽职调

---

　　〔1〕 1995 年《国际私法统一化组织关于被盗或非法出口文物的公约》（即《1995 年公约》）第Ⅱ章"归还被盗文物"第 3 条第（3）款规定："任何归还要求应在要求人获悉文物的下落和持有者身份后 3 年内提出，最长不得超过文物被盗后 50 年。"第Ⅲ章"退还非法出口的文物"第 5 条第（5）款规定："任何退还要求应在要求退还国得知非法出口文物的下落和持有者身份后 3 年内提出，最长不得超过非法出口之日 50 年，或本条第 2 段中提到的出口许可证所规定的应该退还的日期之后 50 年。"

　　〔2〕 O'Keeffe v. Snyder, 405 A. 2d 840 (N. J. Super. Ct. App. Div. 1979), rev'd, 416 A. 2d 862 (N. J. Sup. Ct. 1980). Naftzger v. American Numismatic Society, 42 Cal. App. 4th 421, 49 Cal. Rptr. 2784 (CT. App. 1996). 转引自霍政欣：《追索海外流失文物的法律问题》，中国政法大学出版社 2013 年版，第 58 页。

　　〔3〕 Autocephalous Greek – Orthodox Church of Cyprus and The Republic of Cyprus v. Goldberg & Feldman Fine Arts, Inc. and Peg Goldberg, 717 F. Supp. 1374, 1380 (S. D. Ind. 1989).

　　〔4〕 Autocephalous Greek – Orthodox Church of Cyprus and The Republic of Cyprus v. Goldberg & Feldman Fine Arts, Inc. and Peg Goldberg, 917 F. 2d 278, 289 (7th Cir. 1990).

查"。这从侧面再次说明了文物来源国在追索文物时积极广泛通报的重要性。

三、秘鲁政府诉约翰逊案（1989 年）

（一）背景概述

秘鲁政府诉约翰逊案（以下简称"约翰逊案"），涉及一批秘鲁西潘地区的前哥伦比亚时期文物。[1]

1987 年，大批源自秘鲁西潘地区莫切（Moche）遗址的前哥伦比亚时期文物经盗掘、走私入境美国。走私团伙组织者、犯罪嫌疑人大卫·斯威特南（David Swetnam）承认虚假海关申报罪指控，并获刑 6 个月监禁。考虑到斯威特南获罪较轻且不会有进一步刑事调查程序，为追回这批被盗走私的文物，秘鲁政府决定在美国提起返还原物之诉，请求判决文物持有人——美国藏家本杰明·约翰逊（Benjamin Johnson）等人归还涉案文物。

最终，美国法院以秘鲁政府不能证明其为涉案文物所有权人为由，判定秘鲁政府败诉，秘鲁政府因此不能从约翰逊处追回涉案文物。不过，因另案处理的刑事案件被告人斯威特南获罪入狱，9 件自斯威特南手中收缴的文物得以回归秘鲁。

尽管秘鲁政府在约翰逊案中败北，但美国法院就秘鲁政府是否对涉案文物享有所有权的问题作出了一番详尽的考察，使得此案成为指导文物来源国今后如何在跨境民事诉讼中证明国家所有权的经典案例。

此外，正是以约翰逊案为契机，美国、秘鲁两国正式开启了在文化财产保护与返还领域的合作。1990 年 5 月 7 日，也就是约翰逊案一审判决作出后不久，美国政府根据《1970 年公约》和《文化财产公约实施法》制定了有关"秘鲁西潘地区重要文化考古文物"的出口限制令。[2] 1997 年，美、秘两国在该限制令基础上签订了为期五年、可顺延的文化财产双边协议（谅解备忘录），并将文物财产的范围从原来的"秘鲁西潘地区"扩展至"秘鲁全境"。[3]此后，该双边协议分别于 2002 年、2007 年、2012 年完成有效期顺延。

---

〔1〕　Government of Peru v. Johnson, 720 F. Supp. 810（C. D. Cal. 1989），aff'd, 933 F. 2d 1013（9th Cir. 1991）.

〔2〕　Department of the Treasury, Customs Service, "Import Restrictions Imposed on Significant Archaeological Artifacts From Peru", 19 CFR Part 12 [T. D. 90－37], Federal Register：May 7, 1990（Volume 55, Number 88）.

〔3〕　Memorandum of Understanding between the Government of the United States of America and the Government of the Republic of Peru Concerning the Imposition of Import Restriction on Archaeological Material from The Prehispanic Cultures and Certain Ethnological Material from the Colonial Period of Peru.

（二）案情简介

1. 案件基本情况

约翰逊案是一起请求所有物返还的民事诉讼。原告秘鲁政府向美国加利福尼亚中区联邦地方法院（US District Court for the Central District of California）起诉，请求法院判决被告约翰逊等人返还其所有的现由美国海关扣押的 89 件文物。

1989 年 6 月，加利福尼亚中区联邦地方法院判定原告秘鲁政府败诉。原告不服，上诉至美国联邦第九巡回法院（US Court of Appeals for the Ninth Circuit）。[1] 1991 年 5 月，上诉法院维持一审原判。[2]

2. 案件事实

1987 年 9 月，文物交易商迈克·凯利向美国海关举报某走私犯罪集团将秘鲁文物走私入境美国。经深入调查，美国海关从加利福尼亚州南部收缴了千余件前哥伦比亚时期的文物，其中包括自斯威特南处缴获的文物数百件（另案处理），以及被告约翰逊所持有的 89 件文物。[3]

（三）争议焦点

在约翰逊案中，原告秘鲁政府主张文物返还的理由是：涉案文物为秘鲁国家所有的财产，未经秘鲁政府同意而转移出境的文物构成被盗财产。此外，另有充足证据显示被告约翰逊是通过善意购买而取得涉案文物的。[4]

根据本案适用的加利福尼亚州法，被盗财产的所有人可以自善意购买者处取回其财产，且不用支付任何赔偿。[5] 所以，要成功追回被盗文物，原告需要证明两点：其一，请求返还的文物归原告所有；其二，文物未经原告同意而转移出境。

因此，本案的核心争议点是请求返还的涉案文物是否归秘鲁政府所有。换言之，秘鲁政府是否对涉案文物享有所有权。

（四）法院裁判

在约翰逊案中，一审法院通过对涉案文物来源及秘鲁国内立法等问题进行一

---

〔1〕 Government of Peru v. Johnson, 720 F. Supp. 810 (C. D. Cal. 1989).

〔2〕 Government of Peru v. Wendt, 933 F. 2d 1013 (9th Cir. 1991).

〔3〕 The International Foundation for Art Research (IFAR), Case Summary of Peru v. Johnson, 载 http: // www. ifar. org/case_ summary. php? docId = 1179694754, 访问时间：2017 年 3 月 7 日。

〔4〕 Government of Peru v. Johnson, 720 F. Supp. 810, 812 (C. D. Cal. 1989).

〔5〕 联邦地方法院在涉及不同州或不同国家的公民之间的民事诉讼中适用州法。尽管各州的州法各异，但加利福尼亚州法与其他州法在财产保护问题上的立场基本一致，即在财产的原所有权人和善意购买人之间更倾向于保护原所有权人。John Henry Merryman, "Limits on State Recovery of Stolen Artifacts: Peru v. Johnson", *International Journal of Cultural Property*, 1 (1992), p. 172.

番考察，认定秘鲁政府对涉案文物不享有所有权。上诉法院在"未出版意见"中维持了一审原判，不过并未针对上诉人的上诉意见展开讨论。[1]因此，本案的法院意见主要出自一审法院独审法官——格雷法官（Judge Gray）。

具体而言，一审法院分别从以下方面论证了"秘鲁政府对涉案文物不享有所有权"的裁判结论：

第一，秘鲁不能证明涉案文物来自秘鲁境内。一审法院认为，原告秘鲁政府没有直接的证据证明涉案文物源自秘鲁境内。根据秘鲁政府的考古学专家证人提供的证词，涉案文物是秘鲁前哥伦比亚时期文明的文化产物，而该文明存续的地理范围不仅涵盖现代的秘鲁国家，还包括玻利维亚、厄瓜多尔等同为该文明活动中心之一的国家或地区。[2]

鉴于此，对于源自秘鲁前哥伦比亚时期文明的涉案文物，即使其与秘鲁考古遗址出土的文物有诸多相似之处，也不能排除其来自玻利维亚、厄瓜多尔、墨西哥等国家或地区的可能。因此，法院不能据此断定涉案文物来自秘鲁境内。[3]

第二，秘鲁不能证明涉案文物在出境时依当时的国内法由秘鲁国家所有。一审法院指出，即使假定涉案文物来自秘鲁境内，原告秘鲁政府还应证明在文物出境时依照当时秘鲁的法律，涉案文物是由秘鲁国家所有的财产。但是要作此判定并不容易，因为秘鲁相关的立法措辞不清，且自1822年以来经历了多次修订替换。[4]

法院认为，秘鲁政府主张国家所有权依据的法律有两项：一是于1929年6月13日生效的第6634号法令，该法令于1985年1月5日被废止并由第24047号法令所取代；[5]二是自1985年6月22日生效的法令。[6]

但是，秘鲁政府未能证明涉案文物转移出境的时间是在前面两项法令生效的期间内。换言之，涉案文物的出境有可能发生在1929年6月13日之前，或发生在1985年1月6日至6月21日这六个月的"空档期"内。如此，秘鲁政府就缺

---

〔1〕 "未出版意见"（unpublished opinion）是指，不公开出版在官方报告里的、不具有先例意义的司法意见。

〔2〕 Government of Peru v. Johnson, 720 F. Supp. 810, 812 (C. D. Cal. 1989).

〔3〕 *Ibid.*

〔4〕 *Ibid.*

〔5〕 但是，正如第三点"秘鲁的相关国内法是出口管制法"中一审法院的分析，替代第6634号法令的第24047号法令并不是真正的所有权法，而是出口管制法。因此，原告秘鲁政府不能根据第24047号法令主张其对涉案文物享有国家所有权。

〔6〕 Government of Peru v. Johnson, 720 F. Supp. 810, 814 (C. D. Cal. 1989).

乏法律依据支撑其国家所有权的主张。[1]

第三，秘鲁依据的国内法是出口管制法，不能成为主张"国家所有权"的依据。一审法院指出，即使原告秘鲁政府能够证明依当时的国内法涉案文物在出境时确归秘鲁国家所有，原告也不能以此为依据主张"国家所有权"，因为原告所依据的国内法本质上是出口管制法。

细言之，许多秘鲁的官方文件中均强调要保护"属于国家文化财富"的文物，均有类似"文物不可侵犯、不得让与、不得限制""绝对禁止文物出境"的表述，但这些条文都意在保护文物，并未指涉文物的所有权。[2]

再者，尽管1929年第6634号法令明确提及了"国家所有权"的概念，包含如"历史遗址文物是'国家所有的财产'""未登记文物应视为'国家所有的财产'"等表述，但其所有权宣告的国内效力还是非常有限的。因为：一方面，根据该法令，国家允许个人持有此类文物，并允许文物通过转让、赠与、继承等方式在境内流转，只要文物不转移出境即可；另一方面，也没有证据显示秘鲁曾有过行使其国家所有权的行为。[3]

由此可见，秘鲁的相关国内法在本质上只是出口管制的法律，而正如1977年麦克莱恩案所指出的，出口管制法是一国治安权（police power）的行使，本身并不能创制"所有权"，[4]创制所有权的是一国宣告某项国家所有权的立法，该立法是一国主权的体现。[5]

因此，原告并不能依据其出口管制法主张对涉案文物享有国家所有权。这也从侧面印证了麦克莱恩案确立的"麦克莱恩原则"，即美国法院不承认外国出口管制法的效力，但承认外国所有权法的效力，并且承认的前提是该外国所有权法"足够清晰"。

（五）经验总结

从约翰逊案中，文物来源国可以得到的启示有两点：

第一，要证明对某些文物享有国家所有权。文物来源国须证明文物来自其境内，且在出境时依该国所有权法属国家所有。具体而言，相关的文物返还请求须同时满足以下三点举证要求：其一，文物来自该国境内，这里包括"出土"自

〔1〕 *Ibid.*
〔2〕 *Ibid.*
〔3〕 Government of Peru v. Johnson, 720 F. Supp. 810, 812 (C. D. Cal. 1989).
〔4〕 参见本书第一章第二节之"美国诉麦克莱恩案（1977年）"的讨论。
〔5〕 United States v. McClain (McClain I), 545 F. 2d 988, 1002 (5th Cir. 1977).

该国境内的地下文物。[1] 其二，文物自该国转移出境时，依照当时的法律属于该国所有。其三，该国主张国家所有权时依据的法律是所有权法，不是出口管制法等其他法律。

由此可见，对于被盗掘的地下文物，要证明前述两点并不容易，这与一国是否做好文物信息登记工作，是否建立重要文物"清册"，并配套完善的出入境管理制度密切相关。[2]值得注意的是，2014 年 9 月敦煌会议通过的《关于保护和归还非法出境的被盗掘文化财产的敦煌宣言》表达了对被盗掘文物的关注，并鼓励通过对文物"清册"这一术语进行宽泛解释，鼓励各国将文物鉴定报告与专家研究结论采纳为证据，以此突破文物追索面临的证据障碍。[3]

第二，"概括性所有权法"不是真正的所有权法。根据舒尔茨案，如果一项国内立法仅仅规定文物是"国家所有的财产""不得转让""禁止出境"等，那么这样的立法并不会被美国法院认定为真正的"所有权法"。因为这样的"概括性所有权法"并没有真正创设国家所有权，是未经实施的、不具有强制执行力的"伪所有权法"。[4] 在美国法院看来，这类法律的本质仍旧是出口管制法，而美国法院并不承认外国出口管制法的效力，文物来源国也因此无法依据此类法律证明其国家所有权。

不过，需要提及的是，约翰逊案发生在 1997 年美秘两国签订文化财产双边协议之前。两国达成双边协议后，美国应秘鲁请求对入境美国的特定秘鲁文物实施进口限制，这在一定程度上是承认秘鲁出口管制的执法合作体现。[5]

四、美国诉古代金碟案（1997 年）

（一）背景概述

美国诉古代金碟案（以下简称"古代金碟案"），涉及一件公元前 4 世纪产

---

〔1〕 Government of Peru v. Johnson, 720 F. Supp. 810, 814 (C. D. Cal. 1989).

〔2〕 John Henry Merryman, "Limits on State Recovery of Stolen Artifacts: Peru v. Johnson", *International Journal of Cultural Property*, 1 (1992), p. 170.

〔3〕《中国首次主导制定文物返还国际规则，破解追索海外流失文物难题》，载《中国社会科学报》2014 年 9 月 15 日，第 A2 版。

〔4〕 John Henry Merryman, "Limits on State Recovery of Stolen Artifacts: Peru v. Johnson", *International Journal of Cultural Property*, 1 (1992), p. 172.

〔5〕 参见"秘鲁政府诉约翰逊案"，载联合国毒品和犯罪问题办公室（The United Nations Office on Drugs and Crimes, UNODC）数据库。UNODC database, Government of Peru v. Johnson, UNODC No.: US-Ax006.

自意大利西西里地区的镶金浅底碟。[1]

1991 年，瑞士文物交易商威廉·维瑞斯（William Veres）从意大利西西里某钱币商手中购得一件古代金碟，并将其通过中间人罗伯特·哈博（Robert Haber）转卖给美国纽约收藏家迈克·斯登哈德（Michael Stainhardt）。1995 年，意大利政府以该金碟系意大利被盗文物为由，向美国政府提出协助调查被盗金碟的请求。之后，美国海关在斯登哈德的住所依法扣押了该金碟，美国政府随之向纽约联邦地方法院提起了针对该金碟的民事没收程序（civil forfeiture action）。最终，法院以"虚假申报进口货物"违反海关法相关规定为由，裁定准予没收涉案金碟。

2000 年，美国将该金碟归还给意大利政府。意大利巴勒莫（Palermo）法院审理了西西里钱币商、维瑞斯、哈博和斯登哈德所涉的非法出口金碟案。2004年，维瑞斯、哈博均被判处缓刑 1 年 10 个月，斯登哈德无罪释放。[2]

（二）案情简介

1. 案件基本情况

古代金碟案是一起民事没收诉讼程序。在该案中，美国政府向纽约南区联邦地方法院（US District Court for the Southern District of New York）对该金碟提起了民事没收诉讼。斯登哈德和意大利共和国作为申索人（Claimant）加入诉讼，并请求法院作出简易判决（summary judgment）。

1997 年 11 月，纽约南区联邦地方法院判定原告胜诉，准予对涉案金碟实施民事没收。斯登哈德不服，上诉至美国联邦第二巡回法院（The US Court of Appeals for the Second Circuit）。[3]

1999 年 7 月，上诉法院联邦第二巡回法院裁定维持一审原判。[4]

2000 年 1 月，美国最高法院驳回"复审令"（writ of certiorari）申请。[5]

2. 案件事实

1980 年，涉案金碟的持有人、意大利西西里藏家文森索·帕帕拉多（Vincenzo Pappalardo）将之以 3000 万里拉（约 2 万美元）的价格卖给西西里钱币商

---

〔1〕　United States v. An Antique Platter of Gold, 991 F. Supp. 222 (S. D. N. Y. 1997), aff'd, 184 F. 3d 131 (2d Cir. 1999), Cert. denied, 528 U. S. 1136 (2000).

〔2〕　The International Foundation for Art Research (IFAR), Case Summary of United States v. An Antique Platter of Gold, 载 http: //www. ifar. org/case_ summary. php? docId = 1184703034，访问时间：2017 年 3 月 10 日。

〔3〕　United States v. An Antique Platter of Gold, 991 F. Supp. 222 (S. D. N. Y. 1997).

〔4〕　United States v. An Antique Platter of Gold, 184 F. 3d 131 (2nd Cir. 1999).

〔5〕　Michael H. Steinhardt v. United States and Republic of Italy, 528 U. S. 1136 (2000).

文森索·卡马拉塔（Vincenzo Cammarata）。

1991年，卡马拉塔将金碟以1.4亿里拉（约9万美元）的价格卖给瑞士文物交易商维瑞斯。同年11月，维瑞斯与纽约文物交易商哈博接洽后，哈博将金碟推荐给其长期客户斯登哈德。

1991年12月4日，哈博作为斯登哈德的代理人，居间与维瑞斯达成购买金碟意向，并签订合同。斯登哈德以约120万美元的价格，含13亿里拉（约100万美元）及15%购买价佣金，从维瑞斯手中购得金碟。

1991年12月10日，哈博从纽约飞到苏黎世，并于12日抵达瑞士边境小城路加诺，从维瑞斯手中取得金碟以及一张由维瑞斯的艺术品贸易公司思德隆（Stedron）签发的商业发票。该发票载明："金碟一件，古典时期，公元前450年，价值25万美元。"

同年12月11日，哈博将包含上述发票在内的报关材料传真给美国纽约的报关行捷特航空服务公司（Jet Air Service, Inc.）。在填写货物入境报关申报表时，捷特航空服务公司将金碟的来源地国填为"CH"（瑞士的代码），并申报金碟的价值为"25万美元"。

同年12月15日，哈博从瑞士回到美国，并将入关的金碟交给斯登哈德。斯登哈德取得金碟后将其置于家中，直至1995年被美国政府扣押。[1]

（三）争议焦点

在古代金碟案中，一审法院裁定准予没收涉案金碟，系基于以下两项理由：其一，依据《美国法典》第18卷"犯罪与刑事程序"第27章"海关法"之第545节"进口走私货物"的规定，虚假申报进口货物属于违法行为，所涉的货物应被罚没。[2]涉案金碟的进口有在海关进口报表中做虚假陈述的情节，违反了"海关法"第542节"以虚假陈述方式进口货物"的规定，因此对涉案金碟应依据"海关法"第545节予以罚没。[3]其二，依据《美国法典》第19卷"海关职责"第4章"1930年关税法案"（Tariff Act of 1930）第1595条第1款第3项规定，被盗物、走私物或私自带入境的货物将被扣押、没收。[4]依照意大利1939

---

〔1〕　United States v. An Antique Platter of Gold, 184 F. 3d 131, 133 – 134 (2nd Cir. 1999).

〔2〕　18 U. S. C. § 545.

〔3〕　United States v. An Antique Platter of Gold, 991 F. Supp. 222, 228 (S. D. N. Y. 1997).

〔4〕　19 U. S. C. § 1595a (c).

年第 1089 号法案，涉案金碟属于意大利国家所有。[1]那么，如 1997 年"美国诉麦克莱恩案"中指出的，依据《国家反盗窃财产法》，非法出口的意大利国家所有的财产属"被盗物"，因此对涉案被盗物应予以扣押、没收。[2]

对此，申索人斯登哈德不服一审法院判决，向上诉法院提出了若干抗辩意见，归结起来主要有三点：其一，本案报关表虚假陈述的情节并未达到"海关法"第 542 节的"实质性"要求，因此并未违反"海关法"的相关规定；其二，依意大利文化遗产法由意大利国有的财产并不属于《国家反盗窃财产法》规定的"被盗物"；其三，依据"海关法"第 545 条，斯登哈德能够主张"无辜所有者"（innocent owner）抗辩，以对抗民事没收程序。[3]

因此，本案的核心争议点有以下三项：

第一，涉案金碟的进口是否违反"海关法"的相关规定。细言之，本案报关表虚假陈述是否达到"海关法"第 542 节的"实质性"要求。

第二，涉案金碟是否属于《国家反盗窃财产法》的调整范围。

第三，申索人能否依"海关法"主张"无辜所有者"抗辩。[4]

（四）法院裁判

在古代金碟案中，上诉法院第二巡回法院认为报关表虚假陈述已达"实质性"要求，涉案金碟的进口因此违反了"海关法"的相关规定，依法应予没收。鉴此，法院没有必要讨论涉案金碟是否属于《国家反盗窃财产法》的调整范围。此外，申索人不能依"海关法"主张"无辜所有者"抗辩。[5]

具体而言，上诉法院分别从以下三点论证了其裁判意见：

第一，经"自然倾向"标准检验，报关表虚假陈述已达"实质性"要求，

---

〔1〕 依据意大利 1939 年 6 月 1 日第 1089 号法案第 44 条规定，考古文物均推定为意大利国家所有，除非持有人能证明于 1902 年前取得私人所有权。United States v. An Antique Platter of Gold, 184 F. 3d 131, 134 (2nd Cir. 1999).

〔2〕 United States v. An Antique Platter of Gold, 991 F. Supp. 222, 231 (S. D. N. Y. 1997).

〔3〕 United States v. An Antique Platter of Gold, 184 F. 3d 131, 133 (2nd Cir. 1999).

〔4〕 美国"无辜所有者抗辩"制度是对美国民事没收财产权侵害危险的一种抑制措施，是财产所有者以无辜性为由对抗民事没收的抗辩理由。如果某人宣称自己是有关财物的"无辜所有者"，则有关的证明责任将由该人承担。除证明合法的物权关系外，无辜所有者还应当证明存在下列情形之一：①他对于导致没收财物的非法行为并不知晓，或者他在知晓该非法行为后采取了在特定情形下可合理期待的一切措施以终止对该财物的利用；②他是有关财物的善意买受人或者善意出卖人，并且不知晓也没有根据合理地认为该财物属于没收的对象。参见黄风：《论对犯罪收益的民事没收》，载《法学家》2009 年第 4 期，第 93 页。吴光升：《美国民事没收的无辜所有者抗辩：历史、现状与启示》，载《法治研究》2015 年第 4 期，第 108 - 110 页。

〔5〕 United States v. An Antique Platter of Gold, 184 F. 3d 131, 133 (2nd Cir. 1999).

涉案金碟的进口违反"海关法"。第二巡回法院指出：首先，双方对涉案金碟进口存在报关表虚假陈述的事实认定没有异议。这里，包括两处虚假陈述的情节：一是来源地虚假申报即在报关表上对金碟来源国的申报应填"意大利"，但实填"瑞士"；二是货物价值虚假申报，即在报关表上对金碟价值的申报应填购买合同约定的"120 万美元"，但实填"25 万美元"。[1] 其次，在判定报关表虚假陈述是否达到"实质性"要求时，必须明确判定标准是什么。目前，判定标准可分为两派。申索人斯登哈德提出应采用"若非则无"标准（but for test），即只有当一旦在报关表上如实陈述，货物就无法入关时，在报关表上做虚假陈述才达到"实质性"要求。与之相对，一审法院采用"自然倾向"标准（natural tendency test），即考察报关表虚假陈述是否会"自然倾向"于误导海关官员。[2]

对此，第二巡回法院采取了"自然倾向"标准，亦即考察"虚假陈述是否会对进口程序产生重要影响"。[3]换言之，如果一位理性的海关官员认为某项入关申报信息会对其行使职权产生重要影响，那么就此申报信息所作的虚假陈述则达到了"实质性"要求。[4]联系本案，有关涉案金碟来源地和价值所作的虚假陈述当属此种情形，已达到"海关法"第 542 节的"实质性"要求。

第二，已依"海关法"确定进口违法的，则不必讨论能否适用《国家反盗窃财产法》。第二巡回法院认为，既然已认定涉案金碟的进口违反了"海关法"的相关规定，那么就"没有必要讨论涉案金碟是否属于《国家反盗窃财产法》调整范围的问题"。[5]可见，第二巡回法院在本案中回避了有关《国家反盗窃财产法》是否适用于依外国法由外国国家所有的财产问题。

必须指出，在同样由第二巡回法院审理的 2002 年"美国诉舒尔茨案"（United States v. Frederick Schultz）中，法院对此问题终于作出了肯定的表态，确认《国家反盗窃财产法》可以适用于依外国法由外国国家所有的财产问题。[6]

另外，第二巡回法院在美国诉舒尔茨案中还指出，之所以在古代金碟案中不触及《国家反盗窃财产法》调整范围的问题，完全是法院"自由裁量"的体现，没有必要做过分解读，毕竟已经能够依据"海关法"罚没涉案文物，那么再讨

---

〔1〕　*Ibid.* , at 135.

〔2〕　United States v. An Antique Platter of Gold, 184 F. 3d 131, 135 (2nd Cir. 1999).

〔3〕　*Ibid.* , at 136.

〔4〕　*Ibid.*

〔5〕　*Ibid.* , at 134.

〔6〕　参见本书第一章第二节之"美国诉舒尔茨案（2002 年）"的讨论。

论《国家反盗窃财产法》已无必要。[1]

第三，申索人不能依"海关法"主张"无辜所有者"抗辩。申索人斯登哈德辩称，即使报关表虚假申报达到"实质性"要求，"海关法"第 545 条也为其提供了"无辜所有者"抗辩。对此，第二巡回法院指出，尽管有不少法律条文明确设定了"无辜所有者"抗辩，但是"海关法"中并未规定"无辜所有者"抗辩。[2]

再者，斯登哈德辩称"正当程序条款"（due process clause）保障其享有"无辜所有者"抗辩的观点也不成立，因为该观点也被美国最高法院在 1996 年本尼斯诉密歇根州案（Bennis v. Michigan）中明确驳回。[3]在该案，美国最高法院追溯并分析了没收法令并未提供"无辜所有者"抗辩的既往裁判，最终支持了密歇根州的一项法令，准予没收一辆由一位"无辜所有者"共有的车辆。

因此，第二巡回法院遵循美国最高法院的先例，裁定申索人不能依据"海关法"主张"无辜所有者抗辩"。

（五）经验总结

古代金碟案说明，在打击文物跨境非法流转、返还非法入境的文物财产领域，"海关法"也起到了十分关键的作用。

在美国政府协助文物来源国追索非法入境文物时，如果文物有非法入境的情节，美国政府可援引"海关法"对走私文物启动民事没收程序；如果文物既有非法入境又有"被盗"情节，则美国政府可基于"海关法"或者《国家反盗窃财产法》对文物启动民事没收程序。

另需注意，对报关表虚假陈述是否达到"海关法"的"实质性"要求的判定标准问题，各巡回法院所持的观点也不一致。[4]例如，第五巡回法院和第九巡回法院采用的"若非则无"标准。[5]与之相对，第一巡回法院则支持"自然倾

〔1〕 United States v. Schultz, 333 F. 2d 393, 406 (2d Cir. 2003).

〔2〕《美国法典》中规定了"无辜所有者"抗辩的法律条文包括：第 18 卷"犯罪与刑事程序"第 46 章"没收"之第 981 节"民事没收"第 1 款第 2 项 [18 U. S. C. § 981 (a) (2)]，第 21 卷"食品与毒品"第 13 章"毒品滥用的预防与控制"之第 881 节第 1 款第 4 (c) 项和第 7 项 [18 U. S. C. § 981 (a) (2)]；21 U. S. C. § § 881 (a) (4) (C), 881 (a) (7) 等。United States v. An Antique Platter of Gold, 184 F. 3d 131, 138 (2nd Cir. 1999).

〔3〕 Bennis v. Michigan, 516 U. S. 442, 116 S. Ct. 994, 134 L. Ed. 2d 68 (1996).

〔4〕 United States v. An Antique Platter of Gold, 184 F. 3d 131, 135 (2nd Cir. 1999).

〔5〕 United States v. Corcuera‐Valor, 910 F. 2d 198, 199–200 (5th Cir. 1990); United States v. Teraoka, 669 F. 2d 577, 579 (9th Cir. 1982).

向标准"。[1]在本案中，第二巡回法院选择了"自然倾向"标准。

五、美国诉舒尔茨案（2002 年）

（一）背景概述

美国诉舒尔茨案（以下简称"舒尔茨案"）涉及一批埃及文物。[2]这批埃及文物数量多且有不少珍品，包括一尊第十八王朝时期法老阿蒙霍特普三世（A-menhotep Ⅲ）的石雕头像、一件国王跪祭坛的彩釉像、一对出自埃及塞加拉赫特普卡墓（Hetepka Tomb）的墓室浮雕，以及一件第六王朝行路者雕像。[3]

20 世纪 90 年代，美国著名文物交易商弗里德里克·舒尔茨（Frederick Schultz）与其英国合伙人乔纳森·托克雷－帕里（Jonathan Tokeley－Parry）通过埃及盗墓人阿里·法拉格（Ali Farag），将大量埃及文物走私出境并贩运至美国售卖。[4]为掩人耳目，舒尔茨与帕里伪造走私文物出处，将其编造为 20 世纪 20 年代的假古玩以便出售。1997 年，帕里在英国因盗卖文物罪获刑入狱。2001 年，根据英国警方在帕里服刑期间调查掌握的舒尔茨参与埃及文物非法买卖的证据，美国政府对舒尔茨提起了刑事诉讼，指控其参与埃及被盗文物交易的行为触犯了《国家反盗窃财产法》。[5]

舒尔茨案的审理引起了美国乃至世界范围的关注和讨论。在该案二审期间，法院收到了三份"法庭之友"（*amicus curiae*）的意见，充分反映了文物收藏界、贸易界与考古界对立鲜明的观点立场。[6]此案在美国影响颇深，不仅在于其重申了 1977 年"美国诉麦克莱恩案"确立的"麦克莱恩原则"，而且还在于其阐明了《文化财产公约实施法》（英文简称 CPIA）与《国家反盗窃财产法》二者并

〔1〕 United States v. Holmquist, 36 F. 3d 154, 158 – 61（1st Cir. 1994）; see also United States v. Bagnall, 907 F. 2d 432, 436 – 37（3d Cir. 1990）.

〔2〕 United States v. Schultz, 178 F. Supp 2d 445（S. D. N. Y. 2002）, aff'd, 333 F. 3d（2d Cir. 2003）, Cert. denied, 540 U. S. 1106（2004）.

〔3〕 Peter Watson, "The Investigation of Frederick Schultz", *Culture Without Context*, 10（2002）, pp. 21 – 26.

〔4〕 弗里德里克·舒尔茨在美国文物贸易界颇具影响力，曾担任过美国国家古代、东方和原始艺术交易商协会（American National Association of Dealer in Ancient, Oriental and Primitive Art, 简称 NADAOPA）的会长。

〔5〕 National Stolen Property Act（NSPA）, 18 USC § § 2314 – 15.

〔6〕 这三份"法庭之友"意见中，有两份意见支持被告舒尔茨的起诉，认为对被告舒尔茨的指控一旦成立，将危及美国文物收藏界、贸易界的合法经营权利；另一份意见则表明支持检方立场，认为本案适用《国家反盗窃财产法》（NSPA）且维持一审对被告舒尔茨作出的有罪判决，将有益于保护全世界的考古和文物遗址。United States v. Frederick Schultz, 333 F. 3d 393, 398（2nd Cir. 2003）.

行不悖的关系。[1]

（二）案情简介

1. 案件基本情况

舒尔茨案是一起刑事诉讼。在该案中，美国政府控诉被告舒尔茨与外国文物犯罪分子共谋埃及被盗文物的交易。该案经历了一审和二审两个阶段，最终由美国联邦第二巡回法院作出了维持一审原判的裁决。

2001 年，被告舒尔茨被指控共谋接收埃及被盗文物，违反了《国家反盗窃财产法》。被告舒尔茨对此向法院提出驳回原告起诉的动议。

2002 年，一审法院美国纽约南区联邦地方法院驳回被告舒尔茨的动议，并判定检方指控成立，判处被告舒尔茨 33 个月监禁并处罚金 50 000 美元。被告舒尔茨对此提出上诉。[2]

2003 年，上诉法院美国联邦第二巡回法院裁定维持一审原判。[3]

2004 年，美国最高法院驳回"复审令"申请。[4]

2. 案件事实

1991 年，帕里与被告舒尔茨会见时，向后者展示了一张法老阿蒙霍特普三世石雕头像的照片，并告知其已通过埃及中间人法拉格取得该雕像，且将雕像扮成廉价旅游纪念品的样子，从埃及走私出境运至英国。舒尔茨看后，与帕里商定由舒尔茨担任代理人，将雕像卖到美国，并讨论了如何通过虚设为"汤姆斯·阿科克藏品"以伪造文物的出处。经多次尝试，舒尔茨未能找到下家购买，于是以 80 万美元的价格从帕里处购得头像。[5]

1992 年，舒尔茨将头像以 120 万美元的价格卖给一私人藏家。此后，舒尔茨与帕里合作，多次以相同的方式将埃及文物走私出境，并假称文物系"汤姆斯·阿科克藏品"将之售卖。经帕里指认，除阿蒙霍特普三世石雕头像之外，舒尔茨还与其共同走私并贩卖了 6 件/组文物。[6]

1994 年 6 月，帕里和法拉格分别在英国、埃及以涉嫌交易被盗文物罪被捕。舒尔茨在帕里被捕后，仍定期与之保持暗语通信，商议新的埃及文物走私及买卖

---

[1] Convention on Cultural Property Implementation Act (CPIA), 19 U. S. C. 2601 et seq.

[2] United States v. Frederick Schultz, 178 F. Supp. 2d 445 (S. D. N. Y. 2002).

[3] United States v. Frederick Schultz, 333 F. 3d 393 (2nd Cir. 2003).

[4] Cert. denied, 540 U. S. 1106 (2004).

[5] United States v. Frederick Schultz, 333 F. 3d 393, 396 (2nd Cir. 2003).

[6] *Ibid.*

活动。[1]

（三）争议焦点

本案的主要争议点围绕 1983 年埃及颁布的第 117 号法令"文化遗产法"展开。根据该法令，凡自 1983 年第 117 号法令生效后发现的文物一律归埃及政府所有；在 1983 年之前私人所有的文物均须登记录入，并禁止将其转移出境；在 1983 年之后私人所有或占有的文物一律为非法。[2]

公诉方美国政府指出，被告舒尔茨的行为触犯了《国家反盗窃财产法》，因为涉案文物系自埃及被盗的财产，且埃及政府根据第 117 号法令对该文物享有所有权。

对此，被告舒尔茨的律师提出四点辩护意见：其一，第 117 号法令实为出口管制的法律，而非"真正的"所有权法，因此埃及政府并不能依据该法令取得涉案文物的所有权。[3] 其二，即便第 117 号法令是所有权法，埃及政府因此取得文物的所有权，这种所有权也不应当受到《国家反盗窃财产法》等美国法的承认和保护。[4] 其三，即便这种外国文物的所有权受美国法保护，也应当是依据《文化财产公约执行法》而非《国家反盗窃财产法》，因为在 1983 年前者颁布后，涉及文化财产非法进口的事项只能适用前者，而不再适用后者。[5] 其四，被告舒尔茨还辩称自己错误地理解了美国法律，并不知道接收依据埃及法律属于埃及国有的文物会触犯《国家反盗窃财产法》。[6]

由此可见，本案的核心问题是：如果某外国立法规定对某类文物享有所有权，那么在该外国境内被盗的此类文物能否被认定为《国家反盗窃财产法》规定的"被盗财产"？《国家反盗窃财产法》能否适用于此类文物？如果是，那么在 1983 年《文化财产公约执行法》颁布后，《国家反盗窃财产法》的适用是否因此受到限制？

（四）法院裁判

在舒尔茨案中，上诉法院第二巡回法院肯定了麦克莱恩案中第五巡回法院的观点，确认《国家反盗窃财产法》可以适用于违反外国文物所有权法的被盗财

---

[1] *Ibid.*, at 398.
[2] *Ibid.*
[3] *Ibid.*, at 401.
[4] *Ibid.*, at 402.
[5] *Ibid.*, at 408.
[6] *Ibid.*, at 410.

产。[1] 同时，上诉法院还阐明了《文化财产公约实施法》与《国家反盗窃财产法》的关系：两项法案并行不悖，《文化财产公约实施法》并不限制《国家反盗窃财产法》的适用。

具体而言，第二巡回法院逐一驳斥了被告舒尔茨的辩护意见，并从以下四点推导出裁判结论：

第一，埃及第 117 号法令是所有权法，涉案文物为埃及国有。第二巡回法院指出，埃及第 117 号法令是所有权法，不是被告辩称的出口管制法。一方面，第117 号法令条文清晰，明确规定了在 1983 年之后埃及境内发现的文物一律归埃及政府所有。该法令不仅确定了对此类文物的出口管制措施，还规定了在境内偷盗或隐瞒国有文物的刑罚等其他内容，说明该法令不单是出口管制的规范，而是真正意义上的所有权法。[2] 另一方面，根据埃及两位官员作出的有关埃及法律的证词及其他证据，埃及政府依照第 117 号法令主动执法，以保障埃及对国有文物的所有权不受侵犯。通过考察行政机关的行为，可以得知该法令的立法意图确实是将文物归为国家所有。因此，本案所涉文物确系埃及国有的被盗文物。[3]

第二，《国家反盗窃财产法》适用于违反外国文物所有权法的被盗财产。第二巡回法院注意到，在 1977 年麦克莱恩案中，[4] 第五巡回法院已就与本案相似的法律问题给出了裁判意见，即《国家反盗窃财产法》要保护依外国立法为外国国有的文物。并且，在 1974 年 "美国诉霍林斯海德案"（United States v. Hollinshead）中，[5] 第九巡回法院也表达了类似的观点：如果某件文物的取得违反了某外国的文物所有权法，那么，该文物即属于《国家反盗窃财产法》规定的"被盗财产"。[6]

对此，第二巡回法院赞同第五和第九巡回法院的观点，确定《国家反盗窃财产法》可以适用于违反外国文物所有权法的被盗财产。[7] 在第二巡回法院看来，对《国家反盗窃财产法》做适当的广义解释有助于保护主权国家的文化财产。[8]

第三，《文化财产公约实施法》并不限制《国家反盗窃财产法》的适用。第二巡回法院指出，《文化财产公约实施法》与《国家反盗窃财产法》并行不悖，

---

[1] 参见本书第一章第二节之 "美国诉麦克莱恩案（1977 年）" 的讨论。

[2] United States v. Frederick Schultz, 333 F. 3d 393, 408 (2nd Cir. 2003).

[3] Ibid. , at 402.

[4] United States v. McClain, 545 F. 2d 988 (5th Cir. 1977).

[5] United States v. Hollinshead, 495 F. 2d 1154 (9th Cir. 1974).

[6] United States v. Frederick Schultz, 333 F. 3d 393, 404 (2nd Cir. 2003).

[7] Ibid.

[8] Ibid. , at 410.

前者不构成对后者适用的限制。依被告舒尔茨的辩护意见，在 1983 年《文化财产公约实施法》颁布之后，涉及文化财产非法进口的事项只能适用该法，且依照该法，"被盗财产"应仅限于从博物馆等公共机构盗窃的财产[1]对此，第二巡回法院明确表示，不赞同被告对"被盗财产"的限缩解释，因为《文化财产公约实施法》从未规定"进口自外国非公共机构被盗的文物就是合法的"[2]

举例说明，如果进口的是从某外国私宅被盗的文物，而该外国恰好是《1970年公约》缔约国，那么，尽管这里的进口行为并未违反《文化财产公约实施法》，但也并不意味着整个活动就是合法的，因为运输被盗文物的行为触犯了《国家反盗窃财产法》，是可以被提起公诉的犯罪行为[3]

质言之，《文化财产公约实施法》是进口法，《国家反盗窃财产法》是刑法，二者有交叉，但互不影响[4] 第二巡回法院认为：一个进口某件文物的行为，确实有可能同时违反《文化财产公约实施法》和《国家反盗窃财产法》，并因此要受到相应的民事处罚和刑事制裁，但这并无不妥。这自然也不是《文化财产公约实施法》限制《国家反盗窃财产法》适用于外国被盗文物案件的理由[5]

第四，《国家反盗窃财产法》要求知晓文物系"被盗物"。第二巡回法院指出，被告以"错误理解美国法"为由，辩称不知晓进口依据埃及法属埃及国有的文物会触犯《国家反盗窃财产法》，这样的辩护意见并不影响《国家反盗窃财产法》适用于本案。因为《国家反盗窃财产法》对犯罪意图（*mens rea*）的要求是犯罪嫌疑人知晓涉案财产是"被盗物"，至于其是否知晓该财产是跨州或国际贸易中转移的"被盗物"，则在所不问[6]

根据已查明的事实，被告舒尔茨与他人共谋将涉案文物从埃及走私出境并运至美国，参与伪造文物出处，并在同伙帕里服刑期间通过暗语与其通信交流买卖文物，表明被告舒尔茨清楚其行为的不法性，知晓文物系"被盗物"的事实，因此，《国家反盗窃财产法》可以适用于本案[7]

（五）经验总结

舒尔茨案的意义在于，第二巡回法院肯定了由第五巡回法院在 1977 年麦克

---

[1] *Ibid.*, at 408.

[2] *Ibid.*

[3] *Ibid.*

[4] 二者也被汇编于《美国法典》不同的卷，《文化财产公约实施法》（CPIA）列在第 19 卷"海关职责"，而《国家反盗窃财产法》（NSPA）列在第 18 卷"犯罪与刑事程序"。

[5] United States v. Frederick Schultz, 333 F. 3d 393, 409 (2nd Cir. 2003).

[6] *Ibid.*, at 411.

[7] *Ibid.*, at 412.

莱恩案中确立的"麦克莱恩原则",故此后该原则也常表述为"麦克莱恩/舒尔茨原则"(McClain/Schultz Doctrine)。根据该原则,如果某外国立法规定了某类文物属国家所有,那么未经该国许可,非法出口的此类文物就属于《国家反盗窃财产法》规定的"被盗财产",涉及该文物的运输、转让、接收等行为均将依照该法受到相应的刑事制裁。[1]

　　需要指出的是,美国法院分成 11 个联邦巡回审判区,每个区都有负责受理上诉的法院,每个巡回法院的判决对其他巡回审判区的法院没有直接约束力。在舒尔茨案之前,第二巡回法院对 1977 年麦克莱恩案中确立的法律原则在该地区是否具有约束力没有直接发表意见。

　　在舒尔茨案中,第二巡回法院表明"麦克莱恩原则"同样适用于纽约地区。再联系到第二巡回法院在本案中提及的 1974 年美国诉霍林斯海德案,第九巡回法院也表达了类似观点。可以看出,如今至少在第二、五、九巡回法院的辖区,亦即包括纽约州和加利福尼亚州在内等文物交易市场最活跃的地区,"麦克莱恩/舒尔茨原则"都是适用的。[2]

六、美国诉 18 世纪秘鲁油画案(2009 年)

(一)背景概述

美国诉 18 世纪秘鲁油画案(以下简称"秘鲁油画案"),涉及两件秘鲁油画。[3] 一件是 18 世纪秘鲁油画"双圣像三位一体"(*Doble Trinidad*),又称"神圣家族之圣灵与圣父"(*Sagrada Familia con Espiritu Santo y Dios Padre*),估价26 000美元。另一件是 17 世纪秘鲁油画"帕多瓦的圣安东尼与利马的圣罗萨"("San Antonio de Padua" and "Santa Rosa de Lima"),估价38 000 美元。[4] 两幅油画均为秘鲁被西班牙殖民统治时期反映宗教题材的秘鲁库斯科画派代表画作。[5]

　　2005 年,玻利维亚公民艾希比永·厄内斯托·奥蒂兹－埃斯皮诺萨(Exipi-

---

〔1〕　*Ibid.*, at 416.

〔2〕　Gerstenblith Patty, "The McClain/Schultz Doctrine: Another Step against Trade in Stolen Antiquities", *Culture without Context: The Newsletter of the Near Eastern Project of the Illicit Antiquities Research Centre*, 13 (2003), p. 46.

〔3〕　United States v. Eighteenth Century Peruvian Oil on Canvas Painting of the "Doble Trinidad" or "Sagrada Familia con Espiritu Santo y Dios Padre", 597 F. Supp. 2d 618 (E. D. Va. 2009).

〔4〕　*Ibid.*, at 620.

〔5〕　FBI National Press Office, "FBI Returns Paintings to Peru", April 7, 2010, 载 https://www.fbi.gov/news/pressrel/press-releases/fbi-returns-paintings-to-peru, 访问时间:2017 年 3 月 15 日。

on Ernesto Ortiz – Espinoza）携带两件油画从玻利维亚入境美国。2007 年，美国联邦调查局根据知情人举报提供的线索，与秘鲁有关当局核实该油画信息。同年 11 月，联邦调查局依据《文化财产公约实施法》在弗吉尼亚州没收了涉案油画，奥蒂兹对该行政没收程序表示异议。[1]次年 4 月，美国政府向法院对涉案油画提起对物民事没收诉讼，奥蒂兹随后加入诉讼。2009 年，美国法院作出准予没收的裁定。

2010 年 4 月，美国联邦调查局将两件油画归还秘鲁。[2]

（二）案情简介

1. 案件基本情况

秘鲁油画案是一起由依《文化财产公约实施法》提起的行政没收转为民事没收的诉讼。2008 年 4 月 9 日，美国政府向弗吉尼亚东区联邦地方法院（US District Court for the Eastern District of Virginia）提起对物控诉，请求法院依据《文化财产公约实施法》裁定准予扣押、没收涉案油画。奥蒂兹作为申索人加入诉讼，并主张对涉案油画享有所有权。

2009 年 2 月 12 日，弗吉尼亚东区联邦地方法院认为涉案油画属于依据《文化财产公约实施法》应予没收的财产，并作出准予没收的裁定。

2. 案件事实

2005 年夏末（或初秋），申索人玻利维亚公民奥蒂兹携带两件涉案油画从玻利维亚入境美国。为便于运输，奥蒂兹将油画从画框割下后，卷起来放在硬纸板做的圆筒里。随后奥蒂兹将油画交给雨果·胡安钦·博达（Hugo Joaquin Borda），由博达带至位于华盛顿特区的圣路加画廊（St. Luke's Gallery）委托售卖。

作为售卖条件，圣路加画廊请奥蒂兹提供油画的所有权证明材料。对此，奥蒂兹未能提供任何官方证明，仅提交了一份信件，信中说明其如何取得该油画，并表示两件油画是秘鲁库斯科画派画作，出自上秘鲁地区（即今日的玻利维亚）。

随后，圣路加画廊将油画交由弗吉尼亚州的艺术品交易商、秘鲁艺术品专家威廉·加内特·霍吉思（William Garrett Hodges）鉴定。霍吉思注意到，涉案油画系库斯科画派的代表画作，并且油画是从原画框粗暴割下而来，由此推定油画可能是被盗物并及时联系了联邦调查局。

2007 年 2 月，联邦调查局将涉案油画图片传至秘鲁利马历史遗产保卫署国家

---

[1] Convention on Cultural Property Implementation Act（CPIA），19 U. S. C. 2601 et seq.

[2] FBI National Press Office，"FBI Returns Paintings to Peru"，April 7, 2010，载 https：//www. fbi. gov/news/pressrel/press – releases/fbi – returns – paintings – to – peru，访问时间：2017 年 3 月 15 日。

文化中心（National Institute of Culture, Directorate of Historical Patrimony Defense），并得到艺术品专家出具的"涉案油画是西班牙殖民时期的艺术作品""是秘鲁国家的文化财产"的鉴定意见。

2007 年 11 月，联邦调查局在弗吉尼亚州没收了涉案油画。涉案油画经司法部鉴定，分别估价 26 000 美元和 38 000 美元。

（三）争议焦点

1997 年，美国与秘鲁两国签订了《对秘鲁前西班牙时期文明的考古材料和西班牙殖民时期的人种学材料实施进口限制的谅解备忘录》（以下简称《美秘谅解备忘录》）。[1] 该备忘录分别于 2002 年、2007 年完成五年有效期的顺延。[2] 根据《1970 年公约》和《美秘谅解备忘录》，如果涉案油画的进口同时满足六项条件，则此种进口行为违反《文化财产公约实施法》，属于非法进口，依法应予没收。这六项条件包括：涉案油画是：①西班牙殖民时期；②出自秘鲁境内；③由原住民所作；④用以福音传道的艺术作品；⑤构成该民族文化遗产的重要组成部分；⑥进口人无法提供由秘鲁政府签发的许可或其他证件，以证明这种出口不违反秘鲁法律。[3]

美国政府认为涉案油画的进口已满足上述所有条件，依法应予扣押、没收。对此，申索人对涉案油画符合第 1、3、4、5 点的事实认定没有异议，但是否认涉案油画及相关进口行为符合第 2 点和第 6 点。换言之，申索人否认油画源自秘鲁境内，并提供相应证据试图证明油画源自玻利维亚。此外，申索人辩称其已取得出口许可文件。该文件由秘鲁政府签发，以证明该油画的出口不违反秘鲁法律。然而，申索人在法庭上却无法提供相应的出口许可文件。

因此，本案的核心问题有两项：

第一，涉案油画是否属于依《文化财产公约实施法》应予没收的财产。

第二，依《文化财产公约实施法》，举证责任如何分配的问题，即应当由哪一方当事人承担哪些方面的证明责任。

（四）法院裁判

在秘鲁油画案中，受理法院认为，美国政府已初步证明涉案油画系依《文化

〔1〕 1997 Memorandum of Understanding between the Government of United States of America and the Government of Peru Concerning the Imposition of Import Restrictions on Archaeological Material from the Prehispanic Cultures and Certain Ethnological Material from the Colonial Period of Peru.

〔2〕 United States v. Eighteenth Century Peruvian Oil on Canvas Painting of the "Doble Trinidad" or "Sagrada Familia con Espiritu Santo y Dios Padre", 597 F. Supp. 2d 618, 621 (E. D. Va. 2009).

〔3〕 Ibid., at 622.

财产公约实施法》应予没收的财产，申索人奥蒂兹对此未能提出实质性的反证。此外，即使被告辩称涉案油画来自玻利维亚而非秘鲁的意见成立，也不影响依据《文化财产公约实施法》涉案油画应予没收的判定。鉴此，受理法院作出准予没收的裁定。

具体而言，受理法院分别从以下四点论证了其裁判意见：

第一，依《文化财产公约实施法》提起的没收程序与民事没收程序适用不同的举证责任分配制度。受理法院认为，依《文化财产公约实施法》提起的没收程序与民事没收程序适用不同的举证责任分配制度。对于民事没收程序，适用2001年《民事资产没收改革法案》（CAFRA）确定的举证责任分配制度。[1] 该法案要求由美国政府以"优势证据"（preponderance of evidence）证明标准，承担证明系争财产应当予以没收的举证责任。

然而，尽管《民事资产没收改革法案》适用于所有依联邦法启动的民事没收程序，但该法也明确表示，其所称"民事没收法律"不包括规定在《美国法典》第19卷"海关职责"下的1930年关税法案及其他法律规定。而《文化财产公约实施法》正是规定在《美国法典》第19卷"海关职责"之下，因此，《民事资产没收改革法案》确定举证责任分配制度不能适用于依《文化财产公约实施法》提起的没收程序。[2]

那么，在依《文化财产公约实施法》提起的没收程序中，如何确定举证责任分配的问题？审理法院认为应当结合《文化财产公约实施法》及其所在的第19卷"海关职责"的相关规定予以确认。[3]

第二，在依《文化财产公约实施法》提起的没收程序中，美国政府承担初步证明责任，申索人承担剩余的证明责任。受理法院指出：一方面，第19卷第1615条确立了"举证责任倒置"的一般规则，即货物或包裹依进口征税等法律规定被没收的，由申索人承担举证责任。[4] 另一方面，依照《文化财产公约实施法》第19卷第2610条规定，即使有前述第1615条之规定，在依据《文化财产公约实施法》提起的没收程序中，如申索人是个人，美国政府应当证明有关标的物属于本法的调整范围，该标的物已列在财政部长依本法具体指定的名

---

〔1〕　Civil Asset Forfeiture Reform Act（CAFRA），18 U. S. C. §983.

〔2〕　United States v. Eighteenth Century Peruvian Oil on Canvas Painting of the "Doble Trinidad" or "Sagrada Familia con Espiritu Santo y Dios Padre"，597 F. Supp. 2d 618，622（E. D. Va. 2009）.

〔3〕　Ibid.

〔4〕　19 U. S. C. §1615.

册内。[1]

换言之,在依《文化财产公约实施法》提起的没收程序中,举证责任的分配制度如下:首先,依据第19卷第2610条,美国政府承担初步证明责任,应证明有关标的物属于《文化财产公约实施法》的调整范围。其次,在美国政府完成初步证明责任后,依据第19卷第1615条,剩余的证明责任由申索人承担。[2]

第三,美国政府已完成初步证明责任。如前所述,在依《文化财产公约实施法》提起的没收程序中,美国政府应承担初步证明责任。联系本案,美国政府的初步证明责任是要证明涉案油画是自《1970年公约》某缔约国出口的、经指定的人种学材料(ethnological material),且该外国与美国有双边协议。[3]

受理法院指出,除申索人奥蒂兹已认可的几点事实认定外,就"涉案油画出自秘鲁"的证明要件,美国政府提交了三份艺术品专家出具的专家报告意见予以佐证。美国政府已完成其初步证明责任,"涉案油画属于依《文化财产公约实施法》应予没收的财产"作为"表面事实案件"(prima facie case)成立。[4]

第四,申索人未能就美国政府的"表面事实案件"提出反证。在美国政府完成其初步证明责任后,申索人奥蒂兹应当就"表明事实案件"提出反证。对此,申索人主张自己是涉案油画的合法所有人,并辩称涉案油画出自玻利维亚而非秘鲁。申索人就此提供的唯一证据是一份由玻利维亚共和国教育文化部出具的证明文件,文件载明涉案油画"没有被盗记录",且该油画"是玻利维亚的艺术遗产",属于申索人奥蒂兹"私人所有"。[5]

戏剧性的是,在案件审理之前,玻利维亚共和国向法庭出具了一份意见书,说明"申索人是玻利维亚公民""涉案油画源自玻利维亚",且"涉案油画系自玻利维亚非法出口,应依《文化财产公约实施法》予以没收"。[6]

对此,受理法院指出,申索人就其"对涉案油画享有所有权"的主张所提交的证据大多为自我陈述,并无其他证据佐证。申索人就其所称"涉案油画源自玻利维亚而非秘鲁"所提交的证据,也同样缺乏其他证据支持。此外,即使涉案油画确实源自玻利维亚,也同样因"属于非法出口"而应依《文化财产公约实

---

[1] 19 U. S. C. § 2610 (1).

[2] United States v. Eighteenth Century Peruvian Oil on Canvas Painting of the "Doble Trinidad" or "Sagrada Familia con Espiritu Santo y Dios Padre", 597 F. Supp. 2d 618, 622 (E. D. Va. 2009).

[3] *Ibid.*, at 623.

[4] *Ibid.*

[5] *Ibid.*, at 624.

[6] *Ibid.*

施法》予以没收。[1]

可见，关于"涉案油画出自玻利维亚"的辩护意见对实质性事实的认定并无影响。因此，申索人未能就美国政府的"表面事实案件"提出反证。[2]

（五）经验总结

秘鲁油画案的重要意义在于，它不仅是两国依据《1970 年公约》和双边协议促进流失文物归还的案例典范，而且还确立了在依《文化财产公约实施法》提起的没收程序中适用不同于一般民事没收机制的举证责任分配制度，即由美国政府承担初步证明责任，证明标的物属于《文化财产公约实施法》调整范围即可，其余的证明责任由申索人承担。

值得注意的是，尽管本案中秘鲁和玻利维亚都表示涉案油画是其本国财产，但受理法院并不打算判定涉案油画的归属，而仅作出准予没收的裁决，至于没收后油画的去处，则交由美国司法部（Department of Justice）予以决定。[3]

七、美国诉 10 世纪柬埔寨砂岩雕像案（2013 年）

（一）背景概述

美国诉 10 世纪柬埔寨砂岩雕像案（*United States of America v. A 10th Century Cambodian Sandstone Sculpture*，以下简称"柬埔寨雕像案"），涉及一件柬埔寨高棉帝国时期的印度教武士难敌（Duryodhana）的砂岩等身雕像。[4] 该雕像源自柬埔寨柏威夏省贡开遗址（Koh Ker）的陈寺（Prasat Chen）。

公元 928 - 944 年间，贡开地区作为高棉帝国的首都，曾繁盛一时。贡开遗址的建筑与雕塑距今已有上千年历史，其雕刻建造技术精湛、独特，具有极高的宗教、历史和艺术价值。[5] 位于贡开地区的陈寺西侧庭院，曾立有一组雕塑群，描绘的是古印度梵文史诗《摩诃婆罗多》（Mahabharata）中"薄伽梵歌"（Bhagavad Gita）所载的难敌与怖军（Bhima）的对战场面。[6] 其中，难敌的雕

---

〔1〕 *Ibid.*, at 625.

〔2〕 *Ibid.*

〔3〕 *Ibid.*

〔4〕 United States of America v. A 10th Century Cambodian Sandstone Sculpture, Currently Located at Sotheby's in New York, New York, No. 12 - cv -2600 - GBD (S. D. N. Y. Mar. 28, 2013), dismissed by No. 12 - cv -2600 - GBD (S. D. N. Y. Dec. 12, 2013).

〔5〕 United States of America v. A 10th Century Cambodian Sandstone Sculpture, Currently Located at Sotheby's in New York, New York, Verified Complaint, 12 Civ. 2600 (GBD), April 2, 2012 (hereafter Verified Complaint), § § 5 - 6.

〔6〕 Verified Complaint, § 9.

像即本案所涉雕像。

20 世纪 60 年代中期至 70 年代末，正值柬埔寨政治动乱和内战期间，位于柬埔寨北部的贡开遗址惨遭大面积盗掘[1]。涉案雕像及其他大量石像雕塑都未能幸免于难[2]。

2010 年，受比利时藏家德西娅·鲁斯珀利·迪·波吉亚·苏阿萨（Decia Ruspoli di Poggia Suasa）委托，纽约苏富比拍卖行拟于 2011 年 3 月拍卖涉案雕像，并对雕像估价 200 万至 300 万美元[3]。2011 年 3 月 24 日，联合国教科文组织柬埔寨全国委员会秘书长代表柬埔寨政府，要求苏富比拍卖行将雕像撤拍，"以便促成雕像回归柬埔寨"。苏富比表示同意撤拍，但继续保有雕像[4]。

2011 年末，柬埔寨政府请求美国政府协助追索涉案雕像，美国国土安全部随之展开调查。与此同时，柬埔寨政府与苏富比展开了为期一年的协商谈判，但无果而终。2012 年，美国政府向纽约联邦地方法院提起了针对该雕像的民事没收程序（civil forfeiture action）。2013 年 12 月，当事方达成了诉讼和解协议，文物持有人鲁斯珀利同意将雕像返还柬埔寨。2014 年 5 月，涉案雕像正式回归柬埔寨[5]。

（二）案情简介

1. 案件基本情况

柬埔寨雕像案是一起民事没收程序诉讼。

2012 年 4 月 4 日，美国政府向纽约南区联邦地方法院就涉案雕像提起对物民事没收程序[6]。

2012 年 4 月 5 日，法院签发临时禁令，要求涉案雕像暂由苏富比代为保存，

---

〔1〕 United States of America v. A 10th Century Cambodian Sandstone Sculpture, Currently Located at Sotheby's in New York, New York, No. 12 – cv – 2600 – GBD (S. D. N. Y. March 28, 2013) (hereafter Memorandum Decision), 3 – 4.

〔2〕 包括难敌雕像在内的 7 尊雕像已在美国找到，并于 2013 – 2016 年间已分别由美国数家博物馆、拍卖行陆续归还给柬埔寨。参见本书第一章第三节之"美国大都会艺术博物馆返还柬埔寨 10 世纪古雕像"的讨论。

〔3〕 Sotheby's Press Release New York, "Indian & Southeast Asian Works of Art at Sotheby's New York, Auction: 24 March 2011".

〔4〕 Memorandum Decision, 7.

〔5〕 The Guardian, "10th – century statue to be returned to Cambodia", May 8, 2014, 载 http://www.theguardian.com/world/2014/may/08/stolen – statue – cambodia – duryodhana – bondissant, 访问时间：2017 年 3 月 16 日。

〔6〕 Memorandum Decision, 1.

并禁止苏富比采取"任何出让、转移或处分"雕像的行为。[1]

2012 - 2013 年间，苏富比和藏家鲁斯珀利向法院提起了"撤案动议"。此后，美国政府向法院提出"修改起诉书动议"，修改后的起诉书增加了多项事实指控。苏富比和藏家对此提出反对意见。[2]

2013 年 3 月 28 日，法院作出备忘录意见和命令（memorandum decision and order），裁定批准美国政府的"修改起诉书动议"，同时驳回苏富比和藏家鲁斯珀利的"撤案动议"。[3]

2013 年 12 月 12 日，当事方达成和解协议，诉讼终结。根据和解协议，藏家鲁斯珀利自愿无偿将涉案雕像返还给柬埔寨，且美国政府承认苏富比和藏家鲁斯珀利均不知晓雕像系柬埔寨所有，也未有意提供虚假信息。[4]

2. 案件事实

1972 年前后，在某文物盗掘犯罪集团的组织和策划下，涉案雕像在贡开陈寺被盗走，转移至泰国后由一知名高棉文物藏家购入。经鉴定，现陈寺西亭的某基座上仍保留着该雕像的足部，雕像的主体部分是从该基座被斩断后转移出境的。[5]

1975 年，英国伦敦拍卖行斯宾客父子公司（Spink & Son, Ltd.）受该藏家之托，将雕像以 105 000 英镑出售给了一位比利时商人。[6]

2000 年，在比利时商人去世后，其妻德西娅·鲁斯珀利·迪·波吉亚·苏阿萨继承了该雕像。[7]

2010 年 3 月，藏家鲁斯珀利委托纽约苏富比拍卖行拍卖该雕像。[8]

2010 年 4 月，苏富比将雕像从比利时进口入境美国。[9]

2010 年 11 月 8 日，苏富比通过邮件告知缅甸文化部其拟定于次年拍卖涉案雕像。[10]

---

〔1〕 United States of America v. A 10th Century Cambodian Sandstone Sculpture, Currently Located at Sotheby's in New York, New York, Stipulation and Order of Settlement, 12 Civ. 2600 (GBD), December 12, 2013 (hereafter Order of Settlement), 1.

〔2〕 Memorandum Decision, 2.

〔3〕 *Ibid.*, at 18.

〔4〕 Order of Settlement, 2.

〔5〕 Memorandum Decision, 3 - 4.

〔6〕 *Ibid.*, at 4.

〔7〕 *Ibid.*

〔8〕 *Ibid.*, at 5.

〔9〕 *Ibid.*

〔10〕 *Ibid.*, at 6.

　　2011 年 3 月 24 日，联合国教科文组织柬埔寨全国委员会秘书长代表柬埔寨政府致函苏富比，称涉案雕像系从贡开陈寺非法转移出境，并要求苏富比将雕像撤拍。苏富比对此表示同意，但继续保有雕像。[1]

　　（三）争议焦点

　　本案的争议焦点是：苏富比进口涉案雕像是否违反了"海关法"和《国家反盗窃财产法》等相关法律规定，并是否应因此予以没收。

　　美国政府指控涉案雕像掠夺自柬埔寨陈寺，并且应基于以下原因予以没收：其一，苏富比拍卖行在明知雕像系被盗物的情况下将其进口入境美国，违反了"海关法"关于"进口走私货物"的规定；[2] 其二，跨州和/或跨国运输被盗物违反了《1930 年关税法案》的相关规定。[3] 其三，涉案雕像属于《国家反盗窃财产法》的调整范围。[4] 对此，美国政府依据的是 1900－1925 年期间法国殖民时期柬埔寨殖民当局颁布的法律。根据该法，雕像转移出境时是属于柬埔寨的国有财产，因此涉案雕像是被盗物。

　　对此，苏富比和藏家鲁斯珀利通过向法院提请"撤案动议"，辩称美国政府未能提供充分证据证明其指控，[5] 且美国政府所提法国殖民时期的法令仅是将雕像分类的法律，未涉及所有权事项。退一步说，即便该殖民法令涉及所有权事项，但由于柬埔寨并没有执行该法令，美国也应当拒绝适用。再者，美国政府并无证据证明该法国殖民法令颁布时，雕像位于柬埔寨境内。最后，本案应当适用 1975 年雕像售卖所在地国的法律——英国法，而依据该法，时效期间已届满，藏家作为善意购买人因而已取得文物的所有权。[6]

　　最终，法院驳回了苏富比和藏家鲁斯珀利的"撤案动议"，继续审理本案。不过，对于本案适用何种法律解决文物所有权，是法国殖民时期的法令还是英国法，法院未在备忘录意见和命令中给出解答。[7]

　　（四）法院裁判

　　鉴于本案以当事方达成诉讼和解的方式结案，因此，该案中相关争议问题并未经过法院裁判解决，还留待在今后的立法和司法实践中进一步观察。

---

　　〔1〕　*Ibid.*，at 7.

　　〔2〕　18 USC § 545.

　　〔3〕　19 USC § 1595a.

　　〔4〕　18 USC §§2314 and/or 2315.

　　〔5〕　苏富比和藏家鲁斯珀利辩称美国政府未能证明雕像系被盗物，未能证明雕像在进口时仍是被盗物，以及未能证明苏富比和/或藏家在进口时或在进口之后的任何时候知晓雕像是被盗物。

　　〔6〕　Memorandum Decision，7.

　　〔7〕　*Ibid.*

2013 年 12 月 12 日，根据当事方达成的和解意向，法院签发了和解协议和命令（stipulation and order of settlement），摘录如下：

"……鉴于当事方认为如诉讼继续进行将繁冗复杂，不仅涉及争议事实的认定，还可能涉及美国法、柬埔寨法、法国殖民时期法令及其他法律的问题；鉴于苏富比拍卖行和鲁斯珀利女士已决定，为促进文化遗产进行相关的合作，自愿将涉案雕像转移给柬埔寨王国；鉴于美国政府赞同将涉案雕像自愿转移给柬埔寨王国的行为将有利于促进文化遗产相关的合作，美国政府、苏富比拍卖行和鲁斯珀利女士达成一致，并作出如下约定：

第一，法院于 2012 年 4 月 5 日签发的临时禁令将据此变更为：准许苏富比拍卖行将雕像转移给柬埔寨王国。

第二，自本和解协议与命令生效之日起 90 日内，苏富比拍卖行应当将雕像转移给柬埔寨王国驻纽约代表。

第三，自该雕像转移至柬埔寨驻纽约代表后，本没收程序将被无条件撤销（dismissed with prejudice）。美国政府应当将雕像转移事宜告知本法院。

第四，苏富比拍卖行和鲁斯珀利女士不得对美国政府及其机构、雇员（包括但不限于美国国土安全部和纽约南区检察官办公室）提出因美国政府扣押、限制或推定占有该雕像而产生的或与之相关的任何主张。这些主张包括但不限于：美国政府没有合理根据扣押、限制和/或没收雕像；苏富比拍卖行和/或鲁斯珀利女士是胜诉方，或苏富比拍卖行和/或鲁斯珀利女士有权要求美国政府支付律师费或其他利息费用等。

第五，自该雕像被转移至柬埔寨驻纽约代表后，美国纽约南区检察官办公室应免除对鲁斯珀利女士和苏富比拍卖行（包括其分支机构、律师、经营管理人员或雇员）提出因进口、持有、出口、转移或出售雕像而产生的任何民事主张。

第六，各方均放弃上诉或以其他方式对本和解协议与命令的效力提出质疑或反对的权利。

第七，各方应自行承担各自的开支和律师费。"[1]

（五）经验总结

从柬埔寨雕像案中，我们可以得到的启示是：在文物追索中，文物来源国应综合运用多种可能促成文物回归的途径，并积极寻求文物所在国政府的协助。

---

[1] Order of Settlement, 2 - 4.

第一，联合国教科文组织柬埔寨全国委员会代表柬埔寨政府向拍卖行致函请求撤拍涉案文物，说明柬埔寨政府在追索中向联合国教科文组织寻求了支持。

第二，柬埔寨政府也曾与拍卖行和藏家积极协商约一年，并试图通过由匈牙利文物藏家伊斯特万·泽尔尼克（Istvan Zelnik）购买雕像再赠与柬埔寨的方式促成文物回归。[1] 尽管最终谈判以失败告终，但仍然表明在协商谈判中，第三方可以介入谈判并通过购买再捐赠的方式促成文物回归。

第三，柬埔寨政府在与文物持有人谈判的同时，请求美国政府协助追索流失文物，并最终借美国政府之力，通过美国政府与文物持有人在民事没收诉讼中达成的和解协议实现了文物回归的最终目的，这表明国际执法合作在促进文物回归中扮演着重要角色。

值得一提的是，美国和柬埔寨在 2003 年签订了《对高棉考古材料实施进口限制的谅解备忘录》。[2] 该备忘录分别于 2008 年、2013 年完成了五年有效期的顺延及扩展修订。[3] 然而，鉴于涉案文物系在 20 世纪 70 年代转移出境，备忘录因不具有溯及力而不能适用于本案。尽管如此，美国政府仍通过调查取证并提起民事没收程序促成了流失文物的回归。由此可见，美国政府发挥了重要的积极推动作用。

第三节　美国返还文物的司法外解决案例研究

一、美国大都会艺术博物馆返还土耳其吕底亚宝藏（1993 年）

（一）背景概述

1993 年，美国的纽约大都会艺术博物馆（Metropolitan Museum of Art）与土

---

〔1〕 匈牙利文物藏家伊斯特万·泽尔尼克表示愿意出价 100 万美元购买涉案雕像，并在购得后将雕像捐赠给柬埔寨。不过，最终购买交易未能达成。Mashberg, Tom and Ralph Blumenthal, "Mythic Warrior Is Captive in Global Art Conflict", *The New York Times*, February 28, 2012, 载 http：//www. nytimes. com/2012/02/29/arts/design/sothebys – caught – in – dispute – over – prized – cambodian – statue. html? pagewanted = all&_r = 0，访问时间：2017 年 3 月 18 日。

〔2〕 2003 Memorandum of Understanding between the Government of United States of America and the Government of the Kingdom of Cambodia Concerning the Imposition of Import Restrictions on Khmer Archaeological Material.

〔3〕 U. S. Department of State's Bureau of Educational and Cultural Affairs, 载 https：//eca. state. gov/cultural – heritage – center/cultural – property – protection/bilateral – agreements/cambodia，访问时间：2017 年 3 月 18 日。

耳其政府达成庭外和解，同意将"吕底亚宝藏"（Lydian Hoard）归还给土耳其。[1]这批"吕底亚宝藏"系源自土耳其乌萨克地区（Uşak）公元前6世纪的窖藏金银珍宝。

20世纪60年代，在土耳其西部乌萨克地区居雷村（Güre）的古墓葬群中，盗墓者劫掠了一批公元前6世纪的宝藏。因其出土于古代小亚细亚西部王国——古吕底亚国的遗址，故该宝藏常被称为"吕底亚宝藏"；同时，又因吕底亚最后一任著名国王克里萨斯（Croesus）之故，该宝藏亦有"克里萨斯黄金"之称。这批出土古墓宝藏中，不仅有大量珠宝、金银制品等文物，还包括一对大理石狮身人面像和若干墓室壁画。[2]随后，盗掘者将大部分吕底亚宝藏贩卖给了土耳其伊兹密尔（Izmir）商人阿里·贝耶拉（Ali Bayirlar）。几经流转后，吕底亚宝藏最终由大都会艺术博物馆购得，并置于该馆"希腊与罗马展厅"公开展示。[3]

1987年，在得知部分被盗吕底亚宝藏由大都会艺术博物馆收藏后，土耳其向其提出归还请求，但遭到拒绝。随后，土耳其向美国联邦地方法院提起了"返还原物之诉"（replevin action）。

1993年，大都会艺术博物馆在诉讼期间与土耳其达成了庭外和解，同意自愿将包括金、银、青铜制品等两百余件文物在内的吕底亚宝藏悉数归还土耳其。[4]两年后，吕底亚宝藏正式回归，现藏于土耳其乌萨克考古博物馆（Uşak Archeology Museum）。[5]

（二）案情简介

1. 案件基本情况

1987年，土耳其向美国纽约南区联邦地方法院提起民事诉讼，要求大都会艺术博物馆返还土耳其所有的吕底亚宝藏。被告大都会艺术博物馆向法院提请"作出简易判决动议"（motion for summary judgment）。

---

〔1〕 Republic of Turkey v. Metropolitan Museum of Art, 762 F. Supp. 44 (S. D. N. Y. 1990).

〔2〕 Jeanette Greenfield, *The Return of Cultural Treasures*, Cambridge: Cambridge University Press, 2007, p. 420.

〔3〕 Kaye, Lawrence, M. and Carla T. Main, "The Saga of the Lydian Hoard Antiquities: from Ushak to New York and Back and Some Related Observations on the Law of Cultural Repatriation", in Kathryn W. Tubb (ed.), *Antiquities*, *Trade or Betrayed. Legal*, *Ethical and Conservation Issues*, London: Archetype, 1995, p. 150.

〔4〕 "Metropolitan Museum to Return Turkish Art", *The New York Times*, September 23, 1993, 载http://www.nytimes.com/1993/09/23/arts/metropolitan-museum-to-return-turkish-art.html, 访问时间：2017年3月20日。

〔5〕 "Curse of Croesus Treasure Continues", *Today's Zaman*, September 25, 2011, 载http://treasureworks.com/newandlinks/10000-treasure/521-curse-of-croesus-treasure-continues, 访问时间：2017年3月20日。

1990 年 7 月, 纽约南区联邦地方法院驳回了被告动议, 继续审理本案。[1]

1993 年, 大都会艺术博物馆与土耳其达成庭外和解, 同意将吕底亚宝藏归还土耳其。[2]

2. 案件事实

20 世纪 60 年代, 位于土耳其乌萨克地区居雷村古墓葬群中的吕底亚宝藏被盗墓者劫掠出土, 并贩卖给伊兹密尔商人贝耶拉。随后, 贝耶拉又将其出售给美国纽约艺术品交易商约翰·柯雷曼 (John Klejman)。[3]

1966 - 1970 年, 大都会艺术博物馆先后从柯雷曼和瑞士藏家乔治·扎克斯 (George Zacos) 处受赠取得了吕底亚宝藏。[4]

1984 年, 大都会艺术博物馆将部分吕底亚宝藏作为永久藏品向公众展示。

1985 年, 土耳其记者奥兹更·阿卡 (Özgen Acar) 向土耳其官员报告, 大都会艺术博物馆正在展出的藏品与土耳其被盗掘的吕底亚宝藏极其相似。[5]

1986 年, 土耳其在确认该藏品确系吕底亚宝藏后, 正式向大都会艺术博物馆提出归还请求, 但遭到博物馆方的拒绝。[6]

(三) 争议焦点

由于双方在审前阶段达成了庭外和解, 本案并未进入庭审阶段。在审前阶段, 被告大都会艺术博物馆以诉讼时效期间已届满为由, 向法院提请 "作出简易判决动议"。诉讼时效期间是否届满, 是决定原告能否提起诉讼请求的前提条件。因为如果诉讼时效期间尚未届满, 则原告有权向法院提起诉讼, 请求返还原所有物。反之, 如果诉讼时效期间届满, 则原告丧失原物返还请求权, 案件会被法院驳回, 不予受理。

---

〔1〕　Republic of Turkey v. Metropolitan Museum of Art, 762 F. Supp. 44 (S. D. N. Y. 1990)。

〔2〕　Jeanette Greenfield, *The Return of Cultural Treasures*, Cambridge : Cambridge University Press, 3rd ed. , 2007, p. 422.

〔3〕　Kaye, Lawrence, M. and Carla T. Main, "The Saga of the Lydian Hoard Antiquities: from Ushak to New York and Back and Some Related Observations on the Law of Cultural Repatriation", in Kathryn W. Tubb (ed.), *Antiquities, Trade or Betrayed. Legal, Ethical and Conservation Issues*, London: Archetype, 1995, p. 150.

〔4〕　"Metropolitan Museum to Return Turkish Art", *The New York Times*, September 23, 1993, 载 http: // www. nytimes. com/1993/09/23/arts/metropolitan - museum - to - return - turkish - art. html, 访问时间: 2017 年 3 月 20 日。

〔5〕　"Curse of Croesus Treasure Continue", *Today's Zaman*, September 25, 2011, 载 http: //treasure-works. com/newandlinks/10000 - treasure/521 - curse - of - croesus - treasure - continues, 访问时间: 2017 年 3 月 20 日。

〔6〕　Jeanette Greenfield, *The Return of Cultural Treasures*, Cambridge: Cambridge University Press, 2007, p. 420.

由此可见，本案的争议焦点之一在于诉讼时效期间是否届满。根据纽约州《民事诉讼程序法》（Civil Practice Law and Rules）的相关规定，请求返还原物的纠纷适用三年的诉讼时效期间。[1]

那么，判断三年诉讼时效期间届满与否的关键是确定诉讼时效的起算点。在纽约州，此类诉讼时效的起算适用"要求并被拒绝规则"，即当且仅当原所有人向善意购买人提出归还原物请求并被拒绝时，原所有人请求返还原物的诉讼时效才开始计算。

值得注意的是，纽约州法的"要求并被拒绝规则"由1874年吉莱诉罗伯特案（Gillet v. Roberts）确立，[2]并在之后通过一系列判例得到不断发展和修正。在1987年狄威尔斯诉鲍丁格案（DeWeerth v. Baldinger）中，[3]第二巡回法院确立了该规则对原所有人的两项要求：其一，原所有人在寻找财产下落时，应尽到"合理注意义务"（duty of reasonable diligence）；其二，在持有人身份得以确定后，原所有人应在合理期间内向持有人提出归还原物请求，亦即原所有人不应以"不合理的延误"（unreasonable delay）提起返还原物之诉。[4]然而，在1990年所罗门·古根海姆诉卢贝尔案（Solomon R. Guggenheim Found. v. Lubell，以下简称"古根海姆案"）中，纽约州最高法院纽约上诉法院（New York Court of Appeals）对"要求并被拒绝规则"进行了修正，否定该规则包含对原所有人的前述两项要求。[5]细言之：一方面，该规则并不要求原所有人应尽到"合理注意义务"；另一方面，"不合理的延误"是衡平法上的"迟误"（laches）抗辩理由，与诉讼时效没有关系。[6]

对此，被告在动议中辩称，本案与古根海姆案并不相同，因此不能适用古根海姆案确立的规则。再者，即使古根海姆案确立的规则适用于本案，被告也可以"迟误"抗辩为由请求法院径行作出简易判决。[7]

最终，法院认定古根海姆案确立的规则适用于本案，诉讼时效因而自1986

---

〔1〕 New York McKinney's Civil Practice Law and Rules § 214 (3).

〔2〕 Gillet v. Roberts, 57 N. Y. 28 (1874), Court of Appeals of New York, 1874 WL 11171.

〔3〕 DeWeerth v. Baldinger, 658 F. Supp. 688 (S. D. N. Y. 1987), rev'd, 836 F. 2d 103 (2d Cir. 1987), Cert. denied, 486 U. S. 1056 (1988), remanded, 804 F. Supp. 539 (S. D. N. Y. 1992) (mem.) (granting relief from judgment), rev'd, 38 F. 3d 1266 (2d Cir. 1994), Cert. denied, 513 U. S. 1001 (1994).

〔4〕 DeWeerth v. Baldinger, 836 F. 2d 103, 108 (2d Cir. 1987).

〔5〕 Solomon R. Guggenheim Found v. Lubell, 153 A. D. 2d 143 (N. Y. App. Div. 1990), aff'd, 77 N. Y. 2d 311 (N. Y. Ct. App. 1991).

〔6〕 Solomon R. Guggenheim Found. v. Lubell, 77 N. Y. 2d 311, 318 (N. Y. Ct. App. 1991).

〔7〕 Republic of Turkey v. Metropolitan Museum of Art, 762 F. Supp. 44, 46 (S. D. N. Y. 1990).

年原告土耳其请求被告归还原物而被拒绝之时起算，至 1987 年土耳其向法院提起返还原物之诉时，三年诉讼时效期间遂未届满。

此外，被告所提原告存在"不合理的延误"的主张是"迟误"抗辩，与诉讼时效无关。[1]至于被告"迟误"抗辩是否成立，以及被告是否为善意购买人，均是需要进一步认定的实质性事实问题。由此，法院裁定驳回被告动议。[2]

（四）本案返还的具体方式：庭外和解

根据双方达成的和解协议，除大都会艺术博物馆自愿将吕底亚宝藏归还土耳其外，双方还将开展并推广诸多文化交流合作项目，包括艺术品收藏、互惠借展、在土耳其建考古挖掘中心以及双方互设科研学术交流奖学金等。[3]

尽管双方庭外和解的细节内容因未公开而无从获知，不过据大都会艺术博物馆馆长菲力普·德·蒙特贝罗（Philippe de Montebello）称，促使博物馆作出归还土耳其吕底亚宝藏的决定主要有两方面的原因。

一方面，在证据开示阶段，土耳其政府提供了证据证明"涉案大部分吕底亚宝藏盗掘自土耳其乌萨克地区的古墓"，并且"其中相当一部分的宝藏在被盗数月后由大都会艺术博物馆取得"。这些证据包括涉案盗墓人的书面陈述和为涉案吕底亚宝藏提供专家意见的数位考古专家证人证言。[4]在证据交换时，土耳其方面的考古学专家发现，大都会艺术博物馆所藏的部分壁画残片与土耳其被盗墓室的壁画遗留部分能够吻合。

另一方面，同样在证据开示阶段，大都会艺术博物馆理事会收购委员会（Acquisitions Committee）的会议纪要显示，博物馆在收购时已知晓涉案吕底亚宝藏是盗掘物，因为负责收购此批宝藏的博物馆初级馆长曾到访土耳其，考察了乌

---

〔1〕 迟误（laches），是指当事人在主张或实现其权利方面的疏忽、懈怠或有不合理的拖延。迟误是衡平法上的一项制度，即如果原告疏于主张其权利或者不合理的拖延，且其疏忽和拖延已经损害了对方当事人的利益，则衡平法院可以拒绝原告提出的救济请求。迟误制度的根据是"衡平法佐助警醒者，而不佐助怠惰者"（Equity aids the vigilant and not the indolent）这一衡平法原则。薛波主编：《元照英美法词典》，法律出版社 2003 年版，第 775 页。

〔2〕 Republic of Turkey v. Metropolitan Museum of Art, 762 F. Supp. 44, 47（S. D. N. Y. 1990）.

〔3〕 Kaye, Lawrence, M. and Carla T. Main,"The Saga of the Lydian Hoard Antiquities: from Ushak to new York and Back and Some Related Observations on the Law of Cultural Repatriation", in Kathryn W. Tubb（ed.）, *Antiquities, Trade or Betrayed. Legal, Ethical and Conservation Issues*, London: Archetype, 1995, p. 151.

〔4〕 "Metropolitan Museum to Return Turkish Art", *The New York Times*, September 23, 1993, 载 http://www.nytimes.com/1993/09/23/arts/metropolitan - museum - to - return - turkish - art.html, 访问时间：2017 年 3 月 21 日。

萨克地区被盗古墓，并检验了一对狮身人面像的配件部分。[1]

（五）经验总结

从 1987 年土耳其向美国联邦地方法院提起诉讼，到 1993 年大都会艺术博物馆与土耳其达成庭外和解，长达六年的诉讼终于以吕底亚宝藏悉数回归文物来源国土耳其的圆满结局告终。从本案中，文物来源国可以得到的启示有两点：

第一，证据开示程序的重要性不容忽视。证据开示制度是美国民事诉讼审前阶段的重要组织部分，是各当事方在庭审之前可以要求对方当事人披露与案件有关的证言、文件及其他证明材料的制度。只有在证据开示结束之后，当事方不能达成和解的，案件才进入庭审程序。除了限制诉讼中"证据突袭"、提高诉讼效率以及保全证据之外，证据开示制度的意义还在于能够促成和解。据统计，大多数案件通常都在证据开示程序之后以当事方和解而告终，[2]本案即例证。

在本案中，正是因为有庭前证据开示这一程序，被告大都会艺术博物馆才不得不披露所有与案件有关的证明材料，甚至包括对其不利的文件，诸如前面提到的能说明"博物馆收购时已知晓文物来源存在瑕疵"的收购委员会会议纪要。同样，正是在证据开示程序中，原告土耳其有机会将被告所持有的涉案文物与被盗古墓的文物进行对比，考古专家通过近距离比对查验才能得出"涉案文物确系来自土耳其被盗古墓"的结论。[3]最终，被告面对此番披露的证明材料，或许出于对极有可能败诉的形势估计，或许出于不愿将有瑕疵的购藏行为公之于众以影响其博物馆声誉的考虑，最终选择通过庭外和解了结诉讼，并自愿将文物归还土耳其。

第二，"要求并被拒绝规则"是文物来源国十分有利的诉讼时效起算规则。

目前，已知仅有纽约州等美国少数州法院，以及美国联邦第二巡回法院和哥伦比亚特区巡回法院辖区下的联邦法院采用了"要求并被拒绝规则"。[4]

相比"发现规则"（discovery rule），"要求并被拒绝规则"对文物追索方的

---

〔1〕　Kaye, Lawrence, M. and Carla T. Main, "The Saga of the Lydian Hoard Antiquities: from Ushak to New York and Back and Some Related Observations on the Law of Cultural Repatriation", in Kathryn W. Tubb (ed.), *Antiquities, Trade or Betrayed. Legal, Ethical and Conservation Issues*, London: Archetype, 1995, p. 162.

〔2〕　张卫平主编：《外国民事证据制度研究》，清华大学出版社 2003 年版，第 171－175 页。

〔3〕　Kaye, Lawrence, M. and Carla T. Main, "The Saga of the Lydian Hoard Antiquities: from Ushak to New York and Back and Some Related Observations on the Law of Cultural Repatriation", in Kathryn W. Tubb (ed.), *Antiquities, Trade or Betrayed. Legal, Ethical and Conservation Issues*, London: Archetype, 1995, pp. 153－154.

〔4〕　Grosz v. Museum of Modern Art, 772 F. Supp. 2d 473 (S. D. N. Y. 2010), aff'd, 403 Fed. Appx. 575 (2d Cir. 2010). De Csepel v. Republic of Hungary, 714 F. 3d 591 (D. C. Cir. 2013).

保护更为有利。[1] 因为依照"发现规则",追索的诉讼时效是自文物原所有人知晓或应当知晓文物的下落和文物持有者身份之时起算;而根据"要求并被拒绝规则",诉讼时效的起算是自文物原所有人请求文物持有人返还原物,但持有人拒绝返还之日起算。当然,为了避免原所有人滥用"要求并被拒绝规则",善意购买人还可以在原告的返还请求存在"不合理的迟延"并且损害其利益时,主张衡平法上的"迟误"抗辩。[2]

此外,值得注意的是,"要求并被拒绝规则"仅适用于持有人是善意购买人的情形。所以,在持有人是盗贼或恶意购买人的情况下,诉讼时效的起算就无法适用"要求并被拒绝规则",而应适用传统的诉讼时效规定。以纽约州为例,此时的诉讼时效是自文物被盗或被恶意购买人取得之时起算,即使此时文物原所有人并不知道文物下落。[3] 可见,在这种情况下,恶意购买人与盗贼反而比善意购买人处于更有利的地位,这是该规则颇受诟病之处。

二、美国西雅图艺术博物馆返还罗森伯格家族马蒂斯画作（1999 年）

（一）背景概述

1999 年,美国西雅图艺术博物馆（Seattle Art Museum）与罗森伯格家族达成返还协议,同意将亨利·马蒂斯（Henri Matisse）的画作《宫女》（Odalisque）归还罗森伯格家族。[4]

画作《宫女》,又名《坐在地板上的东方女人》（Oriental Woman Seated on Floor）,系由 20 世纪法国著名画家、野兽派创始人马蒂斯于 1928 年创作。次年,法国犹太人保罗·罗森伯格（Paul Rosenberg）购得该画作。二战期间,为躲避纳粹德国的迫害,罗森伯格不得不于 1941 年从法国逃到美国,并将其收藏的上百件名画藏在位于法国利布尔纳的银行金库内。纳粹德国占领法国时,查抄了162 件罗森伯格藏画,其中就有这幅《宫女》。战后,罗森伯格回到法国并尽力找回了大部分被掠名画,但《宫女》却不在其中。[5]

---

〔1〕 关于"发现规则",参见本书第一章第二节之"塞浦路斯共和国、塞浦路斯希腊东正教自主教会诉哥德堡案（1989 年）"的讨论。

〔2〕 霍政欣:《追索海外流失文物的法律问题》,中国政法大学出版社 2013 年版,第 63 页。

〔3〕 Grosz v. Museum of Modern Art, 772 F. Supp. 2d 473, 482 (S. D. N. Y. 2010)。

〔4〕 The Seattle Art Museum, Press Statement: "SAM to Return Matisse Odalisque to Rosenbergs", June 14, 1999, on file with Association of Art Museum Directors.

〔5〕 Felicia R. Lee, "Seattle Museum to Return Looted Work", *The New York Times*, June 16, 1999, 载 http://www.nytimes.com/1999/06/16/arts/seattle - museum - to - return - looted - work. html, 访问时间: 2017 年 3 月 22 日。

1997 年，罗森伯格的孙女偶然间从布勒德尔后人那里得知了画作的下落。[1]原来，普伦蒂斯·布勒德尔（Prentice Bloedel）夫妇曾在 20 世纪 50 年代从纽约一家诺德勒画廊（Knoedler）处购得这幅《宫女》，并于生前将画作捐给了西雅图艺术博物馆。罗森伯格家族获悉后，随即与西雅图艺术博物馆联系交涉，告知其馆藏画作《宫女》系罗森伯格家族所有的二战期间被掠艺术品，并要求博物馆归还。西雅图艺术博物馆并未即刻回应其归还请求，而是委托一家华盛顿独立研究机构——"大屠杀艺术品追索计划"（Holocaust Art Restitution Project，HARP）查明画作的来源出处。[2]次年，罗森伯格家族将争议诉诸法律，向当地联邦地方法院提起了民事诉讼，要求博物馆归还涉案画作。[3] 1999 年 6 月，西雅图艺术博物馆发表声明，宣布决定将画作《宫女》归还给其真正的所有权人——罗森伯格家族。

（二）案情简介

1. 案件基本情况

1997 年，罗森伯格家族向西雅图艺术博物馆提出归还画作《宫女》的请求，但未得到博物馆方面的肯定答复。随后，西雅图艺术博物馆与罗森伯格家族签订了中止诉讼时效协议（tolling agreement），表明其需要委托第三方独立机构调查评估该归还请求。[4]

1998 年，西雅图艺术博物馆委托"大屠杀艺术品追索计划"查明画作的来源出处。[5]

1998 年 8 月，罗森伯格家族向美国华盛顿西区联邦地方法院（US District Court for the Western District of Washington）起诉，要求西雅图艺术博物馆归还画作《宫女》。同时，西雅图艺术博物馆申请追加诺德勒画廊作为第三方被告加入

---

〔1〕 Mark D. Fefer, "SAM Ponders Its Options as Deadline Nears on 'Hot' Matisse", *Seattle Weekly*, October 9, 2006, 载 http：//www. seattleweekly. com/1998 – 05 – 27/news/sam – ponders – its – options – as – deadline – nears – on – hot – matisse，访问时间：2017 年 3 月 22 日。

〔2〕 The Seattle Art Museum, Press Statement："SAM to Return Matisse Odalisque to Rosenbergs", June 14, 1999, on file with Association of Art Museum Directors.

〔3〕 Judith H. Dobrzynski, "Seattle Museum Is Sued for a Looted Matisse", *The New York Times*, August 4, 1998, 载 http：//www. nytimes. com/1998/08/04/arts/seattle – museum – is – sued – for – a – looted – matisse. html，访问时间：2017 年 3 月 23 日。

〔4〕 Mark D. Fefer, "SAM Ponders Its Options as Deadline Nears on 'Hot' Matisse", *Seattle Weekly*, October 9, 2006, 载 http：//www. seattleweekly. com/1998 – 05 – 27/news/sam – ponders – its – options – as – deadline – nears – on – hot – matisse，访问时间：2017 年 3 月 23 日。

〔5〕 The Seattle Art Museum, Press Statement："SAM to Return Matisse Odalisque to Rosenbergs", June 14, 1999, on file with Association of Art Museum Directors.

诉讼，并以诺德勒画廊违反权利瑕疵担保、欺诈、虚假陈述为由，要求其承担相应的侵权责任和违约责任。[1]

1999 年 6 月，"大屠杀艺术品追索计划"作出调查报告，确认画作《宫女》系罗森伯格被盗藏画。当月 14 日，西雅图艺术博物馆决定将画作《宫女》归还罗森伯格家族。[2]

2. 案件事实

1941 年，纳粹德国在法国强制没收了罗森伯格 162 件名画藏品，其中包括一件马蒂斯的画作《宫女》。

1954 年，纽约诺德勒画廊从巴黎德鲁昂－大卫画廊（Drouant – David）处购得画作《宫女》。同年，诺德勒画廊将该画作以 19 000 美元的价格卖给了布勒德尔夫妇。[3]

1991 年，布勒德尔夫妇将画作捐赠给西雅图艺术博物馆。[4]

1997 年，罗森伯格继承人从布勒德尔后人处获悉了画作《宫女》的下落。

（三）争议焦点

由于双方在审前阶段达成了庭外和解，本案并未进入实质性的庭审阶段。在审前阶段，被告西雅图艺术博物馆承认了罗森伯格家族对涉案画作享有所有权，并请求法院批准被告将涉案画作归还给罗森伯格家族的决定。[5] 由此，本案的核心问题——画作《宫女》的所有权归属得到了妥善解决。

在此类追索二战被掠文化财产的案例中，关键点之一在于是否有证据证明追索物是二战期间被纳粹劫掠的财产。

联系本案，在请求西雅图艺术博物馆归还画作《宫女》时，罗森伯格家族向博物馆方面提供了若干资料，以证明涉案画作是保罗·罗森伯格的被盗财产。其中，一项主要证据来自赫克托·费利西亚诺（Hector Feliciano）在其著作《消失的博物馆：盗窃最伟大艺术品的纳粹阴谋》中所作的研究。该书记录了多件犹太艺术收藏品的历史，并附有数十张照片，其中就有一张照片记录了名为《坐在

---

〔1〕 Rosenberg v. Seattle Art Museum, 42 F. Supp. 2d 1029（W. D. Wash. 1999）.

〔2〕 The Seattle Art Museum, Press Statement："SAM to Return Matisse Odalisque to Rosenbergs", June 14, 1999, on file with Association of Art Museum Directors.

〔3〕 Rosenberg v. Seattle Art Museum, 42 F. Supp. 2d 1029, 1032（W. D. Wash. 1999）.

〔4〕 The Seattle Art Museum, Press Statement："SAM to Return Matisse Odalisque to Rosenbergs", June 14, 1999, on file with Association of Art Museum Directors.

〔5〕 Ibid.

地板上的东方女人》的马蒂斯画作。[1]此外，该书还记载了涉案画作从 20 世纪 30 年代直至 60 年代的资料信息，再次印证了画作由罗森伯格家族所有。[2]

与之相对，西雅图艺术博物馆起初并未回应罗森伯格家族的归还请求，而是委托第三方独立研究机构来调查涉案画作的情况。最终，调查机构得出研究结论，确认涉案画作就是二战期间遭纳粹劫掠的罗森伯格藏画，并且不在罗森伯格家族已追回的被盗艺术品之列。

据西雅图艺术博物馆馆长米尼·盖茨（Mini Gates）称，即便第三方被告诺德勒画廊在诉讼中仍坚称罗森伯格家族对涉案画作没有所有权，博物馆同样会将画作归还给罗森伯格家族。因为，诺德勒画廊自始至终都未能证明其观点，而"大屠杀艺术品追索计划"作出的独立调查报告，让西雅图艺术博物馆确信罗森伯格家族才是涉案画作的所有权人。[3]

此外，本案还可能涉及对诉讼时效的讨论，这也是二战被掠艺术品返还纠纷中的常见问题。事实上，许多追索二战被掠艺术品的请求最终落空，常常都是因为追索的诉讼时效已届满，追索人因此丧失了原物返还请求权。如今，美国一些州就试图通过州内立法来解决这一问题。例如，2003 年加利福尼亚州的《民事诉讼法典》第 354 条第 3 款规定，对于在 2010 年底之前向博物馆和画廊提起的请求归还二战被掠艺术品纠纷，原有的三年被盗物返还诉讼时效暂停适用。[4]不过，本案中由于双方在谈判初期就签订了中止诉讼时效协议，因此，审理过程中并未涉及诉讼时效的问题，在此遂不作展开。

（四）本案返还的具体方式：庭外和解

鉴于本案以当事方达成庭外和解的方式结案，因此，该案中相关争议事实和法律

---

〔1〕 Feliciano Hector, *The Lost Museum: The Nazi Conspiracy to Steal the World's Greatest Works of Art*, Basic Books, 1998, p. 21.

〔2〕 Judith H. Dobrzynski, "Seattle Museum Is Sued for a Looted Matisse", *The New York Times*, August 4, 1998, 载 http://www.nytimes.com/1998/08/04/arts/seattle – museum – is – sued – for – a – looted – matisse.html, 访问时间：2017 年 3 月 23 日。

〔3〕 The Seattle Art Museum, Press Statement: "SAM to Return Matisse Odalisque to Rosenbergs", June 14, 1999, on file with Association of Art Museum Directors.

〔4〕 Cal. Code Civ. Proc. §354.3. 但是，在 2010 年冯·扎厄诉诺顿西蒙博物馆（Von Saher v. Norton Simon Museum of Art）一案中，美国联邦第九巡回法院认定该规定违宪。此后不久，加利福尼亚州又出台了第 2765 号议会法案，修正了该条规定，但在一定条件下仍延长了此类案件的诉讼时效。Andre L. Adler, "California's Latest Foray Into Holocaust Art Litigation", *Cultural Heritage & Arts Review*, Fall/Winter (2010), p. 8.

问题并未经过法院裁判得以解决，还留待在今后的立法和司法实践中进一步观察。[1]

据西雅图艺术博物馆馆长盖茨称，第三方独立机构作出的调查报告是促使博物馆作出归还画作《宫女》决定的主要原因。盖茨进一步指出，全面调查虽然"不易、耗时"，但却是"必不可少"的一步。通过将二战被掠艺术品物归原主，博物馆划清了其坚持的道德底线。[2]

值得注意的是，就在西雅图艺术博物馆决定归还画作的前一年，艺术博物馆馆长协会出台了针对二战时期（1933－1945年）遭纳粹掠夺的艺术品的博物馆准则。[3] 该准则直接为后来1998年《被纳粹没收艺术品返还的原则宣言》（即《华盛顿宣言》）奠定了基础。[4] 艺术博物馆馆长协会的准则尽管缺乏法律约束力，却以"软法"的形式约束着各博物馆协会成员。这也意味着，该协会下二百余家遍及美国、加拿大和墨西哥的博物馆都尽力以该准则的要求规范其职业行为。[5] 因此，不排除西雅图艺术博物馆作为该协会成员，在处理本案的归还请求时也受到了该准则的影响。

根据准则第5条的规定，博物馆在收到追索人提出的归还二战被掠艺术品请求后：其一，博物馆应及时充分地研究归还请求，应向追索人要求提供艺术品的所有权证明，以便查明该艺术品的来源出处；其二，如果与追索人共同调查后，博物馆确认该艺术品确系二战被劫掠后尚未返还的艺术品，那么博物馆应尽快提出解决方案，以公平、合理、相互认可的方式处理归还请求；其三，艺术博物馆馆长协会建议博物馆应在恰当的时候考虑以调解的方式处理此类请求。[6]

本案中，西雅图艺术博物馆坚持通过第三方独立机构来调查涉案画作的来源

---

〔1〕 至于本案有关西雅图艺术博物馆和诺德勒画廊之间的侵权、违约之诉，双方也达成了庭外和解。根据和解协议，西雅图艺术博物馆可以从诺德勒画廊的藏品挑选至少一幅画作（或选择与之相当的现金）作为补偿。此外，诺德勒画廊还应承担本案的全部诉讼费用。Sheila Farr, "Seattle Gets Pick of Paintings after Matisse Loss", *The Seattle Times*, October 13, 2000, 载 http：//community. seattletimes. nwsource. com/archive/？date＝20001013&slug＝4047641, 访问时间：2017年3月23日。

〔2〕 The Seattle Art Museum, Press Statement："SAM to Return Matisse Odalisque to Rosenbergs", June 14, 1999, on file with Association of Art Museum Directors.

〔3〕 Guidelines, AAMD："Report of the AAMD Task Force on the Spoliation of Art during the Nazi/World War II Era (1933－1945)", June 4, 1998.

〔4〕 Washington Conference Principles on Nazi－Confiscated Art, December 3, 1998.

〔5〕 Association of Art Museum Directors, "Resolutions of Claims for Nazi－Era Cultural Assets", 载 https：//aamd. org/object－registry/resolution－of－claims－for－nazi－era－cultural－assets/more－info, 访问时间：2017年3月23日。

〔6〕 E. Response to Claims Against the Museum, Guidelines, AAMD："Report of the AAMD Task Force on the Spoliation of Art during the Nazi/World War II Era (1933－1945)", June 4, 1998.

出处，并在报告作出后不久就决定归还，正是按此项准则行事的体现。

（五）经验总结

本案是首例以美国博物馆为被告的二战被掠艺术品返还案例。[1] 1943 年，《反对在敌人占领或控制领土上进行掠夺的法案的同盟国间宣言》（即《伦敦宣言》）确立了战争期间劫掠和转移文化财产属于非法和无效的基本原则。[2] 其内在逻辑是任何人不得从非法行为中获利。[3] 换言之，任何个人、博物馆或其他收藏机构都不能从大屠杀受害者的损失中获益。西雅图艺术博物馆与罗森伯格家族达成的返还协议就是对这一原则的完美诠释。

联系本案，西雅图艺术博物馆通过接收捐赠而取得画作的行为可能并无过错，但并不能因此取得画作的所有权。这是因为掠走画作的纳粹当局不能因其不法行为取得画作的所有权，而在此之后文物交易链上的每一环，无论买家、卖家，也都不能取得画作的所有权。简言之，任何人，即便是最善意的购买人，也不能从窃贼那里获得被盗物的所有权。这也反映了英美普通法上的一项古老原则——"自己无有者，不能与人"（nemo dat quod non habet）。[4]

从本案可以看出，掌握证明文物来源出处的证据是追索二战被掠文物的制胜关键。第二次世界大战已过去了半个多世纪，许多证据或已灭失，或极难发现。如今，纳粹大屠杀的幸存者相继去世，而健在的幸存者及其后人常常无法掌握相应的文件、照片或证人证言来支持他们的归还请求。这也是不少追索人即便已经确定了被掠文物的下落，也无法要求返还的原因。幸运的是，本案的追索人罗森伯格家族克服了这一障碍，这不仅是其努力收集证据的结果，同时也得益于第三方独立机构所作的调查。由此可见，在适当的时候，借助第三方独立机构协助调查文物来源，也不失为在收集证据时值得尝试的方法。

三、OKS 合伙返还土耳其埃尔玛勒宝藏（1999 年）

（一）背景概述

1999 年，美国"OKS 合伙"（OKS Partners）与土耳其政府达成庭外和解，

---

〔1〕 Courtney S. Perkins, "Seattle Art Museum: A Good Faith Donee Injured in the Restoration of Art Stolen during World War II", *The John Marshall Law Review*, 34（2000），p. 613.

〔2〕 The Inter – Allied Declaration against Acts of Dispossession Committed in Territories under Enemy Occupation and Control, January 5, 1943.

〔3〕 王云霞：《从纳粹掠夺艺术品的返还看日掠文物返还可行性》，载《政法论丛》2015 年第 4 期，第 56 页。

〔4〕 霍政欣：《追索海外流失文物的法律问题》，中国政法大学出版社 2013 年版，第 33 页。

同意将"埃尔玛勒宝藏"（Elmali Hoard）归还土耳其。[1] 埃尔玛勒宝藏是来自土耳其安塔利亚省埃尔玛勒（Elmali）的古希腊和古吕底亚银制钱币。[2] 此批钱币颇为珍贵，尤以数枚十德拉克马（Decadrachm）为甚。十德拉克马是古希腊最大面值的钱币，属举世罕见的钱币珍品。[3] 在埃尔玛勒宝藏发现之前，全球已知仅存的十德拉克马钱币仅有十二三枚。[4]

20 世纪 80 年代中期，1900 余枚古希腊和古吕底亚银币自土耳其埃尔玛勒被盗掘出土，随后不久被走私转移出境。[5] 土耳其政府旋即联系国际刑警组织，向其请求协助调查、追捕走私犯罪分子。同年，美国 OKS 合伙以约 320 万美元的价格购得 1661 枚被盗银币，并意欲再以 750 万至 1000 万的价格卖出盈利。OKS 合伙由三位合伙人组成——美国商人威廉·I. 科赫（William I. Koch）和纽约拉扎德投行（Lazard Frères）投资银行家乔纳森·H. 卡根（Jonathan H. Kagan）负责提供资金，钱币学专家杰弗里·斯皮尔（Jeffrey Spier）负责提供专业知识。[6]

正值 OKS 合伙出售钱币之际，以调查土耳其被盗走私文物出名的土耳其记者奥兹更·阿卡（Özgen Acar）与驻纽约的土耳其同行梅利克·凯兰（Melik Kaylan）在《鉴赏家》（Connoisseur）杂志发表了一篇文章，披露科赫及其合伙人购得埃尔玛勒宝藏钱币一事。[7] 报道一出，土耳其当局便掌握了被盗钱币的下落，并随即向美国联邦法院提起民事诉讼，请求 OKS 合伙归还涉案钱币。

---

〔1〕　Republic of Turkey v. OKS Partners, 797 F. Supp. 64（D. Mass. 1992）（denying motion to dismiss），discovery motion granted in part and denied in part, 146 F. R. D. 24（D. Mass. 1993），summary judgment denied, No. 89 – CV – 2061, 1994 U. S. Dist. LEXIS 17032（D. Mass. June 8, 1994），summary judgment on different claims denied, No. 89 – CV – 3061 – RGS, 1998 U. S. Dist. LEXIS 23526（D. Mass. Jan. 23, 1998）. Settled in 1999.

〔2〕　吕基亚（Lycia）是安纳托利亚历史上的一个地区，位于今土耳其安塔利亚省境内。在罗马帝国时期，吕基亚曾是罗马帝国在亚洲的一个行省。

〔3〕　德拉克马（Drachma），古希腊和现代希腊的货币单位。古时流行于多个希腊城邦和国家。在现代，德拉克马于 1832 年成为希腊的法定货币，直至 2002 年 1 月 1 日欧元正式流通被取代。

〔4〕　Lawrence M. Kaye, "Litigation in Cultural Property: A General Overview", in Marc – André Renold ed., Resolving Disputes in Cultural Property, Geneva: Schulthess, 2012, pp. 12 – 13.

〔5〕　The Republic of Turkey v. OKS Partners, 146 F. R. D. 24, 26（D. Mass. 1993）.

〔6〕　Neil Brodie, "The Investment Potential of Antiquities", work in progress, Stanford University Archaeology Center, August, 2009, 载 http: //www. stanford. edu/group/chr/cgi – bin/drupal/files/investments. pdf, 访问时间: 2017 年 3 月 24 日。

〔7〕　"The Case of the Contested Coins; A Modern – Day Battle over Ancient Objects", The New York Times, September 24, 1998, 载 http: //www. nytimes. com/1998/09/24/business/the – case – of – the – contested – coins – a – modern – day – battle – over – ancient – objects. html, 访问时间: 2017 年 3 月 24 日。

1999 年，OKS 合伙在诉讼期间与土耳其达成了庭外和解，同意将 1661 枚涉案钱币归还给土耳其。同年 4 月 29 日，埃尔玛勒宝藏运抵安卡拉，回归土耳其，现藏于安塔利亚博物馆。[1]

（二）案情简介

1. 案件基本情况

1989 年，土耳其向美国马萨诸塞州联邦地方法院（US District Court for the District of Massachusetts）提起民事诉讼，要求科赫和 OKS 合伙其他两名合伙人返还埃尔玛勒宝藏。随后，被告陆续向法院提请"撤案动议"（motion to dismiss）、"证据开示动议"（discovery motion）和"作出简易判决动议"（motion for summary judgment）等动议。

1992 年，法院驳回"撤案动议"。[2]

1993 年，法院部分批准、部分驳回"证据开示动议"。[3]

1994 年，法院驳回"作出简易判决动议"。[4]

1998 年，法院驳回基于其他诉讼请求的"作出简易判决动议"，继续审理本案。[5]

1999 年 2 月 1 日，OKS 合伙与土耳其达成庭外和解，并签订和解协议。OKS 合伙同意将涉案 1661 枚钱币悉数归还土耳其。[6]

2. 案件事实

1984 年 4 月，包含近两千枚古希腊和古吕底亚银币的"埃尔玛勒宝藏"自土耳其安塔利亚省埃尔玛勒地区盗掘出土，并经走私转移出境。[7] 案发后，土耳其向国际刑警组织请求协助调查此案。

1984 年，OKS 合伙在德国以约 320 万美元的价格购得 1661 枚被盗银币。

---

〔1〕 Turkish Ministry of Culture and Tourism, "Elmali Sikkeleri"，载 http://www.kulturvarliklari.gov.tr/TR, 44948/elmali – sikkeleri.html，访问时间：2017 年 3 月 24 日。

〔2〕 Republic of Turkey v. OKS Partners, 797 F. Supp. 64（D. Mass. 1992）（denying motion to dismiss）.

〔3〕 Republic of Turkey v. OKS Partners, 146 F. R. D. 24（D. Mass. 1993）（discovery motion granted in part and denied in part）.

〔4〕 Republic of Turkey v. OKS Partners, No. 89 – CV – 2061, 1994 U. S. Dist. LEXIS 17032（D. Mass. June 8, 1994）（summary judgment denied）.

〔5〕 Republic of Turkey v. OKS Partners, No. 89 – CV – 3061 – RGS, 1998 U. S. Dist. LEXIS 23526（D. Mass. Jan. 23, 1998）（summary judgment on different claims denied）.

〔6〕 Neil Brodie, "The Investment Potential of Antiquities", work in progress, Stanford University Archaeology Center, August, 2009，载 http://www.stanford.edu/group/chr/cgi – bin/drupal/files/investments.pdf，访问时间：2017 年 3 月 24 日。

〔7〕 The Republic of Turkey v. OKS Partners, 146 F. R. D. 24, 27（D. Mass. 1993）.

1987 年，OKS 合伙开始陆续出售所购钱币。[1]

1988 年 9 月，《鉴赏家》杂志一篇揭露 OKS 合伙购得埃尔玛勒宝藏钱币的文章引起土耳其当局注意。土耳其政府由此确定了被盗银币的下落。

（三）争议焦点

由于双方在审前阶段达成了庭外和解，本案并未进入庭审阶段。在审前阶段，法院对撤案动议、证据开示动议等数项动议作出了或驳回，或部分批准，或部分驳回的裁定。在此阶段，双方主要的争议点集中在涉案钱币所有权归属和诉讼时效期间是否届满的问题上。

争议点之一：涉案钱币是否为土耳其国家所有的文物。在数项审前动议中，当事双方的争论核心一直围绕着涉案钱币的所有权展开。原告土耳其诉称，依据 1983 年土耳其第 2863 号法令《文化与自然财产保护法》（Law on the Protection of Cultural and Natural Properties）的规定，涉案钱币是土耳其国家所有的文物，且最早的相关立法可追溯至 1906 年。[2] 对此，被告辩称，根据 1979 年 "美国诉麦克莱恩案" 确立的规则，美国法院承认文物来源国有关文物国有的所有权立法，但承认的前提是该立法符合 "足够清晰" 的条件。[3] 而被告认为，土耳其法律并非 "足够清晰"，尤其是在涉案钱币这类文物是否系国家所有的文物问题上，土耳其法律的规定含糊不清，因此不能认定原告土耳其对涉案钱币享有国家所有权。[4]

鉴于此，首先，法院需要对土耳其法进行考察，这里便产生了涉外案件中的常见问题——外国法的查明。根据美国《联邦民事程序规则》的规定，外国法内容的确定是由法官认定的法律问题。法院在确定外国法内容时，"可以考虑任何相关资料或渊源，包括证言——不论此证言是否由当事人提出，亦不论此证言依《联邦证据规则》是否可以采信"。[5] 其次，法院在部分驳回被告的 "证据开示动议" 时指出，在确定外国法内容时，证据开示的范围并非不受限制。联系本案，有关土耳其法开示的内容应限制在假设由一个土耳其法院来审理此案的前提

---

〔1〕 Neil Brodie, "The Investment Potential of Antiquities", unpublished report, August, 2009.

〔2〕 1983 年，土耳其第 2863 号法令《文化与自然财产保护法》第 5 条规定："考古发现应当向土耳其文化部或国有博物馆告知，以便其决定是否购买；未报告的考古文物是国家财产，未按规定将之交由有关部门的考古文物发现者将承担相应的刑事责任。"

〔3〕 有关 "麦克莱恩原则"（McClain Doctrine）的内容，参见本书第一章第二节之 "美国诉麦克莱恩案（1977 年）" 的讨论。

〔4〕 Republic of Turkey v. OKS Partners, 797 F. Supp. 64, 67 (D. Mass. 1992) (denying motion to dismiss).

〔5〕 Fed. R. Civ. P. 44.1.

下，该外国法院会审查的材料范围内。[1]最后，法院在驳回被告的"作出简易判决动议"时得出初步结论，即在考察了土耳其相关法律书面材料及专家证人证言后，法院认为原告依据土耳其法律对涉案钱币有"直接无条件的占有"，进而原告对涉案钱币享有充分的"所有权权益"（proprietary interest）。[2]

争议点之二：诉讼时效期间是否届满。诉讼时效期间是否届满，是决定原告能否提起诉讼请求的前提条件。如果诉讼时效期间尚未届满，则原告有权向法院提起诉讼，请求返还原所有物，反之则不然。在审前阶段，被告就曾以诉讼时效期间已届满为由，向法院提请了"撤案动议"。

根据马萨诸塞州《法律通则》（Massachusetts General Laws），侵权纠纷和返还原物纠纷的诉讼时效期间均为三年。[3] 有关诉讼时效的起算，马萨诸塞州适用"发现规则"，即对于"本质不可知的"（inherently unknowable）不法行为所致的纠纷，诉讼时效的起算"自受害人知晓，或经合理注意后应当知晓"诉由之日起计。[4]尤其是在对文物这类极易隐蔽的特殊财产适用"发现规则"时，所谓"诉由"还包括有关文物下落（如文物持有人身份、文物所在地）的事实。[5]

本案中，原告土耳其主张诉讼时效期间并未届满，因为其仅在起诉前不久才得知涉案文物的下落。而在此之前，由于被告OKS合伙从走私贩处秘密购得涉案文物，并要求后者对交易保密，加之被告在进口涉案文物时虚报入关材料，伪造文物来源地，因此涉案文物的下落对原告而言"在本质上是不可知的"。是故，原告认为本案应适用"发现规则"，且根据该规则判定诉讼时效期间并未届满。[6]

对此，受理法院指出，原告主张被告曾故意隐瞒涉案文物的来源及交易过

---

〔1〕 Republic of Turkey v. OKS Partners, 146 F. R. D. 24, 30（D. Mass. 1993）（discovery motion granted in part and denied in part）.

〔2〕 Republic of Turkey v. OKS Partners, No. 89 – CV – 2061, 1994 U. S. Dist. LEXIS 17032（D. Mass. June 8, 1994）（summary judgment denied）.

〔3〕 M. G. L. c. 260, § 2A.

〔4〕 Republic of Turkey v. OKS Partners, 797 F. Supp. 64, 70（D. Mass. 1992）（denying motion to dismiss）.

〔5〕 Autocephalous Greek—Orthodox Church v. Goldberg & Feldman Fine Arts, Inc., 917 F. 2d 278, 289（7th Cir. 1990）. 美国联邦第七巡回法院在1990年塞浦路斯共和国、塞浦路斯希腊正教自主教会诉哥德堡案对被盗文物的返还原物之诉适用了"发现规则"，本案马萨诸塞州联邦地方法院亦表示赞同。有关"发现规则"的内容，参见本书第一章第二节之"塞浦路斯共和国、塞浦路斯希腊东正教自主教会诉哥德堡案（1989年）"的讨论。

〔6〕 Republic of Turkey v. OKS Partners, 797 F. Supp. 64, 70（D. Mass. 1992）（denying motion to dismiss）.

程，如果该情节属实，那么在之后的庭审阶段，陪审团极有可能根据前述事实认定涉案文物的下落对原告而言"在本质上是不可知的"。进而，基于"发现规则"或者"欺骗性隐瞒原则"（doctrine of fraudulent concealment），诉讼时效发生中止（tolling the statute of limitations），并未届满。[1] 由此，法院驳回了被告的"撤案动议"。

（四）本案返还的具体方式：庭外和解

鉴于本案以当事方达成庭外和解的方式结案，因此，该案中相关争议事实和法律问题并未经过法院裁判得以解决，还留待在今后的立法和司法实践中进一步观察。

尽管双方庭外和解的细节内容因未公开而无从获知，不过据原告土耳其方的律师所称，证明涉案文物的身份是本案的关键所在，也是促成双方达成和解的主要因素。

在法庭上，被告的主要抗辩意见之一是原告土耳其没有证据证明涉案钱币就是埃尔玛勒宝藏。[2] 对此，土耳其在审前阶段提交了大量证据以证明涉案钱币的来源出处与土耳其的相关性，以及该批钱币与埃尔玛勒宝藏其他钱币物理特征上的相似性。此外，土耳其还指出，被告 OKS 合伙人之一斯皮尔还曾发表过学术文章，说明涉案金币的来源地位于土耳其境内，这也与被告的主张背道而驰。

最终，法院于 1998 年驳回了被告 OKS 合伙所提作出简易判决的动议，准予土耳其将此类证据用于庭审阶段。[3] 法院此番裁定一出，被告深知诉讼赢面不大，为避免败诉，方选择与土耳其达成庭外和解，自愿归还所有涉案钱币。[4]

（五）经验总结

从 1989 年土耳其向美国法院提起民事诉讼，到 1999 年 OKS 合伙与土耳其达成庭外和解，同意将埃尔玛勒宝藏悉数归还文物来源国土耳其，十年的诉讼拉锯战终于告一段落。从本案中，文物来源国可以得到的启示有两点：

第一，文物来源国的文物国有立法是否能得到外国法院的承认至关重要。在本案，法院通过考察土耳其的文化遗产法，认可了土耳其对未发现文物享有国家所有权权益。这个承认是十分重要的，因为如果这项国家所有权权益不被认可，

---

〔1〕　中止诉讼时效（tolling statute）是指，因特定事由的出现而暂时中止诉讼时效的进行，如因被告不在本国内或已隐匿而无法送达传票等。薛波主编：《元照英美法词典》，法律出版社 2003 年版，第 1347 页。

〔2〕　Republic of Turkey v. OKS Partners, No. 89 – CV – 3061 – RGS, 1998 U. S. Dist. LEXIS 23526（D. Mass. Jan. 23, 1998）（summary judgment on different claims denied）.

〔3〕　*Ibid.*

〔4〕　Lawrence M. Kaye, "Litigation in Cultural Property: A General Overview", in Marc – André Renold ed. , *Resolving Disputes in Cultural Property*, Geneva: Schulthess, 2012, pp. 11 – 12.

土耳其就会丧失原告资格（standing to sue）。[1]

然而，值得注意的是，文物来源国关于文物国有的立法在一国法院得到承认，并不意味着在另一国法院也能得到承认。例如，在本案中，美国法院承认了土耳其的文物所有权；而在另一瑞士案例"土耳其共和国诉巴塞尔城市州"（The Republic of Turkey v. the Canton of the City of Basel）中，瑞士法院就作出了相反的认定。[2] 在该案中，瑞士联邦法院认为，土耳其的1906年法令和1973年法律等有关文物国有立法设立的仅仅是"准所有权"（quasi-ownership），并没有将法律上的所有权（*ipso jure* ownership）赋予国家。换言之，在瑞士联邦法院看来，土耳其的相关法律并不是真正的所有权立法。[3]

由此可见，对文物来源国关于文物（尤其是未发现文物）国有的立法在不同国家可能存在不同的理解，这会直接影响到流失文物的追索及文物保护等问题。也正基于此，2011年，联合国教科文组织和国际统一私法协会（UNIDROIT）联合起草并发布了《未发掘文化财产的国家所有权的示范条款》（Model Provisions on State Ownership of Undiscovered Cultural Objects）及其解释性指导原则，以规范对未发现文物的国有问题的理解。[4] 2014年，在第四届文化财产返还国际专家会议上通过的《关于保护和归还非法出境的被盗掘文化财产的敦煌宣言》也表达了这一关注，"鼓励各国确保其国内法与《适用于考古发掘的国际原则的建议》（1956年）和《未发掘文化财产的国家所有权的示范条款》（2011年）相一致"。[5]

第二，土耳其开始寻求诉讼以外的文物追索方式。在经历了向美国大都会艺术博物馆追索吕底亚宝藏和本案两次长达近十年的诉讼战后，土耳其已在近年来转变了其追索策略，从原来的国际民事诉讼转向以协商谈判为主的追索途径。例如，2011年9月，通过八年的协商谈判，土耳其从美国波士顿美术馆（Museum

---

〔1〕 原告资格（Standing to sue），又作"起诉权"或"司法救济请求权"，是指一方当事人因与某项纠纷有充分的利害关系，从而可向法院寻求司法解决该纠纷的权利或资格，即有权提出某项法律请求或者寻求以司法途径实现某项权利或使义务得到履行。在美国联邦法院，当事人若要取得原告资格须表明：①他所反对的行为已给自己造成了实际损害；②他所寻求保护的权益在制定法或宪法所保障的权益范围之内。薛波主编：《元照英美法词典》，法律出版社2003年版，第1284页。

〔2〕 The Republic of Turkey v. the Canton of the City of Basel. Basler Juritiche Mitteilung（BJM 1997 17 ss）.

〔3〕 Sibel Özel, "Under the Turkish Blanket Legislation: The Recovery of Cultural Property Removed from Turkey", *International Journal of Legal Information*, 38（2010）, p. 184.

〔4〕 UNESCO - UNIDROIT Model Provisions on State Ownership of Undiscovered Cultural Objects（2011）.

〔5〕 《关于保护和归还非法出境的被盗掘文化财产的敦煌宣言》（2014年）（Dunhuang Recommendation on the Protection and Return of Illegally Exported Cultural Property Derived from Clandestine Excavations）.

of Fine Arts，Boston）处追回了古罗马时期"疲倦的赫拉克勒斯"（Weary Herakles）的上半身雕像。[1] 2012 年 9 月，土耳其与美国宾夕法尼亚大学考古学及古人类学博物馆（University of Pennsylvania Museum of Archaeology and Anthropology）协商一致，后者同意将青铜器时代早期"特洛伊金饰"（Troy Gold）无限期租借给土耳其。[2] 同年 12 月，土耳其通过协商谈判，从美国达拉斯艺术博物馆（Dallas Museum of Art）处追回了古罗马时期"俄耳甫斯镶嵌画"（Orpheus Mosaic）。[3]

事实上，从 2011 年开始，土耳其就加紧了向美欧追索文物的相关工作。在这场追讨文物的浪潮中，土耳其政府陆续要求盖蒂博物馆、大都会艺术博物馆、克利夫兰艺术博物馆（Cleveland Museum of Art）、哈佛大学邓巴顿橡树园研究图书馆和收藏馆（Dumbarton Oaks Research Library and Collection）等美国机构归还"通过掠夺、走私等途径带离土耳其国境的文物"。据报道，为有效追讨文物，土耳其不仅采用过行政手段、外交途径、拖延颁发外国考古发掘许可证等方法，还曾宣布暂停向一些外国博物馆出借艺术品，以此给相关博物馆施加压力。[4]

四、美国大都会艺术博物馆返还意大利欧弗洛尼奥斯陶罐（2006 年）

（一）背景概述

2006 年，美国的纽约大都会艺术博物馆与意大利政府达成协议，同意将包括欧弗洛尼奥斯陶罐（Euphronios krater）在内的 21 件文物归还意大利。[5]

欧弗洛尼奥斯陶罐，又名"红绘式圣餐杯"（Red – Figure Calyx Krater），是

---

〔1〕 Museum of Fine Arts，Bostion，"Museum of Fine Arts，Boston and Turkish Republic Reach Agreement for Transfer of Top Half of Weary Herakles to Turkey"，September 23，2011，载 http：//mfas3．s3．amazonaws．com/MFA_ Final% 20Weary% 20Herakles% 20Press% 20Release% 20FINAL．pdf，访问时间：2017 年 3 月 25 日。

〔2〕 University of Pennsylvania Museum of Archaeology and Anthropology，"Penn Museum Strengthens Partnership with Turkey，Agrees to Indefinite Term Loan of Troy Gold"，September 4，2012，载 http：//www．penn．museum/information/press – room/press – releases – research/771 – penn – museum – strengthens – partnership – with – turkey， – agrees – to – indefinite – term – loan – of – troy – gold，访问时间：2017 年 3 月 25 日。

〔3〕 Dallas Museum of Art，"Dallas Museum of Art Launches DMX Program Establishing New Model for International Cultural Exchange"，December 3，2012，载 https：//www．dma．org/press – release/dallas – museum – art – launches – dmx – program – establishing – new – model – international – cultural，访问时间：2017 年 3 月 25 日。

〔4〕《土耳其强势追讨历史文物》，载《人民日报》2012 年 6 月 4 日，第 22 版。

〔5〕 The Metropolitan Museum of Art，"Statement by the Metropolitan Museum of Art on Its Agreement with Italian Ministry of Culture"，February 21，2006，载 http：//www．metmuseum．org/press/news/2006/statement – by – the – metropolitan – museum – of – art – on – its – agreement – with – italian – ministry – of – culture，访问时间：2017 年 3 月 26 日。

公元前 6 世纪古希腊艺术家欧弗洛尼奥斯（Euphronios）的代表作，也是古希腊红彩陶器时期的杰出作品，制作年代可追溯至约公元前 510 年。[1]陶罐高达 45.7cm，直径 55.15cm，瓶身由两幅场景绘图组成。瓶身正面表现了宙斯之子萨耳珀冬（Sarpedon）之死，取材于古希腊史诗《伊里亚特》所载的特洛伊战争，利西亚王子萨耳珀冬作为联军领袖，死于普特洛克勒斯（Patroclus）之手。在众神特使赫耳墨斯（Hermes）的引导下，睡神修普诺斯（Hypnos）和死神桑纳托斯（Thanatos）抬起萨耳珀冬，正要把他运到家乡去安葬。瓶身的背面则展现数名年轻战士准备披甲上阵、戎装待发的场景。[2]

20 世纪 70 年代初，位于意大利拉吉欧大区罗马省北部切尔维泰里镇（Cerveteri）的伊特鲁里亚人墓穴惨遭盗掘，欧弗洛尼奥斯陶罐被掠走并流失境外。1972 年末，大都会艺术博物馆宣布以 100 万美元购得一件欧弗洛尼奥斯陶罐。[3]据时任大都会艺术博物馆馆长托马斯·霍文（Thomas Hoving）称，陶罐是从某位不便具名的英国私人藏家处购得，但随后不久，坊间便传出陶罐来源不明的说法。[4]次年，《纽约时报》先后刊登数篇文章，指责陶罐是从意大利非法出口，再由大都会艺术博物馆通过不正当途径购得。[5]然而，因缺乏证据，意大利政府一直未能向博物馆提出正式的返还请求，直至二十年后此案才出现转机。

1995 年 9 月，意大利文物宪兵联合瑞士警方从意大利文物中间商贾科莫·美第奇（Giacomo Medici）在日内瓦自由港的仓库中搜出大量非法贩运文物的证据。这些证据指向了某大型文物贩运犯罪团伙网络，倒卖欧弗洛尼奥斯陶罐就是其中一例。在掌握了更多证据后，意大利政府开始向美国数家博物馆施压，要求返还从意大利非法流失出境的被盗文物。2006 年，大都会艺术博物馆同意将欧弗洛尼奥斯陶罐等 21 件文物归还意大利。2008 年 1 月，欧弗洛尼奥斯陶罐运抵罗马，

---

〔1〕 "Museo Nazionale Etrusco di Villa Guilia, Cratere di Euphronios"，载 http：//www. villagiulia. beniculturali. it/index. php? it/141/selezione – di – opere/17/cratere – di – euphronios，访问时间：2017 年 3 月 26 日。

〔2〕 Dietrich Von Bothmer, *Greek Vase Painting*, New York：Metropolitan Museum of Art, 1987, pp. 34 – 35.

〔3〕 Hoving Thomas, 2001a, "Super art gems of New York City：The grand and glorious 'Hot Pot' —Will Italy Snag It?", Artnet. com，载 http：//www. artnet. com/magazine/features/hoving/hoving6 – 29 – 01. asp，访问时间：2017 年 3 月 26 日。

〔4〕 Peter Watson and Cecilia Todeschini, *The Medici Conspiracy*：*The Illicit Journey of Looted Antiquities*, *from Italy's Tomb Raiders to the World's Greatest Museums*, New York：Public Affairs, 2007, p. 14.

〔5〕 Nicholas Gage, "How the Metropolitan Acquired 'The Finest Greek Vase There Is'", *The New York Times*, February 19, 1973，载 http：//www. nytimes. com/1973/02/19/archives/how – the – metropolitan – acquired – the – finest – greek – vase – there – is – how. html，访问时间：2017 年 3 月 26 日。

现入藏罗马朱利亚别墅伊特鲁里亚国家博物馆（Museo Nazionale Etrusco di Villa Guilia）。[1]

（二）案情简介

1. 案件基本情况

2005 年 11 月，意大利文化遗产文化活动旅游部（Ministry of Cultural Heritage and Activities and Tourism，简称"文化部"）与大都会艺术博物馆在罗马就返还欧弗洛尼奥斯陶罐一事展开谈判交涉。[2]

2006 年 2 月 21 日，大都会艺术博物馆与意大利文化部在罗马签订文物返还协议，确认将包括欧弗洛尼奥斯陶罐在内的 21 件文物归还意大利。[3]

除欧弗洛尼奥斯陶罐外，此次回归意大利的文物还包括：1 件公元前 6 世纪拉哥尼亚基里克斯陶杯（kylix）、1 件公元前 520 年人马图案红绘式冷酒陶器（psykter）、1 件公元前 490 年红绘式希腊双耳瓶（amphora）、1 件公元前 4 世纪红绘式阿普利亚陶罐（Apulian Dinos）和一组 16 件公元前 3 世纪古希腊银制品。[4]

2. 案件事实

1971 年 12 月，欧弗洛尼奥斯陶罐从意大利切尔维泰里镇伊特鲁里亚人墓穴被盗墓者盗掘出土，并贩卖给贾科莫·美第奇。随后，美第奇将陶罐走私至瑞士，并以 35 万美元的价格卖给美国文物中间商罗伯特·赫克特（Robert Hecht）。[5]

1972 年 2 月，赫克特就欧弗洛尼奥斯陶罐一事致信大都会艺术博物馆希腊罗马艺术部负责人迪特里希·波斯默（Dietrich von Bothmer）。同年 7 月，冯·波斯

---

〔1〕 "Museo Nazionale Etrusco di Villa Guilia, Cratere di Euphronios"，载 http：//www. beniculturali. it/index. php？it/141/selezione – di – opere/17/cratere – di – euphronios，访问时间：2017 年 3 月 26 日。

〔2〕 Hugh Eakin, "Italy Using Art Loans to Regain Antiquities"，*The New York Times*，January 10，2006，载 http：//www. nytimes. com/2005/12/27/arts/27iht – loans. html，访问时间：2017 年 3 月 26 日。

〔3〕 The Metropolitan Museum of Art, "Statement by the Metropolitan Museum of Art on Its Agreement with Italian Ministry of Culture"，February 21，2006，载 http：//www. metmuseum. org/press/news/2006/statement – by – the – metropolitan – museum – of – art – on – its – agreement – with – italian – ministry – of – culture，访问时间：2017 年 3 月 26 日。

〔4〕 The Metropolitan Museum of Art, "Statement by the Metropolitan Museum of Art on Its Agreement with Italian Ministry of Culture"，February 21，2006，载 http：//www. metmuseum. org/press/news/2006/statement – by – the – metropolitan – museum – of – art – on – its – agreement – with – italian – ministry – of – culture，访问时间：2017 年 3 月 26 日。

〔5〕 Silver, Vernon, *The Lost Chalice*，Harper Collins，2009，pp. 287 – 290.

默与博物馆馆长霍文抵达苏黎世，与赫克特商议购入该陶罐。[1]

1972 年 8 月，大都会艺术博物馆以 100 万美元的价格购得涉案陶罐。[2] 当月底，陶罐运至美国。[3]

（三）争议焦点

根据意大利 1939 年第 1089 号法案"保护艺术品和历史古迹法"，所有境内因挖掘出土或在地下偶然发现的具有重要艺术、历史、考古或人种学意义价值的财产均归国家所有。无出境许可证出口上述财产的，一律为非法出口。[4]这是意大利提出返还非法流失文物请求的国内法依据。但须注意，仅有国内法证明涉案文物系意大利的国家财产还远远不够，意大利政府不能仅凭此向文物持有者大都会艺术博物馆提起返还请求，或提起诉讼要求归还。

本案的关键在于，意大利政府是否有清楚、确凿的证据证明涉案陶罐的来源非法。换言之，只有当意大利政府掌握了指向非法贩运文物的证据，并且这些证据能够将美第奇、赫克特与大都会艺术博物馆、涉案陶罐联系起来时，意大利政府才有充分依据提起返还请求，并追究相关犯罪嫌疑人的刑事责任。[5]

1995 年，意、瑞警方对美第奇的日内瓦仓库进行联合突击搜查，是本案的第一个突破口。在接下来的四年里，警方从该仓库中共查获了雕像、镶嵌画等 3800 余件艺术品文物，超过 4000 张美第奇经手过的交易物照片，以及约 35 000 份记录了美第奇交易往来的运输提单等单据。[6]这些证据不仅能确认美第奇多次参与非法贩运文物的事实，还将线索指向了与其来往甚密的意大利盗墓团伙、赫

〔1〕 Hoving Thomas, 2001a, "Super Art Gems of New York City: The Grand and Glorious 'Hot Pot' ——Will Italy Snag It?", Artnet. com, 载 http://www. artnet. com/magazine/features/hoving/hoving6 – 29 – 01. asp, 访问时间：2017 年 3 月 27 日。

〔2〕 Hoving Thomas, *Making the Mummies Dance: Inside the Metropolitan Museum of Art*, Simon and Schuste, 1994, p. 316.

〔3〕 Brodie Neil, "Euphronios (Sarpedon) Krater", Trafficking Culture: Researching the Global Traffic in Looted Cultural Objects, 2013, 载 http://traffickingculture. org/case_ note/euphronios – sarpedon – krater, 访问时间：2017 年 3 月 27 日。

〔4〕 Law of 1 June 1939, No. 1089, entitled Tutela delle cose di interesse storico e artistico ("Protection of Things of Artistic or Historical Interest"), Gazzetta Ufficiale, 8 August 1939, No. 184.

〔5〕 例如 2004 年，本案犯罪嫌疑人美第奇被认定犯交易被盗财产罪，判处有期徒刑 10 年，并处罚金 1000 万欧元。Fabio Isman, and Gareth Harris, "Smuggler's Final Appeal Fails", *The Art Newspaper*, 233, (2012).

〔6〕 Peter Watson and Cecilia Todeschini, *The Medici Conspiracy: The Illicit Journey of Looted Antiquities, from Italy's Tomb Raiders to the World's Greatest Museums*, New York: Public Affairs, 2007, pp. 48 – 65.

克特等文物中间商、数家知名博物馆和私人藏家。[1]

2001 年，意、法警方对赫克特的巴黎寓所开展联合突击搜查，是本案的第二个突破口。警方在此次搜查中查获了大量照片、书信和一本手写的自传体回忆录。赫克特在回忆录中记叙了陶罐是如何在 1971 年被非法盗掘并转移出境，再从美第奇处购得，以及如何经其之手卖给了大都会艺术博物馆。[2]

（四）本案返还的具体方式：协商谈判

在大都会艺术博物馆返还意大利欧弗洛尼奥斯陶罐案中，意大利流失文物的顺利回归是双方通过协商谈判促成的。尽管谈判过程的细节内容因未公开而无从获知，但据大都会艺术博物馆馆长菲力普·德·蒙特贝罗（Philippe de Montebello）所称："（归还文物这一决定）是对当前这个复杂难题最恰当的解决方法。我们通过充分合理的安排来矫正过去的不当收购行为。"[3]

根据双方达成的返还协议，大都会艺术博物馆自愿将欧弗洛尼奥斯陶罐等 21 件文物的所有权转移给意大利政府。同时，双方约定将在文物借展和文化交流方面开展进一步合作。

依照协议第 4.1 条，意大利政府承诺给予大都会艺术博物馆为期 4 年轮流不间断的文物借展，出借的文物为协议清单中所列物品或与之具有相当艺术价值或历史意义的物品。协议第 8.1 条还规定，双方将建立为期 40 年的文化合作交流机制，内容包括考古发掘、文物修复与研究等领域的师生交流与科研合作等。

最后，意大利政府放弃对大都会艺术博物馆就协议归还的 21 件文物提起民事诉讼或刑事诉讼的权利。此外，如果双方未能合理妥善解决其纠纷，则双方约定将争议提交临时仲裁庭仲裁。临时仲裁庭由三名仲裁员组成，并适用《国际商会仲裁与调解规则》（Rules of Arbitration and Conciliation of the International Chamber of Commerce）。[4]

（五）经验总结

从 2005 年意大利政府提出返还流失文物的请求，到 2006 年初大都会艺术博

---

〔1〕　David Gill and Christopher Chippindale，"From Malibu to Rome: Further Developments on the Return of Antiquities"，*International Journal of Cultural Property*，14.02（2007），p. 206.

〔2〕　Peter Watson and Cecilia Todeschini，*The Medici Conspiracy*，Public Affairs，pp. 156 – 181.

〔3〕　The Metropolitan Museum of Art，"Statement by the Metropolitan Museum of Art on Its Agreement with Italian Ministry of Culture"，February 21，2006，载 http://www. metmuseum. org/press/news/2006/statement – by – the – metropolitan – museum – of – art – on – its – agreement – with – italian – ministry – of – culture，访问时间：2017 年 3 月 27 日。

〔4〕　John Henry Merryman and Albert Edward Elsen，*Law，Ethics，and the Visual Arts*，Hague: Kluwer Law International，2002，pp. 406 – 413.

物馆同意归还，仅经数月谈判，双方就达成了文物归还协议，这是海外流失文物追索历史上值得借鉴的成功典范。文物来源国从本案中可以得到的启示有两点：

第一，掌握流失文物的确凿证据是关键。本案中，正是因为在几次突袭搜查中查获的关键证据，意大利政府方才掌握了指控文物持有者购进非法流失文物的有力证据，从而得以质疑大都会艺术博物馆对流失文物的所有权，并获得双边谈判中的优势地位，其谈判用时之短，足可见证据准备之充分。[1]

值得注意的是，意大利政府还运用这些证据，顺藤摸瓜地找到了其他几家购进非法流失文物的美国博物馆，并先后成功促成了多例流失文物的回归。例如：2006 年 9 月，波士顿艺术博物馆归还 13 件文物；[2] 2007 年 8 月，保罗盖蒂博物馆归还 40 件文物；[3] 2007 年 11 月，普林斯顿大学美术馆（Princeton University Art Museum）归还 8 件文物；[4] 2008 年 11 月，克利夫兰艺术博物馆归还 14 件文物。[5]

第二，以文物借展为筹码可助力谈判。意大利政府擅长在文物借展上使用"胡萝卜加大棒"的策略。一方面，意政府以"不归还就暂停借展"为要挟，向美国博物馆方面施压。另一方面，意政府还提出，如果归还流失文物，可提供长达 4 年的文物借展，这对美国博物馆来说无疑是极具吸引力的交换条件。意政府深知美国各大博物馆常年有展出古罗马、古希腊文物之需，但在此之前，向意借展文物会受最长不超过 6 个月的时间限制，因此各博物馆大多只能依靠自身藏品和向私人藏家借展。2004 年 5 月，作为美国与意大利所签《对意大利前古典时期、古典时期、罗马帝国时期的考古类材料实施进口限制的谅解备忘录》的条件

---

〔1〕 David Gill and Christopher Chippindale, "From Boston to Rome: Reflections on Returning Antiquities", *International Journal of Cultural Property*, 13. 03 (2006), p. 323.

〔2〕 Museum of Fine Arts, Boston (MFA), Joint Statement from the Museum of Fine Arts, Boston and the Italian Ministry of Culture, September 28, 2006, 载 http://www.mfa.org/collections/provenance/antiquities – and – cultural – property/italian – ministry – of – culture – agreement, 访问时间：2017 年 3 月 27 日。

〔3〕 J. Paul Getty Museum, Italian Ministry of Culture and the J. Paul Getty Museum Sign Agreement in Rome, August 1, 2007, 载 http://www.getty.edu/news/press/center/italy _ getty _ joint _ statement _ 080107. html, 访问时间：2017 年 3 月 27 日。

〔4〕 Princeton University, Princeton University Art Museum and Italy to sign agreement over antiquities, October 26, 2007, 载 http://www.princeton.edu/main/news/archive/S19/34/26K47/index.xml? section = topstories, 访问时间：2017 年 3 月 27 日。

〔5〕 Cleveland, Cleveland Museum of Art Strikes Deal with Italy to Return 14 Ancient Artworks, November 19, 2008, 载 http://www.cleveland.com/arts/index.ssf/2008/11/cleveland_ museum_ of_ art_ 1.html#comments, 访问时间：2017 年 3 月 27 日。

之一，意大利将文物出境借展时间上限从 6 个月调至 4 年。[1]

正如时任意大利文化部部长罗科·布蒂利奥内（Rocco Buttiglione）所言，如果情况需要，"不妨用文物借展把这些博物馆拉到谈判桌旁"。[2]

五、美国保罗盖蒂博物馆返还希腊四件古希腊文物（2007 年）

（一）背景概述

2006－2007 年，美国保罗盖蒂博物馆（以下简称"盖蒂博物馆"）先后向希腊归还了四件珍贵的古希腊文物———尊公元前 6 世纪的科莱（Kore）少女大理石雕像、一件公元前 6 世纪的大理石浮雕、一块公元前 4 世纪的石刻墓碑和一件公元前 4 世纪的金质墓葬花环。[3]

金质墓葬花环也称"马其顿墓葬花环"，出土于希腊北部马其顿地区，制作年代可追溯到公元前 320 年至公元前 300 年。其王冠造型精巧别致，由金箔编制的花团锦簇，并配以蓝绿玻璃嵌饰，固定在直径 28cm 的金质发箍上。[4] 据推测，墓葬花环是在亚历山大大帝死后所制，仅在特定仪式场合上使用。[5] 回归的科莱少女雕像出自希腊帕罗斯岛（Paros），制作年代约为公元前 530 年；大理石浮雕出自希腊萨索斯岛（Thasos），描绘了两位妇女向女神祭拜献礼的场景，制作年代约为公元前 490 年；石刻墓碑由黑石灰岩制成，出自古希腊维奥蒂亚城邦（Boeotia）的底比斯（Thebes），碑面刻画了一位名叫艾斯尼亚（Athanias）

---

〔1〕 2001 Memorandum of Understanding between the Government of United States of America and the Government of the Republic of Italy Concerning the Imposition of Import Restrictions on Categories of Archaeological Material representing the Pre－classical, Classical and Imperial Roman Periods of Italy.

〔2〕 Hugh Eakin, "Italy Using Art Loans to Regain Antiquities", *The New York Times*, January 10, 2006, 载 http：//www. nytimes. com/2005/12/27/arts/27iht－loans. html，访问时间：2017 年 3 月 27 日。

〔3〕 The Getty, Hellenic Republic Ministry of Culture and the J. Paul Getty Trust Issue Joint Statement, August 22, 2006, 载 http：//www. getty. edu/news/press/center/statement06_ getty_ greek_ joint_ release_ 082206. html，访问时间：2017 年 3 月 28 日。The Getty, Ministry of Culture for the Hellenic Republic and J. Paul Getty Museum Sign Agreement Finalizing Return of Objects to Greece, February 7, 2007, 载 http：// www. getty. edu/news/press/center/getty_ greece_ wreath_ kore_ release020707. html，访问时间：2017 年 3 月 28 日。

〔4〕 J. Paul Getty Museum, "Objects to be Transfered to Greece", 载 http：//www. getty. edu/news/press/ center/object_ list_ greece. pdf，访问时间：2017 年 3 月 28 日。

〔5〕 "Ancient Wreath Returns to Greece", *BBC News*, March 30, 2007, 载 http：//news. bbc. co. uk/2/hi/ europe/6505971. stm，访问时间：2017 年 3 月 28 日。

的阵亡战士手持剑盾的形象，制作年代约为公元前 400 年。[1]

1993 年，盖蒂博物馆以 520 万美元的价格从数位文物交易商中购得三件古希腊文物——金质墓葬花环、科莱少女雕像和维奥蒂亚墓碑。此前，盖蒂博物馆曾向希腊政府告知收购打算，希腊政府遂要求博物馆提供石刻墓碑的墓主人信息，但博物馆方面一直未能提供。同时，希腊政府还怀疑其他两件也为被掠文物，随即向博物馆的收购活动提出了抗议，但抗议终究未能阻止此次收购。三年后，希腊文化部正式向盖蒂博物馆提出返还这三件文物和萨索斯浮雕的请求，然无果而终。萨索斯浮雕曾于 1955 年由盖蒂博物馆创办人 J. 保罗·盖蒂（J. Paul Getty）购得，并随后由一篇考古学文章曝出浮雕原被盗自萨索斯岛。[2]

2005 年，希腊政府再次与盖蒂博物馆交涉，要求归还四件文物。最终，盖蒂博物馆与希腊政府达成了返还协议，并先后于 2006 年 7 月归还了大理石浮雕和石刻墓碑、2007 年 3 月归还了金质墓葬花环和科莱少女雕像。四件文物回归后，入藏雅典国家考古博物馆（National Archaeological Museum）。[3]

（二）案情简介

1. 案件基本情况

1996 年，希腊文物部首次向盖蒂博物馆提出归还金质墓葬花环、科莱少女雕像、维奥蒂亚墓碑和萨索斯浮雕的请求。[4]

2005 年 5 月，希腊政府第二次向盖蒂博物馆提出返还四件文物的请求。[5]

2006 年 5 月 16 日，希腊文化部与盖蒂博物馆代表在雅典会谈，就索还文物启动谈判，并达成初步临时协议。[6]

---

〔1〕 Karolos Grohmann, "Getty Returns More Antiquities to Greece to End Row", Reuters, December 11, 2006, 载 http://www. reuters. com/article/us – greece – getty – IdUSL1160295020061211, 访问时间：2017 年 3 月 28 日。

〔2〕 Ralph Frammolino and Jason Felch, "Greek Officials Demand the Return of Getty Antiquities", Los Angeles Times, October 24, 2005, 载 http://articles. latimes. com/2005/oct/24/local/me – getty24, 访问时间：2017 年 3 月 28 日。

〔3〕 Howard N. Spiegler, and Weitz, Yael, "The Ancient World Meets the Modern World: A Primer on the Restitution of Looted Antiquities", Cultural Heritage & Arts Review, Fall/Winter (2010), 46.

〔4〕 Ralph Frammolino and Jason Felch, "Greek Officials Demand the Return of Getty Antiquities", Los Angeles Times, October 24 2005, 载 http://articles. latimes. com/2005/oct/24/local/me – getty24, 访问时间：2017 年 3 月 28 日。

〔5〕 Ibid.

〔6〕 The Getty, Hellenic Republic Ministry of Culture and the J. Paul Getty Trust Joint Statement, July 10, 2006, 载 http://www. getty. edu/news/press/center/statement06_ getty_ greekcultureministry. html, 访问时间：2017 年 3 月 28 日。

2006 年 7 月 10 日，经盖蒂博物馆组织的内部学术评议，盖蒂博物馆信托管理委员会（Board of Trustees）一致同意归还两件被请求文物——萨索斯浮雕和维奥蒂亚墓碑。[1]

2006 年 8 月 20 日，双方在洛杉矶签署了萨索斯浮雕和维奥蒂亚墓碑的所有权转移协议，并约定在雅典组织下一次会谈，届时将商议另外两件被请求文物的归还问题。[2]

2006 年 12 月 11 日，双方就第二批希腊索还文物——金质墓葬花环和科莱少女雕像达成初步返还意向。[3]

2007 年 2 月 6 日，双方在雅典签署了第二批文物返还协议，确认盖蒂博物馆将金质墓葬花环和科莱少女雕像归还希腊。[4]

2. 案件事实

1911 年，萨索斯浮雕在希腊萨索斯岛被法国考古学家发现，随后不久从一家法国考古学校的仓库中被盗走。1955 年，博物馆创办人盖蒂在伦敦从某位奥地利收藏者手中购得萨索斯浮雕。[5]

1990 年前后，维奥蒂亚墓碑在希腊底比斯附近被盗。1993 年，盖蒂博物馆从一家曼哈顿古玩店萨法尼画廊（Safani Gallery）以 75 万美元的价格购得维奥蒂亚墓碑。[6]

1990 年，金质墓葬花环在希腊马其顿省中部塞雷市（Serres）附近被一位农场主发现，之后在德国和瑞士的艺术品市场几经转手。1993 年，盖蒂博物馆从瑞士文物交易商克里斯托夫·利昂（Christoph Leon）手中以 115 万美元的价格购得。[7]

---

〔1〕 *Ibid.*

〔2〕 *Ibid.*

〔3〕 *Ibid.*

〔4〕 The Getty, Ministry of Culture for the Hellenic Republic and J. Paul Getty Museum Sign Agreement Finalizing Return of Objects to Greece, February 7, 2007, 载 http://www.getty.edu/news/press/center/getty_greece_wreath_kore_release020707.html, 访问时间：2017 年 3 月 28 日。

〔5〕 Helena Smith, "Greece Demands Return of Stolen Heritage", *The Guardian*, July 11, 2006, 载 https://www.theguardian.com/world/2006/jul/11/parthenon.arttheft, 访问时间：2017 年 3 月 28 日。

〔6〕 Hugh Eakin, "Getty Museum Agrees to Return Two Antiquities to Greece", *The New York Times*, July 11, 2006, 载 http://www.nytimes.com/2006/07/11/arts/11gett.html?_r=0, 访问时间：2017 年 3 月 28 日。

〔7〕 Anthee Carassava, "Greeks Hail Getty Museum's Pledge to Return Treasures", *The New York Times*, December 12, 2006, 载 http://www.nytimes.com/2006/12/12/arts/design/12gett.html, 访问时间：2017 年 3 月 28 日。

1994 年前后，科莱少女雕像在希腊境内被盗掘出土并走私出境。1993 年，盖蒂博物馆从伦敦文物交易商罗宾·赛姆斯（Robin Symes）手中以 330 万美元的价格购得少女雕像。[1]

（三）争议焦点

根据希腊 1932 年第 5251 号法案"文物法"，在 1830 年希腊共和国建国以后，任何考古文物未经政府批准而转移出境的，一律为非法出境。[2] 这是希腊主张归还非法流失文物的国内法依据。然而，希腊政府并不能仅凭国内法依据向文物持有者盖蒂博物馆提出返还请求，或提起诉讼要求返还。

本案的关键在于，希腊政府是否有充分证据证明涉案文物的来源非法。在 1996 年希腊政府向盖蒂博物馆第一次提出归还文物请求时，博物馆就曾以希腊政府没有证据证明涉案文物出土于希腊境内为由，拒绝了返还请求。

以金质墓葬花环为例，数年来有关墓葬花环的出土地一直模糊不清，直至 2006 年希腊政府掌握了一系列新证据后，才最终促使盖蒂博物馆同意归还。这组证据包括盗墓人证词、中间商证词、资金交易证明和一份影像档案等，证实了墓葬花环如何流失出境、如何经中间人卖给盖蒂博物馆的全过程。[3]

根据希裔德国文物中间商艾森西奥·塞利亚察（Athansios Seliachas）所作的证词，20 世纪 90 年代初，墓葬花环从希腊北部塞雷市一处墓地中被挖掘出土。最初，塞利亚察打算将花环出售给意大利文物交易商吉安弗兰科·贝奇纳（Gianfranco Becchina），但之后被贝奇纳回绝。意大利警方曾在贝奇纳的寓所和工作室中搜出墓葬花环的照片，并将照片移交给了希腊警方。随后，塞利亚察找到前盖蒂博物馆馆长马里昂·丘尔（Marion True）接洽购买墓葬花环一事。丘尔起初拒绝了塞利亚察，并让其去找利昂。一年后，在丘尔的建议下，盖蒂博物馆委员会从利昂手中购得了墓葬花环。[4]

（四）本案返还的具体方式：协商谈判

在保罗盖蒂博物馆返还希腊四件古希腊文物案中，希腊流失文物的顺利回归是双方通过协商谈判促成的。尽管谈判过程的细节内容因未公开而无从获知，但据盖蒂博物馆馆长迈克尔·布兰德（Michael Brand）所称："在仔细审查了希腊

---

〔1〕 *Ibid.*

〔2〕 Act No. 5351 of 24 August 1932 June 1939, Act on Antiquities.

〔3〕 Anthee Carassava, "Greeks Hail Getty Museum's Pledge to Return Treasures", *The New York Times*, December 12, 2006, 载 http：//www. nytimes. com/2006/12/12/arts/design/12gett. html，访问时间：2017 年 3 月 28 日。

〔4〕 *Ibid.*

文化部提交的材料证据后，经保罗盖蒂基金会信托管理委员会同意，博物馆作出了返还文物的决定。这项合作性的举措是解决有关古代文物所有权争议的恰当方法。"[1]

根据双方达成的返还协议，盖蒂博物馆自愿将四件古希腊文物归还希腊政府。同时，双方将在珍贵古代文物借展和定期展览等共同关心的领域内建立起更广泛的文化合作交流机制。

此外，据时任希腊文化部部长乔治·A. 沃尔伽拉基斯（Georgios A. Voulgar-akis）介绍，希腊在调查追索流失文物的过程中，借鉴意大利的成功经验，将刑事指控与"胡萝卜加大棒"的外交策略结合运用，也是促成此次文物顺利回归的重要因素。[2]

2006 年末，希腊警方开始调查前盖蒂博物馆馆长丘尔和其他四人涉嫌非法贩运金质墓葬花环一案。[3] 而早在 2005 年，丘尔已在意大利因涉嫌非法贩运盗掘文物一案受审。最终，尽管两案均因诉讼时效届满而宣告诉讼终结，丘尔无罪获释，但对前馆长的刑事指控仍无疑给盖蒂博物馆施加了相当的舆论压力。[4]

（五）经验总结

从 2006 年希腊政府首次提出返还流失文物的请求，到 2007 年盖蒂博物馆同意返还，时隔十一年，金质墓葬花环等四件古希腊文物终于悉数回归。从本案中，文物来源国可以得到的启示有三点：

第一，利用国际合作执法，掌握流失文物证据。本案中，希腊检方曾请求意大利协助调查四件涉案文物。[5] 例如，在追索科莱少女雕像的过程中，一项关键

[1] The Getty, Hellenic Republic Ministry of Culture and the J. Paul Getty Trust Issue Joint Statement, December 11, 2006, 载 http: //www. getty. edu/news/press/center/statement06_ getty_ greek_ joint_ release_ 121106. html, 访问时间：2017 年 3 月 28 日。

[2] Hugh Eakin, "Italy Teams with Greece to Reclaim Antiquities", *The New York Times*, November 11, 2006, 载 http: //www. nytimes. com/2006/12/11/world/europe/11iht – greece. 3858335. html, 访问时间：2017 年 3 月 28 日。

[3] Anthee Carassava, "Greeks Hail Getty Museum's Pledge to Return Treasures", *The New York Times*, December 12, 2006, 载 http: //www. nytimes. com/2006/12/12/arts/design/12gett. html, 访问时间：2017 年 3 月 28 日。

[4] *Ibid.* 2007 年 11 月 27 日，希腊一上诉法院驳回了针对丘尔的刑事指控。3 名上诉法院的法官接受了丘尔律师的辩护意见，认为依照希腊法律，法院应适用已知晓的文物购买地的诉讼时效。而根据美国加利福尼亚州法，此类案件的刑事追诉时效为 3 年，自能确定被盗艺术品下落之日起算。由于盖蒂博物馆是 1993 年购得涉案文物，到 2007 年案件审理时，3 年追诉时已届满，因此诉讼终结。

[5] Hugh Eakin, Anthee Carassava, "Getty Museum Is Expected to Return Ancient Gold Wreath to Greece", *The New York Times*, December 11, 2006, 载 http: //www. nytimes. com/2006/12/11/arts/design/11arti. html, 访问时间：2017 年 3 月 28 日。

证据就来自 1995 年意大利警方从意大利文物中间商贾科莫·美第奇在日内瓦的仓库中搜出的雕像照片。[1] 2006 年，科莱少女雕像也曾出现在意大利政府向盖蒂博物馆要求索还的 52 件流失文物清单上。但随后，经意大利、希腊两国沟通，意方放弃了对该雕像的追索请求。[2]

第二，以刑事指控施压，增加谈判筹码。从本案和 2006 年美国大都会艺术博物馆返还意大利欧弗洛尼奥斯陶罐案可以看到，刑事指控已成为希腊和意大利在追索流失文物时向美国博物馆施压的一个有力工具。[3] 尽管刑事指控和文物追索是相互独立的两件事，但意大利和希腊检方也都承认二者是彼此关联的战略。[4] 显然，通过刑事调查和指控施压博物馆，可为文物来源国在追索流失文物的谈判中增加筹码，提升谈判地位。

第三，借博物馆道德准则，促其主动归还。就在 2006 年 8 月盖蒂博物馆同意归还第一批古希腊文物后不久，同年 10 月盖蒂博物馆就颁布了新的博物馆政策，制定了更为严格的购藏准则。[5] 两年后，艺术博物馆馆长协会也出台了新

---

〔1〕 Charlotte Higgins, "Getty Returns Disputed Works to Greece", *The Guardian*, 13 December, 2006, 载 https：//www. theguardian. com/uk/2006/dec/13/artsnews. travelnews, 访问时间：2017 年 3 月 28 日。

〔2〕 Hugh Eakin, Anthee Carassava, "Getty Museum Is Expected to Return Ancient Gold Wreath to Greece", *The New York Times*, December 11, 2006, 载 http：//www. nytimes. com/2006/12/11/arts/design/11arti. html, 访问时间：2017 年 3 月 28 日。

〔3〕 可参见本书第一章第三节之 "美国大都会艺术博物馆返还意大利欧弗洛尼奥斯陶罐（2006 年）"的讨论。

〔4〕 Anthee Carassava, "Greek Court Dismisses Case Against Ex－Curator", *The New York Times*, November 28, 2007, 载 http：//www. nytimes. com/2007/11/28/arts/design/28true. html, 访问时间：2017 年 3 月 28 日。

〔5〕 盖蒂博物馆新的购藏准则以 1970 年 11 月 17 日为基准线，该日也正是 1970 年联合国教育、科学及文化组织第 16 届会议通过《关于禁止和防止非法进出口文化财产和非法转让其所有权的方法的公约》之日。根据该准则，博物馆如要收购古代文物或考古类材料，须满足以下三个条件之一：①有文件或实质性证据证明该物品在 1970 之前就已在美国境内，且没有理由怀疑它是从其来源国非法出口的；或②有文件或实质性证据证明该物品是 1970 年之前就已从其来源国转移出境，并且是合法进口到美国的；或③有文件或实质性证据证明该物品是 1970 年后从其来源国合法出口，并且是合法进口到美国的。The Getty, "J. Paul Getty Museum Announces Revised Acquisitions Policy", October 26, 2006, 载 http：//www. getty. edu/news/press/center/revised_ acquisition_ policy_ release_ 102606. html, 访问时间：2017 年 3 月 28 日。

的文物购藏指南，建议各博物馆在收购藏品时采取类似的严格标准。[1]如果博物馆在以高要求的准则来规范其购藏行为，则无疑能促成更多友好的文物归还。2011 年 9 月，盖蒂博物馆主动归还希腊两件公元前 5 世纪的文物———一件墓碑残片和一件希腊石刻碑文———就是很好的例证。[2]

六、美国大都会艺术博物馆返还埃及 19 件法老墓葬文物（2010 年）

（一）背景概述

2010 年，美国的纽约大都会艺术博物馆与埃及政府达成协议，同意归还 19 件古埃及法老墓葬文物，其中包括一座微型铜狗雕像、一件天青石狮身人面造型手镯饰物和一条蓝紫珠宽边项链。这批文物源自埃及图坦卡蒙（Tutankhamun）墓葬，其年代可追溯至公元前 14 世纪。[3]

图坦卡蒙是古埃及新王国时期第十八王朝法老，登基时年仅九岁，十九岁英年早逝，在位时间约为公元前 1336 年至公元前 1327 年。图坦卡蒙的统治时间虽短，却在大众文化中历久不衰，其黄金木乃伊面具已成为埃及博物馆的镇馆之宝，并在各地巡回展览。图坦卡蒙之墓位于埃及尼罗河西岸的帝王谷（Valley of the Kings），一处公元前 16 世纪到公元前 11 世纪法老们的墓葬地。[4]作为已发现的最完整的古埃及皇室陵墓，图坦卡蒙墓在三千年的时间内从未被盗，直至 1922 年才被英国考古学家霍华德·卡特（Howard Carter）及其资助者卡纳封伯爵五世

---

〔1〕　根据艺术博物馆馆长协会（AAMD）的文物购藏指南，各博物馆在收购文物时应尽量满足以下两个条件之一：①有可靠证据证明文物是在 1970 年之前就已从其来源国转移出境的；或②有可靠证据证明文物是在 1970 年以后其现在被发现国合法出口的。Randy Kennedy, "Museums Set Stricter Guidelines for Acquiring Antiquities", *The New York Times*, June 4, 2008, 载 http：//www. nytimes. com/2008/06/04/arts/design/04coll. html?＿r＝0, 访问时间：2017 年 3 月 28 日。Also see Association of Art Museum Directors, "Strengthened Guidelines on the Acquisition of Archaeological Material and Ancient Art Issued by Association of Art Museum Directors", January 30, 2013, 载 https：//aamd. org/for－the－media/press－release/strengthened－guidelines－on－the－acquisition－of－archaeological－material, 访问时间：2017 年 3 月 28 日。

〔2〕　The Getty, "J. Paul Getty Trust and the Hellenic Republic Ministry of Culture Sign Agreement Creating Framework for Cultural Cooperation", September 22, 2011, 载 http：//news. getty. edu/article＿ display. cfm? article＿ *Id*＝5590, 访问时间：2017 年 3 月 28 日。

〔3〕　The Metropolitan Museum of Art, "Metropolitan Museum and Egyptian Government Announce Initiative to Recognize Egypt's Title to 19 Objects Originally from Tutankhamun's Tomb", November 10, 2010, 载 http：//metmuseum. org/press/news/2010/metropolitan－museum－and－egyptian－government－announce－initiative－to－recognize－egypts－title－to－19－objects－originally－from－tutankhamuns－tomb, 访问时间：2017 年 3 月 29 日。

〔4〕　Sue Kovach Shuman, "Egyptian Antiquities on Their Way Home", *IIP Digital*, November 17, 2010, 载 http：//iipdigital. usembassy. gov/st/english/article/2010/11/20101117142038eus0. 3138239. html#axzz4HGeXRvIJ, 访问时间：2017 年 3 月 29 日。

乔治·赫伯特（George Herbert）发现。随后，考古挖掘者从陵墓中挖掘出近五千件珍贵陪葬品，震惊世界。此次回归的 19 件古埃及文物正是出自该墓葬。

20 世纪 20 至 40 年代，大都会艺术博物馆收藏了这 19 件涉案文物。该批文物分为两组，第一组是 15 件小型研究样本文物，第二组是 4 件更具艺术价值、历史意义的文物。第二组文物中，包括一座高不足四分之三英寸（约 1.9cm）的微型铜狗雕像和一件天青石狮身人面造型手镯饰物，二者由大都会艺术博物馆从卡特侄女（卡特的遗嘱继承人）处取得。另外两件第二组文物是一个把手部件和一条长 32cm、宽 12cm 的蓝紫珠宽领饰物，二者曾位于卡特在埃及卢卡索的寓所，1939 年卡特去世后由大都会艺术博物馆通过卡特遗嘱取得。[1]

2010 年，经协商，大都会艺术博物馆同意将这批文物归还埃及政府。2011 年 8 月，文物运抵埃及，入藏位于开罗的埃及博物馆。[2] 次年，此批文物与图坦卡蒙墓葬的其他藏品一起迁入位于吉萨新建成的大埃及博物馆（Grand Egyptian Museum）。

（二）案情简介

1. 案件基本情况

2010 年 10 月，大都会艺术博物馆馆长托马斯·P. 坎贝尔（Thomas P. Campbell）到访埃及，并与埃及文物最高理事会（Supreme Council of Antiquities, SCA）秘书长扎希·哈瓦斯（Zahi Hawass）商议归还 19 件涉案文物一事。[3]

2010 年 11 月 10 日，大都会艺术博馆与埃及文物最高理事会发表联合声明，大都会艺术博物馆承认埃及政府对涉案文物享有所有权，并表示自愿将其归还埃及。[4]

---

〔1〕 The Metropolitan Museum of Art, "Metropolitan Museum and Egyptian Government Announce Initiative to Recognize Egypt's Title to 19 Objects Originally from Tutankhamun's Tomb", November 10, 2010, 载 http：//met-museum. org/press/news/2010/metropolitan – museum – and – egyptian – government – announce – initiative – to – recognize – egypts – title – to – 19 – objects – originally – from – tutankhamuns – tomb，访问时间：2017 年 3 月 29 日。

〔2〕 Shaimaa Fayed, "New York's Met to Return 19 Artifacts to Egypt: MENA", *Reuters*, July 30, 2011, 载 http：//www. reuters. com/article/us – egypt – antiquities – usa – IdUSTRE76T0TD20110730，访问时间：2017 年 3 月 29 日。

〔3〕 Kate Taylor, "Met Is to Repatriate to Egypt Artifacts From King Tut's Tomb", *The New York Times*, November 10, 2010, 载 http：//www. nytimes. com/2010/11/10/arts/design/10met. html？_ r = 0，访问时间：2017 年 3 月 29 日。

〔4〕 The Metropolitan Museum of Art, "Metropolitan Museum and Egyptian Government Announce Initiative to Recognize Egypt's Title to 19 Objects Originally from Tutankhamun's Tomb", November 10, 2010, 载 http：//met-museum. org/press/news/2010/metropolitan – museum – and – egyptian – government – announce – initiative – to – recognize – egypts – title – to – 19 – objects – originally – from – tutankhamuns – tomb，访问时间：2017 年 3 月 29 日。

2. 案件事实

1922 年，英国考古学家霍华德·卡特及其资助人乔治·赫伯特在埃及帝王谷发现了图坦卡蒙之墓，并挖掘出包括涉案文物在内的墓葬品。在考古挖掘活动初期，埃及政府曾允许发掘者保留一部分考古文物。但在近十年的挖掘后，由于该墓葬出土了大量丰富的珍贵文物，埃及政府决定这些文物须留在国内，不得转移出境。[1]

1926 年，赫伯特去世后，大都会艺术博物馆收藏了其部分私人藏品。

1939 年，卡特去世后，大都会艺术博物馆收藏了其部分私人藏品，其中包括从卡特继承人处取得的微型铜狗雕像和狮身人面造型手镯饰物，以及通过卡特遗嘱取得的把手部件和蓝紫珠宽领饰物。

1948 年，大都会艺术博物馆埃及远征考古队结束科考活动，并将这些文物带回美国纽约。[2]

（三）争议焦点

20 世纪初期，正值埃及考古大发现时代。根据埃及 1912 年第 14 号法案的规定，考古研究者可以通过"共享"（partage）机制保留一部分考古发现物。[3]在该机制下，埃及政府与考古研究者共同评估发现物，然后将发现物均分为价值相当的两份，或者以抽签的方式来决定发现物的分配归属。[4]如今，大都会艺术博物馆持有的大部分古埃及藏品就是通过该共享机制取得的，这也归功于博物馆在20 世纪初资助的三次考古发掘活动。[5]

1922 年卡特发现图坦卡蒙之墓后，考古研究者和埃及政府起初也通过"共享机制"来分配发现物。但随着考古挖掘活动的深入，埃及政府逐渐意识到了墓

---

〔1〕 Sue Kovach Shuman, "Egyptian Antiquities on Their Way Home", *IIP Digital*, November 17, 2010, 载 http://iipdigital. usembassy. gov/st/english/article/2010/11/20101117142038eus0. 3138239. html # axzz4HGeXRvIJ 访问时间：2017 年 3 月 29 日。

〔2〕 The Metropolitan Museum of Art, "Metropolitan Museum and Egyptian Government Announce Initiative to Recognize Egypt's Title to 19 Objects Originally from Tutankhamun's Tomb", November 10, 2010, 载 http://met-museum. org/press/news/2010/metropolitan – museum – and – egyptian – government – announce – initiative – to – recognize – egypts – title – to – 19 – objects – originally – from – tutankhamuns – tomb, 访问时间：2017 年 3 月 29 日。

〔3〕 Law No. 14 of June 12, 1912, Egypt.

〔4〕 John Henry Merryman and Albert Edward Elsen, *Law, Ethics, and the Visual Arts*, Hague: Kluwer law international, 2002, p. 414.

〔5〕 The Metropolitan Museum of Art, "Metropolitan Museum Acquires Important Group of Egyptian Vessels and Ornaments Excavated in 1913 – 14 at Haraga", October 8, 2014, 载 http://www. metmuseum. org/press/news/2014/egyptian – haraga, 访问时间：2017 年 3 月 29 日。

葬文物藏量之丰富，遂决定停止对图坦卡蒙墓适用"共享机制"，考古发现物不得划为考古研究者所有[1]埃及政府也因此要求卡特签下保证所有考古发现物留在埃及的弃权声明[2]是故，所有图坦卡蒙墓的文物均归埃及国家所有，且未经批准不得转移出境。本案中，埃及政府主张归还流失文物的国内法依据就来源于此。

因此，本案的核心在于：是否有充分的证据证明19件涉案文物就是出自图坦卡蒙墓的文物。根据大都会艺术博物馆所称，博物馆在1939年通过遗嘱继承等方式从卡特处取得涉案文物时，埃及有关当局曾核查过卡特的全部收藏品，均未发现足以证明大都会艺术博物馆所得藏品来源的资料证据。同样，博物馆在1926年从赫伯特处取得涉案文物时，也没有发现此类证据。

直至2010年大都会艺术博物馆再次组织藏品来源研究时，此类证据才被发现。最终，通过反复查验图坦卡蒙墓的墓葬记录和卡特遗嘱证明等资料，大都会艺术博物馆的研究人员得出结论：涉案文物确实源自图坦卡蒙之墓。[3]

（四）本案返还的具体方式：协商谈判

在大都会艺术博物馆返还埃及19件法老墓葬文物案中，埃及流失文物的顺利回归是双方通过协商谈判促成的。尽管谈判过程的细节内容因未公开而无从获知，但据大都会艺术博物馆馆长坎贝尔表示，证据显示这些文物"毫无疑问地"源自图坦卡蒙墓。而根据埃及有关图坦卡蒙墓考古挖掘的法律规定，这些考古文物均归埃及所有，且不得离开埃及境内。[4]

双方建立起的长期友好合作关系，是促成这次文物顺利回归的主要原因。正如埃及文物最高理事会秘书长哈瓦斯在联合声明中指出的，埃及文物部门一直与大都会艺术博物馆在返还非法出口文物方面保持着良好的合作关系。大都会艺术博物馆还通过自己的研究，帮助埃及方面复原了很多重要的文物。

---

〔1〕 Jennifer Boger, "The Met Voluntarily Returns 19 Items from King Tut's Tomb to Egypt", *Cultural Heritage & Arts Review*, Fall/Winter（2010），5.

〔2〕 Kate Taylor, "Met Is to Repatriate to Egypt Artifacts From King Tut's Tomb", *The New York Times*, November 10, 2010, 载 http：//www. nytimes. com/2010/11/10/arts/design/10met. html？_ r = 0，访问时间：2017年3月29日。

〔3〕 The Metropolitan Museum of Art, "Metropolitan Museum and Egyptian Government Announce Initiative to Recognize Egypt's Title to 19 Objects Originally from Tutankhamun's Tomb", November 10, 2010, 载 http：//met-museum. org/press/news/2010/metropolitan – museum – and – egyptian – government – announce – initiative – to – recognize – egypts – title – to – 19 – objects – originally – from – tutankhamuns – tomb，访问时间：2017年3月29日。

〔4〕 *Ibid.*

早在 2001 年，大都会艺术博物馆曾将一件埃及第十九王朝的女神浮雕归还埃及。八年后，博物馆又归还了一件埃及第十二王朝阿蒙涅姆赫特一世（Amenemhat I）的法老石棺基座残件。[1]值得注意的是，这两次归还都是大都会艺术博物馆在掌握了流失文物信息后，从文物持有者私人藏家处主动购得，再无偿送还埃及政府的。因此，哈瓦斯也称大都会艺术博物馆，特别是博物馆埃及艺术部，一直是埃及的"得力伙伴"。[2]

（五）经验总结

从 2010 年 10 月大都会艺术博物馆与埃及政府商议归还涉案流失文物，到同年 11 月博物馆表示同意归还，不足一月双方就达成了文物归还协议，这是文物市场国博物馆主动返还海外流失文物的成功典范。从本案中，文物来源国可以得到的启示有两点：

第一，博物馆合作关系可作为谈判筹码。本案中，如果埃及政府和大都会艺术博物馆没有建立起长期良好的合作关系，很难想象博物馆会如此主动地归还流失文物。显然，与文物市场国博物馆保持合作关系可以大大促成流失文物的回归，而且在适当之时，还可以作为双方谈判的筹码。以 2009 年埃及向法国卢浮宫追索五件法老壁画残件为例，埃及方面就曾宣布断绝与卢浮宫博物馆的合作关系，直至其归还文物。在埃及的施压下，卢浮宫最终归还了这五件壁画残片。[3]

在过去的数十年中，埃及当局还曾吊销过数家不愿归还文物的博物馆的考古许可证。与之相对，那些愿与埃及当局合作的博物馆，则能维持其在与埃及开展考古合作、文物借展等领域的利益。大都会艺术博物馆就是很好的例证。[4]

第二，文物登记工作是追索的保障。本案中一项能确认流失文物出处的关键证据就来自墓葬记录。据大都会艺术博物馆称，包括微型铜狗雕像在内的数件涉案文物在以往的考古挖掘活动照片中都未曾出现，但最终被发现在墓葬记录中留

〔1〕 The Metropolitan Museum of Art, "Metropolitan Museum of Art Returns a Granite Fragment to Egypt", October 28, 2009, 载 http: //www. metmuseum. org/press/news/2009/metropolitan - museum - of - art - returns - a - granite - fragment - to - egypt, 访问时间: 2017 年 3 月 29 日。

〔2〕 Sue Kovach Shuman, "Egyptian Antiquities on Their Way Home", *IIP Digital*, November 17, 2010, 载 http: //iipdigital. usembassy. gov/st/english/article/2010/11/20101117142038eus0. 3138239. html # axzz4HGeXRvIJ 访问时间: 2017 年 3 月 29 日。

〔3〕 黄培昭：《埃及倾力追回流失文物》，载《人民日报》2009 年 10 月 14 日，第 14 版。

〔4〕 Jennifer Boger, "The Met Voluntarily Returns 19 Items from King Tut's Tomb to Egypt", *Cultural Heritage & Arts Review*, Fall/Winter, (2010), 5.

有相关记载。[1]

在埃及，文物登记工作目前由文物部下属的文物确认局负责。该局首先确定某个固定的建筑（如神庙、清真寺等）或某件可移动的物品是否属于文物，然后根据文物登记要求，对确定为文物的物品进行拍照、取样、编号，登记文物所有的相关信息，并在文物隐秘的位置做标记。一旦登记在册的文物被盗，文物部门很快就会知道，而这种文物出现在国际市场时追索起来也会比较容易。[2]

七、耶鲁大学返还秘鲁印加文物（2010 年）

（一）背景概述

2010 年 11 月，耶鲁大学与秘鲁政府达成和解协议，同意归还百年前从秘鲁"借走"的大批印加文物。[3] 这批先后于 2011 年、2012 年回归的印加文物出土自秘鲁马丘比丘（Machu Picchu）遗址及附近地区，共包括约 360 件博物馆级别的文物和 35 000 余件有科研价值的珍贵遗骨和陶瓷碎片等。[4]

马丘比丘是秘鲁著名的前哥伦布时期古印加帝国遗迹。15 世纪中期，马丘比丘城市建成，供印加贵族避暑休养之用，直至 16 世纪初期西班牙征服印加帝国后而废弃。1911 年，耶鲁大学考古学家海拉姆·宾厄姆三世（Hiram Bingham Ⅲ）发现了马丘比丘古城遗址，并使其为西方世界所知晓。

1912 – 1916 年间，经秘鲁批准，在耶鲁大学和美国国家地理学会（National Geographic Society）的资助下，宾厄姆在马丘比丘、库斯科（Cuzco）及附近地区从事考古挖掘活动。期间，宾厄姆将木乃伊、遗骨、陶器等四千多件出土文物运回耶鲁大学，并将其入藏该校皮博迪自然历史博物馆（Peabody Museum of Natural

---

〔1〕　The Metropolitan Museum of Art, "Metropolitan Museum and Egyptian Government Announce Initiative to Recognize Egypt's Title to 19 Objects Originally from Tutankhamun's Tomb", November 10, 2010, 载 http: //met-museum. org/press/news/2010/metropolitan – museum – and – egyptian – government – announce – initiative – to – recognize – egypts – title – to – 19 – objects – originally – from – tutankhamuns – tomb, 访问时间：2017 年 3 月 29 日。

〔2〕　程帅朋：《埃及众多文物追回有赖多个部门合作》，载《新华每日电讯》2015 年 3 月 31 日，第 7 版。

〔3〕　Republic of Peru v. Yale University, No. 1：08 – cv – 02109 (D. D. C. July 30, 2009), order granting motion to transfer the case to Connecticut, No. 3：09 – cv – 01332 (D. Conn. Oct. 9, 2009); settlement agreement, No. 3：09 – cv – 01332 (D. Conn. Dec. 23, 2010).

〔4〕　"Yale Returns Final Machu Picchu Artifacts", *Yale Daily News*, November 12, 2012, 载 http: //yale-dailynews. com/blog/2012/11/12/yale – returns – final – machu – picchu – artifacts, 访问时间：2017 年 3 月 30 日。

History）。[1]此后，尽管秘鲁历届政府在不同场合多次要求归还这批文物，但耶鲁大学对此的回应并不积极。

在过去的近一百年里，秘鲁政府和耶鲁大学的文物之争一直备受关注。2008年，与耶鲁大学的谈判再次落空后，秘鲁政府向美国联邦法院提起了民事诉讼，要求耶鲁大学返还文物。在诉讼期间，经各方努力，秘鲁政府与耶鲁大学达成庭外和解，签署了归还文物的谅解备忘录。长达百年的马丘比丘文物纠纷，至此终于得到了和平解决。[2]

（二）案情简介

1. 案件基本情况

2008 年 12 月 5 日，秘鲁政府向美国联邦哥伦比亚特区巡回法院（US Court of Appeals for the District of Columbia Circuit）提起民事诉讼，并指控被告耶鲁大学持续占有马丘比丘文物的行为违反了秘鲁 1912 年法令和 1916 年法令。原告秘鲁政府请求法院判决被告返还涉案文物，并赔偿原告因被告违约、不当得利和欺诈行为而受到的经济损失。[3]

2009 年 7 月，在被告耶鲁大学向法院提出管辖权异议后，哥伦比亚特区巡回法院将案件移交康涅狄格联邦地方法院（US District Court for the District of Connecticut）受理。[4]

2010 年 1 月，被告耶鲁大学向法院提起撤案动议。同年 2 月，秘鲁政府撤销了对被告 17 项控告中的 6 项，即有关被告与宾厄姆共谋、欺诈骗取秘鲁政府涉案文物的指控。剩余保留的 11 项集中在指控被告非法出口文物和不当占有文物。[5]

2010 年 11 月 9 日，耶鲁大学代表团到访秘鲁利马，并与秘鲁总统阿兰·加西亚（Alan Garcia）展开协商谈判。耶鲁大学代表团成员包括前墨西哥总统、时任耶鲁大学教授埃内斯托·柴迪洛（Ernesto Zedillo）、耶鲁大学皮博迪自然历史博物馆负责人德里克·布里格斯（Derek Briggs）和考古学教授理查德·伯格

---

〔1〕 Stephanie Swanson, "Repatriating Cultural Property: The Dispute between Yale and Peru over the Treasures of Machu Picchu", *San Diego Int'l LJ*, 10 (2008), pp. 469 – 470.

〔2〕 《秘鲁追讨文物获胜，百年前被美国"借走"文物将回归》，载人民网 http://culture. people. com. cn/GB/87423/13362431. html，访问时间：2017 年 3 月 30 日。

〔3〕 Republic of Peru v. Yale University, No. 1: 08 – cv – 02109, Original complaint, 5 December 2008.

〔4〕 Republic of Peru v. Yale University, No. 1: 08 – cv – 02109 (D. D. C. July 30, 2009), order granting motion to transfer the case to Connecticut.

〔5〕 "Peru Drops Six Charges in Suit", *Yale Daily News*, March 22, 2010, 载 http://yaledailynews. com/blog/2010/03/22/peru – drops – six – charges – in – suit，访问时间：2017 年 3 月 30 日。

（Richard Burger）。[1]

2010 年 11 月 23 日，在美国参议院对外关系委员会委员、康涅狄格州参议员克里斯托弗·多德（Christopher Dodd）的介入下，耶鲁大学和秘鲁政府达成文物归还的谅解备忘录。[2]

2010 年 12 月 23 日，法院批准原被告双方共同提出的中止诉讼动议。在庭外和解协议履行期间，诉讼案件中止。[3]

2011 年，正值发现马丘比丘古城一百周年，350 余件博物馆级的文物回归秘鲁。2012 年 11 月，耶鲁大学将归还秘鲁剩余文物 127 箱，共计约 35 000 余件有科研价值的头骨和陶瓷碎片等。[4]

至此，涉案文物悉数回归，庭外和解协议履行完毕。秘鲁政府撤诉，诉讼案件亦告终结。

2. 案件事实

1911 年，耶鲁大学考古学家宾厄姆发现了秘鲁马丘比丘古城遗址。

1912 - 1916 年间，经秘鲁政府签发的 1912 年法令和 1916 年法令批准，宾厄姆在马丘比丘、库斯科及附近地区从事考古挖掘活动。期间，宾厄姆将 4000 多件古文物带回了耶鲁大学，并入藏该校皮博迪自然历史博物馆。

1921 年，耶鲁大学返还秘鲁一批印加文物。据耶鲁大学称，这批文物是秘鲁 1916 年法令下要求归还的 1914 - 1915 年间出土文物。秘鲁政府对此说法不予认可，并称耶鲁大学并未归还全部文物，"大多数具有重要考古意义的珍贵文物仍由耶鲁大学占有"。[5]

1918 - 1920 年间，秘鲁政府两次致信美国国家地理学会，正式要求将宾厄姆带回美国的文物归还秘鲁。[6] 1921 年，耶鲁大学返还了部分文物。

2001 年，秘鲁政府与耶鲁大学和美国国家地理学会接洽，请求返还马丘比

〔1〕 "Yale to Return Artifacts to Peru", *Yale Daily News*, November 29, 2010, 载 http://yaledai-lynews. com/blog/2010/11/29/yale - to - return - artifacts - to - peru, 访问时间：2017 年 3 月 30 日。

〔2〕 Rosemary Listing, "The Rreasure Quest: Peru, Machu Picchu and the Yale Peruvian Expedition of 1911 - 1916", *Art Antiquity & Law*, 16. 1 (2011), 78.

〔3〕 Republic of Peru v. Yale University, No. 3：09 - cv - 01332 (D. Conn. Oct. 9, 2009)；settlement a-greement, No. 3：09 - cv - 01332 (D. Conn. Dec. 23, 2010).

〔4〕 "Yale Returns Final Machu Picchu Artifacts", *Yale Daily News*, November 12, 2012, 载 http://yale-dailynews. com/blog/2012/11/12/yale - returns - final - machu - picchu - artifacts, 访问时间：2017 年 3 月 30 日。

〔5〕 Republic of Peru v. Yale University, First Amended Complaint, No. 1：08 - cv - 02109, 20 April 2009, para. 121.

〔6〕 *Ibid.*, at 114 - 119.

丘相关文物。对此，美国国家地理学会表示支持文物回归，但耶鲁大学予以拒绝。随后，耶鲁大学在 2003 年组织了一场包含涉案文物在内的"马丘比丘：解开印加之谜面纱"的大型巡展活动。[1]

2003 年，秘鲁政府再次要求耶鲁大学归还文物，并随后与耶鲁大学就涉案文物归还问题展开协商谈判。2007 年，秘鲁政府与耶鲁大学曾一度达成文物返还协议。根据协议，耶鲁大学承认秘鲁对所有出土文物的所有权，秘鲁同意耶鲁大学保留部分文物用作研究。[2] 但是，因秘鲁政府无法接受耶鲁大学要求对大部分的文物继续持有 99 年的提议，谈判协议以失败告终。

（三）争议焦点

本案的争议焦点是诉讼时效期间是否已届满，以及如何确定涉案文物的所有权。

第一，"诉讼时效期间是否已届满"是本案的核心争议点。如果诉讼时效期间尚未届满，则原告有权向法院提起诉讼，请求返还原所有物。反之，如果诉讼时效期间届满，则原告丧失原物返还请求权，案件会被法院驳回，不予受理。

对此，双方对诉讼时效应适用的法律持有异议。被告耶鲁大学主张，根据康涅狄格州的冲突法，诉讼时效问题适用法院地法，即适用康涅狄格州州法有关三年诉讼时效的规定。[3] 本案中，三年诉讼时效期间显然已经届满，原告秘鲁政府因此丧失请求权。而秘鲁政府则主张，已有判决先例确定"诉讼时效问题适用法院地法"规则存在例外，本案正是此种例外，因此本案应适用秘鲁法。根据秘鲁相关法律，诉讼时效期间尚未届满。[4]

第二，有关"所有权归属"的问题，双方对确定所有权的法律依据同样产生了异议。原告秘鲁政府诉称，首先，长久以来，秘鲁法律一直将文物列为国家所有的财产。以 1911 年最高法令为例，该法令在宾厄姆开展考古挖掘活动之前

---

〔1〕　Listing, Rosemary, "The Treasure Quest: Peru, Machu Picchu and the Yale Peruvian Expedition of 1911 –1916", *Art Antiquity & Law*, 16. 1 (2011), pp. 67 –79, 76.

〔2〕　依据该协议，双方还约定将在秘鲁库斯科建立一个博物馆科研中心以收藏回归的文物，并且由耶鲁大学和秘鲁国家文化研究所（National Institute of Culture）联合举办一场巡展，巡展所筹款项将用于资助该博物馆科研中心。另外，双方还将进一步开展科研合作和学术交流项目。See Memorandum of Understanding between the Government of Peru and Yale University, September 14, 2007.

〔3〕　根据康涅狄格州法，侵权纠纷适用三年诉讼时效，逆权侵占（adverse possession）纠纷适用 15 年诉讼时效，违约纠纷适用 6 年诉讼时效。Stephanie Swanson, "Repatriating Cultural Property: The Dispute between Yale and Peru over the Treasures of Machu Picchu", *San Diego Int'l LJ*, 10 (2008), p. 484.

〔4〕　Republic of Peru v. Yale University, Yale University's Response to Peru's Sur – reply in Further Support of Yale's Motion to Dismiss, No. 3: 09 – cv –01332 – AWT, June 1, 2010, p. 6.

即已生效，并且规定了"所有发现的印加文物均归国家所有"。[1] 其次，虽然秘鲁政府签发了 1912 年法令和 1916 年法令，准予宾厄姆开展考古挖掘活动，但秘鲁政府自始至终从未将出土文物的所有权让与宾厄姆。具体而言，在 1912 年法令中，秘鲁政府保留了在任何时候请求返还所有或任一文物的权利；在 1916 年法令中，尽管秘鲁准予将 1914 年和 1915 年期间发掘的 70 余箱文物出口至美国，但该法令同时还确定了耶鲁大学和美国国家地理学会应在 18 个月内归还这批文物。[2]

对此，被告耶鲁大学辩称，即使本案诉讼时效期间没有届满，那么在所有权归属问题上，被告也依据秘鲁法中有关"取得时效"（acquisitive prescription）的规定取得了涉案文物的所有权。耶鲁大学认为，根据秘鲁《1852 年民法典》，动产的持有人如果"善意"（good faith）且对该物享有"合法权利"（just title），则一旦三年的取得时效期间届满，持有人即可取得该物的所有权。并且，即使是在缺乏"善意"和"合法权利"的条件下，动产的持有人仍可在四十年的取得时效期间届满后，取得该物的所有权。据此，耶鲁大学作为"善意"且享有"合法权利"的持有人，已因取得时效期间的届满取得了涉案文物的所有权，原告秘鲁政府因此无权要求返还。[3]

（四）本案返还的具体方式：庭外和解

鉴于本案以当事方达成庭外和解的方式结案，因此，该案中相关争议问题并未经过法院裁判得以解决，还留待在今后的立法和司法实践中进一步观察。

2010 年 11 月 23 日，耶鲁大学和秘鲁政府达成庭外和解，耶鲁大学同意将所有涉案文物归还秘鲁。根据双方签署的谅解备忘录，耶鲁大学应于 2012 年 12 月 31 日之前将所有文物归还秘鲁，归还所产生的费用均由耶鲁大学承担。[4] 归还后的文物将入藏秘鲁国立库斯科圣安东尼阿巴大学（Universidad Nacional de San Antonio Abad del Cusco，SNSAAC）一处新设立的博物馆科研中心。秘鲁政府同意"为今后以科学研究之目的请求获取文物者提供便利支持"。[5]

---

〔1〕 Republic of Peru v. Yale University, Memorandum of Law of the Republic of Peru in Opposition to Yale University's Motion to Dismiss the First Amended Complaint, No. 3：09 – cv – 01332 – AWT, November 30, 2010, p. 7.

〔2〕 *Ibid.*，at 8.

〔3〕 Republic of Peru v. Yale University, Yale University's Response to Peru's Sur – reply in Further Support of Yale's Motion to Dismiss, No. 3：09 – cv – 01332 – AWT, June 1, 2010, p. 19.

〔4〕 文物归还的数量，据秘鲁方面估计为 40 000 件左右，而据耶鲁大学估计约为 4000 件。

〔5〕 "Yale to Return Artifacts to Peru", *Yale Daily News*, November 29, 2010, 载 http：//yaledailynews. com/blog/2010/11/29/yale – to – return – artifacts – to – peru，访问时间：2017 年 3 月 30 日。

2011 年 2 月 11 日，两所大学签订了正式的合作协议，共同设立"国立库斯科圣安东尼阿巴大学—耶鲁大学马丘比丘与印加文化国际研究中心"（SNSAAC – Yale International Center for the Study of Machu Picchu and Inca Culture），以便进一步开展科研合作和学术交流。[1]

（五）经验总结

2010 年，秘鲁政府与耶鲁大学的庭外和解为秘鲁长达近百年的追索印加文物之征画上了圆满的句号。从本案中可以得到的启示是：文物来源国在追索流失文物时，可充分借助舆论力量，争取国际社会支持，综合运用外交、谈判和法律途径予以解决。

据秘鲁历史上首位文化部长、著名人类学家和历史学家胡安·奥西奥·阿库尼亚（Juan Ossio Acuña）介绍："秘鲁政府当时采取的策略就是借助舆论的力量，在国际上进行宣传，向耶鲁大学施加压力。"

值得注意的是，在 2007 年谈判以失败告终的情形下，秘鲁政府在通过法律途径寻求文物归还的同时，利用媒体和外交宣传等手段进行配合。2010 年 11 月初，时任秘鲁总统加西亚亲自写信给美国总统奥巴马，要求他干预此事。同月 5 日，在加西亚总统的带领下，秘鲁全国举行大游行，要求耶鲁大学归还文物。[2] 此外，秘鲁还利用各种机会向其他国家领导人通报耶鲁大学"掠夺"秘鲁珍贵文物的事实真相，并向国际媒体散发主题为"耶鲁归还秘鲁文物"的宣传品。[3] 迫于压力，耶鲁大学终于回到谈判桌旁，并于 2010 年 11 月下旬与秘鲁达成了归还文物的和解协议，最终促成了马丘比丘文物的回归。

八、美国大都会艺术博物馆返还柬埔寨 10 世纪古雕像（2013 年）

（一）背景概述

2013 年 5 月，大都会艺术博物馆决定将两尊 10 世纪高棉帝国时期的跪姿侍从雕像归还柬埔寨。该雕像原系位于柬埔寨柏威夏省贡开遗址的陈寺雕像组群的组成部分。雕像组群共 12 尊雕像，其中包括这两件跪姿侍从雕像在内的 7 尊雕像已在美国找到，并自 2013 – 2016 年间已分别由美国数家博物馆、拍卖行陆续归还柬埔寨。

---

〔1〕 Memorandum of Understanding Regarding the UNSAAC – Yale University International Center for the Study of Machu Picchu and Inca Culture, February 11, 2011.

〔2〕《归还文物是对人类文化遗产的尊重》，载中国国家博物馆网站 http：// www. chnmuseum. cn/ tabId/138/InfoId/24627/frtId/40/Default. aspx，访问时间：2017 年 3 月 31 日。

〔3〕《秘鲁追索流失文物列入外交优先项目》，载《新华每日电讯》2015 年 3 月 31 日，第 7 版。

公元928－944年间，贡开地区作为高棉帝国的首都，曾繁盛一时。贡开陈寺的建筑群有上千年的历史，其建造、雕刻技术精湛独特，具有极高的宗教、历史和艺术价值。陈寺中有两组叙事性的雕像组群，形象地描述了来自印度教史诗的故事。遗憾的是，20世纪60年代至70年代末，柬埔寨经历政治动乱和内战，位于北部的贡开遗址惨遭大面积盗掘，不少雕像被盗贼从基座上截下掠走，损坏后的基座则留在了原地。[1]

位于陈寺西侧庭院的雕塑群，描绘的是印度教史诗《摩诃婆罗多》中"薄伽梵歌"所载的难敌与怖军的对战场面。[2] 其中，怖军和难敌雕像经走私出境后，怖军雕像由美国诺顿西蒙博物馆（Norton Simon Museum）收藏，难敌雕像由一位比利时藏家收藏，该藏家2010年曾委托苏富比拍卖行拍卖。另有一件表现大力罗摩（Balarama）前来观战的雕像也流失出境，该雕像曾于2009年在佳士得拍卖行（Christie's）被某匿名藏家拍得。此外，还有两尊跪姿侍从雕像表现的是怖军的兄弟，两人在怖军和难敌的战斗中跪地服侍的情景。这两尊侍从雕像正是本案大都会艺术博物馆归还的雕像。

位于陈寺东侧庭院的雕塑群，刻画了印度教史诗《罗摩衍那》（Ramayana）中描绘的猴王之间激烈争吵的场面。猴王波林（Valin）和苏格里瓦（Sugriva）作战的雕像现保存在柬埔寨首都金边的一家国家博物馆。[3] 但是，其中的罗摩（Rama）雕像和猴神哈努曼（Hanuman）的雕像均流失出境，后分别由美国丹佛艺术博物馆（Denver Art Museum）和克利夫兰艺术博物馆保存。

自2013年5月大都会艺术博物馆决定将两件古雕像归还柬埔寨后，柬埔寨政府向所有美国博物馆和收藏者发出呼吁："如果他们非法或违法拥有这些雕像，那么应该把雕像归还柬埔寨。"[4] 由此开始，在美国博物馆界和拍卖收藏界掀起了一阵归还柬埔寨古雕像的浪潮。[5]

---

〔1〕 "Cambodia Presses U. S. Museums to Relinquish Antiquities", *The New York Times*, May 16, 2013, on page C7. See the digital version: http://www.nytimes.com/2013/05/16/arts/design/cambodia－presses－us－museums－to－return－antiquities.html?＿r＝0，访问时间：2017年3月31日。

〔2〕 United States of America v. A 10th Century Cambodian Sandstone Sculpture, Currently Located at Sotheby's in New York, New York, Verified Complaint, 12 Civ. 2600（GBD），April 2, 2012（hereafter Verified Complaint），§ 9.

〔3〕 "Cambodia Presses U. S. Museums to Relinquish Antiquities", *The New York Times*, May 16, 2013, on page C7. See the digital version: 载 http://www.nytimes.com/2013/05/16/arts/design/cambodia－presses－us－museums－to－return－antiquities.html?＿r＝0，访问时间：2017年3月31日。

〔4〕 *Ibid.*

〔5〕 自本案之后，两家拍卖行和四家博物馆分别将相关雕像返还给柬埔寨。

（二）案情简介

1. 案件基本情况

2012 年 6 月，柬埔寨政府向大都会艺术博物馆表达了希望其归还该馆所藏两件 10 世纪跪姿侍从雕像的意向。随后，由柬副首相带领的小组与博物馆展开了协商谈判。[1]联合国教科文组织作为协调促进方，为谈判过程的顺利进行提供了支持。[2]

2013 年 3 月，两名大都会艺术博物馆管理人员——法律总顾问莎伦·科特（Sharon Cott）和东南亚艺术负责人约翰·盖伊（John Guy）到访柬埔寨与柬方政府代表会面，并考察涉案雕像的相关情况。[3]

2013 年 5 月 3 日，大都会艺术博物馆宣布，将归还柬埔寨王国两件 10 世纪贡开跪姿侍从雕像。[4]

2. 案件事实

20 世纪 70 年代，两件跪姿侍从雕像自柬埔寨柏威夏省贡开地区的陈寺被盗后走私出境。

1987 年，斯宾客父子公司和藏家道格拉斯·A. 拉奇福德（Douglas A. Latchford）向纽约大都会艺术博物馆捐赠了跪姿侍从雕像 1 号的头部。

1989 年，已故藏家夫妇雷蒙德·G. 汉得利（Raymond G. Handley）和米拉·路易斯·汉得利（Milla Louise Handley）向该馆捐赠了跪姿侍从雕像 2 号的头部。

1992 年，藏家拉奇福德又向该馆捐赠两件雕像的躯干。两件雕像入藏大都会艺术博物馆后，1 号跪姿侍从雕像编号为 1987. 410 和 1992. 390. 1，2 号跪姿侍从雕像编号为 1989. 100 和 1992. 390. 2。

1993 年，大都会艺术博物馆完成了两件雕像的身首合体工作。

1994 年，两件雕像放置于南亚与东南亚艺术展厅（289 号展厅）公开展示，

---

〔1〕《"肉身坐佛"背后的文物追索路》，载《新华每日电讯》2015 年 4 月 3 日，第 9 版。

〔2〕 ICPRCP, "The Secretariat Reports to the Intergovernmental Committee for Promoting the Return of Cultural Property to its Countries of Origin or its Restitution in case of Illicit Appropriation at its Nineteenth Session on Activities Carried out Since its Eighteenth Session", 载 http：//www. unesco. org/new/fileadmin/MULTIMEDIA/ HQ/CLT/pdf/3_ Report_ Secretariat_ 19_ ICPRCP_ en. pdf, 访问时间：2017 年 3 月 31 日。

〔3〕 "The Met Will Return a Pair of Statues to Cambodia", *The New York Times*, May 4, 2013, on page A1. See the digital version：载 http：//www. nytimes. com/2013/05/04/arts/design/the－met－to－return－statues－ to－cambodia. html? pagewanted＝all&_ r＝0, 访问时间：2017 年 3 月 31 日。

〔4〕 The Metropolitan Museum of Art, "Metropolitan Museum of Art to Return Two Khmer Sculptures to Cambodia", *New York*, May 3, 2013, 载 http：//www. metmuseum. org/press/news/2013/cambodian－returns, 访问时间：2017 年 3 月 31 日。

直至 2013 年大都会艺术博物馆决定将两件雕像归还给柬埔寨。[1]

（三）争议焦点

本案的争议焦点为涉案雕像是否是自柬埔寨掠走的被盗物，以及如果涉案雕像确系被盗物，大都会艺术博物馆是否有义务归还。

第一，有关"涉案雕像是否是自柬埔寨掠走的被盗物"问题，需要柬埔寨政府提供证据予以证明。在与大都会艺术博物馆谈判期间，柬埔寨政府向其提供了包括照片与证人证词等在内的证据材料，以证明两件雕像系自柬埔寨贡开地区陈寺被盗后非法转移出境。[2] 这些证据是否具有充足的证明力和说服力，是当事双方在谈判时要考虑的问题。

第二，有关"大都会艺术博物馆是否有义务归还"的问题，不仅仅是法律问题，还涉及博物馆职业道德问题。

一方面，柬埔寨难以依据《1970 年公约》和美柬双边协定来追索涉案雕像。首先，尽管柬埔寨和美国分别于 1972 年、1983 年加入了《1970 年公约》，但由于公约不具有溯及力，而涉案文物是在 20 世纪 70 年代被盗出境，所以柬埔寨无法依据公约来追索流失文物。[3] 其次，美柬两国于 2003 年签订了《对高棉考古材料实施进口限制的谅解备忘录》，并分别于 2008 年、2013 年完成了五年有效期的顺延及扩展修订。[4] 但是，该双边协定同样因缺乏溯及力而无法适用于本案。当然即便如此，美国政府依然在柬埔寨与博物馆的谈判中给予了大力的支持。[5]

另一方面，博物馆职业道德准则是否可以发挥作用值得关注。博物馆职业道德准则尽管没有法律约束力，却发挥着补充法律的行为引导作用。[6] 这些职业

---

〔1〕　*Ibid.*

〔2〕　"The Met Will Return a Pair of Statues to Cambodia", *The New York Times*, May 4, 2013, on page A1. See the digital version: http://www.nytimes.com/2013/05/04/arts/design/the－met－to－return－statues－to－cambodia.html? pagewanted = all&_ r = 0, 访问时间：2017 年 3 月 31 日。

〔3〕　依据 1983 年美国加入公约时所作包含一项保留、六点"理解"在内的声明，公约不具有溯及力。公约第 13 条第 4 款适用于对相关国家生效后从原主国转移出境的物品。

〔4〕　2003 Memorandum of Understanding between the Government of United States of America and the Government of the Kingdom of Cambodia Concerning the Imposition of Import Restrictions on Khmer Archaeological Material. U. S. Department of State's Bureau of Educational and Cultural Affairs, 载 https://eca.state.gov/cultural－heritage－center/cultural－property－protection/bilateral－agreements/cambodia, 访问时间：2017 年 3 月 31 日。

〔5〕　《柬埔寨建专家团队收集文物被盗证据》，载《新华每日电讯》2015 年 3 月 31 日，第 7 版。

〔6〕　以 2004 年国际博物馆协会《博物馆道德准则》（ICOM Code of Ethics for Museums）为例，该准则为博物馆从业人员设立的自律性行业道德标准，就比一般法律规定提出了更高的责任要求。[澳] 伯尼斯·墨菲：《现行的有约束力的多样化的博物馆道德公约——国际博协 1970 年以来对道德准则不断深入的关注》，载《中国博物馆》2006 年第 3 期，第 18 页。

道德准则在世界范围内为大多数博物馆所遵守，影响颇大。[1] 大都会艺术博物馆这样的世界著名博物馆也往往遵守此类道德准则，有时甚至会以更高的标准规范其收藏活动。以 2004 年国际博物馆协会《博物馆道德准则》（ICOM Code of Ethics for Museums）为例，该准则 "6.2" 和 "6.3" 就对 "文化财产的返还" 和 "对非法出口或转让的文化财产归还" 作了规定。大都会艺术博物馆有可能依据此类道德准则规范，作出符合博物馆职业道德的文物归还决定。

　　（四）本案返还的具体方式：协商谈判

　　在美国大都会艺术博物馆返还柬埔寨 10 世纪古雕像案中，柬埔寨流失文物的顺利回归是双方通过协商谈判促成的。

　　尽管谈判过程的细节内容因未公开而无从获知，不过据大都会艺术博物馆馆长托马斯·P. 坎贝尔所称："（归还雕像的）决定是在柬埔寨政府提供了相应证据后作出的。这些证据证明了两件雕像确实是从柬埔寨贡开的一座寺庙内非法转移的。"[2]

　　据报道，柬埔寨政府提供的证明材料中有照片资料，记录的是遗留在现场的原始雕像基座。此外，证明材料还包含由柬方收集的证人证言，用以证明涉案雕像直至 1970 年时仍处于完好无损的状态。柬方政府官员称，发现遗留在现场的原始雕像基座对谈判的推动至关重要，并且考古专家已有证据证明与涉案雕像来自同组雕像群的其他雕像也同样是在 1971 – 1975 年间被盗的。[3] 除了柬方政府提供的证据外，大都会艺术博物馆派人到柬埔寨所作的实地考察也促使博物馆确认了涉案雕像是从柬埔寨陈寺掠走的被盗物。[4]

　　2013 年 5 月 3 日，在大都会艺术博物馆宣布将归还柬埔寨两件跪姿侍从雕像时，馆长坎贝尔表示："大都会博物馆始终坚持适用严格的文物来源标准，这不

　　〔1〕　作为博物馆道德准则的代表之一，2004 年国际博物馆协会《博物馆道德准则》就对三千多个国际博物馆协会（ICOM）的博物馆成员发挥作用。以荷兰为例，所有在荷兰博物馆协会（The Netherlands Museums Association）注册的博物馆都要遵守国际博物馆协会《博物馆道德准则》。Barbara Torggler, Margarita Abakova, and Anna Rubin, "Evaluation of UNESCO's Standard—setting Work of the Culture Sector, Part II—1970 Convention on the Means of Prohibiting and Preventing the Illicit Import, Export and Transfer of Ownership of Cultural Property", *Final Report*, 46（2014）.

　　〔2〕　"The Met Will Return a Pair of Statues to Cambodia", *The New York Times*, May 4, 2013, on page A1. See the digital version：http：//www. nytimes. com/2013/05/04/arts/design/the – met – to – return – statues – to – cambodia. html? pagewanted = all&_ r = 0，访问时间：2017 年 3 月 31 日。

　　〔3〕　*Ibid.*

　　〔4〕　The Metropolitan Museum of Art, "Metropolitan Museum of Art to Return Two Khmer Sculptures to Cambodia", *New York*, May 3, 2013，载 http：//www. metmuseum. org/press/news/2013/cambodian – returns，访问时间：2017 年 3 月 31 日。

仅体现在新近藏品的收购中，还体现在对已长期持有藏品的研究上。我们一直在尽可能地确认藏品所有权的流转历史。此次，新增的有关跪姿侍从雕像来源的信息，不仅使博物馆相信这是在藏品收购时并不知晓的信息，也促使我们做出今天这个决定。"[1]

由此可见，有充足证据证明涉案雕像确系自柬埔寨掠走的被盗物是促成本次流失文物回归的关键所在。

（五）经验总结

应联合国教科文组织秘书处的邀请，柬埔寨政府在 2014 年举办的第二届 1970 年附属委员会会议上以本次归还事件为代表案例，分享了其在追索流失文化遗产方面积累的成功经验。[2]

从本案中可以看到，文物来源国收集掌握流失文物的充足证据是追索成功的关键。据柬埔寨政府办公厅发言人帕·西潘（Phay Siphan）介绍，柬埔寨政府组建了一个专家团队负责收集证据。团队成员来自柬埔寨、联合国教科文组织和法国远东学院（école française d'Extrême‑Orient）。他们找到了有关失窃石像原始位置、失窃时间等重要证据，并证明了失窃石像和柬埔寨境内原始基座之间的关系。"相对于那些博物馆和私人收藏者而言，我们有优势，因为我们有相关文档和确凿的证据证明那些文物是从柬埔寨盗走的，柬埔寨是这些文物的合法所有者。"[3]

值得注意的是，大都会艺术博物馆的主动归还是促成此后一系列柬埔寨雕像归还的催化剂，其积极影响不可小觑。正如联合国教科文组织总干事伊琳娜·博科娃（Irina Bokova）所言，此番归还是大都会艺术博物馆"符合伦理道德的高尚之举"，"为其他博物馆和藏家树立了良好的榜样"。[4]

以下是 2013 年至 2016 年 3 月，两家拍卖行和四家博物馆分别将相关雕像返还柬埔寨的记录。

2013 年 12 月，比利时藏家和苏富比拍卖行在一起民事没收诉讼中与美国政

---

〔1〕　*Ibid.*

〔2〕　ICPRCP，"The Secretariat Reports to the Intergovernmental Committee for Promoting the Return of Cultural Property to its Countries of Origin or its Restitution in case of Illicit Appropriation at its Nineteenth Session on Activities Carried out since its Eighteenth Session"，载 http：//www. unesco. org/new/fileadmin/MULTIMEDIA/HQ/CLT/pdf/3_ Report_ Secretariat_ 19_ ICPRCP_ en. pdf，访问时间：2017 年 3 月 31 日。

〔3〕　《柬埔寨建专家团队收集文物被盗证据》，载《新华每日电讯》2015 年 3 月 31 日，第 7 版。

〔4〕　UNESCO，"Important Khmer Statues Returned to Cambodia during Opening of World Heritage Meeting in Phnom Penh"，June16，2013，载 http：//whc. unesco. org/en/news/1029，访问时间：2017 年 3 月 31 日。

府达成和解协议，同意将难敌雕像归还柬埔寨。[1]

2014 年 5 月，美国诺顿西蒙博物馆归还怖军雕像。怖军雕像，也称"摔跤手雕像"，由已故藏家诺顿·西蒙（Norton Simon）于 1976 年在纽约从一家亚洲艺术品经纪商手中购得，并于 1980 年捐赠给该馆。[2] 2004 年，诺顿西蒙博物馆与柬埔寨政府经协商达成协议，博物馆自愿归还怖军雕像，并且柬埔寨政府同意今后定期将其他高棉雕像借予该馆展览，以便观众能更好地了解柬埔寨文化遗产。[3]

2014 年 6 月，佳士得拍卖行归还大力罗摩雕像。大力罗摩雕像曾于 2009 年由佳士得拍卖行拍卖给某私人藏家。[4] 经多方协商谈判，2014 年初，佳士得拍卖行从该藏家手中买回雕像，并最终将该雕像归还柬埔寨。为表彰佳士得拍卖行对促成雕像回归柬埔寨的贡献，柬埔寨政府向其授予了皇家司令荣誉勋章（Commander of the Royal Order of Sahametrei）。[5]

2015 年 5 月，美国克利夫兰艺术博物馆归还返还猴神哈努曼的雕像。该雕像曾由纽约金融家克利斯蒂安·修曼（Christian Humann）收藏，后经藏家罗伯特·H. 埃尔斯沃思（Robert H. Ellsworth）从修曼处购得并于 1982 年捐赠给克利夫兰艺术博物馆。2013 年，因大量文章报道反映哈努曼雕像可能来自柬埔寨贡开地区陈寺，博物馆对雕像来源进行了专门调查，并于次年年底确认雕像确实来自陈寺。2015 年 2 月，博物馆告知柬埔寨政府有关哈努曼雕像来源的新发现，并表示愿进一步合作。同年 5 月 12 日，博物馆与柬埔寨政府签订归还雕像的协议。此外，克利夫兰艺术博物馆还与柬埔寨国家博物馆（National Museum of Cambodia）达成有关文化合作的谅解备忘录。为表彰克利夫兰艺术博物馆对促成雕像回归柬埔寨的贡献，柬埔寨政府向其授予了皇家大军官荣誉勋章（Grand Officer of

---

〔1〕 参见本书第一章第二节的"美国诉 10 世纪柬埔寨砂岩雕像案（2013 年）"。

〔2〕 "Cambodia Presses U. S. Museums to Relinquish Antiquities", *The New York Times*, May 16, 2013, on page C7. See the digital version：载 http：//www. nytimes. com/2013/05/16/arts/design/cambodia – presses – us – museums – to – return – antiquities. html？ _ r = 0，访问时间：2017 年 3 月 31 日。

〔3〕 Norton Simon Museum, "Statement from the Norton Simon Museum and the Norton Simon Art Foundation Concerning the 'Temple Wrestler'", May 6, 2014，载 http：//www. nortonsimon. org/assets/Uploads/Norton – Simon – MuseumBhima – Press – Release – 05 – 06 – 14. pdf，访问时间：2017 年 3 月 31 日。

〔4〕 The Christie's, "Christie's Celebrates Return of 10th Century Statues to Cambodia at Official Ceremony in Phnom Penh", June 3, 2014，载 http：//www. christies. com/about/press – center/releases/pressrelease. aspx？pressrelease*Id* = 7298，访问时间：2017 年 4 月 1 日。

〔5〕 "Christie's to Return Cambodian Statue", *The New York Times*, May 6, 2014, on page C1. See the digital version：http：//www. nytimes. com/2014/05/07/arts/design/christies – to – return – cambodian – statue. html，访问时间：2017 年 4 月 1 日。

the Royal Order of Sahametrei）。[1]

2016 年 3 月，丹佛艺术博物馆归还罗摩雕像。该雕像高 62 英寸（约157.5cm），现仅保有躯干，缺失头部和四肢部分。雕像由丹佛艺术博物馆于 1986 年在纽约从多丽丝韦纳画廊（Doris Weiner Gallery）购得。2015 年柬埔寨政府首次与该馆接触，表达希望促成罗摩雕像回归柬埔寨的意向，并提供了有关雕像来源的证据材料，最终与博物馆达成了归还协议。[2] 2016 年 3 月 28 日，罗摩雕像正式回归柬埔寨。[3]

---

〔1〕 The Cleveland Museum of Art，"Cleveland Museum of Art Returns Khmer Sculpture and Is Entering Into An Agreement for Cultural Cooperation with Cambodia"，May 11，2015，载 http：//www. clevelandart. org/about/press/media – kit/cleveland – museum – art – returns – khmer – sculpture – and – entering – agreement – cultural – cooperation – cambodia，访问时间：2017 年 4 月 1 日。

〔2〕 "Denver Art Museum Returns Looted Sculpture to Cambodia"，*The Denver Post*，February 29，2016，载 http：//www. denverpost. com/2016/02/29/denver – art – museum – returns – looted – sculpture – to – cambodia，访问时间：2017 年 4 月 2 日。

〔3〕 "Denver Art Museum Returns Looted 10th – Century Cambodian Statue"，*The Artnet*，March 29，2016，载 https：//news. artnet. com/art – world/denver – art – museum – returns – looted – cambodian – statue – 461384，访问时间：2017 年 4 月 2 日。

第二章　英国篇

英国是世界最重要的文物市场国之一。根据 2017 年欧洲艺术与古董博览会（The European Fine Art and Antiques Fair）的艺术市场报告显示，英国是仅次于美国的文物与艺术品交易第二大市场国，其市场交易量约占全球总交易份额的 24%，中国则以 18% 的交易份额保持着全球第三大艺术品市场国的地位。[1]

自 17 世纪以来，英国曾凭借其殖民霸权，通过非法劫掠、盗掘、低价购买等方式或以考古、保护为名从发展中国家攫取了无数珍贵文物，中国更是深受其害。[2]据联合国教科文组织的数据统计，中国海外流失文物多达 164 万件，被世界上 47 家博物馆所收藏，而大英博物馆是收藏中国流失文物最多的博物馆之一。如今，大英博物馆收藏的中国文物多达 23 000 件，从远古石器、商周青铜器、魏晋石佛经卷，一直到唐宋书画、明清瓷器等标刻着中国历史上各种文化登峰造极的国宝在这里皆可见到，且可谓门类齐全，跨越了中国各历史阶段。[3]从这个意义上说，对于中国的文物追索而言，英国是一个具有特殊地位的国家。[4]

---

〔1〕 2017 年 3 月 6 日，由著名文化经济学者克莱尔·麦克安德鲁（Clare McAndrew）为首创建的欧洲艺术基金会出品的《2017 年度 TEFAF 艺术市场报告》（TEFAF Art Market Report 2017）正式对外发布，这份一年一度的全球艺术品市场报告被认为是衡量艺术品市场整体状况最权威的行业标杆。《2017 年度 TEFAF 艺术市场报告》显示：2016 年全球艺术品市场销售额相比 2015 年总体增长了近 1.7%，总额高达 450 亿美元。欧洲作为世界上最大的区域文化艺术品市场，其销售额则逾 250 亿美元，其次分别是美洲 145 亿美元与亚洲逾 100 亿美元。就具体国别而言，美国的市场交易量约占全球总交易份额的 29.5%，英国为 24%，中国为 18%。详见：《2017 年度 TEFAF 艺术市场报告》。载 http://1uyxqn3lzdsa2ytyzj1asxmmmpt. wpengine. netdna - cdn. com/wp - content/uploads/2017/03/TEFAF - Art - Market - Report - 20173. pdf，访问时间：2017 年 4 月 2 日。

〔2〕 Jeanette Greenfield, *The Return of Cultural Treasures*, Cambridge：Cambridge University Press, 3rd ed. , 2007, p. 97.

〔3〕 霍政欣：《追索海外流失文物的法律问题》，中国政法大学出版社 2013 年版，第 247 页。

〔4〕 霍政欣：《1970 年 UNESCO 公约研究：文本、实施与改革》，中国政法大学出版社 2015 年版，第 146 页。

第一节　涉及文物返还的英国法研究

英国的文物与艺术品市场由来已久，首都伦敦更是世界各大拍卖行的发源地。[1]出于历史背景及现实利益的考量，英国长期对《1970 年公约》持消极抵触态度。但是，进入 20 世纪 90 年代以后，随着国际社会对文物非法贸易的打击力度不断加大，美国、法国、加拿大等西方主要文物市场国陆续加入了《1970 年公约》，英国面临的国内外压力越来越大。在此背景下，经过仔细研究与利益权衡，英国政府于 2002 年 8 月 1 日将其接受《1970 年公约》的决定通知联合国教科文组织总干事。据此，《1970 年公约》自 2002 年 11 月 1 日起对英国生效。[2]

2003 年 10 月 30 日，英国政府颁布了旨在配合该公约实施的《文物交易（犯罪）法》。[3]与此同时，在文物返还领域中，英国政府还颁布了一系列相关的法律法规，其中既包括民事、刑事与行政领域的法律，也囊括专门针对战时劫掠文物返还的特别法，一个较为完善的文物保护与流失文物返还法律体系基本建立。

一、涉及文物返还的民事法律

从私法角度来看，原属国或原属者主张标的物的返还请求权，一般而言，须证明其对该财产拥有所有权。结合英国法和在英追索流失文化财产的实践来看，文化财产的原属国或原属者其所有权能否得以成功地主张，主要受制于以下两项英国私法上的制度：其一，善意取得制度；其二，诉讼时效或消灭时效制度。

（一）善意取得

英美普通法中并没有大陆法"物权"的概念，而是将其称之为"财产权"。将私权至上奉为圭臬的英国法律一向重视财产权的保护，在因其引发的争议中，

---

〔1〕　参见霍政欣：《1970 年 UNESCO 公约研究：文本、实施与改革》，中国政法大学出版社 2015 年版，第 146 页。

〔2〕　具体情况详见 http://www.unesco.org/eri/la/convention.asp? KO = 13039&language = E，访问时间：2017 年 4 月 3 日。

〔3〕　2003 年 10 月 31 日，在英国正式接受《1970 年公约》规制一年后，《文物交易（犯罪）法》[Dealing in Cultural Objects (Offences) Act 2003] 获得英国议会上议院通过并予以颁布。根据该法第 6 条第 2 款之规定，该法于颁布之日起两个月后（亦即 2003 年 12 月 31 日）开始生效。

英国法律倾向于保护财产原所有者的利益。普通法上的一条古老原则——"自己无有者,不得与人"(*nemo dat quod non habet*)即体现了这一倾向。据此,被盗财产的善意购买者无法获得该财产的所有权,除非财产的原所有权者同意或有意误导购买者,使其认为他将获得该财产的所有权。[1]由于在国际文物追索实践中,文物的原所有权者通常不可能同意他人对被盗文物进行交易,也不可能误导善意购买者,因此依据普通法,善意购买者一般无法从文物的非所有权者手中获得其所有权。

英国于1979年颁布的《货物买卖法》(Sale of Goods Act)确认了上述原则。[2]此外,1889年英国《代销商法》(Factors Act)对非权利者在货物买卖领域内转移所有权的问题也做了相应规定。[3]鉴此,英国著名法学家、大法官丹宁(Denning)勋爵曾有如下经典论述:

> "在吾国法律的演进中,有两条原则竞相争霸。保护财产是第一项原则:任何人不得向他人转让超过本人所有之权利。保护商业交易是第二项原则:支付了价金的善意购买者应获得所有权。第一项原则曾长期称霸,但已被普通法与成文法修正,以满足我们所处时代的需要。"[4]

丹宁勋爵在此处所指的修正,主要是指"公开市场"(market overt)规则。依据该规则,在公开市场中的买卖,即便买卖的是被盗财产,善意购买者也可以取得其所有权,还可以对抗第三人。[5]"公开市场"规则不仅得到英格兰判例法的确认,也被1979年《货物买卖法》第22条第1款确认。[6]

不过,随着英国社会、经济状况的改变,英国法学界对于"公开市场"合理性的质疑之声也越来越大。至20世纪60年代,英国法学界掀起了一场是否应废止这一规则的激烈辩论,其中,以大法官德芙林(Devlin)的观点最具代表性。他指出,善意购买者与财产原所有权者均为买卖交易中的无辜当事方,其损失应在他们之间进行合理分摊,而"公开市场"规则却将这一损失完全归责于

---

〔1〕 Gilbert & Sullivan, "The Need for Civil – Law Nations to Adopt Discovery Rules in Art Replevin Actions: A Comparative Study", *The Texas Law Review*, 70 (1992), p. 1445.

〔2〕 Sale of Goods Act, s. 22 (1) (1979) (U. K.).

〔3〕 Factors Act, s. 1 (1) (1889) (U. K.).

〔4〕 Bishposgate Motor Finance Corporation Ltd. v. Transport Brakes Limited (1949) 1 KB 336 – 337 (United kingdom).

〔5〕 薛波主编:《元照英美法词典》,法律出版社2003年版,第896页;Anna O'Connell, "The Controversial Rule of Market Overt", *Art Loss Review*, October 6, 2005.

〔6〕 Sale of Goods Act, s. 22 (1) (1979) (U. K.).

后者，显然有失公允，故应当尽快废止之。[1]

经过这场激烈的辩论，英国的法学家与法官们的观点逐渐趋于一致：尽管善意购买者的利益应当得到重视与关注，但"公开市场"规则过于偏袒其利益，应予以废止。[2]

在此背景之下，1994 年英国《货物销售和提供法》正式废止了"公开市场"规则。[3] 由此可见，在保护财产权与交易安全的利益权衡中，当代英格兰法的天平砝码再次偏向了前者，财产原所有权者的利益得到了明显的优先维护。依据 1994 年英国《货物销售和提供法》第 21 条第 1 款，非所有权者出售其物品，若未经该物品所有权者之同意，购买者将无法获得超过出售者对该物所享有的基本权利。[4] 这一规定表明："自己无有者，不得与人"是 1994 年英国《货物销售和提供法》所秉承的基本原则。因此，善意购买者无法从财产的非所有权者那里获得该财产的所有权。

不过，依据英国《货物销售和提供法》的其他条款、其他成文法及判例法之规定，该原则还受到以下三项例外的限制：

第一，财产原所有权者的行为可以消除第三者对出售者系无权出售的合理怀疑时，善意购买者可获得该财产的所有权。这一例外的理论依据，是普通法上的"禁反言"（estoppel）原则。依之，对于当事人用以诱使他人做出决定并因此蒙受损害的行为与言辞，禁止推翻。[5] 在司法实践中，这种例外主要指财产原所有人的行为足以使善意购买人相信出售人就是该财产的所有权人或其对财产拥有合法的处分权。这种行为既可以是积极的行为或言辞，也可以是消极的行为，亦即不作为或疏忽。不过，财产所有人仅将财产委托给他人保管的事实并不足以构成该例外。[6]

第二，依据 1889 年英国《代销商法》第 1 条第 1 款，商业代理人（mercan-

〔1〕　Ingram v. Little［1976］1QB 73（U. K.）.

〔2〕　Wojciech W. Kowalski, "Restitution of Works of Art Pursuant to Private and Public International Law", 288 *Recueil des Cours*, 111（2001）, p. 124.

〔3〕　1994 年 11 月 1 日，英国议会通过了大卫·克莱兰（David Clellard）议员关于《货物销售和提供法案》的动议，该法案依据个人提案程序（A Private Member's Bill）之审议，在 1979 年英国《货物买卖法》的基础上，通过了 1994 年《货物销售和提供法》（The Sale and Supply of Goods Act），并于 1995 年 1 月 3 日起生效实施。不过，由于该法案没有溯及力，因此，善意购买人在该法案于 1995 年 1 月 3 日生效前于公开市场上所购得的被盗赃物依然可以取得其物之所有权。

〔4〕　The Sale and Supply of Goods Act, s21（1）（1994）（U. K.）.

〔5〕　薛波主编：《元照英美法词典》，法律出版社 2003 年版，第 495 页。

〔6〕　Beat Schonenberger, *The Restitution of Cultural Assets*, Stämpfli Publishers Ltd., 2009, p. 146.

tile agent）在其日常业务中将其无权处分的物品出售给善意第三人时，该第三人可以获得该物的所有权。但该例外仅适用于委托给商业代理人占有的物品，不适用于被盗物、遗弃物或以其他违背所有权人意志的方式而使其丧失占有的情况。[1]

第三，根据英国《货物销售和提供法》第 23 条，出售者通过欺诈、错误的意思表示或胁迫等方式，与财产原所有权者签订买卖合同而获得财产的，合同属"可撤销"（voidable）合同。如果在合同被撤销前，出售人将该财产出售并交付善意第三人，购买人可以获得该财产的所有权。[2]

综上可见，英国的实体法重在保护财产的所有权，对财产的原所有权者较为有利。依之，被盗财产不适用于善意取得制度，因为财产在被盗之后，其原所有权者仍然保有对被盗财产的所有权。由于善意购买者所享有的财产所有权归于"无效"（void），故无法获得该财产的所有权。[3]倘若善意购买者购买的并非被盗财产，仅在严格符合上述几项例外的情况下，方能获得该财产的所有权。[4]

（二）诉讼时效

除善意取得制度外，诉讼时效制度亦为对文物返还构成障碍的一项法律制度。需要指出的是，尽管诉讼时效广泛存在于各国法律中，但各国法律在此制度上的差异极大。在英美法系，诉讼时效的效力在于实体权利的灭失；换言之，对文物返还诉讼而言，一旦消灭时效期间届满，文物的原所有权者失去的不仅是胜诉权，还有其对该文物的所有权。[5]

1980 年 11 月 13 日，英国议会上议院审议并通过了《时效法》，对原财产所有权者提起财产返还请求的期间做了严格限制，具体规则体现在该法第 2 条至第 4 条的规定中。依据英国法，财产的所有权人请求非法占有者返还财产，如后者拒绝返还，后者即应负"侵占"（conversion）之债。依据英国《时效法》第 2 条与第 3 条第 1 款，对于被侵占财产提起的返还诉讼，权利者应当在诉因产生之日起 6 年内提起返还请求。[6]诉因自动产被侵占之时起算，而对其原财产所有权者

〔1〕　Factors Act, s. 1 (1) (1889) (U. K.).

〔2〕　Gilbert & Sullivan, "The Need for Civil – Law Nations to Adopt Discovery Rules in Art Replevin Actions: A Comparative Study", *The Texas Law Review*, 70 (1992), pp. 1431 – 1467.

〔3〕　Richard Crewdson, "Some Aspects of the Law As It Affects Dealers in England", in Pierre Lalive ed. , *International Sales of Works of Art* (1988), p. 47.

〔4〕　霍政欣：《追索海外流失文物的法律问题》，中国政法大学出版社 2013 年版，第 33 – 35 页。

〔5〕　Beat Schonenberger, *The Restitution of Cultural Assets*, Stämpfli Publishers Ltd. , 2009, p. 116.

〔6〕　Limitation Act. c. 58, s2, 3 (1) (1980) (U. K.).

是否知晓该财产被侵占或丢失、当前的下落或现在"侵占者"的身份等在所不问。[1]依据该法第3条第2款,一旦6年的期间届满,动产的所有权者不仅失去请求返还的权利,还将丧失对该财产的所有权。[2]值得一提的是,该法第3条明确规定,若非被盗财产在首次诉因产生后的6年内被再次出售,诉因不重新计算;换言之,对于非被盗财产提出返还之诉的消灭时效,自首次被侵占之时计算。

不过,6年的期间不适用于被盗财产。针对被盗财产,该法第4条作了特殊规定,即财产原所有权者向窃贼要求返还被盗财产的权利不受先前第2条与第3条所规定的消灭期间限制;若被盗财产被恶意购买者取得,财产原所有权者可以向该购买者请求返还,其权利亦不受消灭期间的限制。但是,若被盗财产被善意购买者购得,则该财产原所有权者应当在购买之日起6年内向该善意购买者提出返还请求。[3]换言之,在这种情况下,被盗财产的原所有权者提起原财产返还之诉的消灭时效自第一位善意购买者购得该财产之时计算,而并非自首次被侵占之时(亦即被盗之时)计算。[4]

值得注意的是,依据该法第4条第4款,对被盗财产的占有被推定为与盗窃有关,除非现占有人能提出相反证明。[5] 如此一来,英格兰法便将善意的举证责任施加给被盗财产的现占有人。从判例法来看,法官对善意的证明要求给予较为严格的解释。譬如,一位古董商在1980年代购得一套19世纪制作的烛台,该烛台为被盗物。在烛台的原所有人提起的返还之诉中,该古董商提出自己为善意购买人,但未获法官支持。法官认为,作为专业古董商,被告本应询问烛台的来源,且被告亦未能证明其向"遗失艺术品登记处"(简称ALR)或其他专业机构及数据库询问其来源。[6]鉴于此,法院裁定,被告不能证明其为善意,原告的返

---

[1] Beat Schonenberger, *The Restitution of Cultural Assets*, Stämpfli Publishers Ltd. , 2009, p. 116.

[2] Limitation Act. c. 58, s3 (1) (1980) (U. K.).

[3] Limitation Act. c. 58, s 4 (1) (2) (1980) (U. K.).

[4] Stephen M. Gerlis Paula Loughlin, *Civil Procedure*, Routledge – Cavendish, 2004, p. 27.

[5] Limitation Act. c. 58, s 4 (4) (1980) (U. K.).

[6] "遗失艺术品登记处"是现今世界上最大的国际遗失艺术品数据库,每年该数据库登记在案的全球遗失文物与艺术品有12 000件左右。这其中就包括从艺术品收藏家、艺术品经纪人或艺术机构、展览场所等处被盗的艺术品,也有在武装冲突下或战争期间遭到非法劫掠、遗失的文物与艺术品。作为一所营利性的公共机构,遗失艺术品登记处在接受委托者的注册登记之后,其工作人员会通过与公开市场上所出售的文物与艺术品进行比对,寻找委托者所遗失的艺术品或文物。除此之外,遗失艺术品登记处还将接受其他委托业务,负责组织进行调查艺术品的来源,尽量帮助其委托者尽到合理的调查义务,尽可能避免其购买到赃物或来源存疑的文物和艺术品。

还请求遂获支持。[1]

还需指出，在英格兰提起国际文物返还之诉时，英格兰法院并不一定必然适用英格兰的时效法。1984 年 5 月 24 日，英国颁布《涉外时效期间法》，该法改变了传统上时效问题适用法院地法的一贯做法，转而规定在英国进行的涉外诉讼程序中出现的时效问题应当做实体问题处理。[2] 英格兰法律在这一问题上的重大转换值得关注，这赋予原告在英格兰法院提起文物追索诉讼时适用相关外国时效法的可能性。

二、涉及文化财产的刑事法律

从刑法层面来看，英国下议院曾在旧苏格兰地方议会所制定的 1607 年《盗窃法》（Theft Act, 1607）的基础上，结合 1916 年颁布的《盗窃罪法》（Larceny Act, 1916），重新制定了新的《盗窃法》（Theft Act, 1968）。该法于 1968 年 7 月 26 日在英国议会上议院通过，并于 1969 年 1 月 1 日呈送英女王批准并颁布，即日起实施。该法是迄今为止英国最重要的单行刑事法规。

1968 年的英国《盗窃法》在"不诚实地据为己有"（dishonest appropriate）这一上位法概念的统摄之下，把盗窃罪与贪污罪组合成了一个新罪名，即联合盗窃罪（consolidation of theft crimes）；不仅如此，该法还系统规定了盗窃罪及相关法定罪行，并首次就有关财产犯罪的类型、被盗财产之交易犯罪等进行了详细规定。[3]该法第 24 条第 2 款还对被盗物进行了界定，依之，被盗物是指在任何地方被盗窃的物品，只要依据盗窃发生地法构成盗窃即可。同时，被盗物不仅指被盗物本身，还包括其被变卖后的欠款以及由被盗物所产生的任何其他收益。[4]另外，该第 22 条对销赃罪予以界定。具体而言，销赃罪是指行为人明知或相信是被盗而非法收受该物，或参与或帮助该物的保存、转移、处理、变卖等。此外，该条还补充道，若依据行为地法，发掘或移除构成盗窃罪，则进口此类文物的行为可以"销赃罪"论处。随后，英国议会上议院针对 1968 年《盗窃法》进行了三次不同程度的修正。需要指出的是，这三次不同程度的修正，其侧重点与所涉

---

〔1〕 De Préval v. Adrian Alan & Ltd.（1997）.

〔2〕 Foreign Limitation Periods Act. c. 16（1984）（U. K.）. 参见黄进主编：《国际私法》，法律出版社 2004 年版，第 228 页。

〔3〕 于佳佳：《论盗窃罪的边界》，载《中外法学》2008 年第 6 期，第 912 页。

〔4〕 Theft Act. s22, 24（1968）（U. K.）.

议题均有所不同。[1]

尽管依据 1968 年《盗窃法》的相关规定，对从事被盗物（包括在外国被盗的物品）的交易行为认定为犯罪，但有一些重大的违法行为仍未能涵盖在该法的调整范围内。[2]

鉴于此，英国众议院文化、媒体与体育委员会和英国文化、媒体与体育部所设立的"文物非法贸易部级咨询组"建议英国应当进一步修改刑法，增加一个新的罪名以打击愈加严重的文物非法贸易问题。[3] 2001 年 12 月 18 日，英国政府发布一份官方文件，首次对制定新法、打击文物非法交易作了正式表态："（英国政府）正考虑采取措施打击艺术品和文物的非法贸易，包括制定一个专门用于制裁文物非法贸易的新罪名。"[4]

2003 年 10 月 31 日，英国正式接受《1970 年公约》规制的一年以后，《文物交易（犯罪）法》[Dealing in Cultural Objects（Offences）Act，2003] 被提交至英国议会上议院审议并获通过。依据其第 6 条第 2 款之规定，该法于颁布后的两个月起（即 2003 年 12 月 31 日）开始生效。

在立法的说明文件中，英国政府还对制定《文物交易（犯罪）法》的必要性作了阐述：

> "尽管依据 1968 年《盗窃罪法》，从事被盗物（包括在外国被盗的物品）的交易是犯罪。但是，仍有一些重大的非法行为依然无法被涵盖在该法中。譬如，若非法发掘和移除文物的行为不构成盗窃（如经土地或建筑物所有人的同意而进行的非法发掘和移除行为），则不能适用于《盗窃罪法》；

---

〔1〕　细言之，1969 年 7 月 10 日，英国北爱尔兰地方议会单独修正并通过了《盗窃（北爱尔兰）法》[Theft Act（Northern Ireland）]，但该法仅在北爱尔兰地区内实施，亦是该地区就这一刑事法规所进行的单独修正。1978 年 7 月 20 日，英国议会上议院审议并通过了《盗窃法》（Theft Act，1978）。同年 10 月 20 日，该法呈送英女王批准并颁布，即日起实施。该法此次的修正主要聚焦刑事诈骗（即诈骗罪），并就其犯罪构成要件、侵害法益与相关处罚予以明确的规定。1996 年 12 月 18 日，英国议会上议院审议并通过《盗窃（修正）法》[Theft（Amendment）Act，1996]。同日，该法呈送英女王批准并颁布即日起实施。这次对 1968 年《盗窃罪法》的修正，虽依旧将该法冠之以"盗窃罪法"，但内容却涉及了非常复杂的"不诚实犯罪"（dishonesty），其中既包括盗窃罪，也包括抢劫罪、诈骗罪与勒索罪等诸多相关的罪名。Theft Act（Northern Ireland）（1969）（U. K.）；Theft Act. c. 31.（1978）（U. K.）；Theft（Amendment）Act. c. 62.（1996）（U. K.）.

〔2〕　Dealing in Cultural Objects（Offences）Act 2003, Explanation Note, para. 3.（U. K.）.

〔3〕　Ministerial Advisory Panel on the Illicit Trade in Cultural Objects Report para. 67（Department for Culture, Media and Sport, London, 2000）. 参见霍政欣：《1970 年 UNESCO 公约研究：文本、实施与改革》，中国政法大学出版社 2015 年版，第 149 页。

〔4〕　The Historic Environment: A Force for our Future para. 4, 44（2001）.

或遇虽构成盗窃但因物品交易的过程中证据链发生断裂等而无法进行盗窃起诉的情况，也不能适用于《盗窃罪法》。而此次制定新的刑罚，尤其旨在打击从文化遗产上剥离之文物的非法贩运，以保护建筑物和历史遗迹的完整性。同时，该法的颁布也向国际社会传达了一个强烈的信号，即英国政府决心遏制文物非法贸易。"

该法第 1 条第 1 款对"交易有污点文物罪"（offence of dealing in tainted cultural objects）进行了定义，依之，在明知或确信某件文物有污点的情况下依然不诚实地进行交易即构成此罪。被认定有罪者，英国法院可以对之处以最高 7 年的有期徒刑，并（或）处罚金。[1] 然而，何谓"有污点文物"遂成定罪量刑的关键，对此，该法第 2 条做出了详细的规定：

（1）文物，是指具有历史、建筑或考古意义的物品。

（2）该法实施以后，如符合下列情况之一的，文物即"有污点的"：

（a）物品系从本条第 4 款描述的对象上移除下来的，或发掘出土的文物，且——

（b）移除与发掘构成违法行为。

（3）以下因素无关紧要：

（a）移除与发掘是否在英国境内抑或境外；

（b）依据英国法或其他国家或地区的法律，移除与发掘构成违法行为。

（4）物品系在下列情况中被移除的：

（a）从具有历史、建筑或考古意义的建筑物或构造物上被移除的，且移除时该物品已构成该建筑物或构造物的一部分；

（b）或从具有此类意义的历史遗址上移除的。

（5）"历史遗址"包括：

（a）工事、洞穴或发掘物；

（b）有建筑物或构造物或工事、洞穴或发掘物遗迹的地点；

（c）有车、船、飞行器或其他可移动装置或其组成部分或其遗迹的地点。

（6）"遗迹"包括所涉之物的痕迹或曾经存在过的标记。

（7）以下因素无关紧要：

（a）建筑物、构造物或工事是否在地上或地下；

----

〔1〕 Dealing in Cultural Objects（Offences）Act，s2（1），1（3）（2003）（U.K.）.

（b）地点在水上或水下。

将上述条款与《1970年公约》中的第7条结合起来看，《文物交易（犯罪）法》第2条的重要之处在于，它并未限定文物被移除或发掘的地点，也未限定被违反的法律是哪一个国家的法律；依之，移除或发掘属于《文物交易（犯罪）法》调整范围内的文物，只要依据某个相关国家的法律构成犯罪，即构成"有污点文物"。换言之，若违反中国法律，非法发掘或破坏中国境内的文物亦构成"有污点文物"。从这一点来看，对于文物来源国而言，《文物交易（犯罪）法》的第2条要比《1970年公约》中的第7条更为有利。不过，仅仅违反相关外国的出口限制法令，并不能构成"有污点文物"。

该法第3条对另一关键术语"交易"（deals in）做出了详细定义，其规定如下：

（1）满足且只有满足下列情况者，才应认定一个人从事了交易某物的行为：

（a）取得、处分或进口或出口之；

（b）同意他人实施a款所列之行为；或——

（c）安排他人实施此类行为，或安排他人同意第三人实施此类行为。

（2）"取得"是指购买、租用、借用或收受。

（3）"处分"是指出售、出租、出借或赠与。

（4）判断是否构成同意或安排实施此类行为，同意或安排的此类行为是否发生在英国无关紧要。

以上条款对"交易"的定义较为宽泛，尤其是第4款。依之，同意或安排实施a款规定的行为，即便实施的行为本身发生在国外，只要"同意或安排"是在英国境内发生的，则也可以构成该法所规定的"交易"。另外，依据该法措辞及其立法意旨，通过互联网同意或安排某人实施交易有污点文物的行为，也属于本条规定之"交易"的范畴。[1]

然而，该法在实施中也暴露了一些缺陷。例如，要证明嫌疑人"明知或确信"某件文物有污点难度较大。依据英国现行的刑事法律制度，检方负举证责任，且证据须达到"排除合理怀疑标准"。这意味着仅凭嫌疑人未对文物的来源状况进行充分调查，不能认定其为"明知或确信"。不过，可以从有关交易的其

---

〔1〕 Department for Culture, Media and Sport, Guidance on the Dealing in Cultural Objects（Offences）Act 2003（2004），p. 8.

他相关情况来推定"明知或确信"。从证据法的角度而言，需要考察的因素包括：文物的身份、年代、性质、状况及相关的整体历史；任何先前占有人的身份；给付的对价（如果有）；与涉及文物有关的所有交易文件及其内容；文物出口是否具有合法性；所有相关的出口文件及其内容等。在被盗与非法移除文物的电子数据库或其他类似文物数据库建立后，若嫌疑人依旧未作查询，亦可作为判断"明知或确信"文物有污点的证据之一。嫌疑人的专业程度、对交易的知晓程度也是应当考虑的因素之一。因此，一位从事此类文物交易的文物商与一位从跳蚤市场购买某件文物然后携带入境的游客相比，应当认定，前者对某件文物是否为污点文物更为了解。

构成此罪的另一要素则是"不诚实地进行交易"。不过，何谓"不诚实"，并无准确定义。概言之，在常见的盗窃案中，"理性和诚实人标准"是判断一个人的行为是否为"不诚实"的一般标准。如果依之被识别为"不诚实"，那么，再判断该行为人是否已经意识到或应当意识到自己的交易行为，故按照此标准其行为确属"不诚实地进行交易"之表现。例如，拍卖行仅为估价而收下某件文物，或者修复专家仅为修复而收下某件文物，即便他们知道或确信所涉及的文物是有污点的，其行为也不能构成"不诚实"的行为。当然，如果拍卖行或修复专家在完成估价或修复后从事"交易"行为（如将之摆上拍卖台拍卖或安排出售之），则就有可能构成上述此罪。

需要提及，依据该法第6条，其没有溯及力。换言之，只有在2003年12月31日以后被非法发掘或移除的文物并在此日期后交易此类文物的行为才可适用该法。不过，如若该法不能予以适用，法院可针对在2003年12月31日以前被非法发掘或移除的文物，尝试援用《盗窃法》的相关条款。[1]

尽管《文物交易（犯罪）法》并未对有污点文物施加进出口的限制，但该法第4条规定，海关与货物税务署（HM Customs and Excise, HMCE）可以对涉嫌进出口污点文物的违法行为行使必要的执法权。依据1984年《警察与刑事证据法》（The Police and Criminal Evidence Act, 1984），这一执法权可包括搜查权与扣押权两种。[2]

需要指出的是，2003年《文物交易（犯罪）法》适用于英格兰、威尔士与北爱尔兰，不适用于苏格兰。尽管如此，但鉴于该法的重要意义及其积极的示范

---

〔1〕　1968年7月26日，英国议会上议院审议并通过了英国《盗窃罪法》，该法于1969年1月1日起生效实施。该法适用于英格兰、威尔士与北爱尔兰地区，但不适用于苏格兰地区。

〔2〕　自2005年起，该机构与英国国内税务局合并，且更名为税收与海关署（HM Revenue and Customs）。

作用，同时为有效打击艺术品与文物的非法贩运、切实遏制文物犯罪，苏格兰行政院（The Scottish Executive）于 2006 年 12 月 14 日制定了以《苏格兰文化法草案》为主要蓝本的征询性文件。[1]通过对《苏格兰文化法案（草案征求意见稿）》与 2003 年《文物交易（犯罪）法》进行对比，[2]可以看出，前后两法的内容一致，前者已引入"交易有污点文物罪"。目前，苏格兰议会仍对该法案进行修改与完善，有望在不久的将来通过。[3]

此外，在英国既有的刑事法律中，存在一些可以作为扣押和返还被盗文物的依据。譬如，作为《1970 年公约》成员国的某一成员国，若依据该公约第 7 条第 2 款向英国政府提出归还文物的请求，则该请求国应向"外交与英联邦事务部"提出。外交与英联邦事务部在收到返还请求后，将此请求转交至文化、媒体及体育部，如涉及刑事犯罪，则将交由警方处理。依据 1984 年《警察与刑事证据法》第 6 条："警方可以对构成犯罪证据的任何物件予以扣押。如果所涉物品无需再作为证据使用，则可经文化、媒体及体育部斡旋以说服警方或刑事起诉署（Crown Prosecution Service）向法庭提出申请。"[4]

另外，警方或刑事起诉署可以请求法庭依据 2000 年《刑事法庭职权（量刑）法》第 148 条，做出将物品返还给其合法所有权者的裁决。[5]

最后，依据《盗窃法》以及 2002 年《犯罪赃款收缴法》（The Proceeds of Crime Act，2002），[6]将被盗物进口到英国可能构成"销赃罪"（Handling Stolen Goods）。鉴于此，英国文化、媒体与体育部向文物交易商和拍卖机构发出的官方指导文件指出：

---

〔1〕　"Draft Culture（Scotland）Bill：Consultation Document"，载 http：//www.gov.scot/Publications/2006/12/14095224/0，访问时间：2017 年 4 月 3 日。

〔2〕　Dealing in Cultural Objects（Offences）Act，s2（1），1（3）3.（2003）（U.K.）.

〔3〕　"Draft Culture（Scotland）Bill Consultation Responses"，载 http：//www.gov.scot/Publications/2007/05/11154331/0，访问时间：2017 年 4 月 3 日。

〔4〕　在英格兰，以前刑事案件的起诉主要由警察提起。1985 年《犯罪起诉法》（Prosecution of Offences Act）规定，设立刑事起诉署承担刑事案件的起诉任务，该机构由公诉署长（Director of Public Prosecutions）、首席公诉人（Chief Crown Prosecutor）以及由署长任命的其他职员组成。公诉署长由总检察长任命并接受他的监督，主要负责代表警察机关对犯罪提起公诉。

〔5〕　Chamberlain K.，"UK Accession to the 1970 UNESCO Convention"，*Art Antiquity and Law*，Vol. Ⅶ（2002），p. 231.

〔6〕　依据 1968 年《盗窃罪法》第 22 条之规定，销赃罪是指行为人明知或相信是被盗而非法收受该物，或参与或帮助该物的保存、转移、处理、变卖等。依据该法第 24 条第 2 款之规定，被盗物是指在任何地方被盗窃的物品，只要依据盗窃发生地法构成盗窃即可。同时，被盗物不仅仅指被盗物本身，还包括其被变卖后的欠款以及由被盗物产生的任何其他收益。

"有一些国家，譬如埃及，已经通过其国内立法将某些文化财产宣布为国家财产，非法出口这些文物构成盗窃罪。文物交易商应当知道，不诚实地交易此类被盗文物可能构成销赃罪，因而需要承担一定的刑事责任。"[1]

此外，如果进口者触犯了英国的海关法或对进口物品进行虚假描述或向海关递交虚假文件，英国海关亦有权对该物品予以扣押并没收。

2003 年 6 月 12 日，英国议会上议院审议并通过《联合国制裁伊拉克法令》。[2]同年 6 月 14 日，该法令呈送英女王批准并颁布，即日起实施。涉及文化财产的规定主要集中在该法第 8 条，该条明确规定了以下四个方面的问题：

第一，严禁任何进出口、非法贩运伊拉克文化财产的行为。

第二，任何人持有或拥有非法贩运的伊拉克文化财产，均须将其移交本国所在行政辖区内的巡视警官。除非当事人不知晓或无理由应当知晓该文化财产是从伊拉克非法贩运流出境外的，任何人如违反该规定，将视为犯罪。

第三，除非当事人不知晓或无理由应当知晓该文化财产是从伊拉克非法贩运流出境外的，任何人在英国境内交易此类伊拉克文化财产，均为犯罪。

第四，"非法贩运的伊拉克文化财产"是指自 1990 年 8 月 6 日起，从伊拉克非法贩运或进出口的文化财产以及从伊拉克境内转移任何具有考古的、历史的、文化的、稀有科学的或宗教意义的物品。该非法转移行为是否发生在英国或其他国家或地区，并不构成本法令对该条的认定。[3]

2006 年 10 月 29 日，英国议会上议院审议并通过《欺诈罪法》（Fraud Act，2006）；同年 11 月 8 日，该法呈送英女王批准并颁布，即日起实施。《欺诈罪法》第 14 条第 1 款明确界定了刑事欺诈犯罪与通过欺诈手段获取文化财产的行为。[4]

三、涉及文化财产的行政法律

20 世纪 60 年代以来，英国政府陆续颁布了一系列涉及文化财产保护的法律法规，本节将依时间顺序梳理英国在文化财产领域内的国内立法。

1963 年 6 月 7 日，英国议会上议院审议并通过《英国博物馆法》（The British Museum Act，1963）；同年 7 月 10 日，该法呈送英女王批准并颁布，即日起实施，

---

〔1〕 Department for Culture, Media and Sport, The 1970 UNESCO Convention – Guidance for Dealers and Auctioneers in Cultural Property, (2004), p. 2.

〔2〕 Iraq (United Nations Sanctions) Order (2003).

〔3〕 Iraq (United Nations Sanctions) Order 2003. s. 8. (U. K.).

〔4〕 Fraud Act. s. 14 (1) (2006) (U. K.).

代替了先前 1902 年《英国博物馆法》。《英国博物馆法》明确禁止英国各大博物馆转移、交换、转让或出售、返还任何馆藏文物（其中包括战时劫掠的文物）。[1]这一规定构成文物来源国对英国展开文物追索的重大法律障碍，具体情况详见本篇案例部分的分析与论述。

1978 年 7 月 23 日，英国议会上议院审议并通过《古迹与考古地区法》（Ancient Monuments and Archaeological Areas Act，1979）。该法于 1979 年 4 月 4 日呈送英女王批准并颁布，即日起实施。该法第 34 条对"有计划地盗掘古迹、遗址的行为"进行界定，并就未经授权进行的挖掘古迹、古遗址等行为予以规范。此外，该法第 42 条还将未经授权许可，擅自使用金属探测仪器来从事破坏、非法盗掘古迹、古遗址等行为认定为刑事犯罪，并视情节轻重予以相应处罚。[2]

1979 年 12 月 10 日，英国议会上议院审议并通过《海关管理法》（Customs and Excise Management Act，1979）。该法于 1979 年 2 月 22 日呈送英女王批准并颁布，即日起实施。依据该法第 42 条，如进出口者故意进出口禁止或受限物品的，将认定为犯罪。英国海关将有权对违反禁止进出口或受限的物品予以扣押和没收。[3]

需要指出的是，目前英国有两套不同的文物出口控制法令。其一，2003 年 11 月 17 日，英国议会上议院审议并通过《文物出口（控制）令》［Export of Objects of Cultural Interests（Control）Order，2003］，该法令于 2004 年 5 月 1 日呈送英女王批准并颁布，即日起实施。其二，英国适用欧共体理事会《关于文物出口的第 3911/92 号指令》。关于该指令的具体解读与适用情况，详见本书第六章"欧盟篇"。[4]英国《文物出口（控制）令》是以 2002 年英国《出口控制法》（Export Control Act）为依据，专门用以控制文物出口而特别制定的，它适用于距拟定出口时间的历史年限在 50 年以上的文物。凡属于该法令调整范围内的文物，其出口均需要获得出口许可证。该出口许可证则应具体向"博物馆、图书馆与档案理事会"提出申请，该理事会在收到申请时应先征询相关专家的意见，而此时"韦弗利标准"（Waverly Criteria）则成为专家们据以判断是否应当允许其出口的评判标准。该标准主要由以下三项要素构成：

（1）该物品是否与我们的历史与民族生命紧密相连，以至于其离境将

〔1〕　British Museum Act. Article 3（1）（4）（1963）（U. K.）.

〔2〕　Ancient Monuments and Archaeological Areas Act. s 34, 42.（1979）（U. K.）.

〔3〕　Customs and Excise Management Act. s42.（1979）（U. K.）.

〔4〕　The Regulation（EEC）No 3911/92 on the Export of Cultural Objects.

产生不幸的后果或负面的影响？

　　（2）它是否具有杰出的美学价值？

　　（3）它对于艺术、历史研究是否具有特别重要的价值？

　　若所涉及的文物不满足以上任何一项要素，专家们即可做出允许出口的决定；若满足以上三要素中的一项或两项，则专家们可以拒绝这一出口申请。一旦专家们做出拒绝出口的决定，该决定还将提交至英国"艺术品出口复核委员会"。经复核，该委员会若同意专家意见，则应向文化、媒体与体育大臣建议，在合理的期限内（通常为2至6个月，3个月最为常见）暂不予发放出口许可证。在此期间内，英国政府将协助文物所有权者在英国境内寻找合适的购买要约。

　　在此期间，如果英国文化、媒体与体育大臣未收到来自英国机构或个人的购买要约，一般会按时签发出口许可证。若收到购买要约而被文物所有权者拒绝，则会对文化、媒体与体育大臣做出是否签发出口许可证的决定产生影响。如文物所有权者拒绝收购的要约来自英国公共机构，文化、媒体与体育大臣通常会拒绝签发该出口许可证。英国的这一套文物出口控制法律制度饱受多方诟病，主要原因在于是否限制出口主要取决于英国机构或个人是否能筹集足够的资金向文物所有权者提出购买要约。[1]如公共与私有机构不愿或无能力提供资金支持，则出口控制就难以实施。不过，这一制度也得到少数群体的支持，因为它并未对文物所有权者的权利构成实质性的损害与限制。客观而言，英国现行的这套文物出口规则并不违反《1970年公约》的基本主旨与相关要求。

　　此外，依据欧共体理事会《关于文物出口的第3911/1992号指令》第2条，文物从欧共体国家出口到欧共体以外的国家或地区，需要获得出口许可证。[2]出口许可证应由申请者向所在的欧共体成员国提出。细言之，申请者应向具体国家的政府职能部门提出，并满足以下条件：其一，文物合法地处于该成员国境内；其二，从另一成员国合法地进入该成员国境内，或从第三国进口到该成员国境内，或从另一成员国合法地进入某第三国后再次进入到该成员国境内。出口许可证将对所有欧共体成员国有效。

　　2004年6月23日，英国议会上议院审议并通过《人体组织法》（Human Tis-

---

　　〔1〕　从笔者掌握的2001年度至2002年度的31项文物申请来看，有21件文物被英国机构购得。不过，从金额来看，这31项文物的市场价总计为1900万英镑，而被英国机构购得的21件文物，其购得款总额仅为310万英镑。

　　〔2〕　Council Regulation（EEC）No 3911/92 of 9 December 1992 on the Export of Cultural Goods, available at：http：//eur - lex. europa. eu/LexUriServ/LexUriServ. do？uri = CELEX：31992R3911：EN：HTML，访问时间：2017年4月4日。

sue Act, 2004）；同年 11 月 15 日，该法呈送英女王批准并颁布，即日起实施。《人体组织法》调整了包括进行科研活动与公共展览用途的移除、储存或使用人体遗骸的行为。依据该法，在进行上述活动时，须征得现持有人体组织者的同意。超过 100 年的或进口的人体遗骸等，免于上述规定的限制。[1]

2009 年 6 月 23 日，英国议会上议院审议并通过了涉及战时劫掠文物的返还法，即《大浩劫（丢失艺术品）返还法》［The Holocaust（Return of Cultural Objects）Act, 2009］；[2] 同年 11 月 12 日，该法呈送英女王批准并颁布，即日起实施。英国通过这一法案是其国内立法的一大进步，其积极意义不言而喻。然而，该法也存在一些缺陷，主要包括：

第一，该法不具有普遍适用性，仅适用于特定时期（1933 – 1945 年）内流失的特定艺术品。

第二，该法仅授权英国部分国有收藏单位或国有公立博物馆、美术馆等返还符合其规定的艺术品，并不覆盖英国所有的收藏单位与科研机构。

第三，该法规定的有效期限仅为 10 年，即生效之日起到第 10 年（2019 年）该法将失效。届时是否会延长有效期，目前尚不得而知。因此，对于流失文物的追索方而言，能够在该法的支持下进行追索的时间已经所剩无多。

2014 年 7 月 16 日，英国议会上议院审议并通过《出口管制（叙利亚制裁）修正法令》；[3] 同年 8 月 8 日，该法令呈送英女王批准并颁布，即日起实施。该法令具体贯彻了《欧盟委员会管理条例》第 11 条 C 款，禁止自 2011 年 3 月 15 日起，从整个欧盟境内进出口、转移叙利亚的文化财产或其他相关物品，或为进出口、转移叙利亚文化财产或为其他物品提供中间商的交易服务等。[4]

四、涉及文物返还的国际条约

《1970 年公约》是当前流失文物返领域最重要的国际公约，鉴于此，本节就英国加入《1970 年公约》的基本背景以及该公约在英国实施的情况进行详细阐述。

2002 年 8 月 1 日，英国将其接受《1970 年公约》的决定通知联合国教科文组织总干事。依据该公约第 21 条之规定，《1970 年公约》自总干事收到通知之

---

〔1〕　Human Tissue Act. s13.（2004）（U. K. ）.

〔2〕　First Report of 25 May 2000.

〔3〕　Export Control（Syria Sanctions）（Amendment）Order（2014）.

〔4〕　Council Regulation, s11（c）（EU）.

日起 3 个月后生效。据此,《1970 年公约》自 2002 年 11 月 1 日起正式对英国生效。[1]在此,有两点需要特别指出:其一,在西方主要文物市场国中,英国是较晚加入该公约的国家;[2]其二,英国加入该公约时,并没有制定与颁布专门用于实施该公约的国内法。

自《1970 年公约》与《1995 年公约》相继制定并生效之后,国际社会要求英国加入这两部公约的呼声日益高涨。与此同时,20 世纪 90 年代以后,英国法学界、文物与艺术品业界均要求英国政府加强对文物非法出入境与文物交易的管控。在此背景下,英国的立法与行政机关开始着手研究加入有关国际公约的可行性事项。

1999 年 10 月 2 日,英国众议院文化、媒体与体育委员会宣布,它将对文化财产的非法贸易及其遏制措施问题展开系统调研。2000 年 7 月 1 日,该委员会提交了名为《文化财产:回归与非法贸易》的报告,[3]得出的结论主要包括:英国应修改其刑法以增加一个新的刑事犯罪罪名,该罪名旨在对交易从指定国家盗窃、非法发掘或非法出口的文物予以惩罚;不过,该报告建议,在修改刑法以及采纳该报告提出的其他建议前,英国不应加入《1970 年公约》。

2000 年 5 月 24 日,英国"文化、媒体与体育部"设立"文物非法贸易部级咨询组",并指任时任伦敦大学学院法学教授、律师诺曼·帕尔马(Norman Palmer)为组长,委托该"咨询组"对英国加入《1970 年公约》的可行性展开专项研究。该小组于同年 12 月 8 日提交了咨询组的研究报告,该报告建议英国政府立即采取立法及其他措施以阻止文物跨国非法贸易,其表述如下:

> "本咨询组提议,明知或确信某文物是被盗文物或非法发掘文物,或系违反当地法从历史遗迹中移除或破坏而得之文物,依然不诚实地进口、交易或持有任何此种文物的,如若依据英国现存刑法对这种行为无法定罪,则应当制定新法将此罪行涵盖其中。"[4]

该报告的最后结论出乎许多人的意料:英国应当加入《1970 年公约》,且依据英国既有的国内法律与行政体系,英国可以在不对其国内法做出修改的情况下

---

[1] 具体情况详见 http://www.unesco.org/eri/la/convention.asp? KO = 13039&language = E,访问时间:2017 年 4 月 4 日。

[2] 相比之下,意大利与加拿大于 1978 年、美国于 1983 年、俄罗斯于 1988 年、澳大利亚于 1989 年、法国于 1997 年加入了公约。

[3] The Culture, Media and Sport of the House of Commons, Cultural Property: Return and Illicit Trade (HC 371 - 1) (2000).

[4] Ministerial Advisory Panel on the Illicit Trade in Cultural Objects Report para. 67, Department for Culture, Media and Sport, London, 2000.

加入该公约；不过，"在当前情况下"，英国不应加入《1995 年公约》。

值得注意的是，这是英国政府首次就其是否应该加入《1970 年公约》展开的系统性研究，研究结果得到了英国政府的接受。该报告公布之后，英国政府表示，英国将加入《1970 年公约》，并将致力于刑法的修改以增加一个新的罪名。正是在这样的背景下，英国政府于 2002 年 11 月 11 日加入了《1970 年公约》，紧接着，英国议会上议院于 2003 年 10 月 31 日审议并通过了《文物交易（犯罪）法》。[1]

2002 年 8 月 1 日，英国将其接受《1970 年公约》的决定通知联合国教科文组织总干事。与此同时，鉴于英国本国法与欧盟法律规定对"文化财产"的定义与该公约存在差异等因素，故在向联合国教科文组织总干事交存的接受书中，英国政府做出了以下三项特别声明：[2]

第一，英国将按照 1992 年 9 月 9 日欧共体《关于文物出口的第 3911/1992 号指令》（及其修正案）附件与欧共体 1993 年 3 月 15 日《关于归还从成员国境内非法转移的文物的第 93/7/EEC 指令》（及其修正案）附件所列之物品对"文化财产"的概念进行解释。[3]

第二，凡涉及欧盟成员国的事项，只要属于欧盟条约的调整范围，则应适用相关的欧盟条约。

第三，针对《1970 年公约》第 7（b）（ii）条有关追索与返还文化财产的规定，英国认为，依据该规定对相关文化财产提出返还与归还的请求，应适用关于时效的既存国内法规则。[4]

鉴于在上述三项声明中，第一项与第三项对中国推动与英国在《1970 年公约》框架下展开双边谈判具有相关性，故此处对这两项声明做一分析。欧盟的出

---

〔1〕 需要指出，截至 2017 年 3 月，除《1970 年公约》外，英国加入的涉及和平时期文化财产保护与流失文物返还的国际条约仅限于欧共体条约，主要包括欧共体理事会《关于文物出口的第 3911/1992 号指令》《关于归还从成员国境内非法转移的文物的第 93/7/EEC 指令》等。目前，该指令已被《关于返还从成员国境内非法转移文物的 2014/60/EU 指令》所代替。Council Regulation（EEC）No 3911/92 of 9 December 1992 on the Export of Cultural Goods；Council Directive 93/7/EEC of 15 March 1993 on the Return of Cultural Objects Unlawfully Removed from the Territory of a Member State；Directive 2014/60/EU of the European Parliament and of the Council of 15 May 2014 on the Return of Cultural Objects Unlawfully Removed from the Territory of a Member State and Amending Regulation（EU）.

〔2〕 霍政欣：《1970 年 UNESCO 公约研究：文本、实施与改革》，中国政法大学出版社 2015 年版，第 150 页。

〔3〕 The 1970 UNESCO Convention——Guidance for Dealers and Auctioneers in Cultural Property，Department for Culture，Media and Sport，Cultural Property Unit，December 2003，载 http：//www. culture. gov. uk/images/publications/Guide Dealers Auction. pdf，访问时间：2017 年 4 月 4 日。

〔4〕 *Ibid.*

现导致欧盟内部成员国边界消失与统一市场的出现，这一方面为欧洲实现贸易一体化与加快经济发展提供了便利，另一方面也产生了诸多困扰与难题，文化财产的非法流转与非法贸易就是其中之一。如何既能保证货物的自由流转，同时又能有效遏制文化财产的非法贸易、打击文物犯罪，遂成为20世纪末欧盟立法的关注焦点之一。为此，欧共体理事会先后制定了《关于文物出口的第3911/1992号指令》《关于归还从成员国境内非法转移的文物的第93/7/EEC指令》，以及《关于返还从成员国境内非法转移文物的2014/60/EU指令》[1]由于《1970年公约》第1条规定，各国有权在一定范围内"明确指定"文化财产，英国据此声明，它将以这两个欧盟条约中所明确列举的文物来解释文化财产的定义。[2]

---

〔1〕 详见本书第六章的相关讨论。

〔2〕 依据上述两个欧盟条约的附件，"文化财产"包括：

A. 1. 属于以下类别的、具有100年以上历史的考古类文物：陆地或水下发掘或发现的成果、考古遗址的构成部分、考古收藏品；

2. 具有100年历史以上的、业已肢解的艺术、历史或宗教古迹的构成部分；

3. 不在第4项与第5项涵盖范围内的、完全用手工完成的图画与绘画，不论所用的是什么介质或材料；

4. 完全用手工完成的水彩画、水粉画、蜡笔画；

5. 不在第1项与第2项涵盖范围内的、完全用手工完成的马赛克与绘图，不论所用的是什么介质或材料；

6. 雕刻、印刷、绢网印花、石印品与海报的原件；

7. 不在第1项涵盖范围内的雕像或铸像原件以及用与原像相同程序制作的复制品；

8. 照片、胶片及其底片；

9. 古版书与手稿，包括地图与乐谱，不论单张的还是整套的；

10. 100年以上历史的书籍，不论单本的还是整套的；

11. 200年以上的印制地图；

12. 50年以上的档案及其构成部分，不论是什么类型的，也不论什么介质的；

13. (a) 动物学、植物学、矿物学或解剖学标本与标本收藏品；

(b) 具有历史、化石、人种学或古钱币意义的收藏品；

14. 75年以上的交通工具；

15. 第1项至第14项未涵盖的下列文物：

(a) 具有50-100年历史的玩具、游戏用具、玻璃制品、黄金与白银制品、家具、光学摄影或摄像器械、乐器、钟表及其部件、木制品、陶器、挂毯、墙纸、武器；

(b) 具有100年历史以上的其他文物；

第1项至第15项所列的各种物品，其价值只有超出以下B款规定的最低限额，才属于本条例的调整范围。

B. 适用于上述A款各具体种类物品的最低经济价值（以欧元计算）要求：不论价值为多少的种类：1（考古类文物）；2（业已肢解的古迹）；9（古版书与手稿）；12（档案）。15 000欧元以上的种类：5（马赛克与绘图）；6（雕刻）；8（照片）；11（印制地图）。30 000欧元以上的种类：4（水彩画、水粉画、蜡笔画）。50 000欧元以上的种类：7（胶片）；10（书）；13（收藏品）；14（交通工具）；15（任何其他物品）。150 000欧元以上的种类：3（画）。估价以申请出口证或申请归还文物时为准。

值得注意的是，尽管依据《1970 年公约》第 1 条，各国有权在一定范围内"明确指定"文化财产，但公约实施以来形成的主流观点认为：一国对文化财产做出的指定仅对其本国有效，并不能构成另一国对文化财产的指定以及据此提出的返还请求权构成限制。[1]换言之，主流观点则认为，在中国以《1970 年公约》为框架要求英国返还非法转让的文化财产时，英国对文化财产的指定并不能构成中国向其提出返还要求的限制。不过，鉴于双边协议通常比多边协议更为灵活，以及对《1970 年公约》第 1 条的理解存在争议，故不排除英国以欧盟条约的规定为基础提出文化财产的概念。然而，英国政府所做出的第三项的声明则是基于英国国内法，尤其是民事法律中关于时效规定的考量，以免公约义务与英国国内法相冲突。

英国目前尚未加入《1995 年公约》。事实上，英国文化、媒体与体育部经过研究曾得出结论：由于本国国内法对时效规则和个人财产的认定与该公约的相关规定存在较大冲突，故不建议英国政府批准加入《1995 年公约》。[2]英国也未加入《1954 年海牙公约》及其两个议定书。[3]不过，近年来，英国政府表达了加入《1954 年海牙公约》的意向。为给加入《1954 年海牙公约》及其两个议定书奠定法律基础，英国文化、媒体与体育部于 2008 年 1 月 8 日起草了《文化财产（武装冲突）法草案》，但目前还未得到英国议会的批准。[4]

五、涉及文物返还的专门机构

为有效应对并处理二战大浩劫时期受害者或其后裔提出的返还劫掠文物的请求，2000 年 2 月 5 日，英国文化、媒体与体育部设置了"二战掠夺品咨询委员会"（Spoliation Advisory Panel）这一专职机构。二战掠夺品咨询委员会的主要职责是：对于那些在二战大浩劫时期（1939－1945 年）失去文化财产的受害者或其后裔所提出的返还请求，如涉案标的目前由英国国家收藏机构所有或由有关公

---

〔1〕　Patrick J. O'Keffe, "Commentary on the UNESCO 1970 Convention on the Means of Prohibiting and Preventing the Illicit Import, Export and Transfer of Ownership of Cultural Property", *The Institute of Art and Law*, 2007, pp. 33－35.

〔2〕　The House of Commons Hansard Written Answers text of 7 February 2000 which is available here：http：//www. publications. parliament. uk/pa/cm199900/cmhansrd/vo000207/text/00207w03. htm#00207w03. html_sbhd3, 访问时间：2017 年 4 月 5 日。

〔3〕　《〈1954 年海牙公约〉的两个议定书》，载 http：//portal. unesco. org/en/ev. php－URL_ Id = 15391&URL_ DO = DO_ TOPIC&URL_ SECTION = 201. html, 访问时间：2017 年 4 月 5 日。

〔4〕　"Draft Cultural Property（Armed Conflicts）Bill", 载 http：//www. official－documents. gov. uk/document/cm72/7298/7298. pdf, 访问时间：2017 年 4 月 5 日。

立博物馆或美术馆、艺术馆所收藏，该咨询委员会将对追索方与涉案机构之间围绕是否应返还文化财产的争议做出决定，并提供建议。[1]

二战掠夺品咨询委员会的主要成员由英国政府选拔和任命。从其成员构成来看，该委员会一般由十人左右组成。考虑到文物返还涉及多个领域的专业知识与背景，英国政府为此任命的咨询委员通常是具有相关专业知识的专家学者。他们大多来自高校或相关的科研机构，少部分是各大博物馆等收藏机构与文物保护单位的从业人员。另外，该委员会主席则由英国国务秘书从该委员会的成员中选任。

迄今为止，英国二战掠夺品咨询委员会共受理了 21 起文物返还请求，并针对这些返还请求的具体情况提出了不同的咨询建议。[2] 当事人的文物返还请求一旦被受理，该委员会将启动以下程序：

第一，咨询委员会首先确定争议标的物是否属于二战大浩劫时期所掠夺的文物，或是否系因大浩劫时期纳粹的迫害政策导致的强制交易或征收的文物，或因外部战乱环境等因素迫使文物原所有权者低价贱卖、转手的文物。

第二，在综合考量法律与道德依据、买受人是否是基于善意取得、公共利益等标准的基础上，该咨询委员会提出具体建议。建议分同意返还请求、政府性补偿、驳回请求人请求三类。[3]

从目前英国二战掠夺品咨询委员会受理的返还案件来看，这些返还请求有一个共同特点，即文物追索方的请求均从道义层面提出，并非严格按照相关的国际法规范或国内法规定。这是因为他们知晓，以法律途径追索战时流失文物通常受诉讼时效的限制。同时，尽管有一些英国公立博物馆或研究机构（即现占有者）承认这些追索方主张的合理性，但囿于英国国内法上的种种限制（如时效规则与《英国博物馆法》等），将这些藏品返还给二战受害者或其后裔还存在法律上的障碍。

---

〔1〕 The Directive of Spoliation Advisory Panel；Articles 5 – 11.

〔2〕 参见英国文化、媒体与体育部二战掠夺品咨询委员会受案报告集，载 https：//www. gov. uk/government/collections/reports – of – the – spoliation – advisory – panel，访问时间：2017 年 4 月 5 日。

〔3〕 彭蕾：《英国文物返还事务处理机构工作评析：标准及其实践》，载《沈阳工业大学学报（社会科学版）》2015 年第 3 期，第 205 – 210 页。

第二节　英国返还文物的司法案例研究

一、威廉·温克沃茨诉英国佳士得、曼森及伍兹公司案（1980 年）

（一）背景概述

从目前来看，根据绝大多数国家的国际私法，确定某件文物或艺术品的所有权归属，应当适用"物之所在地法"（*lex situs*）。事实上，涉外物权关系适用物之所在地法，是一条为各国普遍接受的法律适用规则。诚如拉贝尔所言："关于有体物的权利，其产生、变更及终止，由其物理位置所在地的法律决定。这是一个普适性原则，已为大量的判例所证实，亦为全部学者所首肯。"[1]

依照上述该规则，在国际文物市场交易中，依文物被转让时所在国的法律为有效的文物转让，其效力则通常会被其他各国所认可。反之，依文物被转让时所在国的法律为无效的文物转让，在其他国家通常也将被认定为无效。尽管如此，各国法院在对物之所在地法的解释上不尽一致：在涉及诉讼标的为不动产时，物之所在地殆无异议[2]而在诉讼标的为动产时，则将出现两种不同的解释：以英国为代表的大部分英美法系国家将物之所在地法解释为"所有权据称转移时动产所在国的法律"；[3]而以法国为代表的一部分大陆法系国家则认为，"动产所有权应受诉讼时动产所在地法支配"。[4]

下面，我们将重点分析与解读"威廉·温克沃茨诉英国佳士得、曼森及伍兹公司案"（以下简称"温克沃茨案"）。[5]该案的判决在国际私法学界引起了广泛争论。有不少学者为原告温克沃茨鸣不平，并忧虑该判例将会对文物的黑市交易与"漂洗"起到推波助澜的作用，既不利于实现个案公正，也不利于维护国际法律秩序的稳定。[6]然而，另一部分学者则对该判例赞誉有加，将之奉为适用物

---

[1]　[美]弗里德里希·荣格：《法律选择与涉外司法》，霍政欣、徐妮娜译，北京大学出版社 2007 年版，第 87 页。

[2]　霍政欣：《追索海外流失文物的法律问题》，中国政法大学出版社 2013 年版，第 81 页。

[3]　Gilbert & Sullivan, "The Need for Civil – Law Nations to Adopt Discovery Rules in Art Replevin Actions: A Comparative Study", 70 *The Texas Law Review* (1992), p. 1456.

[4]　56 Rev. crit. de. dr. int. privé (1967), p. 120.

[5]　Winkworth v. Christie, Manson & Woods Ltd. [1980] 1 Ch. at 499.

[6]　有学者不无担忧地指出："通过出售与再次出售这样的多次'漂洗'，一些被盗文物最终会变成合法商品。" Judd Trully, "Hot Art, Cold Cash", *Journal of Art*, November, 1990, p. 1.

之所在地法、保障法律适用统一性与可预见性的经典案例。

（二）案情简介

1. 案件基本情况

20 世纪 70 年代初，英国艺术品收藏家温克沃茨在其位于英格兰的住所收藏了大量日本艺术品，其中包含一批由象牙雕刻而成的日本吊坠。然而，其住所某日遭窃，这批日本象牙吊坠就此失踪。

不久以后，这批日本象牙吊坠在意大利被转手交易。在意大利境内，意大利艺术品收藏家保罗·达波佐·达诺（Paolo Dal Pozzo D'Annone）博士自某文物中间商处购得了这批象牙吊坠。[1] 紧接着，达诺博士将收购的这批象牙吊坠与自己所收藏的另外一些艺术品一同交由英国佳士得拍卖公司（Christie, Manson & Woods）代为拍卖与出售。[2] 在英国佳士得拍卖公司公开拍品名录后，温克沃茨发现其早前被盗的日本象牙吊坠位列其中。[3]

1977 年 7 月 22 日，温克沃茨以英国佳士得拍卖公司（第一被告）与达诺博士（第二被告）为被告，向英格兰当地法院提起了文物返还之诉，主张对这批被盗流失的日本象牙吊坠享有物之所有权。[4]

1979 年 11 月 5 日，英国高等法院（The High Court）大法官法庭（Chancery Division）开庭审理了本案。[5]

本案第一被告英国佳士得拍卖公司辩称，作为此次艺术品的拍卖机构，它系在第二被告达诺博士的授权下，代为进行的艺术品拍卖。第二被告达诺博士则辩称，他与文物中间商签订了买卖合同，系以合法的方式获得这批日本象牙吊坠。根据意大利法关于动产善意取得制度的规定，他为善意购买者，在购得这批日本象牙吊坠时，即刻获得其所有权。[6]

最终，本案主审法官斯莱德（Slade）未支持原告温克沃茨对争议标的物的

---

〔1〕　在本案判决书的事实部分（Facts）中，并未标识争议标的物具体的被盗时间与非法贩运至意大利进行转手交易的时间。详见 Winkworth v. Christie, Manson & Woods Ltd. and another, 〔1980〕1 All ER 1121.

〔2〕　*Ibid.*, §. j. e et 1125, § c.

〔3〕　*Ibid.*, §. j. c et 1135, § a – b.

〔4〕　*Ibid.*, §. j. c et 1135, § b – c.

〔5〕　*Ibid.*, §. j. c et 1132, § f.

〔6〕　依据《意大利民法典》第 1153 条之规定，对于动产，即便为被盗物品，善意购买者自购买时起，即获得该动产物的所有权。善意第三人无偿取得动产的，亦可取得该动产物的所有权。由此可见，意大利的善意取得制度是无条件、无限制的，不管第三人是有偿还是无偿取得动产，亦不管取得之动产是否为被盗赃物，都可以产生善意取得，而且其所有权从自主占有动产时立即获得。参见《意大利民法典》，费安玲等译，中国政法大学出版社 2004 年版，第 284 页。

所有权主张，判其败诉。[1]

2. 案情事实

20 世纪 70 年代，英国艺术品收藏家温克沃茨位于英格兰的住所遭窃，窃贼盗窃了其珍藏的日本古董——象牙吊坠，[2] 并将之贩运至意大利。在意大利境内，窃贼将这批象牙吊坠转卖给达诺博士。随后，达诺博士将之带往英国，并委托英国佳士得拍卖公司代为拍卖。[3]

1977 年 7 月 22 日，温克沃茨在英国佳士得拍卖行的拍卖名录中发现了早前自家被盗的日本象牙吊坠。随后，他以所有权者的身份，以英国佳士得拍卖公司与达诺博士为被告，在英格兰法院提起了文物返还之诉，主张对这批被盗流失的日本象牙吊坠享有所有权。[4]

1979 年 11 月 5 日，英国高等法院大法官法庭开庭审理了本案。[5]

1980 年 1 月 1 日，主审法官斯莱德依据交易时动产所在地国法——意大利法，认定本案第二被告达诺博士已获得这批日本象牙吊坠的所有权，故判决原告温克沃茨败诉，这批日本象牙吊坠的所有权因而归第二被告达诺博士所有。[6]

（三）争议焦点

本案的争议焦点主要集中于以下两个问题：

争议之一：本案标的物，即在英格兰被盗并在意大利被转手的象牙吊坠的所有权归属问题。

起先，原告温克沃茨提出以下诉求与主张：[7]其一，请求第二被告达诺博士就日本象牙吊坠的收购途径与合法性来源进行举证说明。其二，请求法院立即签发禁拍令，阻止第一被告将第二被告所收购的被盗日本象牙吊坠进行拍卖。其三，请求第一被告撤销被盗日本象牙吊坠的拍卖活动。其四，针对日本象牙吊坠在被盗与非法贩运过程中所产生的经济损失，请求给予原告一定的经济赔偿。其

---

〔1〕　*Ibid.*，§ . eet. 1125，§ . c.

〔2〕　英国艺术品收藏家威廉·温克沃茨所收藏的象牙吊坠系列，是 17 世纪日本国内所创作的微型雕塑作品。这一时期的日本雕塑作品充分反映出了日本民间风俗习惯与日常百姓的生活面貌。

〔3〕　Winkworth v. Christie, Manson & Woods Ltd. and another, [1980] 1 All ER 1121. § . j.

〔4〕　*Ibid.*，§ . j. c et 1135，§ b − c.

〔5〕　*Ibid.*，§ . j. c et 1132，§ f.

〔6〕　*Ibid.*，§ . j. e et 1125，§ c.

〔7〕　Burk Karen Theresa, "International Transfers of Stolen Cultural Property: Should Thieves Continue to Benefit from Domestic Laws Favoring Bona Fide Purchasers", *International and Comparative Law Review*, 1 décembre (1990)，p. 427.

五，请求判令返还被盗的日本象牙吊坠。[1]

针对原告温克沃茨所提出的上述诉求与主张，在法庭辩论阶段，第一被告佳士得拍卖公司表示，该公司仅是在第二被告达诺博士授权的基础上，代为拍卖对方所收藏的日本象牙吊坠。就这批公开拍卖的日本象牙吊坠而言，它们既不是佳士得从达诺博士处收购的，亦并非受其捐赠而获得。[2]在接受第二被告的拍卖请求之前，第一被告就其合法来源进行了仔细询问与调查。第二被告出具了先前从意大利文物中间商手上收购这批日本象牙吊坠的买卖合同，证明是通过合法的途径、以合理的手段购买的。鉴于此，第一被告对其合法性来源予以认可。

第二被告达诺博士则表示，自己与文物中间商签订了买卖合同，系以合法的方式购买这批日本象牙吊坠。根据意大利关于动产善意取得的法律规定，他在购得这批日本象牙吊坠的那一刻就获得了所有权。[3]

原告温克沃茨根据英国 1968 年《盗窃法》第 8 条第 1 款提出，窃贼的盗窃行为满足盗窃罪的犯罪构成要件；同时，根据《意大利刑法典》第 624 条，窃贼的盗窃行为亦满足该国法关于刑事犯罪的形式构成要件。基于上述法律规定，原告指出，窃贼盗窃艺术品的行为构成刑事犯罪，所盗赃物理应返还原物所有权者。[4]

争议之二：本案争议标的物的权属纠纷应适用的法律问题。

关于本纠纷应适用的法律，倘若法官选择适用诉讼时标的物所在地法，即英格兰法，达诺博士则无法获得被盗日本象牙吊坠的所有权，原告因而可以胜诉。[5]这是因为窃贼在实施盗窃之后所进行的买卖或转让行为是一种无权占有后的无权处分行为，更无权将物之所有权转让给第三者，故这批日本象牙吊坠的所

---

[1] *Ibid.*

[2] Winkworth v. Christie, Manson & Woods Ltd. and another, [1980] 1 All ER 1135, § b – c.

[3] 《意大利民法典》，费安玲等译，中国政法大学出版社 2004 年版，第 284 页。

[4] Burk Karen Theresa, "International Transfers of Stolen Cultural Property: Should Thieves Continue to Benefit from Domestic Laws Favoring Bona Fide Purchasers", *International and Comparative Law Review*, 1 décembre (1990), p. 428.

[5] 普通法中有一条与日耳曼法相近的古老原则——"自己无有者，不得与人"（*nemo dat quod non haber*）。据此，普通法国家一般认为，被盗财产的善意购买者无法获得该财产的所有权，除非财产的原所有人同意或有意误导购买者，使其认为他将获得该财产的所有权。此外，根据 1994 年英国《货物销售和提供法》第 21 条第 1 款："非所有权者出售其物品，若未经该物品所有权者之同意，购买者将无法获得超过出售者对该物所享有的基本权利。"因此，善意购买者无法从财物的非所有权者那里获得该财产的所有权。

有权并未发生变更。[1]相反，倘若法官选择适用交易时标的物所在地的法律，即意大利法，依据《意大利民法典》第1153条与第1154条，达诺博士是基于善意取得这批日本象牙吊坠的，故其在交易完成时当即获得所有权；即使本案中的这批日本象牙吊坠系被盗物，也并不妨碍善意购买者取得其所有权。[2]

（四）法院裁决

在审理本案的过程中，主审法官斯莱德面临着棘手的法律适用问题，即到底是适用英格兰法，还是适用意大利法。需要指出的是，如适用意大利法，第二被告达诺博士已获得这批日本象牙吊坠的所有权；如适用英格兰法，窃贼无权将物之所有权转让给善意第三者，原告温克沃茨的诉讼请求因而可以获得法院的支持。

斯莱德法官认为，在动产法律关系中，物之所在地法是基本的冲突规则，须依此规则判定动产之转让效力、所有权归属等问题。本案中，第二被告系在意大利购得这批被盗的日本象牙吊坠，意大利法作为物之所在地法因而应适用于本案。[3]鉴于此，斯莱德法官将意大利法作为支配本案的准据法，支持了达诺博士对争议标的物的所有权主张。[4]

需要指出，原告温克沃茨认为，由于这批日本象牙吊坠是在其英国的住所中失窃的，并在其不知情的情况下被贩运至意大利境内再进行转手的，且在诉讼时这批日本象牙吊坠又返回英国，故本案应当适用英格兰法。[5]对此，斯莱德法官回应道：

> "如果法院在审理个案时舍弃原则而适用英格兰法，仅仅因为案件恰巧与英格兰有数个连结因素，那么就会产生在法律上无法容忍的不确定性。所有权的安全对善意的购买人和无辜的盗窃受害者而言具有同等重要性。商业便利也必然要求依据国际私法规则，动产适用物之所在地法。在本案中适用英格兰法，而不考虑其他因素，便会摧毁国际私法的根基。"[6]

为了使得判决更具说服力，斯莱德法官还引用了《戚希尔与诺斯论国际私

[1]　Cette expression peut renvoyer à « tout acte juridique, même unilatéral, abstraitement apte à produire l'effet du transfert de la propriété […] ; il s'agit donc de l'acte juridique qui aurait obtenu ledit effet s'il avait été accompli par le propriétaire ». Dictionnaire comparé du droit du patrimoine culturel, 2012, p. 290.

[2]　Winkworth v. Christie, Manson & Woods Ltd. and another, [1980] 1 All ER 1132. § f.

[3]　*Ibid.*, §. cet. 1135, §. a - b.

[4]　*Ibid.*, §. eet. 1125, §. c.

[5]　霍政欣：《追索海外流失文物的法律问题》，中国政法大学出版社2013年版，第82页。

[6]　Winkworth v. Christie, Manson & Woods Ltd. [1980] 1 Ch. at 512.

法》中的一段论述：

"因此，现在可以确定的是，因特定动产的转让而产生的财产权上的后果应排他性地适用转让时动产所在地的法律。某一动产被带到某外国，并转让给他人，在这种情况下，如果依据该外国当地的法律，受让人获得了有效的所有权，那么该动产的原所有权人就丧失了所有权。该外国法所认可的所有权，其效力高于与此不一致的、较早的所有权，不论最初创制所有权依据的是哪个国家的法律。"[1]

概言之，主审法官斯莱德将这批日本象牙吊坠交易时物之所在地法，即意大利法确定为支配本案实体问题的准据法。依此，判决原告温克沃茨败诉，这批日本象牙吊坠的所有权归第二被告达诺博士所有。[2]

（五）经验总结

通过对本案的详细分析与解读，我们可以总结出一些经验，并得出以下启示：

尽管学界对"物之所在地法"适用于文物追索诉讼口诛笔伐，但该规则目前仍居于无法替代的地位。事实上，由于物之所在地法存在明显缺陷，有学者提议，在文物追索诉讼中，法院应适用"文物被盗地法"（lex furti）或"文物原属国法"（lex originis）；[3] 还有学者主张，用最密切联系原则取代硬性的冲突规范。[4] 与物之所在地法相比，这些建议体现了对文物原所有人与文物原属国利益的尊重与保护，具有一定合理性，但其本身亦存在无法克服的弊端：其一，这些建议体现了保护文物原所有人的强烈意旨，但漠视了善意购买人的合法利益，这与法律力图在所有权与交易安全之间维持平衡的原则相违背。其二，有些文物从被盗地或原所有人住所地流失境外多年，与这两个连接点的联系已经不大。其三，一些国家坚守物之所在地法，而另一些国家转而采用新的冲突规范会产生冲突规范的冲突，这会进一步增加诉讼的不确定性。所以，有学者指出："物之所在地法享有极高的普遍性，修改这一规则只能降低商业活动的可预见性，徒有害

---

〔1〕 *Ibid.* , at 513.

〔2〕 *Ibid.* , at 514.

〔3〕 Georges A. L. Droz, "The International Protection of Cultural Property of Cultural Property from the Standpoint of Private International Law", in *International Legal Protection of Cultural Property*: *Proceedings of the Thirteenth Colloquy on European Law*, 1983, pp. 114 – 116.

〔4〕 Reichelt G, "International Protection of Cultural Property", *Uniform Law Review*, Vol. 1 (1985), pp. 20 – 21.

而实无益。"[1]其四，适用文物被盗地法或文物原所有人的住所地法并不一定对文物原所有人或原属国有利，甚至会产生事与愿违的结果。因为历史悠久的发展中国家是主要文物流失国，而这些国家的法律相对不完善，对财产所有权的保护力度往往不及发达国家。其五，如何确定"文物被盗地""文物原属国"抑或"最密切联系国"并非易事。此外，物之所在地法虽有助长文物"漂洗"之虞，但国际私法中的法律规避以及公共秩序保留制度可以对之进行限制，从而在一定程度上遏制其负面效果。职是之故，到目前为止，主张废弃物之所在地法的建议尚未得到立法与司法实践的认可。

由此可见，在当前各国法律冲突严重的情况下，在文物追索诉讼中适用物之所在地法是文物交易保有最低限度的可预见性与安全性的必要保障，尚无其他冲突规则可以替代之。事实上，要想完全消除物之所在地法的缺陷，唯一的方法就是完全消除各国在该领域内的法律冲突，而在可预见的将来，这仍然是遥不可及的梦想。不过，这再一次印证了梅耶（Mayer）的名言："就冲突法而言，其实根本没有十全十美的解决方法，我们所能做的不过是避免最糟糕的方法而已。"[2]

最后，在追索流失文物时，文物原属国应当充分了解与研究国际私法规则以及文物市场国的国内法规范，在对相关法律作出系统研判的基础上，请求法院适用有利于保护文物原属国所有权的国家的法律。

二、伊朗诉英国伦敦巴拉卡特美术馆案（2008 年）

（一）背景概述

在"伊朗伊斯兰共和国政府诉英国伦敦巴拉卡特美术馆案"（以下简称"英国巴拉卡特美术馆案"）中，[3]伊朗政府成功索回了非法盗掘与出口的 18 件雕花罐、雕刻碗与杯子。迄今为止，本案是唯一一起由文物来源国作为诉讼主体在英国法院起诉英国国有收藏机构并获得成功的案例，因而具有较强的借鉴意义与启示作用。

〔1〕　Thomas W. Pecoraro, "Choice of Law in Litigation to Recover National Cultural Property: Efforts as Harmonization in Private International Law", *The Virginia Journal of International Law*, Vol. 31（1990），p. 40.

〔2〕　霍政欣：《追索海外流失文物的国际私法问题》，载《华东政法大学学报》2015 年第 2 期，第 111－112 页。

〔3〕　Government of the Islamic Republic of Iran v. The Barakat Galleries Ltd. ［2007］EWHC 705 QB. Government of the Islamic Republic of Iran v. The Barakat Galleries Ltd. ［2007］EWCA Civ. 1374,［2008］1 All ER 1177.

　　在该案中，伊朗伊斯兰共和国政府（以下简称"伊朗政府"）起诉总部位于伦敦的英国巴拉卡特美术馆，要求返还其收藏的 18 件雕花罐、雕刻碗与杯子。这批文物被盗于伊朗南部的吉罗夫特（Jiroft）地区，随后被贩运至国际市场。

　　与伊朗其他城市的早期陶器一样，这些来自伊朗东南部的吉罗夫特地区的雕刻品充分体现了伊朗早期当地传统手工业的发展状况。与此同时，考古人员还在吉罗夫特地区发现了公元前 3000 年的绿泥容石器。这类出土的绿泥容石器，其雕刻手法细腻精美，巧妙地结合了伊朗、美索不达米亚、印度河流域的地理图像，生动地再现了该地区的农耕风貌。一些造型独特的绿泥容石器通过艺术再现的手法，将美索不达米亚地区的神话故事融汇其中；部分石器表面描绘出了两头背部耸起的公牛及其中间的"动物的主人"；部分石器花罐则以小动物为主要的背景图案。

　　这些出土的石器艺术品大多反映了伊朗该地区的人类史前文明，既有表现当地人游牧生活状态的，也有表现当地定居人群日常生活的情况，具有较高的艺术水准与艺术价值。[1]

　　（二）案情简介

　　1. 案件基本情况

　　2000 - 2004 年，英国巴拉卡特美术馆从法国、德国和瑞士等国陆续收购了一批制作于公元前 3000 年至公元前 2000 年的古代雕刻容器。[2]此后，经伊朗考古人员的考证与伊朗政府的调查证明，这批古代雕刻容器共计 18 件，均出自伊朗境内吉罗夫特小城的古代墓葬，是遭非法盗掘并偷运至国外的伊朗文物。

　　伊朗政府主张，根据伊朗伊斯兰议会于 1979 年 5 月 17 日制定并通过的《防止未经授权盗掘物法》的相关规定，[3]这批古代雕刻容器出土于伊朗境内，其所有权应属于伊朗政府。鉴此，伊朗政府于 2006 年 3 月 8 日在英国伦敦向巴拉卡特美术馆提出返还请求，请求其返还这批古代雕刻容器。然而，巴拉卡特美术馆认为，它是通过合法途径收购这 18 件古代雕刻容器的，对其享有合法的所有权，故拒绝返还。[4]

---

　　〔1〕《早期伊朗的雕塑艺术》，载 http://info.trueart.com/info_ 39280. html，访问时间：2017 年 4 月 7 日。

　　〔2〕 Government of the Islamic Republic of Iran v. The Barakat Galleries Ltd. ［2007］EWHC 705 QB, paras. 4 - 5.

　　〔3〕 Legal Bill on the Prevention of Unauthorized Excavations and Diggings (1979) (Iran).

　　〔4〕 Gerstenblith, Patty, "Schultz and Barakat: Universal Recognition of National Ownership of Antiquities", *Art Antiquity and Law*, 1 (2009), pp. 21 - 48.

在本案中，原告伊朗政府依据英国 1977 年《侵权（侵犯财物）法》〔The Torts（Interference with Goods）Act, 1977〕的规定，于 2007 年 2 月 26 日以英国伦敦巴拉卡特美术馆为被告，向英国高等法院提起动产侵占之诉（action in conversion）。[1]依据英国法，由于诉讼主体资格问题属于民事诉讼法中的程序问题，故应当适用法院地法；换言之，伊朗政府是否有资格提起英国法上的动产侵占之诉，应当根据英国法予以判断。[2]此外，原告伊朗政府的诉讼请求能否被英国高等法院所接受，取决于以下两个先决条件：

第一，依照伊朗法，原告伊朗政府是否已经获得这批古代雕刻容器的所有权或直接占有权？

第二，如若根据伊朗法的相关规定，伊朗政府拥有这批古代雕刻容器的所有权或直接占有权，那么，英国高等法院是否应对其予以承认和/ 或执行？[3]

原被告围绕上述两个问题展开了激烈的法庭辩论，一审法院与二审法院的立场也不相同。一审法院——英国高等法院的法官对上述两个问题均给予了否定的回答，判决原告伊朗政府败诉。与此相反，二审英国上诉法院则推翻了一审英国高等法院的判决，改判原告伊朗政府胜诉。

2. 案情事实

2006 年 3 月 8 日，伊朗政府向总部位于英国伦敦的巴拉卡特美术馆提出请求，要求其返还被盗于吉罗夫特地区的 18 件雕花罐、雕刻碗与杯子，但该返还请求遭到英国伦敦巴拉卡特美术馆的拒绝。[4]

2007 年 2 月 26 日，伊朗政府依照英国 1977 年《侵权（侵犯财物）法》对

---

〔1〕　在非法侵占的案件中，主要涉及被告在对他人之财物享有合法占有权的情况下，实行欺诈性转移的行为。参见〔美〕史蒂文·L. 伊曼纽尔：《刑法》（英文版），中信出版社 2003 年版，第 296 - 298 页。在英国法上，由于不存在原物返还请求权，故通过侵权法上不法妨害动产之救济规则予以替代。不法妨害动产之救济包含了 "trespass" "conversion" "trover" "detinue" "replevin" 等侵权之诉，其中最为重要的是 "conversion"。确切地说，"conversion" 是一种侵权行为，而 "trover" 则是指诉讼形式。在 "诉讼形式"（form of action）废除以后，"trover" 等诉讼形式已很少使用。动产被侵占的，可以直接提起 "动产侵占诉讼"（action in conversion）。此外，"detinue" 主要针对有权占有人（如保管人）扣留动产不返还所有人的情形，"trover" 最初针对的是拾得人保留拾得物为己所用或将其出卖给他人的情形。后来，"detinue" 几乎废弃不用，仅 "trover" 和 "trespass" 保留。另外，"replevin" 常译为 "原物返还之诉" 或 "收回不法取得动产之诉"（我国台湾地区译法），目前也主要作为一种程序上的临时措施（美国法中常见），又称 "claim and delivery"，要求被告在诉讼开始前将动产返还给原告。

〔2〕　Geogre Panagopoulous, "Substance and Procedure in Private International Law", *Journal of Private International Law*（2005），p. 69.

〔3〕　Government of the Islamic Republic of Iran v. The Barakat Galleries Ltd.〔2007〕EWHC 705 QB, paras. 59, pp. 70 - 71.

〔4〕　Government of the Islamic Republic of Iran v. The Barakat Galleries Ltd.〔2007〕EWCA Civ. 1374.

英国伦敦巴拉卡特美术馆提起动产侵占之诉。[1]

2007 年 3 月 29 日，英国高等法院开庭审理了此案，并判决原告伊朗政府败诉。[2]

原告伊朗政府表示不服，遂提出上诉。在上诉状中，伊朗政府表示，一审主审法官不承认伊朗政府对这批古代雕刻容器享有所有权，还认为其主张的权利无法律依据，这些观点与法不符。此外，这份上诉状还称，如被上诉方英国伦敦巴拉卡特美术馆占有之物确系被盗流失的文物或艺术品，则法院应当依据英国侵权法的规定，支持上诉方主张的动产侵占之诉。[3]

2007 年 12 月 21 日，英国上诉法院推翻了英国高等法院的判决，转为支持上诉方伊朗政府的主张，并裁定本案应当适用伊朗法。[4]

2008 年 6 月 30 日，英国上议院否决了被上诉方英国伦敦巴拉卡特美术馆所提出的请求。[5]

（三）争议焦点

本案的主要争议焦点围绕以下两个问题展开。

争议之一：本案争议标的物（18 件古代雕刻容器）的所有权归属问题。

如前所述，这批出自公元前 3000 年至公元前 2000 年的古代雕刻容器主要是在伊朗南部城市吉罗夫特遭到非法盗掘的考古类文物，并于 2000 - 2004 年间非法贩运出境，由此分散到法国、德国和瑞士等国的艺术品经销商或艺术品收藏家手中。随后，这批古代雕刻容器被英国伦敦巴拉卡特美术馆购得。就这批出土的古代雕刻容器的来源而言，现占有者——巴拉卡特美术馆曾经提出过质疑，但鉴于其收购渠道正当，交易方式合法，故并未对其真实的来源途径进行过尽职调查。[6]这为本案原被告在法庭审理过程中就非法收购文物一事展开激烈辩论埋下了伏笔。

伊朗政府认为，根据伊朗 1979 年《防止未经授权盗掘物法》的相关规定，伊朗境内的艺术品或出土文物均归伊朗政府所有，伊朗南部城市吉罗夫特出土的这批古代雕刻容器因而属于伊朗政府所有。[7]然而，巴拉卡特美术馆主张，其是

〔1〕　*Ibid.*

〔2〕　*Ibid.*

〔3〕　*Ibid.*

〔4〕　*Ibid.*

〔5〕　Gerstenblith, Patty, "Schultz and Barakat: Universal Recognition of National Ownership of Antiquities", *Art Antiquity and Law*, 1 (2009), pp. 21 -48.

〔6〕　*Ibid.*, at 48.

〔7〕　*Ibid.*

通过合法的途径收购这 18 件古代雕刻容器的，理应享有合法的所有权，故拒绝返还。[1]

伊朗政府是否对这批古代雕刻容器享有物之所有权或占有权的问题，应当依据英国冲突法指引的准据法加以判断。根据《戴西、莫里斯和柯林斯论冲突法》这一权威冲突法著作的立场："动产转让的有效性及其转让对有关当事人和其他对该动产主张权利的人所产生的效力，应依照该动产转让时所在地国家的法律（lex situs）确定……动产的转让如果根据该动产被转让时所在地国家的法律为有效并具效力，则在英国也为有效并具效力。"[2]

由此可见，原告伊朗政府是否享有对这批古代雕刻容器的所有权或占有权，应当根据伊朗法判断，这一结论应无疑义。

争议之二：在该案中，伊朗的文物保护法在英国是否具有域外效力。

依据文物来源国的法律，即伊朗法，伊朗政府应享有这批古代雕刻容器的所有权或占有权。接下来的问题是，伊朗的文物保护法能否被法院地国法院，即英国法院承认或执行。由于各国文物保护法大都规定了刑事或行政强制措施，往往被认为具有公法性质，故牵涉到外国公法的域外效力问题。

传统的冲突法理论认为，一国法院不能适用外国公法。《戴西、莫里斯和柯林斯论冲突法》也体现了这一立场："英国法院并无管辖权去受理一项其目的在于直接或间接地执行外国刑法、税法或其他公法的诉讼。"[3]对于"其他公法"的具体含义，这本经典国际私法著作是这样解释的："'其他公法'的表述指（除刑法与税法之外的）所有为维护中央政府或地方政府权力而执行的法律规则。"[4]从这一解释来看，外国限制或禁止文物出口的法律似应属于"其他公法"的范围。不过，包括本案的相关判例表明，外国文物的出口禁令是否属于外国公法，在不同法官看来，还是一个颇具争议的问题。

（四）法院裁判

英国高等法院着眼于 1979 年伊朗《防止未经授权盗掘物法》是否赋予了伊

---

〔1〕　Gerstenblith, Patty, "Schultz and Barakat: Universal Recognition of National Ownership of Antiquities", *Art Antiquity and Law*, 1 (2009), pp. 21 – 48.

〔2〕　Lawrence, Collins, Dicey, Morris & Collins on the Conflict of Laws, London: Sweet & Maxwell, 2012, 15th ed. , p. 1287.

〔3〕　杜涛：《境外诉讼追索海外流失文物的冲突法问题——伊朗政府诉巴拉卡特美术馆案及其启示》，载《比较法研究》2009 年第 2 期，第 133 – 143 页。

〔4〕　Lawrence, Collins, Dicey, Morris & Collins on the Conflict of Laws, London: Sweet & Maxwell, 2012, 15th ed. , p. 107.

朗政府对这批古代雕刻容器的物之所有权。对此，英国高等法院审查了伊朗伊斯兰共和国的相关立法。

在英国，外国法通常以当事人及其律师聘请的专家证人向法庭就该外国法的内容进行作证，故本案双方当事人均聘请了伊朗法律专家当庭对伊朗法的内容予以证明。[1] 原告聘请的专家证人是一位原德黑兰大学的法学教授，被告聘请的专家证人是一位原伊朗裔律师，他们均常年在英国从事关于伊朗法的法律服务工作。原告的专家证人认为，这批古代雕刻容器应属于原伊朗国王，且是本国国家文化遗产的重要组成部分，应归伊朗伊斯兰共和国所有。被告的专家证人则认为，依据《伊朗民法典》的相关规定，文物的发掘者才享有这批古代雕刻容器的物之所有权。[2]

英国高等法院法官格莱认为，关于这一问题，对伊朗法并不存在权威的司法解释或学理解释。若双方当事人对该问题所提供的证明相互矛盾，则法官必须审查双方专家证人所援引的法律条文的效力，以便在二者之间确定孰是孰非。

此外，被告巴拉卡特美术馆认为，1979 年伊朗《防止未经授权盗掘物法》既有刑法性质，亦有公法性质，故在英国法院不具有可执行性。对此，原告伊朗政府提出了两点抗辩：其一，外国某项法律赋予该国对其境内的财产以所有权，该项权利应当在英国法院得到承认，即使该项法律属于刑法或公法。其二，原告所依据的法律并非刑法，即便它属于公法；此外，在公共政策上亦无理由解释为什么它不能在英国得到承认与执行。[3]

英国高等法院采纳了被告英国伦敦巴拉卡特美术馆的主张，做出如下裁定：首先，1979 年伊朗《防止未经授权盗掘物法》是一部刑事法律，其立法目的是保护伊朗的国家遗产与国有文物。其次，该法案具有公法性质，英国法院不应承认与执行之。鉴于此，英国高等法院驳回了原告伊朗政府的诉讼请求。[4]

英国上诉法院认为，本案涉及对 1979 年伊朗《防止未经授权盗掘物法》的解释问题。对于伊朗法是否赋予上诉方伊朗政府对文物的所有权，不能依据英国法对物之所有权概念的定义，而是应当依据上诉方伊朗有关法律关系的实质内容来予以界定。[5] 若伊朗法赋予伊朗政府对有关文物的权利相当于或等同于英国法中物之所有权的规定，从冲突法的角度来看，英国法应当将该权利作为物之所有

---

〔1〕 *Ibid.*, at 108.

〔2〕 Government of the Islamic Republic of Iran v. The Barakat Galleries Ltd. 〔2007〕 EWCA Civc. 1374.

〔3〕 Attorney – General of New Zealand 〔Zealand v. Ortiz and Others〕〔1984〕 A. C. 88.

〔4〕 Government of the Islamic Republic of Iran v. The Barakat Galleries Ltd. 〔2007〕 EWCA Civc. 1374.

〔5〕 *Ibid.* EWCA Civ. 1374 〔2008〕 1 All ER 1177.

权同等对待。因此，对英国法院而言，本案亟待解决的问题是伊朗政府根据伊朗法所赋予的权利能否依据英国法来提起诉讼。

在对伊朗的相关法律进行分析后，英国上诉法院认为，虽然伊朗1979年《防止未经授权盗掘物法》并未明确规定上诉方伊朗伊斯兰共和国对文物享有物之所有权，但对该法的具体内容进行仔细分析可以发现对于该国境内发掘或发现的文物，除国家之外，其他任何人都无法成为其真正所有权者。[1]

结合"新西兰司法部长诉奥瑞蒂茨案"，[2]并认真分析《戴西、莫里斯和柯林斯论冲突法》的相关论述，[3]英国上诉法院认定一审法院的判决有误。英国上诉法院判决认为，尽管1979年伊朗《防止未经授权盗掘物法》大部分内容都是刑事条款，但其他有关文物所有权的规定并非刑事条款，亦不具有法律溯及力，故不影响此前已合法存在的文物所有权。它只是修改了该法中有关尚未发现之文物的所有权的规定，将这类文物的所有权赋予国家并给予出土文物的发现者以适当的奖励。因此，这部分的条款并不是刑事条款，一审英国高等法院以此为由驳回原告之诉求，实属错误。

接着，英国上诉法院分析了英美法等国的多起相关案例，[4]最终得出结论：外国政府提起的诉讼请求不能被执行的唯一理由，除了刑法与税法等原因之外，仅在于该诉讼请求包含了对外国主权权力的执行或维护。同时，未有任何一项英美法判例显示存在这样一条规则，即英国法院禁止对所有外国"公法"的执行。[5]

因此，英国上诉法院指出，一个国家在其他国家法院主张对其财产的所有权，并不属于主张主权权力。在这种情况下，国家与私人的地位并无二异。在本案中，伊朗政府主张的物之所有权并非基于对私人财产的强行征收，而是基于对

〔1〕 杜涛：《境外诉讼追索海外流失文物的冲突法问题——伊朗政府诉巴拉卡特美术馆案及其启示》，载《比较法研究》2009年第2期，第133-143页。

〔2〕 Attorney - General of New Zealand v. Oritiz, 1982 1 Q. B. 349；〔1982〕3 All E. R. 457（AC）；〔1983〕2 All E. R. 98（HL）.

〔3〕 Lawrence, Collins, Dicey, Morris & Collins on the Conflict of Laws, London：Sweet & Maxwell, 2012, 15th ed., Rule 3 (1).

〔4〕 At t - Gen (UK) v He［inemann Publishers Australia Pty Ltd (1988) 165 CLR 30］；President of the State of Equatorial Guinea v Royal Bank of Scotland [2006] UKPC 7；Mbasogo v Logo Ltd [20071 2 WLR 1062]；Robb Evans of Robb Evans & Associates v. European Bank Ltd [2004] NSWCA 82, (2004) 61 NSWLR 75；Etat d'Haiti v. Duvalier, Cass. civ. I, May 29, 1990, 1991 Clunet 137, 1991 Rev. Crit. 386.

〔5〕 Government of the Islamic Republic of Iran v. the Barakat Galleries Limited, [2007] EWCA Civ 1374, para. 125.

本国国家文物的合法所有权，该物之所有权实际上是基于一项具有 30 年历史的法令所形成的，是一项财产权之诉，并非执行外国公法或主张国家主权的诉讼。

最终，英国上诉法院改判了一审法院的判决，承认伊朗政府根据其文物保护法所享有的物之所有权。[1] 被上诉方巴拉卡特美术馆对英国上诉法院的判决不服，向英国上议院提出上诉请求。2008 年 6 月 30 日，英国上议院否决了巴拉卡特美术馆提出的上诉请求。[2]

（五）经验总结

通过对本案的分析与解读，可以看出，该案争议的关键在于如何对伊朗法有关文物所有权的规定定性。该案一审法院与上诉法院所采纳的解释不同，致使判决结果完全相异。鉴此，我们可以得到以下两点启示：

首先，以跨国民事诉讼的方式追索海外流失文物是行之有效的法律途径之一。中国政府一直积极采取多种途径与方式追索流失海外的文物，并依据现行涉及文物返还的国际公约的相关规定，寻求法律途径解决文物返还中的争议问题。然而，国际公约碍于自身缺陷以及法律溯及力等因素，加之诸多文物市场国并未加入或未在国内严格实施，故仅适用公约追索流失文物存在诸多限制。不过，本案表明，即便文物所在国并未加入相关国际公约或相关国际公约不适用于涉案文物，也可以在该国法院提起民事诉讼，并依据该国国内法追索流失文物。在此背景下，认真研究文物所在国的国内法，包括其民事诉讼法、国际私法与民商事法律极具重要性。[3]

其次，切实完善我国《文物保护法》，为跨国追索流失海外文物奠定法律基础。在 2002 年修订的《文物保护法》对文物所有权予以详细规定，但仍存在一些模糊之处，仍需要修改与完善。[4]

至于应当如何具体落实国家所有权则是一个难题。譬如，中国流失海外的文

---

〔1〕 Government of the Islamic Republic of Iran v. the Barakat Galleries Limited, EWCA Civ 1374 = ［2007］2 C［L. C. 994］= ［2008］All. E. R. 1177.

〔2〕 Gerstenblith Patty, "Schultz and Barakat: Universal Recognition of National Ownership of Antiquities", *Art Antiquity and Law*, 1 (2009), pp. 21 - 48.

〔3〕 杜涛：《境外诉讼追索海外流失文物的冲突法问题——伊朗政府诉巴拉卡特美术馆案及其启示》，载《比较法研究》2009 年第 2 期，第 133 - 143 页。

〔4〕《中华人民共和国文物保护法》（2002），第 5 条："中华人民共和国境内地下、内水和领海中遗存的一切文物，属于国家所有。国有不可移动的文物的所有权不因其依附的土地所有权或者使用权的改变而改变。国有文物受法律保护。属于集体所有和私人所有的纪念建筑物、古建筑和祖传文物以及依法取得的其他文物，其所有权受法律保护。文物的所有者必须遵守国家有关文物保护的法律、法规的规定。一切机关、组织和个人都有依法保护文物的义务。地下埋藏的文物，任何单位或者个人都不得私自发掘。"

物众多，若需要到海外进行起诉和追回，中国政府出面作为原告是否合适?[1]
在本案和其他类似案例中，文物来源国的政府出面作为原告起诉的情况较为普遍，然而，由于一直奉行国家主权豁免立场，故在该问题上中国政府向来谨慎。在这种情况下，如果中国政府不出面提起诉讼，那么到底应由什么部门代表国家来行使对文物的所有权与起诉权呢? 是有关的公立博物馆或收藏机构? 还是应当依据文物的所有权不同而有所不同呢? 非政府机关出面向外国法院提起诉讼是否符合外国法的要求呢?

对于前述问题，即在外国法院提起民事诉讼的原告是否会被认可为适格的诉讼主体问题，又可以分解成两个更为具体的问题：其一，原告是否具有法律所认可的诉讼能力; 其二，对于特定的诉讼请求而言，原告是否"适格"，亦即原告与特定的诉讼是否具有符合法律规定的利益。对于第一个问题，各国法院普遍依据法院地法予以裁定。而对于第二个问题，则应依据诉讼请求是否涉及所有权而有所不同：对于物之所有权之诉，法院一般会依文物原属国法律判定原告是否对诉讼标的拥有所有权，并将之作为裁定原告是否适格的主要因素; 对于非所有权之诉，法院往往依据法院地法判定原告是否满足法律所规定的适格条件。[2]

由于原告的诉讼主体资格在法律适用上存在明显的复杂性与不确定性，为确保跨国文物诉讼尽可能不因该程序问题而遭遇失败，我们提出以下三条建议：

第一，文物原属国应在其国内法中对文物的所有权以及其他权属做出明确规定。同时，鉴于公法的效力很难被外国法院所承认，故文物原属国应当尽可能通过其民法（私法）对此做出相应的规定。尽管这不能完全解决外国法院的原告主体资格问题，但在相关外国法院依据文物原属国法律进行裁决时会起到重要作用。

第二，考虑到在外国法院提起民事诉讼原告的主体资格问题极具不确定性，文物追索方应尽可能地增加作为原告的诉讼主体，以保证在其中一部分主体不为外国法院认可时依然有另一部分适格的原告，从而提高成功提起诉讼的概率。

第三，考虑到在外国提起民事诉讼的诉讼成本较高，作为具有强大经济、政治与法律资源的国家应在国际文物追索诉讼中承担重要角色，有针对性地选择那些价值较高、可能产生重大影响或示范作用的文物作为追索对象，并联合尽可能多的主体来共同提起诉讼。从意大利、希腊、埃及、墨西哥、印度等主要文物来

---

〔1〕　杜涛：《境外诉讼追索海外流失文物的冲突法问题——伊朗政府诉巴拉卡特美术馆案及其启示》，载《比较法研究》2009 年第 2 期，第 133 - 143 页。

〔2〕　参见霍政欣：《追索海外流失文物的法律问题》，中国政法大学出版社 2013 年版，第 79 页。

源国提起的文物追索诉讼来看，国家是最重要的追索主体，在大部分文物追索案件（尤其是涉及珍贵文物的追索案件）中，国家都是原告或主要的原告，这一点尤其值得中国政府借鉴。[1]

最后，需要提及，在 2009 年兽首拍卖案发生后，中国社会科学院法学研究所谢新胜博士曾撰文，提出国家不宜提起诉讼追索流失文物的观点，[2] 并得到官方媒体的认可。对于这一立场，我们并不认同。文中，谢博士总结出三点理由：其一，法律障碍很大，胜诉可能性很小；其二，我国政府主动提起诉讼有可能引起国外对我们的恶意诉讼；其三，跨国诉讼费用高昂，程序复杂，牵扯问题敏感。对这三点理由，下文做出逐一分析。

在论证其第一点理由时，谢文写道：

> 对于文物原属国来说，索回文物的法律依据主要是国际公约和文物拍卖国的法律。就国际公约而言，涉及文化财产保护的国际公约虽有十余个，却很不完善，整个规则体系只是框架性的，缺乏有效的约束机制。而通过拍卖国法律进行追索，则面临国际私法上的诉讼时效等诸多难以逾越的障碍。目前国际上所有有关文化财产返还的案例中，仅有一起意大利政府诉美国收藏者的案例获得胜诉。考虑到我国政府进行这种跨国诉讼的精力与能力，以诉讼的方式进行追索，得不偿失。

诚然，追索文物的跨国诉讼确实面临一系列法律障碍，但由于各国法律差别很大，我国非法流失文物的情况复杂多样，并不能就此在总体上断定文物追索诉讼的胜诉概率很小，以国家名义提起诉讼得不偿失的结论。如本书论及，对于在相关国际公约生效后流失的一部分文物，在相关缔约国内提起追索请求或诉讼是有国际法依据的；此外，各国国内法各不相同，某些国家存在明显对文物原属国追索文物有利的法律规定，本书收录的诸多成功追索的先例就是明证，而绝不仅限于谢文所提到的那一个案例。此外，鉴于我国近年来对文化财产的保护与追索工作愈加重视，国家财力与综合国力已得到令人振奋的提升，我国政府完全具备提出文物追索诉讼的能力。其实，如果做横向比较，我们更应该对我国政府拥有信心：像埃及、希腊、墨西哥、印度这样的国家，无论从哪方面来看，其可资利用的资源都不及我国，但这些国家的政府在追索文物中所持的积极态度、所扮演的重要角色以及所取得的实际成效，足以让我们有理由相信我国政府有能力在跨

---

〔1〕 参见霍政欣：《追索海外流失文物的法律问题》，中国政法大学出版社 2013 年版，第 79 页。

〔2〕 谢新胜：《国家不宜提起诉讼追索流失文物》，载《长江商报》2009 年 2 月 26 日，文化版。除豁免问题外，此文还有诸多观点存在显而易见的瑕疵与错误，限于篇幅不做一一点评。

国文物追索中扮演更加积极的角色。

在阐述我国政府提起诉讼可能引发恶意诉讼这一理由时，谢文指出：

> 我国政府采取绝对豁免的立场，即中国政府以及代表中国政府行事的人以及财产完全免除外国法院的管辖，否则即对我国主权的严重侵犯。但国际法中有一条普遍的准则，即享有豁免权的国家如果主动起诉或应诉将不再享有主权豁免。倘若我国政府主动提起诉讼，即意味着豁免权的丧失，会给国家造成不必要的麻烦。一些西方法官还可能将不相关的案件合并审理，例如将人权问题、西藏问题等与文化财产返还案件挂钩，给我国外交造成政治压力。

从法律角度分析，上文存在显而易见的主观推断，对国家及其财产豁免理论的理解也存在错误。所谓"国家及其财产豁免"，简称为"国家豁免"，是指在国际交往中一个国家及其财产未经其同意免受其他国家的管辖与执行措施的权利。就司法范围而言，一个国家及其财产未经其同意，其他国家的法院不得对该国进行管辖，或者对其财产采取扣押、强制执行或其他强制措施。在国际关系中，国家及其财产豁免原则既来源于国家主权原则，同时又维护和巩固国家主权原则[1]国家虽然在原则上享有豁免，但可以放弃之，其中，国家如果提起诉讼，则可以被视为由于默示而放弃其豁免。如果一个外国国家提起了诉讼，就意味着该外国对于同一诉讼事项所发生的反诉放弃了豁免权[2]可见，在跨国文物诉讼中，如果国家提起了诉讼，仅仅意味着对因本诉相同的法律关系或事实所引起的任何反诉放弃了豁免，不具有任何普遍意义上的法律后果。至于谢文提到的"一些西方法官还可能将不相关的案件合并审理，例如将人权问题、西藏问题等与文化财产返还案件挂钩"，则完全是缺少法律依据与事实基础的主观臆断，是基于对西方国家法制（尤其是程序法）缺少了解而产生的恐惧。

谢文最后写道："西方国家一般诉讼费用、律师费用都极其高昂，诉讼难免聘请外国律师，也难免告知其我国相关立场，甚至国家秘密等情况，风险很大。"对此，笔者认为，跨国诉讼高昂的诉讼成本恰恰证明国家的介入是必要的，因为只有国家才有雄厚的人力与财力支撑国际民事诉讼，才能为赢得诉讼提供坚实的物质保障。至于参加诉讼会泄露国家秘密的担心，笔者认为，文化财产的保护与追索基本不涉及国家秘密的范畴，向外国法院告知相关立场不会危及国家安全，

---

〔1〕　参见韩德培主编：《国际私法》，高等教育出版社2000年版，第73页。

〔2〕　参见［英］詹宁斯、瓦茨修订：《奥本海国际法》（第1分册），王铁崖等译，中国大百科全书出版社1995年版，第280页。

纵使特定文物牵涉某些可能属于广义上的国家秘密，国家也完全可以在评估相关风险后再决定是否提起诉讼。以诉讼涉及国家秘密为由而在原则上否定国家提起文物追索诉讼的观点无疑是荒谬的。值得强调的是，由于普通法国家遵循"因循先例"的原则，国家选择对具有重要文化价值的文物，在法律依据充分的普通法国家提起追索诉讼，一旦获得胜诉，将会产生法律上的约束力，其意义重大，影响深远。

有鉴于此，笔者认为，中国政府应当在对相关国家法律进行充分研究的基础上，选择在胜诉把握较大的国家对具有重大价值的文物提起追索诉讼。这样做既不存在不可预料的法律风险，其必要性与可行性也为其他文物流失国的追索实践所证实。[1]

第三节　英国返还文物的司法外解决案例研究

一、大英博物馆返还埃及斯芬克斯狮身人面像胡须案 (1984 年)

（一）背景概述

埃及开罗吉萨省（Giza）的三大金字塔举世闻名，而金字塔前的斯芬克斯狮身人面像则是古代埃及的皇权象征。这座位于卡夫拉（Keveler）金字塔旁的雕像，高约20m，身长约57m，外形则以人兽合一的造型著称（由一头狮子的躯干与人的头颅组成）。[2]从远处观望，这座气势恢宏的雕像脸部朝东，正面对着吉萨省的其他金字塔群。值得注意的是，斯芬克斯狮身人面像面部宽达一米的鼻子现已消失。人们在对狮身人面像的面部进行检查时发现，狮身人面像的鼻子是从面部向南凿离，在鼻子部位留下了明显的痕迹，其中一处在鼻梁，而另外一处位于鼻孔附近。[3]关于狮身人面像鼻子无故"消失"的原因，外界对此众说纷纭。其中一种说法是，斯芬克斯狮身人面像的鼻子是受到拿破仑军队的炮击而脱落的。[4]另有传言称，在英国发动的侵略战争中，英国军队炮轰了这些金字塔群，

---

〔1〕　参见霍政欣：《追索海外流失文物的法律问题》，中国政法大学出版社 2013 年版，第 80－82 页。

〔2〕　"The Case Studies—Egyptian Artifacts and Cultural Heritage：Egypt and Great Britain"，载 http：//www1. american. edu/TED/mummy. htm，访问时间：2017 年 4 月 8 日。

〔3〕　Lehner，Mark，*The Complete Pyramids*，Thames & Hudson，1997，p. 41.

〔4〕　Coxill，David，"The Riddle of the Sphinx"，*Journal of Ancient Egypt*，1998，p. 16.

以致斯芬克斯狮身人面像的鼻子受损。[1] 1738 年 2 月 21 日，丹麦探险家德里克·路易·诺登（Frederic Louis Norden）完成了对埃及狮身人面像草图的绘制，并于 1757 年 8 月 3 日在法国巴黎出版了这一草绘图本。当时，人们并未发现斯芬克斯狮身人面像鼻子的存在。因此，该草绘图本的问世也间接证实了以上传言的真实性。[2]

除了消失的鼻子外，还有一段曾依附在斯芬克斯狮身人面像上独具象征意义的法老胡须，也未能摆脱“消失”的厄运。许多埃及考古学者曾认为，那一捋胡须很有可能是在金字塔建造完成之后的某一时期单独加上去的。[3] 如法国考古协会开罗分会的考古学家瓦斯利·杜波夫（Vassil Dobrev）曾断言道：“若该胡须是斯芬克斯狮身人面像原有的组成部分，那么它在脱落的时候势必会由于重力作用而损坏狮身人面像的下巴。”[4]

然而，经过科考人员的仔细勘验与调查，斯芬克斯狮身人面像的下巴处并未检测到有任何损毁的痕迹，这也间接证实了有关胡须是后来添加上去的假说。斯芬克斯狮身人面像的下颌胡须原长达 5m，后因殖民掠夺与战争的冲击，埃及各处的金字塔以及斯芬克斯狮身人面像均遭到了不同程度的损毁，其面部的胡须也未能幸免。

当人们再次见到斯芬克斯狮身人面像的胡须时，是在 1818 年 10 月 8 日的大英博物馆，在此之前的漫长岁月里，这段胡须究竟遭遇了什么？曾发生了什么故事？又为何被大英博物馆所收藏？对此，作为负责保护与管理埃及文物的埃及国家文物局并不知晓。[5]

为破解埃及昔日岁月里的种种迷局，这段斯芬克斯狮身人面像的胡须引发了一段长达 166 年的艰辛追索之旅。

（二）案情简介

1. 案件基本情况

本案的追索对象是流失到大英博物馆中的埃及斯芬克斯狮身人面像的胡须。在大英博物馆解密相关的考古档案之前，埃及文化部与国家文物局对于斯芬克斯

---

〔1〕 Lehner, Mark, *The Complete Pyramids*, Thames & Hudson, 1997, p. 41.

〔2〕 F. L. Norden, “Travels in Egypt and Nubia, 1757”, plate 47, Profil de la tête colossale du Sphinx, *Brooklyn Museum*, January 24, 2014.

〔3〕 Fleming, Nic, “I have Solved Riddle of the Sphinx, Says Frenchman”, *The Daily Telegraph*, December 24, 2004.

〔4〕 *Ibid.*

〔5〕 “Inscrutable but not Immutable”, *The Times*, June 16, 1984.

狮身人面像的胡须究竟是什么时候消失的、以何种方式流入英国的并不知晓。根据现今已解密的考古档案，里面记载着这样一段尘封已久的隐秘旧闻：[1]

1817 年 3 月 18 日，一艘来自意大利热那亚的海舰缓缓地驶入尼罗河附近的埃及开罗吉萨省。[2] 这艘海舰的船杆顶端高悬着一面英国国旗，中间的位置挂着一面标有 "马耳他海舰之尊" 的旗帜，以彰显该海舰的独特身份。[3] 后经证实，这艘海舰的主人是一位名叫乔万尼·巴蒂斯塔·卡维利亚（Giovanni Battista Cavigli）的海舰船长，也是一位集狂热与虔诚为一体的英国基督徒。[4]

在时任英国驻埃及领事馆亨利·萨特（Henry Salt）领事的派遣下，卡维利亚船长在尼罗河埃及流域的开罗附近登陆，开始执行他在埃及境内的一项 "绝密" 任务，即秘密找寻与盗掘埋藏在开罗吉萨省狮身人面像附近未出土的奇珍异宝与古文物。[5] 然而，对于考古挖掘工作来说，3 月份埃及开罗的气候与环境并不理想。绝大部分地区已经被厚厚的黄沙所覆盖，唯一能够辨认的是该地区的标志性建筑——狮身人面像，它好似一座孤坟远远伫立在荒凉的沙漠之中。

面对此番景象，卡维利亚并未就此作罢，他深知自己身上所肩负的 "特殊使命"。很快，他便在狮身人面像附近搭建了临时的 "驻地"（日常生活区）。一方面，他向往来的游客兜售自己私藏的廉价艺术仿品以便筹措资金，为日后秘密展开盗掘活动做前期准备；另一方面，他以艺术仿品的买卖为掩护，进一步打探墓地的具体位置。[6] 一个月以后，他将筹措的 450 英镑全部投入到这项秘密盗掘的工程之中。[7] 在萨特领事的引荐下，卡维利亚与英国大英博物馆达成了一项秘密协定，即为该馆拓展文物收藏的来源与渠道，同

---

〔1〕 "Sphinx may Get Its Beard Back", *UPI*, June 12, 1984.

〔2〕 "The British Museum Compass, Fragment of the beard of the Great Sphinx", 载 http：//www. bmimages. com/preview. asp? image =00031296001，访问时间：2017 年 4 月 9 日.

〔3〕 Kevin Jackson & Jonathan Stamp, *Building the Great Pyramid*, Firefly Books, 2003, p. 161.

〔4〕 *Ibid.*

〔5〕 Giovanni Belzoni, *Narrative of the Operations and Recent Discoveries within the Pyramids, Temples, Tombs, and Excavations in Egypt and Nubia*, British Museum Press, 1971, pp. 136 – 139.

〔6〕 Brian M. Fagan, *Quest for the Past Great Discoveries in Archaeology*, Addison – Wesley Educational Publishers Inc, 1978, p. 180.

〔7〕 Kevin Jackson & Jonathan Stamp, *Building the Great Pyramid*, Firefly Books, 2003, p. 161.

时将此次盗掘的埃及古文物交由该馆收藏与保管。[1]

　　为确保秘密盗掘任务的顺利进行，萨特领事与其助手塞缪尔·布里格斯（Samuel Briggs）在卡维利亚实地勘查的基础上，将挖掘地点、地形结构与墓地位置制成了实地草图绘本。[2]与此同时，他们将这份实地草绘图本交给了勾结已久的时任奥斯曼帝国的埃及总督穆罕默德·阿里·帕萨（Moham-med Ali Pasha）。萨特领事与助手布里格斯请求帕萨总督授权卡维利亚，并暗中协助他完成这项秘密的盗掘任务。[3]接下来，在帕萨总督的帮助下，实地的盗掘工作进展得较为顺利。卡维利亚先是挖掘出了一些动物的尸骨与前爪，在通向狮身人面像墓穴的第 32 节步梯时有了重大发现，[4]这里散落着几段破败受损的狮身人面像胡须以及几件埃及皇室所用的头饰。[5]随后，他将其中单独的一段胡须（约占整段胡须长度的 1/13）连同其他 14 件埃及古文物一同转交给大英博物馆。[6]

　　1817 年 12 月 8 日，大英博物馆正式收藏这段长达 31 英寸的狮身人面像胡须，并将其放置在该馆的专门展橱之中。在这段胡须的中间位置依稀存有当年断裂过的痕迹，旁边则树立着一块"来自乔万尼·巴蒂斯塔·卡维利亚的朝贡之礼"的标识牌。[7]

　　为进一步破解失踪百年的胡须之谜，埃及国家文物局的工作人员再次来到了大英博物馆。在这里，他们获得了一些更为具体的线索。根据该馆的馆藏资料显示，这段被劫掠的胡须长约 75cm，直径约 40cm。虽然这段胡须仅为整段胡须长

---

　　[1]　Giovanni Belzoni, *Narrative of the Operations and Recent Discoveries within the Pyramids*, *Temples*, *Tombs*, *and Excavations in Egypt and Nubia*, British Museum Press, 1971, p. 137.

　　[2]　"E - mail from Marco Zatterin (Italian journalist and biographer), to Josh Shuart, Student Author", *University of Kansas Law Review*, November 22, 2003.

　　[3]　1817 年的埃及正处于阿里王朝（1805 - 1849 年）的统治之中。1882 年，埃及被英国军队所占领，随即沦为英国的殖民地。1914 年，埃及成为英国的保护国。1922 年 2 月 28 日，英国被迫承认埃及独立，但仍保留对埃及国防、外交、少数民族等权力，埃及当局仍然是英国控制下的傀儡王朝，按照英埃政府间协议的相关规定，英国可以随时为了保护英国在埃及的利益对埃及出兵。

　　[4]　Giovanni Belzoni, *Narrative of the Operations and Recent Discoveries within the Pyramids*, *Temples*, *Tombs*, *and Excavations in Egypt and Nubia*, British Museum Press, 1971, p. 138.

　　[5]　"The British Museum Compass, Fragment of the Beard of the Great Sphinx", 载 http://www. bmimages. com/preview. asp? image =00031296001, 访问时间：2017 年 4 月 10 日。

　　[6]　"E - mail from Marco Zatterin (Italian journalist and biographer), to Josh Shuart, Student Author", *University of Kansas Law Review*, November 22, 2003.

　　[7]　"Beardless in Giza", *Times*, January 9, 1984.

度的 1/13，却重达 400 – 500kg。[1]面对埃及国家文物局对这段胡须来源的质疑，大英博物馆起初拒不承认，认为这段胡须只是殖民时期里当地殖民者卡维利亚进献给英国的"朝贡之礼"，并非劫掠至英国的埃及文物。由于年代久远，这段胡须早已成为该馆的馆藏文物，亦是英国国家文物中的重要组成部分，并不存在"非法"收藏一说。因此，当埃及国家文物局对大英博物馆提出返还斯芬克斯狮身人面像胡须的请求后，后者断然拒绝。

　　在此后的一百多年里，上至埃及政府，下至主管埃及国内文物保护与管理的国家文物局以及文化部等，屡次请求英国政府返还斯芬克斯狮身人面像的胡须。然而，英国政府以埃及资金短缺、馆藏保护技术不发达、国内自然环境受限等因素，致使其无法妥善地保管好斯芬克斯狮身人面像胡须为由，拒绝了埃及的返还请求。英国政府指出，大英博物馆的文物保护技术与设备先进，更有利于这段胡须的保存与收藏。此后，英国外交部在正式的外交场合明确表示，不会将大英博物馆馆藏的斯芬克斯狮身人面像胡须返还给埃及政府。

　　面对来自英国政府强硬的拒绝，埃及政府并未因此放弃对流失狮身人面像胡须的追索。为了给英国方面施加压力，以埃及国家文物局为首的政府职能部门加强了对英国在其境内考古的管控力度，并做出了种种限制，甚至以"文化断交"的方式来迫使英国政府做出妥协。

　　在埃及政府强势追索和国际舆论的双重压力下，英国政府终于答应埃及政府的返还请求，双方达成了关于返还斯芬克斯狮身人面像胡须的双边协议，这段饱经沧桑的斯芬克斯狮身人面像的胡须最终回到了它的故乡——埃及。

　　2. 案情事实

　　1817 年 3 月 18 日，在时任英国驻埃及领事馆萨特领事的派遣下，卡维利亚船长驾船驶入尼罗河附近的埃及开罗吉萨省，准备执行秘密盗劫狮身人面像附近古埃及文物的任务。[2]

　　1817 年 7 月 24 日，时任奥斯曼帝国的埃及总督帕萨授权并协助卡维利亚船长盗掘了位于开罗吉萨省附近的狮身人面像墓地。在此次秘密盗掘的过程中，卡维利亚船长盗窃了斯芬克斯狮身人面像的一段胡须和其他 14 件埃及古文物。[3]

---

　　[1]　"November 3, 1983 Britain will Sphinx Beard Restitution"，载 http://history. 04007. cn/en. php/HisMain/10474. html，访问时间：2017 年 4 月 10 日。

　　[2]　"The British Museum Compass, Fragment of the Beard of the Great Sphinx"，载 http://www. bmimages. com/preview. asp? image = 00031296001，访问时间：2017 年 4 月 10 日。

　　[3]　"E – mail from Marco Zatterin (Italian journalist and biographer), to Josh Shuart, Student Author"，*University of Kansas Law Review*, Nov. 22, 2003.

鉴于先前卡维利亚船长与大英博物馆之间的秘密协定，也为了表示他对大英帝国的忠心，卡维利亚船长将所盗劫的斯芬克斯狮身人面像胡须献给了英国政府，并由大英博物馆负责收藏与保管。[1]

1817年12月8日，这段被盗劫的斯芬克斯狮身人面像胡须被正式收藏在大英博物馆中。而后，埃及政府展开了对大英博物馆追索斯芬克斯狮身人面像胡须的事宜。[2]

1982年2月20日，埃及政府正式通过官方渠道要求英国政府返还斯芬克斯狮身人面像的胡须，但遭到来自英国外交部的严词拒绝。[3]

1983年11月3日，埃及政府与大英博物馆签订了关于返还斯芬克斯狮身人面像胡须的双边协议。[4]

1984年11月26日，大英博物馆将这段狮身人面像的胡须返还埃及政府，并交由埃及开罗国家博物馆收藏。[5]

（三）争议焦点

本案当事国英国与埃及之间就斯芬克斯狮身人面像的胡须是否应当返还埃及展开了长达166年的角力与谈判。本案涉及的主要争议焦点是：这段被盗劫的斯芬克斯狮身人面像胡须的所有权问题。

在最初双方协商与谈判的过程中，埃及政府主张其依法享有这段被盗劫胡须的所有权，并提出以下三点理由：[6]

第一，根据埃及《文物保护法》的规定，"文物"与"文化遗产"均属于埃及的"公共财产"，而非以"国家财产"冠之以名。[7]值得注意的是，埃及的国家财产仅是埃及公共财产中的一个具体分支。就范畴而言，公共财产的范畴大于国家财产的范畴。不过，依据法律，埃及公共财产与国家财产均不得买卖、出租

---

〔1〕 "The British Museum Compass, Fragment of the Beard of the Great Sphinx"，载 http：//www. bmimages. com/preview. asp？ image=00031296001，访问时间：2017 年 4 月 10 日。

〔2〕 Jeanette Greenfield, *The Return of Cultural Treasures*, Cambridge：Cambridge University Press, 2rd ed. , 1999, p. 114.

〔3〕 *Ibid.* , at 113.

〔4〕 "November 3, 1983 Britain will Sphinx Beard Restitution"，载 http：//history. 04007. cn/en. php/HisMain/10474. html，访问时间：2017 年 4 月 10 日。

〔5〕 Jeanette Greenfield, *The Return of Cultural Treasures*, Cambridge：Cambridge University Press, 2rd ed. , 1999, p. 115.

〔6〕 Josh Shuar, "Is All 'Pharaoh' in Love and War? The British Museum's Title to the Rosetta Stone and the Sphinx's Beard", *Kansas Law Review*, 52 (2004), p. 31.

〔7〕 *Ibid.* , at 32.

或转让，其所有权亦归属于埃及政府。[1]

第二，1817 年 3 月 18 日，在英国驻埃及领事萨特的派遣下，卡维利亚船长到开罗吉萨省非法盗掘古文物并与大英博物馆达成秘密协定，为后者直接提供出土的考古类文物，以此来扩充该馆的馆藏资源。作为此次盗掘墓葬群的直接执行者，卡维利亚船长从事的是盗掘行为，是无权处分者进行的单方面处分他人财产的行为，并不能引起该被盗财产权属的变更。[2]

第三，自 1817 年 12 月 8 日起，大英博物馆成为这段狮身人面像胡须的占有者。鉴于先前与无权处分者卡维利亚船长所达成的秘密协定，大英博物馆明知这段狮身人面像的胡须是遭非法盗掘的埃及文物，却依旧从无权处分者手中将之接收，用于该馆馆藏与日常展览。基于此，应当认定大英博物馆系恶意取得这段被盗狮身人面像胡须。[3]

面对埃及方面的返还请求，大英博物馆虽知收藏当年被非法盗劫的文物实属违法，但依然提出如下抗辩：

> 姑且不论这段狮身人面像的胡须是如何进入本馆并被收藏的，从目前阶段来看，这段狮身人面像的胡须已经成为本馆的国有馆藏文物，且受到《英国博物馆法》的保护与规制。根据《英国博物馆法》的规定，国有馆藏文物不得被出售、转让、买卖或出境。[4]据此，本馆保有这段胡须系合法之举，亦理应享有这段胡须的所有权。[5]

随后，埃及政府提供了斯芬克斯狮身人面像胡须被盗流失的证据以及相关档案的解密材料，证明了大英博物馆所收藏的这段胡须系遭盗劫而来。埃及政府提出，依据英国国内法，财产在被盗之后，其原财产所有权者仍然保有对被盗财产的所有权。此外，被盗财产亦不适用于善意取得，由于善意购买者此时所享有的财产所有权归于"无效"，故其无法获得该财产的所有权。[6]

（四）本案返还的具体方式：协商与谈判

斯芬克斯狮身人面像的胡须历经 166 年的海外漂泊之后，最终在 1984 年 11

---

〔1〕 *Ibid.*

〔2〕 *Ibid.*

〔3〕 *Ibid.*

〔4〕 British Museum Act. (1963) (U. K.).

〔5〕 Josh Shuar, "Is All 'Pharaoh' in Love and War? The British Museum's Title to the Rosetta Stone and the Sphinx's Beard", *Kansas Law Review*, 52 (2004), p. 33.

〔6〕 Richard Crewdson, "Some Aspects of the Law As It affects Dealers in England", in *International Sales of Works of Art*, (Pierre Lalive ed.) 47 (1988).

月 26 日由大英博物馆负责托运，将这段被盗劫的斯芬克斯狮身人面像胡须送回
埃及开罗国家博物馆。本案也成为国际文物追索史上历时最长的案例之一。

如前所述，在之前相当长的一段时期内，埃及的返还请求曾被英国政府以各
种理由所拒绝。[1] 就在埃及政府追索无果的情况下，埃及国家文物局果断对外宣
布，将对英国在埃及境内的考古计划与勘探进行严格管控，暂停与英国政府以及
大英博物馆的文化合作与交流活动，这使英国在埃及的考古进展与学术研究陷入
停顿。[2] 在埃及与国际舆论的双重压力下，英国政府被迫表示愿意尝试与埃及政
府展开协商和谈判。

在双方谈判之初，英国政府倾向于以"物物交换"的方式来解决争议。具
体而言，英国政府表示，希望埃及政府能够用先前曾在大英博物馆展出过的阿努
比斯（Anubis）的金面具来交换。[3] 对此提议，埃及政府表示，"物物交换"不
符合原物返还的初衷，希望英国政府能够在理解与尊重埃及文化的基础上，考虑
折中的返还方案；另外，阿努比斯的金面具仅能用于文化交流或参展，无法用以
交换。[4]

至此，双方谈判陷入僵局。随后，埃及政府为缓和双方谈判的氛围，继续推
进与英国政府的沟通，表示无意责怪当年大英博物馆收藏被非法盗劫的斯芬克斯
狮身人面像的胡须，只是希望英国政府能够出于保护埃及文化遗产的角度考虑，
尽可能地帮助埃及政府完成这一艰难的返还工作。

此时，英国政府提出了另一个建议，即以展借的形式将这段胡须租借给埃及
开罗国家博物馆，用来修复斯芬克斯狮身人面像的下巴，从而完成狮身人面像的
面部修复工作。[5] 英国政府之所以做出租借返还的决定，主要有以下两方面的考
量：其一，返还文物受到《英国博物馆法》的限制，若英国政府执意返还文物，
势必有违《英国博物馆法》关于"国有馆藏文物不得被出售、转让、买卖或出
境"的规定。唯一的法律途径是由英国议会通过单一的返还法令来促成文物的返
还。然而，英国议会在短时间内制定并通过单一返还法令的可能性极小，且操作
难度很大。其二，埃及政府所提供的相关证据与档案材料足以证明被非法盗劫的
斯芬克斯狮身人面像的胡须与非法流入大英博物馆之间存在直接关联性，同时证

---

〔1〕 "Egypt Requests Britain to Return Sphinx's Beard", *BBC News Broadcast*, February 20, 1982.

〔2〕 *Ibid.*

〔3〕 "Britain will Sphinx Beard Restitution", *BBC News Broadcast*, November 3, 1983，载 http://history. 04007. cn/en. php/HisMain/10474. html，访问时间：2017 年 4 月 11 日。

〔4〕 *Ibid.*

〔5〕 *Ibid.*

实了大英博物馆对这段胡须的占有系属非法，在确凿的证据面前，英国政府不得不正视埃及政府提出的返还请求。

就双方之间的返还协议而言，出于对自身利益的考量，为避免其他文物来源国纷纷效仿埃及的做法，从而引发"多米诺骨牌"效应，同时为避免使用容易引起双方歧义与外界误读的字眼，英国政府在谈判中反复强调：仅将斯芬克斯狮身人面像的胡须进行租借参展，并在租借期届满之后将这段斯芬克斯狮身人面像交由埃及开罗国家博物馆收藏、展出。对此，埃及政府表示同意。

1983 年 11 月 3 日，埃及政府与英国大英博物馆之间成功签订了关于返还斯芬克斯狮身人面像胡须的双边协议。[1]值得注意的是，该返还协议中并未就所有权的归属作出明确的条款规定，也未使用"租借"等字眼，巧妙地回避了所有可能引发争议的相关问题。双方的返还协议仅对返还后的保管与收藏工作做出了具体规定，即斯芬克斯狮身人面像将与其胡须一同被收藏、展出在埃及开罗国家博物馆中。[2]

（五）经验总结

通过对本案的详细分析与解读，我们可以得到以下启示：

第一，注意借鉴埃及政府追索流失文物的成功经验。以埃及为代表的第三世界国家多为文物流失大国，它们不断提高文化遗产的保护意识，加大保护资金的投入与管理技术的提升。与此同时，针对不同国家追索的实际情况，适时地调整追索策略，以达到预想的效果。如在本案中，埃及政府利用本国丰富与独特的文物资源，加强对外考古与文化交流的管控力度，限制英国的科研机构与考古单位在埃及的科研活动，甚至断绝与英国各个层面的文化交流与合作，从而迫使英国政府做出妥协，并获得了对埃及政府有利的积极局面。

鉴于此，中国应积极与文物市场国展开友好协商与谈判，通过智慧与谋略，化解争议中存在的风险与障碍，以达成相互妥协、互利合作的结果。与此同时，中国的博物馆应当不断提高国内文物安全的保护级别与文物馆藏的条件，为流失文物的回归做好充分的前期准备。

第二，文物原属国应重视文物返还协议的措辞，避免歧义的产生。首先，在进行双边协商与谈判时，中国政府应当高度重视对方文物市场国所提出"租借"与"展借"的具体涵义，在签订文物返还协议之前，应当有效地加以明确和区分。其次，应当明确返还协议的主体，勿以中国为租赁方、以文物市场国为出租

---

〔1〕　*Ibid.*

〔2〕　*Ibid.*

方订立协议，此举将否定中国对非法流失文物的所有权，间接地承认文物市场国的盗窃行为与劫掠行径，既有损于中国的文化主权，也不利于非法流失文物的最终返还。换言之，考虑到中国的实际情况，我们认为，通过租赁或借展的方式使文物仅实现"物理返还"并不是一个可选的追索方案。

二、英国返还埃塞俄比亚马格达拉城文物案（2003 年）

（一）背景概述

阿比西尼亚帝国（Abyssinia），又称埃塞俄比亚帝国（Ethiopian Empire）（1270 年 5 月 7 日至 1974 年 9 月 12 日），曾是非洲东部的一个独立国家，是今埃塞俄比亚的前身。在帝国主义瓜分非洲的浪潮中，阿比西尼亚帝国与利比里亚（Liberia）是当时非洲仅有的两个保持独立地位的国家。1941 年 5 月 5 日，阿比西尼亚帝国改名埃塞俄比亚。1974 年 9 月 12 日，埃塞俄比亚帝国被海尔·马里亚姆·门格斯图（Mengistu Haile Mariam）推翻，结束了长达 43 年的封建统治。[1]

阿比西尼亚最主要的封建割据王国是北方的提格雷（Tigri）和南方的绍阿（Shoa）。随后，戈贾姆（Gojjam）、沃洛（Volo）、锡缅（Tin Burma）等几个重要省份相继获得独立。1855 年 2 月 5 日，出身低微的特沃德罗斯二世（Tewodros Ⅱ）击败了众多对手，篡夺了所罗门王朝（Solomonic Dynasty）的政权，并从约翰尼斯三世（Yohannes Ⅲ）的遗孀孟伦皇太后（Empress Dowager Mellon）那里顺利接掌了皇权，宣布自己成为"万王之王"。[2]特沃德罗斯二世统一了埃塞俄比亚高原的核心地区，在其统治期间，听信了两名英国人的谗言，试图在他们的帮助下扩大其君主权威。一方面，特沃德罗斯二世限制拥有庞大财富的阿比西尼亚教会占有更多的地产资源；另一方面，他给自己的士兵派发粮饷并为其购置现代化的火器与大炮。[3]

尽管如此，特沃德罗斯二世始终难以与英国政府亲近起来。1863 年 12 月 15 日，他给英国维多利亚女王（Alexandrina Victoria）写了一封信，但未获回应。这使特沃德罗斯二世自觉受辱，勃然大怒。在 1864 年的农历新年里，他下令用铁链把英国驻地领事卡梅伦（Cameron）囚禁起来，一同遭到逮捕的还有一名英国外交官萨尔·马利安（Sarr Marian）与 58 名欧洲官员。特沃德罗斯二世对外

〔1〕 Adekumobi, Saheed A, *The History of Ethiopia*, Westport: Greenwood Publishing Group, 2007, p. 219.

〔2〕 Pankhurst, Richard, *The Ethiopians: A History*, Oxford: Blackwell Publishing, 2001, p. 299.

〔3〕 *Ibid.*

宣布，将这些官员扣押为人质，直到他接到英国政府的正式回复才会释放。[1]

1866 年 10 月 23 日，一名为英国外交部服务的伊拉克人拉萨姆（Russum）带来了英国政府的回信。特沃德罗斯二世便当即兑现承诺，释放了人质。但不久之后，他下令把重获自由的英国驻地代表与其他欧洲官员一同抓回了监狱，并以此为要挟再次致信英国维多利亚女王，希望她派遣一批熟练的工匠，运送一些新式机械，包括制造子弹与枪械的机器，用来换取这些人的自由。英国政府自然无法接受这样的外交羞辱。[2]

1867 年 10 月 7 日，英国借口领事卡梅伦及其随员和另外两名传教士被扣，由罗伯特·内皮尔（Robert Napier）将军亲自率领英国远征军从印度跨海远征埃塞俄比亚，一场由英国政府主导的远征战争就此打响。在这场战争当中，英国远征军烧、杀、抢、掠，致使埃塞俄比亚马格达拉城被毁，城内的奇珍异宝亦被劫掠一空。[3]本节将围绕埃塞俄比亚就上述英国远征殖民战争期间劫掠马格达拉城文物展开的跨国追索进行分析。

（二）案情简介

1. 案件基本情况

一场小小的外交摩擦导致两国之间的战争一触即发。1867 年 12 月 1 日，英国将军内皮尔率领由 291 艘各种大小的舰船组成的远征队浩浩荡荡地从印度孟买出发，向埃塞俄比亚进军。[4]这批远征队主要包括 13 000 名英国军与印度军，共编为 4 个英国步兵营与 10 个印度营、1 个英国骑兵中队与 5 个土著骑兵大队、5 个炮兵连和 8 个工兵连。[5]

经过两个半月的艰难行军，内皮尔将军的远征队于 1868 年 3 月 24 日抵达迪尔迪（Dildi）。同年 4 月 11 日，由格布里耶（Gerbeli）侯爵指挥的阿比西尼亚军队对英军发动了袭击。阿比西尼亚武士挥舞着长矛和火枪从山巅冲下，在离英军四五十步的距离一批一批地被火枪击倒，而火药掷弹筒则像烟花一样带着尖啸与火光在阿比西尼亚人中间炸响。双方战斗持续了一个半小时，特沃德罗斯二世的军队有七百多人阵亡，一千二百多人受伤，而英军的伤亡则是零。紧接着，远征军进驻位于埃塞俄比亚北部高地的马格达拉城。[6]

---

〔1〕 Adekumobi, Saheed A, *The History of Ethiopia*, Westport: Greenwood Publishing Group, 2007, p. 220.

〔2〕 *Ibid.*

〔3〕 *Ibid.*

〔4〕 Pankhurst, Richard, *The Ethiopians: A History*, Oxford: Blackwell Publishing, 2001, p. 300.

〔5〕 *Ibid.*, at 301.

〔6〕 *Ibid.*

1868 年 4 月 13 日，内皮尔将军率领的英国军队用阿姆斯特朗（Armstrong）12 磅炮与 8 英寸臼炮猛轰马格达拉的要塞与城堡。正当特沃德罗斯二世同几名士兵一起搬运石头来阻塞城堡的第一道大门时，一颗炮弹在其近旁爆炸，炸死了恩吉达（Agoda）公爵。随后，眼见第一道大门被英国军队攻破之后，特沃德罗斯二世拔出了维多利亚女王赠送给他的手枪，结束了自己的生命。[1]就这样，英军将马格达拉城堡里的珍宝洗劫一空，各式各样的金银器皿竟然要用 200 头骡子、15 头大象才能运完，其中也不乏黄金制成的王冠、宝剑、祭坛、圣餐杯、十字架之类的国宝。

英国士兵带走了大量的战利品，包括五百件以上的珍贵宗教文物与珍宝，其中大多数来自马格达拉的救世主教堂。被劫掠的文物主要包括埃塞俄比亚东正教的黄金皇冠、15 世纪的《圣乔治屠龙绘卷》、上百件距今五百多年历史的圣经手抄本、羊皮纸古文稿、古籍和饰有鲜明图案的手稿以及 6 张精美绝伦的古书插图手稿。另外还有一个用优质纯银铸造、外观精美华丽的科普特大十字架，也被劫走并悬挂在英国的伍尔维奇军官学校（Woolwich Military Academy）。概言之，这些被劫掠的战利品几乎囊括了埃塞俄比亚皇家的所有珠宝与财产。[2]

此后，尽管本案的追索方"埃塞俄比亚马格达拉城文物返还协会"（The Association for the Return of the Ethiopian Maqdala Treasures）不遗余力地向英国追索战时被劫文物，但成功追索回的文物仅有区区 10 件。截至目前，仍有大量的马格达拉城文物流失在海外，无法得知其详踪，这亦给该协会的追索工作造成了不小的困难。[3]

2. 案情事实

本案标的是一批在 1868 年被英国远征军掠夺的埃塞俄比亚国宝。

1867 年 12 月 1 日，英国将军内皮尔率领由 291 艘各种大小的舰船组成的远征队从印度孟买出发，向埃塞俄比亚进军。[4]

1868 年 4 月 13 日，英国军队攻陷了马格达拉的要塞与城堡，劫掠了大量稀世珍宝。[5]

---

〔1〕 *Ibid.*, at 302.

〔2〕 *Ibid.*, at 303.

〔3〕 1999 年 4 月 13 日，埃塞俄比亚马格达拉城文物返还协会在埃塞俄比亚的首都亚的斯亚贝巴成立。该协会创办的宗旨是向英国追索1867 – 1868 年期间由罗伯特·内皮尔将军远征时所劫掠的埃塞俄比亚马格达拉城文物。详见埃塞俄比亚马格达拉城文物返还协会的网站http：//www. afromet. info/index. html，访问时间：2017 年 4 月 11 日。

〔4〕 Pankhurst, Richard, *The Ethiopians*: *A History*, Oxford: Blackwell Publishing, 2001, p. 301.

〔5〕 *Ibid.*, at 302.

1999 年 7 月 8 日，埃塞俄比亚马格达拉城文物返还协会正式向英国提出返还战时被掠文物的请求。[1]

2000 年 7 月 25 日，马格达拉城文物返还协会向英国下议院文化财产委员会提交了协商备忘录，[2] 希望通过双边协商与谈判来解决这批被劫文物的返还事项。[3]

2001 年 12 月 1 日，英国爱丁堡大学收到了分别来自埃塞俄比亚驻英国使馆与埃塞俄比亚马格达拉城文物返还协会副主席理查德·派克胡斯特（Richard Pankhurst）的请求信，信中请求该校图书馆返还埃塞俄比亚马格达拉城的"圣物"。[4]

2002 年 1 月 4 日，英国爱丁堡大学将其收藏的马格达拉城的文稿与圣物返还给埃塞俄比亚。[5]

2003 年 7 月 1 日，一位英国匿名收藏家自愿将其收藏的埃塞俄比亚约柜（圣经）返还给马格达拉城文物返还协会。[6]

（三）争议焦点

本案系围绕埃塞俄比亚就英国入侵时期劫掠文物而展开的跨国追索。本案的主要争议焦点在于战时劫掠文物的举证问题上，即埃塞俄比亚需要证明这批马格达拉城文物是何时并以何种形式流失到英国的。

为解决这一难题，1963 年 3 月 11 日，以亚的斯亚贝巴大学派克胡斯特教授为首的埃塞俄比亚学者联合一部分民间团体在亚的斯亚贝巴大学组建"埃塞俄比亚学研究院"（Institute of Ethiopian Studies），该研究院旨在对埃塞俄比亚的内政外交、舆情消息等进行分析与研究，为政府决策提供智力支持。与此同时，该研究所还就马格达拉城遗址与文化进行系统研究，并对英国殖民时期里所劫掠的文物展开调查。[7]

1999 年 4 月 13 日，作为第一任埃塞俄比亚学研究院院长的派克胡斯特教授

---

〔1〕 Jeanette Greenfield, *The Return of Cultural Treasures*, Cambridge : Cambridge University Press, 3rd ed. , 2007, p. 134.

〔2〕 协商备忘录全文详见 http：//www. publications. parliament. uk/pa/cm199900/cmselect/cmcumeds/371/371ap61. htm, 访问时间：2017 年 4 月 11 日。

〔3〕 Jeanette Greenfield, *The Return of Cultural Treasures*, Cambridge : Cambridge University Press, 3rd ed. , 2007, p. 135.

〔4〕 *Ibid.*

〔5〕 *Ibid.*

〔6〕 *Ibid.*

〔7〕 *Ibid.* , at 133.

创建了埃塞俄比亚马格达拉城文物返还协会，该协会致力于向英国追索当年内皮尔将军远征时所劫掠的埃塞俄比亚马格达拉城文物。[1]

在派克胡斯特教授的带领下，该协会积极组织研究人员进行调查、取证，搜集了大量的史实资料与相关文献，核实了这批于 136 年前（即 1868 年 4 月 13 日，英国军队攻陷埃塞俄比亚马格达拉城时）被英军非法劫掠的出自 16 - 17 世纪埃塞俄比亚马格达拉城的文物。值得一提的是，在这批战时被劫掠的文物中，有 6 份埃塞俄比亚建国以来保存最为完整的古代宗教手稿，具有极高的史学价值与艺术价值。[2]

（四）本案返还的具体方式：自愿返还

2000 年 7 月 25 日，在派克胡斯特教授的领导下，埃塞俄比亚马格达拉城文物返还协会向英国下议院文化财产委员会提交了请求返还的协商备忘录。[3]这份协商备忘录详细叙述了英国远征军入侵埃塞俄比亚后，破坏、盗掘、劫掠马格达拉城文物的情况，并介绍了这些劫掠文物的收藏地以及 20 世纪早期英国返还埃塞俄比亚马格达拉城文物的基本情况。不过，在收到这份协商备忘录后，英国政府以有违本国国内法为由拒绝返还。[4]

随后，埃塞俄比亚总统吉尔马·沃尔德·乔治斯（Girma Wolde - Giorgis）亲笔致信大英博物馆、维多利亚和阿尔伯特博物馆、大英图书馆与剑桥大学图书馆等，要求这些英国收藏机构返还 1868 年被英国远征军掠夺的埃塞俄比亚珍宝共计 478 件。在这些信中，乔治斯总统反复提道："劫掠与霸占他国文化遗产的行为无异于强盗之行径，亦无国际法依据。鉴此，我们举全国之力向英国追索战时劫掠的文物，让漂泊海外的埃塞俄比亚珍宝尽早回归家园。这是我们的神圣使命。"[5]

为响应乔治斯总统的号召，埃塞俄比亚驻英国使馆与马格达拉城文物返还协会驻英办事处积极展开行动。一方面，它们分别致信大英博物馆、维多利亚和阿尔伯特博物馆，希望这些公立收藏机构能够返还埃塞俄比亚的文物；另一方面，马格达拉城文物返还协会运用建立的文物追索网站，详细介绍了被英国远征军劫

---

〔1〕　*Ibid.*, at 134.

〔2〕　*Ibid.*, at 135.

〔3〕　详见埃塞俄比亚马格达拉文物返还协会网站 http://www.afromet.info/index.html，访问时间：2017 年 4 月 11 日。

〔4〕　Jeanette Greenfield, *The Return of Cultural Treasures*, Cambridge : Cambridge University Press, 3rd ed., 2007, p.136.

〔5〕　*Ibid.*, at 137.

掠的文物信息以及相关情况。

　　需要特别指出的是，埃塞俄比亚驻英国大使馆与马格达拉城文物返还协会驻英办事处一同将早先英国向埃塞俄比亚返还劫掠文物的实例整理出来，并随信附上，以资各收藏机构参考。包括：1925 年 8 月 24 日，英国国王乔治五世（George V）将特沃德罗斯二世的皇冠返还埃塞俄比亚；1965 年 2 月 18 日，英国女王伊丽莎白二世（Her Majesty Queen Elizabeth Ⅱ）访问埃塞俄比亚时，将埃塞俄比亚国王礼帽与皇室印封返还埃塞俄比亚。[1]

　　在此背景下，2002 年 1 月 4 日，英国爱丁堡大学率先做出友好回应，并表示愿以最大的诚意返还文物，以促进英国与埃塞俄比亚之间民间友好的交流与合作。该校校长在回信中提到：

　　　　"当下的埃塞俄比亚仍在与饥荒、疾病与贫穷进行着不懈抗争。面对这样的社会现状，世界各国应当努力构建一个更为公平、公正、和谐的国际秩序。加强合作取得共赢——而非单方面地霸权欺凌与强权统治——并在此基础上加以引导，才能顺应和平发展的时代主题。早在 20 世纪初，英国政府的返还善举就很好地诠释了这一主题。返还埃塞俄比亚马格达拉城文物亦是文化领域实现公平正义的途径之一。鉴于此，我校愿意无条件地返还埃塞俄比亚马格达拉城圣物。"[2]

　　正是英国爱丁堡大学的这一善意回信，促成了 21 世纪初英国返还埃塞俄比亚马格达拉城的第一批文物。

　　此后，2003 年 7 月 1 日，一位英国匿名收藏家自愿将埃塞俄比亚圣经木柜返还埃塞俄比亚马格达拉城文物返还协会。[3]

　　2004 年 1 月 4 日，埃塞俄比亚马格达拉城文物返还协会致信英国女王伊丽莎白二世，请求英国王室返还埃塞俄比亚马格达拉城的文稿，但未获回应。[4]

　　截至 2017 年 3 月，埃塞俄比亚马格达拉城文物返还协会成功地向英国追索回 10 件战时被劫掠的文物；其余的 468 件，有的仍未知其踪，有的仍在追索之中。

---

〔1〕 Pankhurst, Richard, *The Ethiopians*: *A History*, Oxford: Blackwell Publishing, 2001, p. 305.

〔2〕 Jeanette Greenfield, *The Return of Cultural Treasures*, Cambridge University Press, 3rd ed. , 2007, p. 308.

〔3〕 *Ibid.*

〔4〕 "AFROMET's Letter to Queen Elizabeth Ⅱ", 载 http://www. afromet. info/news/archives/000076. html, 访问时间: 2017 年 4 月 11 日。

（五）经验总结

埃塞俄比亚对英国追索马格达拉城文物在其文物追索的历史上具有重要意义，这为该国后来成功从意大利索回阿克苏姆方尖碑树立了样例。通过对该案的分析，我们可以得到以下启示：

第一，对于非法流失海外的国宝级文物，如具备追索的基本条件，中国政府应在正式的外交场合适时、适当地向相关国家提出返还请求。值得一提的是，尽管通过外交途径追索文物存在一定的障碍与困难，但政府首脑或国家元首如能出面，则能够引起对方国家的重视，这可以积极推动文物返还的进程，为双方之间展开友好协商与谈判奠定政治基础。

第二，中国政府应积极调动可利用的民间力量，形成民间与官方的追索合力，有效推动文物的返还进程。在现阶段，虽然中国民间有各种社会团体与相关爱国组织，但真正以文物追索为宗旨的却鲜有耳闻。鉴于此，我们建议，中国政府可以积极鼓励、引导民间团体与社会组织投入追索流失文物的伟大事业中，并不断吸纳业内专家为跨国追索流失的中国文物建言献策，为决策者提供参考。

三、大英博物馆返还亚瑟·费尔德曼后裔4幅古代名画案（2006年）

（一）背景概述

本案系围绕亚瑟·费尔德曼（Arthur Feldmann）生前收藏的4幅古代名画展开的跨国追索。费尔德曼是一位著名的捷克犹太裔律师兼古代名画收藏家。1877年2月9日，费尔德曼出生在今捷克共和国南摩拉维亚州维什科夫（Wischau）。自幼体弱多病的费尔德曼被父母送往德国克罗梅日什（Kromeriz）体育馆学习体育，以期通过日常的锻炼来改善其虚弱的体质。1896年9月1日，他考入维也纳大学，攻读法律专业。1900年6月30日，费尔德曼毕业后返回捷克的布尔诺（Bruno）。此时的费尔德曼，一边在塞缪尔·魏茨曼博士（Samuel Weizmann）的律师事务所实习；一边兼职在布尔诺地区法院从事助理审判工作。不久之后，他在布尔诺成立了以自己名字命名的律师事务所，开始了执业律师生涯。[1]

自1922年4月，费尔德曼开始收藏古代名画，至1939年3月15日，已累计收藏了750幅艺术画作。[2]二战前夕，费尔德曼计划分别在卢塞恩（Luzern）、格里霍费尔（Grihoferer）与兰德斯图尔（Landstuhl）等地将其收藏艺术画作中的

---

〔1〕　Arthur Feldmann（Biographical details），载 https：//www.britishmuseum.org/research/search_ the_ collection_ database/term_ details.aspx？ bioId＝125369，访问时间：2017年4月12日。

〔2〕　*Ibid.*

328 幅出售变现，以缓解经济压力。然而，他仅仅成功卖出其中的 87 幅，剩余的 241 幅艺术画作仍收藏在他位于布尔诺的私人别墅中。[1] 二战爆发后，纳粹盖世太保闯入之后，将其中的所有财产，包括他收藏的 241 幅艺术画作与先前未售出的 422 幅各类名画洗劫一空。[2]

未过多久，费尔德曼被纳粹逮捕。在受尽牢狱折磨与非人待遇之后，他被判处死刑。不过，由于身患重疾等多重原因，纳粹当局释放了病危中的费尔德曼。几天后，费尔德曼因病去世。随后，他的妻子吉塞拉（Gisela）惨死在奥斯维辛集中营。所幸，他们的两个儿子——卡尔·费尔德曼（Carl Feldmann）与奥托·费尔德曼（Otto Feldmann）成功逃往国外避难。[3] 这为日后费尔德曼后裔追索战时被纳粹劫掠的艺术画作埋下了伏笔。

（二）案情简介

1. 案件基本情况

1939 年 3 月 16 日，纳粹德国盖世太保闯入费尔德曼位于布尔诺的别墅，将包括他收藏的 241 幅画作与先前未售出的 422 幅各类名画在内的各类财产洗劫一空。[4]

1941 年 3 月 9 日，纳粹下令逮捕费尔德曼夫妇。随后，夫妻双双遭受残酷迫害，含恨而终。那些在战争中被劫掠遗失的艺术画作也就此销声匿迹，不知所踪。

二战结束后，散落的部分艺术画作被先前就职于费尔德曼律师事务所的律师们陆续找到。鉴于费尔德曼夫妇早已过世多年，亦未能找到其合法的继承者或家属后裔，费尔德曼律师事务所的律师们只能委托拍卖机构，并以亚瑟·费尔德曼私人财产的名义进行拍卖。[5]

1946 年 10 月 16 日，费尔德曼律师事务所的律师们在英国伦敦苏富比拍卖行拍卖了费尔德曼收藏的标号为 40 – 84 号的艺术画作。[6] 同日，大英博物馆成功拍得其中 4 幅古代名画，即本案的争议标的物，它们分别是：其一，科洛·德尔·阿巴特（Niccolò dell'Abbate）创作的《神圣家族》；其二，马丁·松高尔（Martin Schongauer）创作的《圣多萝西与圣婴》；其三，马丁·约翰·施密特

---

〔1〕 *Ibid.*

〔2〕 *Ibid.*

〔3〕 *Ibid.*

〔4〕 *Ibid.*

〔5〕 *Ibid.*

〔6〕 *Ibid.*

（Martin Johann Schmidt）创作的《圣伊丽莎白与圣婴约翰》；其四，尼古拉斯·布莱基（Nicholas Blakey）创作的《水星与阿波罗诗兴寓言》。

2002年5月10日，费尔德曼的后裔尤里·贝利（Uri Peled）先生在参观大英博物馆时，发现了收藏在该馆中的这4幅古代名画，由此踏上了对大英博物馆索回画作之路[1]。最终，在英国二战掠夺品咨询委员会的帮助下，贝利先生与大英博物馆成功解决了上述4幅古代名画的所有权争议。

2. 案情事实

1939年3月16日，纳粹德国盖世太保闯入了费尔德曼位于布尔诺的私人别墅，将包括其收藏的241幅画作与先前未出售的422幅各类名画作品洗劫一空[2]。

1946年10月16日，费尔德曼律师事务所的律师们在英国伦敦苏富比拍卖行拍卖了费尔德曼收藏的标号为40-84号的艺术画作。同日，大英博物馆成功拍得了其中的4幅古代名画[3]。

2002年5月10日，贝利先生偶然间发现了收藏在大英博物馆中的这4幅名画，由此开启了追索之路[4]。

2002年5月13日，贝利向欧洲被掠夺艺术品委员会递交申请，请求该委员会核查大英博物馆所收藏的这4幅古代名画的具体情况，并协助其与大英博物馆沟通。随后，该委员会作出鉴定与核实，确认这4幅古代名画属于战时被劫文物。

紧接着，该委员会与贝利先后致信大英博物馆，请求返还这4幅名画。大英博物馆回信表示，将认真考虑这一返还请求[5]。

2002年10月6日，鉴于大英博物馆的现实处境与文物返还过程中可能出现的种种障碍，大英博物馆与贝利先生将这4幅画作的争议纠纷提交至英国二战掠夺品咨询委员会，请求该委员会提供专业咨询与建议。此外，对贝利的返还请求，大英博物馆试探性地提出以"经济补偿"的方式作为首选解决方案[6]。与此同时，为避免这4幅名画再引发其他争议，大英博物馆与欧洲被掠夺艺术品委员

---

〔1〕　Report of the Spoliation Advisory Panel in Respect of Four Drawings Now in the Possession of the British Museum, April 27, 2006, Rt. Hon Sir David Hirst. p. 1.

〔2〕　*Ibid.*

〔3〕　*Ibid.*

〔4〕　*Ibid.*

〔5〕　*Ibid.*

〔6〕　CLAE and British Museum Joint Press Release, "British Museum receives restitution claim", November 27, 2002, 载 http://www.lootedartcommission.com/MFT71A24052, 访问时间：2017年4月12日。

会表示，将这 4 幅古代名画添加到大英博物馆的 "收藏品来源异议名单"（list of works identified as having gaps in their provenance）中，以核实其真实出处。[1]

2003 年 8 月 10 日，大英博物馆将其与贝利之间的返还争议呈报至英国总检察长（Attorney - General），[2]请求总检察长就本案的争议标的物是否应当予以返还以及英国议会制定单一返还法令可能面临的法律问题予以答复。[3]

总检察长由于无权做出是否返还的决定，唯有法院才能依法做出是否返还的判决、裁决或司法建议。他于 2005 年 5 月 27 日将该争议转交英国高等法院，请求后者对本案提出咨询建议。

经审查与核实，英国高等法院提出以下咨询建议：返还这 4 幅名画并未获得英国议会制定的单一返还法令的支持，且在目前阶段，英国议会为解决该案制定并通过单一的返还法令可能性不大。鉴于此，英国高等法院在对英国总检察长的回函中表示，应当作出不予返还的建议。[4]

2006 年 4 月 27 日，英国二战掠夺品咨询委员会作出决定，由英国政府以支付 "政府特惠金" 的方式来代替原物的返还。[5]

（三）争议焦点

本案涉及费尔德曼的后裔贝利先生追索二战期间其祖辈因遭纳粹劫掠而最终流失至大英博物馆的 4 幅古代名画。本案的主要争议焦点是：如何在不违反《英国博物馆法》相关规定的前提下，合理、合法地解决这 4 幅古代名画的返还问题。

1963 年《英国博物馆法》第 3 条第 1 款规定："受托者有责任保存博物馆授权信息资料库中的所有馆藏文物。除另有其他目的外，可酌情考虑将藏品适时移

---

〔1〕 详见英国国家博物馆委员会会议定期更新与发布收藏品来源异议的名单，载 http: // www. nationalmuseums. org. uk/spoliation，访问时间：2017 年 4 月 12 日。

〔2〕 英国总检察长与英国政府的其他内阁大臣一样，均由英国首相从执政党的下院议员中提名产生并予以任命。英国总检察长有权就英国议会、英国内阁、政府组织与公共机构中所出现的法律问题予以答复，并提供相应的咨询建议。

英国总检察长在英国国内的刑事诉讼中，也可以行使以下特殊职权：代表英国政府追诉某些重大的犯罪案件，譬如叛国案与重大的违宪案（上述两项也可以委托英国财政部的法律顾问予以追诉）；涉及国家秩序、国家机密、种族关系的犯罪等案件，必须先征得英国总检察长的同意才能起诉；如若英国总检察长认为某项追诉不当，则可以签发 "终止追诉令"，以停止正在进行的诉讼。

〔3〕 British Museum Press Release，"Feldmann Drawings decision"，April 15，2006，载 http: //www. britishmuseum. org/the_ museum/news_ and_ press_ releases/press_ releases/2006/feldmann_ drawings_ deci- sion. aspx，访问时间：2017 年 4 月 12 日。

〔4〕 *Ibid.*

〔5〕 *Ibid.*

出，以用于博物馆的日常公共管理与藏品的例行维护和清理。"[1]该法第 3 条第 4 款进一步规定如下：

> 受托者以交换、出售、赠予、转移或"以其他方式"处理英国国内公立收藏机构或博物馆的馆藏藏品，仅限以下三类：
>
> A 类：该藏品保有复制品或其他替代品。
>
> B 类：在受托者所收藏的藏品中，以 1850 年为年限分界且不得早于 1850 年的藏品；其中既包括普通藏品，亦涵盖以图片形式呈现出的或以摄影方式采集而成的复制品；
>
> C 类：受托者在不损害他人利益的前提下，可自行处理那些不符合收藏或存放条件的英国国内公立博物馆中的藏品。[2]

依据上述条款，大英博物馆认为，在现行《英国博物馆法》的框架下，只有通过英国议会制定返还特别法令的方式才能返还这 4 幅名画。另外，依据英国法的规定，未经法律上的授权，英国法院亦无权作出与法律规定相左的判决。由此可见，《英国博物馆法》第 3 条第 4 款构成大英博物馆返还本案争议标的物的主要法律障碍。职是之故，返还这 4 幅古代名画，必须在不违反《英国博物馆法》第 3 条第 4 款规定的前提下找到解决方案。

英国高等法院在咨询意见中指出：

> 无论是英国皇家检察院抑或英国总检察长，均无权做出与英国法律规定相左的，或与英国议会制定并通过的法案相抵触的决定或建议。
>
> 英国的司法机关承担着神圣职责，致力于维护本国法律权威，在合理、合法的司法权限下进行司法审判活动。鉴此，本纠纷的解决有待英国议会制定并通过返还特别法令。在此之前，英国法院与英国皇家检察院均应在《英国博物馆法》的相关规定下，作出与之相符合的判决或裁决。[3]

对于如何在不违反《英国博物馆法》第 3 条第 4 款的规定下进行返还操作，高等法院认为：

> 本案中的争议双方可尝试在不违反《英国博物馆法》第 3 条第 4 款的情

---

〔1〕 British Museum Act, Article 3 (1) (1963) (U. K.).

〔2〕 *Ibid.*, art. 3 (1) (4).

〔3〕 British Museum Press Release, "High Court – 27 May 2005 – Holocaust Spoliation and the Feldmann Drawings", May 27, 2005, 载 http://www.lootedartcommission.com/MEWGTQ51450, 访问时间：2017 年 4 月 12 日。

况下，寻找折中的解决办法。值得注意的是，对何谓该法第 3 条第 4 款所称之 C 类藏品中 "不符合收藏或存放条件的英国国内公立博物馆中的藏品"，该法并没有明确界定与解释。这在一定程度上赋予英国公立博物馆根据具体情况对藏品进行分类的权利，亦使将那些来源不明的馆藏文物返还所属国具有一定可能性。不过，唯有等待英国议会作出必要的解释后方可为之。故本院认为，应当作出不予返还的建议。[1]

(四) 本案返还的具体方式：通过英国二战掠夺品咨询委员会解决

在纠纷解决之初，贝利先生与大英博物馆均向欧洲被掠夺艺术品委员会寻求帮助。贝利请求该委员会核查大英博物馆收藏的这 4 幅名画的情况，并试图通过该委员会的协助与大英博物馆沟通。大英博物馆则希望能通过该委员会的帮助与贝利先生一道将争议提交英国二战掠夺品咨询委员会。概言之，欧洲被掠夺艺术品委员会在本案争议之初发挥了不可替代的作用，亦为接下来英国二战掠夺品咨询委员会作出咨询与建议奠定了前期基础。

在双方将返还争议提交给英国二战掠夺品咨询委员会时，贝利以亚瑟·费尔德曼后裔的身份作出如下四点声明：[2]

第一，本人系亚瑟·费尔德曼唯一在世的后裔，亦是其合法继承者。1939 年 3 月 16 日，纳粹德国盖世太保闯入费尔德曼位于布尔诺的私人别墅，劫掠了他收藏的 241 幅画作与先前未售出的 422 幅各类名画作品。经查证，大英博物馆收藏的这 4 幅名画正是出自二战期间其被劫掠的名画，故请求咨询委员会予以确认。

第二，本案的争议标的物系纳粹德国统治（1933 - 1945 年）期间所劫掠的文物，符合英国二战掠夺品咨询委员会受案的基本标准。

第三，大英博物馆收藏的这 4 幅名画均是该馆通过拍卖而获得的，拍卖公开透明，基本流程符合行业规范，故该馆以此获得了其合法所有权。同时，囿于英国法关于时效规制的限制，本人如以法律途径追索，则胜诉可能性较小。所以，只得恳请咨询委员会从道义方面进行必要考量，给予本人与大英博物馆一个公正、合理的返还建议。

第四，先前大英博物馆提出的以 "经济补偿" 方式来作为本案首选的解决方案，本人经慎重考虑，同意接受该方案。

---

〔1〕 *Ibid.*

〔2〕 Report of the Spoliation Advisory Panel in Respect of Four Drawings Now in the Possession of the British Museum, April 27, 2006, p. 1.

随后，英国二战掠夺品咨询委员会围绕本案中的争议问题，即如何在不违反《英国博物馆法》相关规定的前提下合法、合理地处理本纠纷展开了讨论。鉴于先前英国高等法院做出不予返还的建议以及对《英国博物馆法》第3条第4款作出了详细分析，英国二战掠夺品咨询委员会于2006年4月27日做出如下建议：

第一，英国政府以支付政府特惠金的方式代替原物的返还。

第二，关于政府特惠金的具体数额，在综合考虑大英博物馆与贝利先生的意见，以及本咨询委员会委员杰克·贝尔爵士（Sir Jack Baer）提交的艺术画作市值估价表的基础上，本咨询委员会最终确定政府特惠金的总额为175 000英镑。[1]

（五）经验总结

贝利向大英博物馆提出返还4幅古代名画的请求，为后者带来了法律与道德上的双重挑战。大英博物馆虽承认有道德义务回应贝利的返还请求，但囿于《英国博物馆法》第3条第4款的限制，无法返还这4幅古代名画，唯有得到英国议会的特别授权并由其制定返还特别法令，这4幅古代名画的法律障碍才能被扫清。

《英国博物馆法》明确禁止国有博物馆转移、交换或出售任何馆藏文物（包括战时劫掠的文物）。尽管存在上述法律障碍，包括英国二战掠夺品咨询委员会在内的英国各方有促成贝利与大英博物馆之间达成友好解决方案的强烈意愿。最终，在各方努力下，本案以英国政府向贝利支付政府特惠金的方式得以解决。本纠纷的成功解决提高了英国社会与民众对二战期间纳粹掠夺艺术品返还问题的关注度，有助于更多的受害者及其后裔索回其祖先被劫掠的艺术品与文物。通过对本案的详细分析与解读，我们可以得到以下启示：

对于某些在二战期间流失到英国的中国文物，今后或可考虑向英国二战掠夺品咨询委员会提出权利请求。不过，从该委员会处理请求时的操作标准来看，中国政府向该委员会提出请求时，所有权的证明是一个较难解决的问题。返还请求者是否持有能够证明其权利的证据，是该咨询委员会判定争议文物与返还请求者之间关系的主要依据，并对最终的判定结果影响较大，这也可能成为中国政府提

---

〔1〕 British Museum Press Release, "Feldmann Drawings decision", April 13, 2006, 载 http://www.britishmuseum.org/the_ museum/news_ and_ press_ releases/press_ releases/2006/feldmann_ drawings_ decision. aspx, 访问时间：2017年4月12日。

出权利请求的主要障碍之一。[1]

证明所涉及的文物系二战期间被劫掠的中国文物并非易事。虽然从传统文化的起源来看，有些文物的确来源于中国，但碍于二战特殊的历史条件，不少被劫掠的中国文物并未能留下任何可证明其所有权性质的资料或档案。所以，中国政府应考虑通过各种途径与手段为战时遭劫掠的中国文物建立文物信息档案库，为日后追索流失文物提供必要依据。

四、格拉斯哥市议会返还德国慕尼黑艺术馆前犹太股东后裔《火腿馅饼》案（2006 年）

（一）背景概述

本案系围绕让·巴蒂斯特·西梅翁·夏尔丹（Jean - Baptiste - Siméon Chardin）创作的静物油画《火腿馅饼》（Paté de Jambon）之归属引发的返还争议。

夏尔丹既是法国洛可可艺术风格中最具代表性的画家之一，也是欧洲西洋美术史上的静物画巨匠之一。[2]夏尔丹早年入选学院派画家卡泽（Caze）的艺术画室，后成为画家科伊佩尔（Keuper）的助手。1728 年 8 月 10 日，夏尔丹凭借静物油画《鳐鱼》（The Ray）的展出而一举成名。正是因为这幅静物油画的成功展出，使得他当选为法国皇家学院最年轻的院士。夏尔丹的画作赋予了静物以生命，给人以动感。然而，夏尔丹晚期的作品则多以家庭风俗画为主，表现出了底层平民小人物的日常百态。整体而言，夏尔丹的画风平易、朴实，具有平和亲切之感，反映了新兴市民阶层的美学理念。他的大量静物画都追求装饰效果与表面趣味，既赋予静物画作以动态、活力之感，又凸显了写实的基本情境。

夏尔丹的主要代表作有《洗衣妇》（The Laundress，现藏于斯德哥尔摩国立博物馆）、《厨娘》（Female Cook）、《男孩与陀螺》（Boy with a Spinning Top），以及《午餐前的祈祷》（The Prayer Before Meal）、《吹肥皂泡的少年》（The Soap Bubble，现藏于法国巴黎卢浮宫）等。[3]

《火腿馅饼》是夏尔丹众多静物油画作品当中颇为出彩的一幅，由英国格拉斯哥市议会收藏，系威廉·伯勒尔爵士（Sir William Burrell）夫妇于 1944 年 4 月 6 日所捐赠的艺术画作之一。伯勒尔爵士夫妇曾向英国格拉斯哥市议会捐赠了共

---

〔1〕　彭蕾：《英国文物返还事务处理机构工作评析：标准及其实践》，载《沈阳工业大学学报（社会科学版）》2015 年第 3 期，第 210 页。

〔2〕　Jean - Baptiste - Siméon Chardin，载 http：//www. artchive. com/artchive/C/chardin. html，访问时间：2017 年 4 月 13 日。

〔3〕　*Ibid.*

计 8000 件的艺术品，单是艺术画作就有 696 幅。[1]

与其他文物返还案例所不同的是，本案的追索方依据《欧洲人权公约》第 8 条"隐私权"的规定，[2]要求英国二战掠夺品咨询委员会对其家族信息与个人隐私给予最大限度的保护，并以联合匿名的形式向英国格拉斯哥市议会提出了静物油画《火腿馅饼》的返还请求。

（二）案情简介

1. 案件基本情况

20 世纪 30 年代，慕尼黑艺术馆的前五位犹太股东惮于纳粹德国当局施行的种族迫害政策，被迫将馆藏的艺术品画作（包括夏尔丹创作的静物油画《火腿馅饼》）清仓拍卖，用以筹措资金偿还德国的"政府税收"。

随后，这幅《火腿馅饼》历经两次转手：第一次转手是由德国慕尼黑的艺术商朱利叶斯·博乐先生（Julius Bohler）通过德国慕尼黑艺术馆的公开拍卖购得；第二次转手则是经博乐先生之手转卖给了伯勒尔（Burrell）爵士。后来，伯勒尔爵士将这幅画捐赠给英国格拉斯哥市议会。

21 世纪初，德国慕尼黑艺术馆前五位犹太股东的五位后裔联合向英国格拉斯哥市议会提出返还画作的请求。随后，双方通过协商，一致同意将此画作的返还争议提请至英国二战掠夺品咨询委员会解决。

经过几番研究与讨论，委员会作出决定，建议英国格拉斯哥市议会将画作《火腿馅饼》返还给这五位犹太后裔。然而，在几经波折之后，本案的最终解决方式是由英国格拉斯哥市议会支付政府特惠金（10 000 英镑），而非原物返还。

2. 案情事实

1933 年 3 月 5 日，阿道夫·希特勒上台执政，在其操控下的纳粹政府诬陷慕尼黑艺术馆存在虚报财政预算等违法行为，以此迫使该馆的五位犹太股东支付所谓的"政府税收"。[3]

1935 年 7 月 9 日，由于纳粹当局的强势干预与打压，慕尼黑艺术馆被迫以"清仓削价"的方式将馆藏藏品出售变现，以此筹措纳粹当局要求其缴纳的政府税收与相关罚金。[4]

---

〔1〕 Spoliation Advisory Panel, "Report in Respect of a Painting now in the Possession of Glasgow City Council", November 24, 2004, p. 3.

〔2〕 The European Convention on Human Rights, Article, 8 (1953) (EU).

〔3〕 Spoliation Advisory Panel, "Report in Respect of a Painting now in the Possession of Glasgow City Council", November 24, 2004, p. 3.

〔4〕 *Ibid.*, at 1.

1936 年 6 月 16 日，慕尼黑艺术馆在柏林公开拍卖其馆藏艺术品。其中，本案的争议标的物《火腿馅饼》以 7000 德国马克的价格由慕尼黑艺术商博乐先生拍得（按照当年英德之间的汇率换算，此次的成交价约为 560 英镑）。次日，他将该幅画作以折合 647.15 英镑的价格转手卖给伯勒尔爵士。[1]

1944 年 4 月 6 日，伯勒尔爵士偕同夫人将先前购买的静物油画《火腿馅饼》与其名下所收藏的艺术品、字画等全部捐赠给英国格拉斯哥市议会，并签订了捐赠协议。[2]

1954 年 12 月 17 日，慕尼黑艺术馆前犹太股东家族中的 4 位家庭成员（包括 1 位原股东和其他 3 位股东的各自遗孀）在离开德国之前对外发表声明：将依据《德意志联邦共和国赔偿法》，请求德国国家赔偿委员会对纳粹当局强制犹太股东交易艺术品一事予以经济赔偿。这一赔偿请求很快得到了德国国家赔偿委员会的回应，并给予犹太股东家族中的 4 位家庭成员共计 75 000 德国马克的赔偿金。[3]

2001 年 8 月 6 日，隶属于英国文化、媒体和体育部的政务性网站——"文化财产咨询服务网"公布了格拉斯哥市议会收藏的《火腿馅饼》的信息，[4]并对该画作的合法来源表示质疑。不久，慕尼黑艺术馆的五位前犹太股东后裔以联合匿名的形式向英国格拉斯哥市议会提出返还该画作的请求。[5]

2003 年 4 月 9 日，格拉斯哥市议会文化休闲服务委员会专门就画作《火腿馅饼》的返还请求进行了讨论与研究。经调查与核实，该委员会承认《火腿馅饼》确系二战期间原所有人因遭纳粹德国当局胁迫而进行强制交易的标的物。不过，囿于《英国博物馆法》严禁公立博物馆出售、交换、买卖或转移馆藏文物的规定，该市议会考虑接受来自追索方基于道义准则的赔偿要求，而非原物返还。

---

〔1〕 *Ibid.* , at 2.

〔2〕 *Ibid.* , at 8.

〔3〕 *Ibid.*

〔4〕 受英国博物馆、档案馆和图书馆委员会 [The Museums, Libraries and Archives Council（MLA）] 的委托，由英国文化、媒体和体育部专项拨款投入运营的政务性网站，即"文化财产咨询服务网"。该网站是一个集收藏与销售艺术品、古董和文物的综合在线咨询服务系统，为咨询的申请者提供准确、可靠的文化财产来源信息。另外，该网站还提供了包括文物进出口信息、现行的法律法规查询、被盗或非法贩运文物的信息、拍卖行交易信息，以及英国境内博物馆、图书馆与档案馆、艺术馆中所收藏的文物信息。详见 http：//www.culturalpropertyadvice.gov.uk，访问时间：2017 年 4 月 12 日。

〔5〕 参见 http：//www.culturalpropertyadvice.gov.uk/spoliation_ reports，访问时间：2017 年 4 月 12 日。

随后，格拉斯哥市议会与慕尼黑艺术馆前犹太股东后裔协商一致，同意将此画作返还之争议提请英国二战掠夺品咨询委员会。[1]

2004 年 11 月 24 日，英国二战掠夺品咨询委员会作出决定，建议英国格拉斯哥市议会将《火腿馅饼》返还五位犹太股东的后裔。[2]

2006 年 1 月 23 日，格拉斯哥市议会以政府特惠金（10 000 英镑）的方式代替画作《火腿馅饼》的原物返还。[3]

（三）争议焦点

本案的主要争议焦点是《火腿馅饼》的所有权归属问题。

与前述案例相类似，囿于英国国内法的规定，追索方追索画作并未严格依据法律规定，而是试图寻求道义准则的支持。职是之故，追索方虽知晓本案争议标的物的所有权归属是影响其能否返还的主要因素，但自始至终未对格拉斯哥市议会享有该标的物的所有权提出异议。

在提出返还请求后，追索方提交了慕尼黑艺术馆在缴纳纳粹当局税收与相关罚金时，两位亲历者的笔录资料，以此证明 1936 年这五位犹太股东是在纳粹的迫害政策下进行的强制艺术品拍卖行为。在这两位亲历者中，一位是时任德国税务稽查管理局艺术馆事务处专员荷·路德维希·塞穆尔（Herr Ludwig Schmausser）先生，另一位是时任德国慕尼黑艺术馆的代理律师卡尔·波切恩（Carl Boettcher）教授，他也是协助该馆缴纳德国政府税款与罚金的当事人。

对此，英国二战掠夺品咨询委员会认为，这些笔录资料虽然在一定程度上能反映这五位犹太股东拍卖馆藏艺术品是在纳粹当局的胁迫下作出的无奈之举，但无法直接证明 1936 年举行的艺术品拍卖是以不公平或不合理的价格进行的交易。[4]依据现有的档案材料，唯一可考的是，1936 年 6 月 16 日至 17 日，慕尼黑艺术馆在柏林保罗·盖普（Paul Graupe）拍卖行进行的这场公开拍卖会先后拍卖了共计 513 件馆藏艺术品，成交总额高达 400 872 德国马克，远超当年实际应交税额。[5]

格拉斯哥市议会文化休闲服务委员会主席贝利·约翰·林奇（Bailie John

---

〔1〕 Phil Miller, "Burrell Collection Painting Ruled Part of Nazis' Stolen Art Treasures", *The Herald*, April 9, 2003.

〔2〕 Spoliation Advisory Panel, "Report in Respect of a Painting now in the Possession of Glasgow City Council", November 24, 2004, pp. 1 - 2.

〔3〕 Edd McCracken, "Museums Ready to Hand Back Nazi Loot", *The Herald*, June 13, 2009.

〔4〕 Spoliation Advisory Panel, "Report in Respect of a Painting now in the Possession of Glasgow City Council", November 24, 2004, pp. 1 - 2.

〔5〕 *Ibid.*, at 8.

Lynch）先生，则向英国二战掠夺品咨询委员会提出以下观点：

首先，本案的争议画作系伯勒尔爵士夫妇捐赠的画作之一。就该画作本身而言，它既非被盗流失或走私的文物，亦非战时被劫掠的文物，仅是德国慕尼黑艺术馆对外进行公开拍卖过程中的一幅普通拍品。本市议会在接受其捐赠时，对该画作的合法性来源亦进行过调查，并确认伯勒尔爵士是通过公开拍卖后从最终竞拍者手中所购得的。由此可知，该画作的合法性来源、收购方式均不存异议，伯勒尔爵士是本案争议画作转卖后的善意购买者，并因此享有其所有权[1]其次，追索方并未提出有效证据证明伯勒尔爵士应当知晓或有理由知晓柏林保罗·盖普拍卖行的拍卖行为系迫于纳粹施行的种族迫害政策而进行的清仓拍卖，亦无证据来借此反驳先前的这场清仓拍卖存在程序违规或交易价格异常的情况。[2]

（四）本案返还的具体方式：通过英国二战掠夺品咨询委员会解决

在充分研究与分析本案返还争议的相关问题后，英国二战掠夺品咨询委员会作出了如下解释：

第一，就追索方的返还请求而言，本咨询委员会完全能够理解他们要求返还画作的迫切心情，虽然本案的争议画作并非战时劫掠的文物，但确系发生在1933－1945年纳粹统治期间因纳粹迫害政策，原所有者进行清仓拍卖而致使流失的画作，符合本咨询委员会受案的基本标准。

追索方主张以道义准则或道德规则追索画作亦有其道理。返还战时劫掠、转移、流失的文物符合1943年《伦敦宣言》的相关规定，即外国侵略军队在占领本国或与本国交战期间，对本国所有文化财产的掠夺、转让、买卖或处置行为均属无效。另外，任何转让或放弃财产的行为亦可认定为非法没收财产的具体表现。[3]换言之，正是源于纳粹的种族迫害政策，慕尼黑艺术馆犹太股东们才不得不对馆藏艺术品进行清仓拍卖以求自保。[4]

第二，就先前格拉斯哥市议会与伯勒尔爵士之间的捐赠协议而言，该协议的规定类似于合同条款，对签订双方产生法律上的约束力。基于伯勒尔爵士与博乐先生先前合法的买卖关系以及伯勒尔爵士与格拉斯哥市议会之间的赠予关系，返还《火腿馅饼》存在法律上的障碍。对此，本咨询委员会听

〔1〕 *Ibid.*, at 1－2.
〔2〕 *Ibid.*, at 7－8.
〔3〕 *Ibid.*, at 8.
〔4〕 *Ibid.*, at 9.

取了苏格兰律师（现受雇于英国二战掠夺品咨询委员会）的意见：虽然格拉斯哥市议会对画作《火腿馅饼》的处理受捐赠协议的制约，但仅从捐赠协议条款的字面意思来看，返还画作并不属于禁止性交易（买卖、赠与或交换）的范畴，换言之，返还画作仍旧存在一定的操作空间。[1]

最终，在综合多方因素考虑后，英国二战掠夺品咨询委员会于 2004 年 11 月 24 日作出了如下建议：本着以公平、公正的原则，并经过反复讨论与研究，本咨询委员会建议格拉斯哥市议会将画作《火腿馅饼》返还慕尼黑艺术馆前犹太股东的五位后裔。[2]

随后，格拉斯哥市议会与慕尼黑艺术馆前犹太股东的五位后裔展开了直接协商。在协商过程中，格拉斯哥市议会提出以金钱补偿的方式来代替原画作的返还，并指出在英国的法律制度下这是一个互利共赢的解决办法。

经过约一年半的谈判与协商，2006 年 1 月 23 日，慕尼黑艺术馆前犹太股东的五位后裔同意了格拉斯哥市议会的建议：后者以政府特惠金（10 000 英镑）的方式给予他们经济补偿，而原画作《火腿馅饼》仍旧保存在格拉斯哥市议会。[3]

（五）经验总结

本案争议双方英国格拉斯哥市议会与德国慕尼黑艺术馆前犹太股东的五位后裔先将纠纷提交至英国二战掠夺品咨询委员会，进而通过相互协商达成了经济赔偿的解决方案。尽管争议画作未能返还追索方，但总体而言，这一结果比较圆满，双方均认为这是一个互利双赢的解决办法。

本案追索方并未坚持原物返还，究其根源在于追索方深知返还画作缺少法律上的有力依据。反观被追索方英国格拉斯哥市议会，争议画作归其持有毕竟是画作原所有权者遭受纳粹迫害而被迫进行清仓拍卖的结果，故追索方的返还请求具有道义上的合理性。在此背景下，本案最终以格拉斯哥市议会支付政府特惠金代替原画作返还的方式解决。通过对本案的详细分析与解读，我们可以得到以下启示：

第一，对流失海外文物的追索，须依据不同的追索主体与案件的具体情况，制定有针对性且合理公平的追索方案。本案的追索主体是一类特殊的群体，即二战犹太受害者的后裔，而这一类主体的诉求已得到国际社会的高度关注。1998

---

〔1〕　*Ibid.* , at 1 – 2.

〔2〕　*Ibid.* , at 11.

〔3〕　Edd McCracken, "Museums Ready to Hand Back Nazi Loot", *The Herald*, June 13, 2009.

年 12 月 3 日，在华盛顿"大屠杀时期资产返还问题"会议上，包括英国在内的 44 个国家共同签署了《关于纳粹没收艺术品的华盛顿会议原则》（以下简称《华盛顿会议原则》）。[1]《华盛顿会议原则》旨在推动因纳粹掠夺或没收而失去艺术品及文物的原属国或原属人后裔（尤其是受迫害的犹太人后裔）索回原物，虽然它对各签署国并不具有强制的法律约束力，但具有强大的国际影响力，成为犹太受害者后裔追索遭劫掠文物的主要国际道义准则。在此背景下，英国格拉斯哥市议会虽有拒绝返还的法律依据，但不得不考虑拒绝返还请求将产生的负面后果，这是本案双方能够相互达成妥协的主要原因。

第二，对于文物个人所有者而言，以金钱赔偿或许是一个可供选择的方案，但对于国家作为追索主体的案件，尤其是作为文物流失大国的中国，这一解决方案显然与追索非法流失文物的目的相左。不仅如此，如果中国政府同意以金钱赔偿的方式来代替原文物的返还，则会产生严重的负面影响：这表明中国政府间接承认了文物现持有者对所涉标的物的所有权，从而斩断了今后依法追索流失文物的可能性。

五、伦敦自然历史博物馆返还澳大利亚塔斯马尼亚原住民中心 17 件土著人人体遗骸案（2007 年）

（一）背景概述

远古时期，塔斯马尼亚岛（Tasmanian Island）与澳洲本土以及巴布亚新几内亚连成一整片大陆。正是在那时，一群人从南印度甚至更远的地方迁徙而来，陆续来此定居。这群拥有黑色肌肤但并非黑种人的迁徙者，被后世称为"澳大利亚土著人"，亦称塔斯马尼亚原住民。[2]

1803 年 4 月 18 日，英国入侵塔斯马尼亚岛。在此之前，塔斯马尼亚原土著居民大约有 3000 至 15 000 人。随后，该数量呈现逐年递减之势。澳大利亚历史学家杰弗里·勃兰尼（Geoffrey Blainey）教授指出："疾病是致使塔斯马尼亚原住民数量骤降的主要原因，但殖民战争与屠杀也同样带来了灾难性的后果。"[3] 还有一些历史学家则将"黑色战争"（Black War）看作是有史料记载以来最早的

---

〔1〕 Washington Conference Principles on Nazi – Confiscated Art, December 3, 1998.
〔2〕《孤岛硝烟：塔斯马尼亚土著人》，载 http://sanweixiaozhu. blog. 163. com/blog/static/16476837 52015146477325，访问时间：2017 年 4 月 13 日。
〔3〕 *Ibid.*

种族屠杀行为。[1]

1833 年 10 月 29 日，时任塔斯马尼亚总督乔治·亚瑟（George Arthur）游说剩余的 200 名塔斯马尼亚原住民向殖民当局投降，保证为他们提供必要的食物及住所。[2]但事实上，亚瑟的真实目的是为将塔斯马尼亚原住民从塔斯马尼亚岛上迁走。他利用塔斯马尼亚原住民与家人以及族人团聚的急切心理来哄骗诱导他们，从而成功地使这些剩余的原住民被迁至弗林德斯岛（Flinders Island）。在此后的数年间，疾病的爆发致使这些原住民的数量急剧锐减。

1847 年 2 月 8 日，剩余的 47 名塔斯马尼亚土著幸存者被迁到牡蛎湾（Oyster Cove）。其中，最后一名土著男性死于 1869 年 7 月 19 日，最后一名土著女性特鲁加尼尼死于 1876 年 2 月 5 日［她的遗骨随后被陈列在霍巴特博物馆（Hobart Museum）］中。1976 年 6 月 24 日，人们遵从特鲁加尼尼的遗愿将其火化，并将骨灰撒进德·恩特列卡斯托海峡（D'Entrecasteaux Channel）。至此，历史学家、科学家与人类学家一致认为，纯粹意义上的塔斯马尼亚原住民灭绝。[3]下文将详细分析英国伦敦自然历史博物馆返还澳大利亚塔斯马尼亚原住民中心 17 件土著人人体遗骸案。

（二）案情简介

1. 案件基本情况

19 世纪末 20 世纪初，大量的澳大利亚土著人人体遗骸或人体标本被陆续运往欧洲诸国，主要被用于不同种类的人类学与生物学研究。[4]由于澳大利亚的土著居民笃信人死后必须落叶归根，方能获得永世安宁，土著后裔们与澳大利亚政府一直致力于向全世界不同国家的博物馆和研究机构追索其先辈的遗体或遗骸。

伦敦自然历史博物馆收藏着世界上绝大多数的生物标本，并按其类、纲、目等编排整理，向每位参观者展示了科学的庄严与自然的魅力。根据英国维多利亚时代的某种"科学"思想，人类亦是一系列生物进化的成果之一。其中，白种

〔1〕［美］斯塔夫里阿诺斯：《全球通史》，吴象婴、梁赤民译，上海社会科学院出版社 1999 年版，第一编第五章："西方扩张时的非欧亚大陆世界"，第 121－137 页。

〔2〕［美］斯塔夫里阿诺斯：《全球通史》，吴象婴、梁赤民译，上海社会科学院出版社 1999 年版，第一编第五章："西方扩张时的非欧亚大陆世界"，第 121－137 页。

〔3〕 Flannery, *T. F. The Future Eaters: An Ecological History of the Australasian Lands and People*, Chatswood: New South Wales, 1994, p. 11.

〔4〕 Marilyn Truscott, *Repatriation of Indigenous Cultural Property* (paper prepared for the 2006 Australian State of the Environment Committee, Department of the Environment and Heritage, Canberra), 载 http://www. environment. gov. au/soe/2006/publications/emerging/repatriation/pubs/repatriation. Pdf, 访问时间：2017 年 4 月 13 日。

人则代表了这类"科学"成果的最高水平。为了系统地反映这一显著成果，英国的科研人员便从全球各地搜集、收藏了各种人类的生化标本。因此，无数的骸骨、化石与现代生态标本从美洲、印度、非洲和澳洲源源不断地被贩运到英国本土。[1]

　　然而，这些人体遗骸究竟是通过何种渠道收集的呢？澳大利亚昆士兰州的一名土著领袖利兹·马拉泽（Liz Malaze）曾提出了一种说法："西方博物馆收藏人体遗骸的'需求'正是 20 世纪澳洲土著人被屠杀的原因之一。"[2]

　　不过，这一说法遭到伦敦自然历史博物馆方面的强烈否认，该博物馆的发言人表示：

> 本馆有 161 件澳大利亚塔斯马尼亚土著居民人体遗骸标本。虽然绝大部分是零散的碎片或骨架，但它们都是一百年前由英国皇家外科医学院与牛津大学博物馆共同捐赠的。依据捐赠档案，没有任何证据表明这些捐赠者是为获得遗骸而从事枪杀澳大利亚土著居民、贩运土著人体遗骸的活动。[3]

　　然而，值得一提的是，一位受雇于"澳大利亚土著与岛屿保护活动基金会"名叫林顿·额尔蒙德·柏克（Lynton Earl Mond Bork）的博士研究生在连续追踪与研究大英博物馆和伦敦自然历史博物馆的土著人体遗骸后，提出了与之截然相反的观点。他认为：

> 虽然我们无法证实那些澳大利亚土著居民是否因为某个博物馆的收藏目的而遭到射杀，但可以肯定的是，澳大利亚土著居民确实是因人为射杀而大批身亡的。随后，他们的遗体辗转落入英国的某个博物馆中，或用于文化展览，或用于科学研究。可以想见的是，这些澳大利亚土著居民常常被人从屠杀现场或在死后直接从医院拖走，并最终被贩运到英国。[4]

　　目前，伦敦自然历史博物馆收藏了以澳大利亚塔斯马尼亚土著居民人体遗骸所制作的标本共计 161 件，其中近 1/5 的人体遗骸被标注了详细的个人信息，这便利了这些人体遗骸的后裔找到其先人。1984 年 1 月 1 日起，澳大利亚塔斯马尼亚原住民中心多次请求伦敦自然历史博物馆返还其中 17 件完整的塔斯马尼亚土著人体遗骸。然而，囿于《英国博物馆法》禁止英国国内公立博物馆或科研机

---

〔1〕《文明之光：为祖先的"遗骨"而斗争》，载 http：//blog. sina. com. cn/s/blog_ 7139f1400100nd0i. html，访问时间：2017 年 4 月 13 日。

〔2〕 *Ibid.*

〔3〕 *Ibid.*

〔4〕 *Ibid.*

构出售、转让或交换所收藏的文物与人体标本的规定，在此后相当长的一段时间里，将土著人体遗骸返还给澳大利亚似乎成为一项"不可能完成的"任务。

面对这一困局，本案追索方——澳大利亚原住民中心并未轻言放弃，而是将人体遗骸的返还请求诉至英国高等法院王座分庭（Queen's Bench Division），并在王座分庭主审法官的调解下，与伦敦自然历史博物馆达成了调解协议，成功索回了17件土著人人体遗骸。

2. 案情事实

1850 年 9 月 16 日，伦敦自然历史博物馆雇佣了一位名叫乔治·奥古斯都·罗宾逊（George Augustus Robinson）的采购员，专职负责收集英国以外各地区（包括澳大利亚塔斯马尼亚）的人体遗骸。[1]

经过多年收集，伦敦自然历史博物馆收到共计 19 950 件人体遗骸。这些人体遗骸中的绝大多数来自世界各地，也有一小部分来自英国本土。在这些馆藏的人体遗骸中，用澳大利亚塔斯马尼亚土著居民人体遗骸制作的标本共有 161 件，其中，人体遗骨标本达 138 件。后经证实，这些塔斯马尼亚土著居民的遗骨多为死后被非法贩运至英国的，并为英国科学研究机构提供了原始样本与科研素材。[2]

自 1984 年 1 月 1 日起，澳大利亚塔斯马尼亚原住民中心多次请求伦敦自然历史博物馆返还其中 17 件完整的澳大利亚塔斯马尼亚土著人人体遗骸。然而，英国伦敦自然历史博物馆表示，这 17 件完整的人体遗骸均是通过正常渠道予以收购的或受捐赠收藏在该博物馆中的，[3]因此拒绝返还。[4]

2000 年 7 月 4 日，英国首相托尼·布莱尔（Tony Blair）与澳大利亚总理约翰·霍华德（John Howard）就人体遗骸的返还事宜发表了联合声明。[5]两国政府首脑公开表示，将为返还澳大利亚土著人体遗骸作出应有的努力与贡献，并在联合声明中明确要求英国伦敦自然历史博物馆将馆藏的 450 件澳大利亚人体遗骸标本（包括塔斯马尼亚人体遗骸）的相关信息与澳大利亚政府进行资源共享。[6]

---

〔1〕 Chris Davies and Kate Galloway, "The Story of Seventeen Tasmanians: the Tasmanian Aboriginal Centre and Repatriation from the Natural History Museums", *Newcastle Law Review*, 11 (1) (2008), p. 84.

〔2〕 *Ibid.*

〔3〕 *Ibid.*, at 147.

〔4〕 Lyndell V. Prott, ed., "Return of the Remains of Seventeen Tasmanian Aboriginals", in *Witnesses to History*, *A Compendium of Documents and Writings on the Return of Cultural Objects*, UNESCO: Paris, 2009, p. 401.

〔5〕 John Howard, Media Release, "Joint Statement with Tony Blair on Aboriginal Remains", July 4, 2000.

〔6〕 *Ibid.*

2001 年 7 月 8 日，英国文化、媒体和体育部组建了"人体遗骸部长级工作小组"，旨在考察与评估英国公立博物馆或艺术馆中人体遗骸的具体收藏情况。[1]

2003 年 10 月 14 日，人体遗骸部长级工作小组对外发布首份工作报告，对英国公立博物馆或艺术馆中人体遗骸的获取途径、收藏年份、现时收藏地与收藏情况进行了详细综合评估。[2]

2004 年 6 月 23 日，英国议会审议并通过了《人体组织法》（Human Tissue Act 2004），同年 11 月 15 日起，该法实施。根据该法第 27 条的规定，英国境内各博物馆可依据自身情况，自愿安排馆藏人体遗骸或人体标本的返还事宜。[3]

2005 年 4 月 2 日，在英国国家博物馆会议上，英国各大博物馆、图书馆与档案馆理事会以及国际博物馆协会联合对外发声，表示将自觉执行英国文化、媒体和体育部所起草并公布的《博物馆人类遗骸护理指南》。[4]

2006 年 11 月 17 日，基于《博物馆人类遗骸护理指南》的要求，伦敦自然历史博物馆同意永久返还澳大利亚塔斯马尼亚原住民 17 件完整的人体遗骸。[5] 此外，伦敦自然历史博物馆还表示，在返还这 17 件完整的人体遗骸之前，该馆将于 2007 年 1 - 3 月对这 17 件完整的人体遗骸进行包括 DNA 提取、化学骨条分析等在内的科学测验，并将其扫描以获取留存的档案照片与信息。[6]

然而，这一要求遭到了澳大利亚塔斯马尼亚原住民中心的强烈反对与抗议。2007 年 2 月 9 日，澳大利亚塔斯马尼亚原住民中心向英国高等法院王座分庭提出一系列申请，包括请求法庭签发禁令，判令伦敦自然历史博物馆归还人体遗

〔1〕 "The British Government's Working Group on Human Remains"，载 http：//desgriffin. com/indigenous - intro/bgwghr，访问时间：2017 年 4 月 13 日。

〔2〕 Working Group on Human Remains Report，November 14，2003，载 http：//www. museumsbund. de/fileadmin/geschaefts/dokumente/Leitfaeden_ und_ anderes/DCMS_ Working_ Group_ Report_ 2003. pdf，访问时间：2017 年 4 月 13 日。

〔3〕 Human Tissue Act. s27 （2004）（U. K. ）.

〔4〕 Norman Palmer，"Human Remains and Their Restitution to Indigenous Communities：The Approach in England"，Lecture at *the Conference on the Restitution of Human Remains*，jointly held by the Foundation for Art - Law and the Art - Law Centre，Geneva，November 9，2010.

〔5〕 Natural History Museum London Press Release，"Natural History Museum Offers an Alternative Dispute Resolution to the Tasmanian Aboriginal Centre（TAC）"，June 16，2007.

〔6〕 Gallagher，Steven，"Museums and the Return of Human Remains：An Equitable Solution？"，*International Journal of Cultural Property*，17（2010），pp. 65 - 86.

骸等。[1]

2007 年 2 月 11 日，英国高等法院王座分庭签发了一项临时禁令，禁止伦敦自然历史博物馆进行任何与人体遗骸有关的科研活动，并要求该馆支付用于塔斯马尼亚土著人体遗骸的安全保障金共计 100 000 英镑。[2]

2007 年 2 月 18 日，伦敦自然历史博物馆向英国高等法院王座分庭请求解除临时禁令并免除 100 000 英镑的安全保障金。[3]随后，在对本案事实与具体情况进行仔细分析后，高等法院王座分庭决定酌情解除临时禁令中的部分内容，仅允许伦敦自然历史博物馆对人体遗骸进行表面技术性的检查（包括非植入性 X 光射线与简单的照片扫描）。[4]与此同时，高等法院王座分庭还将安全保障金减少到 20 000 英镑。[5]

2007 年 4 月 24 日，伦敦自然历史博物馆将 17 件塔斯马尼亚土著人体遗骸中的 4 件返还塔斯马尼亚原住民中心，其余 13 件的返还则仍待协商与谈判。[6]

2007 年 5 月 8 日，在返还最后 13 件塔斯马尼亚土著人体遗骸之前，在高等法院王座分庭的调解下，伦敦自然历史博物馆与塔斯马尼亚原住民中心展开了为期三天的协商，共同落实了返还的具体事宜。另外，双方还共同探讨了今后科研与文化领域交流与合作的计划。[7]

2007 年 5 月 11 日，伦敦自然历史博物馆对外发表声明，宣布该馆与塔斯马尼亚原住民中心达成了人体遗骸的返还协议，并在 3 天之后送还剩余的 13 件人体遗骸。[8]

2007 年 5 月 14 日，伦敦自然历史博物馆将余下的 13 件澳大利亚塔斯马尼亚土著人体遗骸最终返还给塔斯马尼亚原住民中心。[9]

---

〔1〕 In re An Application by the Tasmanian Aboriginal Centre Inc, Supreme Court of Tasmania, 〔2007〕 TASSC 5, February 9, 2007.

〔2〕 Lyndell V. Prott, ed., "Return of the Remains of Seventeen Tasmanian Aboriginals", in *Witnesses to History, A Compendium of Documents and Writings on the Return of Cultural Objects*, UNESCO: Paris, 2009, pp. 401 – 407.

〔3〕 *Ibid.*, at 402.

〔4〕 *Ibid.*

〔5〕 *Ibid.*, at 403.

〔6〕 Smith, Laurajane, "The Repatriation of Human Remains—Problem or Opportunity?", *Antiquity*, Vol. 78 No. 300（2004），pp. 404 – 413.

〔7〕 *Ibid.*, at 404.

〔8〕 *Ibid.*, at 405.

〔9〕 *Ibid.*, at 406.

(三) 争议焦点

本案的主要争议焦点集中在 17 件澳大利亚塔斯马尼亚土著人体遗骸的所有权问题上。[1]

鉴于人体遗骸的属性有异于一般意义上的文物，在解决人体遗骸的所有权时，主审法官希金斯 (Higgins) 对以往普通法系中的相关案例进行了梳理与解读。他发现，特别是在英联邦国家，对于人体遗骸或人体组织的财产定性趋于相对保守。在英联邦国家司法实践中颇具影响力的 "杜德·沃尔德诉斯彭思案"中，[2] 法庭就曾对人体遗骸 (包括尸体与残骸) 与人体组织的权利进行过考量，最终认定人体遗骸自身并无财产性权利，属于 "零财产属性" (zero-property)，仅能在一定程度上被视为一类特殊的艺术品。[3] 然而，值得注意的是，"杜德·沃尔德诉斯彭思案" 在人体遗骸或人体组织不存在财产权的原则上创设了例外，依此，如果个人通过合法使用 "劳作或技能" 的方式对其合法占有的人体遗骸或人体组成部分进行了适当处理，以致使其有别于一般埋葬的人体遗骸，并具有一些不同的属性，则此人将获得占有此类人体遗骸的基本权利。[4]

另外，在美国判例——1872 年 "皮尔斯诉鹅喙星公墓经营主案" 中，[5] 主审法官波特 (Potter) 认为，在通常情况下，人体遗骸本身并不具备财产属性，但我们可以将其看作是一类 "有形财产"。因而，某些人可能对此类 "有形财产" 享有所有权。虽然人体遗骸对其原主人而言，不再赋予其任何权利，但其家族的利益相关者 (继承者) 或族群后裔，却可能因此获益。[6]

上述两个案例充分说明了人体遗骸或人体组织的基本属性与相关权利，为此后涉及这类争议标的物的案件提供了判例援引的依据。因此，英国高等法院王座分庭的主审法官希金斯认为："17 件澳大利亚塔斯马尼亚土著人体遗骸作为异国土地上的埋葬物 (遗体)，其圣神灵魂应当给予合理、妥善的保护。澳大利亚塔斯马尼亚土著人的族群后裔亦有权对其先人的遗骸进行追索，并对其享有所有权。"[7]

---

〔1〕　Chris Davies and Kate Galloway, "The Story of Seventeen Tasmanians: the Tasmanian Aboriginal Centre and Repatriation from the Natural History Museums", *Newcastle Law Review*, 11 (1) (2008), pp. 143–165.

〔2〕　Doodeward v Spence, HCA 45 (1908).

〔3〕　*Ibid.*

〔4〕　*Ibid.*

〔5〕　Pierce v. Proprietors of Swan Point Cemetery, 10 R. I. 227 (1872).

〔6〕　14 Am Rep 667 (1872). See citation in Smith v Tamworth City Council (1997) 41 NSWLR 680, 691 (Young J).

〔7〕　Doodeward v. Spence (1908) 6 CLR 406, 422 (Higgins J).

此外，虽然《英国博物馆法》曾明确禁止英国公立博物馆或科研机构出售、转让或交换收藏的文物，[1]但英国各界逐渐认识到，在处理人类先祖的遗骸时，应当尊重原土著民的本土文化与基本人权，返还劫掠而来的人体遗骸则是对人类古代文明与本土文化的最大尊重与应有保护。[2]有鉴于此，英国议会于2004年6月23日审议并通过了《人体组织法》，要求英国各博物馆依据自身情况，自愿安排馆藏人体遗骸或人体标本的返还事宜。[3]这一法律的颁布，极大地推动了此次伦敦自然历史博物馆返还塔斯马尼亚土著人体遗骸的进程。

（四）本案返还的具体方式：庭外调解

鉴于这17件塔斯马尼亚土著人体遗骸独特的科研价值，伦敦自然历史博物馆在同意将其返还时表示，该馆将对其进行一系列科学检测，以便为日后该馆展开科学研究保存所需的原始样本与档案信息。[4]然而，未曾预料的是，为阻止该馆对其先人遗骸进行科研检测，也为避免对这些人体遗骸造成二次伤害，塔斯马尼亚原住民中心向英国高等法院王座分庭提出了签发临时禁令的申请。在临时禁令的执行过程中，伦敦自然历史博物馆一方面与澳大利亚塔斯马尼亚原住民中心进行了协商和谈判；另一方面，该馆也希望在友好协商的基础上，请求英国高等法院王座分庭解除临时禁令，并考虑将这17件塔斯马尼亚土著人体遗骸返还给澳大利亚。

在对本案的案情事实与具体情况进行仔细分析后，希金斯法官决定酌情解除临时禁令中的部分内容，仅允许英国伦敦自然历史博物馆对人体遗骸表面进行技术性检查；[5]与此同时，他还建议伦敦自然历史博物馆与塔斯马尼亚原住民中心在其主持下进行协商与谈判，尽早达成人体遗骸的返还方案。[6]

不久，伦敦自然历史博物馆与塔斯马尼亚原住民中心在确保各自利益不受损

---

〔1〕　Cf. Attorney – General v. The Trustees of the British Museum, Chancery Division Sir Andrew Morritt VC, [2005] EWHC 1089 (Ch) (2005) Ch. 397.

〔2〕　Norman Palmer, "Human Remains and Their Restitution to Indigenous Communities: The Approach in England", Lecture at *the Conference on the Restitution of Human Remains*, jointly held by the Foundation for Art – Law and the Art – Law Centre, Geneva, November 9, 2010.

〔3〕　Human Tissue Act. s27 (2004) (U. K.).

〔4〕　Natural History Museum London Press Release, "Natural History Museum Offers an Alternative Dispute Resolution to the Tasmanian Aboriginal Centre (TAC)", June 16, 2007.

〔5〕　Lyndell V. Prott, ed. , "Return of the Remains of Seventeen Tasmanian Aboriginals", in *Witnesses to History*, *A Compendium of Documents and Writings on the Return of Cultural Objects*, UNESCO: Paris, 2009, pp. 401 – 407.

〔6〕　Natural History Museum London Press Release, "Natural History Museum Offers an Alternative Dispute Resolution to the Tasmanian Aboriginal Centre (TAC)", June 16, 2007.

害的前提下，分别任命了一位代表（出于对调解过程保密的需要，外界并不知晓这两位代表的具体信息）参与调解。[1] 2007 年 5 月 8 日至 11 日，双方展开了为期 3 天的调解，达成了人体遗骸返还的具体安排。[2]

根据先前人体遗骸部长级工作小组的工作报告与《博物馆人类遗骸护理指南》的要求，并以《人体组织法》第 27 条为依据，伦敦自然历史博物馆对塔斯马尼亚原住民中心作出承诺，将在进行必要的科研数据采集之后，返还这 17 件澳大利亚塔斯马尼亚土著人体遗骸。伦敦自然历史博物馆馆长迈克尔·迪克森博士（Michael Dixon）总结道：

> 人体遗骸的返还是一个非常复杂的议题，既涉及各方利益，又涉及政治、文化、历史与法律等一系列问题。本馆一直在试图平衡人体遗骸返还过程中出现的各种现实利益问题。一方面，本馆承诺将返还这些人体遗骸，并为之不懈努力；另一方面，本馆充分认识到澳大利亚塔斯马尼亚土著文化的独特性与重要性。作为英国最重要的博物馆之一，本馆的创设旨在传承科学知识与传统文化，探索与了解自然世界，倾力为全人类造福谋利。本馆深刻理解塔斯马尼亚原住民中心渴望这些人体遗骸早日返还故土的急切心情。有鉴于此，本馆将保证在人体遗骸返还之前，做好一切必要、妥善的维护工作。[3]

同年 5 月 11 日，伦敦自然历史博物馆与澳大利亚塔斯马尼亚原住民中心签订了返还协议。[4] 该协议充分考虑了双方的需求与利益，既保证了这 17 件人体遗骸返还到原属国澳大利亚，又在最低损害限度的范围内为伦敦自然历史博物馆未来的科研工作提供一定的研究素材。同月 14 日，余下的 13 件塔斯马尼亚土著人体遗骸最终返还给澳大利亚塔斯马尼亚原住民中心。[5]

（五）经验总结

通过对本案的详细分析与解读，我们可以总结如下：

---

〔1〕 Gallagher, Steven, "Museums and the Return of Human Remains: An Equitable Solution?", *International Journal of Cultural Property*, 17 (2010), pp. 65 – 86.

〔2〕 Smith, Laurajane, "The Repatriation of Human Remains—Problem or Opportunity?", *Antiquity*, Vol. 78 No. 300 (2004), pp. 404 – 413.

〔3〕 Natural History Museum London Press Release, "Natural History Museum Offers an Alternative Dispute Resolution to the Tasmanian Aboriginal Centre (TAC)", June 16, 2007.

〔4〕 Smith, Laurajane, "The Repatriation of Human Remains—Problem or Opportunity?", *Antiquity*, Vol. 78 No. 300 (2004), pp. 404 – 413.

〔5〕 *Ibid.*, at 413.

第一，从政府层面来看，澳大利亚政府高度重视此案，并获得英国政府的积极回应。澳大利亚总理与英国首相签署了人体遗骸返还的联合声明，清晰地表达了两国政府致力于促成人体遗骸返还的政治意愿。[1]这为本案的顺利解决奠定了坚实的政治与外交基础。

第二，从法律层面上看，《英国博物馆法》曾明确禁止英国公立博物馆或科研机构出售、转让或交换收藏的文物，故其曾构成本案标的返还的主要法律障碍。不过，2004年《人体组织法》的颁布为本案困局解了围，为这些人体遗骸的返还扫清了法律障碍。[2]

从本案中，我们还可以得到以下启示：

第一，人体遗骸的返还，既有文物返还的共性，亦有其特殊性。其特殊性在于，有异于一般意义上的文物，根据相关的国际道义准则以及不少国家的判例，人体遗骸或遗骨应返还给其族裔中具有合法代表性的后人或机构。职是之故，伦敦自然历史博物馆将这17件土著人体遗骸返还给塔斯马尼亚原住民中心，具有较返还一般文物更强的法律与道义义务。所以，如果今后追索的对象是具有人体遗骸或遗骨性质的文物，如肉身坐佛，我方应注意此类文物的特殊性，并善于从中找到突破口。就其共性而言，人体遗骸与一般文物的返还均涉及所有权的归属与不同国家或政府利益的平衡；人体遗骸的追索流程与一般文物的追索流程也基本一致。因此，人体遗骸的追索方也应根据具体情况深入地分析，探究追索过程中可能存在的法律与现实障碍，为促成返还制定最佳追索方案。

第二，针对人体遗骸或遗骨的追索，我们应当在调查举证的过程中，尽可能地获得人体遗骸的后人支持。如追索的人体遗骸确有在世的族裔后人，则其所有权很有可能归属于世族后裔中具有合法代表性的后人；否则，应归为国家所有。此外，我们在提出人体遗骸的返还请求时，还应善于运用相关的国际道义准则，并借助对方国家国内法中于我有利的相关规定。

六、英国国家图书馆返还意大利贝内文托弥撒经书案（2010年）

（一）背景概述

"弥撒"作为一种特有的宗教仪式，是拉丁语"missa"的音译，意为"解散，离开"。"弥撒"源于该仪式中的最后一句话："Ite, missa est"，即"仪式结

---

〔1〕　"Prime Ministerial Joint Statement on Aboriginal Remains", July 5, 2000，载 http：//www. number10. gov. uk/Page282，访问时间：2017年4月13日。

〔2〕　Human Tissue Act. s27（2004）（U. K.）.

束，你们离开吧"。[1] 弥撒圣祭是天主教最崇高的祭礼，基督的圣体圣血在祭坛上经由祝圣而成为真正的祭祀，乃十字架祭祀的重演，指的是天主教与东正教纪念耶稣牺牲的宗教仪式。[2]

意大利的弥撒经书（Missal）是以巴利语（Pāli）的变体贝内文托（Beneventan）字体书写而成的。早在公元 800 – 1200 年间，意大利南部地区便采用贝内文托字体作为该地区的通用字体，这一最早的通用字体亦使意大利贝内文托字体成为现今留存时间最长的古代罗马字体之一。[3]

本案是围绕一部书写于公元 12 世纪的天主教仪式用书，即意大利贝内文托弥撒经书（Beneventan Missal）所展开的跨国追索案。这部贝内文托弥撒经书是由意大利圣索菲亚教堂（现今距离贝内文托首府那不勒斯 60 公里处）的僧侣在该教堂的藏经楼内编纂完成的。贝内文托弥撒经书是意大利那不勒斯地区的僧侣和修女在做弥撒时研读、吟诵的一部经典圣经。与其他经书不同，整部贝内文托弥撒经书共计 290 页，全文简洁精练，广泛运用贝内文托圣咏的音乐符号，既便于诵读之人反复吟咏，又便于理解与记忆。[4]

1688 年 6 月 5 日，意大利的贝内文托省突发地震，民居与教堂遭到不同程度的损毁和破坏。在逃难中，圣索菲亚教堂的僧侣与修女们将这部贝内文托弥撒经书带到了贝内文托主教市大都会区教堂的章库图书馆（The library of the Metropolitan Chapter of the Cathedral City of Benevento），并将其保存于此。鉴于贝内文托弥撒经书的独特性及其承载的文化内涵，它成为该教堂最具宗教价值与艺术价值的古代典籍之一。[5]

1943 年 9 月 13 日，二战盟军进攻意大利贝内文托省，在该省境内与轴心国组成的联军展开了殊死搏斗。正是在这场战争中，这部作为"镇堂之宝"的贝内文托弥撒经书神秘失踪。[6]

（二）案情简介

1. 案件基本情况

本案涉及意大利贝内文托主教市大都会区教堂请求英国国家图书馆返还该馆

---

〔1〕 Council of Trent, Session 22, Chapter I.

〔2〕 *Ibid.*

〔3〕 http: //ww1. cathlinks. org, 访问时间：2017 年 4 月 14 日。

〔4〕 Report of the Spoliation Advisory Panel in Respect of a 12th Century Manuscript Now in the Possession of the British Library（2005），p. 1.

〔5〕 *Ibid.* , at 2.

〔6〕 *Ibid.* , at 1.

中名为埃杰顿（Egerton）第3511号藏品目录中一部二战期间遗失的天主教经书，即"贝内文托弥撒经书"。[1]

1947年6月24日，大英博物馆通过公开拍卖获得了这部弥撒经书，并将其收藏于该馆之中。[2] 1973年7月1日，英国议会通过并实施了《英国图书馆法》（The British Library Act, 1973）。根据该法，大英博物馆附属的图书馆各部门、国立中央图书馆、国立科学技术外借图书馆、科学参考图书馆、科技情报局与英国国家书目局合并成立了英国国家图书馆。随后，大英博物馆将贝内文托弥撒经书转交给英国国家图书馆保存。[3]

1978年4月7日，贝内文托主教市大都会区教堂的大主教正式向英国国家图书馆提出返还贝内文托弥撒经书的请求。[4] 1979年1月18日，英国国家图书馆馆长拒绝了该返还请求。[5]

2002年10月5日，英国国家图书馆与意大利贝内文托主教市大都会区教堂将争议提请至英国二战掠夺品咨询委员会。[6]

2010年9月25日，在英国二战掠夺品咨询委员会的建议下，英国国家图书馆最终同意将贝内文托弥撒经书返还贝内文托主教市大都会区教堂。[7]

2. 案情事实

1943年9月13日夜，意大利贝内文托主教市大都会区教堂遭到连环轰炸，教堂付之一炬。所幸的是，该教堂先前僧侣们保存的大部分经书、文稿等，被秘密地转运到距贝内文托主教市1公里以外的天主教神学院中。然而，这部290页的意大利贝内文托弥撒经书神秘失踪。[8]

1946年10月27日，一封来自英国伦敦公爵大街53号、署名为道格拉斯·阿什上尉（Douglas. Ash）的私人信件被邮寄到大英博物馆。在信中，道格拉斯

---

〔1〕　*Ibid.*

〔2〕　*Ibid.*，at 2.

〔3〕　*Ibid.*

〔4〕　Scovazzi Tullio, "The Return of the Benev. VI 29 Missal to the Chapter Library of Benevento from the British Library", *Art Antiquity and Law*, Volume XVI, Issue 4（2011）, pp. 285 – 294.

〔5〕　Jeremy Scott, "War and Cultural Heritage: Return of a Beneventan Missal", *Art Antiquity and Law*, （2005）, p. 300.

〔6〕　*Ibid.*

〔7〕　Report of the Spoliation Advisory Panel in Respect of a Renewed Claim by the Metropolitan Chapter of Benevento for the Return of the Beneventan Missal Now in the Possession of the British Library（2010）, p. 2.

〔8〕　Report of the Spoliation Advisory Panel in Respect of a 12th Century Manuscript Now in the Possession of the British Library（2005）, p. 2.

上尉希望该馆专家出面为其所购的经书鉴别真伪，并阐释其意。[1]

1946 年 10 月 30 日，阿什上尉收到了大英博物馆古籍馆藏区的副管理员科林斯（A. J. Collins）先生的回信，请他将所购的经书带到大英博物馆来，以便做检查与鉴定。[2]

1946 年 11 月 13 日，科林斯先生将初步鉴定的结果告诉阿什上尉。他认为，这本经书是源自意大利贝内文托主教市大都会区教堂曾经收藏的公元 12 世纪的贝内文托弥撒经书。至于为何会流落于书贩手中，他初步估计系因战争遗失或劫掠所致。[3]

1947 年 6 月 23 日，阿什上尉委托英国伦敦苏富比拍卖行公开拍卖其收购的贝内文托弥撒经书。最终，大英博物馆以 420 英镑的成交价拍得这本贝内文托弥撒经书，并由大英博物馆古籍馆藏区馆长米勒先生（Miller）负责具体的交接手续。[4]

1948 年 1 月 1 日，重建后的意大利贝内文托主教市大都会区教堂在罗马大学佛朗哥·巴托努尼（Franco Bartoloni）教授的带领下，对该教堂内收藏的典籍进行全面清理，并由此发现贝内文托弥撒经书早已遗失。[5]

1952 年 9 月 2 日，大英博物馆在《英国博物馆季刊》（*British Museum Quarterly*）上撰文，对外公布该馆早在数年前购得意大利贝内文托弥撒经书。[6]

1976 年 4 月 20 日，研究意大利贝内文托弥撒经书的领军人物弗吉尼亚·布朗（Virginia Brown）教授在为编纂拉丁学文库收集资料时，意外得知贝内文托弥撒经书现藏于英国国家图书馆，并将这一消息告知贝内文托主教市大都会区

---

〔1〕 在信中，道格拉斯上尉向大英博物馆提到："1944 年 4 月 10 日，我在意大利贝内文托省那不勒斯地区一位二手书贩的手中购得了一本年代久远且独具宗教风格的经书。我将其买下后，回到英国。正当仔细阅读时，我被这本经书中飘逸隽秀的文字深深折服，字里行间传递着中世纪时期古老宗教经文的'秘密'。我亦感叹，如此规整的文字是如何书写在这一本羊皮纸上的？坦白地说，我对所有旧玩意儿都感兴趣。与此同时，我还收藏了许多古代的刀剑与盔甲。但遗憾的是，我读不懂这本经书中所记载的内容。因此，我真诚地致信贵馆，恳请贵馆专家帮助我对这本经书进行详细解读，并鉴定其真伪。若贵馆能够给予必要的帮助和支持，我不胜感激，将如期赴约。" *Ibid.*, at 5.

〔2〕 *Ibid.*

〔3〕 *Ibid.*

〔4〕 *Ibid.*, at 2.

〔5〕 *Ibid.*, at 6.

〔6〕 Tullio Scovazzi, "The Return of the Benev. VI 29 Missal to the Chapter Library of Benevento from the British Library", *Art Antiquity and Law* (2011), p. 285.

教堂。[1]

1973 年 7 月 1 日，大英博物馆将贝内文托弥撒经书转交给英国国家图书馆馆藏。[2]

1978 年 4 月 7 日，贝内文托主教市大都会区教堂的大主教正式向英国国家图书馆提出返还贝内文托弥撒经书的请求。[3]

1979 年 1 月 18 日，英国国家图书馆馆长拒绝了贝内文托主教市大都会区教堂的返还请求。[4]

2002 年 10 月 5 日，英国国家图书馆与贝内文托主教市大都会区教堂将双方之间的争议提请至英国二战掠夺品咨询委员会解决。[5]

2005 年 3 月 25 日，英国二战掠夺品咨询委员会建议，英国议会应当修改现行国内法，以促成贝内文托弥撒经书的返还。如短期内英国议会无法修改相关的国内法，或无法通过特别返还法令，该委员会建议可以考虑以租借的形式予以返还。不过，租借的建议被贝内文托主教市大都会区教堂拒绝。[6]

2009 年 6 月 23 日，英国议会审议并通过了涉及战时劫掠文物的返还法，即《大浩劫（丢失艺术品）返还法》。同年 11 月 12 日，该法实施。[7]随即，贝内文托主教市大都会区教堂以该法为依据，向英国二战掠夺品咨询委员会提出第二次返还请求。[8]

2010 年 9 月 25 日，在英国二战掠夺品咨询委员会的建议下，英国国家图书馆同意返还贝内文托弥撒经书。[9]

---

〔1〕 Report of the Spoliation Advisory Panel in Respect of a 12th Century Manuscript Now in the Possession of the British Library（2005），p. 6.

〔2〕 *Ibid.* ，at 1.

〔3〕 Tullio Scovazzi, "The Return of the Benev. VI 29 Missal to the Chapter Library of Benevento from the British Library", *Art Antiquity and Law*（2011），pp. 285 – 294.

〔4〕 Jeremy Scott, "War and Cultural Heritage: Return of a Beneventan Missal", *Art Antiquity and Law*（2005），p. 300.

〔5〕 *Ibid.*

〔6〕 Report of the Spoliation Advisory Panel in Respect of a 12th Century Manuscript Now in the Possession of the British Library（2005），p. 25.

〔7〕 First Report of 25 May 2000.

〔8〕 Tullio Scovazzi, "The Return of the Benev. VI 29 Missal to the Chapter Library of Benevento from the British Library", *Art Antiquity and Law*（2011），pp. 285 – 294.

〔9〕 Report of the Spoliation Advisory Panel in Respect of a Renewed Claim by the Metropolitan Chapter of Benevento for the Return of the Beneventan Missal Now in the Possession of the British Library（2010），p. 2.

（三）争议焦点

本案的主要争议焦点涉及以下两个方面的问题：

焦点之一：在双方将争议提交至英国二战掠夺品咨询委员会时，需要明确本案是否属于该咨询委员会受案管辖的范畴。对于这一问题，该委员会依据其《职权范围》第 3 条作出了如下说明：

> 就本咨询委员会的管辖权而言，在对本案进行详细调查与研究后，本委员会确定，争议标的物——贝内文托弥撒经书遗失的时间约在 1943 年 9 月 13 日（二战盟军进攻意大利贝内文托省）至 1944 年 4 月 10 日（阿什船长收购贝内文托弥撒经书）期间，这符合本委员会受案管辖中所规定的时限（即 1933 - 1945 年）。[1]另外，虽然本案争议标的物的遗失与德国纳粹大浩劫时期的战时劫掠并无直接关联，争议标的物亦不属于德国犹太受害者的后裔，也无直接证据证明争议标的物是被轴心国联军劫掠出境的，但鉴于本案的特殊情况，为切实保障追索方提请追索的基本权利，亦为合理地平衡双方的现实利益，本委员会决定受理本案。[2]

焦点之二：时效问题。英国 1980 年《时效法》第 2 条与第 3 条第 1 款规定如下：

> 对被侵占财产提起的返还诉讼，权利者应当在诉因产生之日起 6 年内提起返还请求。[3]

> 诉因自动产被侵占之时起算，而其所有者是否知晓财产被侵占或丢失、目前的下落或当前"侵占者"的身份则在所不问。[4]

> 一旦 6 年的期间届满，动产的所有者不仅失去请求返还的权利，而且亦丧失对该财产的所有权。[5]

据此，英国二战掠夺品咨询委员会认为，贝内文托弥撒经书在 1947 年 6 月 24 日由大英博物馆通过公开拍卖获得，故诉讼时效应于 1953 年 6 月 24 日届满。1953 年 6 月 24 日之后，意大利贝内文托主教市大都会区教堂既失去了请求返还

---

[1] Ibid.
[2] Ibid.
[3] Limitation Act. c. 58, s2, 3 (1) (1980) (U. K.).
[4] Beat Schonenberger, *The Restitution of Cultural Assets*, Stampfli Publishers Ltd, 2009, p. 116.
[5] Limitation Act. c. 58, s3 (1) (1980) (U. K.).

的权利，亦失去了对该弥撒经书的所有权。[1] 1973 年 7 月 1 日，大英博物馆将贝内文托弥撒经书转交英国国家图书馆收藏时，其所有权亦随之发生移转。[2]

在面对追索方意大利贝内文托主教市大都会区教堂的返还请求时，作为现收藏方的英国国家图书馆以 1972 年英国《图书馆法》第 3 条第 5 款与 1963 年《英国博物馆法》第 5 条为法律依据，拒绝返还。[3]

由此可见，除时效之外，英国国内法关于禁止国有文物转让、出售、交换或出境的规定亦构成返还贝内文托弥撒经书的法律障碍。

（四）本案返还的具体方式：通过英国二战掠夺品咨询委员会解决

意大利贝内文托主教市大都会区教堂与英国国家图书馆先后两次将争议提交至英国二战掠夺品咨询委员会。对于本案争议双方的请求，英国二战掠夺品咨询委员会分别于 2005 年 3 月 25 日和 2010 年 9 月 15 日两次提出建议。

2005 年 3 月 25 日，在充分研究与分析返还争议中的相关事实与法律问题后，英国二战掠夺品咨询委员会提出如下建议：

> 鉴于现行英国国内法的相关规定，尤其是 1972 年英国《图书馆法》第 3 条第 5 款（关于大英博物馆转交文稿、书籍与典籍的规定）与 1963 年《英国博物馆法》第 5 条（禁止国有文物转让、出售、交换或出境的规定），本咨询委员会建议英国议会加紧制定并通过特别返还法令，以突破现行法律的各种掣肘，有效促成将贝内文托弥撒经书返还意大利贝内文托主教市大都会区教堂。如英国议会在短期内无法修改相关国内法或无法通过特别返还法令，则建议英国国家图书馆适时地考虑以租借的形式予以返还。[4]

2010 年 9 月 25 日，英国二战掠夺品咨询委员会根据英国《大浩劫（丢失艺术品）返还法》第 2 条，[5] 作出如下建议：

> 在遵照最初返还建议（即 2005 年 3 月 25 日做出的返还建议）的基础上，本咨询委员会再次建议英国国家图书馆将贝内文托弥撒经书返还意大利

---

〔1〕 Report of the Spoliation Advisory Panel in Respect of a 12th Century Manuscript Now in the Possession of the British Library (2005), p. 19.

〔2〕 *Ibid.*, at 2.

〔3〕 British Library Act. s3 (5) (1972) (U. K.); British Museum Act. s5 (1963) (U. K.).

〔4〕 Report of the Spoliation Advisory Panel in Respect of a 12th Century Manuscript Now in the Possession of the British Library (2005), pp. 24 – 25.

〔5〕 该条规定如下："如二战掠夺品咨询委员会提出返还建议获得了英国国务大臣的批准，则可将争议标的物从英国国内 17 家公立博物馆、艺术馆或图书馆中（包括英国国家图书馆）解禁出来，返还给原属国或原物所有权者。" Holocaust (Return of Cultural Objects) Act. s2 (2009) (U. K.).

贝内文托主教市大都会区教堂。如此次建议获得英国国务大臣的批准，英国国家图书馆应依据《大浩劫（丢失艺术品）返还法》第 2 条，返还意大利贝内文托弥撒经书。[1]

2010 年 10 月 9 日，英国国家图书馆将贝内文托弥撒经书转交给意大利贝内文托主教市大都会区教堂的代理律师杰瑞米·斯科特（Jeremy Scott）。[2]

2010 年 10 月 11 日，斯科特将贝内文托弥撒经书送交意大利贝内文托主教市大都会区教堂。[3]

（五）经验总结

通过对本案的详细分析与解读，我们可以作出如下总结：

第一，本案系 2009 年《大浩劫（丢失艺术品）返还法》首次适用于与二战德国纳粹大屠杀时期无直接关联的案件，并且追索方的返还请求最终获得了支持。

第二，本案在一定程度上表明，英国政府在对待返还战时劫掠或流失文物的态度上已经发生了积极转变。囿于英国法关于时效规则的限制，本案的追索方如诉诸司法，则无法赢得诉讼。在这种情况下，英国二战掠夺品咨询委员会成为解决该争议纠纷的主导性机构。经过该咨询委员会的努力，《大浩劫（丢失艺术品）返还法》得以颁布，并提出了双方均接受的建议，从而促成了贝内文托弥撒经书的返还。

从本案中，我们还可以得到以下启示：

第一，在向英国追索流失的中国文物时，中国应当积极运用英国国内法的相关规定，认真总结与归纳整个过程中存在的法律障碍与现实难题。

第二，中国如计划向英国二战掠夺品咨询委员会提出相关的文物返还请求，需要注意以下两点：其一，争议标的物遭劫掠或流失的时间须符合该咨询委员会受案管辖中所规定的时限（即 1933 - 1945 年）。其二，目前该咨询委员会所受理的文物返还请求，多以私人个体或相关公立机构为主，尚未出现以国家为追索主体的案例。鉴于此，在二战期间遭到遗失、偷盗或劫掠的中国文物，如其原物所有权属于个人或机构，则可以建议相关权利人借鉴本案适时提出返还请求。

第三，《大浩劫（丢失艺术品）返还法》的有效期限仅为 10 年，该法将于

---

〔1〕 Report of the Spoliation Advisory Panel in Respect of a Renews Claim by the Metropolitan Chapter of Benevento for the Return of the Beneventan Missal Now In Possession of the British Library (15 September 2010), p. 2.

〔2〕 *Ibid*. , at 8.

〔3〕 Martin Bailey, "The Benevento Missal Returns Home", *The Art Newspaper*, Vol. 18, 208 (2009), p. 2.

2019 年失效，届时，英国议会是否延长该法的有效期目前尚不可知。作为文物流失大国，中国应当保持对该法的持续关注，并对英国二战掠夺品咨询委员会成功建议返还的案例进行仔细分析与研读。同时，该法在有效期届满之后，全面分析英国议会对待该法的态度，为日后向英国追索战时流失文物提供政策性的解读。

七、英国国家肖像艺术馆与卡塔尔博物馆管理局就《阿尤巴·苏莱曼·迪亚罗》肖像画达成合作协议案（2011 年）

（一）背景概述

本案系围绕最早体现非洲奴隶获得独立自由的一幅肖像画——《阿尤巴·苏莱曼·迪亚罗》（Ayuba Suleiman Diallo）的收购引发的纠纷。《阿尤巴·苏莱曼·迪亚罗》由英国著名肖像画画家威廉·霍尔·巴斯（William Hoare of Bath）于 1733 年 4 月 1 日创作。这幅肖像画早已遗失，长期下落不明。然而，令人意外的是，2009 年 12 月 8 日，英国佳士得拍卖行的官方网站上公布了即将进行的"19 世纪古代名画、水粉画与油画拍卖系列"。而在此次拍卖的拍品中，人们找到了这幅"遗失"已久的《阿尤巴·苏莱曼·迪亚罗》。[1]

阿尤巴·苏莱曼·迪亚罗原名乔伯·本·所罗门（Job ben Solomon, 1701 – 1773 年），出生于西非塞内加尔共和国班顿镇（Bundu）一个富裕的穆斯林家庭。迪亚罗自小耳濡目染穆斯林文化，在其祖父（第一任班顿镇的镇长）的悉心教导下，逐渐成为一名学识丰富、恪守虔诚信仰的穆斯林。1730 年 1 月 10 日，西非曼丁哥族（Mandingoes）入侵塞内冈比亚地区（Senegambia Region），在该地展开抓捕当地黑人并进行贩运的秘密行动。不幸的是，迪亚罗也在这次曼丁哥族的入侵中被俘获。曼丁哥族首领先用麻袋套在他的头上，并用粗绳将其五花大绑，把他伪装成为战俘的模样。随后，曼丁哥族首领便将迪亚罗与其他黑人一起贩卖给了英国皇家非洲贸易公司（Royal African Company）。[2]

为避免黑人奴役的悲惨命运在自己身上上演，迪亚罗曾试图说服英国皇家非洲贸易公司的主管英国上尉派克（Pike）先生释放他，并向其承诺，若该公司能够在保证他人身安全的前提下将他释放，他便让家人支付给该公司一笔相当可观的赎金。仔细考虑后，派克上尉同意了迪亚罗的请求，派人前往迪亚罗的家中传话。然而，派去传话的人未能在亨利·亨特（Henry Hunt）上尉（派克上尉的上

---

〔1〕 Ayuba Suleiman Diallo Appeal, "National Portrait Gallery website", *BBC News*, August 12, 2010.

〔2〕 Turner, Richard Brent, *Islam in the African – American Experience*, Bloomington：Indiana University Press, 2003, p. 25.

级）下达贩运命令之前赶回皇家非洲贸易公司。因此，迪亚罗一行人被匆匆押解到由大西洋开往美国马里兰州（Maryland）的轮船，最终抵达了贩运目的地——马里兰州首府安纳波利斯（Annapolis），由此开始了他在北美大庄园中噩梦般的奴役生涯。[1]

　　由于不堪忍受辛苦劳役，迪亚罗试图从服役的大庄园中出逃，但未成功。在被庄园奴隶主发现之后，他被囚禁在肯特县（Kent County）的监狱中。在这里，他有幸遇到了英国圣公会福音派牧师托马斯·布鲁特（Thomas Bluett）。在两人的交流过程中，由于迪亚罗不懂英语，他只得工整地书写一两行阿拉伯文以示回应，有时候也能够说出"阿拉"与"穆罕默德"等一系列宗教词汇，并辅之以简单的肢体语言来表达自己的想法。托马斯牧师虽然不知道他来自哪个国家，又是如何远渡重洋来到美国的，但他友善的眼神与镇定沉稳的表情让人相信，他应该是一位出身殷实、接受过良好教育的非洲穆斯林。面对身处困境的迪亚罗，托马斯牧师决心对他施以援手。经过一系列的交涉后，迪亚罗成功地摆脱了庄园奴隶主的奴役，并在托马斯牧师的带领下前往英国。[2]

　　到英国后，在托马斯牧师的帮助下，迪亚罗私下展开了对英国皇家非洲贸易公司的秘密调查，并适时地公开揭露该公司贩运黑人奴隶的罪恶行径；与此同时，他充分运用自己的丰富学识，协助大英博物馆整理阿拉伯文稿与古籍典藏。

　　1734 年 7 月 4 日，在英国友人的帮助下，迪亚罗回到了令他魂牵梦绕的故乡塞内加尔。在殖民战争的蹂躏下，往日里温馨美好的家园早已衰败不堪。他的祖父与父亲也在殖民战争中相继离世，昔日的妻子也被迫远离家乡改嫁他人。面对此情此景，迪亚罗并未受挫消沉，而是将自己全部的精力投入到口述个人回忆录中，并倾力为英国社会理解非洲文化、穆斯林宗教身份认同等方面贡献自己的力量。[3]同年 12 月 17 日，由迪亚罗口述、托马斯牧师执笔撰写的《阿尤巴·苏莱曼·迪亚罗回忆录》问世。这部个人回忆录成为迄今最早出版的奴隶自传，也使得迪亚罗成为当代叙述非洲奴隶贸易的第一人。[4]

---

〔1〕 *Ibid.* , at 26.

〔2〕 Allan D. Austin, *African Muslims in Antebellum America*：*Transatlantic Stories and Spiritual Struggles*, London：Routledge, 1997, p. 61.

〔3〕 Grant, Douglas, The Fortunate Slave, *An Illustration of African Slavery in the Early Eighteenth Century*, Oxford：Oxford University Press, 1968, p. 20.

〔4〕 Bluett Thomas, *Some Memories of the Life of Job*, the Son of the Solomon High Priest of Boonda in Africa；*Who was a Slave about two Years in Maryland*；*and Afterwards Being Brought to England*, *was Set Free*, *and Sent to His Native Land in the Year 1734*, London：Richard Ford, 1734, p. 10.

（二）案情简介

1. 案件基本情况

2009 年 12 月 8 日，卡塔尔博物馆管理局以 541 250 英镑的成交价从英国佳士得拍卖行拍得由英国著名肖像画画家威廉·霍尔·巴斯创作的肖像画《阿尤巴·苏莱曼·迪亚罗》。该管理局随后向英国政府申请该肖像画的出口许可证。英国政府依据相关法律暂时禁止其出口，这给英国国内公立博物馆、艺术馆或美术馆带来了合理收购肖像画的机会。

英国国家肖像艺术馆率先表达了对这幅肖像画的收购意向，并就此发起了公开筹措资金的活动。短短一个月，英国国家肖像艺术馆便获得了来自不同公立基金组织的捐助。该馆随即向卡塔尔博物馆管理局提交收购要约，却遭到后者的断然拒绝。不仅如此，卡塔尔博物馆管理局顺势撤回了对《阿尤巴·苏莱曼·迪亚罗》出口许可证的申请。

此后，卡塔尔博物馆管理局与英国国家肖像艺术馆展开了协商与谈判，并达成了合作协议。依据协议，卡塔尔博物馆管理局同意将肖像画《阿尤巴·苏莱曼·迪亚罗》租借给英国国家肖像艺术馆，用于展出与研究，为期五年。[1]

本案的顺利解决是国家间博物馆友好合作的典范。一方面，《阿尤巴·苏莱曼·迪亚罗》的再度公开展出，可以让更多的人有机会了解与感悟该画作的独特魅力；另一方面，两国间的馆际交流推动了两国文化与艺术的合作与交流。

2. 案情事实

2009 年 12 月 8 日，一位匿名的私人收藏家将其收藏的肖像画《阿尤巴·苏莱曼·迪亚罗》委托英国佳士得拍卖行拍卖。这幅肖像画作最终由卡塔尔博物馆管理局以 541 250 英镑的价格拍得。[2] 随后，卡塔尔博物馆管理局为这幅肖像画的出口工作启动各项程序，其中最重要的一环是，向英国政府申请签发出口许可证。

英国 2002 年《出口管制法》（UK Export Control Act, 2002）第 9 条规定，具有重要历史、文化、考古、科学意义的艺术作品的出口，申请方必须获得英国政府签发的出口许可证。若在该法所规定的期限内，未出现其他英国公立机构或私人个体愿以同等价格将其收购，则申请方将获得该出口许可证。[3] 作为专门控制文物出口而特别制定的 2003 年《文物出口（控制）令》〔Export of Objects of

---

〔1〕　遗憾的是，关于协议 5 年到期后双方此画像的后续安排，我们无法找到任何信息。

〔2〕　Christie's Old Master & 19th Century Paintings, Drawings & Watercolours Evening Sale, Sale 7782, Lot 20, sold for £ 541 250 (MYM 889 815).

〔3〕　Export Control Act. s9 (2002) (U. K.).

Cultural Interests（Control）Order，2003］，更加具体地规定：凡距拟定出口时间的历史年限在 50 年以上的文物，出口均需要获得出口许可证。[1] 2010 年 3 月 7 日，英国政府相关机构依据上述规定，并经过法定程序将该申请提交英国艺术品出口复核委员会。

经审核，该委员会评定道：《阿尤巴·苏莱曼·迪亚罗》是迄今最早体现解放黑人奴隶的英国肖像油画之一，是非洲人独立与自由的艺术象征。这幅肖像画既是英国研究非欧洲艺术肖像画作中最具杰出意义的代表作，亦是英国文化与其他外来文化相互交融演化的艺术见证。[2] 因此，该委员会决定暂时禁止《阿尤巴·苏莱曼·迪亚罗》的出口，两个月以后再作出对卡塔尔博物馆管理局出口许可证申请的决定。这就给英国国内的博物馆、艺术馆或美术馆相对宽裕的时间筹措资金，从而有可能将这幅珍贵的肖像画留在英国境内。

英国国家肖像艺术馆率先表达了对这幅肖像画的收购意向。2010 年 5 月 25 日，英国国家肖像艺术馆宣布，该馆将筹措资金用于购买肖像画《阿尤巴·苏莱曼·迪亚罗》。鉴于此，英国艺术品出口审查委员会决定再推迟三个月发放出口许可证。[3] 在这种情况下，英国国家肖像艺术馆如在 2010 年 8 月 25 日之前筹措到至少 541 250 英镑，就可以成功收购这幅肖像画，从而将其保留在英国境内。

2010 年 7 月 1 日，英国国家肖像艺术馆发起了公开筹措资金的活动，很快便获得了来自英国文化遗产彩票基金（Heritage Lottery Fund）与艺术基金（Art Fund）的资助，它们分别捐赠 300 000 英镑和 100 000 英镑来资助该馆用于购买肖像画《阿尤巴·苏莱曼·迪亚罗》。[4]

2010 年 8 月 25 日，在第二次推迟签发出口许可证期限届满时，英国国家肖像艺术馆自信满满地向卡塔尔博物馆管理局提交了一份确切的收购要约。然而，卡塔尔博物馆管理局断然拒绝了这一要约，并撤回了对画作《阿尤巴·苏莱曼·迪亚罗》出口许可证的申请。[5]

2011 年 1 月 19 日，英国文化、媒体和体育部的代表与卡塔尔博物馆管理局

---

〔1〕 Export of Cultural Interest（Control）Order of 2003，Art. 1. 2（U. K.）.

〔2〕 For more information on the Reviewing Committee on the Export of Works of Art（RCEWA），refer to http：//www. culture. gov. uk/what_ we_ do/cultural_ property/3290. aspx，载 http：//www. mla. gov. uk/what/cultural/export/reviewing_ cttee，访问时间：2017 年 4 月 14 日。

〔3〕 Department for Culture，Media and Sport（DCMS），Museums Libraries & Archives（MLA），56th Report of the Reviewing Committee on the Export of Works of Art and Objects of Cultural Interest，p. 31.

〔4〕 *Ibid.*

〔5〕 *Ibid.*

执行局长里根·梅德（Roger Mandle）展开了双边协商与谈判。[1]

2011 年 1 月 20 日，卡塔尔博物馆管理局与英国国家肖像艺术馆达成了一份重要合作协议——卡塔尔博物馆管理局同意将《阿尤巴·苏莱曼·迪亚罗》租借给英国国家肖像艺术馆保存 5 年，用于馆内展出与画作研究。[2]

（三）争议焦点

本案中的主要争议焦点为英国政府能否阻止珍贵艺术品出境，并通过合法程序与措施将其保存在本国境内。

为合理、有效地保护艺术品与文物，并尽可能阻止英国重要或特定的艺术品与文物出售、转让或出境，英国议会于 2003 年 11 月 17 日审议并通过了英国《文物出口（控制）令》，该法令是以 2002 年英国《出口控制法》为依据，专门用以控制文物出口而特别制定的，适用于距拟定出口时间的历史年限在 50 年以上的文物。凡属于本法令调整范围内的文物，其出口均需要获得出口许可证。[3] 该出口许可证则应具体向"博物馆、图书馆与档案理事会"（The Museums, Libraries and Archives Council）提出申请。待该理事会收到申请时，先应征询相关专家的意见，而"韦弗利标准"（Waverly Criteria）则成为专家据以判断是否应允许其出口的评判标准。对此，在本篇之初，介绍英国国内立法时已有详细的介绍。

若所涉及文物不满足"韦弗利标准"中包含的任——一项要素，则博物馆、图书馆与档案理事会的专家们即可作出允许该文物出口的决定。反之，若所涉及文物满足"韦弗利标准"三要素中的一项或两项，那么，博物馆、图书馆与档案理事会的专家们可以拒绝该文物的出口申请。一旦专家做出拒绝出口的决定，该决定还将提交至艺术品出口复核委员会。该委员会复核后，若同意先前专家们的意见，则将向英国文化、媒体和体育大臣建议在合理期限内（通常为 2 - 6 个月，3 个月最为常见）暂不予以发放出口许可证。[4]

在上述合理期限内英国政府将协助文物所有权者在英国境内寻找合适的购买要约。若在此合理期限内，未收到来自英国机构或个人的购买要约，英国政府一般会如期签发出口许可证。若收到购买要约而被文物原所有权者拒绝，这一后果

〔1〕　Pes, Javier, "Qatar and UK Agree to share Portrait of a Former African Slave from America", *The Art Newspaper*, January 20, 2011.

〔2〕　Qatar Museums Authority Press Communiqué, "QMA Lends First British Portrait of a Black African Muslim and free Slave to National Portrait Gallery", January 20, 2011.

〔3〕　Export of Cultural Interest (Control) Order of 2003, Art. 1. 2 (U. K.).

〔4〕　Reviewing Committee on the Export of Works of Art & Objects of Cultural Interest (RCEWA).

将对英国文化、媒体和体育大臣最终作出是否签发出口许可证的决定产生关键性的影响。若文物原所有权者拒绝的收购要约来自英国的公共机构，则英国文化、媒体和体育大臣通常会拒绝签发这一出口许可证。[1]

此外，如果出口许可证的申请者通过公共渠道拒绝来自英国机构的购买要约，则英国政府会拒绝申请者的出口申请。如果出口申请者在 10 年内或在收到拒绝签发出口许可证后，依旧以原事项申请出口许可证，且依旧符合"韦弗利标准"中的任一要素，则英国政府将不再考虑推迟期限，而是直接作出拒绝发放出口许可证的决定。[2]

(四) 本案的具体解决方式：协商与谈判

2010 年 7 月 7 日，英国国家肖像艺术馆对外发布了名为《阿尤巴·苏莱曼·迪亚罗的呼吁》(Ayuba Suleiman Diallo Appeal) 的单独声明。这份声明首先详细阐述了该馆从萌生收购意向到积极筹措资金收购这幅肖像画的全过程；其次，以迪亚罗备尝艰辛而又颠沛流离的一生为主线，重申了这幅肖像画的重要历史价值与艺术价值；最后，它表明该馆收藏这幅肖像画的诚挚心愿。[3]

2011 年 1 月 19 日，英国文化、媒体和体育部的代表与卡塔尔博物馆管理局执行局长梅德展开了双边协商与谈判。最终，双方就肖像画《阿尤巴·苏莱曼·迪亚罗》达成了合作协议。[4]这份合作协议明确了双方的以下权利与义务：

其一，卡塔尔博物馆管理局同意自 2011 年 1 月 20 日起将这幅肖像画租借给英国国家肖像艺术馆，租期 5 年。其二，英国国家肖像艺术馆承诺，将在卡塔尔博物馆管理局的支持下，展开与这幅肖像画有关的学术研究、日常维护与筹划布展等活动。其三，英国国家肖像艺术馆承诺，在这幅肖像画展览期间，将为其竖立"此肖像画的所有权归属于卡塔尔博物馆管理局"的标识牌。其四，英国国家肖像艺术馆承诺，将为这幅肖像画筹备英国国内艺术巡回展，并于 2013 年在卡塔尔多哈举行一系列双边馆际交流等活动。其五，英国国家肖像艺术馆承诺，将为来自卡塔尔的博物馆专业大学生提供实习机会。[5]

〔1〕 RCEWA Guidelines, No. 24.

〔2〕 *Ibid.*, No. 27.

〔3〕 National Portrait Gallery News Release, "Gallery Launches Appeal to Secure First British Portrait of a Black African Muslim and Freed Slave", July 7, 2010.

〔4〕 Pes, Javier, "Qatar and UK Agree to Share Portrait of a Former African Slave from America", *The Art Newspaper*, January 20, 2011.

〔5〕 National Portrait Gallery News Release, "First British Portrait of a Black African Muslim and Freed Slave Goes on Display", January 19, 2011.

（五）经验总结

通过对本案的详细分析与解读，我们可以总结如下：

在本案中，英国艺术品出口复核委员会曾先后两次建议英国文化、媒体和体育大臣推迟作出签发出口许可证的决定。这两次建议的提出，无疑为英国国家肖像艺术馆预留了充足的时间来筹措资金，并发出购买要约。不过，英国国家肖像艺术馆向卡塔尔博物馆管理局提出收购要约时遭到后者拒绝。卡塔尔博物馆管理局还就此撤回了出口许可证的申请。这一举动既使英国国家肖像艺术馆陷入尴尬境地，也使卡塔尔博物馆管理局甚为被动：它无法获得出口许可证，自然无法使其合法拍卖而来的肖像画运输出境。为了解决这一难题，双方进行了友好协商与谈判，并达成了互利双赢的合作协议，破解了僵持的困局。

我们可以从本案得到以下启示：

第一，以租借的方式解决文物争议，本质上是以谈判或协商的途径来解决纠纷，在某些情况下有利于双方达成一致，具有一定的比较优势。首先，以租借的方式追索流失文物，由来源国将文物租借给市场国，一方面可以保障前者对文物的所有权，另一方面也可以满足文物市场国占有文物的"心态"，还有可能弥补文物来源国在保存文物上的技术缺陷。其次，以租赁的方式追索流失的文物，不必严格依据既有的法律规范与解释，可以合理绕开许多程序、证据等方面的诸多限制，从而有利于最终促成文物纠纷的解决。最后，以租借的方式达成双方均可接受的解决方案有利于增进相关国家之间的文物与文化交流。

第二，英国建立的文物出口审核与许可证制度既可以在一定程度上保证文物的国际贸易，又可以阻止本国的珍贵文物流出国境，这对我国今后完善文物进出口制度具有重要的参考价值。

第三章　法国篇

　　法国既是主要文物市场国，也是中国流失文物的主要目的国之一。其境内的各大博物馆、图书馆收藏着上百万件的中国历代文物，主要集中在卢浮宫博物馆、吉美博物馆、枫丹白露宫、法国国家图书馆、巴黎市立博物馆等。其中，卢浮宫博物馆收藏三万件以上中国文物，吉美博物馆收藏的中国文物亦有数万件之多，占该馆馆藏文物总数的一半以上；另外，法国国家图书馆收藏的敦煌文物高达一万多件，包括北魏的绢写本、隋朝的金写本、唐代的丝绣本与金书、明万历刻本、大清万年地图、圆明园的四十景诗绢本等。[1]从公开资料分析，在法国各大收藏机构、科研单位以及私人收藏的中国文物中，有相当比例系属非法流失的文物。[2]因此，对于中国的文物追索事业而言，法国也是一个具有相当重要地位的国家。

　　需要指出的是，尽管包括埃及、意大利在内的主要文物来源国多年来一直在坚持不懈地向法国追索其流失文物，但法国常以其国内法存在障碍或以有关证据不足为由，屡屡拒绝这些文物来源国的返还请求。本书导言也曾提及，卢浮宫博物馆曾于2002年联手大英博物馆等18家欧洲博物馆联合发表声明，公开反对返还流失文物。[3]

　　不过，近年来，法国在文物返还的态度上发生了积极转变。2015年7月20日，吉美博物馆返还中国甘肃礼县大堡子山秦公遗址被盗金箔饰片；[4] 2016年1

---

〔1〕　霍政欣：《追索海外流失文物的法律问题》，中国政法大学出版社2013年版，第246页。

〔2〕　霍政欣：《追索海外流失文物的法律问题》，中国政法大学出版社2013年版，第247页。

〔3〕　《谁该向中国忏悔——抗战胜利纪念日反思之二十六：法国在二战中对中国的伤害续谈》，载 http：//www. chinaqw. com/news/200904/28/161314. shtml，访问时间：2017年4月15日。

〔4〕　《中法合作　甘肃大堡子山流失秦人文物回归记》，载 http：//news. xinhuanet. com/politics/2015 - 07/20/c_ 1115981632. htm，访问时间：2017年4月15日。

月 21 日，吉美博物馆返还柬埔寨佛像头部雕塑。[1] 在这些成功返还的案例背后，既有法国政府顺应国际法律与道义环境的变化而作出的政策调整，也存在个案的特殊因素。在此背景下，对法国有关文物返还的法律体系进行全面梳理，并对相关返还案例进行深层次的解读与分析，对于中国制定向法国追索流失文物的策略无疑具有重要的现实意义和参考价值。

第一节　涉及文物返还的法国法研究

作为文化遗产大国，法国的文化遗产法律保护体系相当完备，并对其他很多国家产生了重要影响。需要指出的是，法国的政治体制曾长期以中央集权为特征，因此，与美国等联邦制国家不同，法国的文化财产在相当比重上由政府或共有机构所有，这在一定程度上给法国政府管理与保护文化财产带来了便利。在文物返还领域中，法国政府颁布了一系列法律，其中既有民事、刑事与行政方面的立法，也包括针对不同文化财产类别的专门法。与此同时，法国政府亦缔结和参与相关国际公约，为打击非法贩运文物与遏制文物犯罪发挥了作用。本节将对法国加入的相关国际公约、国内相关法律进行系统分析，并在此基础上作出总结。

一、涉及文物返还的民事法律

作为大陆法系的典型代表，法国民事法律体系是以 1804 年《民法典》为核心建立起来的。该法以强调个人权利为主导思想，充分地反映出自由资本主义时期社会、经济的特点。两百多年来，该法典历经多次修正，但其基本构架、制度与规则并没有实质性变化。[2] 本节以 2008 年修正后的《法国民法典》为依据，着重对法国民法关于善意取得、取得时效与诉讼时效的规定进行解读与分析，从而为后文中的案例解析奠定基础。

（一）善意取得

与普通法相比，法国法更加注重对交易安全的保护，其法律规定则有利于善意购买者。法国法上素有法谚："占有可以获得动产的所有权"（*en fait de meubles，la possession vaut titre*）。这一原则被《法国民法典》采纳，具体体现于其第

---

〔1〕《法国吉美博物馆返还柬埔寨一雕像头部文物》，载 http://news.xinhuanet.com/photo/2016 - 01/22/c_128654701.htm，访问时间：2017 年 4 月 15 日。

〔2〕 若无特别说明，本章所提及的《法国民法典》，即 2008 年 6 月 19 日修订版《法国民法典》。

2276 条第 1 款："在动产方面，占有即相当于所有权证书。"[1] 尽管这个规定并未体现"善意"这一要件，但法国民法学说及判例一致认为，动产占有者只有在满足善意的条件下，才能获得占有物的所有权。[2] 对于占有者是否为善意的确定方法方面，依据该法第 2274 条，应依善意推定原则，即提起返还请求的一方当事人应就占有者的恶意负举证责任；[3] 对于善意的确定时间，该法第 2275 条则进一步规定，仅需要在取得财产之时系善意即可。

不过，这一原则受到《民法典》第 2276 条第 2 款之限制，该款规定："丢失物品之人或物品被盗之人，其自物品丢失或被盗之日起 3 年内，应向现占有人请求返还该物品；该现占有者则应向丢失物品之人或物品被盗之人请求赔偿。"[4] 这一但书条款是对善意取得所作出的例外规定，它允许在动产为遗失物或盗窃物的情况下，原所有权者可以在一定期间内向现占有者提出合理的返还请求。然而，法国民法学理与司法实践表明，这一例外规定并不适用于盗窃者与遗失物的拾得者。对此，法国法学家奥布瑞（Aubury）和饶（Rau）强调：

> 毫无疑问，这两类人的行为均属恶意。因此，如果盗窃物或遗失物仍由盗窃者或拾得者占有，原所有权者可以对其提起原物返还之诉。在此情形下，由于现占有者为恶意，故不得援引《法国民法典》第 2276 条第 1 款的规定拒绝予以返还。[5]

"占有可以获得动产的所有权"受到的另一项限制则是来自保护专业市场的交易需要，这主要体现在《法国民法典》第 2277 条中。依之，如被盗之物或他人丢失之物的现占有者是在交易会、市场、公开销售或出卖相类似之物的销售处

[1] 该条原为第 2279 条，2008 年 6 月 19 日《法国民法典》修订时，第 20 编与第 21 编关于时效与占有的规定有很大变动。如无特别说明，本书《法国民法典》的中译文为 2010 年最新版本：《法国民法典》，罗结珍译，北京大学出版社 2010 年版。

[2] Wojciech W. Kowalski, "Restitution of Works of Art pursuant to Private and Public International Law", in *Collected Courses of the Hague Academy of International Law*, 288（2001），p. 147；S, IX, 378/1857, N. 1/1924 and Req. 15 IV 1890, D. 91, 338；尹田：《法国物权法上动产的即时取得制度》，载《现代法学》1997 年第 1 期，第 100 页。

[3] 《法国民法典》第 2274 条规定："善意，始终得推定之，认为他人系恶意者，应负举证责任。"第 2275 条规定："仅需在取得财产之当时系善意即可。"

[4] Code Civil des Français, Article. 2276（2），（2008）（France）.

[5] C. Aubry, C. Rau, Droit Civil Français 183（1961）. 需要指出，在 2008 年《法国民法典》修订之前，其第 2262 条的规定："一切物权或债权的诉权，均经 30 年的时效而消灭，主张时效的人无需提出权利证书，并不得援用恶意的抗辩。"这一规定为有关判例所肯定，如法国最高法院民事法庭于 1910 年 1 月 7 日的一项判决指出："向恶意占有人的返还请求权因 30 年而归于消灭。"但是，2008 年的修订废止了 30 年时效的规定。

购得该物，原物所有权者仅在向先占有者支付为取得该物而支付的价金之后，方能让先占有者返还原物。[1] 显然，上述规定是为了保护专业市场必要的商业利益。此外，需要注意，依据法国的司法判例，上述法条中的"市场"系指在此设店开业的商人进行符合规定之交易的场所，而不包括跳蚤市场，因为跳蚤市场被公认为是盗窃物倒手的绝佳场所；另外，丢失物或被盗物的买受人按照该条规定提出偿还价金的诉讼请求，其前提条件是买受人仍占有该买受物。[2]

　　值得强调的是，依据法国立法与司法实践的情况，有一部分财产不受民法上善意取得制度的调整。这部分财产主要是指，公共机构所有的动产以及其他具有文化或档案价值的不可替代的财产。细言之，公共财产属于"非交易物"（res extra commercium），通常不能被出售或成为私有财产。因此，不论因任何途径被私人占有，公共财产的所有权主体均可以要求返还，不受任何限制，既包括善意取得，也包括时效限制。鉴于此，法国学者认为，对于公共财产而言，"占有不能获得动产的所有权"。[3]

　　从法国判例来看，法国国有收藏机构中所藏的文物显然属于"非交易物"，它们不管以何种途径、何时流转到私人手上，其收藏机构所提起的返还请求均会得到法国法院的支持，1846 年"法国皇家图书馆诉沙朗案"即典型例证。[4] 该案标的物为画家莫里哀（Moliere）的一件珍贵手稿，原属于法国皇家图书馆所有，后经不明渠道流失到私人手中。几经辗转，作为善意购买者的沙朗（Charron）先生最终获得此件手稿。在获知此手稿的下落之后，法国皇家图书馆以沙朗先生为被告在法国初审法院提起返还之诉，但沙朗先生则以《法国民法典》中的善意取得制度为依据拒绝返还。法国初审法院判原告法国皇家图书馆败诉，理由是："该手稿上并无任何印章或其他标识能够使购买者看出，该手稿系出自于法国皇家图书馆之馆藏。""此外，作为先占有者的沙朗先生亦是善意购买者，且占有该手稿已经超过 3 年。"然而，法国上诉法院推翻了初审法院的判决，依据是："法国皇家图书馆内所有的作品、手稿、规划、真迹以及其他具有历史价值的物件均是不可分割的，且属于公共财产，不受善意取得与取得时效的限制。"据此，法国上诉法院认为，沙朗与其前手所签订的买卖合同归属无效，排除其对该手稿的善意取得，因而判决："该手稿须返还其唯一、真正的所有者——法国

〔1〕　Code Civil des Français, Article. 2277, (2008)（France）.

〔2〕　《法国民法典》，罗结珍译，北京大学出版社 2010 年版，第 716 页。

〔3〕　M. Planiol, G. Ripert, Traité Pratique de Droit Civil Français 2490（1952）.

〔4〕　Bibliothèque Royale C. Charron, Cour de Paris, 3 Janvier 1846, DP 1846. 2. 2. 1, S. 47. 2. 77.

皇家图书馆。"[1]

1913 年 12 月 31 日，法国国民议会审议并通过了《历史古迹法》（La loi sur la protection des monuments historiques），将某些具有历史、艺术、科学或技术价值的财产定性为历史遗迹，并经由法国文化部长签发命令予以具体确认。依据该法第 18 条，一旦获得文化部长的具体确认后，此类财产即属于"受保护财产"；且此类财产若为国有财产，则其所有权不得进行转让。该法第 20 条进一步规定，任何与该法第 18 条相冲突的制度与规则均归于无效。[2]

综上可见，《法国民法典》总体上建立了较为温和的善意取得制度，以图在交易安全与所有权之间维持利益平衡。一方面，通过确立"占有可以获得动产的所有权"这一原则，保护善意占有者的利益，这显然与英美普通法形成鲜明对照；另一方面，与意大利法几乎不对善意取得制度施加任何限制不同，《法国民法典》对"占有可以获得动产的所有权"这一原则作了数项限制：

第一，对于盗窃物或丢失物，如财物仍由盗窃者或拾得者占有，原物所有权者可以提起原物返还之诉。在此情形下，由于占有者为恶意，善意取得制度不予适用。

第二，在遗失物或盗窃物被拾得者或盗窃者转让给第三方的情况下，《法国民法典》对原所有权者与善意第三方的利益进行了协调：原物所有权者可以请求返还，但请求权利限定于 3 年内，从文物遗失或被盗之日起计算；且这 3 年的期间为除斥期间（délai préfix），不发生中止的问题。[3]另外，如现占有者所占有的盗窃物或遗失物系由市场、公卖或贩卖同类物品的商人处买得者，其原物所有权者仅在偿还先占有者所支付的价金时，始得请求回复其物。[4]对于文物追索诉讼而言，这一规定显然对文物原所有权人向善意购买人索回文物构成了事实上的障碍，因为高昂的文物交易价格往往会使原物所有人望而却步。

第三，针对某些类别的财产，由于其属于非交易物或"受保护财产"，亦不受善意取得制度的调整。[5]

（二）取得时效与诉讼时效

从当代民法制度来看，财产的原所有权人不仅可能因善意取得制度而失去原

---

〔1〕　*Ibid.*

〔2〕　Jeanette Greenfield, *The Return of Cultural Treasures*, Cambridge：Cambridge University Press, 3rd ed.，2007, pp. 112 – 113.

〔3〕　Bordeaux, 22 janv. 1974, D. 74 542, n. R. Rodiè cite par Malaurie.

〔4〕　Code Civil des Français, Article. 2280, (2008) (France).

〔5〕　霍政欣：《追索海外流失文物的法律问题》，中国政法大学出版社 2013 年版，第 37 – 40 页。

本属于他的财产，还可能因取得时效而丧失之。换言之，即便财产的先占有者因不满足善意取得的构成要件而无法获得该被占物，他也有可能依据占有权行使达到法定期间而获得该财产的所有权。不过，与善意取得制度广泛存在于当代世界各国法有所不同，取得时效仅在一部分大陆法系国家中存在。

所谓"取得时效"，是指无权利人以行使某权利之意思继续行使该权利，经过一定期间后，遂取得其权利的制度。[1]取得时效滥觞于罗马法的《十二铜表法》，被称为"*usucapio*"。该法为补救罗马法中财产转让形式过于繁琐所造成的缺陷，创设了取得时效，依其第6表第3条，除盗窃之赃物外，继续占有动产一年或不动产两年者，可以取得所有权。[2]后来，在不同时期，罗马法对取得时效的条件（如是否必须出于善意、哪些财产或物不适用于取得时效等）与时效期间多有变动。[3]到了当代，仍有不少大陆法系国家继受了此项制度，旨在保护长期占有的事实而产生的法律关系，防止占有与所有权长期分裂，以维持社会长治久安。[4]

《法国民法典》上的取得时效颇具特点。2008年该法典被修订时，关于时效的规定得到很大修改。经修订后，《法国民法典》第一次明确区分了消灭时效与取得时效，[5]分别规定在第3卷"取得财产的各种方法"的第20编"消灭时效"与第21编"占有与取得时效"中。[6]

就取得时效而言，作为第21编第2章"取得时效"的首条——第2258条明确了它的概念："取得时效是指因占有之效力取得某项财产或权利的方法，无需主张时效的人提出某项证书，他人也不得以系恶意而作抗辩。"[7]单从这一法条来看，法国法上的取得时效，其构成要件颇为宽松，善意并非必要元素。但是，如果结合该法典的其他法条以及相关判例加以综合研究，结论并非如此简单。如前所述，《法国民法典》第2276条规定了动产的善意取得制度，[8]依之，对动产的占有可以即时取得所有权。虽然这一条在文字上并未体现善意的要求，但依法国学理及判例，善意确为该条所必需之要件。鉴于此，对于动产而言，法国的取得时效为即时取得，实际上等同于善意取得制度；换言之，善意占有者可以即时

---

〔1〕 谢在全：《民法物权论》，中国政法大学出版社1999年版，第146页。

〔2〕 马俊驹、余延满：《民法原论》（第4版），法律出版社2010年版，第241页。

〔3〕 陈朝璧：《罗马法原理》，法律出版社2006年版，第274–275页。

〔4〕 史尚宽：《物权法论》，中国政法大学出版社2000年版，第70页。

〔5〕 《法国民法典》，罗结珍译，北京大学出版社2010年版，第491页。

〔6〕 霍政欣：《追索海外流失文物的法律问题》，中国政法大学出版社2013年版，第50页。

〔7〕 Code Civil des Français, Article. 2258, （2008） （France）.

〔8〕 该条位于"取得时效"之第三节"动产的取得时效"中。

取得动产的所有权。

对于不动产而言，《法国民法典》上的取得时效制度才与善意取得制度有所区别。依据该法典第 2272 条，为取得不动产所有权，要求的时效期间为 30 年。但是，若善意并依据正当证书取得不动产的人，便可经过 10 年时效期间取得该不动产的所有权。

由此可见，在《法国民法典》上，对于动产而言，善意取得等同于时效取得：在善意占有动产的情形下，善意占有者通过"即时取得"即可取得该动产的所有权；对于不动产而言，《法国民法典》则依据占有者是否为善意，设定了不同的取得时效。

此外，根据《法国民法典》第 2260 条的规定，不属于商事交易之内的财产或权利，不得因时效经过而取得。这一规定显然是为了将"非交易物"排除在时效制度的调整之外。

《法国民法典》的时效制度在 2008 年发生了很大改变。如前所述，这不仅表现在修订后的民法典于体例上分设两编独立规定消灭时效与取得时效，[1] 而且诸多具体规定亦发生实质性变化。依修订后的《法国民法典》第 2219 条对消灭时效予以规定，即指因权利人在一定时间内不作为而引起某种权利消灭的一种方法。由此可见，消灭时效消灭的是权利本身。不过，依据该法典第 2227 条，所有权不受时效限制；换言之，消灭时效消灭的是除所有权之外的其他各种权利，这与后篇将提到的《日本民法典》的立场如出一辙。《法国民法典》第 2272 条还规定，债权诉讼与动产诉讼，消灭时效均为 5 年，不动产之物权诉讼则为 30 年，即自权利人知道或者应当知道其可以行使权利的实施之日开始计算。因此，除所有权以外的其他物权诉讼仍然要受消灭时效的限制。

值得关注的是，此次修正《法国民法典》废止了之前 30 年时效的规定。在此之前，依据《法国民法典》原第 2262 条，一切诉讼，无论是对物诉讼，还是对人诉讼，时效期间均为 30 年，主张此时效的人无需提出证书，他人亦不得提出该人系出于恶意之抗辩。[2]

鉴于此，我们可以得出以下结论：修正后的《法国民法典》将所有权排除在消灭时效的适用之外，恶意占有者所提出的原物返还之诉因而不受消灭时效的限制。不过，通过上文对法国善意取得及取得时效的分析，只有在返还之物系被盗或遗失的，且该物仍由盗窃者或拾得者占有时，动产原所有权者所提出的原物

---

〔1〕 第 3 卷"取得财产的各种方法"中分设第 20 编"消灭时效"与第 21 编"占有与取得时效"。

〔2〕 Code Civil des Français, Article. 2262, (1972) (France).

返还请求权才不受时效之限制。[1]

二、涉及文化财产的刑事法律

从刑法层面上看，法国打击文化财产犯罪的刑事法律规定主要体现在《法国刑法典》以及专门用于打击文化财产犯罪的特别法中。

针对损毁、破坏、损坏或侵犯财产等行为，《法国刑法典》作出了具体的刑罚规定，主要体现在该法典分则之第 3 卷"侵犯财产之重罪与轻罪"规定的盗窃、窝藏、诈骗、敲诈、侵吞等罪名中。这些涉及财产的有关罪责与刑罚包括对盗窃、窝藏、诈骗、敲诈及侵吞文化财产的规定。[2]由此可见，在《法国刑法典》的框架下，涉及文化财产的犯罪涵盖在财产型犯罪中。

不仅如此，《法国刑法典》还针对下列行为规定了相应的刑罚：损毁、削弱他人财产（或文化财产）的行为；[3]故意袭击用于宗教、教育、艺术、科学或慈善目的的建筑、历史性纪念碑及收容病者或伤者的医院和场所，[4]擅入历史文化古迹的行为，[5]以及违反战争法等行为；[6]不恰当地使用国际公约为确保这些公约所保护的人员、财产与地点受到尊重而设立的明显标记与标志等行为。[7]

法国专门用于打击文化财产犯罪的特别法主要有以下两部：其一，法国国民议会于 1980 年 7 月 15 日审议并通过的《关于保护公共文化财产以防其被蓄意破坏的特别法》；[8] 其二，法国国民议会于 1981 年 5 月 3 日审议并通过的《第 81 - 255 号关于制裁故意买卖艺术品及收藏品行为的法令》。[9]

《关于保护公共文化财产以防其被蓄意破坏的特别法》的保护对象，仅限于法国的公共文化财产。该法对恶意侵害这类财产行为施加了具体刑罚，主要体现在该法第 257 条中：

> 故意毁坏、拆毁、污损或损坏文化财产、雕塑及其他由有关部门批准建

---

〔1〕 霍政欣：《追索海外流失文物的法律问题》，中国政法大学出版社 2013 年版，第 65 - 66 页。

〔2〕 Le Code Pénal de la France, Articles, 311 - 4 - 2, 321 - 1; 322 - 2（1980）.

〔3〕《最新法国刑法典》，朱琳译，法律出版社 2016 年版，第 307 页。

〔4〕《最新法国刑法典》，朱琳译，法律出版社 2016 年版，第 253 页。

〔5〕《最新法国刑法典》，朱琳译，法律出版社 2016 年版，第 320 页。

〔6〕《最新法国刑法典》，朱琳译，法律出版社 2016 年版，第 249 页。

〔7〕《最新法国刑法典》，朱琳译，法律出版社 2016 年版，第 315 页。

〔8〕 Loi n°80 - 532 du 15 juillet 1980 relative à la protection des collections publiques contre les actes de malveillance.

〔9〕 Décret Loi n°81 - 225 du 5 mai 1981 relative à le comportement d'achat et de vente d'œuvres d'art et des sanctions collection.

立或经有关部门批准建立的旨在美化公共场所的物品的，处一个月以上两年以下的监禁，并处 500 法郎以上 3 万法郎以下的罚金。

故意毁坏、拆毁、污染、损坏列表或登记的建筑物或可移动物品的；故意损坏或毁坏发掘期间发现的或意外发现的考古物品或存有考古遗迹的土地的；故意毁坏、污染或损坏具有考古、历史或艺术价值的残迹或其他物品的；企图破坏图书馆、博物馆或档案馆中属于公共组织或公益组织的物品存放条件的，应被处以本法第 257 条规定的刑罚。

威胁要毁坏有关建筑物、物品或有关文献的，亦应被处以第 257 条所规定的刑罚。若威胁行为本身已构成犯罪，两罪应合并处罚。[1]

与前法不同，《第 81 - 255 号关于制裁故意买卖艺术品及收藏品行为的法令》主要规制法国境内从事艺术品的交易者及其代理拍卖者、拍卖机构及其工作人员，以规范艺术品买卖与收藏的相关行为。该法禁止未经批准或违规私自进行艺术品买卖交易与收藏等行为，否则将处以罚金。[2]

三、涉及文化财产的行政法律

法国在文化财产领域内的立法相当成熟，法律体制健全完善，具有较高的参考价值。本节以文化财产领域的立法历史发展为脉络，系统梳理法国在该领域的立法情况。

法国是世界上最早立法保护文化财产的国家之一。法国大革命后期，国内陷入失控的暴乱状态，"革命开始吞噬它自己的子女"，[3] 大量文物古迹惨遭破坏。危局之下，少数革命领袖意识到，如再不采取行动，法国的文化财产将陷入万劫不复之境地。1793 年 4 月 13 日，国民公会颁布了旨在保护文化财产（尤其是杰出雕像作品）的刑事法律，并以长达 70 页的《录入与保存共和国境内所有具有艺术、科学与教育价值之物件的指令》作为确保其实施的具体依据。1793 年 10 月 24 日，国民公会又颁布法律，禁止任何人以销毁封建主义遗迹为由，破坏图书馆、博物馆或艺术家居所内的书籍、绘画、雕像、浅浮雕、古物以及具有艺

---

〔1〕　Loi n°80 -532 du 15 juillet 1980 relative à la protection des collections publiques contre les actes de malveillance, Article 257.

〔2〕　Décret Loi n°81 -225 du 5 mai 1981 relative à le comportement d'achat et de vente d'oeuvres d'art et des sanctions collection, Article 10.

〔3〕　[美] 斯塔夫里阿诺斯：《全球通史》，吴象婴、梁赤民译，上海社会科学出版社 1999 年版，第 351 页。

术、历史或教育价值的其他物件。[1]尽管这些法令对保护处于危殆之中的法国文化财产起到了一定作用，但覆巢之下，安有完卵。在血雨腥风的法国大革命中，这些法令并没有得到有效执行。法国境内，无数古迹与文物遭遇灭顶之灾。

拿破仑战争结束后，1830 年 5 月 17 日，法国政府成立历史建筑专项研究机构——法国历史建筑研究会，并下设历史古迹总监一职，主要负责历史建筑的监督工作。1837 年 9 月 27 日，法国政府成立直接隶属于法国内政部管理的历史古迹管理委员会，该委员会旨在对法国境内的历史古迹情况进行全国普查。该委员会还列出了法国须予保护的历史古迹清单，并请求法国政府进行修缮与维护。[2]

1840 年 9 月 23 日，法国国民议会审议并通过了法国历史上第一部关于文化财产保护的专门法——《历史建筑法》，这也是迄今为止世界上最早的一部关于文化财产保护方面的"宪法"。该法在世界范围内产生了深远影响。[3]

1887 年 11 月 28 日，法国国民议会审议并通过了《历史纪念物保护法》，该法在开篇之初即阐明保护历史纪念物是一项重要的"国家利益"，应由政府提供强制性保护；未经许可，任何人不得拆除或损毁之。这部法律还重申了传统建筑的保护范围与标准，并组建了一个由法国建筑师组成的古建筑管理委员会，以负责法国文化财产的选定与保护工作。[4]

1906 年 4 月 21 日，法国国民议会审议并通过了《历史文物建筑及具有艺术价值的自然景区保护法》。需要指出的是，除历史性建筑外，该法还明确将树木、瀑布、悬崖峭壁等极具艺术价值的自然景观纳入法律保护的范畴之中。

1913 年 12 月 31 日，法国国民议会审议并通过了《历史古迹法》。该法包含了法国现行文化财产保护制度的基本内容，并对文化财产所有者的基本权利作出一定程度的限制与规范。另外，该法还授权国家在不经文化财产所有者同意的情况下直接对被纳入文化遗产名录的法国文化财产或历史古迹进行修缮与维护。根据文化财产的分类，该法既要求对"受保护的文化财产"进行登记、造册，也

---

〔1〕 Roger o'Keefe, *The Protection of Cultural Property in Armed Conflict*, Cambridge：Cambridge University Press, 2006, p. 14.

〔2〕 ［韩］文化体育部、文化财管理局编：《外国文化财保护法令集》（内部资料），1993 年版，第 134 页。

〔3〕 顾军：《法国文化遗产保护运动的理论与实践》，载《江西社会科学》2005 年第 3 期，第 136 - 142 页。

〔4〕 ［韩］文化公报部编：《法兰西的文化政策》（内部资料），1999 年版，第 37 - 38 页。

要求将重要的文化财产纳入法国文化遗产名录之中。[1]此外，依据该法，无论文化财产是否属于法国"受保护的文化财产"，其买卖交易均被限定在法国国内进行，且须将交易的具体情况报文化与通信部备案。换言之，只有在法国文化与通信部的许可或监管之下，文化财产才能进行买卖交易。对于那些极易破损的受保护文化财产，则须将其交由国家有关收藏单位或机构予以妥善保存。对于没有被指定为受保护的文化财产，法国政府仍有权对其进行优先收购。该法还规定，除具有历史与艺术双重价值的不动产（如建筑物、遗址）外，在景观上与其连为一体的、在其周边 500 米范围之内的其他景观也属于受保护范畴。

综上所述，作为历史文化遗迹与文化财产保护的标杆性法律，《历史古迹法》以保护具有历史价值与艺术价值于一体的动产、不动产为宗旨，为随后一系列法律、法规的颁布奠定了基础。[2]

1930 年 5 月 2 日，法国国民议会审议并通过了《景观保护法》。该法旨在保护在美术、历史、学术、文化等领域具有重大意义的自然景观与人文景观。随着现代化进程的加快，人口的快速膨胀，面临威胁的已不只是历史悠久的城市建筑，那些地处偏远的自然景观也不再安全。在此背景下，《景观保护法》应运而生。依据该法，法国文化与通信部成立了全国历史遗迹景观保护委员会，以便更好地与各相关政府机构协调景观保护工作。此外，该法还要求对受其保护的自然景观与人文景观逐一注册与登记。这一规定使得埃菲尔铁塔、战神广场在内的诸多人文景观得到有效保护。[3]

1967 年 12 月 28 日，法国国民议会对《景观保护法》进行了修订。修订后的该法要求，一旦自然景观与人文景观被列入法国文化遗产名录，未经文化与通信部批准，任何人不得随意毁坏或改变其外观，违者将被提起公诉，除追究法律责任外，责任人还负责恢复景观原貌。此外，该法规定，景观所在地的公民除日常农耕或房屋修缮外，在进行其他大型施工作业时，必须提前 4 个月向有关文化

---

〔1〕 该法第 18 条具体规定了对"受保护的文化财产"的保护："如国内的文化财产获得法国国家的确认，则此类财产即属于'受保护的文化财产'，亦是法国国家文化财产。这类国有文化财产既不允许任何人对其进行任意改造，亦严禁对其进行出口贩运或买卖，其所有权也不得以转让。"顾军：《法国文化遗产保护运动的理论与实践》，载《江西社会科学》2005 年第 3 期，第 136 – 142 页。

〔2〕 顾军：《法国文化遗产保护运动的理论与实践》，载《江西社会科学》2005 年第 3 期，第 137 页。

〔3〕 顾军：《法国文化遗产保护运动的理论与实践》，载《江西社会科学》2005 年第 3 期，第 137 页。

遗产管理部门申报与审批。[1]

1941 年 9 月 17 日，法国国民议会将 1913 年《历史古迹法》中关于地下出土文物的规定独立出来，单独制定并通过了《考古挖掘法》，以期为法国的考古挖掘工作提供法律依据。这也是法国唯一一部专门调整地下文物挖掘工作的法律。该法规定，除法国政府外，如需对地下文物进行挖掘、开发，必须事先征得文化与通信部的许可。换言之，一切考古挖掘活动均须在文化与通信部的监督下进行，否则将被视为违法。[2]

1960 年 7 月 22 日，法国国民议会审议并通过了《国家公园法》，该法是针对规模更大的国家公园或其他地域性公园而制定的专门性法规。该法规定，凡在《国家公园法》指定区域内生活的动物、植物，甚至包括这里的土壤、大气、地下水以及独特的自然景观等，都将受到保护与规制。[3]

1962 年 8 月 4 日，法国国民议会审议并通过了《历史街区保护法》，亦即《马尔罗法》。该法旨在合理保护与有效利用法国的历史遗迹，并将保护对象首次扩大到城市辐射范围内的整个街区，融合历史建筑与周边的城市配套设施，将两者统一划定为法国的历史"保护区"。此外，为加强对历史保护区的保护与利用，该法还详细规定了涉及居民安置、经济补偿、保护义务等问题。[4]

1973 年 11 月 8 日，法国国民议会审议并通过了《城市规划法典》，其贡献主要体现在以下三个方面：首先，该法典第一次对规划性文件的内容与形式作出统一规定，并提出编制两个不同层次的规划作为各地方城市管理的工具，这分别相当于我国控制性详细规划的"土地利用规划"与总体规划的"城市规划整治指导纲要"。其次，在这两项管理性的规划文件之外，它以法律形式规定在特定地区进行城市综合开发的程序与方式以及需要编制的详细性规划文件。最后，该法典修改了由法国政府单独行使规划权力的规定，首次在制定"城市规划整治指导纲要"与"土地利用规划"的过程中，对中央政府与地方政府的沟通与协助作出规定。[5]

---

〔1〕　顾军：《法国文化遗产保护运动的理论与实践》，载《江西社会科学》2005 年第 3 期，第 138 页。

〔2〕　[韩] 文化公报部编：《法兰西的文化政策》（内部资料），1999 年版，第 39 页。

〔3〕　顾军：《法国文化遗产保护运动的理论与实践》，载《江西社会科学》2005 年第 3 期，第 136 - 142 页。

〔4〕　顾军：《法国文化遗产保护运动的理论与实践》，载《江西社会科学》2005 年第 3 期，第 138 页。

〔5〕　顾军：《法国文化遗产保护运动的理论与实践》，载《江西社会科学》2005 年第 3 期，第 139 页。

2002 年 1 月 4 日，法国国民议会审议并通过《法国博物馆法》。[1]该法的颁布既是法国文化财产保护领域内的一部重要法律，也是在 1945 年《美术馆临时组织条例》基础上进行的重大立法革新。[2]《法国博物馆法》旨在提供一套能够广泛适用于各类性质的博物馆法，并明确了法国博物馆的基本任务，即对博物馆的馆藏文物予以保护、修复、研究；以最大限度地对多数民众予以开放；设计、办理文化教育和展览等活动，实现文化全民化的目的与理想；推动文化知识与学术研究的进步，并将研究成果公之于众。与此同时，《法国博物馆法》还规定了包括确定馆藏文物的基本法律保障、规范博物馆与其工作人员的专业水准、明确法国博物馆所肩负的文化使命、厘清中央与地方博物馆的责任分配问题，以及确定与博物馆相关的福利政策在内的五项基本原则。[3]

此外，《法国博物馆法》对"公共物品不可转让"原则进行了解释。依此，法国公立博物馆的各类藏品均为"公共物品"，具有"不可转让性（或不可让渡性）"。[4]不过，这并非不可逾越的绝对原则。在特定情况下，法国博物馆可以将某些已经列入"公共物品"类别中的馆藏文物（除捐赠、遗赠或由国家出资收购的文物）从"公共物品"中剥离出来，即"文物降级"。那么，在文物返还实践中，法国博物馆应当如何将馆藏文物予以降级呢？关于这一问题，后文将在"涉及文物返还的专门机构"中详细叙述。

2004 年 2 月 20 日，法国国民议会审议并通过了《遗产法典》。[5]该法典汇总了各项零散在各项文化法律、法规中的条款，使该法典成为法国文化遗产保护法律体系中的核心法典。该法的实施标志着法国文化遗产法进入系统化、法典化时代；文化遗产的概念、种类、范围、保护方式、保护程序以及法律责任等得到进

---

〔1〕《2002 年〈法国博物馆法〉的具体条文规定》，详见 http：//www. culture. gouv. fr/culture/dmf/09_LOIMUS. html，访问时间：2017 年 4 月 13 日。

〔2〕 这部实施了近 57 年的组织条例原本仅是临时性的，且将保护范畴局限于美术馆这一单独的收藏机构之中，已经无法满足当今法国博物馆的现实需求以及作为公立收藏机构的基本任务与运作方式的需要。《1945 年〈美术馆临时组织条例〉的具体条文规定》，详见 http：//www. culture. gouv. fr/paca/ressources/text_ lois/lois/O – 13 – 07 – 45 – 1546 – MUSE. pdf，访问时间：2017 年 4 月 13 日。

〔3〕 柯立业：《博物馆治理迈向自主化的趋势：以法国为例》，赖怡妆译，载《博物馆学季刊》2008 年第 22 期，第 43 – 45 页。

〔4〕 Loi relative aux musées de France. Article L451 – 4. （2002）：Toute cession de tout ou partie d'une collection d'un musée de France intervenue en violation des dispositions de la présente section est nulle. Les actions en nullité ou en revendication peuvent être exercées à toute époque tant par l'Etat que par la personne morale propriétaire des collections.

〔5〕《2004 年〈遗产法典〉的具体条文规定》，详见 http：//www. culture. gouv. fr/culture/infos – pratiques/droit – culture/patrimoine/pdf/code_ du_ patrimoine. pdf，访问时间：2017 年 4 月 13 日。

一步的明确与统一。至此，一个完整、协调的文化遗产法律保护体系得以建立起来。

值得注意的是，该法典将先前 2002 年《法国博物馆法》中的相关规定纳入第 4 卷中。细言之，该法典第 4 卷分为法律与法规两大部分，并且各章相互对应。该卷的法律部分共分五篇：第一篇是该法的总章程；第二篇是对"国家博物馆"的基本规定；第三篇是对法国博物馆最高理事会的规定；第四篇是对"法国的博物馆"制度的全面规定，第五篇是对"法国的博物馆"藏品管理的规定。该卷的法规部分则是，法律部分操作化、细化与明晰化的说明。

需要重点提及的是，该卷关于"馆藏藏品降级"与"馆藏藏品退出馆藏以及博物馆终止收藏藏品时的处置问题"的相关规定。根据该卷第 L451－5 与 L451－7 条，公共馆藏中通过捐赠、遗赠所获得的藏品，或者虽非隶属于国家馆藏但由国家协助而获得的藏品，一般不得降级；只有取得法国国家藏品科学委员会的同意函，馆藏品才能破例降级。该卷第 L451－2 至 L451－4 条，对公法人的馆藏藏品退出馆藏以及博物馆终止收藏藏品时的处置问题进行了规定。公法人所有的法国博物馆的馆藏文物，皆为公共所有，故该类文物具有不可转让性。公法人可以无偿将其部分或者全部藏品的所有权转让给另一公法人，前提是后者承诺将转让后的藏品继续为法国某博物馆所用，同时，所有权转让需经过法国国家藏品科学委员会同意并经法国政府批准后方可生效，但捐赠、遗赠给国家的馆藏文物不在此列。因此，公法人的馆藏藏品是被限制流通在公法人范围之内，以确保其资产的公共所有与公益属性。[1]

此外，该法典的法规部分 R451－18 至 R451－28 条对私法人藏品退出馆藏以及博物馆终止收藏藏品时的处置问题作出规定。细言之，以捐赠、遗赠、国家或地方行政部门所协助获得的，且属于非营利性、以私人个体作为法人所有的法国博物馆馆藏文物，无论有偿与否，只能转让给公法人或非营利性私人性质的法人，且后者须事先承诺该馆藏藏品将继续为法国某博物馆所用。这一转让亦须先获得法国博物馆高等委员会的同意，且在得到文化与通信部部长（或特殊情况下得到相关部长）的许可后方可进行。[2]因此，对于非营利性、私法人所有的法国博物馆的这部分带有公共属性的藏品，其流通范围同样受严格限制，以确保其资产的公共所有与公益属性。[3]

---

〔1〕 *Ibid.*

〔2〕 *Ibid.*

〔3〕 吴辉：《从〈遗产法典〉看"法国的博物馆"》，载《中国文物报》2014 年 7 月 22 日。

四、涉及文物返还的国际条约

国际条约在法国的适用主要是通过法国国民议会以"纳入"的方式将其归入法国本国法予以适用，且国际条约的效力高于一般国内法但低于宪法。[1] 20世纪下半叶以来，法国陆续加入了一些涉及文化财产保护与打击文物贩运的国际公约，其中，最为重要的当属《1954年海牙公约》及其第一议定书与《1970年公约》。[2] 鉴于《1954年海牙公约》基本无关文物返还，本节仅对法国实施《1970年公约》的情况作出分析。

1997年1月7日，经过利弊权衡与综合考量之后，法国国民议会作出了加入《1970年公约》的决定，并将其接受《1970年公约》的决定通知联合国教科文组织总干事。依据该公约第21条之规定，《1970年公约》自总干事收到通知之日起3个月后批准生效。据此，《1970年公约》自1997年4月7日起对法国生效。[3]

与其他欧洲文物市场国不同，法国国民议会并未就《1970年公约》的实施制定专门法。这主要是因为在加入该公约之前，法国已经制定了一系列相关法律，从而为公约的实施做好了国内法上的准备。例如，1992年12月31日，法国国民议会审议并通过了《第92-1477号法之文化财产出口管控》；[4] 1993年1月29日，法国国民议会审议并通过了《第93-124号法令》（具体实施第92-1477号法的法令）；[5] 1995年8月3日，法国国民议会审议并通过了《第95-877号法之返还欧盟成员国内部的文化财产》。[6] 法国虽然未对贩运文化财产的行为规定特定罪名，但上述这些法律与法令为打击文化财产贩运、遏制文化财产犯罪构建了一套行之有效的法律体系。

就文化财产的定义与分类而言，包括法国在内的欧盟各成员国均受《罗马条约》的规制，根据该条约第36条，出于保护的目的，针对具有历史或考古价值

---

〔1〕 李浩培：《条约法概论》，法律出版社2003年版，第237页。

〔2〕 1957年6月7日，法国国民议会接受1954年海牙公约及其第一议定书，并于同日批准其在法国实施。目前，法国国民议会尚未接受与批准该公约的第二议定书。法国实施1954年《海牙公约》的报告（2010年版），详见http://www.unesco.org/culture/laws/pdf/france_2010natrep_HC-P1_en.pdf，访问时间：2017年4月13日。

〔3〕 James A. R. Nafziger, Robert Kirkwood Paterson, *Handbook on the Law of Cultural Heritage and International Trade*, Edward Elgar, 2014, p. 140.

〔4〕 *Ibid.*, at 140.

〔5〕 *Ibid.*, at 143.

〔6〕 *Ibid.*, at 144.

的国宝，欧盟各成员国可依据具体情况确定对其进出口加以禁止或限制。[1]法国国民议会通过的《第93－124号法令》则以附件形式列举了法国文化财产的具体类别（共计15类），并就这些文化财产的进出口作出具体规定。[2]

加入《1970年公约》之后，法国国民议会于2004年2月20日审议并通过了《遗产法典》。[3]该法典第L 111－1条划定了法国"国宝"的基本范畴。一类是指，具有历史与考古价值的文化财产（包括不动产与动产）、国有历史档案与资料以及法国穆斯林的公共藏品或物品等。鉴于上述这类文化财产的历史价值、艺术与考古价值，该法典将其划定为"国宝"。另一类是指，一些尚未获得法国政府特别保护但独具重要文化、艺术价值的文化财产（即"潜在的"国宝），它们通常是作为私人非法交易标的物的艺术品或古董。由于这类文化财产不为公众所知晓，仅在交易当事方提出出口申请后，法国出入境管理局才会对之进行检查与鉴定。在这一过程中，对于其中具有重要历史或考古价值的私人文化财产，法国出入境管理局会作出禁止出口的决定，同时将其纳入法国"国宝"的类别中。[4]

法国文化财产的出口管控程序与出口规定，主要体现在《第92－1477号法之文化财产出口管控》中。该法详细规定了文化财产的出口程序，并要求拟出口的文化财产应按照出口程序依法申请并获得出口许可证。另外，值得一提的是，具有艺术、历史或考古价值且并未纳入"国宝"类别的文化财产，其出口同样需要申请出口许可证。

依据该法，首先，申请出口者需要向法国出入境管理局提出申请请求，并向法国文化与通信部提交申请材料（包括文化财产的合法来源，以及是否有过往的进出口记录等），以进一步审查与核实相关的出口信息。[5]其次，文化与通信部将组织专家对申请出口的文化财产进行鉴定与评估，并对此撰写文化财产的鉴定报告。最后，文化与通信部将依据鉴定报告与先前的申请材料进行综合考量，并在4个月内作出批准或拒绝出口许可证的决定。[6]

事实上，文化与通信部进行综合考量后，将会出现两种结果。其一，经专家

---

〔1〕　Treaty of Rome, Article. 36. (EU).

〔2〕　James A. R. Nafziger, Robert Kirkwood Paterson, *Handbook on the Law of Cultural Heritage and International Trade*, Edward Elgar, 2014, pp. 147 – 148.

〔3〕　《2004年〈遗产法典〉的具体条文规定》，详见 http：//www. culture. gouv. fr/culture/infos – pratiques/droit – culture/patrimoine/pdf/code_ du_ patrimoine. pdf，访问时间：2017年4月13日。

〔4〕　Code du Patrimoine, Article. L 111 – 1 (France).

〔5〕　Law No. 92 – 1477, Art. 7.

〔6〕　*Ibid.*, art. 2.

鉴定与评估，申请出口的文化财产未满足艺术、历史或考古价值的要素或未满足对文化财产年份的最低限定。在这种情况下，文化与通信部将以书面形式作出出口许可证，并标记"无需办理出口许可证"的字样，允许该文化财产自由流通与交易。其二，申请出口的文化财产符合"国宝"类别的条件。在这种情况下，所涉及的文化财产将交由文化与通信部特设的技术委员会审查，并在该委员会所作建议的基础上，进一步考虑是否允许出口的决定。[1]如出口申请被文化与通信部拒绝，则出口申请者将遵守一个长达三年的申请过渡期。[2]在这三年期间内，申请者不得就同一文化财产再次提起出口的申请。三年申请过渡期结束后，出口申请者可以根据情况提起第二次申请。[3]

另外，为了更好地实施《1970年公约》，有效打击文物贩运，遏制文物犯罪，法国政府专门设立"打击非法贩运文化财产中央办公室"（OCBC）、"司法调查与证据收集技术服务部"（STRJD）、"反劫持特警巴黎古董支队"（BRB），以及"里昂欧盟艺术品总秘书处"（LEUAGS）等机构。这些政府机构的设置便利了法国与联合国教科文组织、国际刑警组织、国际统一私法协会（UNIDROIT）、世界海关组织（WCO）、联合国毒品和犯罪问题办公室（UNODC）、国际博物馆理事会（ICOM）、国际文化财产保护与修复研究中心（ICCROM）以及国际古迹遗址理事会（ICOMOS）等组织的协调与合作。[4]

与此同时，法国各大博物馆、艺术馆与美术馆还对各自馆藏的文化财产进行全面清查，以确保每件藏品均编有基本的身份信息与相对应的标识牌。在对收藏的藏品进行清查之后，各收藏单位需以电子数据的形式将其收录在册，以便于民众进行在线查询与了解收藏藏品的相关信息。[5]这一系列的"自清自查"活动既是法国各收藏单位的一项公共义务，也是其必须履行的一项法定义务。

近年来，在民间与地方收藏组织的协助下，法国文化与通信部也加快了推进文化财产数字馆藏的进程。一方面，由隶属于文化与通信部的遗产管理局负责对法国所有的文化财产电子数据库进行汇总；另一方面，法国各行政辖区结合自身的具体情况建立本辖区的文化财产的电子查询系统，并将被盗、非法流转出境以

---

〔1〕 *Ibid.*，art. 4.

〔2〕 *Ibid.*，art. 5.

〔3〕 *Ibid.*，art. 7.

〔4〕 "The Second Meeting of States Parties to the 1970 Convention"，载 http：//www. unesco. org/new/fileadmin/MULTIMEDIA/HQ/CLT/pdf/9_ Emergency_ Actions_ final_ ZH. pdf，访问时间：2017 年 4 月 13 日。

〔5〕 *Ibid.*

及遗失的文化财产的信息纳入查询系统中。[1]

由此可见，上述举措与安排为法国实施《1970 年公约》提供了制度保障。当然，我们也期待法国政府尽早向联合国教科文组织递交《1970 年公约》的国别实施报告，以便国际社会更加全面了解该公约在法国实施的情况。还需指出，迄今为止，法国还未曾在《1970 年公约》框架下与其他国家签订关于防止盗窃、盗掘与非法进出境文化财产的双边协定。

最后，需要提及的是，法国政府虽已签署《1995 年公约》，但法国国民议会迄今未批准该公约，该公约对法国因而尚无拘束力。[2]法国议会之所以不批准该公约，既有法律上的障碍，也有现实利益的考量。前者主要是指该公约与法国国内法关于善意取得与时效的规定存在冲突；后者主要是指，法国担心一旦加入该公约可能会导致文物原属国或原所有权人要求法国返还文物的请求"泛滥成灾"。因此，在可预见的未来，法国议会批准该公约的可能性极小。

五、涉及文物返还的专门机构

前文已论及，法国国民议会于 2002 年 1 月 4 日审议并通过了《法国博物馆法》。[3]该法对"公共物品不可转让"原则进行了解释，即法国公立博物馆中所收藏的各类藏品均为"公共物品"，且具有"不可转让性（或让渡性）"。[4]然而，该法并未将该原则规定为不可逾越的绝对原则。在某些特定的情况下，法国博物馆可以将某些已列入"公共物品"类别中的馆藏文物（除捐赠、遗赠或由国家出资收购的文物外）从"公共物品"中剥离出来，即"文物降级"。[5]2014年颁布的《遗产法典》整合了上述规定，就法国博物馆馆藏藏品的降级、退出以及处置等问题作出了更加具体的规定。[6]

为了有效应对与处理来自文物来源国的返还请求，2003 年 9 月 27 日，法国

---

〔1〕　*Ibid.*

〔2〕　参见 http：//www. unidroit. org/english/implement/i - 95. pdf，访问时间：2017 年 4 月 13 日。

〔3〕　《2002 年〈法国博物馆法〉的具体条文规定》，详见 http：//www. culture. gouv. fr/culture/dmf/09_ LOIMUS. html，访问时间：2017 年 4 月 13 日。

〔4〕　Loi relative aux musées de France. Article L451 - 4. （2002）：Toute cession de tout ou partie d'une collection d'un musée de France intervenue en violation des dispositions de la présente section est nulle. Les actions en nullité ou en revendication peuvent être exercées à toute époque tant par l'Etat que par la personne morale propriétaire des collections.

〔5〕　*Ibid.*

〔6〕　《2004 年〈遗产法典〉的具体条文规定》，详见 http：//www. culture. gouv. fr/culture/infos - pratiques/droit - culture/patrimoine/pdf/code_ du_ patrimoine. pdf，访问时间：2017 年 4 月 13 日。

文化与通信部在《法国博物馆法》的框架下组建"法国国家藏品科学委员会"，该委员会旨在为法国"公共物品"的持有者（公法人所有的法国国内博物馆，或以非营利性且以私人个体作为法人所有的法国博物馆）提供有关文物降级的咨询与建议，并接受来自法国各博物馆就文物降级的申请。

该委员会委员主要由博物馆学、考古学、历史学以及法学领域内的专家学者组成，也有少部分是法国国民议会的议员与地方议会的议员。根据《法国博物馆法》"公共物品不可转让"的原则，法国各博物馆在进行文物降级之前，必须先向法国国家藏品科学委员会递交申请。只有在征得法国国家藏品科学委员会全体委员一致同意并获得该委员会所出具的同意函后，才能展开文物降级的具体事宜。另外，法国博物馆法要求，在进行文物降级时，各博物馆应当尽可能地减少有可能带来的负面影响，以防止文物来源国纷纷效仿之。[1]需要指出的是，囿于法国的各种法律与利益约束，加之该委员会应当遵循何种降级原则至今尚无明确、客观的依据，文物的降级往往需要经过该委员会长时间的研究与讨论。

由于文物降级在法国是极为例外的事件，因而这构成法国将文物返还给文物原属国或原所有权人的掣肘。不过，从这些年的文物返还实践来看，法国国家藏品科学委员会同意文物降级从而实现文物成功返还的案例呈增加态势，后文的案例研究将对此予以详述。

另外，需要提及的还有法国有关返还战时掠夺文物的机构。1997 年 3 月 25 日，时任法国总理阿兰·马里·朱佩（Alain Marie Juppé）签发行政授权令，授权由法国经济社会委员会主席简·马特奥利（Jean Matteoli）先生负责组建并指导成立"二战被掠夺受害者赔偿委员会"（简称"马特奥利委员会"）。[2]马特奥利委员会隶属于法国总理办公室，其宗旨是将二战期间遭掠夺的犹太文物或相关文化财产的具体情况告知其原物所有权者（即犹太受害者或其继承后裔）以及在不知其原所有者的情况下寻找到他们，并向法国政府提出返还建议或提出其他处理意见。与司法机关所作的判决或裁定不同的是，马特奥利委员会以提供咨询或建议为主，且其咨询意见或建议不具有法律约束力。

一般而言，马特奥利委员会提出返还建议或其他补救性措施后，会将建议报告呈交法国总理，以便其作出最后决定。值得一提的是，除向法国政府就二战期间被掠夺的犹太文物提出返还或其他建议外，马特奥利委员会还对二战期间遭到非法买卖或强制交易的犹太文物展开了调查。1997 年 12 月 31 日，马特奥利委员

---

〔1〕 Loi relative aux musées de France, Article L451 – 3. 4.（2002）.

〔2〕 Edict of 25 March 1997, published in the Journal Officiel de la Republique Francaise of 25 March 1997.

会发布了第一份委员会工作进展报告。[1]次年 11 月 21 日，马特奥利委员会向法国总理提交第一年的中期工作报告，就该委员会成立半年以来的工作情况进行总结。[2]在此之后，每年的 1 月 31 日，该委员会均向法国总理呈交年度工作报告，并接受法国总理办公室的监督与管理。在法国外交部的协助下，仅在成立的第一年里，该委员会就曾建议法国政府返还二战期间遭非法买卖与强制交易后流入法国的文物共计 12 463 件。鉴于返还战时掠夺文物的重要性，在第二年的工作报告中，马特奥利委员会向法国总理建议，应当成立被掠夺文物的专家鉴定小组，以便对二战期间被掠夺的文物进行全面鉴定与评估。[3]

1999 年 9 月 10 日，时任法国总理利昂内尔·若斯潘（Lionel Jospin）签发第99 – 799 号行政令，下令组建被掠夺文物的专家鉴定小组以及特别协调委员会以协助马特奥利委员会的工作。法国最高法院前院长皮埃尔·德拉（Pierre Drai）被任命为该特别协调委员会第一任主席。依据该行政令规定，特别协调委员应当采取更为灵活、更为有效的非诉方式来解决战时掠夺文物的返还问题，以突破时效等法律障碍。[4]另外，该行政令将该委员会的性质规定为"居中调解的独立机构"，[5]并对其职责作出具体规定：

> 特别协调委员会旨在受理来自犹太受害者或其后裔（个人或家族）提出的文物返还请求，返还标的物系在法国傀儡政府（维希政府）统治时期（1941 – 1945 年）遭非法掠夺、强占或征收的文物，并将处理意见报送马特奥利委员会备案，供马特奥利委员会作出文物返还报告时参考。[6]

该行政令还对该协调委员会的组成人员做了具体要求，依之，特别协调委员会应由 9 名成员组成，每届任期 3 年。这 9 名成员分别包括 2 名来自法国最高法院的法官、2 名来自法国最高行政法院的法官、2 名来自法国审计法院的陪席庭长、2 名法学教授和 1 名兼具法学专业背景与相关实践经验的资深人士。[7]

该行政令还要求，特别协调委员会应当尽可能地帮助犹太受害者或其后裔（个人或家族）找寻被掠夺或遗失的文物。另外，针对每一起返还请求，该委员

---

〔1〕 这份工作进展报告主要涉及马特奥利委员会组建后的基本工作情况，以及当年该委员会建议返还的艺术品与文物清单。

〔2〕 The Matteoli Commission Report（Interim）.

〔3〕 The Second Report of the Matteoli Commission Released in January 1999, p. 23.

〔4〕 The Edict No. 99 – 779 of 10th September 1999, Article. 1.

〔5〕 *Ibid.*, art. 2.

〔6〕 *Ibid.*, art. 1.

〔7〕 *Ibid.*, art. 3.

会指定一名委员负责受理、调查以及征求专家建议等，最后由特别协调委员会全体委员一起作出处理意见。[1]

由此可见，马特奥利委员会与特别协调委员会是法国政府成立的致力于返还战时被掠夺文物的专门机构。这两个委员会的设立，充分表明法国政府对返还战时掠夺文物的重视。此外，这两个专门机构根据不同类别的文物返还请求与追索者的具体情况，灵活运用各种非诉方式，较好地解决了战时掠夺文物的返还争议，其历史贡献值得肯定。

第二节　法国返还文物的司法案例研究

一、费德里科·朱塞佩·切萨里后裔诉卢浮宫案（1999 年）

（一）背景概述

本案是围绕法国巴黎卢浮宫博物馆收藏的 5 幅意大利油画的归属纠纷而引发的跨国文物追索诉讼。这 5 幅意大利油画的基本情况如下：

第 1 幅油画是由意大利著名壁画家乔凡尼·巴蒂斯塔·提埃坡罗（Giovanni Battista Tiepolo）（1669－1770 年）创作的《亚历山大与坎巴斯帕》（Alexandre et Campaspe chez le peintre Apelle）。提埃坡罗继承了巴洛克艺术的绘画传统，融合了早期洛可可的绘画风格。在这幅油画中，他将人物情态与现实场景有机结合起来，产生了水彩写意的效果。[2]

第 2 幅油画是由 18 世纪意大利著名的肖像女画家罗萨尔巴·乔凡娜·卡列拉（Rosalba Giovanna Carriera）（1675－1757 年）创作的《女子肖像》（Portrait de femme）。卡列拉比较擅于表现人物的内在美，并不注重对于人物的个性刻画，其油画技法娴熟，充分运用了女性细腻、柔和的手法，使得其作品具有一定的美学魅力。[3]

第 3 幅油画是由意大利文艺复兴时期的宗教派画家莫雷托·达·布雷西亚

---

〔1〕　*Ibid.*，art. 4.

〔2〕　《乔凡尼·巴蒂斯塔·提埃坡罗》，载 http：//baike. baidu. com/link？url＝UExe761ItexVBZ4wheY J6jOQWgRschWODgeq3shqho1lXZmdqFwCEHwK5Bp2Umk9Sinm8xTmsGjQCYhxwVmcm，访问时间：2017 年 4 月 17 日。

〔3〕　《罗萨尔巴·乔凡娜·卡列拉》，载 http：//www. youhuaaa. com/page/painter/show. php？*Id*＝4057，访问时间：2017 年 4 月 17 日。

（Moretto da Brescia）（1498－1554 年）创作的《圣母往见瞻礼》（La Visitation）。布雷西亚主要是以宗教题材的绘画、壁画以及肖像画著称，他的作品展示了他对画作形式与色彩的精细搭配，但其许多作品却都以独特的银灰色调示人。[1]

第 4 幅油画是由 17 世纪热拉亚画派的代表人物别尔那多·斯特劳兹（Bernardo Strozzi）（1581－1644 年）创作的《神圣家族》（La Sainte Famille）。虽然斯特劳兹早年深受佛兰德斯（Flanders）画派的影响，常常将宗教素材当作日常绘画的主要部分，但未在绘画技巧上展现出过于浓厚的宗教色彩。[2]

第 5 幅油画是由意大利画家阿历山德罗·马尼亚斯科（Alessandro Magnasco）（1667－1749 年）创作的《壁炉前的赌徒》（Joueurs de cartes devant une cheminée），其作品横跨巴洛克与洛可可时期。在其风景油画与室内装饰画当中，马尼亚斯科常常通过色彩与光线的对比烘托出强烈感性的气氛。因此，自然风景与现实人物的写景就成为他创作中所主攻的对象。[3]

虽然上述 5 幅意大利油画均出自不同的画作名家之手，但在纳粹德国统治时期，都因遭到非法拍卖而被纳粹强制征占，二战结束后辗转流入巴黎卢浮宫博物馆。

（二）案情简介

1. 案件基本情况

作为意大利驻法国巴黎财政部的官方代表，意大利籍犹太人费德里科·朱塞佩·切萨里（Federico Gentili di Giuseppe）在驻法期间收藏了大量珍贵的艺术品。在他收藏的珍贵艺术品中，尤以意大利画家于 1910－1940 年间所创作的珍贵画作居多。[4]为了推动意大利与法国的文化交流关系，切萨里将其收藏的一部分意大利画作捐献给卢浮宫博物馆。

1940 年 4 月 21 日，切萨里因故去世。他遗留的财产则由儿子马塞洛·朱塞佩·切萨里（Marcello Gentili di Giuseppe）与女儿阿德里安娜·朱塞佩·切萨里

〔1〕《莫雷托·达·布雷西亚》，载 http：//www. bowenwang. com. cn/painting－moretto－da－brescia. htm，访问时间：2017 年 4 月 17 日。

〔2〕《别尔那多·斯特劳兹》，载 http：//www. 318art. cn/artist－312. html，访问时间：2017 年 4 月 17 日。

〔3〕《阿历山德罗·马尼亚斯科》，载 http：//baike. baidu. com/view/14045471. htm，访问时间：2017 年 4 月 17 日。

〔4〕 Parisot, Véronique, "The Gentili di Giuseppe Case in France", *International Journal of Cultural Property*, 10 (2001), p. 264.

（Adriana Gentili di Giuseppe）继承。[1] 1940 年 5 月 10 日，纳粹德国军队占领巴黎，马塞洛与阿德里安娜被迫各自踏上流亡之路。[2]

马塞洛是法国青年天文学家，他利用身份之便，顺利进入了法国皮克杜米迪天文馆（The Pic du Midi Observatory）避难，进而在其庇护下离开法国。阿德里安娜则与丈夫拉斐尔·塞勒姆（Raphael Salem）以及三个孩子一起前往英国伦敦，并取道加拿大移居美国。[3]

鉴于切萨里已故，1940 年 10 月 24 日，一位名叫朱利安·吉罗（Julien Giraud）的人以切萨里债权人的身份向法国巴黎德拉塞纳第一民事法庭起诉切萨里的后裔。[4]由于在诉讼期间切萨里的后裔均已逃往海外避难，无人居住在法国境内，巴黎德拉塞纳第一民事法庭于同年 10 月 29 日以缺席审判的方式对本案作出判决：支持原告关于 90 000 法郎的债权主张，并指派与涉案双方当事人无利害关系的第三者——穆兰（Moulin）先生负责管理切萨里的遗产。[5]

次年 3 月 31 日，为执行此次判决，清偿切萨里的债务，穆兰先生在法庭授权的基础上，决定在法国巴黎德鲁奥酒店（Hotel de Drouot）举行为期两个月的切萨里遗产拍卖会。这次拍卖会拍出了上述 5 幅意大利油画。值得一提的是，这5 幅意大利油画的最高一幅成交价达 4 776 289 法郎，远高于当年同类型的公开拍卖价格。然而，不久以后，这 5 幅意大利油画被时任德国纳粹二号首领的赫尔曼·威廉·戈林（Hermann Wilhelm Göring）以清缴"堕落腐化艺术品"为由据为己有。[6]

1945 年 9 月 2 日，第二次世界大战结束。此后，许多被纳粹搜刮、抢占与劫掠的艺术品与文物在戈林家中被找到（包括上述 5 幅意大利油画）。

1950 年 10 月 15 日，联邦德国政府将原属于法国的艺术品与文物返还给法国，并由卢浮宫博物馆负责进行最后的清点与确认工作，以便将其尽快地返给原物所有权者。当切萨里的后裔们得知这 5 幅意大利油画被返还给法国的消息后，

---

〔1〕 Leila Anglade, "Art, Law and the Holocaust: The French Situation", *Art Antiquity and Law*, 4 (1999), p. 309.

〔2〕 Parisot, Véronique, "The Gentili di Giuseppe Case in France", *International Journal of Cultural Property*, 10 (2001), p. 264.

〔3〕 *Ibid.*

〔4〕 Christiane Gentili di Giuseppe et al. v. Musée du Louvre, Court of Appeal of Paris, 1st Division, Section A, June 2, 1999, n. 1998/19209, p. 3 (translated version).

〔5〕 Parisot, Véronique, "The Gentili di Giuseppe Case in France", *International Journal of Cultural Property*, 10 (2001), p. 265.

〔6〕 *Ibid.*

曾试图到法国联系穆兰先生，请求其出面暂存 5 幅意大利油画，但无功而返。[1]

不久以后，切萨里的女儿阿德里安娜在卢浮宫博物馆发现了其父当年收藏的这 5 幅意大利油画。于是，她向卢浮宫博物馆提出返还请求。然而，该博物馆以未找到这 5 幅意大利油画所有者为由，拒绝了她的请求。此后，阿德里安娜多次向该博物馆请求返还油画，但请求悉数被拒。[2]

1995 年 7 月 14 日，时任法国总统雅克·勒内·希拉克（Jacques René Chirac）首次在公开场合正式承认二战期间法国排犹的史实，并对被驱逐出境的 76 000犹太人（其中仅有 2500 人逃出纳粹集中营）深表同情与慰问。希拉克也因此成为第一个正式向犹太人道歉的法国元首。希拉克还曾多次主持召开高层会议，专门讨论如何解决法国犹太人生活与工作的现实问题。这些举措显示出法国政府致力于"护犹"的决心。[3]

基于这一社会背景与政治环境，切萨里的后裔们决定重启对原属于切萨里的意大利油画的追索工作，并诉诸法国法院。1998 年 7 月 10 日，巴黎初审法院驳回了切萨里后裔们的诉讼请求。[4] 1999 年 6 月 2 日，巴黎上诉法院推翻了巴黎初审法院的判决，转而支持切萨里后裔们的诉求，判令卢浮宫博物馆返还油画。[5]

2. 案情事实

本案的争议标的物为上述 5 幅意大利油画，它们原属于意大利籍犹太人费德里科·朱塞佩·切萨里。

1940 年 4 月 21 日，切萨里在法国巴黎去世。[6]

1940 年 5 月 10 日，切萨里的儿子马塞洛与女儿阿德里安娜继承了其遗产。由于巴黎沦陷，他们被迫逃离巴黎，远离法国。[7]

1940 年 10 月 24 日，切萨里的债权人吉罗在巴黎德拉塞纳第一民事法庭起诉

〔1〕 Cf, "Important Old Master Paintings, Christie's catalog", *New York*, January 27, 2000.

〔2〕 Parisot, Véronique, "The Gentili di Giuseppe Case in France", *International Journal of Cultural Property*, 10 (2001), p. 265.

〔3〕 *Ibid.*, at 266.

〔4〕 Christiane Gentili di Giuseppe et al. v. Musée du Louvre, County Court of Paris, July 10, 1998, General Roll n. 1998/54616.

〔5〕 Christiane Gentili di Giuseppe et al. v. Musée du Louvre, Court of Appeal of Paris, 1st Division, Section A, June 2, 1999, n. 1998/19209.

〔6〕 Leila Anglade, "Art, Law and the Holocaust: The French Situation", *Art Antiquity and Law*, 4 (1999), p. 309.

〔7〕 Parisot, Véronique, "The Gentili di Giuseppe Case in France", *International Journal of Cultural Property*, 10 (2001), p. 264.

切萨里的后裔，向其主张债权。[1]

1940 年 10 月 29 日，巴黎德拉塞纳第一民事法庭以缺席审判的方式作出判决，支持了吉罗关于 90 000 法郎的债权主张，并指派与涉案双方当事人无利害关系的第三方——穆兰先生负责管理切萨里的遗产，并由后者参与切萨里遗产清单的制定。[2]

1941 年 3 月 17 日，巴黎德拉塞纳第一民事法庭发出指令，授权穆兰先生清算切萨里的家庭资产，并拍卖包括这 5 幅意大利油画在内的所有财产用于筹措资金，以清偿债权人吉罗的债务。[3]

1941 年 3 月 31 日，穆兰先生决定在法国巴黎德鲁奥酒店举行为期两个月的切萨里遗产拍卖会。这次拍卖会拍出了这 5 幅意大利油画。[4]

1950 年 10 月 15 日，切萨里的女儿阿德里安娜向巴黎卢浮宫博物馆请求返还其父亲所收藏这 5 幅意大利油画，但遭拒绝。[5]此后，阿德里安娜曾先后于 1951 年、1955 年和 1961 年三次向卢浮宫博物馆提出返还请求，但均被后者拒绝。[6]拒绝的主要理由有两点：其一，阿德里安娜无法证实 1941 年 3 月 31 日的授权销售与公开拍卖属于纳粹当局主导的强制性行为；其二，阿德里安娜提出的返还请求已超过诉讼时效。[7]

1998 年 3 月 19 日，马塞洛的独女克里斯汀娜·朱塞佩·切萨里（Christiane Gentili di Giuseppe）、阿德里安娜的女儿艾曼纽·莫帕·塞勒姆（Emmanuelle Maupas Salem）与两个儿子丹尼尔·塞勒姆（Daniel Salem）、莱昂内尔·塞勒姆（Lionel Salem）等人联名向巴黎初审法院起诉法国政府与卢浮宫博物馆，请求法院确认 1941 年 3 月 31 日的授权销售与公开拍卖无效，并要求被告返还这 5 幅意

---

〔1〕 Christiane Gentili di Giuseppe et al. v. Musée du Louvre, Court of Appeal of Paris, 1st Division, Section A, June 2, 1999, n. 1998/19209, p. 3 (translated version).

〔2〕 Parisot, Véronique, "The Gentili di Giuseppe Case in France", *International Journal of Cultural Property*, 10 (2001), p. 265.

〔3〕 Christiane Gentili di Giuseppe et al. v. Musée du Louvre, Court of Appeal of Paris, 1st Division, Section A, June 2, 1999, n. 1998/19209, p. 3 (translated version).

〔4〕 Parisot, Véronique, "The Gentili di Giuseppe Case in France", *International Journal of Cultural Property*, 10 (2001), p. 265.

〔5〕 *Ibid.*

〔6〕 Jérôme Passa, "Condamnation du musée du Louvre à restituer des tableaux aux héritiers des propriétaires spoliés durant l'Occupation", *Le Dalloz*, N. 37 Vol. 1 (1999), p. 537.

〔7〕 Leila Anglade, "Art, Law and the Holocaust: The French Situation", *Art Antiquity and Law*, 4 (1999), p. 309.

大利油画，并提出附带经济赔偿请求。[1]

1998 年 7 月 10 日，巴黎初审法院驳回了原告切萨里后裔们的诉讼请求。[2]

1998 年 7 月 30 日，切萨里的后裔们向巴黎上诉法院上诉。[3]

1999 年 6 月 2 日，上诉法院判决上诉方切萨里的后裔们胜诉，判令被上诉方卢浮宫博物馆返还这 5 幅意大利油画。[4]

（三）争议焦点

在分析本案的争议焦点之前，有必要简述一下本案所涉及的两个相关法令。1944 年 11 月 14 日，为积极响应 1943 年《伦敦宣言》，[5]法兰西共和国临时政府议会制定并通过了《认定战时掠夺财产行为无效的第一法令》（以下简称"第一法令"），这是法国历史上第一次以法律的形式明确规定，一切被占领土地上的财产转移、掠夺、没收、抢占与交易等行为均属无效。[6]此外，为实施第一法令，1945 年 4 月 21 日，法兰西共和国临时政府议会还制定并通过了第 45 - 770 号法令（以下简称"第二法令"）。[7]第二法令对财产原所有权者返还财产的请求规定了时效限制，并要求临时政府负责对无人认领的财产予以有效监管。[8]就第二法令的适用范围来看，它主要适用以下两类情况：一类是适用征收或强制交易的情形；另一类为法国成文法规制范围以外的财产交易行为以及未经卖方同意

---

〔1〕　Parisot，Véronique，"The Gentili di Giuseppe Case in France"，*International Journal of Cultural Property*，10（2001），p. 266.

〔2〕　Christiane Gentili di Giuseppe et al. v. Musée du Louvre，County Court of Paris，July 10，1998，General Roll n. 1998/54616.

〔3〕　Christiane Gentili di Giuseppe et al. v. Musée du Louvre，Court of Appeal of Paris，1st Division，Section A，June 2，1999，n. 1998/19209.

〔4〕　*Ibid.*

〔5〕　1943 年 1 月 5 日，以英国为首的 18 个同盟国政府签署了《反对在敌人占领或控制领土上进行掠夺的法案的同盟国间宣言》（即《伦敦宣言》）。根据《伦敦宣言》，一切被占领土上财产的转移、交易行为均属无效，不管这种转移或交易采取公开掠夺还是合法的形式，即便它们被赋予"自愿"的形式也是无效的。尽管《伦敦宣言》仅仅是同盟国间发表的单方声明，但该宣言确立了战争期间劫掠和转移文物属于非法无效的原则，开启了国际流失文物返还的新秩序。

〔6〕　Decree n. 49 - 1344，Paris，dated September 30，1949，Décret relatif à la fin des opérations de la commission de récupération artistique（Journal officiel du 02. 10. 1949）.

〔7〕　Interim Government of the French Republic，order n. 45 - 770，Paris，dated April 21，1945（ordonnance portant deuxième application de l'ordonnance du 12 novembre 1943 sur la nullité des actes de spoliation accomplis par l'ennemi ou sous son contrôle et édictant la restitution aux victimes de ces actes de leurs biens qui ont fait l'objet d'actes de disposition）.

〔8〕　Parisot，Véronique，"The Gentili di Giuseppe Case in France"，*International Journal of Cultural Property*，10（2001），p. 265.

而进行的交易等。[1]

本案的主要争议焦点是，巴黎德拉塞纳第一民事法庭授权穆兰先生于 1941 年进行的拍卖行为是否具有合法性。[2]

为了解决这一争议问题，巴黎初审法院的主审法官马库斯（Marcus）首先对"战时掠夺"与"没收"这两个概念作了区分。马库斯认为，战时掠夺是非法状态或武装敌对状态下暴力行径的具体表现形式，是一种典型的战争侵害行为。他还以纳粹于 1940 年 7 月 4 日掠夺法国 15 家博物馆与艺术馆的文物和艺术品为例加以说明。[3] 对于没收，马库斯认为，应从法国政府自身利益的角度界定没收行为。1940 年 10 月 3 日，维希政府曾通过《认定犹太人身份之法令》，限制在法国境内的犹太人进出境并没收其个人财产，同时将与犹太人有亲属关系的人认定为犹太人。[4] 该法令还规定，犹太人去世后，其所在辖区内的法院应当为其指定遗产管理者，并负责管理遗产与制作遗产清单等。

基于此，马库斯认为，巴黎德拉塞纳第一民事法庭指定穆兰先生为切萨里遗产的管理者，这一指定符合 1940 年《认定犹太人身份之法令》的规定。该法庭授权穆兰先生公开拍卖其遗产，是为了优先清偿吉罗的债务，此授权并无不妥。此外，遗产管理者与继承者之间的关系并非对抗性的，亦不存在利害关系，故授权合理。1941 年的拍卖行为并非法国成文法规制范围以外的财产交易行为，故符合第二法令中认定战时掠夺财产行为无效的适用范围。[5]

综上，马库斯认为，1941 年巴黎德拉塞纳第一民事法庭授权穆兰先生举行的拍卖行为具有合法性。

然而，针对这一问题，巴黎上诉法院的主审法官盖·卡尼维（Guy Canivet）提出了如下不同见解：

> 第一，巴黎德拉塞纳第一民事法庭授权穆兰先生的拍卖活动须经卖方，即财产原所有人的同意。在本案中，该法庭于 1940 年 10 月 29 日所作的是缺席判决，并未经过切萨里子女的同意；另外，尽管该法庭当年为切萨里指定了遗产管理人，但由于切萨里的子女均已逃往海外，他们并不知晓 1940

---

〔1〕　*Ibid.*, at 268.

〔2〕　Jérôme Passa, "Condamnation du musée du Louvre à restituer des tableaux aux héritiers des propriétaires spoliés durant l'Occupation", *Le Dalloz*, N. 37 Vol. 1 (1999), p. 537.

〔3〕　Parisot, Véronique, "The Gentili di Giuseppe Case in France", *International Journal of Cultural Property*, 10 (2001), p. 268.

〔4〕　*Ibid.*, at 269.

〔5〕　*Ibid.*, at 270.

年的判决，故卖方的同意无从谈起。

　　第二，1940 年《认定犹太人身份之法令》是纳粹在法国所扶持的傀儡政权——维希政府为配合纳粹德国的统治制定并颁布实施的法令。该法令的内容充斥着极端的种族主义，规定了种种反民族、反人类的条款，实属恶法。恶法虽亦法，但恶法非法。因此，巴黎德拉塞纳第一民事法庭依该法令授权穆兰先生举行拍卖，属于维希政府为自身利益需要而采取的非法没收措施。

　　第三，根据先前第一法令的规定（即一切被占领土地上的财产转移、掠夺、没收、抢占与交易等行为均属无效）与第二法令关于未经卖方同意而进行的交易的规定，应当认定 1941 年 3 月 31 日巴黎德拉塞纳第一民事法庭授权穆兰先生进行的拍卖行为系非法之举。[1]

（四）法院裁判

1998 年 3 月 19 日，切萨里的后裔们向巴黎初审法院提出了以下诉求：

　　其一，诉请法院认定巴黎德拉塞纳第一民事法庭于 1941 年 3 月 31 日授权穆兰先生进行的拍卖不具合法性。其二，诉请法院解除第 45 - 770 号法令（即第二法令）有关时效规定对本案的限制。其三，诉请法院判令卢浮宫博物馆返还 5 幅意大利油画。其四，诉请法院判令卢浮宫博物馆支付一定的赔偿金。[2]

1998 年 7 月 10 日，巴黎初审法院作出以下判决：

　　本院对于原告的第一诉求不予以认定，并确认巴黎德拉塞纳第一民事法庭于 1941 年 3 月 31 日授权穆兰先生进行的拍卖系合法之举。

　　鉴于本院已认定该公开拍卖具有合法性，故依此驳回原告关于第三项与第四项的诉求。

　　针对本案原告的第二项诉求，基于第 45 - 770 号法令（即第二法令）第 21 条第 1 款有关无效认定的时效限制，[3]结合本案的具体情况，本院认为，应当适用该法令第 21 条第 2 款之例外规定，故支持原告的这一诉求。[4]

---

　　〔1〕　*Ibid.*，at 271.

　　〔2〕　Christiane Gentili di Giuseppe, Emmanuele Maupas, Daniel Salem and Lionel Salem v. Musée du Louvre, County Court of Paris, July 10, 1998, General Roll n. 1998/54616.

　　〔3〕　第二法令第 21 条第 1 款之规定："原财产所有权者，应自敌对状态或战争状态正式结束之日起6 个月内提出返还请求。"

　　〔4〕　第二法令第 21 条第 2 款之规定："若原财产所有权者因不可抗力或者其他正当理由致使其无法在时效规定的期限内参与诉讼的，时效期限应自障碍消除之日起继续计算。"

1998 年 7 月 30 日，切萨里的后裔们向巴黎上诉法院提出上诉。[1] 巴黎上诉法院就本案的争议焦点进行了全面分析与讨论，并于 1999 年 6 月 2 日作出如下判决：

　　首先，由于二战的缘故，作为切萨里的儿女，马塞洛与阿德里安娜在巴黎被占领后即逃往海外，故未能对其父亲的遗产予以有效继承与管理。鉴此，本院推定，巴黎德拉塞纳第一民事法庭于 1940 年 10 月 29 日作出的缺席判决以及授权穆兰先生进行的拍卖未得到财产原所有权人，即切萨里儿女的应允。

　　其次，从 1940 年《认定犹太人身份之法令》的立法背景与内容来看，该法令是法国维希政府基于种族歧视与政治考量制定的非公平正义之法。巴黎德拉塞纳第一民事法庭依据该法令授权进行的拍卖，是维希政府为自身利益需要而采取的非法没收措施。另外，依据第二法令，未经卖方之同意而进行的交易为无效买卖，故基于这一授权进行的拍卖无效。

　　鉴于此，本院判定，巴黎德拉塞纳第一民事法庭依据《认定犹太人身份之法令》授权穆兰先生进行的拍卖系非法买卖。本院支持上诉方切萨里后裔们的返还请求，要求巴黎卢浮宫博物馆返还这 5 幅意大利油画。[2]

（五）经验总结

在本案中，切萨里的女儿阿德里安娜曾多次向卢浮宫博物馆请求返还其父生前收藏的 5 幅意大利油画，但均遭拒绝。[3] 20 世纪末，法国的政治与社会环境大为改观，卢浮宫博物馆才对切萨里后裔们提出的返还请求作出回应。[4] 最终，经过两次诉讼，返还请求获得了巴黎上诉法院的支持，这 5 幅意大利油画才终于得以返还。[5] 通过对本案的详细分析与解读，结合中国的文物追索实践，我们可以得到以下启示：

第一，作为流失文物的追索主体，个人与国家或国有机构既存在共性之处，

---

〔1〕 Christiane Gentili di Giuseppe et al. v. Musée du Louvre, Court of Appeal of Paris, 1st Division, Section A, June 2, 1999, n. 1998/19209.

〔2〕 *Ibid.*

〔3〕 Parisot, Véronique, "The Gentili di Giuseppe Case in France", *International Journal of Cultural Property*, 10 (2001), p. 265.

〔4〕 Gunnar Schnabel and Monika Tatzkow, *Nazi Looted Art—Handbuch Kunstrestitution Weltweit*, Berlin: proprietas - verlag, 2007, p. 141.

〔5〕 Parisot, Véronique, "The Gentili di Giuseppe Case in France", *International Journal of Cultural Property*, 10 (2001), p. 265.

也存在不同之处。其共性在于两者均可向文物现所在国的机构或个人提起追索请求；不同之处在于，前者追索文物一般仅涉及私权利的主张，因而能作出更加灵活、自主的决策，而后者需考虑的因素更加复杂，往往需要从国家全局利益的角度进行决策，因而追索的过程更长，达成灵活性的替代原物返还的可能性较小。

第二，在启动追索文物工作之前，应当确定文物的所有权性质，针对国有文物、私有文物或集体所有文物制定不同的追索方案。对于国有文物，依据我国《物权法》第45条，国务院可以代表国家行使所有权，提起文物追索请求。至于国务院文物行政主管部门的国家文物局以及地方人民政府等能否代表国家作为追索流失国有文物的主体，现行法律尚未明确，但私人或民间组织无法代表国家行使国有文物的追索权，这一点应无异议。

对属于《文物保护法》认可的集体或个人所有的文物，[1]如其非法流失境外，应由谁提起追索请求呢？我们认为，原则上应由集体组织或个人提起请求，除非应适用的国际条约或相关国家的国内法另有规定。譬如，依据《1995年公约》，对于非法出口的文物（而非被盗文物），仅有国家才能提起文物返还请求；而对于被盗文物，文物原所有权者，不论是个人、集体还是国家，均可提起文物返还请求。

二、美国亚利桑那州霍皮族诉法国拍卖行案（2014年）

（一）背景概述

本案涉及美国亚利桑那州霍皮族（Hopi Tribe）部落向法国伊芙拍卖行（The French Auction House Estimations & Ventes aux Enchères）（EVE）与巴黎内莱·米奈拍卖行（The Paris Auction House Néret‑Minet）追索流失的霍皮族神圣面具。尽管这两家法国拍卖行每次筹划拍卖霍皮族部落器具前，均遭到来自该部落的反对、抗议与起诉，但这些举措均未能有效阻止拍卖。仅在一年内，这两家拍卖行就拍出共计86件霍皮族神圣面具。霍皮族部落通过回购的方式买回了其中的31件面具。

霍皮族是生活在美国亚利桑那东北部的一个美洲原住民部落。"霍皮"这个名字源自他们本名"Hopituh Shi‑nu‑mu"（意为"和平的人们"或"和平的小家伙们"）的简称。就其名称的文化含义而言，部落族人将"霍皮"的主要含

---

[1]　参见《中华人民共和国文物保护法》第6条。

义表述为"表里如一，保持彬彬有礼的、文明的、平和的、有礼貌的霍皮人"。[1]霍皮文化是一种深根于文化信念、精神、道德与伦理观的本土文化，即崇敬与尊重一切万事万物，并按照创世神或大地守护神"马萨乌"（Masawu）的旨意与大自然和谐相处，安定生活。[2]

霍皮族属于典型的母系氏族社会，部落男女结婚后，其后代由母系家族命名、抚养和教育。就其宗教信仰而言，虽然深受基督教的影响，但霍皮族人并未因此放弃自己的传统图腾崇拜。霍皮族人根据自身的图腾崇拜，制造出了许多土著人面具与部落头饰，并将其称为"Katsinam"，即"朋友"之意。这些面具的面相与头饰均绘以明亮的色彩，并用马毛、羊皮、羽毛与玉米装饰，被霍皮族人誉为战士、动物、信使、火焰、雨水与云彩的统一化身。[3]在霍皮族人的许多宗教仪式（诸如成人礼或丰收仪式）上，部落族人都会将这些面具与部落头饰用于庆祝与祭祀，并将其供奉朝拜。正是出于对这些宗教饰品的崇拜，霍皮族人始终反对外人将这些圣物称为"面具"。霍皮族人对流失海外的宗教饰品被非法展出、拍照以及拍卖等表示出极大的愤慨与抗议，指责这些行为是对霍皮部落神灵的公然侮辱与亵渎。[4]本节将围绕上述霍皮族神圣面具引发的一场跨国文物返还争议进行详细分析。

（二）案情简介

1. 案件基本情况

2013年3月2日至2014年12月15日，尽管美国亚利桑那州霍皮族部落先后提起4次禁止拍卖之诉，[5]法国巴黎内莱·米奈拍卖行与伊芙拍卖行依旧对霍皮族部落的神圣面具进行了4次拍卖，共计拍出86件霍皮族神圣面具，每次拍卖款项均超过100万美元。

在上述4次拍卖中，除2013年4月12日的第1次拍卖是由内莱·米奈拍卖行组织的以外，其余3次均是在伊芙拍卖行的筹备与组织下进行的。为阻止非法

---

〔1〕［美］康纳利·约翰：《霍皮族社会组织》，载《北美印第安人手册》，史密森学会1979年版，第551页。

〔2〕［美］康纳利·约翰：《霍皮族社会组织》，载《北美印第安人手册》，史密森学会1979年版，第551页。

〔3〕［美］康纳利·约翰：《霍皮族社会组织》，载《北美印第安人手册》，史密森学会1979年版，第551页。

〔4〕［美］康纳利·约翰：《霍皮族社会组织》，载《北美印第安人手册》，史密森学会1979年版，第551页。

〔5〕TGI Paris, interim order, 12 April 2013, RG n°13/25880; TGI Paris, interim order, 6 December 2013, RG n°13/59110; TGI Paris, interim order, 27 June 2014, RG n°14/55733.

流失的霍皮族部落神圣面具在法国被拍卖，霍皮族部落代表、国际幸存者协会法国分会（Survival Internarional France）在每次拍卖举行之前，均依《法国民事诉讼法》第809条第1款向法国巴黎高等法院提起禁止拍卖非法流失文物之诉，并申请适用简易程序审理本案。[1]然而，这4次诉讼请求均被巴黎高等法院以不同的理由予以驳回。

除此之外，霍皮族部落和国际幸存者协会法国分会还曾试图通过其他方式组织拍卖。细言之，在第一次拍卖时，他们曾请求由法国销售委员会出面制止内莱·米奈拍卖行的拍卖行为，但该委员会以缺少法律依据为由未支持其请求。[2]在第二次公开拍卖时，原告霍皮族部落和国际幸存者协会法国分会得到了美国国务院与内政部的支持，但由于美、法之间不存在相关的双边协定，故无法依据双边协定解决这场跨国文物争议。[3]此外，美国关于非法买卖与销售印第安原住民物品的禁止性法律规定并无域外效力，因此，原告请求上述两个部门介入并助力其追索流失神圣面具并未起到实效。"孤立无援"的霍皮族部落提起的前两次诉讼因而均被巴黎高等法院驳回。

在第三次公开拍卖时，法国巴黎高等法院以非政府组织与霍皮族部落代表并非民事诉讼的适格主体为由，驳回了原告的诉讼请求。[4]在第四次公开拍卖时，追索者之一的大屠杀时期艺术品归还计划委员会试图扣押法国销售委员会公布的拍品以迫使该委员会介入此案，但亦未奏效。相反，法国销售委员经调查，认定此次拍卖行为"合法有效"，原告的追索请求因此再次受挫。

在四次诉讼连续遭遇失败后，霍皮族部落在国际幸存者协会法国分会的支持下，向法国巴黎高等法院寻求临时救济，请求高等法院作出延迟拍卖的禁令；它还要求拍卖行撤销对来源存疑的神圣面具的拍卖，以及停止对外公布买家身份信息等。然而，这些请求均遭到巴黎高等法院的拒绝。[5]在此期间，美国官员为支

---

〔1〕 The French Code of Civil Procedure, Article, 809（1）（1975）. 第809（1）条之规定："法院可以发布临时性禁令，以采取有效的保护措施来避免即将发生的侵权损害行为或减少明显的非法妨害行为发生的可能性。"

〔2〕 Mashberg, Tom, "Despite Legal Challenges, Sale of Hopi Religious Artifacts Continues in France", The New York Times, June 29, 2014，载 http://www.nytimes.com/2014/06/30/arts/design/sale-of-hopi-religious-items-continuesdespite-us-embassys-efforts.html?_r=0，访问时间：2017年4月15日。

〔3〕 Mashberg, Tom, "Hopis Try to Stop Paris Sale of Artifacts", The New York Times, April 3, 2013，载 http://www.nytimes.com/2013/04/04/arts/design/hopi-tribe-wants-to-stop-paris-auction-of-artifacts.html?pagewanted=all&_r=0，访问时间：2017年4月15日。

〔4〕 Ibid.

〔5〕 Ibid.

持霍皮族部落，分别致信涉案的两家拍卖行，请求它们考虑推迟拍卖，但亦未获拍卖行的回应。[1]

最终，在诉讼未果的情况下，追索方只得通过回购的方式促成部分霍皮族部落神圣面具的回归。在第一次与第二次公开拍卖中，霍皮族部落的代理律师、来自美国丹佛市阿诺德与波特事务所（Arnold & Porter）的皮埃尔·塞文·施瑞伯（Pierre Servan - Schreiber）律师，代表霍皮族部落买下了 2 件神圣面具。在第二次公开拍卖时，美国安纳伯格基金会（Annenberg Foundation）购买了 24 件，并将其中的 21 件霍皮族部落神圣面具返还给该部落，另外 3 件返还给圣卡洛斯阿拉伯部落（The San Carlos Apache Tribe）。[2] 在第四次公开拍卖时，纳瓦霍族（Navajo）代表购买了 7 件神圣面具并将其转交霍皮族部落。[3]

2. 案情事实

（1）第一次拍卖情况。2013 年 3 月 2 日，美国亚利桑那州霍皮族印第安人文化保护办公室（Hopi Cultural Preservation Office）主任李·J. 库万维斯乌玛（Leigh J. Kuwanwisiwma）先生接到法国巴黎内莱·米奈拍卖行的拍卖通知，该拍卖行将在 4 月中旬组织拍卖美洲霍皮族印第安人的物品，其中包括一批霍皮族部落的神圣面具。随后，库万维斯乌玛主任向该拍卖行发出一份抗议信，以霍皮族印第安人文化保护办公室的名义反对此次公开拍卖。但这封抗议信未得到该拍卖行的任何回应。[4]

2013 年 3 月 9 日，美国多家公立博物馆馆长、时任美国驻法国大使查尔斯·里夫金（Charles Rivkin）以及时任亚利桑那州霍皮族印第安主席勒罗伊·辛果泰瓦（Leroy Shingoitewa）与副主席赫尔曼·G. 哈纳涅（Herman G. Honanie）等联名致信内莱·米奈拍卖行，请求延迟拍卖，并希望拍卖行能够尽力保全好这批霍皮族部落的神圣面具，以便让霍皮族印第安人首领前去鉴别真伪。[5]

---

〔1〕　*Ibid.*

〔2〕　*Ibid.*

〔3〕　Annenberg Foundation, Press Release, "Annenberg Foundation and Hopi Nation Announce Return of Sacred Artifacts to Native American Hopi Tribe", December 15, 2013, 载 http：//www. annenbergfoundation. org/node/51351, 访问时间：2017 年 4 月 15 日。

〔4〕　Mashberg, Tom, "Hopis Try to Stop Paris Sale of Artifacts", *The New York Times*, April 3, 2013, 载 http：//www. nytimes. com/2013/04/04/arts/design/hopi - tribe - wants - to - stop - paris - auction - of - artifacts. html？pagewanted = all&_ r = 0, 访问时间：2017 年 4 月 15 日。

〔5〕　Perez, Patrick, "Marchands et collectionneurs de sacré：retour sur l'affaire des Katsinam hopi", September 10, 2013, 载 http：//www. Survivalfrance. org/textes/3317 - katsina#servan - schreiber, 访问时间：2017 年 4 月 15 日。

2013 年 4 月 8 日，库万维斯乌玛主任与霍皮族人的代理律师施瑞伯等请求法国销售委员会出面制止内莱·米奈拍卖行的拍卖。[1]然而，该委员会发言人对外宣布，因缺少法律与司法证据证明这批霍皮族部落面具的真实来源，故其无法介入拍卖。[2]

2013 年 4 月 9 日，霍皮族部落代表与国际幸存者协会法国分会请求法国巴黎高等法院制止这次拍卖。[3]

2013 年 4 月 12 日，霍皮族部落与国际幸存者协会法国分会的诉求遭到法院拒绝。在巴黎高等法院作出裁决的两小时后，霍皮族部落面具的拍卖会如期举行。这次拍卖成交额高达 120 万美元。[4]

（2）第二次拍卖情况。2013 年 1 月 1 日，法国伊芙拍卖行对外宣布，将在该年 12 月公开拍卖一批美洲原住民圣物。[5]随后，该拍卖行向公众作出保证，将确保此次参与拍卖的拍品无任何非法来源等问题。[6]

2013 年 11 月 29 日，国际幸存者协会法国分会、霍皮族部落代表在拍卖名录中发现拍品中有 24 件霍皮族神圣面具。国际幸存者协会法国分会与霍皮族部落代表随即向法国巴黎高等法院提起诉讼，请求法院指令撤销此次拍卖中的 24 件霍皮族神圣面具。[7]

2013 年 12 月 6 日，巴黎高等法院驳回了国际幸存者协会法国分会与霍皮族部落代表的诉讼请求。[8]

2013 年 12 月 7 日，美国驻法大使馆请求伊芙拍卖行停止此次拍卖，并致信表示："霍皮族部落有权对这些神圣面具进行鉴定，调查其真实的来源情况，以便认定它们是否应当依据《1970 年公约》或其他法律规定，将其追索回国。"

---

〔1〕 法国销售委员会旨在对法国境内所有的拍卖行为与其他商业交易行为进行监督和管理。

〔2〕 Associated Press, "Paris Auction House Sells Hopi Masks despite Tribe's Objection", *The Guardian*, April 12, 2013.

〔3〕 "国际幸存者协会"系旨在保护原住民部落权益的非政府性组织，该组织成员乔纳森·马卓尔（Jonathan Mazower）表示："霍皮族人被（拍卖）深深地伤害了。我希望能够将这些神圣的文物归还给它们原本的主人——霍皮族人，而不应该进行公开的拍卖。"

〔4〕 Horoshko, Sonja, "Sacred Art for Sale: The Impact of a Paris Auction", Four Corners Free Press, May 1, 2013, 载 http://fourcornersfreepress.com/? p=1467, 访问时间：2017 年 4 月 15 日。

〔5〕 参与此次拍卖的拍品目录，详见 http://www.auctioneve.com/html/index.jsp? Id=20992&lng=fr&npp=10000, 访问时间：2017 年 4 月 15 日。

〔6〕 Soltes, Ori Z, "HARP and the Hopi Tribe", January 4, 2015, 载 http://plundered-art.blogspot.fr/2015/01/harp-and-hopi-tribe.html, 访问时间：2017 年 4 月 15 日。

〔7〕 TGI Paris, interim order, 6 December 2013, RG n°13/59110.

〔8〕 *Ibid.*

然而，美国驻法大使馆亦未能阻止拍卖。[1] 2013 年 12 月 9 日，拍卖在巴黎德鲁奥（Drouot）酒店如期进行，这 24 件霍皮族神圣面具共计拍得 520 375 欧元。[2]

（3）第三次拍卖情况。2014 年 6 月 7 日，伊芙拍卖行对外宣布，其正计划并筹备新一轮的美国原住民部落物品拍卖会。

2014 年 6 月 25 日，国际幸存者协会法国分会、霍皮族部落代表发现这一轮拍卖的拍品中有 27 件霍皮族神圣头饰，随即向巴黎高等法院提起诉讼，请求法院指令撤销此次拍卖中的 27 件霍皮族神圣头饰。[3]

2014 年 6 月 26 日，法国销售委员会对外宣布，霍皮族部落与其他美洲原住民团体阻止拍卖的请求并无法律依据，故不支持撤销相关拍品的请求。[4]

2014 年 6 月 27 日，巴黎高等法院驳回了霍皮族部落与国际幸存者协会法国分会的诉讼请求，拍卖会得以如期进行并成功拍出 27 件霍皮族神圣头饰，[5] 共计拍得 187 万美元。[6]

（4）第四次拍卖情况。2014 年 12 月 9 日，大屠杀时期艺术品归还计划委员会试图扣押法国销售委员会公布的这批拍品，[7] 以抗议伊芙拍卖行即将拍卖纳瓦霍和霍皮族神圣面具（其中包括 25 件霍皮族面具和 8 件纳瓦霍面具）。[8]

---

〔1〕 AFP, "Les masques Hopis se sont très bien vendus à Drouot malgré les protestations", L'OBS, December 9, 2013, 载 http: //tempsreel. nouvelobs. com/culture/20131209. AFP4614/masques – hopis – la – vente – aux – encheres – a – commence – a – l – hotel – drouot. html, 访问时间：2017 年 4 月 16 日。

〔2〕 *Ibid*

〔3〕 AFP, "Des masques Hopis à nouveau aux enchères à Paris", *L'OBS*, June 26, 2014, 载 http: //tempsreel. nouvelobs. com/monde/20140627. AFP0691/des – masques – hopis – a – nouveau – aux – encheres – a – paris. html, 访问时间：2017 年 4 月 16 日。

〔4〕 Mashberg, Tom, "Hopis Try to Stop Paris Sale of Artifacts", *The New York Times*, April 3, 2013, 载 http: //www. nytimes. com/2013/04/04/arts/design/hopi – tribe – wants – to – stop – paris – auction – of – artifacts. html? pagewanted = all&_ r = 0, 访问时间：2017 年 4 月 16 日。

〔5〕 Boehm, Mike, "Sacred Hopi Tribal Masks Are again Sold at Auction in Paris", *Los Angeles Times*, June 28, 2014.

〔6〕 Mashberg, Tom, "Hopis Try to Stop Paris Sale of Artifacts", *The New York Times*, April 3, 2013, 载 http: //www. nytimes. com/2013/04/04/arts/design/hopi – tribe – wants – to – stop – paris – auction – of – artifacts. html? pagewanted = all&_ r = 0, 访问时间：2017 年 4 月 16 日。

〔7〕 "大屠杀时期艺术品归还计划"（HARP）旨在帮助二战受害者及其后裔追索二战德国纳粹统治时期非法掠夺的艺术品。

〔8〕 Mollard – Chenebenoit, Pascale, "Une vente controversée de masques Hopis à Paris", *Le Devoir*, December 15, 2014, 载 http: //www. ledevoir. com/culture/actualites – culturelles/426739/une – vente – controver- seede – masques – hopis – a – paris, 访问时间：2017 年 4 月 16 日。

2014 年 12 月 12 日，法国销售委员会拒绝了大屠杀时期艺术品归还计划委员会的请求，认定此次的拍卖行为"合法有效"。[1]

2014 年 12 月 12 日，霍皮族部落与国际幸存者协会法国分会再次向巴黎高等法院提起诉讼，并要求法国伊芙拍卖行告知参与此次拍卖的卖家与买家的身份信息。然而，巴黎高等法院再次驳回霍皮族部落和国际幸存者协会法国分会的诉求。[2]

2014 年 12 月 13 日，美国驻法大使致信法国伊芙拍卖行，请求其延迟拍卖，并希望允许霍皮族印第安人首领调查这批霍皮族神圣面具是否为被盗流失的部落文物。[3]

2014 年 12 月 15 日，尽管面临来自多方的抗议与施压，伊芙拍卖行的拍卖会依旧如期举行。最后，这场公开拍卖会拍出了 33 件霍皮族印第安人神圣面具，共计拍得 929 425 欧元。[4]

（三）争议焦点

本案涉及的主要争议焦点是霍皮族部落神圣面具的所有权问题，并可细化为以下两个问题。

第一，霍皮族部落对这四次拍卖中的神圣面具是否享有所有权？巴黎高等法院认为，只有真正的物之所有权者才可以提起文化财产的返还之诉。对此，原告霍皮族部落代表认为，依据霍皮族的宗教信仰与传统观念，本族部落的神圣物品不属于部落中的某个人，而是属于整个部落群体。换言之，这些圣物是部落共有的文化财产。[5]巴黎高等法院认为，霍皮族部落代表并非本案的适格主体，不具有诉讼的主体资格；此外，根据《法国民法典》第 544 条对"个人财产"之界定，财产仅限专人专有，因此不认可霍皮族部落的这种财产集体共有制。鉴此，

〔1〕　*Ibid.*

〔2〕　Doiezie, Mathilde, "Drouot：les indiens Hopi contestent une vente de masques 'sacrés'", *Le Figaro*, December 15, 2014，载 http：//www. lefigaro. fr/culture/encheres/2014/12/15/03016 - 20141215ARTFIG00067 - drouot - les - indiens - hopi - contestent - une - vente - de - masques - sacres. php，访问时间：2017 年 4 月 16 日。

〔3〕　Sasportas, Valérie, "La vente controversée d'art amérindien à Paris totalise près d'un million d'euros", *Le Figaro*, December 16, 2014，载 http：//www. lefigaro. fr/culture/encheres/2014/12/16/03016 - 20141216 ARTFIG00350 - polemique - mais - legale - la - vente - d - art - amerindien - totalise - 929425 - euros. php，访问时间：2017 年 4 月 16 日。

〔4〕　*Ibid.*

〔5〕　Horoshko, Sonja, "Sacred Art for Sale：The Impact of a Paris Auction", *Four Corners Free Press*, May 1, 2013，载 http：//fourcornersfreepress. com/? p = 1467，访问时间：2017 年 4 月 16 日。

巴黎高等法院认定，霍皮族部落不享有这批神圣面具的所有权。[1]

第二，依据法国法律，应如何对霍皮族部落神圣面具予以定性？对此，国际幸存者协会法国分会认为，神圣面具应当适用《法国民法典》第 16 - 1 条和第 1128 条的规定；换言之，基于对人类遗骸与人类遗物的尊重，不得对其进行买卖与销售。霍皮族部落代表也提出，霍皮族部落神圣面具应被当作人类遗骸对待，得到与之同等的保护，因为它们代表着部落祖先的灵魂与精神，具有神圣价值。然而，上述观点未获得法院支持。[2] 法院认为，根据《法国民法典》第 1128 条，禁止出售的"非商业物品"不包括部落或氏族群体的物品。另外，依据法国判例，"家族纪念物"不属于上述"非商业物品"所规定的范畴。[3] 因此，霍皮族部落神圣面具与人体遗骸的性质相异。

（四）法院裁判

为阻止拍卖，霍皮族部落代表与国际幸存者协会法国分会依据《法国民事诉讼法》第 809 条第 1 款，向法国巴黎高等法院提起禁止拍卖非法流失文物之诉。根据本案的事实情况与诉由以及双方的权利义务关系，法国巴黎高等法院决定适用简易程序来审理本案。

根据《法国民事诉讼法》第 809 条第 1 款，"法院可以发布临时性禁令，以采取有效的保护措施避免即将发生的侵权损害行为或减少明显的非法妨害行为发生的可能性"。[4] 霍皮族部落代表与国际幸存者协会法国分会据此认为，霍皮族部落神圣面具被公开拍卖后，其物之所有权必然发生变动，这将增加确定所有权归属的难度，故其在公开拍卖前提请诉讼符合该款之规定。[5] 原告还提出，1978 年《美国印第安人宗教自由法》与 1990 年《美国原住民墓葬保护与归还法》均明确禁止出售美洲原住民部落的物品。

然而，巴黎高等法院基于以下三点裁定驳回了原告的诉求：其一，这两家拍卖行举行的拍卖会程序合法、手续齐全、报备有效，并无违法之处；同时，原告未能就来源存疑的拍品进行举证。[6] 其二，霍皮族部落与国际幸存者协会法国分

---

〔1〕　Cornu, Marie, "About Sacred Cultural Property: The Hopi Masks Case", *International Journal of Cultural Property*, 20 (2013), pp. 451 - 466.

〔2〕　TGI Paris, interim order, 12 April 2013, RG n°13/25880, p. 5; TGI Paris, interim order, 6 December 2013, RG n°13/59110, p. 5.

〔3〕　TGI Paris, interim order, 6 December 2013, RG n°13/59110, p. 5.

〔4〕　The French Code of Civil Procedure, Article, 809 (1) (1975).

〔5〕　Cornu, Marie, "About Sacred Cultural Property: The Hopi Masks Case", *International Journal of Cultural Property*, 20 (2013), pp. 451 - 466.

〔6〕　TGI Paris, interim order, 12 April 2013, RG n°13/25880, p. 4.

会的诉讼主体不适格；它们既不具有独立的法律人格，也非恰当的诉讼主体。[1]
其三，《美国印第安人宗教自由法》与《美国原住民墓葬保护与归还法》无域外
效力，且这两部美国法律并未禁止在美国境外出售美洲原住民部落的物品。[2]

（五）经验总结

该案是美国当事方作为追索方追索流失海外文物的案例，充分显示出追索海
外文物的法律难题，颇值研究。

首先，从美国国内法的层面来看，美国于1990年制定并通过的《美国原住
民墓葬保护与归还法》旨在保护美国原住民的部落传统宗教权利和文化习俗；与
此同时，该法还为美国原住民部落请求返还部落流失文物提供了国内法依据，但
该法仅对美国联邦机构与美国博物馆有约束力，并不能规制美国境外的收藏机
构。正如巴黎高等法院所认定的：该法不具有域外效力。[3]

其次，从国际法的层面看，该案并无可适用的相关国际公约。虽然美、法两
国均为《1970年公约》缔约国，但由于无法确定这些神圣面具是否是在美国加
入该公约之后非法流出的，该公约因而无法适用。另外，《联合国土著人民权利
宣言》虽规定应当保护土著人的传统文化及其特有的文化表现形式，从而可以为
本案追索方援引，但由于宣言不具有法律约束力，因而欠缺实际效用。

再次，巴黎高等法院驳回追索方的诉讼请求，还在于其认定原告并非本案中
正确的、适格的诉讼主体。由此可见，在判断诉讼主体资格的问题上，法国法院
适用的是法院地国法，而未考虑原告的本国法，即美国法。

最后，追索方及相关团体参加拍卖会回购了部分拍品，这固然在物理上实现
了文物的返还，但在法律上会产生负面效果，即反而给拍卖行拍卖这些非法流失
文物的行为披上了"合法化"的外衣。

通过对本案的分析，我们可以学到一些经验，并得到以下启示：

第一，文物原属国政府及其民间团体或个人以回购的方式促使海外流失的文
物返还，在一定历史背景下，虽具有积极意义，但其弊端亦不容小觑，这对中国
追索流失海外文物尤其具有思考价值。近二十年来，随着中国政府与民间财力的
增长，大量流失文物通过回购返回祖国。然而，中国机构及个人，尤其是国有机
构参与非法流失文物的拍卖或回购，会产生中国政府已对非法流失文物现状的合

---

[1] I Paris, interim order, 6 December 2013, RG n°13/59110, p. 2, and TGI Paris, interim order, 27 June 2014, RG n°14/55733, p. 3. On the question of the admissibility of the Hopi tribe to take action, see Cornu, "About Sacred Cultural Property", pp. 455 – 456.

[2] TGI Paris, interim order, 12 April 2013, RG n°13/25880, p. 5.

[3] *Ibid.*

法性予以认可的印象，这将不利于今后中国通过法律途径追索海外流失文物。此外，大量中国机构与个人参与流失中国文物的拍卖，已经导致中国文物在国际拍卖市场上价格飙涨，这反过来会对国内文物安全构成威胁。因此，我们认为，中国政府应当明确立场，即不支持商业回购文物，尤其要禁止国有机构参与非法流失文物的商业拍卖。

第二，由于一国法院在审理跨国文物追索案件时，主要适用其本国法（尤其是确定程序问题及诉讼主体资格问题），文物追索方在追索特定文物时，必须对法院地国的国内法，包括其民商法、诉讼法、冲突法、宪法、刑法、行政法以及相关判例作深入研究与充分准备后，对胜诉有把握的文物归属纠纷在相关国家提起民事诉讼；而对胜诉把握不大的纠纷，则应当尽力避免动用诉讼手段。

第三节　法国返还文物的司法外解决案例研究

一、法国返还尼日利亚诺克与索科托雕塑案（2002 年）

（一）背景概述

本案所涉及的标的物是 3 件被《国际博物馆理事会非洲濒危考古文物红色名录》收录的尼日利亚雕塑，它们分别是两尊诺克（Nok）雕塑与一尊索科托（Sokoto）雕塑。[1]这三件尼日利亚雕塑引发了法国与尼日利亚之间的一场收购风波，进而演变成两国的外交与政治危机。

1931 年 2 月 14 日，一群考古队员在非洲尼日利亚亚扎里亚（Yazlia）地区的诺克村发现了一些出土的赤陶雕塑。1943 年 7 月 21 日，英国考古学家法戈（Fagot）也在离诺克村不远的杰马（Jema）地区发现了一件精致优美的赤陶雕塑。随后，这类赤陶雕塑在非洲其他地区陆续被发现。令人遗憾的是，这些出土的赤陶雕塑遭到不同程度的破坏与损毁，仅保存下来很少一部分不易损坏的头像和小雕像等残片。按照这类赤陶雕塑最初的发源地，考古学家们把这类雕塑统称为"诺克"雕塑。

根据这些出土的雕塑形态，考古学家认为，当时尼日利亚亚扎里亚地区已有专门从事雕塑创作的工匠。依据放射性碳素断代分析，并综合西非地区出土铁器

---

〔1〕 "ICOM Red List of African Archaeological Cultural Objects at Risk"，载 http：//archives. icom. muse-um/redlist/afrique/redlistafrica. html，访问时间：2017 年 4 月 18 日。

物件的年代以及该地区某些地质变化过程所显现的特征，考古学家确定，诺克雕塑是一种介于石器与早期铁器时代之间的艺术表现形式，其创作的年代应在公元前 700 年至公元前 400 年之间。[1]

正是在诺克雕塑的影响与传承之下，非洲尼日利亚索科托州才出现了以铸铜雕塑、牙雕、木刻为主的精美艺术品。索科托雕塑的创作手法、表现方式与诺克雕塑极为相近，夸张怪诞的面部表情是其主要创作表现形式。为了使这两类雕塑具有充分的表现力，非洲雕塑工匠们运用了不同的艺术创作手法。一件典型的诺克雕塑所呈现出的是具有蓬松的发型、突起的颧骨与紧张的面部表情；而其他类别的诺克雕塑同样表情鲜活、前额饱满、眼睛圆大、嘴角线条生动。一些尺寸不大的诺克雕塑，雕塑工匠们在制作与技术上则运用了"长耳朵"艺术手法，使得这些雕塑在形象上更加富有柔和、平稳的转折面。诺克雕塑整体线条虽不奔放，但这并不影响其对艺术形象的表现。与之相对，索科托雕塑则凸显了怪诞的艺术形象。一件典型的索科托雕塑通常有一张突起的前额，且占据半个脸部，鼻子短小扁平、口小似鸟嘴，下颌轮廓则较为模糊。另外，从整体造型上看，诺克雕塑与索科托雕塑均是从上往下缩小的，整个头部便占据了全身的 3/4。这种把头部创作得极为夸张的艺术手法，早在 2000 年前的非洲艺术品创作之中就已经出现了。因此，这在一定程度上说明了诺克雕塑与索科托雕塑均是本土文化与民俗生活的真实写照，且受到外来文化的冲击与影响甚小。[2]

（二）案情简介

1. 案件基本情况

1997 年 11 月 22 - 24 日，荷兰首都阿姆斯特丹市举办了一场为期 3 天的学术会议，会议名称为"保护非洲文化遗产——方式与路径的抉择"。此次会议吸引了来自非洲各国的博物馆馆长、国际博物馆理事会成员以及欧美等国的文博专家、学者与相关人士，共同探讨如何面对非洲日益严峻的非法盗掘、走私文物等行径。在国际博物馆理事会的协助下，大会主席团起草了《非洲濒危考古文物红色名录》，呼吁非洲、欧盟与北美的与会专家学者加强同国际博物馆理事会之间的合作与交流，并定期对该草拟的红色名录进行讨论、商榷与修改，以尽快促成该红色名录正式对外发布。最后，大会主席团还对该红色名录中最濒临威胁的考古文物制定了清单，并将其公布于国际博物馆理事会的官网上。值得注意的是，在这份非洲最濒危的考古文物清单中，位列第一的便是来自尼日利亚的诺克雕塑

---

〔1〕　Atwood, R, "The NOK of Nigeria", *Archaeology*, July/August（2011）, pp. 34 - 37.

〔2〕　*Ibid.*, at 38.

与索科托雕塑。[1]

本案争议标的物是巴黎卢浮宫博物馆租借的两尊诺克雕塑与一尊索科托雕塑。如前所述，这三尊尼日利亚雕塑均被列入非洲最濒危的考古文物，它们均受尼日利亚法保护，并禁止买卖与出口。[2]事实上，这三尊尼日利亚雕塑是法国政府从负责筹建比利时布鲁塞尔凯·布朗利博物馆（The Musée du quai Branly）的文物商萨米·波尔（Samir Borro）手上以 250 万法郎购得的。[3]在法国政府计划收购之前，这三尊尼日利亚雕塑一直被波尔收藏在其位于尼日利亚的住所中，而一旦法国政府成功收购这三尊尼日利亚雕塑，就必须向尼日利亚博物馆与纪念碑管理委员会（NCMM）提交出口申请。只有在获得出口许可证后，它们才能被运出国境。[4]

需要指出的是，在本案中，买卖双方是否能达成收购交易，关键在于能否获得尼日利亚军政府的授权与认可。为此，以时任法国总统希拉克为首的法国政府高度重视此次文物收购，并积极推动法国政府与文物商波尔达成一个让尼日利亚军政府满意的收购价格。然而，法国政府的高调举动反而引发了负面效应，尼日利亚博物馆与纪念碑管理委员会以国有文物不得转让、交易与出口为由，坚决反对此次收购，致使交易未获尼日利亚军政府的认可。[5]

沉寂了一段时间之后，尼日利亚人民民主党总统候选人奥卢塞贡·奥巴桑乔（Olusẹgun Ọbasanjọ）上台执政。法国政府认为，尼日利亚的局势已发生重大变化，遂二度启动这一文物收购交易。尽管尼日利亚博物馆与纪念碑管理委员会依然拒绝并抗议这一交易，但在对法国进行国事访问期间，奥巴桑乔总统亲自授权并认可了波尔与法国政府关于这三尊尼日利亚雕塑的交易；同时，两国政府还就收购的后续事宜达成了相关协议。[6]

---

〔1〕　H. M. Leyten, "African Museum Directors Want Protection of their Cultural Heritage", *International Journal of Cultural Property*, 7（1998），p. 261.

〔2〕　Shyllon, Folarin, "Negotiations for the Return of Nok Sculptures from France to Nigeria—An Unrighteous Conclusion", *Art*, *Antiquity and Law*, 8（2003），p. 141.

〔3〕　Alain Riding, "Chirac Exalts African Art, Legal and（Maybe）Illegal", *The New York Times*, November 25, 2000, 载 http: //www. nytimes. com/2000/11/25/world/chirac – exalts – african – art – legal – and – maybe – illegal. html，访问时间：2017 年 4 月 18 日。

〔4〕　Bailey Martin, "Chirac Intervenes in Illicit Art Trade", *Art Newspaper*, 104（2000）1, p. 9.

〔5〕　*Ibid.*

〔6〕　Alain Riding, "Chirac Exalts African Art, Legal and（Maybe）Illegal", *The New York Times*, November 25, 2000, 载 http: //www. nytimes. com/2000/11/25/world/chirac – exalts – african – art – legal – and – maybe – illegal. html，访问时间：2017 年 4 月 18 日。

随后，这三尊尼日利亚雕塑被运到法国，并被法国政府划拨到卢浮宫博物馆收藏与展出。消息传出后，国际社会与尼日利亚国内舆论一片哗然。尼日利亚驻法国大使馆、非洲博物馆理事会（AFRICOM）、国际博物馆理事会与联合国教科文组织等纷纷表示反对与痛心，要求卢浮宫博物馆立即停止公开展出这三尊雕塑并将其返还尼日利亚。[1]

来自国际社会与两国国内民间团体的强烈反对，让法国政府与尼日利亚政府猝不及防。在强大的压力下，两国政府不得不就这三尊尼日利亚雕塑的所有权归属展开协商。最终，法国政府承认尼日利亚享有这三尊雕塑的所有权，但作为条件，尼日利亚政府表示愿意将这三尊雕塑租借给法国，租期为25年。随后，法国政府与尼日利亚政府就这三尊雕塑达成了租借合作协议。[2]

2. 案情事实

1993年11月17日，军人出身的萨尼·阿巴查（Sani Abacha）将军出任尼日利亚国家元首兼联邦军政府首脑，开始独裁统治。此后，尼日利亚对商业货物与文物的进出口管制变得极为严苛，所有货物与文物的商业买卖和交易均须获得尼日利亚军政府的认可，否则无效。[3]

1998年1月21日，法国政府打算从负责筹建比利时布鲁塞尔凯·布朗利博物馆的文物商波尔手中收购尼日利亚的两尊诺克雕塑与一尊索科托雕塑。

1998年3月5日，法国政府与波尔就这三尊尼日利亚雕塑的收购价格展开了协商。然而，尼日利亚文物管理的政府职能部门——尼日利亚博物馆与纪念碑管理委员会对此次收购行为表示反对，[4]并指出这三尊尼日利亚雕塑系尼日利亚境内遭到非法盗掘的考古类文物，亦是本国国有文物，对之进行收购将违反1979年尼日利亚《博物馆与纪念碑管理委员会法》有关禁止国有文物非法出口的规定。[5]

1999年5月29日，经过总统大选，尼日利亚人民民主党总统候选人奥巴桑乔宣誓就任尼日利亚民主共和国总统。2000年2月7日，法国政府就这三尊尼日

---

〔1〕　Shyllon, Folarin, "Negotiations for the Return of Nok Sculptures from France to Nigeria—An Unrighteous Conclusion", *Art*, *Antiquity and Law*, 8（2003）, p. 144.

〔2〕　ICOM Press Release, "Nigeria's Ownership of Nok and Sokoto Objects Recognised", March 5, 2002, 载 http：//archives. icom. museum/release. 5march. html, 访问时间：2017年4月18日。

〔3〕　Bailey Martin, "Chirac Intervenes in Illicit Art Trade", *Art Newspaper*, 104（2000）1, p. 9.

〔4〕　Brodie, Neil, and Donna Yates, "Nok Terracottas", *Trafficking Culture*, last modified August 21, 2012, 载 http：//traffickingculture. org/encyclopedia/case - studies/nok - terracottas, 访问时间：2017年4月18日。

〔5〕　*Ibid.*

利亚雕塑的收购意向与新执政的尼日利亚政府协商。尽管此举依然遭到了来自尼日利亚博物馆与纪念碑管理委员会的阻挠与抗议，但奥巴桑乔极力促成此次文物收购。最终，法国政府以 250 万法郎的收购价格从波尔手上成功购得这三尊雕塑，进而还与尼日利亚政府就收购的后续事宜达成了相关协议。为此，法国政府承诺将为尼日利亚博物馆提供必要的技术支持与教育资助。[1]

2000 年 4 月 16 日，三尊尼日利亚雕塑中的两尊诺克雕塑在巴黎卢浮宫博物馆进行公开展出，另一尊索科托雕塑则保存待展。[2]此次展出遭到了来自尼日利亚驻法国大使馆、非洲博物馆理事会等机构的强烈谴责，纷纷要求卢浮宫博物馆立即停止公开展出。[3]

2000 年 5 月 18 日，国际博物馆理事会对外公布《非洲濒危考古文物红色名录》，该红色名录中提到了出自索科托州的雕塑与诺克村的雕塑，并将其列入此次非洲濒危考古文物的红色名录。[4]随即，国际社会对法国政府与卢浮宫博物馆发起了愈加强烈的谴责与声讨，而来自尼日利亚国内的反对之声亦愈加激烈。[5]

2002 年 3 月 5 日，迫于国际舆论压力与来自两国民众的强烈呼吁，法国与尼日利亚政府就这三尊雕塑的所有权归属进行了协商。最终，法国政府承认尼日利亚享有这三尊尼日利亚雕塑的所有权，但作为交换条件，尼日利亚表示愿意将它们租借给法国 25 年。[6]

（三）争议焦点

本案的争议焦点是这三尊尼日利亚雕塑的所有权归属问题。具体而言，又可分为三个具体问题：

争议之一：本案争议标的物的来源是否合法。

在尼日利亚政府与法国政府之间进行第一阶段的协商谈判期间，波尔并未向

---

〔1〕 Shyllon, Folarin, "Negotiations for the Return of Nok Sculptures from France to Nigeria—An Unrighteous Conclusion", *Art*, *Antiquity and Law*, 8 (2003), p. 143.

〔2〕 Alain Riding, "Chirac Exalts African Art, Legal and (Maybe) Illegal", *The New York Times*, November 25, 2000, 载 http://www.nytimes.com/2000/11/25/world/chirac-exalts-african-art-legal-and-maybe-illegal.html, 访问时间：2017 年 4 月 18 日。

〔3〕 Shyllon, Folarin, "Negotiations for the Return of Nok Sculptures from France to Nigeria—An Unrighteous Conclusion", *Art*, *Antiquity and Law*, 8 (2003), p. 144.

〔4〕 "ICOM Red List of African Archaeological Cultural Objects at Risk", 载 http://archives.icom.museum/redlist/afrique/redlistafrica.html, 访问时间：2017 年 4 月 18 日。

〔5〕 Shyllon, Folarin, "Negotiations for the Return of Nok Sculptures from France to Nigeria—An Unrighteous Conclusion", *Art*, *Antiquity and Law*, 8 (2003), p. 145.

〔6〕 ICOM Press Release, "Nigeria's Ownership of Nok and Sokoto Objects Recognised", March 5, 2002, 载 http://archives.icom.museum/release.5march.html, 访问时间：2017 年 4 月 18 日。

法国政府告知他是从何人、何处购买或通过何种途径获得这三尊非法流失的尼日利亚雕塑的。当尼日利亚博物馆与纪念碑管理委员会对争议标的物的合法来源表示怀疑时，波尔对此三缄其口，拒绝回应。[1]随后，鉴于尼日利亚境内非法盗掘诺克雕塑与索科托雕塑的现象日益猖獗以及这两类雕塑具有的艺术、考古双重价值，国际博物馆理事会《非洲濒危考古文物红色名录》将这两类雕塑收录其中并确认它们是亟待抢救的非洲考古类文物。此外，尼日利亚博物馆与纪念碑管理委员会进行的调查证明，波尔系通过非法手段获得这三尊雕塑。

争议之二：标的物被收购之后，其出口是否合法。

在这三尊尼日利亚雕塑来源合法性存疑的情况下，波尔依旧将其卖给法国政府，违反了1979年尼日利亚《博物馆与纪念碑管理委员会法》有关禁止国有文物交易的规定。[2]此外，尼日利亚境内文物的出口须得到尼日利亚博物馆与纪念碑管理委员会签发的出口许可证。在本案中，法国政府在收购这三尊雕塑后并未按照法定程序申请出口许可证，而是在时任尼日利亚总统奥巴桑乔的庇护与安排下，将这三尊雕塑转移出境。因此，尼日利亚博物馆与纪念碑管理委员会经调查与核实之后认定，这三尊尼日利亚雕塑的出境系非法出口。[3]

争议之三：本案争议标的物所有权的归属。

在尼日利亚政府与法国政府进行的第二阶段协商谈判中，尼日利亚博物馆与纪念碑管理委员会对外公布了最新调查结果，以及被盗掘后的遗址现场勘探图与相关证据，从而证实了这三尊雕塑系尼日利亚境内遭非法盗掘的考古类文物。依据尼日利亚法律，此类文物的所有权应当属于尼日利亚。[4]

（四）本案返还的具体方式：协商与谈判

在尼日利亚与法国政府的第一阶段协商谈判期间，以尼日利亚博物馆与纪念碑管理委员会为首的尼日利亚政府职能部门曾考虑在《1970年公约》的法律框架下采取跨国诉讼的途径请求法国政府返还这三尊尼日利亚雕塑，并为此作出以下两点分析：

第一，1997年1月7日，法国国民议会才将其接受《1970年公约》的决定

　〔1〕　Brodie, Neil, and Donna Yates, "Nok Terracottas", *Trafficking Culture*, last modified August 21, 2012, 载 http://traffickingculture.org/encyclopedia/case-studies/nok-terracottas，访问时间：2017年4月18日。

　〔2〕　National Commission for Museums and Monuments Act of 1979, 载 http://www.african-archaeology.net/heritage_laws/nigeria_28091979.html，访问时间：2017年4月18日。

　〔3〕　Bailey Martin, "Chirac Intervenes in Illicit Art Trade", *Art Newspaper*, 104 (2000) 1, p. 9.

　〔4〕　Shyllon, Folarin, "Negotiations for the Return of Nok Sculptures from France to Nigeria—An Unrighteous Conclusion", *Art, Antiquity and Law*, 8 (2003), p. 145.

通知联合国教科文组织总干事。依据该公约第 21 条，自总干事收到通知之日起 3 个月后批准生效，即自 1997 年 4 月 7 日起才正式对法国生效。然而，截至本案发生时，法国国民议会并未制定实施《1970 年公约》的国内法。因此，公约的具体实施仍存在不确定性。在此阶段，贸然依该公约提起文物追索存在一定难度。

第二，《1970 年公约》对禁止非法进口的文化财产作了较为严格的限定，依据该公约第 7 条 b 款 i 项，公约对有关国家生效之后，禁止进口从本公约另一缔约国的博物馆或宗教的或世俗的公共纪念馆或类似机构中窃取的文化财产，如果该项财产业已用文件形式列入该机构的财产清册[1]由于本案标的物是在尼日利亚境内遭到非法盗掘的考古类文物，显然被排除在上述条款的适用范围之外，因此尼日利亚博物馆与纪念碑管理委员会无法依据公约要求法国禁止这类文物的进口，遑论返还之。

尽管存在上述障碍，该管理委员会并未就此放弃，而是援用本国出口管制禁令与《博物馆与纪念碑管理委员会法》禁止国有文物出口的规定向法国政府作出说明与解释。与此同时，它们还就国有文物的所有权向法国政府进行举证。在尼日利亚与法国政府进行第二阶段协商谈判期间，该管理委员会提供了其收集的相关证据，证实这三尊雕塑系在尼日利亚境内遭非法盗掘的考古类文物。在此情形下，法国政府也就这三尊雕塑的来源进行了调查与确认，最终承认尼日利亚对其享有所有权。

在强大的国内外舆论及民意压力下，为避免这三尊尼日利亚雕塑给两国政府及其双边关系造成冲击，经过协商，尼日利亚与法国政府于 2002 年 2 月 13 日签订租借合作协议[2]依之，法国承认尼日利亚对这三尊尼日利亚雕塑享有所有权；尼日利亚则将这三尊尼日利亚雕塑租借给法国，租期 25 年，届满后续签协议[3]

（五）经验总结

与大多数文物争议案件不同，本案具有诸多特殊因素。首先，争议文物的交

---

〔1〕　霍政欣：《1970 年 UNESCO 公约研究：文本、实施与改革》，中国政法大学出版社 2015 年版，第 274 页。

〔2〕　Brodie, Neil, and Donna Yates, "Nok Terracottas", *Trafficking Culture*, last modified August 21, 2012, 载 http://traffickingculture. org/encyclopedia/case – studies/nok – terracottas，访问时间：2017 年 4 月 18 日。

〔3〕　French Ministry of Culture and Communication Press Release, "Une convention entre la France et le Nigéria à propos desœuvres Nok et Sokoto du futur musée du quai Branly", February 13, 2002, 载 http://www. culture. gouv. fr/culture/actualites/communiq/tasca2002/nok. htm，访问时间：2017 年 4 月 18 日。

易系以两国政府的协议为基础，且其出境得到了文物原属国元首的首肯——尽管出口违反了该国法律。其次，在强大的压力下，两国政府被迫展开谈判，并以达成租借协议的方式解决了纠纷，从而平息了外交与政治危机。从两国的协议内容来看，尼日利亚方面让步较大，无偿将所涉文物租借给法国 25 年，且租借协议订有租期届满后无偿续签的条款。可见，尼日利亚仅仅在法律名义上保有了文物的所有权。最后，由于本案涉及文物为法国政府出资收购的文物，因而不受其国内法关于国有文物不得转让的限制，法国政府认可这 3 尊雕塑所有权属于尼日利亚，遂不存在法律障碍。

通过对本案的详细分析与解读，我们可以学到一些经验，并得到以下启示：

第一，囿于国内不稳定的政治局势与特殊的政治制度，本案涉及的文物在违反尼日利亚国内法的情况下被出售并出境；尽管如此，该国的文物管理机构在保护本国文物、追索流失文物方面态度坚定、工作专业，值得包括中国在内的其他文物流失国借鉴。如上文多次提到的尼日利亚博物馆与纪念碑管理委员会，对此次尼日利亚最终在法律上保有这三尊雕塑的所有权起到了至关重要的作用。不仅如此，为打击文物的盗掘与贩运，尼日利亚曾于 1996 年 10 月 17 日成立了一个由信息部与文化部牵头的文物部际委员会。在此后相当长的一段时间内，该委员会加强了同尼政府各部门之间的合作，有力打击了盗掘与贩运文物的行径。同年 12 月 5 日，该部际委员会、博物馆与纪念碑管理委员会以及尼日利亚国家博物馆馆长一道组成尼日利亚文化考察团赴巴黎参加文化交流活动，并对法国各博物馆收藏的尼日利亚文物展开调查，[1]这为尼日利亚追索非法流失文物奠定了较好的基础。

第二，在追索海外流失文物的实践中，中国政府与文物市场国协商谈判时，在对待所有权的问题上应做到不妥协、不退让、不屈服。若无特殊重大因素，中国政府不应轻易接受文物现占有国提出的以租借代替返还的方案。

二、法国国家自然历史博物馆返还南非"霍屯督人的维纳斯"遗骸案（2002 年）

（一）背景概述

法国国家自然历史博物馆返还南非共和国"霍屯督人的维纳斯"（Venus Hottentot）[2]遗骸案，既是法国最早返还土著人体遗骸的案例，亦是以人体遗骸

---

〔1〕 Shyllon, Folarin, "Negotiations for the Return of Nok Sculptures from France to Nigeria—An Unrighteous Conclusion", *Art*, *Antiquity and Law*, 8 (2003), p. 141.

〔2〕 Clifton C. Crais, Pamela Scully, *Sara Baartman and the Hottentot Venus*: *A Ghost Story and a Biography*, Princeton University Press, 2009, p. 184.

作为争议标的物的成功案例之一，具有里程碑式的意义。

萨尔特杰·巴尔特曼（Saartje Baartman，1789–1815 年）出生于今南非开普敦的好望角，成长在以狩猎为生的克瓦桑部落（Khoisan）（现属南非地区的土著群居），是一位多才多艺的南非女性。她极具语言天赋，能将英语、法语、德语讲得与其母语克瓦桑语一样流利，并且还能娴熟地表演吉他弹唱与演奏等技艺。[1]

17 世纪末 18 世纪初，欧洲殖民扩张引发了战争、疾病与饥饿等一连串社会问题，非洲的克瓦桑部落因而濒于灭绝，部落的幸存者沦为白人侵略者的奴隶，被蔑称为"霍屯督人"（Hottentot）。对于很多欧洲国家而言，霍屯督人是一种不属于人类的类人猿，可用来任意买卖、驱赶、奴役与杀戮。巴尔特曼就成长于这样的一个贫苦的奴隶家庭。20 岁之前，由于生活贫困，她常常食不果腹。无奈之下，她只得为一位名叫彼得·塞扎尔（Peter Sezar）的荷兰农民做苦力，并逐渐沦为他的奴隶。[2]

1810 年 5 月 14 日，塞扎尔的哥哥亨德里克（Hendrik）与英国籍的外科医生威廉·邓洛普（William Dunlop）从欧洲来到他的农场进行参观。在这里，他们见到了体型特殊的巴尔特曼时，两人立刻意识到这是一个独一无二的发财良机。提到巴尔特曼的特别之处或她的"大众吸引力"，便是其过于肥大的臀部。臀部肥大是非洲克瓦桑部落妇女的典型特征之一，而巴尔特曼的臀部又是其中极为特别的例子，这也正是亨德里克和邓洛普选中她的原因。随后，他们告知巴尔特曼，若愿意跟随他们前往欧洲发展，她不仅能够重获人身自由、过上正常人的生活，甚至还有可能就此走上发财致富的康庄大道。这样的"条件"诱惑，对于一个毫无希望过上普通生活的非洲奴隶来说，显然是难以抗拒的。[3]

然而，事实并非如此简单。当满怀希望的巴尔特曼被带到英国伦敦之后，先前对她和蔼可亲、笑脸相迎的亨德里克与邓洛普便立即翻了脸。他们强迫巴尔特曼每天在一个兽笼里用近乎赤裸的身体来回行走，摆弄各种姿势，以供观赏的民众戏谑。这个摆放在距离英国伦敦皮卡迪利广场（Piccadilly Circus）地面较高的兽笼，成为巴尔特曼的"表演场地"。至此，巴尔特曼的美好梦想就此坍塌。她得到的并非自由与财富，只有漫漫无尽的羞辱与濒临死亡的前景。一时间，无数

〔1〕　R. Holmes, *The Hottentot Venus: the Life and Death of Saartjie Baartman*, London: Bloomsbury, 2007, p. 23.

〔2〕　Davie Lucille, "Sarah Baartman, at Rest at Last", *South Africa Information*, May 14, 2012.

〔3〕　Clifton C. Crais, Pamela Scully, *Sara Baartman and the Hottentot Venus: a Ghost Story and a Biography*, Princeton: Princeton University Press, 2009, p. 185.

英国民众好奇地前来欣赏这名奇特的非洲女子，亨德里克与邓洛普则趁机售票赚钱。

就这样，巴尔特曼慢慢沦为一件人体艺术品，一件能够带来巨大经济利益的畸形人体展览品。为了提高知名度与曝光率，她还会被带到当时英国上流社会圈的宴会上，化妆成宴会中的观赏物，好似动物园里的某只新奇动物一样，供人玩乐。[1]

遗憾的是，关于巴尔特曼的自身感受，历史上几乎没有留下任何文字记录。但可以料想到的是，她在欧洲的生活肯定比当奴隶时更加悲惨。每一次展览，她的臀部都被无情地暴露在公众面前，被迫忍受参观者无休止的近距离观察，甚至还有无礼之人用手指触摸或戳动她的身体。这一幕幕不仅使得巴尔特曼失去了女性的尊严，更使其备尝世间冷暖。在环绕英国巡回展览近四年之后，巴尔特曼的公众吸引力开始下降，并逐渐失去市场。随着贪得无厌的"主人"腰包渐渐变瘪，她的生活状况也愈加恶化。[2]

1814 年 9 月 10 日，亨德里克将巴尔特曼带往法国，希望能为他的"缴获物"寻找到潜在的观众源或新的雇主。不久，亨德里克将巴尔特曼转卖给一位动物驯养者。在随后的一年多，这位驯兽者逼迫巴尔特曼日夜不停地在法国各地巡演。就这样，巴尔特曼在给这位新雇主带来金钱的同时，却将自己的生命消耗殆尽，身体被拖累得不成人形，濒临死亡。[3]

1815 年 12 月 29 日，巴尔特曼因肺结核在法国病逝，年仅 25 岁。在她去世后不久，法国自然科学家、比较解剖学的创始人乔治斯·居维叶（Georges Cuvier）将她的遗体进行对外陈列，让参观者观赏她的巨型臀部。除了其大脑与外阴生殖器等保存在防腐溶液外，她的遗体被解剖并制作成石膏模型，她的骨骼则被煮沸后重新排列。此后，巴尔特曼的遗骸被保存与展览在法国国家自然历史博物馆，直到 20 世纪 80 年代末才从该馆中撤展。[4]

（二）案情简介

1. 案件基本情况

本案的追索对象是一位女性的遗骸，这有别于传统意义上的文物。在很多民

〔1〕　R. Holmes, *The Hottentot Venus: the Life and Death of Saartjie Baartman*, London: Bloomsbury, 2007, p. 23.

〔2〕　*Ibid.*, at 24.

〔3〕　*Ibid.*, at 25.

〔4〕　Qureshi, Sadiah, "Displaying Sara Baartman, the 'Venus Hottentot'", *History of Science*, 42 (136), p. 233.

族的宗教或文化中，祖先遗骸具有特殊的精神象征。如该民族的祖先遗骸能够重归故土，意味着其后人将重获尊严，也会受到祖先的庇佑。对于南非土著群体的后代来说，返还巴尔特曼的遗骸因而具有特殊且重要的意义。

起先，巴尔特曼的遗骸并不为南非人民所知，直到 1985 年，哈佛大学古生物学家史蒂芬·杰·古尔德（Stephen Jay Gould）教授出版著作《火烈鸟的微笑：自然史沉思录》[1]在这部著作中，古尔德教授单设一篇以"霍屯督人的维纳斯"为题，详细叙述了巴尔特曼的悲惨人生与不幸遭遇，以及死后被解剖并展陈在法国国家自然历史博物的经过，[2]于是引发了南非各界的广泛关注。

至此，上至南非总统，下至平民百姓，均纷纷通过致电、致信等不同方式请求法国国家自然历史博物馆将巴尔特曼的遗骸撤出展台，并将其返还给南非。迫于来自南非的强大舆论与道义压力，法国国家自然历史博物馆不得不将巴尔特曼的遗骸撤展。然而，对于返还请求，该馆则不予回应。

1994 年 5 月 10 日，纳尔逊·曼德拉（Nelson Mandela）成功当选为南非共和国历史上首位黑人总统。[3]同年 9 月 2 日，时任法国总统弗朗索瓦·密特朗（François Mitterrand）对南非进行了国事访问，其间，曼德拉向密特朗提交了返还巴尔特曼遗骸的书面请求。[4]这份书面请求以相关的国际道德准则与宣言为依据，论证南非共和国对法国国家自然历史博物馆提出返还请求的正当性。[5]

1995 年 2 月 9 日，法国政府表示，法国愿意与南非友好协商解决巴尔特曼遗骸的返还事宜。[6]尽管如此，囿于法国国内法的制约，返还能否最终得以实现，仍待双方通过谈判找到解决方法。

---

〔1〕 Stephen Jay Gould, *The Flamingo's Smile: Reflections in Natural History*, New York: Norton, 1985, p. 64.

〔2〕 Stephen Jay Gould, *The Flamingo's Smile: Reflections in Natural History*, W. W. Norton & Company, 1987, pp. 187 – 198.

〔3〕 Prott, Lyndel V, "The Return of Saartjie Baartman to South Africa", in *Witnesses to History—Documents and Writings on the Return of Cultural Objects*, Lyndel V Prott, Paris: UNESCO, 2009, p. 288.

〔4〕 *Ibid.*, at 289.

〔5〕 例如《国际博物馆协会博物馆职业道德准则》第 4 条第 3 款就"敏感藏品的展陈"作出如下规定："人类遗骸与宗教圣物的展陈必须符合专业标准，必须符合其已知出处地的社区、族群或宗教群体的利益与信仰。其展陈方式亦必须得体且尊重所有人认同的人类尊严。"第 4 条第 4 款关于"从公开展陈中移除"作出了如下规定："就前述出处地社区所提出的从公开展陈中移除人类遗骸或宗教圣物的要求，博物馆必须以尊重与积极的态度加以考虑，对返还的要求也应以同样态度对待之。博物馆政策必须明确规定回应此类返还要求的基本程序与操作规范。"

〔6〕 Prott, Lyndel V, "The Return of Saartjie Baartman to South Africa", in *Witnesses to History—Documents and Writings on the Return of Cultural Objects*, Lyndel V Prott, Paris: UNESCO, 2009, p. 289.

2. 案情事实

1810 年 5 月 14 日，受雇于荷兰农民塞扎尔的奴隶巴尔特曼被亨德里克与邓洛普相中并带往英国，充当他们赚钱牟利的工具。[1]

1810 年 11 月 24 日，巴尔特曼被冠以"霍屯都人的维纳斯"之名，开始在英国巡回表演。[2]

1814 年 9 月 10 日，亨德里克将巴尔特曼带往法国，筹谋为巴尔特曼寻找新的雇主。随后，巴尔特曼被卖给一位动物驯养者，开始在法国巡回表演。[3]

1815 年 12 月 29 日，巴尔特曼因肺结核在法国病逝，年仅 25 岁。法国自然科学家、比较解剖学的创始人乔治斯将其遗体解剖，并保存了其头盖骨、生殖器与一些肢体骨骼。此后，巴尔特曼的遗骸被保存和展览在法国国家自然历史博物馆中。[4]

1994 年 5 月 10 日，曼德拉在南非共和国首次多种族大选中获胜，出任南非共和国历史上首位黑人总统。[5]

1994 年 9 月 2 日，在时任法国总统密特朗对南非共和国的国事访问期间，曼德拉向其提出返还巴尔特曼遗骸的书面请求。[6]

1995 年 2 月 9 日，法国政府表示，愿意与南非政府就巴尔特曼遗骸的返还事宜展开友好协商。[7]

1996 年 1 月 30 日，南非外交部部长联合文化艺术与社会科技部部长等请求法国国家自然历史博物馆将巴尔特曼的遗骸交给即将访问南非的法国外交与国际合作部部长雅克·戈德弗兰（Jacques Godfrain），促成戈德弗兰部长到访南非时

〔1〕 Clifton C. Crais, Pamela Scully, *Sara Baartman and the Hottentot Venus*: *A Ghost Story and a Biography*, Princeton: Princeton University Press, 2009, p. 185.

〔2〕 Lederman, Muriel and Ingrid Bartsch, *The Gender and Science Reader*, New York: Routledge, 2001, p. 351; Qureshi, Sadiah, "Displaying Sara Baartman, the 'Venus Hottentot'", *History of Science*, 42（136）, pp. 233 – 257.

〔3〕 R. Holmes, *The Hottentot Venus*: *the Life and Death of Saartjie Baartman*, London: Bloomsbury, 2007, p. 25.

〔4〕 Qureshi, Sadiah, "Displaying Sara Baartman, the 'Venus Hottentot'", *History of Science*, 42（136）, p. 233.

〔5〕 Prott, Lyndel V, "The Return of Saartjie Baartman to South Africa", in *Witnesses to History—Documents and Writings on the Return of Cultural Objects*, Lyndel V Prott, Paris: UNESCO, 2009, p. 288.

〔6〕 *Ibid.*, at 289.

〔7〕 Prott, Lyndel V, "The Return of Saartjie Baartman to South Africa", in *Witnesses to History—Documents and Writings on the Return of Cultural Objects*, Lyndel V Prott, Paris: UNESCO, 2009, p. 289.

将巴尔特曼的遗骸予以返还。[1]然而，戈德弗兰部长到达南非共和国时，未能带回巴尔特曼的遗骸，他表示还需要等待法国国家自然历史博物馆亨利·德·拉姆利（Henri de Lumley）馆长与南非共和国约翰内斯堡大学解剖学系教授菲利普·托比亚斯（Philip Tobias）对该遗骸做最后的检测与鉴定后，方能促成双方签订返还协议。

2000年10月6日，南非驻法大使代表南非政府再次请求法国国家自然历史博物馆返还巴尔特曼的遗骸。[2]

2002年3月6日，法国国民议会罕见地制定并通过了特别返还法令，授权法国将巴尔特曼的遗骸返还南非，该法令于次日起生效。[3]

2002年5月8日，法国国家自然历史博物馆将巴尔特曼的遗骸正式返还南非。[4]

（三）争议焦点

本案的主要争议焦点是如何在不违背现行法国国内法中"公共物品不可转让"原则的前提下，将巴尔特曼的遗骸从"公共物品"中剥离出来，予以"文物降级"，从而实现其返还。[5]

如前所述，自巴尔特曼病逝之后，其遗骸一直被收藏在法国国家自然历史博物馆中。20世纪80年代末以来，南非政府与法国政府及法国国家自然历史博物馆进行了多次交涉与协商。在得到两国最高领导人的关注后，法国政府释放出同意返还巴尔特曼遗骸的善意信息。

然而，要真正实现返还，还存在法律上的障碍。由于巴尔特曼的遗骸已被收藏于法国国家自然历史博物馆中，且被编上了文物编号，属于国家藏品，具有公共物品的性质。在这种情况下，如法国国家自然历史博物馆将其返还，会违反法

---

〔1〕 Suzanne Daley, "Exploited in Life and Death, South African to Go Home", *New York Times*, January 30, 2002, 载 http://www.nytimes.com/2002/01/30/world/exploited – in – life – and – death – south – african – to – go – home. html, 访问时间：2017 年 4 月 18 日。

〔2〕 Davie Lucille, "Sarah Baartman, at rest at last", *South Africa Information*, May 14, 2012, 载 http://www.southafrica.info/about/history/saartjie. htm#. UO6byKy3rRs, 访问时间：2017 年 4 月 18 日。

〔3〕 France, Law No. 2002 – 323 of 6 March 2002, on the restitution of the remains of Saartje Baartman to South Africa by France, Official Journal of 7 March 2002.

〔4〕 Clifton C. Crais, Pamela Scully, *Sara Baartman and the Hottentot Venus: a Ghost Story and a Biography*, Princeton: Princeton University Press, 2009, p. 186.

〔5〕 Loi relative aux musées de France, Article L451 – 4 (2002): Toute cession de tout ou partie d'une collection d'un musée de France intervenue en violation des dispositions de la présente section est nulle. Les actions en nullité ou en revendication peuvent être exercées à toute époque tant par l'Etat que par la personne morale propriétaire des collections.

国国内法中"公共物品不可转让"的原则。职是之故，法国国家自然历史博物馆如何能在不违反法律的前提下顺利实现巴尔特曼遗骸回归故里的目标，就成为本案的关键问题。

（四）本案返还的具体方式：法国国民议会制定并通过特别返还法令

1994年9月2日，新生的南非共和国政府开始与法国政府就索回巴尔特曼的遗骸展开外交谈判。起初，法国政府虽表示出友好态度，但对返还请求予以婉拒。除了存在国内法上的法律障碍之外，法国政府还担心，返还先例一旦开启，其他文物原属国将纷纷效仿，从而引发法国博物馆、艺术馆与美术馆的公共危机。[1]

面对拒绝，南非政府并未就此退却，而是坚持不懈地与法国政府展开了长达7年的外交谈判，并在文化、道义等各方面施压，最终促使法国国民议会以特别返还法令的形式，解决了法国国内法上的障碍，实现了巴尔特曼遗骸回归故土。

前文已提及，法国法上"公共物品不可转让"的原则并非绝对，在特定情况下，某些已经列入国家级文物的文化财产（捐赠、遗赠和国家出资收购的物品除外）可以从"公共物品"中剥离出来，即"文物降级"。《法国博物馆法》实施以后，法国成立了旨在为"公共物品"持有者提供相关文物降级方面咨询与建议的国家藏品科学委员会。依据《法国博物馆法》就"文物降级"所做的补充规定，要求"文物解级"应尽可能降低其对"公共物品不可转让"原则的影响，且必须得到国家藏品科学委员会全体成员的一致同意方可执行。[2]鉴于上述种种约束与限制，加之应当遵循的具体标准尚付阙如，"文物降级"往往需要经过长期的研究与讨论过程。所以，即便法国政府有意采用降级程序解决文物返还的法律障碍，整个过程也将充满困难与不确定性。

然而，本案并非通过法国国家藏品科学委员会对文物予以降级的渠道得以解决。2002年1月30日，法国文化、家庭与社会事务委员会向法国国民议会提交了由其草拟的一份有关返还巴尔特曼遗骸的法令。[3]2002年3月6日，在前述草拟法令的基础上，法国国民议会制定并通过了一项特别的返还法令，将巴尔特曼

---

〔1〕 Prott, Lyndel V, "The Return of Saartjie Baartman to South Africa", in *Witnesses to History—Documents and Writings on the Return of Cultural Objects*, Lyndel V Prott, Paris：UNESCO, 2009, p. 288.

〔2〕《2002年〈法国博物馆法〉的具体条文规定》，详见http：//www. culture. gouv. fr/culture/dmf/09_LOIMUS. html，访问时间：2017年4月18日。

〔3〕 "Rapport fait au nom de la Commission des Affaires Culturelles, Familiales et Sociales sur la proposition de loi, adoptée par le Senat relative à la restitution par la France de la dépouille mortelle de Saartjie Baartman à l'Afrique du Sud, 30 janvier 2002", 载http：//www. assemblee – nationale. fr/11/pdf/rapports/r3563. pdf，访问时间：2017年4月18日。

的遗骸从法国国家自然历史博物馆中予以降级。这是法国首次以制定并通过特别返还法令的方式降级"公共物品"，其示范意义不容小觑。该返还法令于 2002 年 3 月 7 日生效，这也意味着巴尔特曼的遗骸从即日起将不再是法国国家自然历史博物馆中的"公共物品"，不再受《法国博物馆法》的规制。该返还法令明确规定，在其生效之日起的两个月内，法国国家自然历史博物馆须将巴尔特曼的遗骸返还南非共和国政府。

就这样，这具在法国国家自然历史博物馆展出多年的巴尔特曼遗骸，在历经近百年的漂泊之后，终于启程返回自己的故乡。2002 年 5 月 8 日，巴尔特曼的遗骸返还南非共和国时，工作人员将其身上披覆了传统的南非毛皮披风，头上盖着被香草熏过的头巾，手脚上戴着由树叶制成的镯子。然后，巴尔特曼的遗骸被装进一个由芦荟花圈覆盖的松木棺材，并埋葬在其出生地好望角伊斯顿凯普（Eastonkap）的盖蒙图谷（Guimengtu）。[1]

（五）经验总结

在法国返还文物史上，本案具有里程碑意义。从某种意义上说，该案为后续一些成功返还的案例（如鲁昂自然历史博物馆于 2011 年 5 月 9 日返还 16 颗新西兰毛利人武士纹身头骨案、[2] 吉美博物馆于 2015 年 4 月 13 日返还中国甘肃礼县大堡子山金箔饰片案等[3]）起到了示范与参考作用。通过对本案的详细分析，我们可以学到一些经验，并得到以下启示：

第一，中国对法国追索流失文物时，应在中法友好、合作与交流的大框架下运筹。在掌握确凿的文物被盗与非法流转证据的前提下，中国政府应当积极与法国政府展开外交协商和谈判，充分研究法国相关的国内法以及包括本案在内的返还先例，制定有针对性的、切实可行的追索方案。

第二，如文物返还存在法国国内法上的障碍，中国政府则不应轻言放弃，而应采取灵活措施力促双方达成平等、双赢的解决方案。在法国政府表示出愿意返还的原则立场后，再积极推动法国政府通过法律程序或其他返还机制实现文物的降级，从而达到克服法国国内法障碍，实现流失文物返还的目标。

第三，中国政府应当推动与法国政府在《1970 年公约》的框架下签订双边协议。如中法两国政府能够在打击文物非法贩运、促成流失文物返还领域内达成双边协议，势必会为中国对法追索非法流失文物提供更有针对性的制度保障。

---

〔1〕 Clifton C. Crais, Pamela Scully, *Sara Baartman and the Hottentot Venus: A Ghost Story and a Biography*, Princeton: Princeton University Press, 2009, p. 186.

〔2〕 详见法国鲁昂自然历史博物馆返还 16 颗新西兰毛利人武士纹身头骨案（2011 年）。

〔3〕 详见本书"第六篇：我国海外流失文物的回归：回顾与展望"。

三、法国巴黎犹太人大屠杀纪念馆与奥斯维辛－比克瑙国家博物馆返还皮埃尔·列维·勒卢的手提箱案（2009 年）

（一）背景概述

法国巴黎犹太人大屠杀纪念馆坐落于巴黎四区街边一座其貌不扬的 8 层楼房里。当参观者通过狭窄的通道走进这幢独立的纪念馆时，可以见到一面布满灰色斑驳的土墙，墙壁上镌刻着这样一段文字：

> 二战期间，纳粹德国在欧洲各国全面执行犹太种族灭绝计划，在法国境内得到了傀儡政权维希政府的积极配合与响应。在纳粹德国的指挥下，维希政府共遣送了包括 11 000 名儿童在内的 75 721 名犹太人至奥斯维辛－比克瑙集中营。在这些人中，仅有 2500 人获救，其余均已遇难。

该馆不仅是欧洲馆藏犹太人史料最丰富的纪念馆，亦是法国记录当代犹太人资料的档案中心。对此，该馆还专门布置了一个名为"二战期间法国犹太人悲惨命运之回顾"的常设展区。在这一展区里，存放着一只泛黄破旧的手提箱。这只手提箱的主人是一位在二战期间奥斯维辛－比克瑙集中营遇难的法国籍犹太人皮埃尔·列维·勒卢（Pierre Lévi Leleu）。[1]

1940 年 6 月 14 日，法国北部被纳粹德国军队直接占领，南部由纳粹扶持的法国傀儡政权——维希政府控制。[2] 当时，在维希政府控制的辖区内约有 35 万名犹太人，其中至少有一半是从德国或从德国占领国逃离出来的。在纳粹的指挥下，维希政府成为反犹、排犹运动的中坚力量，不仅大规模围捕犹太人，还建立了被称为"死亡接待室"的德朗西集中营（Deranci Concentration Camp）。[3] 1942 年 3 月 27 日至 1944 年 7 月 31 日，德国盖世太保与法国保安警察将关押在德朗西集中营的法国犹太人用国营铁路运输系统的专用列车分 76 批次遣送到奥斯威辛－比克瑙集中营。其中，绝大部分犹太人葬身于此，仅有少数幸存者得以生还。

1940 年 6 月 28 日，戴高乐将军在英国建立流亡政府，史称"自由法国"。

---

〔1〕 Hess, Burkhard, "Der Kunstrechtsstreit im Internationalen Zivilprozessrecht: Aktuelle Entwicklungen und grundsätzliche Fragestellungen", In *Kunst im Markt – Kunst im Recht*, *Tagungsband des Dritten Heldelberger Kunstrechtstags*, edited by Matthias Weller, Nicolai Kemle, Thomas Dreier, and Peter Michael Lynen, Baden – Baden: DIKE Verlag AG, 2010, p. 109.

〔2〕《法国承认二战期间曾遭送犹太人至纳粹集中营》，载 http://news.sina.com.cn/w/sd/2009-03-10/142317377030.shtml，访问时间：2017 年 4 月 19 日。

〔3〕 *Ibid.*

随后，"自由法国"加入盟国对纳粹的战争并取得最终胜利。战后，为铭记历史，提升法国犹太人的地位，由戴高乐总统所领导的法国政府授权巴黎市政府开辟一块犹太死难者纪念地。1956 年 7 月 14 日，巴黎市政府在纪念地的基础上建立了法国巴黎犹太人大屠杀纪念馆。[1]

值得一提的是，2009 年 2 月 16 日，法国最高行政法院（Conseil d'état）作出一项裁决，正式承认法国维希政府曾在第二次世界大战期间将犹太人大规模地遣送至纳粹德国集中营，并对此向犹太受害者后裔道歉。[2]

（二）案情简介

1. 案件基本情况

在法国巴黎犹太人大屠杀纪念馆的常设展区内，对于前往该馆参观的普通民众而言，一只泛黄破旧的手提箱也许并不会引起他们的注意，但对于一位名叫米歇尔·列维·勒卢（Michel Lévi - Leleu）的法国籍犹太工程师来说，却意义非凡。当米歇尔携其女儿一同参观该纪念馆时，意外发现该纪念馆所展出的这只手提箱正是其父皮埃尔的遗物。手提箱上的小标牌显示着一行印刷字体，即"巴黎维莱特·布尔（Villette - Bure）86 号"以及一行手写体的囚徒编号，即"皮埃尔·列维·勒卢，第 10 组 48 号"。这一发现让米歇尔父女欣喜不已。[3]

时年（2005 年）66 岁的米歇尔回忆道，二战前，父亲皮埃尔曾是法国一名从事珠宝交易的犹太商人，拥有自己的珠宝公司。二战爆发后，皮埃尔为掩饰犹太身份，保护妻儿免遭纳粹屠杀，将妻子与两个儿子暂时安顿在法国萨瓦省（Savoie）。临走之前，皮埃尔叮嘱他们，外出活动一定谨言慎行，并记得以化名示人，以免惹来杀身之祸。为了安全起见，家人统一在名字后面使用勒卢（Le-leu）一词。就这样，这番叮嘱便成了皮埃尔与妻儿的最后诀别，时间也就此定格在 1943 年 4 月 10 日。

翌日清晨，皮埃尔留下妻儿，独自一人离开了萨瓦省。从此之后，皮埃尔音信全无，下落不明。二战结束后，米歇尔一家接到了来自法国社会事务与卫生部的通知：鉴于皮埃尔是遭纳粹迫害致死的法国籍犹太遇难者，该部决定授予他

---

〔1〕 *Ibid.*

〔2〕 "Antisemitism in France"，载 http：//www.newenglishreview.org/Michael_ Curtis_ /Antisemitism_ in_ France，访问时间：2017 年 4 月 19 日。

〔3〕 Hess, Burkhard, "Der Kunstrechtsstreit im Internationalen Zivilprozessrecht：Aktuelle Entwicklungen und Grundsätzliche Fragestellungen", In *Kunst im Markt - Kunst im Recht*, *Tagungsband des Dritten Heidelberger Kunstrechtstags*, Matthias Weller, Nicolai Kemle, Thomas Dreier, and Peter Michael Lynen, Baden - Baden：DIKE Verlag AG, 2010, p. 110.

"为法国献身的犹太人"之称号。[1]此时，米歇尔一家才知晓皮埃尔当年失踪后所发生的事情。紧接着，米歇尔在法国政府与奥斯威辛－比克瑙集中营公开的档案中再次了解到父亲当年的"失踪之谜"。

原来，1943 年 4 月 11 日，在离开萨瓦省后，皮埃尔途径阿维尼翁市（Avignon）火车站时，遭到维希政府驻军的逮捕。同年 7 月 31 日，皮埃尔与其他遭逮捕的犹太人一起被带往奥斯威辛－比克瑙集中营，并惨死在这座"臭名昭著"的集中营。然而，皮埃尔的具体死因与时间从目前的公开档案中尚无法找到答案。[2]

随后，经过一番全面了解，米歇尔获悉，这只行李箱是奥斯维辛－比克瑙国家博物馆（The Auschwitz－Birkenau State Museum）租借给法国犹太人大屠杀纪念馆的。于是，他请求法国犹太人大屠杀纪念馆撤展，并将这只手提箱予以返还。法国犹太人大屠杀纪念馆拒绝了米歇尔的请求，但表示愿意帮助他联系出租方奥斯维辛－比克瑙国家博物馆。

接下来，米歇尔通过法国犹太人大屠杀纪念馆向奥斯维辛－比克瑙国家博物馆提出返还请求，并提供了两个可供对方参考的解决方案：其一，将这只手提箱永久留在巴黎；作为这只手提箱所有者的后裔，他不想再远途跋涉去波兰参观遗物，缅怀父亲。其二，法国犹太人大屠杀纪念馆立即终止展览，并将手提箱返还给他。[3]

经过综合考虑，奥斯维辛－比克瑙国家博物馆决定不返还手提箱给米歇尔，但鉴于国际社会的舆论压力与各方人士的友善提醒，奥斯维辛－比克瑙国家博物馆与国际奥斯维辛委员会一致同意将租借期再延长 6 个月，至 2006 年 1 月 31 日止。[4]对租借期限延长 6 个月的决定，米歇尔不满意，遂以奥斯维辛－比克瑙国家博物馆为被告向法国巴黎大审法院（The Tribunal de grande instance in Paris）提起返还之诉。经查证与核实，该手提箱确为二战期间犹太遇难者皮埃尔的遗

〔1〕 *Ibid.*，at 111.

〔2〕 *Ibid.*，at 112.

〔3〕 Auschwitz－Birkenau State Museum Press Communiqué, Settlement Reached over Auschwitz Suitcase, June 4, 2009, 载 http：//en. auschwitz. org. pl/m/ index. php? option＝com＿ content&task＝view&*Id*＝630&Item*Id*＝8，访问时间：2017 年 4 月 19 日。

〔4〕 Riding Alain, "The Fight Over a Suitcase and the Memories It Carries", *New York Times*, September 16, 2006, 载 http：//www. nytimes. com/2006/09/16/arts/design/16r*I*di. html，访问时间：2017 年 4 月 19 日。

物，法院随即授权巴黎市政府扣押了这只手提箱，并禁止其继续展出。[1]

之后，在巴黎大审法院的主持下，原被告双方进行了和解，并达成了和解协议：被告奥斯维辛－比克瑙国家博物馆同意将这只手提箱永久租借给法国巴黎犹太人大屠杀纪念馆；原告米歇尔也放弃继续索回手提箱的权利。[2]

2. 案情事实

2004 年 6 月 30 日，奥斯维辛－比克瑙国家博物馆将该馆收藏的一只二战犹太遇难者的手提箱租借给法国巴黎犹太人大屠杀纪念馆，用于名为"二战期间法国犹太人悲惨命运之回顾"的常设展览。在合同中，双方博物馆约定租借期限 1 年，并于次年 6 月 30 日结束租借关系。[3]

2005 年 2 月 18 日，已离休的法国籍犹太工程师米歇尔携其女儿克莱尔在法国巴黎犹太人大屠杀纪念馆参观时，意外发现了该馆展出的手提箱正是父亲皮埃尔的私人用品。这只手提箱上面不仅标有皮埃尔的姓名，还标识着他在法国巴黎最后的通讯地址及其当年被监禁在集中营囚室的编号信息。随后，米歇尔向法国巴黎犹太人大屠杀纪念馆提出返还请求，但未获同意。[4]

2005 年 2 月 28 日，在法国巴黎犹太人大屠杀纪念馆的帮助下，米歇尔致信奥斯维辛－比克瑙国家博物馆，请求该馆返还手提箱。不久，博物馆回复米歇尔并拒绝其返还请求，理由有二：其一，这只手提箱不仅是波兰奥斯威辛－比克瑙集中营历史的见证，亦是控诉纳粹德国迫害犹太人的有力罪证。鉴于这只手提箱的重要历史意义与影响，不宜将其返还。其二，返还手提箱给皮埃尔的后裔米歇尔，会致使更多的犹太受害者提出类似返还请求。[5]

2005 年 3 月 2 日，波兰外交部长罗特菲尔德（Roitfield）与国际奥斯威辛委员会主席罗曼·肯特（Roman Kent）联名致函法国前社会事务与卫生大臣以及现任欧洲议会主席西蒙娜·维尔（Simone Veil）与米歇尔，表示有意通过友好协商

〔1〕 Bremner, Charles and Roger Boyes, "Son Sues Auschwitz for Father's Suitcase", *Times*, August 12, 2006, 载 http：//www. timesonline. co. uk/tol/sport/football/european_ football/article1084430. ece, 访问时间：2017 年 4 月 19 日。

〔2〕 Lodkowski, Mariusz, "Battle over a Suitcase from Auschwitz", *Sunday Times*, August 13, 2006, 载 http：//www. timesonline. co. uk/tol/news/world/article607646. ece, 访问时间：2017 年 4 月 19 日。

〔3〕 Hess, Burkhard, "Der Kunstrechtsstreit im Internationalen Zivilprozessrecht: Aktuelle Entwicklungen und grundsätzliche Fragestellungen", In Kunst im Markt – Kunst im Recht, Tagungsband des Dritten Heidelberger Kunstrechtstags, Matthias Weller, Nicolai Kemle, Thomas Dreier, and Peter Michael Lynen, Baden – Baden: DIKE Verlag AG, 2010, p. 113.

〔4〕 *Ibid.*, at 114.

〔5〕 *Ibid.*

解决此事。与此同时，法国巴黎犹太人大屠杀纪念馆馆长雅克·福尔笛（Jacques Freidj）也对外发声，表示该纪念馆也愿以友好方式推动返还事宜的解决。[1]

2005 年 8 月 31 日，国际奥斯维辛委员会与奥斯维辛 - 比克瑙国家博物馆协商，一致同意将租借期再延长 6 个月，到 2006 年 1 月 31 日止。然而，在租借展期结束后，奥斯维辛 - 比克瑙国家博物馆与法国巴黎犹太人大屠杀纪念馆并未再达成其他协议。[2]

2005 年 12 月 20 日，米歇尔以奥斯维辛 - 比克瑙国家博物馆为被告向法国巴黎大审法院提起返还之诉。经法院的查证与核实，这只手提箱确为二战犹太遇难者皮埃尔的遗物。随后，法院授权巴黎市政府扣押了这只手提箱并禁止其继续展出。不过，在此阶段，法院并未对手提箱是否应当返还的实体问题作出判决。[3]

2009 年 6 月 4 日，在巴黎大审法院的主持下，原被告双方进行了和解，并达成和解协议。被告奥斯维辛 - 比克瑙国家博物馆同意将这只手提箱永久租借给法国巴黎犹太人大屠杀纪念馆，原告米歇尔则放弃继续索回手提箱的权利。[4]

（三）争议焦点

本案系围绕二战期间犹太遇难者皮埃尔的遗物——一只手提箱所展开的追索，其主要争议焦点是争议标的物所有权的归属。原告米歇尔主张其本人享有其父亲皮埃尔手提箱的所有权，并提出以下两点理由：

第一，该手提箱上不仅标有皮埃尔的姓名，还标识着他在法国巴黎的通讯地址及其被监禁在集中营囚室的编号信息。前述标识与信息均可证明这只手提箱确为皮埃尔的遗物。作为皮埃尔的后代，理应有权继承这只手提箱，亦是这只手提箱的合法所有权者。

第二，作为公立性质的纪念馆或博物馆，收藏并再次公开展出二战犹太遇难者的遗物，这不仅是对遇难者的亵渎，亦是对遇难者后裔的二次伤害，故不宜将此遗物进行公开展出，而应当将其撤出展区，返还其后裔。[5]

---

〔1〕 *Ibid.*, at 115.

〔2〕 Riding, Alain, "The Fight Over a Suitcase and the Memories It Carries", *New York Times*, September 16, 2006, 载 http://www.nytimes.com/2006/09/16/arts/design/16ridi.html, 访问时间：2017 年 4 月 19 日。

〔3〕 Bremner, Charles and Roger Boyes, "Son Sues Auschwitz for Father's Suitcase", *Times*, August 12, 2006, 载 http://www.timesonline.co.uk/tol/sport/football/european_ football/article1084430.ece, 访问时间：2017 年 4 月 19 日。

〔4〕 Lodkowski, Mariusz, "Battle over a Suitcase from Auschwitz", *Sunday Times*, August 13, 2006, 载 http://www.timesonline.co.uk/tol/news/world/article607646.ece, 访问时间：2017 年 4 月 19 日。

〔5〕 Riding, Alain, "The Fight Over a Suitcase and the Memories It Carries", *New York Times*, September 16, 2006, 载 http://www.nytimes.com/2006/09/16/arts/design/16ridi.html, 访问时间：2017 年 4 月 19 日。

被告奥斯维辛－比克瑙国家博物馆则认为，它应当享有皮埃尔手提箱的所有权，主要理由有：

第一，依据《法国民法典》第 2276 条第 1 款,[1]该馆已合法取得皮埃尔手提箱的所有权；另外，根据该法第 2258 条，该馆亦可依据取得时效而取得该手提箱的所有权。[2]

第二，该手提箱不仅是波兰奥斯威辛－比克瑙集中营历史的见证，亦是控诉纳粹德国迫害犹太人的有力罪证。鉴于这只手提箱的重要历史意义与影响，不宜将其返还。[3]

在法庭辩论阶段，针对被告的请求与主张，米歇尔反驳道，依据《法国民法典》第 2261 条关于取得时效的规定，现占有者对手提箱的占有应当是一种持续的占有,[4]但在本案中，奥斯维辛－比克瑙国家博物馆显然并非一直是该手提箱的占有者。另外，被告对于该手提箱的占有也并非系在情急之下或处于危难之中的占有，而是在国际奥斯维辛委员会的指导下进行的整理与收藏。鉴于此，被告对之并不享有合法的所有权，应将之返还其所有权人。

随后，经法院的查证与核实，这只手提箱确为二战犹太遇难者皮埃尔的遗物。面对确凿的事实证据与原告提出的法律依据和诉求，奥斯维辛－比克瑙国家博物馆承认，这只手提箱应归属于皮埃尔，皮埃尔的后人米歇尔因而作为继承人获得其所有权。

（四）本案返还的具体方式：庭内和解

起初，米歇尔曾尝试与法国巴黎犹太人大屠杀纪念馆及奥斯维辛－比克瑙国家博物馆进行直接沟通与协商，但以失败告终。无奈之下，米歇尔只得以奥斯维辛－比克瑙国家博物馆为被告，向法国法院提起返还之诉。在法院查证并核实争议标的物确为皮埃尔的遗物后，授权巴黎市政府扣押了这只手提箱，并禁止其继续出展。不过，原告米歇尔并未坚持将返还作为唯一解决方案，而是再次重申他先前向奥斯维辛－比克瑙国家博物馆提出的两个解决方案。

---

〔1〕 该条规定为："在动产方面，占有即相当于所有权证书。"该条原为第 2279 条，如前所述，2008 年 6 月 19 日《法国民法典》修订时，第 20 编与第 21 编关于时效与占有的规定有很大变动。

〔2〕《法国民法典》第 2258 条规定为："对于动产而言，取得时效为即时取得。"《法国民法典》，罗结珍译，北京大学出版社 2010 年版，第 491 页。

〔3〕 Hess, Burkhard, "Der Kunstrechtsstreit im Internationalen Zivilprozessrecht: Aktuelle Entwicklung und Grundsätzliche Fragestellungen", In Kunst im Markt – Kunst im Recht, Tagungsband des Dritten Heidelberger Kunstrechtstags, Matthias Weller, Nicolai Kemle, Thomas Dreier, and Peter Michael Lynen, Baden – Baden: DIKE Verlag AG, 2010, p. 114.

〔4〕《法国民法典》，罗结珍译，北京大学出版社 2010 年版，第 489 页。

鉴于此，主审法官认为，将争议标的物返还给原告并不是本案解决的唯一途径。由于法国巴黎犹太人大屠杀纪念馆一直作为被告的承租方，并将这只手提箱公开展览，如原被告能够同意将手提箱继续保存并收藏在该纪念馆，便可促成双方达成和解。

随后，在法院主持下，原被告先后以各自的名义邀请法国巴黎犹太人大屠杀纪念馆加入和解，三方经协商，同意达成和解协议。依据该协议，这只手提箱长期租借给巴黎犹太人大屠杀纪念馆，其所有权归属于皮埃尔之子米歇尔；米歇尔则放弃继续向被告及巴黎犹太人大屠杀纪念馆索回手提箱的权利。

2009 年 6 月 4 日，法国巴黎大审法院以庭内和解的方式结束了被告奥斯维辛 - 比克瑙国家博物馆与原告米歇尔之间关于手提箱的返还争议。[1]

（五）经验总结

不同于以往国与国之间的文物追索案例，本案是作为文物继承者的个人以博物馆为被告向法院提起的文物返还诉讼。最终，双方以庭内和解的方式解决了争议。值得注意的是，在本案的解决过程中，原被告均寻求过各自政府的帮助与指导，处理方式较为温和，避免了将文物争议演化成两国之间的政治与外交冲突。通过对本案的详细分析，我们可以学到一些经验，并得到以下启示：

第一，通过司法途径追索文物可对对方形成法律、心理与舆论压力，从而有助于双方达成争议解决方案。[2] 在文物追索实践中，包括本案在内的不少文物归属纠纷就是在一方提交法院之后，另一方才愿意通过和解或其他方式解决纠纷的。从这个意义上说，尽管诉讼并非文物追索的首选途径，但其重要性绝不可小觑。

第二，私人当事方提起追索诉讼时，在诉讼前期与诉讼受理的过程中，可以适时向本国政府寻求必要的支持与指导，而追索当事方的本国政府则可视具体情况予以恰当应对。对于大部分私人提起的文物追索诉讼，其本国政府的介入需在综合考虑国家整体利益的基础上确定适当的策略。

第三，在启动诉讼程序之后，追索当事方应及时请求文物所在地的法院采取诉讼保全措施，尽力避免被告在法院作出判决之前转移、藏匿、拍卖或毁坏标的物。

四、卢浮宫博物馆返还埃及 5 幅古代壁画残件案（2009 年）

（一）背景概述

埃及历史悠久、文化灿烂、文物众多，也是世界上文物流失最严重的国家之

---

〔1〕　Lodkowski, Mariusz, "Battle over a Suitcase from Auschwitz", *Sunday Times*, August 13, 2006, 载 http://www. timesonline. co. uk/tol/news/world/article607646. ece，访问时间：2017 年 4 月 19 日。

〔2〕　霍政欣：《追索海外流失文物的法律问题》，中国政法大学出版社 2013 年版，第 162 页。

一。本案系由法国巴黎卢浮宫博物馆收藏的 5 幅盗自埃及卢克索（Luxor）帝王谷（The Valley of Kings）的古代壁画残件而引发的跨国文物追索。

埃及境内各地各代王朝的陵墓、木乃伊、雕刻、残岩与装饰壁画等均是古埃及文明与历史的见证。然而，由于殖民掠夺、战乱纷扰、盗墓与走私等原因，大量的埃及珍贵文物流失海外，散落于世界各地，尤其是欧美文物市场国。

公元前 14 世纪中叶的古埃及新王国时期，在尼罗河中游段，曾雄踞着一座世界上无与伦比的都城——卢克索底比斯（Luxor Thebes）。然而，随着岁月的流逝，宏伟的古代宫殿庙宇早已湮没无闻，仅存下庙宇遗址与帝后陵寝以及贵族墓葬。此处大大小小的墓地共计四百多座，埋葬着古代埃及第六王朝至希腊罗马时期权倾一时的王公贵胄与当地的古城居民。作为王室与贵族墓地装饰不可或缺的组成部分，浮雕与壁画是其中最常见的装饰表现形式。事实上，这类墓地装饰早在埃及古王国时期就已经形成了主体创作风格，亦是古埃及最主要的绘画表现形式。然而，古埃及壁画既不像欧洲人那样根据物象去绘画，也不像中国画家依照想象意境去作画。古代埃及人主要是根据自身的实际目的去创作这类装饰壁画。因此，此类壁画画作的创作手法既不精致细腻，也不漂亮光彩，但整体看上去完整统一、圆满和谐。[1]

值得注意的是，古埃及贵族墓地的壁画与皇室墓地的壁画有显著不同，前者呈现的多是生活的日常情节，并不像后者呈现的均为祈求重生与来世或通往来世的漫漫祈祷路。在古埃及贵族墓里，人们可以看到埃及贵族一家其乐融融的场景：儿女围绕膝下，妻子陪伴身旁，有的还记录了贵族日常工作的场景等。这些朴实无华的古埃及壁画作品成为埃及盗墓者偷盗的对象与目标，在墓地四周常常可见被挖掘的残败壁画与浮雕。[2]

（二）案情简介

1. 案件基本情况

本案的追索对象是 5 幅源自埃及古城卢克索附近一处距今约 3200 年的古埃及十八世王朝（公元前 1550 年至公元前 1290 年）古墓中的壁画残件。

2008 年 11 月 5 日，经埃及考古人员调查证实，这 5 幅古代壁画均出自埃及卢克索一位十八世王朝皇室贵族的墓穴。据推测，该墓于 20 世纪 80 年代被盗，墓中文物随后非法流出埃及，包括本案标的物的不少墓中精品文物后来被法国巴

---

〔1〕《举世无双的壮美精致——古埃及壁画》，载 http://www.360doc.com/content/11/0524/11/1509887_ 119003562. shtml，访问时间：2017 年 4 月 20 日。

〔2〕 *Ibid.*

黎卢浮宫博物馆收藏并展出。[1]

随后，埃及文化部就这 5 幅壁画残件的情况向卢浮宫博物馆求证。卢浮宫博物馆新闻办公室表示，这 5 幅古代壁画系由时任馆长亨利·罗亚特（Henri Loyrette）分别于 2000 年和 2003 年从一位匿名的考古学家和一次公开拍卖会上以正常收购价购得。[2]

然而，埃及文化部指出，卢浮宫博物馆是在知情的情况下购买的埃及被盗文物，应将之返还给埃及。针对埃及方面的这一指称，法国文化与通信部予以否认，并拒绝返还。[3]

鉴于法国方面的强硬立场，埃及最高文物委员会主席扎西·哈瓦斯（Zahi Hawass）于 2009 年 10 月 7 日对外宣布埃及的应对策略：基于现阶段搜集到的相关证据与考古遗迹盗掘现场的情况，可以断定这 5 幅古代埃及壁画残件是于 1980 年 7 月 23 日从埃及非法贩运出境的。卢浮宫博物馆无法对这 5 幅壁画残件的合法来源给出合情合理的解释。鉴于卢浮宫博物馆在明知其为被盗文物的情况下依然购买，且拒绝埃及政府的返还请求，埃及将禁止卢浮宫博物馆在埃及开罗南部吉萨地区进行的考古发掘工作，同时退出由该博物馆组织的各项文化会议和相关的学术交流活动。从即日起，埃及将中止与卢浮宫博物馆的一切合作关系，直至该馆返还这 5 幅古代埃及壁画残件为止。[4]

面对埃及的上述制裁与限制措施以及国际舆论压力，法国改变了其原先的强硬立场。2009 年 10 月 9 日，法国文化与通信部部长弗雷德里克·密特朗表示，如经证实这 5 幅古埃及壁画残件确係偷盗赃物，法国政府将履行《1970 年公约》的相关规定，为返还文物"亮绿灯"。与此同时，该部还将是否返还的事务问题交由一个由 35 名法国博物馆专家组成的科学委员会讨论，为政府最终决策提供参考。[5]

随后，埃及政府将收集到的被盗流失证据对外公布。面对埃及方面出示的确凿事实与证据，法国文化与通信部和巴黎卢浮宫博物馆不再否认这 5 幅古埃及壁

〔1〕　Farah Nayeri, "France to Give Back to Egypt Five Artifacts Bought by Louvre", 载 http：//www. elginism. com/similar－cases/louvre－to－return－some－egyptian－artefacts/20091021/2440/#sthash. 23ns0UYN. dpuf, 访问时间：2017 年 4 月 20 日。

〔2〕　*Ibid.*

〔3〕　*Ibid.*

〔4〕　"Egypt Cuts Ties With Louvre Over Artifacts", 载 http：//www. cbsnews. com/news/egypt－cuts－ties－with－louvre－over－artifacts, 访问时间：2017 年 4 月 20 日。

〔5〕　"France to Return Egyptian Art after Louvre Row", 载 http：//www. newsday. com/travel/france－to－return－egyptian－art－after－louvre－row－1. 1512925, 访问时间：2017 年 4 月 20 日。

画残件为偷盗赃物。随后，科学委员会对是否返还这 5 幅壁画残件的问题展开了讨论，并作出法国政府应予返还的建议。

2009 年 10 月 21 日，密特朗部长宣布批准将卢浮宫馆藏的其中 4 件古代埃及壁画残件先行返还埃及。同年 12 月 14 日，时任法国总统萨科齐会见到访的埃及总统穆巴拉克，并亲自返还了剩下的第 5 幅古代埃及壁画残件。[1]

2. 案情事实

本案争议标的物是 5 幅源自埃及古城卢克索附近一处距今约 3200 年的古代埃及十八世王朝古墓中的壁画残件。1980 年 7 月 23 日，这 5 幅古代埃及壁画残件被非法运出埃及国境并最终流转至法国。[2]

2000 年 4 月 15 日，卢浮宫博物馆馆长罗亚特从一位匿名的考古学家手中购得 4 幅古代埃及壁画残件。[3]

2003 年 2 月 21 日，罗亚特在一次公开拍卖会上拍得了另外一幅古代埃及壁画残件，并将其存放在博物馆仓库中。[4]

2008 年 11 月 5 日，经埃及考古人员调查后证实，现被卢浮宫博物馆收藏与展出的 5 幅古代埃及壁画残件，均出自埃及卢克索一位十八世王朝皇室贵族的墓穴。埃及政府随即开始向卢浮宫博物馆提出返还请求，但遭拒绝。[5]

2009 年 10 月 7 日，埃及最高文物委员会主席哈瓦斯对外宣布：从即日起，埃及政府将中止与卢浮宫博物馆的一切文化合作关系，直至该馆返还这 5 幅古代埃及壁画残件为止。[6]

2009 年 10 月 9 日，法国文化与通信部部长密特朗软化了法国的立场，对外表示，如这 5 幅古代埃及壁画残件经证实确为偷盗赃物，法国政府与卢浮宫博物

---

〔1〕 《埃及文物藏卢浮宫 萨科齐应要求物归原主》，载 http：//www. chinanews. com/gj/gj - oz/news/2009/12 - 15/2018863. shtml，访问时间：2017 年 4 月 20 日。

〔2〕 Farah Nayeri, "France to Give Back to Egypt Five Artifacts Bought by Louvre"，载 http：//www. elginism. com/similar - cases/louvre - to - return - some - egyptian - artefacts/20091021/2440/#sthash. 23ns0UYN. dpuf，访问时间：2017 年 4 月 20 日。

〔3〕 "Louvre to Return Egyptian frescos"，载 http：//news. bbc. co. uk/2/hi/europe/8299495. stm，访问时间：2017 年 4 月 20 日。

〔4〕 *Ibid.*

〔5〕 Farah Nayeri, "France to Give Back to Egypt Five Artifacts Bought by Louvre"，载 http：//www. elginism. com/similar - cases/louvre - to - return - some - egyptian - artefacts/20091021/2440/#sthash. 23ns0UYN. dpuf，访问时间：2017 年 4 月 20 日。

〔6〕 "Egypt Cuts Ties With Louvre Over Artifacts"，载 http：//www. cbsnews. com/news/egypt - cuts - ties - with - louvre - over - artifacts，访问时间：2017 年 4 月 20 日。

馆愿意将之返还。[1]

2009 年 10 月 21 日，密特朗部长宣布，同意并批准将 5 幅古代埃及壁画残件中的 4 件先行返还埃及。[2]

2009 年 12 月 14 日，时任法国总统萨科齐会见到访的埃及总统穆巴拉克，并在会见过程中亲自返还了最后一幅古代埃及壁画残件。[3]

（三）争议焦点

本案是埃及与法国在政府层面就文物归属所展开的一场较量，涉及的主要争议焦点有以下两项：其一，埃及政府是否能够证实这 5 幅古代埃及壁画残件确系源自埃及的被非法盗掘与流失文物。其二，卢浮宫博物馆馆长罗亚特在购买这 5 幅古代埃及壁画残件时，是否履行了尽职调查义务。

埃及方面通过严密的考古勘探与现场证据收集（包括照片、墓地遗址现场勘探图等），证实了这 5 幅古代壁画残件均源自埃及古城卢克索附近的一处被盗墓地。后经调查与核实，埃及政府进一步确认这 5 幅古代壁画残件是在 1980 年 7 月 23 日非法出境并最终被运到法国。[4]

面对埃及政府的指称，卢浮宫博物馆回应道：时任馆长罗亚特是在不知晓其为偷盗赃物的情况下购买的，且获取的方式与交易途径均属合法。对此，埃及政府提出，卢浮宫的说法间接证实了该馆当时并未对这 5 幅埃及壁画残件的合法来源与所有权等问题进行过实质性调查与核实。倘若罗亚特在购买这 5 幅埃及壁画残件时履行了尽职调查义务，就不会将其收购入馆。即使他不曾知晓它们是否为偷盗赃物，在收购入馆之后，依据《国际博物馆协会职业道德准则》的相关要求，卢浮宫博物馆也需要在将之入库前，对其合法来源与其所有权归属展开核查。然而，直到埃及文化部于 2008 年 11 月 5 日向卢浮宫博物馆提出求证时，该馆均未对其合法来源做过核查工作，这才引发两国间的文物返还之争。[5]

---

〔1〕 "France to Return Egyptian Art after Louvre Row"，载 http：//www. newsday. com/travel/france – to – return – egyptian – art – after – louvre – row – 1. 1512925，访问时间：2017 年 4 月 20 日。

〔2〕 Farah Nayeri, "France to Give Back to Egypt Five Artifacts Bought by Louvre"，载 http：//www. elginism. com/similar – cases/louvre – to – return – some – egyptian – artefacts/20091021/2440/# sthash. 23ns0UYN. dpuf，访问时间：2017 年 4 月 20 日。

〔3〕《埃及文物藏卢浮宫 萨科齐应要求物归原主》，载 http：//www. chinanews. com/gj/gj – oz/news/2009/12 – 15/2018863. shtml，访问时间：2017 年 4 月 20 日。

〔4〕 Farah Nayeri, "France to Give Back to Egypt Five Artifacts Bought by Louvre"，载 http：//www. elginism. com/similar – cases/louvre – to – return – some – egyptian – artefacts/20091021/2440/#sthash. 23ns0UYN. dpuf，访问时间：2017 年 4 月 20 日。

〔5〕 *Ibid.*

（四）本案返还的具体方式：外交谈判与协商

起初，埃及政府向卢浮宫博物馆提出返还这5幅古代埃及壁画残件，遭到对方的严词拒绝。卢浮宫博物馆坚称这5幅古代埃及壁画残件的来源合法、购买手续齐全。随后，埃及政府对外展示了这座古代埃及十八世王朝墓地墓墙遭凿后的残迹照片以及大量确凿证据，证实了这5幅古代埃及壁画残件确系源自埃及的被盗墓穴并被非法贩运至法国。

面对埃及政府公布的证据，卢浮宫博物馆依然未松动其强硬立场。在这种情况下，埃及最高文物委员会主席哈瓦斯表示，如卢浮宫博物馆不返还这5幅古代壁画残件，埃及将中止与该博物馆的一切文化合作关系；该馆考古队在埃及境内进行的考古发掘工作也将不再被允许。与此同时，埃及政府将不再派团参加卢浮宫博物馆组织的任何研讨会与报告会等，直到该馆返还这5幅埃及古代壁画残件为止。[1]

面对埃及政府的强力回应以及愈加强大的国际舆论压力，法国政府与卢浮宫博物馆调整了立场，承认该馆先前在收购入馆时，未能履行尽职调查义务。鉴于此，这5幅古代埃及壁画残件并不符合"公共物品"入馆的基本标准，故返还事宜也不需要通过"文物降级"的法定程序。同时，为了促成返还，法国文化与通信部还将埃及的返还请求提交由该部为此成立的科学委员会讨论。随后，该委员会一致建议，卢浮宫博物馆应当将这5幅古代壁画残件返还埃及。

2009年10月21日，法国文化部长密特朗宣布，同意将法国卢浮宫馆藏的其中4件古埃及壁画残件先行返还埃及，并由法国文化部交还埃及驻法使馆。余下一件则由时任法国总统萨科齐于2009年12月14日在会见到访的埃及总统穆巴拉克时亲自返还。[2]法国政府专门留下一幅壁画交由两国元首在正式外交场合进行交接，旨在以此宣誓，法埃两国不仅在政治上互信，在文化方面，法国政府亦高度重视埃及追讨流失在法国境内的被盗文物。

（五）经验总结

本案表明，埃及政府非常重视追讨非法流失海外的埃及文物，并在积极搜集被盗流失文物信息与证据的基础上，充分利用自身独特的考古与文化地位，通过断绝文化交流、限制外国在其境内考古等措施加强追索流失文物的力度，并取得了较为显著的成果。

事实上，埃及政府为追索流失海外的文物所做的努力不限于此。平日里，埃

---

〔1〕《法国同意将罗浮宫所藏5件文物归还埃及》，载 http://news.sina.com.cn/w/2009－10－11/024216416118s.shtml，访问时间：2017年4月20日。

〔2〕《埃及文物藏卢浮宫 萨科齐应要求物归原主》，载 http://www.chinanews.com/gj/gj－oz/news/2009/12－15/2018863.shtml，访问时间：2017年4月20日。

及文化部门对全世界约四十家经营文物的网站进行严密监控。与此同时，埃及驻各国的使领馆也成为相应的文物前哨站，密切关注所在国涉及埃及文物的拍卖与转让活动。一旦发现有非法流出的埃及文物参与拍卖与展览，埃及政府就会要求该国返还；如若拒绝返还，埃及政府则会根据具体情况采取相对应的措施，包括断绝同该国的文化联系、合作与交流等。据不完全统计，在过去七八年里，埃及政府与世界各国博物馆和拍卖行甚至个人收藏者均有过不同程度的交涉，从瑞士、美国、英国、西班牙与荷兰等国成功追回 5500 多件流失文物。[1]通过对本案的详细分析，我们可以学到一些经验，并得出以下启示：

第一，作为一个与埃及同样拥有丰富历史文物的文明古国，中国政府可以借鉴埃及政府的做法，加强对流失海外文物的信息搜集与非法交易的网上监控，积极搜集非法流失文物的证据。

第二，中国在制定文物追索策略时，必要时可以在通盘考虑的基础上，通过对相关国家采取限制文物及文化交流等措施，迫使某些流失文物早日回家。

第三，中国政府应加大流失海外中国文物的调查力度，支持国内专业机构投入更多的经费与人力资源，有计划地开展流失海外文物的各项专题研究，全面收集、整理和研究流失海外中国文物的情况，准确掌握流失文物的基本面貌与重点文物的详细信息，为有重点、有目标地追索流失文物打下基础。

五、法国国家图书馆返还韩国"外奎章阁藏书"案（2011 年）

（一）背景概述

本案是法国返还战时劫掠文物的典型案例，具有重要的示范作用与借鉴意义。"外奎章阁藏书"既是韩国国宝级的古籍典藏，也是世界级的文化遗产。提到外奎章阁，就不得不提奎章阁。奎章阁是朝鲜时代李氏王朝（1392 – 1901 年）的王室图书馆，其分阁便是外奎章阁。1776 年 3 月 10 日，朝鲜时代李氏正祖李祘即位时，下令在昌德宫内建造宙合楼，以作奎章阁之用，这便是奎章阁的由来。[2]奎章阁保管着韩国李氏王朝历代国王的御制亲笔书法、御制手谕与王室族谱，堪称王室图书馆。与此同时，这里也收藏着李氏王朝国情政务的参考典籍。此外，奎章阁既为李氏王朝的专职文臣提供了一处进行文献研究与参政议政的场

〔1〕《追索流失文物的探索之路》，载 http：//finance. sina. com. cn/money/collection/rollnews/2009 1117/10536975463. shtml，访问时间：2017 年 4 月 20 日。

〔2〕 Seoul National University，"Kyujanggak Institute for Korean Studies"，载 http：//kyujang-gak. snu. ac. kr/LANG/ch/main/main. jsp，访问时间：2017 年 4 月 21 日。

所，也成为文臣们提供政策咨询与建议的重要文职部门。[1]

1782 年 4 月 28 日，李祘为了更好地保管朝鲜王室的重要典籍与相关的文献资料，下令在江华岛建立起江华史库，也称"江都外阁"（即外奎章阁），并将原先的奎章阁改为内奎章阁，分开保管朝鲜时代李氏王朝的书籍。外奎章阁中的编册图书，即"外奎章阁藏书"，共计 1007 种，5067 册，其中收藏了需要特别管理的重要典籍与李氏王朝的家谱、字画、玉玺与琴谱等。需要指出的是，直至"丙寅洋扰"爆发之时，"外奎章阁藏书"已累计共有 1042 种，6130 册。其种类之多，数量之巨，让人为之惊叹。[2]

1865 年 10 月 2 日，由于担心外国传教士的布道传教影响政治秩序的稳定，李氏王朝开始有意禁止外国传教士入境，并对所有传教士处以死刑。尽管如此，一批法国传教士还是成功潜入朝鲜半岛传教。[3] 1866 年 2 月 19 日，朝鲜李氏王朝的摄政者兴宣大院君李昰应重申禁止传教，并将天主教定性为"邪教"，随即在全国境内开始镇压天主教的传教活动。之后，全国共计 12 万人被捕，其中8000 多人被处死，包括 9 名法国籍传教士。此为朝鲜王朝历次"邪狱"（即镇压天主教运动）中规模最大、持续最久、死亡人数最多的一次，这一镇压事件随即引发了法国入侵朝鲜半岛的"丙寅洋扰"。[4]

1865 年 10 月 14 日，法国决定采取报复性军事行动。法国驻亚洲舰队总司令皮埃尔·古斯塔夫·罗兹（Pierre – Gustave Roze）在获得法国政府指令之后，决定率军"膺惩"朝鲜。当时，法军对汉江口进行了严密的封锁作战，进而成功地登陆朝鲜江华岛。但在这里，法军遭遇到李氏王朝军队的顽强抵抗。经过 40多天的战斗，法军被迫撤退。[5] 然而，在撤退时，法军大肆劫掠了无数金银财宝、古籍典藏等。在这些古籍典藏之中，法军对纸张选材精良、印刷与装订技术高超的"外奎章阁藏书"啧啧称奇，在精选了其中 297 册带走后，放火烧毁了外奎章阁，仅留下江山宫与其他偏远的建筑，所剩的珍贵古籍典藏也就此付之一炬。[6]

法军撤退回到法国后，罗兹将这些外奎章阁藏书进献给拿破仑三世。在此之

---

〔1〕　*Ibid.*

〔2〕　*Ibid.*

〔3〕　［朝］李能和：《朝鲜基督教及外交史》（下卷），彰文社 1928 年版，第 33 – 35 页。

〔4〕　［朝］黄玹：《梅泉野录》，韩国国史编纂委员会 1955 年版，第 7 页。

〔5〕　韩国外交部编：《韩法关系资料（丙寅洋扰）》，载《教会史研究》1979 年，第 215 – 225 页。

〔6〕　［朝］朝鲜民主主义人民共和国科学院历史研究所编：《朝鲜通史》（下卷），吉林省哲学社会科学研究所译，吉林人民出版社 1975 年版，第 6 – 7 页。

后，外奎章阁藏书便一直馆藏于法国国家图书馆。此处所称的外奎章阁藏书，是专指当时法军劫掠的外奎章阁中的 297 册古籍典藏，其中既包括"御览"，即专供国王所阅读的书籍，也包括"仪轨"，即"仪式"与"轨范"。按照"仪轨"的用途来分类，可分为王宫所使用的与官厅使用的"仪轨"，而其中又以"御览仪轨"的价值最高。由此可见，这批外奎章阁藏书独具重要的历史意义与典藏价值。[1]

（二）案情简介

1. 案件基本情况

事实上，在历经"丙寅洋扰"那场熊熊大火之后，韩国人民普遍认为外奎章阁藏书已被付之一炬。然而，1975 年 4 月 14 日，旅法韩裔历史学教授朴炳善在法国国家图书馆发现了 170 余册的疑似韩国文献。在仔细翻阅之后，他确认，这些图册与文献并非普通图书资料，而是朝鲜时代李氏王朝外奎章阁中珍藏的古籍与王室典藏，不过，它们被摆放在中文书册的展柜中。[2]这一消息公开后，迅速引发了韩国各界的关注。

1991 年 10 月 7 日，国立首尔大学国际法学教授白忠铉以学者身份发出首份倡议书，呼吁韩国政府向法国国家图书馆追索收藏在该馆当中共计 297 卷 191 份外奎章阁藏书，并就其他书籍、卷轴以及失踪的韩文古籍与手稿的具体下落进行调查，并委托韩国外交部将其倡议书转交给韩国政府。[3]这份倡议书得到了韩国政府的积极回应与支持。

1993 年 9 月 17 日，时任法国总统的密特朗与时任韩国总统的金泳三举行首脑会谈时，密特朗总统承诺法国将尝试以"永久出借与交流"的形式将两卷本《徽庆园园所都监仪轨》（即关于建成绥嫔朴式墓葬的记录首卷本）赠还韩国，以示友善。然而，需要指出的是，这一友善举动不过是法国政府对韩外交策略中的权宜之计，目的是向韩国推销法国高速列车（TGV），因为韩国当时正准备筹建高速铁路。[4]

不过，法国国家图书馆并不认可法国政府的这一赠还行为。该馆认为，即便法国政府将剩余的"外奎章阁藏书"租借给韩国，韩国政府也应当向法国国家

〔1〕［韩］李泰镇、白忠铉：《外奎章阁图书：问题在哪儿？》，首尔大学出版社 1999 年版，第 21页。

〔2〕 Prott, Lyndel V, "The Return of Korean Documents", in *Witnesses to History——Documents and Writings on the Return of Cultural Objects*, Lyndel V Prott, Paris：UNESCO, 2009, p. 266.

〔3〕 *Ibid.*

〔4〕 *Ibid.*

图书馆提供与之相对应的珍贵藏品。之后，法国政府将返还外奎章阁图书的后续事宜降级为民间层次的磋商事宜，并提出用其他文化财产作为等价交换条件。对此，白忠铉教授予以强烈反对，认为等价交换条件无异于承认法国国家图书馆对外奎章阁藏书占有的合法性。他指出，在那场"惩罚性劫掠"中，法国毁坏了韩国无数古迹建筑，数以千计的珍贵古籍典藏灰飞烟灭，遗留下来的外奎章阁藏书既是韩国的文化珍宝，也是国家历史文化的象征。法国战时劫掠韩国国家文化财产的行为属于犯罪，必须无条件返还。[1]

自 1991 年 10 月 7 日白忠铉第一次提出返还倡议与请求后，韩国对法追索外奎章阁藏书的工作一直处于推动之中，从未中断。

2010 年 1 月 17 日晚间时段，法国国有电视台以专题报道的形式详细报道了馆藏于法国国家图书馆的外奎章阁藏书。此次专题报道不仅解读了外奎章阁藏书的历史由来与书目内容，也就法国国家图书馆收藏该类古代典籍的现状进行了介绍。鉴于该馆所收藏的外奎章阁藏书与法国文化、历史与风俗人情并无关联，但对韩国意义重大，这次专题报道在结尾时呼吁法国国家图书馆将外奎章阁藏书返还给韩国。[2]

经过 20 年坚持不懈的努力，2011 年 5 月 27 日，法国国家图书馆以"永久出借"的方式返还韩国外奎章阁藏书，漂泊 145 年的韩国国宝终于重回故里。[3]

2. 案情事实

1776 年 3 月 10 日，朝鲜李氏正祖李祘下令在昌德宫内建造宙合楼，以作奎章阁之用。奎章阁保管着李氏王朝历代国王的御制亲笔书法、御制手谕与王室族谱，堪称王室图书馆。[4]

1782 年 4 月 28 日，李祘下令在江华岛建立起江华史库，也称"江都外阁"，即外奎章阁，并将原先的奎章阁改为内奎章阁，分开保管朝鲜李氏王朝的书籍。外奎章阁中的编册图书，即"外奎章阁藏书"。[5]

---

〔1〕　*Ibid.* , at 267.

〔2〕　"La restitution des manuscrits coréens froisse les conservateurs de la BNF", 载 http：//www. lefigaro. fr/culture/2010/11/24/03004 – 20101124ARTFIG00437 – la – restitution – des – manuscrits – coreens – froisse – les – conservateurs – de – la – bnf. php, 访问时间：2017 年 4 月 21 日。

〔3〕　Jeong – hun Oh, "Ces manuscrits sont maintenant sur le sol coréen durablement", in *Yonhap News Agency*, 11 juin 2011. 1, 载 http：//french. yonhapnews. co. kr/sportsculture/2011/06/11/0800000000AFR2011061 1000400884. HTML, 访问时间：2017 年 4 月 21 日。

〔4〕　Seoul National University, " Kyujanggak Institute for Korean Studies ", 载 http：//kyujanggak. snu. ac. kr/LANG/ch/main/main. jsp, 访问时间：2017 年 4 月 21 日。

〔5〕　*Ibid.*

1865 年 10 月 2 日，李氏王朝禁止外国传教士入境，并对国内所有传教行为施以死刑处罚。尽管如此，仍有一大批法国传教士成功潜入并继续传教。[1]

1866 年 2 月 19 日，兴宣大院君李昰应将天主教定性为"邪教"，在全国境内镇压天主教传教活动。全国共计有 12 万人被捕，其中 9 名法国籍传教士被处死，史称"丙寅邪狱"。[2]

1866 年 10 月 14 日，法国驻亚洲舰队总司令罗兹率军入侵朝鲜半岛。在法军撤退之时，大肆劫掠金银财宝、古籍典藏，其中包括"外奎章阁藏书"297 册。法军还放火烧毁了外奎章阁，仅留下江山宫与其他偏远的建筑，所剩的珍贵古籍典藏也就此殆为灰烬，史称"丙寅洋扰"。[3]

1975 年 4 月 14 日，旅法韩裔历史学教授朴炳善在法国国家图书馆发现了超过 170 册的韩国图册与文献。后经朴炳善教授的考证，这些韩国图册与文献正是李氏王朝外奎章阁中珍藏的古籍与王室典藏。[4]

1991 年 10 月 7 日，时任国立首尔大学教授白忠铉以学者身份呼吁韩国政府向法国国家图书馆追索外奎章阁藏书。[5]

1993 年 9 月 17 日，时任法国总统密特朗承诺法国将以"永久出借与交流"的形式将两卷本《徽庆园园所都监仪轨》赠还韩国，以示对韩国的友善。[6]

2000 年 1 月 28 日，由韩国精神文化研究院藏书阁研究室主任李钟默、首尔大学奎章阁学术研究员金文植与申炳周所组成的外奎章阁藏书调查团启程前往法国，对法国国家图书馆收藏的"外奎章阁藏书"进行实地调查。[7]

2000 年 2 月 1 日起，外奎章阁藏书调查团用了 5 天时间，实地勘查了 296 册（并非先前的 297 册）外奎章阁藏书中的 200 册。随后，调查团在韩国驻法国大使馆召开了记者招待会，对外宣布：

> 整体而言，这些古籍典藏原本质量不错，法国国家图书馆对其保存尚好。我们原以为法国国家图书馆收藏的 296 册图书中有 64 册绝版书，但经

---

〔1〕 ［朝］李能和：《朝鲜基督教及外交史》（下卷），彰文社 1928 年版，第 33 - 35 页。

〔2〕 ［朝］黄玹：《梅泉野录》，韩国国史编纂委员会 1955 年版，第 7 页。

〔3〕 ［朝］朝鲜民主主义人民共和国科学院历史研究所编：《朝鲜通史》（下卷），吉林省哲学社会科学研究所译，吉林人民出版社 1975 年，第 6 - 7 页。

〔4〕 Prott, Lyndel V, "The Return of Korean Documents", in *Witnesses to History—Documents and Writings on the Return of Cultural Objects*, Lyndel V Prott, Paris: UNESCO, 2009, p. 266.

〔5〕 *Ibid.*

〔6〕 *Ibid.*

〔7〕 "Ancient Korean Royal Books Welcomed Back Home", 载 http://www.koreaherald.com/view.php?ud=20110612000269，访问时间：2017 年 4 月 21 日。

这次调查证实仅为 30 册。另外，"仪轨"类有 30 册孤本，其中 12 册完整地保留了原先的封面。这些"仪轨"充分展示了朝鲜李氏王朝仪轨所用的纸质精良上乘，装订完善。四周红色的铅线内所写的鲜明字体，即"御览用"表示该"仪轨"图书经国王阅读之后保存在奎章阁之中。另外，有些图册上面盖有"1978 年"与"RF（法兰西共和国）"的图章。[1]

2000 年 10 月 20 日，法国国家图书馆的专家与韩国学者就交换藏品以及返还事宜展开协商。然而，文物藏品交换计划被披露后，遭到韩国各界的反对，无果而殁。[2]

2007 年 8 月 7 日，联合国教科文组织《世界记忆名录》正式收录《朝鲜王室仪轨》。[3]

2008 年 3 月 14 日，法国政府将"仪轨"30 册的印影版提供给韩国政府。[4]

2010 年 11 月 12 日，在参加二十国集团首尔峰会期间，时任法国总统萨科齐向韩国提出以"租借"的方式解决"外奎章阁藏书"的返还问题。[5]

2011 年 2 月 7 日，萨科齐与时任韩国总统李明博就租借"外奎章阁藏书"签订出借协议。[6]

2011 年 5 月 27 日，法国国家图书馆以租借的方式返还韩国"外奎章阁藏书"296 册。[7]

（三）争议焦点

法国国家图书馆与韩国政府就外奎章阁藏书的返还展开了长达 17 年的交涉

---

〔1〕《外奎章阁图书重回韩国》，载 http：//chinese. korea. net/NewsFocus/Culture/view？articleid = 85761，访问时间：2017 年 4 月 21 日。

〔2〕 Lee Keun Gwan, op. cit. Duroy Stéphane, Le déclassement des biens meubles culturels et cultuels, in Revue du droit public et de la science politique en France et à l'étranger, 20 novembre 2010, n° 1, p. 55.

〔3〕 Site de l'UNESCO, Mémoire du monde：http：//www. unesco. org/new/fr/communication – and – information/flagship – project – activities/memory – of – the – world/register/full – list – of – registered – heritage/registered – heritage – page – 9/uigwe – the – royal – protocols – of – the – joseon – dynasty，访问时间：2017 年 4 月 21 日。

〔4〕 Lee Keun Gwan, op. cit. Duroy Stéphane, Le déclassement des biens meubles culturels et cultuels, in Revue du droit public et de la science politique en France et à l'étranger, 20 novembre 2010, n° 1, p. 55.

〔5〕《外奎章阁图书重回韩国》，载 http：//chinese. korea. net/NewsFocus/Culture/view？articleid = 85761，访问时间：2017 年 4 月 22 日。

〔6〕 Jeong – hun Oh, "Ces manuscrits sont maintenant sur le sol coréen durablement", in Yonhap News Agency, 11 juin 2011, 1, 载 http：//french. yonhapnews. co. kr/sportsculture/2011/06/11/0800000000AFR2011061 1000 400884. HTML，访问时间：2017 年 4 月 22 日。

〔7〕 Ibid.

与外交谈判后，前者最终以"租借"的方式将296册典籍返还给韩国。本案的主要争议焦点有以下两项：

第一，收藏于法国国家图书馆的296册外奎章阁藏书，其馆藏性质属于法国国家藏品，具有"公共物品"的性质，若将其返还，将违反法国国内法中关于"公共物品不可转让"的规定。关于此点，因前述数案例与之类似，故不赘述。

第二，法国政府以"租借"的形式返还外奎章阁藏书，是否属于解决了所有权归属问题。

当萨科齐总统决定将"外奎章阁藏书"以"租借"的形式返还给韩国政府时，遭到了法国国家图书馆馆藏人员的强烈反对，包括该馆收藏部、手稿部、版画部与善本收藏部主任在内的18名馆员联合提交了一份请愿书，并公开在网络上征集签名。在这份请愿书中，法国国家图书馆工作人员列举了反对萨科齐"永久出借"决定的理由：其一，租借并不符合法国文化部与法国国家图书馆的意愿。多年来，法国文化部与法国国家图书馆一直寻求通过互惠或交换的方式解决与韩国的纠纷。其二，以租借的形式返还外奎章阁藏书，名义上租期为5年期，但租期届满后自动延续，等同于实质上的返还，这会使法国国家图书馆永久地丧失这批珍贵文献。其三，租借的先例一旦开启，会不可避免地触动甚至鼓励其他国家采取类似的文物追讨行动。其四，萨科齐总统的决定表明，法国的文化遗产政策与法律日益沦为政治、经济与地缘战略的附庸。

为了安抚其工作人员，法国国家图书馆馆长布鲁诺·拉辛（Bruno Racin）回应道：

> 我完全能够理解法国国家图书馆工作人员的心情。韩国政府虽然实际拿回了外奎章阁藏书，但我们以出借的形式保存了名分，这296册外奎章阁藏书的所有权仍旧属于法国。此外，依据协议，韩国不得对外奎章阁藏书进行标识管理序号的粘贴与所有权的行使。通过租借，法国政府使这些古籍典藏更具价值，实现了两国之间的双赢合作。[1]

（四）本案返还的具体方式：外交谈判与协商

继1993年密特朗总统决定以"赠还与交流"的形式将两卷本《徽庆园园所都监仪轨》返还给韩国后，历任韩国政府均坚持不懈地为追索"外奎章阁藏书"

---

〔1〕《萨科齐宣布归还朝鲜王室文献 引法国文博界不满》，载 http://www.sznews.com/culture/content/2010 - 12/09/content_ 5158711. htm，访问时间：2017 年 4 月 22 日。

与法国政府展开交涉与谈判。[1]在长达 17 年的时间里，韩国政府一直坚持被劫掠文物应当无任何条件地返还给文物原属国；而法国政府提出，依据本国法中"公共物品不可转让"的规定，外奎章阁藏书已属于本国"公共物品"，被严禁转让与出境。[2]鉴于此，两国政府僵持不下，一直未能达成返还协议。

2007 年 5 月 7 日，萨科齐当选法国总统。此后，法国政府的态度发生了积极改变，开始主动询问韩国政府关于外奎章阁藏书的立场，并积极与韩国进行协商与对话。[3]韩国不断提高的国际地位与社会影响力，使法国政府认识到深化对韩关系的重要性；而要改善法韩关系，就必须妥善解决外奎章阁藏书的归属纠纷。

2010 年 11 月 12 日，在韩国首尔参加二十国集团峰会期间，萨科齐提出以"五年一租借"的方式，将收藏在法国国家图书馆中 296 册外奎章阁藏书以"租借"的形式返还韩国政府，借期为五年，可无限期延续，以期最终解决外奎章阁藏书的返还问题。[4]这一提议随后得到了韩国政府的同意。

2011 年 2 月 7 日，萨科齐与李明博就永久出借外奎章阁藏书签订出借协议。鉴于需要"永久"的期限，韩国政府附加了"即使每隔五年不更新合同，租借期限也须自动延长"的条件。对此，法国政府表示接受。[5]

需要指出的是，萨科齐总统向韩国租借外奎章阁藏书为法国返还文物破了先例。为避免日后其他文物来源国纷纷效仿，法国与韩国还在协议中规定，此协议不具普遍适用性，外奎章阁藏书的协商条件不能适用于其他国家。这一解决方案在很大程度上是执行了 1993 年法国前总统密特朗的决定，使外奎章阁藏书事实上返还给韩国政府，但法国仍保留其所有权。

（五）经验总结

外奎章阁藏书的返还争议曾是长期横亘在韩法两国之间的一个棘手问题。经过多年的外交谈判与协商，纠纷终以租借的方式予以解决。根据双方的租借协议，法国将向韩国永久出借外奎章阁藏书，租期 5 年，到期后合同自动延期。通

---

〔1〕　Prott, Lyndel V, "The Return of Korean Documents", in *Witnesses to History—Documents and Writings on the Return of Cultural Objects*, Lyndel V Prott, Paris: UNESCO, 2009, p. 266.

〔2〕　《2002 年〈法国博物馆法〉的具体条文规定》，详见 http://www.culture.gouv.fr/culture/dmf/09_LOIMUS.html，访问时间：2017 年 4 月 22 日。

〔3〕　《外奎章阁图书重回韩国》，载 http://chinese.korea.net/NewsFocus/Culture/view? articleId = 85761，访问时间：2017 年 4 月 22 日。

〔4〕　*Ibid.*

〔5〕　Jeong-hun Oh, "Ces manuscrits sont maintenant sur le sol coréen durablement", in *Yonhap News Agency*, 11 juin 2011, 1, 载 http://french.yonhapnews.co.kr/sportsculture/2011/06/11/0800000000AFR20110611000400884.HTML，访问时间：2017 年 4 月 22 日。

过对本案的详细分析，我们可以学到一些经验，并得到以下启示：

第一，对于无法同步实现物理返还与法律返还的某些文物，中国与相关的文物市场国可以展开友好沟通与协商，探讨通过借展等方式，率先促成与实现文物的物理返还。

第二，鉴于"出借"或"展借"等方案仅是文物返还过程中的阶段性安排，中方需要在协议中声明对所有权的拥有或至少出借不影响中国对所涉文物所有权的主张，为今后彻底实现法律返还奠定基础。

第三，在解决文物的物理返还之后，中国还应当与该文物市场国继续协商和谈判，从而最终实现法律返还。事实上，从包括本案在内的当代诸多跨国文物追索案件来看，文物的返还往往不能一蹴而就，争议方只要秉持友好协商的精神，充分发挥彼此的智慧与力量，就有可能找到双方均可接受的双赢解决之道。

六、法国鲁昂市自然历史博物馆返还新西兰毛利人 16 颗武士纹身头骨案 (2011 年)

（一）背景概述

该案系围绕收藏在法国鲁昂市自然历史博物馆的 16 颗新西兰毛利人武士纹身头骨引发的一场跨国追索，也是继法国国家自然历史博物馆返还南非共和国"霍屯督人的维纳斯"遗骸案之后，[1]法国又一返还人体遗骸的典型案例。

毛利是新西兰的原始土著部落。在毛利人的传统文化中，毛利人需对面部纹身。这样的面部纹身旨在显示个人在部落中的地位，此外，面部纹身还记录该人一生经历的大事，以此用于纪念与区别。[2]在通常情况下，毛利人去世之后，他们的纹身头颅将被保留下来。起先，由近亲属将其大脑与双眼从纹身头颅中剔除掉。随后，他们会将纹身头颅上所有的孔用亚麻纤维与胶密封保存起来。此外，为了防止纹身头颅腐烂，近亲属还会对这些纹身头颅进行烹煮，并将其放在篝火下烟熏或置于阳光下暴晒。最后，这些风干好的纹身头颅将被死者的近亲属收藏起来。在之后举行的重要部落仪式上，近亲属再将处理好的纹身头颅拿出来用以祭祀或宗教朝拜。新西兰毛利部落将这种加工处理后的纹身头颅称为"Mokomo-ka"。[3]

---

〔1〕 详见法国国家自然历史博物馆返还南非共和国"霍屯督人的维纳斯"遗骸案（2002 年）。

〔2〕 Silvia Borelli, Federico Lenzerini, *Cultural Heritage, Cultural Rights, Cultural Diversity: New Developments in International Law*, Martinus Nijhoff Publish, 2012, p. 163.

〔3〕《过去新西兰毛利人居然用头骨作为货币》，载 http://www.yaochanglai.com/43944.html，访问时间：2017 年 4 月 21 日。

　　在毛利人的战争中，如果一部落击败了另一部落，前者便会将失败部落的首领首级用上述方式处理并予以保存。因此，在毛利人的战争中，纹身头骨亦被视为对战争胜利者的褒奖。如两个毛利部落之间的冲突僵持不下时，作为居中调停的第三者（通常是其他部落的首领）会为这两个毛利部落代为交换各自部落的纹身头骨，以示友善和好之意，从而促成双方和解。[1]

　　在英国殖民统治新西兰时期，毛利人纹身头骨一度成为欧洲商贩与毛利人之间进行商贸流通的交易工具。起初，毛利人与欧洲商贩之间以步枪作为交易品，但这一武器交易导致毛利各部落之间展开"军备竞赛"。由于毛利人并没有值钱之物，只得以祭祀图腾——纹身头骨与欧洲商贩交换。这种为获取步枪武器去征服或兼并其他毛利部落的行为，增加了毛利各部落之间的摩擦。一开始，一些毛利部落仅在自己的部落中斩杀奴隶与囚犯，为制作纹身头骨提供材料。慢慢地，有的毛利部落在击败其他部落后，大肆残杀该部落居民，以获取纹身头骨，用于换取本部落所需的步枪。

　　随着纹身头骨与步枪之间的供需不足日益显现，欧洲商贩们开始"自提装备"获取之，不少毛利人因此遭到无情杀戮。获得这些纹身头骨后，欧洲商贩们将其带回欧洲，或卖给博物馆、艺术馆供众人观赏，或卖给私人收藏，用于炫耀身份地位。

　　不过，在不到短短十年的时间里，毛利部落拥有的步枪数量急剧上升，这逐渐威胁到英国在新西兰的殖民统治。于是，英国政府下令全面禁止使用纹身头骨进行交易。至此，用纹身头骨作为交易物品进行出售的时代宣告终结。[2]

　　新西兰独立以后，新西兰政府与毛利部落开始致力于找寻、追索那些在英国殖民时期流失到欧洲的毛利人纹身头骨。对毛利人而言，身为毛利人，不仅意味着要敬畏祖先，还要尊重本部落的宗教信仰。根据毛利人的信仰，纹身头骨属于部落圣物。如头骨主人在世时，其头颅被部落居民砍下，则他将被认为是英勇无畏的神圣斗士；如头骨主人去世后，部落居民将其头骨处理并制作成为纹身头骨，则该头骨主人会得到毛利部落居民应有的尊重。针对那些散落在异国他乡的毛利人纹身头骨，若其能回归故里，不仅可以告慰在世后人，还能使后人蒙荫祖先的庇佑。若纹身头骨无法下葬，毛利部落祖先的灵魂则会因此受到"惩罚"。

　　在新西兰政府与毛利部落社区进行的海外调查中，已知的毛利人纹身头骨多达五百多颗，散布在世界各大博物馆中。鉴于纹身头骨的数量众多、流失范围广

---

〔1〕　*Ibid.*

〔2〕　*Ibid.*

泛，追索这些纹身头骨的难度可想而知。凭借着对部落信仰的虔诚之心和对祖先的崇敬之心，新西兰政府与毛利部落社区在追索道路上义无反顾，勇往直前。[1]

（二）案情简介

1. 案件基本情况

新西兰政府与毛利部落社区向国外收藏机构追索毛利人纹身头骨，不仅涉及复杂的法律问题，还涉及文化、道德与伦理等问题。尽管在追索过程中遇到了多重阻力，但新西兰政府与毛利部落社区不畏艰难，陆续成功地索回了一些毛利人人体遗骸与纹身头骨。

新西兰追索纹身头骨最早可追溯至1988年5月19日。那一天，英国伦敦佳士得拍卖公司拍卖了一颗毛利部落纹身头骨。当毛利部落首领得知这一消息后，先后通过民事诉讼与谈判等途径，成功将这颗纹身头骨索回。[2]

2002年6月12日，荷兰莱顿举办了一场考古学研讨会。会议期间，新西兰蒂帕帕国家博物馆（Museum of New Zealand Te Papa Tongarewa）馆长戴尔·贝利（Dell Bailey）向荷兰人体博物馆馆长史蒂文·恩格斯曼博士（Steven Engelsma）提出，能否将其收藏与展出的一颗由荷兰殖民者于19世纪从新西兰购得的毛利人纹身头骨返还新西兰。经过沟通与交涉，2005年11月9日，荷兰人体博物馆通过荷兰文化部向新西兰交还了这颗毛利人纹身头骨。[3]

2003年3月24日，新西兰政府授权蒂帕帕国家博物馆负责追索流失海外的毛利人纹身头骨。在政府专项资金的支持下，该博物馆着手进行"新西兰（毛利语音为"奥提罗亚"）返还项目"（The Karanga Aotearoa Repatriation Program）。该返还项目旨在以该博物馆为主体，联合新西兰各毛利部落，通力向各国各大博物馆追索其收藏的毛利人纹身头骨。[4]

正是在该返还项目的倡议之下，2007年10月19日，法国鲁昂市议会决定批准将该市自然历史博物馆收藏的16颗毛利部落武士纹身头骨返还给新西兰政

〔1〕《国民议会通过归还毛利人头骨 法国各界认为这只是一起特殊案例》，载 http：//epaper. ccdy. cn/page/1/2010 – 05/20/3/201005203_ pdf. PDF，访问时间：2017年4月21日。

〔2〕 Patrick J. O'Keefe, "Maoris Claim Head", *International Journal of Cultural Property*, 1（2）（1992）, p. 393.

〔3〕 Prott, Lyndel V, "The Return of Korean Documents", in *Witnesses to History—Documents and Writings on the Return of Cultural Objects*, Lyndel V Prott, Paris：UNESCO, 2009, p. 256.

〔4〕 RK Paterson, *Taonga Maori Renaissance：Protecting the Cultural Heritage of Aotearoa/New Zealand*, Social Science Electronic Publishing, 2009, pp. 107 – 134.

府。[1]在此之前，文物来源国向法国政府追索流失文物或人体遗骸的请求一般会遭到法国文化与通信部等相关政府职能部门的拒绝，此次也未能破例。就在双方计划在法国鲁昂市举行交接仪式之前，时任法国文化与通信部部长克里斯汀·阿尔巴奈尔（Christine Albanel）叫停了这次交接与返还进程。她提出，由于法国鲁昂市自然历史博物的馆藏藏品属于"公共物品"，故须受法国法中"公共物品不可转让"原则的限制。同时，此次交接与返还也违反了法国行政法的相关规定。鉴于此，克里斯汀部长随后指示鲁昂行政长官（法国中央政府驻鲁昂市代表）向鲁昂市行政法庭提起行政诉讼，以中止此次返还进程。[2]

根据《法国民法典》第 16 条第 1 款 "人体遗骸以及其他成分与衍生物品均不可成为所有权的标的物" 的规定以及法国《遗产法典》关于公共物品不可转让的原则，鲁昂市行政法庭于 2007 年 12 月 27 日作出裁决，鲁昂市议会批准将该市自然历史博物馆收藏的毛利部落武士纹身头骨返还给新西兰的决定以及市自然历史博物馆的返还行为均系无效。[3]随即，法国鲁昂市议会就行政法庭作出的裁决表示异议，并于 2008 年 7 月 24 日向法国杜埃上诉法院提起上诉。然而，上诉法院维持了鲁昂市行政法庭的裁决。[4]

两次法院裁判均未支持法国鲁昂市自然历史博物馆返还毛利部落纹身头骨，这引发了各界人士的不满。作为最早提倡返还毛利部落纹身武士头骨的法国人、时任鲁昂市社会党议员瓦莱丽·富尔内隆（Valerie Fu Er Neilong）表示愤慨，她认为，鲁昂市政府可以尝试越过法国中央政府直接与新西兰政府沟通。与此同时，新西兰政府也派出工作组前往法国鲁昂市与有关方面进行接触，希望能够继续推动纹身武士头骨的返还进程。

在法国各界、新西兰政府与毛利部落社区的多重施压下，法国政府再次启动了文物返还程序。随后，法国国民议会就法国返还 16 颗新西兰毛利部落的纹身武士头骨事项制定了特别返还法令，并组织众议员进行投票表决。最终，法国国民议会以绝大多数赞成的结果通过了该法令。尽管此次返还 16 颗新西兰毛利部落的纹身武士头骨一事在法国国内引发了一些争议，但返还人体遗骸的举动既体现了法国政府对基本人权的尊重，也向国际社会展示了法国社会的核心价值，产

---

〔1〕　Prott, Lyndel V, "The Return of Korean Documents", in *Witnesses to History—Documents and Writings on the Return of Cultural Objects*, Lyndel V Prott, Paris: UNESCO, 2009, p. 256.

〔2〕　*Ibid.*

〔3〕　*Ibid.*

〔4〕　Cour d'appel de Douai, arrêt Commune de Rouen contre Préfet de la région Haute – Normandie, Préfet de Seine – Maritime, 24 juillet 2008.

生了积极影响。[1]

2. 案情事实

1875 年 7 月 13 日，法籍探险家杜洛埃先生（Drouet）将 16 颗新西兰毛利人纹身武士头骨捐赠给鲁昂市自然历史博物馆。然而，这 16 颗纹身武士头骨的具体来源与捐赠细节，现已无从考证。[2]

2003 年 3 月 24 日，在新西兰政府的授权与资助下，新西兰蒂帕帕国家博物馆开始着手进行"新西兰返还项目"，负责追索流失海外的毛利人纹身头骨。[3] 2007 年 2 月 23 日，历经 10 年修缮闭馆后，法国鲁昂市自然历史博物馆重新对公众开放。馆藏的 16 颗新西兰毛利人纹身武士头骨展出，引起了新西兰蒂帕帕国家博物馆的关注。[4]

2007 年 10 月 19 日，鲁昂市议会决定批准将该市自然历史博物馆收藏的 16 颗毛利部落武士纹身头骨返还新西兰。[5]

2007 年 12 月 27 日，鲁昂市行政法庭依据法国国内法的规定，裁决鲁昂市议会与市自然历史博物馆的返还决定无效，阻止了返还进程。[6]

2008 年 2 月 20 日，时任法国文化与交流委员会主席兼参议院议员的凯瑟琳·莫林·德塞利（Catherine Morin - Desailly）向法国参议院提出了一项法案建议，请求将 16 颗新西兰毛利人纹身武士头骨返还给新西兰政府。随后，该法案获得通过。[7]

2008 年 7 月 24 日，鲁昂市议会就行政法庭作出的裁决表示异议，便向法国杜埃上诉法院提起上诉，请求继续启动返还程序，但上诉法院维持了鲁昂市行政

---

〔1〕 Robert K. Paterson, "Heading Home: French Law Enables Return of Maori Heads to New Zealand", *International Journal of Cultural Property*, 17（4）（2010）, pp. 643 – 652.

〔2〕 P. J. O Keefe, "Maoris Claim Head", *International Journal of Cultural Property*, 1992, p. 394.

〔3〕 RK Paterson, *Taonga Maori Renaissance: Protecting the Cultural Heritage of Aotearoa/New Zealand*, Social Science Electronic Publishing, 2009, pp. 107 – 134.

〔4〕 Aranui Amber, Early Collection and Trade of Toi moko, Musée Te Papa, disponible en ligne: http://www. tepapa. govt. nz/SiteCollectionDocuments/Media/2011/Early. Collection. and. Trade. of. Toi. moko. pdf, 访问时间：2017 年 4 月 21 日。

〔5〕 Prott, Lyndel V, "The Return of Korean Documents", in *Witnesses to History—Documents and Writings on the Return of Cultural Objects*, Lyndel V Prott, Paris: UNESCO, 2009, p. 256.

〔6〕 *Ibid.*

〔7〕 RK Paterson, *Taonga Maori Renaissance: Protecting the Cultural Heritage of Aotearoa/New Zealand*, Social Science Electronic Publishing, 2009, pp. 107 – 134.

法庭的裁决。[1]

2009 年 6 月 29 日，在先前法国参议院通过的法案基础上，法国国民议会制定了第 2010 - 501 号法令，授权返还 16 颗新西兰毛利部落的纹身武士头骨。该法令规定，这 16 颗新西兰毛利人纹身武士头骨不再属于鲁昂市自然历史博物馆的馆藏藏品，应将其返还给新西兰蒂帕帕国家博物馆。[2]

2010 年 5 月 4 日，法国国民议会就 16 颗新西兰毛利部落的纹身武士头骨的返还法令组织众议员进行投票表决。最终，国民议会以 457 票赞成，8 票反对的压倒性结果通过这一返还法令。[3]

2011 年 3 月 9 日，鲁昂市自然历史博物馆对 16 颗新西兰毛利人纹身武士头骨进行摄影测量与激光扫描，以便留存基本信息与资料。[4]

2011 年 5 月 18 日，鲁昂市自然历史博物馆正式将 16 颗新西兰毛利人纹身武士头骨返还新西兰政府。[5]

（三）争议焦点

本案的主要争议焦点是如何克服法国国内法上的障碍，使毛利武士纹身头骨能够从鲁昂市自然历史博物馆的馆藏文物中移除，从而顺利实现返还。

"公共物品不可转让"的原则最早源自 1566 年法国《穆兰敕令》（L'ordonnance de Moulins）中对法国皇室藏品"不可让与"的规定，从而逐渐延伸到法国公立收藏单位的所有藏品。通常情况下，公立博物馆、艺术馆或图书馆等法国国有收藏单位，其馆藏藏品受法国国内法的保护与规制。除《法国博物馆法》对国有馆藏藏品予以保护和限制转让之外，法国《遗产法典》第 L. 451 - 5 条也作出相应的规定，依之，法国国有收藏单位中的馆藏藏品均属"公共物品"，这类馆藏藏品不得进行转让。该法典在之后修订时，还曾明确授权法国国家藏品科学委员会负责对馆藏的"公共物品"进行降级与移除等程序事宜。在本案中，争议标的物均被鲁昂市自然历史博物馆编上文物身份认证的编码，成为国家藏品或公共

〔1〕 Cour d'appel de Douai, arrêt Commune de Rouen contre Préfet de la région Haute - Normandie, Préfet de Seine - Maritime, 24 juillet 2008.

〔2〕 Loi n° 2010 - 501 du 18 mai 2010 visant à autoriser la restitution par la France des têtes maories à la Nouvelle - Zélande et relative à la gestion des collections.

〔3〕 Koiwi Tangata, Politique restes humains maoris, Musée Te Papa, octobre 2010, disponible en ligne: http://www.tepapa.govt.nz/SiteCollectionDocuments/AboutTePapa/Repatriation/DraftKoiwiTangataPolicy1October2010.pdf，访问时间：2017 年 4 月 21 日。

〔4〕 《国民议会通过归还毛利人头骨 法国各界认为这只是一起特殊案例》，载 http://epaper.ccdy.cn/page/1/2010 - 05/20/3/201005203_ pdf.PDF，访问时间：2017 年 4 月 21 日。

〔5〕 Ibid.

物品，若将其返还，则面临法律上的障碍，需要经过"文物降级"的处理程序。[1]

尽管法国鲁昂市议会作出决定并批准该市自然历史博物馆返还 16 颗新西兰毛利人武士纹身头骨，但遭到来自法国文化与通信部的制止。随后，该市行政法庭与杜埃上诉法庭均认定，此次法国鲁昂市议会的返还决定无效。[2]

在返还进程受阻的情况下，在法国政府还未将"文物降级"的申请递交法国国家藏品科学委员会以开启"文物降级"的程序之前，时任法国文化与交流委员会主席兼参议院议员的凯瑟琳向法国参议院提出了一项返还法案。正是由于这一返还法案的提出，使得法国国民议会很快制定并通过了特别返还法令，从而为返还这 16 颗新西兰毛利人武士纹身头骨扫清了法律障碍。

（四）本案返还的具体方式：法国国民议会制定并通过特别返还法令

对于新西兰政府的返还诉求，鲁昂市议会虽已作出决定并批准返还 16 颗新西兰毛利部落的纹身武士头骨，但返还进程先后受阻于法国文化与通信部以及法国司法机关。尽管如此，新西兰与鲁昂市并未就此放弃。一方面，鲁昂市议会与市自然历史博物馆分别致信新西兰政府以及新西兰蒂帕帕国家博物馆，直接与追索方展开协商；另一方面，新西兰政府也派出工作组前往鲁昂市与有关方面进行接触，这给法国中央政府造成了较大压力。

2008 年 2 月 3 日，时任法国文化与交流委员会主席兼参议院议员凯瑟琳注意到，早在 2002 年 3 月 6 日，法国国民议会就曾制定并通过了特别返还法令决定将"霍屯督人的维纳斯"遗骸归还南非。[3]鉴于毛利部落的纹身武士头骨亦属于人体遗骸的范畴，同样也遇到"文物降级"的困境，她提出，本案可以效仿前案，以法国国民议会制定并通过特别返还法令的方式来解决。

同年 2 月 20 日，凯瑟琳议员向法国参议院提出了一项法案建议，请求将 16 颗新西兰毛利人纹身武士头骨返还给新西兰政府。该法案获得了法国参议院的通过。[4] 2009 年 6 月 29 日，在此前参议院所通过的法案基础上，法国国民议会制

---

〔1〕 Amiel, Olivier, "A Maori Head: Public Domain?", *International Journal of Cultural Property*, 15 (2008), p. 371.

〔2〕 Cour d'appel de Douai, arrêt Commune de Rouen contre Préfet de la région Haute - Normandie, Préfet de Seine - Maritime, 24 juillet 2008.

〔3〕 France, Law No. 2002 - 323 of 6 March 2002, on the restitution of the remains of Saartje Baartman to South Africa by France, Official Journal of 7 March 2002.

〔4〕 RK Paterson, *Taonga Maori Renaissance: Protecting the Cultural Heritage of Aotearoa/New Zealand*, Social Science Electronic Publishing, 2009, pp. 107 - 134.

定了第 2010 - 501 号法令，要求法国返还 16 颗新西兰毛利人纹身武士头骨。[1]

　　值得一提的是，第 2010 - 501 号法令还就法国国家藏品科学委员会的组成人员与结构配置进行了改组与完善。[2]先前，法国国家藏品科学委员会完全由博物馆馆长、研究馆员与专家学者组成。改组后的法国国家藏品科学委员会的组成人员主要包括：各省与市、区的官员代表；参议院议员与国民议会议员；具有丰富博物馆管理经验的馆长；以及其他具有相应资质的专业人士，如历史学家、考古学家等。这次改组法国国家藏品科学委员会，旨在通过优化人员配置来应对日益复杂的文物返还诉求，并更好地解决"文物降级"程序中可能出现的政治、伦理与法律问题。

　　然而，需要指出的是，改组后的国家科学委员会的主要任务依然是处理"文物降级"问题。根据该法令第 4 条之规定，改组后的国家藏品科学委员会需要在自接收"文物降级"申请之日起 1 年内，就如何细化具体案件中的"文物降级"程序，以及在此过程中应当如何考量需要降级的文物类型、市场价值以及是否具有降级的必要性等问题提出建议，并向法国国民议会递交该委员会作出的是否予以"降级"的报告。[3]

　　2010 年 5 月 4 日，法国国民议会就 16 颗新西兰毛利人纹身武士头骨的返还法令组织众议员进行投票表决，并以压倒性优势通过这一法令。这也是法国国民议会第二次以特别返还法令的形式促成人体遗骸的返还。[4]

（五）经验总结

　　本案是继法国国家自然历史博物馆返还南非"霍屯督人的维纳斯"——巴尔特曼遗骸案后，法国国内公立博物馆第二次返还人体遗骸的成功案例。前后这两个案例既有共同点，也有不同之处。具体言之，共同点主要体现在以下四点：

　　第一，两案在返还过程中均遇到法国国内法上的障碍，文物原属国均未就此放弃返还请求，而是经过长期不懈的谈判与协商，辅之以强大的舆论与道义压力，迫使法国政府作出有意愿返还的积极表态，从而为下一阶段的返还工作奠定基础。

---

　　〔1〕　Loi n° 2010 - 501 du 18 mai 2010 visant à autoriser la restitution par la France des têtes maories à la Nouvelle - Zélande et relative à la gestion des collections.

　　〔2〕　*Ibid.*

　　〔3〕　Robert K. Paterson, "Heading Home: French Law Enables Return of Maori Heads to New Zealand", *International Journal of Cultural Property*, 17 (4) (2002), pp. 643 - 652.

　　〔4〕　Koiwi Tangata, Politique restes humains maoris, Musée Te Papa, octobre 2010, disponible en ligne: http://www.tepapa.govt.nz/SiteCollectionDocuments/AboutTePapa/Repatriation/DraftKoiwiTangataPolicy1October2010.pdf, 访问时间：2017 年 4 月 21 日。

第二，两案的争议标的物均是人体遗骸。虽然人体遗骸具有一般的物之属性，但一般而言，它无财产权利或财产权利甚微，仅能在一定程度上将其视为一类特殊的文化财产。[1]

第三，两案中的人体遗骸均是法国国有博物馆的馆藏文物，属于"公共物品"，因而均受限于"公共物品不得转让"的原则，以致其返还面临法律上的障碍。

第四，两案均未通过提请法国国家藏品科学委员会对争议标的物进行"文物降级"解决问题；而是以法国国民议会制定并通过特别返还法令的方式克服法律障碍，并最终实现返还。

两案不同之处则主要体现在各案中特别返还法令的主要内容上。先前的巴尔特曼遗骸案的返还法令仅规定，巴尔特曼的遗骸从即日（2002 年 3 月 7 日）起不再是法国国家自然历史博物馆的"公共物品"，不再受《法国博物馆法》的规制。自该返还法令生效之日起的两个月内，法国国家自然历史博物馆将巴尔特曼的遗骸返还给南非共和国政府。然而，在新西兰毛利部落的纹身武士头骨案中，法国国民议会制定并通过的第 2010 - 501 号法令，不仅就纹身武士头骨的降级作了规定，还就"文物降级"的主要负责机构，即法国国家藏品科学委员会的组成人员与结构配置予以了改组和完善。该法令进一步明确了该委员会的人员组成比例，还规定了该委员会作出"文物降级"决定的合理期限（即在自接收"文物降级"申请之日起的一年内）。

由此可见，相比较之前巴尔特曼遗骸案的返还法令，新西兰毛利人纹身武士头骨案的返还法令更加全面具体，这为之后法国国有博物馆馆藏文物启动"文物降级"和国家藏品科学委员会作出降级决定提供了具体的法律依据。不过，从目前法国返还文物的实践来看，通过特别返还法令返还文物的案例仅针对人体遗骸，尚未涉及其他文物。所以，一般意义上的文物返还是否能通过这一方式克服法国国内法上的障碍，尚不具确定性。

通过对本案的详细分析，我们可以学到一些经验，并得到以下启示：

第一，在中法关系日益重要与密切的当下，中国对法追索文物具备理想的宏观环境。在此背景下，中国政府应当在中法友好合作的基础上探索有针对性的对法追索文物策略，尽快推动与法国在《1970 年公约》框架下签署文物保护与促进流失文物返还的双边协议，从而为对法追索流失文物提供更加有力的法律制度保障。

---

〔1〕 *Ibid.*

　　第二，在条件成熟的情况下，中国政府职能部门与相关社会团体可以尝试与法国国家藏品科学委员会建立联系并与之保持友好沟通与互信，从而为今后对法追索文物时以"文物降级"的方式克服法国国内法上的障碍打下基础。

七、法国返还 3 幅佛兰德斯派油画案（2014 年）

（一）背景概述

　　本案系围绕卢浮宫博物馆收藏的佛兰德斯派油画《女子肖像画》（Portrait of a Woman）和《圣母与圣婴》（Madonna and Child）以及法国第戎博物馆（Musée de Dijon）收藏的佛兰德斯派油画《壮阔山景》（Mountain Landscape）引发的返还争议。

　　在世界历史上，佛兰德斯（Flanders）是泛指中世纪时期欧洲一处伯爵领地，大致包括今比利时的东、西佛兰德斯省，以及卢森堡与法国东北部地区。此后，因这一地区兴起了以绘画、建筑与雕塑等为主的艺术创作形式而闻名。这 3 幅佛兰德斯派油画均出自于文艺复兴时期（1520 – 1580 年）至巴洛克时期（1608 – 1700 年）的代表性画家之手，[1]具体如下：

　　第 1 幅油画系佛兰德斯派代表人物——法国宫廷肖像画画家路易斯·托克（Louis Tocque，1696 – 1772 年）绘制的一幅典型的宫廷人物布面油画，即《女子肖像画》（编号：667）。[2]整幅油画长约 60cm，高约 74cm，是一幅集庄重、典雅、气质高贵与艺术完美相融合的古典主义宫廷肖像画。这幅肖像画的主人公是一位文艺复兴时期独具宫廷风范的贵族妇人，路易斯不仅生动描绘出这位贵族妇人的面部表情与其衣着打扮，还将其裙衣与头饰描绘得极为逼真。这既能显示出他高超的写实技巧，又烘托出了宫廷贵妇生活的奢靡与浮华。

　　第 2 幅油画是由巴洛克时期的风景画画家——佛兰德斯派中期代表性画家朱斯·德·蒙佩尔（Joos de Momper，1564 – 1635 年）创作的一幅名为《壮阔山景》的自然版面油画（编号：410）。这幅版面油画高约 105cm，长约 87cm。蒙佩尔在创作该画时，运用了较为奔放的笔法并搭配饱满的色彩与雄伟的层次造型，以期达到强烈的视觉对比。这幅油画不仅将群山与自然景色交织起来融为一体，还营造出了一种和谐静谧的自然状态，堪称这一时期风景油画中的经典代表之一。

---

　　〔1〕　[英] 马丁·坎普：《牛津西方艺术史》，余君珉译，外语教学与研究出版社 2009 年版，第 254 页。

　　〔2〕　该编号是由法国国家博物馆艺术品回收处（Musées Nationaux Récupération）对二战期间遭纳粹德国劫掠的艺术品或画作进行注册、登记后的编号。

　　第 3 幅油画是由佛兰德斯派早期代表——文艺复兴时期的宗教绘画大师杜乔·迪·博尼塞尼亚（Duccio di Buoninsegna，1255－1319 年）创作的一幅名为《圣母与圣婴》的宗教布面油画（编号：808），整幅油画长约 55cm，高约 82cm。在文艺复兴之初，一些欧洲国家推行宗教改革，拒绝原有宗教与图腾的崇拜。因此，这一时期的宗教画家通常不对上帝、基督与圣徒们的真容进行直接临摹或描绘，放弃了对人物美学本身的刻画与追求。在宗教绘画当中，画家们仅能选取较为单一的人物绘画，以致所绘之人无论从神态表现上，亦或行为举止方面等均受到了较大限制。博尼塞尼亚创作的这幅《圣母与圣婴》便是这一时期宗教油画的代表作。[1]

　　上述这 3 幅佛兰德斯派油画系不同画家在不同时期创作的经典之作，具有极高的艺术与收藏价值。然而，在纳粹统治时期，这 3 幅油画遭到纳粹的非法劫掠与强占。二战结束以后，这 3 幅佛兰德斯派油画被收藏在法国博物馆中，静静地等待着自己的主人。

　　（二）案情简介

　　1. 案件基本情况

　　本案涉及 3 名二战犹太受害者后裔向法国追索战时被劫掠的 3 幅佛兰德斯派油画。需要指出的是，与法国返还其他战时劫掠文物有所不同，本案中的这 3 幅油画均得到法国"国家博物馆艺术品回收处"（Musées Nationaux Récupération）的身份确认，所以法国政府授权这 3 幅油画的收藏单位启动返还程序。最终，在法国文化与通信部部长奥雷利·费利佩蒂（Aurelie Filippetti）的主持下，各收藏单位将这 3 幅油画分别返还给其合法所有者的后裔。

　　第二次世界大战爆发之初，为了使本国文物免受战争的摧残与敌军的劫掠，法国政府开始有计划地将公立收藏机构收藏的艺术品与文物撤离到相对安全、隐蔽的地方。然而，还未等法国政府将这一撤离计划全部实施完毕，纳粹德国即于 1940 年 6 月 14 日攻陷了巴黎。随后，纳粹当局在法国成立了"艺术品保护服务所"（Service de protection des œuvres d'art）。该服务所以保护服务为名，实则执行纳粹劫掠艺术品的任务，特别是劫掠那些被纳粹视为"无主"的艺术品以及法籍犹太人收藏的珍贵文物。一旦目标人物（主要是在法国生活和工作的犹太人士）有出逃的迹象，盖世太保便会立即通知驻法的纳粹德军将其逮捕，同时将他

────────────────

〔1〕　"La plupart des informations présentées sous cette rubrique proviennent du dossier de presse réalisé par le Ministère de la Culture et de la Communication"，载 http：//www. culturecommunication. gouv. fr/Presse/Dossiers－de－presse/Ceremonie－de－restitution－aux－ayants－droit－de－trois－tableaux－spolies，访问时间：2017 年 4 月 23 日。

们的全部财产没收充公。[1]

　　本案涉及的 3 幅佛兰德斯派油画的主人，也未能免于纳粹的蹂躏和财产被迫充公的厄运。第 1 幅油画《女子肖像画》由犹太裔艺术商雅各布·奥本海默（Jakob Oppenheimer）与其妻子罗莎·奥本海默（Rosa Oppenheimer）所收藏。二战前夕，奥本海默夫妇将包括《女子肖像画》在内的艺术品保存在两人所经营的范迪门艺术画廊（La Galerie berlinoise Van Diemen）中。随后，为避免纳粹德国的侵扰，奥本海默夫妇举家从德国逃往法国。不幸的是，夫妻俩在逃亡途中被捕入狱，最终被纳粹迫害致死。纳粹不仅将奥本海默夫妇收藏的艺术品全部没收，还将其公开拍卖。二战结束后，一位匿名人士将这幅《女子肖像画》捐赠给卢浮宫博物馆。此后，卢浮宫博物馆一直收藏并保管这幅《女子肖像画》，直至奥本海默家族的后裔向该博物馆提出返还请求后，才将其物归原主。[2]

　　第 2 幅佛兰德斯派油画《壮阔山景》是比利时籍犹太裔银行家卡塞尔·范多伦（Cassel van Doorn）男爵收藏的经典画作之一。范多伦男爵因其犹太身份与显赫爵位，很快引起盖世太保的注意。经过监控与调查后，盖世太保确定了范多伦男爵住所的具体位置。随即，纳粹士兵开着货车浩浩荡荡地驶向他的住所。在搜刮与洗劫完范多伦男爵豪宅中的所有艺术品后，纳粹士兵作了统计，这批艺术品和画作的数量高达 3478 件。之后，他们将这些艺术品与画作转移到林茨博物馆（Musée de Linz）藏匿起来。不过，在随后进行的核查中，林茨博物馆并未找到《壮阔山景》。半年之后，在萨尔茨堡盐矿（Aussee près de Salzbourg）的废墟中，有人发现了这幅《壮阔山景》。得知这一消息后，林茨博物馆派出工作人员将这幅遗失的画作找回，并就此保存在该博物馆中。二战结束后，林茨博物馆收藏的被劫掠艺术品被联邦德国政府返还给法国。随后，《壮阔山景》由法国政府划拨给第戎博物馆收藏与保管。

　　半个多世纪后，住在智利的范多伦男爵的孙女杰奎琳·多蜜尤（Jacqueline Domeyco）终于得知这幅《壮阔山景》被收藏在法国第戎博物馆。当获知这一信息时，她感慨道："在过去相当长的一段时间内，我与家人并不愿意回想当年纳粹入侵与劫掠时的情景，但对祖父的悲惨遭遇，我们始终无法忘却。"她希望第戎博物

---

　　[1]　Hoffman Barbara T. (edit.), *Art and Cultural Heritage—Law*, *Policy and Practice*, Cambridge：Cambridge University Press, 2006, p. 185.

　　[2]　"La plupart des informations présentées sous cette rubrique proviennent du dossier de presse réalisé par le Ministère de la Culture et de la Communication"，载 http：//www. culturecommunication. gouv. fr/Presse/Dossiers – de – presse/Ceremonie – de – restitution – aux – ayants – droit – de – trois – tableaux – spolies，访问时间：2017 年 4 月 22 日。

馆尊重犹太受害者，将这幅《壮阔山景》返还给她。随后，杰奎琳与第戎博物馆进行了友好沟通与协商，不久，这幅《壮阔山景》交还给杰奎琳。[1]

第3幅油画《圣母与圣婴》的收藏者是生活在德国的罗马尼亚籍犹太银行家理查德·索普克斯（Richard Soepkez）。二战期间，为免受纳粹迫害，索普克斯举家迁往法国。在定居法国后的第3年，索普克斯因病去世。此时，纳粹已占领法国全境，并开始大肆搜捕犹太人。当得知索普克斯的遗孀仍然在世时，纳粹士兵侵入其遗孀位于法国夏纳的住宅。在一通打砸与洗劫之后，纳粹士兵满载而归，收获了包括《圣母与圣婴》在内的大量艺术品。纳粹当局专门负责劫掠艺术品的阿尔弗雷德·罗森伯格特别任务行动队（The Einsatzstab Reichsleiter Rosenberg）在获知这一消息后，命令参与上述劫掠行动的士兵交出包括《圣母与圣婴》在内的所有艺术品。

二战结束后，法国政府将德国返还的这幅《圣母与圣婴》保存在卢浮宫博物馆。一次，索普克斯的孙子尼古拉斯·弗洛雷斯库（Nicholas Floresku）参观卢浮宫博物馆时，发现了这幅原属其祖父的《圣母与圣婴》，遂向卢浮宫博物馆提出返还请求。经过对尼古拉斯的身份确认后，法国政府授权卢浮宫博物馆将《圣母与圣婴》返还于他。[2]

2. 案情事实

（1）《女子肖像画》。1933年7月23日，犹太裔艺术商雅各布·奥本海默夫妇决定将其名下位于德国柏林的范迪门艺术画廊对外转手变卖，以筹措必要的生活资金逃离德国。[3]

1933年10月14日，在卖掉范迪门艺术画廊之后，奥本海默夫妇带着全部家当欲通过法德边境逃离德国。然而，正当夫妻俩即将穿越边境时，遭到驻扎于此的纳粹士兵的埋伏。纳粹士兵以其私自出境为由，将他们逮捕并投入附近的集中营，同时没收其全部财产。[4]

1935年1月25日，纳粹当局决定在柏林保罗·盖普拍卖行公开拍卖其劫掠

〔1〕 Carpentier Laurent, Trois tableaux volés par les nazis restitués par la France, in Le Monde, 11 mars 2014, 载 http：//www. lemonde. fr/culture/article/2014/03/11/trois – tableaux – voles – par – les – nazis – restitues – par – la – france_ 4381257_ 3246. html，访问时间：2017年4月22日。

〔2〕 Ibid.

〔3〕 "La plupart des informations présentées sous cette rubrique proviennent du dossier de presse réalisé par le Ministère de la Culture et de la Communication"，载 http：//www. culturecommunication. gouv. fr/Presse/Dossiers – de – presse/Ceremonie – de – restitution – aux – ayants – droit – de – trois – tableaux – spolies，访问时间：2017年4月23日。

〔4〕 Ibid.

的犹太人艺术品，其中包含奥本海默夫妇收藏的《女子肖像画》，并成功拍出。[1]

1941 年 5 月 14 日，奥本海默夫妇惨死在纳粹集中营。[2]

1950 年 9 月 2 日，一位匿名人士将这幅《女子肖像画》捐赠给巴黎卢浮宫博物馆。[3]

1960 年 1 月 1 日，在卢浮宫博物馆的安排下，这幅《女子肖像画》开始在法国各大博物馆巡展。[4]

1999 年 12 月 31 日，《女子肖像画》结束了全国巡展，回到卢浮宫博物馆。[5]

2013 年 2 月 7 日，奥本海默家族的律师致函卢浮宫博物馆，请求该馆返还这幅《女子肖像画》。[6]

2014 年 3 月 11 日，在奥本海默家族的律师与卢浮宫博物馆进行友好沟通与协商之后，经过法国国家博物馆艺术品回收处对奥本海默家族的身份确认，法国政府决定，授权卢浮宫博物馆将这幅《女子肖像画》返还给奥本海默家族。[7]

(2)《壮阔山景》。1943 年 7 月 24 日，比利时籍犹太银行家范多伦男爵在一次公开拍卖中拍得《壮阔山景》，并将之收藏在其位于法国南部的豪宅中。至此，范多伦男爵收藏的珍贵艺术品共计 3478 件。[8]

1943 年 12 月 3 日，在盖世太保的帮助下，纳粹士兵确定了范多伦男爵住所的具体位置。随后，纳粹士兵开着 18 辆货车通过慕尼黑的贝尔塔 (Beerta) 铁路

---

〔1〕 "Discours prononcé par Aurélie Filippetti lors de la cérémonie de restitution"，载 http：//www. culturecommunication. gouv. fr/index. php/Actualites/En – continu/L – histoire – de – trois – tableaux – voles – par – les – nazis，访问时间：2017 年 4 月 23 日。

〔2〕 Hoffman Barbara T. (edit.)，*Art and Cultural Heritage—Law*，*Policy and Practice*，Cambridge：Cambridge University Press，2006，p. 186.

〔3〕 Pontier Jean – Marie，Spoliation desœuvres d'art：quelle indemnisation?，in *ADJDA*，2011，p. 343.

〔4〕 "La plupart des informations présentées sous cette rubrique proviennent du dossier de presse réalisé par le Ministère de la Culture et de la Communication"，载 http：//www. culturecommunication. gouv. fr/Presse/Dossiers – de – presse/Ceremonie – de – restitution – aux – ayants – droit – de – trois – tableaux – spolies，访问时间：2017 年 4 月 23 日。

〔5〕 *Ibid.*

〔6〕 *Ibid.*

〔7〕 Carpentier Laurent，Trois tableaux volés par les nazis restitués par la France，in Le Monde，11 mars 2014，载 http：//www. lemonde. fr/culture/article/2014/03/11/trois – tableaux – voles – par – les – nazis – restitues – par – la – france_ 4381257_ 3246. html，访问时间：2017 年 4 月 23 日。

〔8〕 *Ibid.*

专线直捣范多伦男爵的住所，并将其豪宅内的 3478 件珍贵艺术品洗劫一空。[1]

1945 年 1 月 14 日，按照希特勒的指示，纳粹士兵将抢掠而来的这批珍贵艺术品藏匿在林茨博物馆中。事后，林茨博物馆对转移的艺术品进行清点与核查时，未发现这幅《壮阔山景》。[2]

1945 年 11 月 17 日，《壮阔山景》在萨尔茨堡盐矿的废墟中被发现。随后，林茨博物馆派人将它从盐矿的废墟里找出，并带回博物馆。[3]

1949 年 6 月 3 日，德国政府将林茨博物馆收藏的 3049 件战时劫掠艺术品返还法国政府。[4]

1950 年 4 月 21 日，在接收这批数量众多的艺术品之后，法国政府将其中绝大部分艺术品与画作交由卢浮宫博物馆收藏与保管，而这幅《壮阔山景》则划拨给第戎博物馆予以收藏。[5]

2012 年 11 月 3 日，居住在智利的范多伦男爵的孙女杰奎琳在得知其祖父当年收藏的画作现藏于第戎博物馆。随后，她致信该博物馆，请求返还原属其祖父的《壮阔山景》。[6]

2014 年 3 月 11 日，在法国国家博物馆艺术品回收处对杰奎琳的身份进行确认后，法国政府决定，授权第戎博物馆将《壮阔山景》返还给杰奎琳。[7]

（3）《圣母与圣婴》。希特勒上台后，纳粹开始实施恐怖的犹太种族灭绝政策。1941 年 6 月 10 日，罗马尼亚籍犹太银行家理查德·索普克斯对外发表声明，表示不愿再为纳粹德国政府效力，将辞职离德。随后，索普克斯携家人一同离开

---

〔1〕　*Ibid.*

〔2〕　"La plupart des informations présentées sous cette rubrique proviennent du dossier de presse réalisé par le Ministère de la Culture et de la Communication"，载 http：//www. culturecommunication. gouv. fr/Presse/Dossiers – de – presse/Ceremonie – de – restitution – aux – ayants – droit – de – trois – tableaux – spolies，访问时间：2017 年 4 月 24 日。

〔3〕　*Ibid.*

〔4〕　"Discours prononcé par Aurélie Filippetti lors de la cérémonie de restitution"，载 http：//www. culturecommunication. gouv. fr/index. php/Actualites/En – continu/L – histoire – de – trois – tableaux – voles – par – les – nazis，访问时间：2017 年 4 月 24 日。

〔5〕　*Ibid.*

〔6〕　*Ibid.*

〔7〕　Carpentier Laurent, Trois tableaux volés par les nazis restitués par la France, in Le Monde, 11 mars 2014，载 http：//www. lemonde. fr/culture/article/2014/03/11/trois – tableaux – voles – par – les – nazis – restitues – par – la – france_ 4381257_ 3246. html，访问时间：2017 年 4 月 24 日。

德国前往法国定居。[1]

1944 年 3 月 24 日，索普克斯病逝。占领法国的纳粹士兵随后闯入了索普克斯遗孀位于法国戛纳的住宅，将包括宗教布面油画《圣母与圣婴》在内的所有艺术品洗劫一空。[2]

1944 年 6 月 7 日，这幅《圣母与圣婴》被阿尔弗雷德·罗森伯格特别任务行动队收入囊中，并秘密地转移到隐蔽之处。[3]

1946 年 3 月 19 日，《圣母与圣婴》被送至德国慕尼黑艺术品集中收藏点，等待德国政府的清查与核实。[4]

1947 年 8 月 12 日，德国政府开始向法国政府返还战时劫掠的艺术品。[5]

1951 年 7 月 2 日，德国政府将《圣母与圣婴》交由卢浮宫博物馆收藏并保管。[6]

2010 年 5 月 19 日，索普克斯的孙子尼古拉斯致信卢浮宫博物馆，请求该博物馆返还原属其祖父的油画《圣母与圣婴》。[7]

2014 年 3 月 11 日，经过法国国家博物馆艺术品回收处对尼古拉斯的身份确认，法国政府决定，授权卢浮宫博物馆将这幅《圣母与圣婴》返还给尼古拉斯。[8]

（三）争议焦点

本案的主要争议焦点是，法国国家博物馆艺术品回收处如何确定这三幅油画的原所有人及其后裔的真实身份。

2013 年以后，法国各大公立博物馆对每一件馆藏藏品进行了原物鉴定与来

---

〔1〕 "Discours prononcé par Aurélie Filippetti lors de la cérémonie de restitution"，载 http：//www. culturecommunication. gouv. fr/index. php/Actualites/En – continu/L – histoire – de – trois – tableaux – voles – par – les – nazis，访问时间：2017 年 4 月 24 日。

〔2〕 Carpentier Laurent, Trois tableaux volés par les nazis restitués par la France, in Le Monde, 11 mars 2014，载 http：//www. lemonde. fr/culture/article/2014/03/11/trois – tableaux – voles – par – les – nazis – restitues – par – la – france_ 4381257_ 3246. html，访问时间：2017 年 4 月 24 日。

〔3〕 Ibid.

〔4〕 "Discours prononcé par Aurélie Filippetti lors de la cérémonie de restitution"，载 http：//www. culturecommunication. gouv. fr/index. php/Actualites/En – continu/L – histoire – de – trois – tableaux – voles – par – les – nazis，访问时间：2017 年 4 月 24 日。

〔5〕 Ibid.

〔6〕 Carpentier Laurent, Trois tableaux volés par les nazis restitués par la France, in Le Monde, 11 mars 2014，载 http：//www. lemonde. fr/culture/article/2014/03/11/trois – tableaux – voles – par – les – nazis – restitues – par – la – france_ 4381257_ 3246. html，访问时间：2017 年 4 月 24 日。

〔7〕 Ibid.

〔8〕 Ibid.

源复核，如果藏品被认定为二战期间遭纳粹劫掠的艺术品，收藏单位会将其送至法国国家博物馆艺术品回收处，进行注册登记与编号。[1]随后，收藏单位会对这些无人认领的战时劫掠艺术品或画作对外布展和公开报道，以找到它们的原所有权者或其后裔。一旦有原所有权者或其后裔前来追索，在法国国家博物馆艺术品回收处对追索者进行身份确认后，即可予以返还。[2]

1949 年 9 月 30 日，法国国民议会制定并通过了《第 49 - 1344 号关于执行艺术品返还委员会的行动法令》。[3]该法令第 5 条对法国国家博物馆艺术品回收处的基本职能予以规定，主要包括以下两项：其一，对法国各收藏单位收藏的二战期间遭纳粹德国劫掠的艺术品或画作进行注册、登记与编号，并为各收藏单位保管与维护这类艺术品或画作提供咨询建议与必要的技术支持。其二，保证与支持原所有权者或其后裔在时效期限内向法院提出返还请求的权利。[4]

依据该法，法国国家博物馆艺术品通过以下两种方式确定原所有权者或其后裔的真实身份：其一，原所有权者或其后裔需提供与争议艺术品相关的所有权证明；其二，原所有权者的后裔需提供与原所有权者的关系证明，如家族名录、族谱等。[5]

由此可知，本案涉及的 3 幅佛兰德斯派油画能够得以返还，均得益于法国国家博物馆艺术品回收处发挥的积极作用。

（四）本案返还的具体方式：通过法国国家博物馆艺术品回收处身份确认后返还

2013 年 3 月 10 日，法国文化与通信部宣布，开始对法国各大收藏单位收藏的二战期间遭纳粹德国劫掠的艺术品进行清理与排查，并为已经由法国国家博物馆艺术品回收处注册、登记与编号的这类艺术品寻找原所有权者或其后裔。[6]随后，该部部长费利佩蒂对外表示，这次清查行动发现了这 3 幅佛兰德斯派油画。

---

〔1〕 "Site Rose – Valland Musées Nationaux Récupération"，载 http：//www. culture. gouv. fr/documenta-tion/mnr/MnR – pres. htm，访问时间：2017 年 4 月 24 日。

〔2〕 Mattéoli Jean, Le Pillage de l'art en France pendant l'occupation et la situation des 2000 œuvres confiées aux musées nationaux, La Documentation française, 2000.

〔3〕 Décret n° 49 – 1344 du 30 septembre 1949 relatif à la fin des opérations de la commission de récupération artistique (JO du 02. 10. 1949).

〔4〕 *Ibid.* , art. 5.

〔5〕 *Ibid.*

〔6〕 "Discours prononcé par Aurélie Filippetti lors de la cérémonie de restitution"，载 http：//www. cul-turecommunication. gouv. fr/index. php/Actualites/En – continu/L – histoire – de – trois – tableaux – voles – par – les – nazis，访问时间：2017 年 4 月 24 日。

为寻找并确定它们的原所有权者或其后裔，法国国家博物馆艺术品回收处做了以下身份确认的工作。

关于《女子肖像画》，追索方奥本海默家族的代理律师向法国国家博物馆艺术品回收处进行举证，并呈交了奥本海默夫妇当年经营艺术画廊时的销售记录与相关手稿，这些记录与手稿中均有"迪门"（Diemen）（即范迪门艺术画廊）的字样。鉴此，该回收处认为，这幅《女子肖像画》与奥本海默夫妇之间存在直接关联，从而认定奥本海默夫妇是其原所有权者。与此同时，奥本海默家族亦通过代理律师将其家族的身份信息提交给该艺术品回收处。最终，奥本海默家族获得了该回收处的身份确认。[1]

关于《壮阔山景》，追索方系这幅油画的原所有权者范多伦男爵的孙女杰奎琳女士。她表示，自己的祖父曾在不同国家收购艺术品，或用于收藏，或用于研究。为了证明这一点，杰奎琳拿出了祖父范多伦男爵的收藏记录与相关研究手册。此外，杰奎琳将其家族的身份信息提交给了法国国家博物馆艺术品回收处予以核实，她也获得了该回收处的身份确认。[2]

关于《圣母与圣婴》，追索方系这幅油画的原所有权者索普克斯的孙子尼古拉斯先生。尼古拉斯是在参观巴黎卢浮宫博物馆时发现这幅《圣母与圣婴》的。随后，他通过其父亲找到相关的原始收藏信息，并回忆了当年纳粹德国洗劫祖父在法国夏纳住宅的悲惨经历。为方便法国国家博物馆艺术品回收处进一步核实身份信息，尼古拉斯也提交了自己的家族身份信息。在经过认真审查与核实之后，该回收处对尼古拉斯先生的身份予以确认。[3]

就这样，上述3幅佛兰德斯派油画的追索方均经过了法国国家博物馆艺术品回收处的身份确认，从而核实了他们作为三幅油画的原所有权者后裔的身份。2014年3月11日，法国政府决定，授权巴黎卢浮宫博物馆与第戎博物馆返还，并由法国文化与通信部部长费利佩蒂主持返还仪式，将这3幅油画分别返还给奥本海默家族、范多伦男爵的孙女杰奎琳以及索普克斯的孙子尼古拉斯。

（五）经验总结

本案是法国政府返还战时被劫掠文物的典型案例之一。这3幅佛兰德斯派油画得以成功返还，主要得益于以下两点：

---

〔1〕 *Ibid.*

〔2〕 "Discours de Thierry Tonnelier, avocat de la famillé Oppenheimer, lors de la cérémonie de restitution vidéodisponible sur"，载 http://www.culturecommunication.gouv.fr/index.php/Actualites/En－continu/L－histoire－de－trois－tableaux－voles－par－les－nazis，访问时间：2017年4月24日。

〔3〕 *Ibid.*

第一，法国政府要求各大收藏单位有意识地反省并自查馆藏藏品，以确定战时被劫掠艺术品原所有权者的身份信息，而不是被动等到艺术品的原所有权者或其后裔提出返还请求后才展开行动。

第二，依据《第49-1344号关于执行艺术品返还委员会的行动法令》，法国成立了国家博物馆艺术品回收处，这极大便利了二战中被纳粹劫掠文物的返还。

通过对本案的详细分析与解读，我们可以学到一些经验，并得出以下启示：

第一，中国相关政府职能部门、行业协会及主要国有博物馆可以尝试与法国各大收藏单位建立起稳定的交流与合作机制。通过交流与合作机制，全面清查与核实法国国内各大收藏单位中来源存疑的中国藏品，特别是二战期间因战争被劫掠而辗转流失到法国的中国文物。

第二，对于发现的二战期间被劫掠而流失至法国的中国文物，我国应当将相关信息告知法国国家博物馆艺术品回收处，请求该处予以确认。与此同时，我方还应及时就战时流失或劫掠中国文物的所有权进行调查与举证，为促使该处核查与确认中国文物提供便利。

第四章　德国篇

德国既是第二次世界大战期间最主要的文物流入国，亦是当今世界的主要文物市场国之一。众所周知，二战对文物造成了难以估计的损失与破坏，牵涉国家之广、涉及文物规模之大，史无前例。纳粹德国统治期间，曾有计划、有目的地实施文化侵略政策：强制没收犹太人收藏的艺术品与文物，强占并破坏其经营的艺术馆、画廊等；大肆征收与搜刮珍贵艺术品与文物。纳粹德国还曾以沦陷区波兰为文化基地，专门组建了为德意志第三帝国元首服务的阿尔弗雷德·罗森伯格特别任务行动队。[1]这一特别任务行动队假借政府统一保护与管理历史文化古迹、遗址与文物之名，有计划、有针对性地对欧洲各国的博物馆、图书馆、公立收藏机构进行了大规模的艺术品与文物扫荡。[2]

二战结束后，战争受害国与受害者纷纷要求德国政府返还战时劫掠的文物与艺术品。而德国政府则顺应和平与发展的时代主题，正视二战侵略史，主动承担战争责任，积极展开返还战时劫掠文物与艺术品的工作，为世界文化财产的多样性和尊重战争受害国的传统文化做出了应有的贡献。

据德国的主流艺术期刊披露，海外流失的中国文物主要通过以下两种渠道流入德国境内：其一，包括德国军队在内的八国联军攻占北京后劫掠所得；其二，20 世纪初德国考察队假借考古为名，盗掘与低价购买所得。以 1902 - 1905 年期间为例，德国考察队曾在中国新疆吐鲁番、库车一带运走古文物共计 400 箱，其中有从未发现过的摩尼教创始人梅尼兹的肖像壁画以及许多珍贵的手写文书、纺织品、钱币等。然而，后来收藏这些中国文物的德国博物馆在二战中遭到了毁灭

---

〔1〕　Ernst Piper, "Alfred Rosenberg – der Prophet des Seelenkrieges. Der gläubige Nazi in der Führungselite des nationalsozialistischen Staates", Michael Ley / Julius H. Schoeps (eds), *Der Nationalsozialismus als politische Religion*, Bodenheim bei Mainz 1997, p. 122.

〔2〕　Collins, Donald E. and Herbert P, Rothfeder, "The Einsatzstab Reichleiter Rosenberg and the Looting of Jewish and Masonic Libraries During World War II", *Journal of Library History*, 18 (1) (1984), p. 24.

性的轰炸与打击。例如，几百幅新疆壁画损失近半，柏孜克里克地区的二十余幅壁画全部化为灰烬，近三百尊佛像亦毁坏近半。[1]

尽管如此，德国各类博物馆、图书馆与美术馆仍收藏着大量的中国文物，且以柏林东亚艺术博物馆、科隆艺术博物馆、德国国家图书馆与斯图加特国立民间艺术博物馆最为集中。[2]鉴于此，对于追索流失海外的中国文物而言，德国也是需要予以重点关注的国家。

需要强调，二战结束之后，在国际社会的重视与不懈努力下，纳粹战时劫掠他国文物的返还问题已经得到较为彻底的解决。[3]然而，同为二战战败国，日本与德国对待战争责任和文物返还的态度与实践却截然不同。从这个意义上说，德国返还战时劫掠文物的方式与经验亦为今后中国要求日本返还侵华战争期间劫掠的中国文物提供了参照。职是之故，对德国涉及文物返还的立法、司法与实践进行研究具有重要意义。

第一节 涉及文物返还的德国法研究

作为典型的联邦制国家，在文物保护与管理方面，德国将此类行政权限下放到各州。同理，德国并未在联邦层面制定综合性的文物保护法典，而是由全国16个州级行政区分别制定了各州的文物保护法。尽管如此，德国联邦法律体系在文物保护与返还领域还是形成了较为完善的法律制度与规则。除相关民事与刑事法律之外，[4]德国联邦议会还制定并通过了涉及文物返还与文物保护的专门法，如《文化财产返还法》《文化财产保护法》《防止德国文化财产外移保护法》等。

---

〔1〕 吴树：《谁在收藏中国》，山西人民出版社 2008 年版，第 10 页。

〔2〕 汪喆：《中国文物的流失与回归问题研究》，中国科学技术大学 2010 年博士学位论文，第 58 页。

〔3〕 霍政欣：《追索海外流失文物的法律问题》，中国政法大学出版社 2013 年版，第 248 - 249 页。

〔4〕 德国议会在1900年版《德国民法典》的基础上对该版民法典进行了多次修改，所涉条款已超过原条款的1/3。该民法典的内容亦发生了重大变化，以期适应现实社会与生活的需要。此外，在联邦德国成立之后，联邦政府便废除了先前的纳粹刑法，恢复了1871年版《德意志帝国刑法典》之效力。与此同时，德国议会还对刑事立法的一些原则作出了规定，具体则体现在《德意志联邦共和国基本法》之中。1954年3月24日，德国议会设立刑法改革委员会，开始着手制定新刑法，但其随后所提出的1962年版《刑法典建议稿》却未获得通过。直至1969年7月4日，刑法改革委员会才制定了刑法改革法令，继续对《刑法典建议稿》进行全面的修改。1975年1月1日，修改后的《刑法典建议稿》最终获得了德国议会的审议并通过，即日起正式开始实施《德国刑法典》。

概言之，德国文化财产保护的法律制度具有类别多、保护范围广、体系性强等特点。本节将对德国的相关民法、刑法、进出口法律制度与规则进行系统分析，同时对德国加入的相关国际公约进行梳理，并在此基础上作出总结。

一、涉及文物返还的民事法律

德国也是大陆法系的代表性国家，《德国民法典》堪称现代民事立法的杰作，其创设的法律概念、法律思维与法典结构等对欧洲、拉美以及包括日本与中国在内的远东地区产生了重要影响。本节将对《德国民法典》的善意取得、时效取得与诉讼时效的规定进行解读，为后文深入展开案例分析奠定基础。

（一）善意取得

当代德国法镌刻着日耳曼法的历史烙印，它依据无权处分者占有财产的不同类别以及善意购买者所获得标的物的方式，对无权处分的法律效果作出不同的规定。与此同时，为适应现代社会的需要，德国法通过取得时效、诉讼时效等制度，试图在交易安全与所有权之间维持平衡。[1]

《德国民法典》第932条是调整善意取得的一般性条款，其名称是"从无权利人处善意取得"。具体规定如下：[2]

> 1. 即使物不属于让与人，[3]取得人也可依照第929条所谓的转让而成为所有权人，但受取得人在依照该条规定本来会取得所有权时为非善意的除外。但在该法典第929条第2款之情形，仅在取得人已从让与人处取得占有时，才适用前句的规定。[4]

> 2. 取得人知道或因重大过失而不知道该物不属于让与人的，非为善意。[5]

该法典第935条是调整被盗物、遗失物以及其他以违背所有权者意志的方式而丧失之物的所有权的专门条款，该法条名称为"丧失的物无善意取得"，其具

---

〔1〕 霍政欣：《追索海外流失文物的法律问题》，中国政法大学出版社2013年版，第40-41页。

〔2〕 本书所引《德国民法典》之中译文，如无特别说明均源自：《德国民法典》（第2版），陈卫佐译，法律出版社2006年版。

〔3〕 此处的物，仅指动产。

〔4〕《德国民法典》第929条"合意与交付"规定如下：为转让动产的所有权，所有人必须将该物交付给取得人，并且所有人和取得人必须达成关于所有权应转移的合意。取得人正在占有该物的，只需要关于所有权转移的合一即足够。

〔5〕 "因重大过失而不知道"的含义与"应当知道"略有不同，"应当知道"指"因过失而不知道"，即只需具备过失，既已足矣，并不以重大过失为必要。

体规定如下：

    1. 物从所有人处被盗、遗失或其他以违背所有人意愿方式丧失的，不发生以第 932－934 条为依据的所有权取得。在所有人只是间接占有人的情况下，物从占有人处丧失的，亦同。[1]

    2. 前款的规定，不适用于金钱或无记名证券以及通过公开拍卖方式让与的物。

从上揭条文来看，《德国民法典》小心翼翼地在所有权与交易安全之间维持着平衡，依之，善意购买者原则上可以从无权利人处取得物之所有权。但是，依据《德国商法典》第 366 条，在此语境下的善意仅指"商业交易"中商人无权处分之行为；[2]且依《德国民法典》第 935 条第 1 款，如物被盗窃、遗失或以其他方式违背所有权者方式而丧失的，则不适用于善意取得制度。

由此可见，在所有权者将某物委托于某商人，该商人未经其同意而在商业交易中将该物出售给善意第三者的情况下，该第三者才可以获得所有权。与此同时，为了适应现代商业活动的需要，《德国民法典》第 935 条第 1 款还受"公开拍卖"的例外限制，即如善意购买者通过公开拍卖方式购得有关物品，即便该物是被盗物或遗失物，该购买者也可基于善意取得获得该物的所有权。对于何谓公开拍卖，德国联邦最高法院在判例中确认，包括一般拍卖行的拍卖与对公众所开放的私人拍卖。[3]

（二）取得时效与诉讼时效

依据德国民法上的"取得时效"（ersitzung）理论，取得时效是取得物权的原因之一，依取得时效而获得物权，属于原始取得，故原存在于该财产的一切负担皆因时效取得而解除。[4]

在《德国民法典》中，取得时效规定在第三编"物权法"第三章"所有权"的第三节"动产所有权的取得和丧失"中，其第 937 条规定了取得时效的要件，具体条文如下：

---

[1]　此处译文参照《德国民法典》英译本及有关学者论述做了修正。参见 I. S. Forrester, S. L. Goren, H. M. Ilgen, The German Civil Code (1975); c. f. ,《德国民法典》（第 2 版），陈卫佐译，法律出版社 2006 年版，第 339 页。

[2]　Wojciech W. Kowalski, "Restitution of Works of Art Pursuant to Private and Public International Law", *Collected Courses of the Hague Academy of International Law*, 288 (2001), p. 147; eat Schonenberger, *The Restitution of Cultural Assets*, Stämpfli Publishers Ltd, 2009, p. 107.

[3]　Hamburger Stadtsiegel, Bundesgerichtshof 5 October 1989, Neue Juristische Wochenschrift 899 (1990).

[4]　Beat Schonenberger, *The Restitution of Cultural Assets*, Stämpfli Publishers Ltd, 2009, p. 112.

1. 自主占有动产达 10 年者，取得所有权（取得时效）。

2. 取得人在取得自主占有时为非善意，或后来获悉所有权并不属于自己的，取得时效被排除。

可见，在《德国民法典》中，取得时效的构成要件包括：其一，有关财产为动产；其二，占有者以所有的意思对动产加以占有，即自主占有；其三，占有的时间达到 10 年；其四，在取得自主占有时为非善意，以及嗣后知道所有权不属于自己的，排除适用取得时效。[1]

从比较法的角度来看，《德国民法典》对取得时效的要求较为严格，这集中体现在将"善意"规定为取得时效的必要因素，且善意不仅指取得占有时，而且包括实行占有的阶段。

结合前文对德国善意取得制度的分析，可以发现，对于动产而言，取得时效在实践中的效果仅局限于被盗物、遗失物或其他以违背原所有人意志而丧失之物。细言之，尽管依《德国民法典》第 935 条第 1 款，此类财物不适用善意取得制度，但如果购买者在取得此类物品及实行自主占有期间为善意的，那么占有满 10 年即可获得该动产之所有权。在此期间内，善意购买者因原所有权者行使原物返还请求权而丧失该动产的，则可以要求出售者承担赔偿责任。被盗动产的购买者在取得此类物品及实行自主占有期间若为非善意，即知道或因重大过失而不知道该物不属于让与人的，则不能获得该物之所有权。[2]

在德国法上，"消灭时效"（verjährung）也称诉讼时效，是指请求权持续不行使经过法定期间的情形，其法律效果通常为产生请求义务人拒绝给付的权利。换言之，这种效果不直接消灭请求权的母体，只是使义务人产生抗辩权，致使请求权人无法胜诉。[3]根据《德国民法典》第 195 条，普通消灭时效期间为 3 年，这适用于大部分合同上的请求权与法定债务关系（如侵权）而发生的请求权；[4]该法典第 197 条规定，基于所有权或其他物权而发生的返还请求权，经过 30 年而完成消灭时效。该法典第 200 条则进一步规定，不受普通时效限制的消灭时效期间自请求权发生时起算。

---

〔1〕《德国民法典》（第 2 版），陈卫佐译，法律出版社 2006 年版，第 340 页。

〔2〕 Wojciech W. Kowalski, "Restitution of Works of Art Pursuant to Private and Public International Law", *Collected Courses of the Hague Academy of International Law*, 288 （2001）, pp. 104 – 105.

〔3〕 龙卫球：《民法总论》（第 2 版），中国法制出版社 2002 年版，第 612 页；［德］卡尔·拉伦茨：《德国民法通论》，王晓晔等译，法律出版社 2003 年版，第 334 页。依据《德国民法典》第 194 条第 2 款，基于亲属法上的关系而发生的请求权，其旨在向将来设立与该关系相应的关系，不受消灭时效的限制。

〔4〕《德国民法典》（第 2 版），陈卫佐译，法律出版社 2006 年版，第 64 页。

由于在《德国民法典》上，善意不仅是善意取得的必要构成要素，而且是取得时效的构成要素，因此，在先占有者为恶意占有者时，30 年的消灭时效可以产生原物返还之诉无法获得法院支持的后果。由于德国法上的消灭时效并不消灭实体权利，在这种情况下，会产生占有权与所有权永久分离的法律效果。对于文物追索诉讼而言，这样的法律后果与在实体上失去所有权并无本质区别。由此可见，德国法上的消灭时效制度，在实践上依然构成文物追索的重大法律障碍。[1]

二、涉及文化财产的刑事法律

从刑法层面来看，德国国内打击文化财产犯罪的刑事法律规定主要体现在《德国刑法典》以及《防止德国文化财产外移保护法》中。

纵观现行《德国刑法典》的分则部分，[2]可以发现，与《法国刑法典》不同，它并没有在有关盗窃、窝藏、诈骗、敲诈、侵吞等财产犯罪中涵盖针对文化财产犯罪的规定，仅在关于盗窃罪之特别严重情形（第 243 条）与损坏公共财物罪（第 304 条）的条款中对涉及文化财产的犯罪中有所体现。其第 243 条第 1 款规定如下：

犯盗窃罪，情节特别严重的，处 3 个月以上 10 年以下自由刑。具备下列情形之一的，一般视为情节特别严重：

1. 为实施犯罪，侵入、爬越、用假钥匙或其他不属于正当开启的工具进入大楼、办公室或商场或其他封闭场所，或藏匿于该场所的；

2. 从封闭的容器或其他防盗设备中盗窃物品的；

3. 职业盗窃的；

4. 从教堂或其他宗教场所窃取礼拜或宗教敬奉所用的物品；

5. 窃取展览或公开陈列的科学、艺术、历史或技术发展上有重大价值之物品的；

6. 利用他人无助、遭遇不幸事件或处于公共危险时行窃的；

7. 窃取根据《武器法》应有许可证始可持有的手持武器、步枪、手枪、自动或半自动步枪，或战争武器控制法意义上的战争武器或炸药的。[3]

---

〔1〕　霍政欣：《追索海外流失文物的法律问题》，中国政法大学出版社 2013 年版，第 46、64–65 页。

〔2〕　若无特别说明，关于《德国刑法典》的条款引用自《德国刑法典》，徐久生、庄敬华译，中国方正出版社 2002 年版。

〔3〕　《德国刑法典》，徐久生、庄敬华译，中国方正出版社 2002 年版，第 160 页。

此外，针对损毁、破坏、损坏或侵犯财产等行为作出具体刑罚的规定主要体现在该法典第 304 条中，其规定如下：

1. 非法损坏或毁坏德国境内宗教团体的崇拜物品、礼拜物品、墓碑、公共纪念碑、重点保护的自然遗迹、公共博物馆保管或公开陈列的艺术、学术或手工物品，或公用或美化公共道路、广场或公园的物品的，可处 3 年以下自由刑或罚金刑。

2. 犯本罪未遂的，亦应处罚。[1]

该法条所指向的犯罪客体即公共财物，但依据其措辞表述，这里的公共财物不仅包括公共物品，还包括文化财产等。

《防止德国文化财产外移保护法》第 3 章就非法转移或非法出口文化财产等行为规定了相应的刑罚，其中尤以第 16 条为重要。该条规定如下：

1. 任何未经批准或未通过合法程序获得出口许可证。

（a）出口已登记在册的德国文化财产或档案材料；

（b）违反本法适用地区的临时性出口禁令，[2]出口根据本法规定已登记的文化财产。

未按照要求登记文化财产或档案资料的，责任人将被判处 3 年以下有期徒刑，并处或单处以最多 300 000 马克的罚款。

2. 犯本罪未遂的，亦应处罚。

3. 除上述刑罚之外，还可判处没收文化财产或受保护的档案材料。

针对出口那些已经列入文化财产保护清单的文化财产或待列入保护清单的相关档案材料等，可对违法者提请刑事诉讼或仅单处罚金并没收这类文化财产或档案材料。[3]

从上条来看，《防止德国文化财产外移保护法》规定的刑事处罚，主要是针对未获出口许可批准的非法转移、出口文化财产的行为，其量刑幅度的上限是 3 年，并给予法官自由裁量权决定是否并处或单处罚金。

三、涉及文化财产的行政法律

作为文化遗产资源丰富与古迹保存良好的欧洲国家，德国已形成较为完善的

---

〔1〕《德国刑法典》，徐久生、庄敬华译，中国方正出版社 2002 年版，第 186 页。

〔2〕详见本法第 4 条关于基本的出口规定与第 11 条有关窃取材料的规定。

〔3〕The Act to Protect German Cultural Property Against Removal, Article, 16 (1955) (Germany).

文化财产保护的法律体系与相应的管理制度。二战结束后，德国议会制定并通过了一系列专门保护文物古迹、规范文物管理、限制德国国有文物非法出口的法律、法规以及规范性文件等[1]

1955 年 8 月 6 日，德国议会审议并通过了《防止德国文化财产外移保护法》，该法于 1999 年 7 月 8 日修订[2]《防止德国文化财产外移保护法》继承了1919 年《注册国家艺术品法》的精髓，建立了"国家级文化财产清单"与"国宝级档案清单"等相关制度，以此作为防止重要文化财产外移的有效手段[3]

该法明确规定，德国所辖各州自行负责保管各州的文化财产清单。被列入文化财产清单的文化财产只有征得德国国家进出口委员会的同意，并得到负责德国文化、媒体事务的国务秘书签发的出口许可证后，才能够出境。可见，该法关于文物出口条件的规定较为严苛。违反该法上述规定者，将面临 3 年以下有期徒刑或处罚金，涉案文物也将予以没收。如发生文物收藏地点改变、文物受损或丢失以及文物所有权发生变动等情况，文物所有权者应立即告知其所在州的主管部门，违者将面临前述同样的刑罚[4]对此，前一小节已作详细说明。

1967 年 11 月 11 日，德国议会审议并通过了《关于实施在武装冲突情况下保护文化财产公约的法令》。该法令就文化财产的定义与分类、武装冲突结束后返还文化财产的义务，以及返还的责任与程序进行了规定[5]

1980 年 6 月 18 日，德国议会审议并通过了《关于联邦法应顾及文物古迹保护的法律》。该法明确规定，针对各类联邦层级法典的修改，应当兼顾各州、各地区有关文物古迹保护的相关规定。在此过程中，应尽可能让公众深入了解德国城市与农村的历史性纪念物、古建筑群和历史地区所承载的文化、经济与社会意

---

〔1〕　本节所论述的"涉及文化财产的德国国内立法"，仅为二战结束后联邦德国政府颁布与实施的法律、法规与规范性文件。

〔2〕　"The Act to Protect German Cultural Property against Removal"，载 http：//www. wipo. int/edocs/lex-docs/laws/en/de/de140en. pdf，访问时间：2017 年 4 月 26 日。

〔3〕　1919 年 11 月 11 日，德国魏玛共和国成立之初，就曾通过了专门法，即《注册国家艺术品法》。该法规定，必须对德国境内重要的艺术品登记造册，以保证能够快速、有效地列入德国国家文化财产清单中。这类财产清单中的艺术品必须咨询国家内政部任命的专业委员会（即德国国家进出口委员会），在征得该委员会同意之后，方可运出德国国境。

〔4〕　The Act to Protect German Cultural Property Against Removal，Article，16（1955）（Germany）.

〔5〕　"The Act to Implement the Hague Convention of 14 May 1954 for the Protection of Cultural Property in the Event of Armed Conflict"，载 http：//www. kulturgutschutz – deutschland. de/EN/2_ Rechtsgrundlagen/Voelk-errecht/Haager% 20Konvention/Haager% 20Konvention_ node. html；jsessionid ＝ 8E8D6020C7CEA6C52D29BA5BDEEAB98C. 2_ cid322，访问时间：2017 年 4 月 26 日。

义，以更好地保护德国不同行政区域的文物古迹。[1]

2016 年 6 月 23 日，德国议会审议并通过了《文化财产保护法》。该法旨在保护德国与世界范围内的珍贵文化财产，加强打击非法文物交易等犯罪行为。该法有以下九大亮点，尤为值得关注：

第一，该法延续了以往的做法，规定由来自全境 16 个州的文化机构、艺术品交易商、私人收藏家等代表组成艺术品专家小组，该艺术品专家小组负责讨论与确定德国国家重要的文化财产保护清单。列入保护清单的艺术品与文物，其交易将受到该法的严格管制与约束。

第二，该法对交易艺术品的年限与价格做了严格限定。以绘画作品为例，根据该法，德国文物经销商与收藏者如将历史超过 50 周年、价格在 15 万欧元以上的绘画作品出口至欧盟以外的国家，必须获得德国政府的批准并获得相应的出口许可证。如德国文物经销商与收藏者将历史超过 75 周年、价格在 30 万欧元以上的绘画作品出口到其他欧盟国家，亦须获得德国政府签发的出口许可证。

第三，该法强调，上市交易的艺术品与文物必须具有合法性与正当性。获得德国政府签发出口许可证的文物，其上市交易除需要满足该法规定的年限与价格限定的条件外，还必须满足不得是非法盗掘所得、不属于犹太受害者或其后裔所有、非赝品等特定的硬性条件。

第四，对于考古发掘的某些古代珍贵文物，该法不设价格限制。其出口前一律须向德国政府提请出口申请，待德国政府核准并签发出口许可证后方能出口。

第五，关于在世艺术家作品的保护问题。根据该法，由艺术家本人决定其艺术品是否列入国家的文化财产保护清单。艺术家本人不同意列入保护清单的艺术品，其在国际市场上的交易不受该法针对各类艺术品制定的最高价格与年限的限制。该条款旨在加强对重要艺术品与文物的保护，同时保持艺术品市场的繁荣与艺术家的经济利益。

第六，该法对博物馆、艺术馆或其他公立收藏单位因馆际交流而租借艺术品的问题作出明确规定。依之，公共或私人博物馆因馆际交流而租借艺术品和文物，需获得德国政府签发的租借许可证。为了方便收藏单位简化申请程序，申请单位可为所有租借的艺术品申请一个总的租借许可证。

第七，关于在欧盟境内交易艺术品的问题，该法有一项特别条款，即德国政府指定的艺术品评估师将对因价格超标而无法交易的艺术品做价格评估，并最终

---

〔1〕 "Cultural Property Protection under National Law"，载 http：//www. kulturgutschutz - deutschland. de/EN/2_ Rechtsgrundlagen/nationales_ Recht/nationales_ recht_ node. html，访问时间：2017 年 4 月 26 日。

确定一个合适的价格。这一规定是在该法即将通过之前才增加的，可以将其看作是针对价格限制条款的例外规定。它增加了德国政府决定交易艺术品或文物价值的话语权，能够将艺术品或文物的交易更好地纳入政府的监管范围。

第八，该法加强了对德国文物与艺术品市场的监管，要求对来源非法的文化财产进行登记与注册并发布非法文化财产清单，以防止非法挖掘、偷窃的文化财产在德国文物市场上交易。《文化财产保护法》还规定，如该类文化财产在流出国属于盗掘或非法出口的文物范畴，在德国则同样被视为盗掘或非法出口的文物。为此，该法还详细规定了相关刑事处罚。

第九，该法对来自恐怖组织活动频繁的地区或国家的文物交易实行更为严格的控制与审查。该法规定，来自处于危机状态的国家或地区的文物与艺术品，须出具来源合法的证明文件，否则不得在德国境内进行交易。

概言之，德国《文化财产保护法》是目前世界范围内最为严苛的管制文化财产交易的行政法律。[1]

四、涉及文物返还的国际条约

二战结束后，德国陆续加入了一系列保护文化财产的国际公约，其中既有涉及武装冲突情况下保护文化财产的《1954 年海牙公约》，又有涉及防止盗掘、非法贩运文化财产并促进流失文化财产返还原属国的《1970 年公约》。鉴于《1954 年海牙公约》较少涉及文物返还问题，[2]本节仅对《1970 年公约》在德国的实施情况进行分析与解读。

2007 年 10 月 30 日，德国将其接受《1970 年公约》的决定通知联合国教科文组织总干事。依据该公约第 21 条之规定，自总干事收到通知之日起 3 个月后生效。据此，公约自 2008 年 2 月 29 日起正式对德国生效。[3]

在此，有两点需要指出：其一，在主要文物市场国中，德国是较晚加入该公

〔1〕 《他山之石，可以攻玉——德国修法的启示》，载 http：//www. sach. gov. cn/art/2016/7/25/art_ 1027_132561. html，访问时间：2017 年 4 月 26 日。

〔2〕 1967 年 8 月 11 日，德国批准加入了《1954 年海牙公约》，同年 11 月 11 日起，该公约在德国正式生效实施。同日，德国议会审议并通过了《关于实施在武装冲突情况下保护文化财产公约的法令》。"The Act to Implement the Hague Convention of 14 May 1954 for the Protection of Cultural Property in the Event of Armed Conflict"，载 http：//www. kulturgutschutz - deutschland. de/EN/2_ Rechtsgrundlagen/Voelkerrecht/ Haager% 20Konvention/Haager% 20Konvention_ node. html；jsessionid = 8E8D6020C7CEA6C52D29BA5B DEE-AB98C. 2_ cid322，访问时间：2017 年 4 月 26 日。

〔3〕 具体情况详见 http：//www. unesco. org/eri/la/convention. asp？KO = 13039&language = E，访问时间：2017 年 4 月 26 日。

约的国家之一；[1]其二，在加入该公约前夕，德国制定并颁布了专门用于实施该公约的国内法。细言之，2007 年 5 月 10 日，德国议会审议并通过了《关于实施1970 年禁止和防止非法进出口文化财产和非法转让其所有权的方法的公约的法令》与《关于实施1993 年返还从成员国境内非法转移文物的93/7/EEC 指令的法令》。同年 7 月 12 日，德国议会将这两项实施法令统一起来，制定了德国《文化财产返还法》。[2]

德国《文化财产返还法》是一部旨在实施国际条约而颁布的系统性规定文化财产返还的法律。这部法律既调整欧盟其他成员国与德国之间文化财产返还争议，也调整《1970 年公约》其他缔约国与德国之间的文化财产返还争议。下文将就《文化财产返还法》涉及的主要问题进行阐释与分析。

首先，该法对相关概念进行了厘定，即关于"受保护的德国文化财产"与"非法转移"的认定。《1970 年公约》第 1 条规定，各缔约国有权在一定范围内"明确指定"文化财产，但一国对文化财产所作出的指定仅对其本国有效，并不能就另一国对文化财产的指定以及据此提出的返还请求权构成限制。[3]换言之，这在一定程度上允许各缔约国可以自行确定其文化财产的范围与内容。因此，"受保护的德国文化财产"是指，德国议会于 1999 年 7 月 8 日修订的《防止德国文化财产外移保护法》提到的文化财产以及被纳入"国家级文化财产清单"与"国宝级档案清单"的文化财产。[4]"非法转移"是指在暂时或临时性转移文化财产的期限结束之后，现占有者未将其返还给文化财产的原属国或原属者以及通过其他非法手段将文化财产转移至别国等行为；而"非法手段"主要表现为走私、偷运、私自携带等。[5]

其次，该法对文化财产的返还作出详细规定。对于作为请求国的欧盟成员国或《1970 年公约》缔约国，它们有权对从自身领土上被非法转移到德国境内的

---

〔1〕 相比之下，意大利与加拿大已于 1978 年、美国已于 1983 年、俄罗斯已于 1988 年、澳大利亚已于 1989 年、法国已于 1997 年加入公约。

〔2〕 详见 2007 年《德意志联邦共和国法律公报》第 745 号。

〔3〕 Patrick J. O'Keffe, *Commentary on the UNESCO 1970 Convention on the Means of Prohibiting and Preventing the Illicit Import, Export and Transfer of Ownership of Cultural Property*, The Institute of Art and Law, 2007, pp. 33 – 35.

〔4〕 "The Act to Implement the Hague Convention of 14 May 1954 for the Protection of Cultural Property in the Event of Armed Conflict", 载 http://www. kulturgutschutz – deutschland. de/EN/2_ Rechtsgrundlagen/Voelkerrecht/Haager% 20Konvention/Haager% 20Konvention _ node. html; jsessionid = 8E8D6020C7CEA6C52D29BA 5BDEEAB98C. 2_ cid322, 访问时间：2017 年 4 月 26 日；1999 年《德意志联邦共和国法律公报》第 1 部分，第 1754 页。

〔5〕 详见 2007 年《德意志联邦共和国法律公报》第 745 号，第 2 页。

文化财产予以追索。作为返还主体的德国政府，有义务保护、管理与收藏本国境内的文化财产，并协助欧盟各成员国或《1970 年公约》缔约国追索被非法转移的文化财产，促使最终将其返还原属国。当然，德国亦有权向欧盟其他成员国或《1970 年公约》缔约国提出返还被非法转移的受保护的德国文化财产。[1]

需要指出的是，该法对返还被非法转移的文化财产作出了一些限制。依据该法，1992 年 12 月 31 日后被非法转移出境的德国文化财产，德国可要求欧盟其他成员国返还，但须满足以下条件：

第一，在德国境内出土后未登记入册而被非法转移的考古类文化财产，该成员国的主管机关应根据《欧洲共同体条约》第 30 条关于具有艺术、历史或考古价值的"国宝"的分类标准对其进行考量与判断，并在获得该类德国文化财产后的一年内，对其加以必要的保护、收藏与保管。

第二，该文化财产应属于《1993 年 3 月 15 日返还从成员国境内非法转移文物的 93/7/EEC 指令》附件中的一类文化财产；与此同时，该类德国文化财产的现占有者应是公立博物馆、档案馆、艺术馆或美术馆等收藏机构，并将其作为公共藏品的一部分。[2]

与之相对，2007 年 4 月 26 日以后，从欧盟任一成员国领土上转移到德国的文化财产均应当予以返还，德国返还这类文化财产需满足下列条件：

第一，对于在欧盟某成员国出土后未登记入册而被非法转移的考古类文化财产，请求返还的欧盟成员国应根据本国对认定具有考古、史前史、历史、文学、艺术或科学意义的文化财产或已指定成为具有重要意义的文化财产进行考量与判断，并在一年内向德国发出请求返还的通知。如有内乱、武装冲突或类似不可抗力等情况发生，致使请求返还的欧盟成员国未能在规定的期限内对德国发出请求返还通知的，可待上述情况结束之后重新计算期限。另外，德国的现占有者或第三者依据正常途径获得这类文化财产的，不得以此为由拒绝返还。

第二，对于《1970 年公约》缔约国而言，请求返还的这类文化财产应符合《1970 年公约》第 1 条规定的一类。对于欧盟成员国而言，这类文化财产已被该国归类为"明确指定具有重要意义的文化财产"并已被列入文化财产清单中，且应在上述规定期限内在德国对其公开。

第三，如无法确定这类文化财产是否是在 2007 年 4 月 26 日之前被指定为具有重要意义的文化财产，或亦无法确定这类文化财产是否是在 2007 年 4 月 26 日

---

〔1〕　详见 2007 年《德意志联邦共和国法律公报》第 745 号，第 3 页。

〔2〕　详见 2007 年《德意志联邦共和国法律公报》第 745 号，第 4 页。

之后被非法转移到德国的，均统一认定为自该日期之后入境德国。

第四，如这类文化财产的出口违反了请求返还的欧盟成员国关于文化财产保护的规定，则其入境德国应被视为非法。因收藏与保管产生的维护费用以及返还过程中耗损的费用，均由请求返还的欧盟成员国承担。

第五，如请求国的主管机构为非法出口的文化财产签发过有效的出口许可证，则不得向德国请求返还该文化财产。[1]

此外，该法还就请求返还被非法转移文化财产的时效作出了规定。请求国应当在德国知晓被非法转移文化财产的 1 年内提出返还诉求，但请求国主张追索的权利，以自文化财产被非法转移出境之日起至 30 年为限。如被非法转移的文化财产是请求国国有财产或公立机构的收藏藏品，则请求国享有自文化财产被非法转移出境之日起至 75 年为限的追索期限。[2]

由此可见，对于被非法转移到德国的文化财产，该法依据文化财产的类别、性质与入境时间等，对其返还作出了不同的限制，这值得请求国高度重视。

返还的具体流程如下：欧盟成员国或《1970 年公约》缔约国知晓其文化财产确系被非法转移至德国境内后，应当向德国的联邦文化主管机关发出通知，请求予以返还。经联邦主管机关授权并做出书面同意后，所涉及的文化财产才能返还给欧盟成员国或《1970 年公约》缔约国。返还完成之后，联邦文化主管机关需要向联邦政府汇报。如请求返还的欧盟成员国或《1970 年公约》缔约国在追索过程中受阻，或其追索的文化财产受到损害，德国将依据其国内法对标的物予以保护，并尽力排除阻力和损害，或将之减小到最低程度。[3]

此外，对被非法转移至德国的文化财产，欧盟成员国或《1970 年公约》缔约国还可以向德国行政法院提起诉讼，请求返还之。但在此之前，请求国应依据德国法的规定，就请求返还的文化财产承担举证责任，并应及时将证明材料递交给德国政府的文化主管机关。待德国政府文化主管机关收到返还请求与相关证明材料的 3 个月后，方可启动诉讼程序。[4]

最后，该法对返还之后如何对返还主体予以补偿作出规定。依据该法，德国的现占有者或第三者（有义务返还的一方）有义务在获得支付公平对价的补偿之后返还其占有的文化财产。如请求国提供相应的证据证明，现占有者或第三者确因严重疏忽或应当知晓或有理由知晓该文化财产是从请求国领土被非法转移到

---

〔1〕 详见 2007 年《德意志联邦共和国法律公报》第 745 号，第 4 页。

〔2〕 详见 2007 年《德意志联邦共和国法律公报》第 745 号，第 7 页。

〔3〕 详见 2007 年《德意志联邦共和国法律公报》第 745 号，第 5 页。

〔4〕 详见 2007 年《德意志联邦共和国法律公报》第 745 号，第 8 页。

德国境内的，则请求国可以免付补偿。如应当被返还的文化财产已被捐赠或遗赠他人，则现占有者应当就捐赠者或立遗嘱者是否履行了尽职调查义务进行举证。[1]

《文化财产返还法》设立的进出口制度甚为严格。依据该法，任何"受保护的德国文化财产"与被纳入"国家级文化财产清单"与"国宝级档案清单"的文化财产等均严禁出口。《1970 年公约》缔约国将其国内具有重要意义的文化财产出口到德国境内，需要出具本国海关部门签发的出口许可证，否则德国海关将拒绝其入境。如果德国海关发现入境者所携带的文化财产未附出口许可证，将扣押该文化财产。在合理期限内，即 1 个月内或最长不得超过 6 个月，如入境者仍未能出具由所在国海关部门签发的出口许可证，德国海关将对该文化财产予以没收。文化财产被扣押或没收后，入境者将承担该文化财产维护、保管、储存与运输过程中所产生的费用。[2]

根据《防止德国文化财产外移保护法》《欧盟进出口管制条例》《文化财产返还法》，德国将对入境的文化财产进行例行监督与检查。对来源存疑或途径不明的文化财产予以扣押，或拘留将该文化财产带入德国的入境者。此外，为查明该文化财产的来源，海关可要求入境者提供由德国文化、媒体事务专员认可的专业机构专家出具的鉴定书。如来源存疑或途径不明的文化财产系从欧盟成员国之外的国家直接转移到德国，则应由海关予以扣押，并立即呈报德国外交部与文化、媒体事务专员。随后，德国外交部将其情况通报各缔约国，并将该通知刊登在政府公报上。[3]

值得一提的是，德国政府文化、媒体专员的主要职责是根据《1970 年公约》第 1 条以及各缔约国出口禁令的相关规定，负责编纂与整理、更新具有重要意义的文化财产清单，并将其公布在联邦政府公报上，以防止有重要意义的文化财产通过非法途径入境德国。与此同时，德国在返还被非法转移的文化财产时，也应由海关签发与之相关的出口许可证。这些举措确实值得其他文物市场国借鉴与学习。

除此之外，对于有重要意义的文化财产清单而言，德国政府已建立国家文化财产数据库，以便公众进行访问与浏览。[4]该电子数据库包含一系列需要特别保

〔1〕　详见 2007 年《德意志联邦共和国法律公报》第 745 号，第 6 页。

〔2〕　The Act on the Return of Cultural Property, Section 16 (2007) (Germany).

〔3〕　Ibid. , Section 17.

〔4〕　"Database of Cultural Property of National Significance", 载 http：//www. kulturgutschutz‐deutschland. de/EN/3_ Datenbank/3_ datenbank_ node. html，访问时间：2017 年 4 月 27 日。

护、禁止出境的文化财产清单，收录了每一件文化财产的基本信息，如文化财产的类型、文化财产的材质以及所有权者的信息。对进行公共信息的浏览者而言，他们可以查询到文化财产所有权者的相关信息以及该文化财产的注册地、转让等信息。与此同时，对于二战期间被劫掠的文化财产或被纳粹德国强行征收或抢占的文化财产，德国政府建立了单独的"流失艺术品网上数据库"。[1]该数据库与先前的国家文化财产数据库一样，为公众提供查询与搜索服务，为战时受害者及其后裔找寻流失的文化财产提供了有效的途径。

　　然而，迄今为止，德国尚未在《1970年公约》框架下与其他国家签订关于防止盗窃、盗掘与非法进出境文化财产的双边协定。值得一提的是，德国政府曾在《1970年公约》的实施报告中表示：

　　　　在打击非法贩运文化财产与返还文化财产的实践中，本国已经制定并通过了实施《1970年公约》的国内法即《文化财产返还法》，其中包括进出口限制以及返还文化财产的基本规定与程序。如此一来，若无特殊情况，再与其他国家签订双边协议，并无必要。[2]

　　关于德国是否会加入《1995年公约》的问题，该国政府在《1970年公约》的实施报告中亦有提及：

　　　　本国已实施了《关于返还从成员国境内非法转移文物的2014/60/EU指令》，这充分体现了本国在文物返还、参与合作立法领域内的新进展。该指令代替了原《关于返还从成员国境内非法转移文物的1993/7/EEC指令》，"2014/60/EU指令"亦有尽职调查义务的规定以及针对原属国或原属者就先占有者或善意第三者返还文物提供公平合理补偿的规定。鉴于此，本国目前无加入《1995年公约》的计划。[3]

　　当然，除上述官方解释之外，德国之所以不愿加入《1995年公约》，还有对国内法及本国利益的综合考量：其一，《1995年公约》所规定的"被盗文物应当返还"的原则与《德国民法典》的相关规定存在明显冲突。其二，加入《1995年公约》可能导致文物原属国对德提出文物返还的请求大量增加，这与其本国利

---

〔1〕 "Lost Art Internet Database"，载http：//www. lostart. de/Webs/EN/LostArt/Index. html，访问时间：2017年4月27日。

〔2〕 "Report on the Application of the 1970 UNESCO Convention on the Means of Prohibiting and Preventing the Illicit Import, Export and Transfer of Ownership of Cultural Property"，载http：//www. unesco. org/new/fileadmin/MULTIMEDIA/HQ/CLT/pdf/GERMANY_ report_ 1970_ 001. pdf，访问时间：2017年4月27日。

〔3〕 *Ibid.*

益不符。所以我们认为，在可预见的未来，德国不会加入该公约。

五、涉及文物返还的专门机构

2003 年 7 月 14 日，德国政府文化、媒体事务专员，各州与地方政府委员会联合倡议组建了"因纳粹迫害被掠夺文化财产返还顾问委员会"（以下简称"返还顾问委员会"）。[1]该返还顾问委员会的现任主席由前德国联邦宪法法院院长尤塔·林巴赫（Jutta Limbach）担任，顾问委员包括两位哲学家：丽塔·苏斯穆（Rita Süssmuth）教授与厄休拉·伍尔夫（Ursula Wolf）教授；一位法学教授：迪特·翁德·普福尔腾（Dietmar von der Pfordten）教授；一位艺术史学家：伍尔夫·塔基陶夫（Wolf Tegethoff）博士；一位历史学家：莱因哈德·吕鲁普（Reinhard Rürup）博士；一位资深政治学家：前德国联邦议会议长理查德·冯·魏茨泽克（Richard von Weizsäcker）博士。[2]

返还顾问委员会旨在对德国公立收藏单位或现占有者与原所有权者之间，就因纳粹迫害被掠夺文化财产引起的争议纠纷进行居中调解或仲裁。该返还顾问委员会作出的裁断不具有当然的法律约束力，但如争议双方自愿接受该顾问委员会的调解或仲裁，则调解或仲裁结果将对争议双方产生约束力。

从 2003 年 7 月 14 日至 2016 年 3 月 21 日，返还顾问委员会共计受理 11 起文化财产归属纠纷，分别作出返还、由现收藏单位或科研机构继续收藏、由现收藏单位或科研机构收藏但须对请求者进行合理补偿等建议。[3]总体而言，返还顾问委员会不仅为纳粹掠夺艺术品的返还提供了公正合理的解决方案，也为德国制定相应的返还政策提供了重要的咨询建议。

第二节　德国返还文物的司法案例研究

汉斯·萨克斯后裔诉德国历史博物馆案（2012 年）

（一）背景概述

"汉斯·萨克斯后裔诉德国历史博物馆案"是通过诉讼途径促成战时遭劫掠

---

〔1〕 "Advisory Commission On the Return of Cultural Property Seized as a Result of Nazi Persecution"，载 http：//www. kulturgutverluste. de/en/advisory – commission，访问时间：2017 年 4 月 28 日。

〔2〕 *Ibid.*

〔3〕 *Ibid.*

文物返还的成功案例。本案争议标的物的成功返还，既体现了德国返还战时被劫掠文物的基本态度，也为其他文物原属国追索战时被劫掠文物提供了新思路、新方案，值得借鉴与学习。

本案的争议标的物是由德国犹太裔艺术品收藏家兼牙医汉斯·萨克斯（Hans Sachs）博士（1881－1974 年）于 1896－1937 年间收藏的手绘艺术海报画合集，其中包括手绘艺术海报画 12 500 幅与小型平面手绘艺术海报 18 000 幅。在大多数情况下，艺术海报画不过是艺术品画作刊印、翻版或再印的出版制品。然而，本案涉及的这些艺术海报画是由不同时期的艺术画家亲手绘制、临摹而成的新兴艺术品，具有一定的艺术与收藏价值，也正因如此成为二战期间纳粹没收的对象。

二战结束后，这些被没收的艺术海报画一直被收藏于德国历史博物馆中。2012 年 3 月 16 日，德意志联邦法院判令德国历史博物馆将这些手绘艺术海报画集合返还给萨克斯博士的儿子皮特·萨克斯（Peter Sachs）。[1]

需要指出的是，在本案中，追索方综合运用了各种纠纷解决途径，既包括谈判、调解司法外途径，也包括诉讼途径，在历经一波三折的诉讼程序后，最终实现了争议标的物的返还。

（二）案情简介

1. 案件基本情况

德国籍犹太艺术品收藏家兼牙医萨克斯博士因收藏 19 世纪末的手绘艺术海报画而闻名。截至 1937 年 3 月 15 日，他已经收藏了 30 500 幅手绘艺术海报画（其中包括手绘艺术海报画 12 500 幅、小型平面手绘艺术海报 18 000 幅）。纳粹统治期间，萨克斯博士收藏的这些手绘艺术海报画被时任纳粹德国政府国民教育与宣传部部长约瑟夫·戈培尔（Joseph Goebbels）没收。不仅如此，萨克斯博士本人亦未能免于纳粹的迫害，他被关押在柏林附近的萨克森豪森集中营，后幸得释放逃离德国，前往美国定居。[2]

二战结束后，萨克斯重返故土，寻找本属于自己的那些手绘艺术海报画。但他无奈地发现，这些画踪迹全无。于是，萨克斯根据德国《联邦赔偿法》（The Federal Restitution Act）规定的索赔程序，请求德国政府给予赔偿，并获得225 000德国马克的赔偿金。

---

〔1〕《德国法院责令柏林历史博物馆归还纳粹掠夺艺术品》，载 http：//auction. artron. net/20120320/n225282. html，访问时间：2017 年 4 月 28 日。

〔2〕 Anton，Michael，"Rechtshandbuch Kulturgüterschutz und Kunstrestitutionsrecht"，*Internationales Kulturgüterprivat - und Zivilverfahrensrecht*，Berlin/New York：De Gruyter，1－3（2010），p. 303.

后来，萨克斯得知，有一部分手绘艺术海报画被收藏在东柏林德国历史博物馆，但因已获得赔偿金，且该博物馆位于民主德国，故其未提出索回请求。[1]萨克斯去世后，他的儿子，亦是其唯一的继承人——皮特·萨克斯开始全面调查其父当年收藏的手绘艺术海报画的具体下落。为此，皮特还专门到德国历史博物馆了解当年该馆的收藏情况。[2]在获得确切信息后，皮特向德国历史博物馆提出了返还请求。

在与德国历史博物馆最初进行谈判时，皮特认为，该馆应遵照《国际博物馆协会博物馆职业道德》的相关规定将所收藏的手绘艺术海报画合集返还给他。然而，在双方之间的屡次谈判中，对方均不同意返还。无奈之下，皮特只得求助德国政府。

经时任德国文化、媒体专员的伯纳·诺依曼（Bernd Neumann）建议，双方将争议提交至"因纳粹迫害被掠夺文化财产返还顾问委员会"。在综合考虑萨克斯的生前意愿、先前德国对其给予的赔偿后，返还顾问委员会于2007年1月25日作出决定，建议将手绘艺术海报画继续收藏在德国历史博物馆中，以供大众参观之用。[3]然而，皮特并不认可该顾问委员会所作的建议，遂以德国历史博物馆为被告，向德国柏林地方法院提起返还之诉。[4]

德国柏林地方法院驳回了皮特的部分返还诉求和被告德国历史博物馆的反诉请求。[5]双方均提起上诉，德国柏林上诉法院裁定，皮特无权要求返还手绘艺术海报画合集，同时驳回上诉方德国历史博物馆的诉求。[6]双方均不服，并上诉到德国联邦最高法院，最终，最高法院判令德国历史博物馆将这些手绘艺术海报画合集返还给皮特。[7]

---

〔1〕　Deutsches Historisches Museum, *Kunst！Kommerz！Visionen！Deutsche Plakate 1888 - 1933*, Berlin：Edition Braus, 1993, p. 23.

〔2〕　两德合并后，东柏林德国历史博物馆改名为德国历史博物馆。Anton, Michael, "Rechtshandbuch Kulturgüterschutz und Kunstrestitutionsrecht", *Internationales Kulturgüterprivat - und Zivilverfahrensrecht*, Berlin/New York：De Gruyter, 1 - 3 (2010), p. 304.

〔3〕　"Advisory Commission On the Return of Cultural Property Seized as a Result of Nazi Persecution", 载http：//www. kulturgutverluste. de/en/advisory - commission, 访问时间：2017年4月29日。

〔4〕　"KG Berlin, Urteil vom 28. Januar 2010, 8 U 56/09. Herausgabeanspruch bei NS - verfolgungsbedingt abhanden gekommenen Sachen", Kunst und Recht, 1 (2010), pp. 17 - 21.

〔5〕　*Ibid.*

〔6〕　*Ibid.*

〔7〕　BGH, "Naturalrestitution vor Rückerstattungsanordnung—Plakat 'Dogge', Urteil vom 16. 3. 2012", Neue Juristische Wochenschrift, 25 (2012), pp. 1796 - 1800.

2. 案情事实

1914 年 10 月 29 日，德国莱比锡市举行的"图书行业与平面艺术国际展览会"展出了由德国犹太艺术品收藏家兼牙医萨克斯博士收藏的 700 幅精选手绘艺术海报画。在此次展出之前，萨克斯博士和"图书行业与平面艺术国际展览会"的策展人一同将这 700 幅精选的手绘艺术海报画——标注了作者的身份信息、创作年代、海报主题与收藏年份等基本信息。[1]

1937 年 3 月 15 日，萨克斯博士在德国柏林市犹太人博物馆组织了一场手绘艺术海报画的展览。这次手绘艺术海报画展览引起了时任纳粹德国政府国民教育与宣传部部长戈培尔的关注。随后，在戈培尔的命令下，纳粹士兵没收了这次展览中的所有手绘艺术海报画。[2]

1938 年 11 月 9 日，纳粹政府下令逮捕艺术收藏家兼牙医萨克斯博士，并将他关押在位于德国首都柏林附近的萨克森豪森集中营。不久，萨克斯博士意外地被释放。获释之后，萨克斯博士与家人一同匆匆逃离德国，前往美国定居。[3]

1961 年 5 月 21 日，萨克斯返回联邦德国。鉴于自己先前遗留在德国的艺术海报画现均已遗失，故萨克斯根据《联邦赔偿法》中规定的索赔程序，请求联邦德国政府给予其赔偿。[4]

1961 年 6 月 3 日，萨克斯博士获得了由联邦德国政府一次性支付的225 000德国马克的赔偿金。[5]

1963 年 8 月 12 日，萨克斯博士的密友埃伯哈德·霍尔舍（Eberhard Hoe-lscher）写信告诉他，手绘艺术海报画合集中的一部分现被保存在东柏林德国历史博物馆中。[6]

1966 年 7 月 21 日，在给东柏林德国历史博物馆的信件中，萨克斯博士提到，鉴于已获得联邦德国政府的赔偿，无意再就目前收藏于该博物馆的手绘艺术海报

---

〔1〕 Deutsches Historisches Museum, *Kunst*！ *Kommerz*！ *Visionen*！ *Deutsche Plakate 1888 – 1933*, Berlin：Edition Braus, 1993, pp. 20 – 21.

〔2〕 *Ibid.* , at 22.

〔3〕 Anton, Michael, " Rechtshandbuch Kulturgüterschutz und Kunstrestitutionsrecht ", *Internationales Kulturgüterprivat – und Zivilverfahrensrecht*, Berlin/New York：De Gruyter, 1 – 3 (2010), p. 303.

〔4〕 *Ibid.*

〔5〕 *Ibid.*

〔6〕 Deutsches Historisches Museum, *Kunst*！ *Kommerz*！ *Visionen*！ *Deutsche Plakate 1888 – 1933*, Berlin：Edition Braus, 1993, p. 23.

画合集提出索赔或返还请求。[1]

1981年3月19日，德国历史博物馆收藏萨克斯博士的手绘艺术海报画合集遭窃，部分遗失。[2]

2005年1月31日，萨克斯博士唯一的儿子皮特开始全面调查其父当年收藏的手绘艺术海报画的具体下落。为此，皮特专程到德国历史博物馆了解当年该馆的收藏情况。在掌握了具体情况后，他向该馆提出了返还手绘艺术海报画合集的请求。[3]在双方交涉与谈判无果的情况下，他们将争议纠纷提交"因纳粹迫害被掠夺文化财产返还顾问委员会"。[4]

2006年6月7日，皮特根据自己先前的调查与已知的相关信息等，在德国"流失艺术品网上数据库"注册并登记了4259幅艺术海报画。[5]

2007年1月25日，鉴于萨克斯博士先前的意愿与手绘艺术海报画现藏的具体情况，返还顾问委员会建议手绘艺术海报画继续由德国历史博物馆收藏。[6]

2008年3月12日，皮特在德国柏林地方法院提起返还之诉，要求德国历史博物馆返还其中名为《宗教牧师》（Great Dean）的手绘艺术海报画。皮特还提出，希望法院考虑判令被告返还其他现由其收藏的手绘艺术海报。[7]

2009年2月10日，柏林地方法院判决被告德国历史博物馆返还其中名为《宗教牧师》的艺术海报画，但驳回皮特的其他返还诉求以及被告德国历史博物

---

〔1〕　在信中，他写道：事实上，这28年来，我一直以为我先前所收藏的手绘艺术海报画合集已遗失。大约在1个月前，我收到了一封来自德国慕尼黑名叫赫尔谢尔（Hoelscher）博士的来信。这封信中提到了手绘艺术海报画合集的近况。现收藏单位东柏林德国历史博物馆对其进行的收藏使我相信，该馆在一定程度上至少是成功地保护了这些艺术"财富"。我想强调的是，我不需要金钱报酬，只需要该馆能够妥善收藏与保管方可。早年，我已根据《联邦德国赔偿法》规定的索赔程序，获得了来自德国政府给予的225 000德国马克的赔偿金。尽管这些赔偿金已足够弥补我的物质损失，但手绘艺术海报画的遗失带给我的精神创伤或许这辈子都难以愈合了。*Ibid.*, at 24.

〔2〕　*Ibid.*, at 25.

〔3〕　Anton, Michael, "Rechtshandbuch Kulturgüterschutz und Kunstrestitutionsrecht", *Internationales Kulturgüterprivat – und Zivilverfahrensrecht*, Berlin/New York: De Gruyter, 1 – 3 (2010), p. 304.

〔4〕　"Press Release of Peter Sachs' Lawyers", 载http://www. lootedart. com/web_ images/news/Sachs% 20Press% 20Release. %202 – 18 – 10. pdf，访问时间：2017年4月30日。

〔5〕　"Lost Art Internet Database", 载http://www. lostart. de/Webs/EN/LostArt/Index. html，访问时间：2017年4月30日。

〔6〕　"Advisory Commission On the Return of Cultural Property Seized as a Result of Nazi Persecution", 载http://www. kulturgutverluste. de/en/advisory – commission，访问时间：2017年4月30日。

〔7〕　"LG Berlin, Urteil vom 10. 02. 2009, Az. 19 O 116/08. Zum Verhältnis von Bundesrückerstattungsgesetz, Vermögensgesetz und zivilrechtlichen Ansprüchen", Kunst und Recht, 2 (2009), pp. 57 – 64.

馆的反诉请求。[1]

2010 年 1 月 28 日，德国柏林上诉法院裁定，上诉方皮特无权要求返还手绘艺术海报画合集，同时驳回上诉方德国历史博物馆的其他诉求。[2]

2012 年 3 月 16 日，德国联邦最高法院推翻了柏林上诉法院的裁定，要求德国历史博物馆返还皮特手绘艺术海报画合集。[3]

（三）争议焦点

在本案中，涉案双方对案件基本事实的认定没有异议，主要争议点集中在以下两方面：

第一，返还争议标的物的道义依据。在双方将争议纠纷提交返还顾问委员会的过程中，皮特提出，返还顾问委员会应依据 1998 年《关于被纳粹没收艺术品返还的原则宣言》（即《华盛顿宣言》），[4] 作出建议返还的结论。然而，德国历史博物馆认为，《华盛顿宣言》仅适用于"身份无法识别"（"not identifiable"）的艺术品，而这些手绘艺术海报画合集并非这类艺术品，因为其自 1963 年 8 月 12 日起就属于德国历史博物馆的收藏品。[5]

返还顾问委员会并未对手绘艺术海报画合集是否属于"身份无法识别"的艺术品作出判定，而是以《华盛顿宣言》第 8 条与第 10 条为依据，[6] 对本案追返双方的情况进行分析。鉴于萨克斯博士先前已表明的意愿与手绘艺术海报画现藏的具体情况，返还顾问委员会建议，手绘艺术海报画应继续由德国历史博物馆收藏。[7]

第二，争议标的物手绘艺术海报画合集的所有权问题。柏林地方法院审理的纠纷是双方对手绘艺术海报画《宗教牧师》的所有权之争。原告皮特认为，作

---

〔1〕 "KG Berlin, Urteil vom 28. Januar 2010, 8 U 56/09. Herausgabeanspruch bei NS – verfolgungsbedingt abhanden gekommenen Sachen", Kunst und Recht, 1 (2010), pp. 17 – 21.

〔2〕 *Ibid.*

〔3〕 BGH, "Naturalrestitution vor Rückerstattungsanordnung—Plakat 'Dogge', Urteil vom 16. 3. 2012", Neue Juristische Wochenschrift, 25 (2012), 1796 – 1800.

〔4〕 Washington Conference Principles on Nazi – Confiscated Art, December 3, 1998.

〔5〕 Deutsches Historisches Museum, *Kunst! Kommerz! Visionen! Deutsche Plakate 1888 – 1933*, Berlin: Edition Braus, 1993, p. 25.

〔6〕 第 8 条规定：若能确定纳粹劫掠且未予以返还艺术品的战前所有权者或其继承者，应当采取措施，予以公正合理的解决，同时也应当承认，根据案例的具体事实和情形，解决办法可能会存在一定的差异；第 10 条规定：鼓励各国为确认纳粹劫掠艺术品、协助解决其所有权问题而成立的委员会或其他实体，其成员构成应当保持均衡。Washington Conference Principles on Nazi – Confiscated Art, Articles 8, 10.

〔7〕 "Advisory Commission On the Return of Cultural Property Seized as a Result of Nazi Persecution", 载 http：//www. kulturgutverluste. de/en/advisory – commission，访问时间：2017 年 4 月 30 日。

为萨克斯博士之子，他理应对之享有所有权。然而，被告德国历史博物馆认为，该馆是在获得萨克斯博士授权的前提下收藏这两幅艺术海报画的，且萨克斯博士本人亦放弃追索权，故该馆对之拥有所有权。

德国柏林地方法院认定，手绘艺术海报画《宗教牧师》在二战期间遭到纳粹德国的强占，这种强占仅造成萨克斯博士对其占有权的丧失，所有权并未就此丧失。该法院还认为，本案应适用《德国民法典》第935条对关于"返还请求权"的规定，即"所有权者有权要求占有者返还其物"；[1]而并非《德国财产法》有关财产所有权的规定。萨克斯博士虽已获得德国政府的赔偿金，但萨克斯及其后裔却并未丧失对手绘艺术海报画的所有权。[2]鉴于此，柏林地方法院裁定，被告德国历史博物馆应返还其中名为《宗教牧师》的艺术海报画，而针对原告的其他返还请求，柏林地方法院予以驳回，并告知其有权另行起诉。[3]

在二审中，柏林上诉法院部分推翻了一审柏林地方法院的判决，理由是涉及纳粹的罪行并不能以其他相关民事法律的规定为判决依据。此外，根据《德国财产法》第242条规定的诚实守信原则，[4]柏林上诉法院认定，被上诉方皮特的父亲萨克斯博士已在战后放弃了对这些手绘艺术海报画的所有权，因此皮特亦无权要求返还手绘艺术海报画合集。[5]

（四）法院裁判

2012年3月16日，德国联邦最高法院民事诉讼第五法庭推翻了柏林上诉法院的裁定，判令德国历史博物馆将手绘艺术海报画合集返还给皮特。[6]最高法院之所以作出返还的判决，主要基于以下三点理由：

第一，根据《西柏林盟国返还法令》第51条第1款，萨克斯博士在战后所获得的政府赔偿金仅为侵权损害的救济途径之一。由于原物与原物主的继承人均存在于世，原物返还应为对二战受害者首选的救济方式。换言之，萨克斯博士当

---

〔1〕　参见《德国民法典》第935条第1款："如若物被盗窃、遗失或以其他方式违背所有权者方式而丧失的，则不适用于善意取得制度。"

〔2〕　"LG Berlin, Urteil vom 10. 02. 2009, Az. 19 O 116/08. Zum Verhältnis von Bundesrückerstattungsgesetz, Vermögensgesetz und zivilrechtlichen Ansprüchen", Kunst und Recht, 2（2009），pp. 57 – 64.

〔3〕　"KG Berlin, Urteil vom 28. Januar 2010, 8 U 56/09. Herausgabeanspruch bei NS – verfolgungsbedingt abhanden gekommenen Sachen", Kunst und Recht, 1（2010），pp. 17 – 21.

〔4〕　参见《德国财产法》第242条。

〔5〕　"KG Berlin, Urteil vom 28. Januar 2010, 8 U 56/09. Herausgabeanspruch bei NS – verfolgungsbedingt abhanden gekommenen Sachen", Kunst und Recht, 1（2010），pp. 17 – 21.

〔6〕　BGH, "Naturalrestitution vor Rückerstattungsanordnung—Plakat 'Dogge', Urteil vom 16. 3. 2012", Neue Juristische Wochenschrift, 25（2012），pp. 1796 – 1800.

年所获政府赔偿金与返还原物不存在冲突。[1]

第二，鉴于萨克斯本人并未明示其放弃对争议标的物的所有权，柏林上诉法院不得对萨克斯信件作出推论。

第三，皮特要求返还手绘艺术海报画合集与之前其父的信件不存在矛盾。[2]同时，依据《华盛顿宣言》第 8 条，作为现占有者的德国历史博物馆有将纳粹劫掠且未予以返还的艺术品归还给战前所有权者或其继承者的道义义务。

（五）经验总结

通过对本案的详细分析，我们可作出如下总结：

第一，本案表明，德国政府对战争受害者因其财产受到纳粹劫掠而支付的赔偿金与原物返还之间并不存在矛盾。就其法律性质而言，前者属于侵权损害赔偿的范畴，而后者属于物权请求权。

第二，本案的成功解决在很大程度上有赖于追索方综合、灵活运用非诉与诉讼相结合的追索方式。

第三，德国联邦最高法院慎重考虑了本案的实际情况与当事人的诉求，并积极援用《华盛顿宣言》的相关规定，这在一定程度上表明，道义原则或宣言在返还战时劫掠文化财产中所发挥的作用正在日渐增强。

从本案中，我们可以学到一些经验，并得到以下启示：

第一，在对德追索战时劫掠文物的问题上，包括中国在内的文物来源国应当重视对"因纳粹迫害被掠夺文化财产返还顾问委员会"这一专门的文物返还机构的研究。如需对德追索二战期间被纳粹德国劫掠、侵占、抢占或征收、没收的文物，可以提请该顾问委员会加以解决。需要指出的是，该顾问委员会优先援引德国国内法作为其裁断的法律依据，这就要求文物来源国在对德国追索战时劫掠文物之前，应当熟悉或掌握相关德国法。

第二，高度重视并善于利用国际道义原则追索战时被劫掠的文物，特别是1943 年《伦敦宣言》与 1998 年《华盛顿宣言》。尽管这些国际道义原则并不具有法律约束力，但它们所倡导的原则立场反映了国际社会在此问题上的共识，具有强大的道义力量。在本案中，德国联邦法院对《华盛顿宣言》的援引足以表明这些道义原则正发挥着愈加重要的作用。此外，从国际法的发展来看，这些本不具有法律约束力的国际道义原则，如长期、重复地被各国法院所适用，久而久

---

〔1〕　*Ibid.*, at 1798；West German Federal Indemnification Law（Bundesentschädigungsgesetz or BEG）of 1952, Article, 51（1）.

〔2〕　BGH, "Naturalrestitution vor Rückerstattungsanordnung—Plakat 'Dogge', Urteil vom 16. 3. 2012", Neue Juristische Wochenschrift, 25（2012）, pp. 1798 – 1799.

之，就有可能被确立为习惯国际法，从而获得法律约束力。

第三节　德国返还文物的司法外解决案例研究

一、德国不莱梅艺术博物馆与俄罗斯联邦政府互还二战战利品案（2000 年）

（一）背景概述

本案系涉及返还战时流失文物的特殊案例，其特殊性在于本案的双方互为追索方与返还方。细言之，在本案中，俄罗斯联邦政府向德国不莱梅艺术博物馆请求返还佛罗伦萨镶嵌版面画；与此同时，后者亦作为追索方请求前者返还战时流失的 101 幅油画与版画组合。

事实上，返还战时被劫掠与流失的文物是德国与俄罗斯之间长期磋商与谈判的事项，两国政府曾长期争执不休。德国政府表示，根据本国档案部门提供的记载信息，在二战结束之时，苏联红军曾从德国劫掠了大量文物与珍贵艺术品，其中包括 100 余万件艺术品、350 万册古籍书稿和排列长度高达 3 公里的绝密档案柜。然而，俄罗斯联邦政府提出，由于纳粹德国的侵略，俄罗斯损失的珍贵艺术品与文物远比德国多。如纳粹德国曾劫掠了占领区的大量文物，苏联境内有 427 座博物馆和 4000 家图书馆遭到纳粹德军不同程度的破坏与损毁，逾 110 万册图书与相关印刷制品被销毁，还有大量珍粹国宝因战乱而不知所踪。[1]

1992 年 12 月 16 日，德国政府与俄罗斯联邦政府签署了两国间的文化合作协议。[2]在此文化合作协议的基础上，俄罗斯联邦政府与德国不来梅艺术博物馆就返还二战期间流失的 101 幅油画与版画组合以及俄罗斯佛罗伦萨镶嵌版面画等进行了协商与谈判。双方最终达成一致：德国政府以返还俄罗斯佛罗伦萨镶嵌版面画为前提，换回 101 幅德国油画与版画组合。

---

〔1〕《德国要求俄归还二战抢走的艺术品》，载 http://www.chinanews.com/cul/2013/07 - 11/5028647.shtml，访问时间：2017 年 5 月 1 日。

〔2〕 Treaty Between the Federal Republic of Germany and the Russian Federation on Cultural Cooperation（Abkommen zwischen der Regierung der Bundesrepublik Deutschland und der Regierung der Russischen Föderation über kulturelle Zusammenarbeit）signed in Moscow, December 16, 1992, Bundesgesetzblatt Teil II（1993），p. 1256.

（二）案情简介

1. 案件基本情况

1990 年 10 月 9 日，德意志联邦共和国与苏联政府签订了《睦邻友好互助协议》[1]两年后，德国与俄罗斯政府签署了文化合作协议。鉴于双方均收藏有二战期间流失到本国的对方国家的文化财产，该协议第 15 条第 2 款规定，双方应将所有战时遗失或非法转移到各自领土内的文化财产返还给原所有权者或其合法继承者。[2]

1993 年 7 月 15 日，俄罗斯联邦政府率先将俄罗斯收藏的 101 幅德国油画与版画组合移交给德国驻俄大使馆，并待本国政府出口审批后运送出境。[3]然而，俄罗斯联邦杜马于 1995 年 4 月 21 日通过了对二战期间被带入俄境内的文化财产延期交付的命令。[4]该延期交付的命令旨在借此阻止德国艺术品画作的返还。[5]1997 年 5 月 13 日，俄罗斯联邦杜马又通过《贵重文化物品保护法》。该法对战时流失或被劫掠文化财产的归属问题予以规范，依之，因二战原因被迫转移到俄境内的文化财产属于俄罗斯的国家财产，不得将其进行转让、出售、买卖与出境。[6]不过，该法虽获得杜马通过，却遭到时任俄罗斯总统叶利钦（Yeltsin）的否决，叶利钦总统随即将该法提交给俄罗斯宪法法院评估与确认。

叶利钦总统认为，该法有违国际法：其一，有违"条约须信守"（*paeta sunt senvanda*）的基本原则；其二，有违《1954 年海牙公约》第 4 条第 3 款及其第一议定书中第 1 条第 3 款的规定；其三，违反了 1964 年联合国教科文组织《关于禁止和防止非法进出口文化财产和非法转让其所有权的方法的公约》的建议；其

---

〔1〕 Treaty Between the Federal Republic of Germany and the Union of Soviet Socialist, Republics on Good – Neighbourliness, Partnership and Cooperation, signed in Bonn, November 9, 1990, ILM 30 (1991), 504 et seq.

〔2〕 Treaty between the Federal Republic of Germany and the Russian Federation on Cultural Cooperation (Abkommen zwischen der Regierung der Bundesrepublik Deutschland und der Regierung der Russischen Föderation über kulturelle Zusammenarbeit) signed in Moscow, December 16, 1992, Bundesgesetzblatt Teil II (1993), p. 1256.

〔3〕 Wolfgang Eichwede, "Trophy Art as Ambassadors: Reflections Beyond Diplomatic Deadlock in the German – Russian Dialogue", *International Journal of Cultural Property*, 17 (2010), p. 395.

〔4〕 Decree of the State Duma of the Federal Assembly of the Russian Federation, "On a moratorium on the return of cultural valuables displaced in the years of the Great Fatherland [Second World War]", April 2, 1995, No. 725 – I GD.

〔5〕 Grimsted, Hoogewoud and Ketelaar, Returned From Russia, p. 300.

〔6〕 "Russian Federal Law on Cultural Valuables Displaced to the U. S. S. R. as a Result of World War II and Located on the Territory of the Russian Federation", N 64 – FZ, April 15, 1998, trans. by Konstantin Akinsha and Lynn Visson, *International Journal of Cultural Property*, 7 No. 2 (1998), pp. 514 – 525.

四，它违反了《1970 年公约》第 11 条。

然而，俄罗斯宪法法院并未支持叶利钦的上述主张。迫于俄罗斯联邦杜马的压力，俄罗斯联邦政府批准了《贵重文化物品保护法》[1]该法的实施给俄罗斯返还德国文物与艺术品造成了难以逾越的国内法障碍。

不过，德国政府与俄罗斯政府对彼此返还战时流失文化财产依然持积极态度，启动了两国政府层面的协商与谈判，为问题得到最终解决奠定了良好的政治与外交基础。

2. 案情事实

1941 年 10 月 9 日，纳粹德国军队攻陷了位于今俄罗斯圣彼得堡附近的凯瑟琳宫，并将该宫中的彼得大帝琥珀屋（The Amber Room）拆除。与此同时，纳粹德军还劫掠了保存在凯瑟琳宫的佛罗伦萨镶嵌版面画，如具有代表性的版面画《嗅觉与触觉》（Sense of Smell and Touch）和《五斗衣柜》（Chest of Drawers）。随后，纳粹军队通过铁路将琥珀屋运到当时东普鲁士的科尼斯堡城堡（Koenigsberg）。不幸的是，在接下来的空袭与地面战争中，琥珀屋惨遭损坏，下落不明，而这些画作则被收藏在德国柏林和不莱梅艺术博物馆中。[2]

1943 年 6 月 15 日至 16 日，由于战乱的缘故，不莱梅艺术博物馆将该馆馆藏的全部艺术品转移到靠近德国柏林附件的卡纳茨教堂（The Castle of Karnzow）。在这次转移的艺术品中，包括 50 幅艺术画作、1715 幅油画和大约 3000 幅绘制版画以及 101 幅绘画组合。这些绘画组合包括阿尔布·雷希特勒（Albrecht Dürer）、爱德华·马奈（Edouard Manet）、德拉·克罗瓦（Eugène Delacroix）、弗朗西斯科·戈雅（Francisco de Goya）和亨利·德·劳特累克（Henri de Toulouse – Lautrec）等人的艺术画作，共计 45 幅油画和 56 幅版面画。[3]

1945 年 4 月 30 日，苏联红军攻占柏林。一名苏军士兵在卡纳茨教堂的存放

〔1〕 Fiedler, "Documents—Russian Federal Law of 13 May 1997", p. 512. Decree of the Constitutional Court of the Russian Federation (trans. Grimsted, Hoogewoud and Ketelaar, Returned From Russia, 300, 6th April 1998, No. 11 – P. Sobranie zakonodatel'stva RF, 1998, No. 16 (20 April), st. 1879, pp. 3624 – 3628.

〔2〕 Konstantin Akinsha, "Why Can't Private Art 'Trophies' Go Home From the War?", *International Journal of Cultural Property*, 17 (2010), p. 268; Jeanette Greenfield, *The Return of Cultural Treasures*, Cambridge: Cambridge University Press, 3rd ed., 2007, pp. 185 – 186.

〔3〕 Hiller, Armin, "The German—Russian Negotiations over the Contents of the Russian Repositories", In *The Spoils of War: World War II and Its Aftermath: The Loss, Reappearance, and Recovery of Cultural Property*, Edited by Elizabeth Simpson, New York: Harry N. Abrahams, Inc., 1997, pp. 179 – 185.

室里发现了这些油画与版画组合，随后它们被苏军带到莫斯科。[1]

1990 年 10 月 9 日，德意志联邦共和国与苏联政府签订《睦邻友好互助协议》。该协议第 16 条第 2 款提到，"双方同意，将战争期间从彼国领土内非法转移的艺术品返还给其原所有权者或其合法继承者"。[2]

1992 年 12 月 16 日，德国与俄罗斯政府签署了文化合作协议。依据该合作协议第 15 条，双方再次确认并承诺将所有战时遗失或非法转移到各自领土内的文物返还给原所有权者或其合法继承者。[3]

1993 年 7 月 15 日，俄罗斯政府将其收藏的 101 幅油画与版画组合移交给德国驻俄罗斯大使馆，并等待出口许可证的审批与签发。[4]

1995 年 4 月 21 日，俄罗斯联邦杜马通过了对二战期间带入俄罗斯境内的文化财产延期交付的命令，阻碍了 101 幅油画与版画组合的返还进程。[5]

1997 年 5 月 13 日，俄罗斯联邦杜马通过了《贵重文化物品保护法》。该法规定，所有因二战原因被迫转移到俄境内的文化财产均属于俄罗斯的国家财产，不得买卖、转让、出境与返还。[6]

1998 年 4 月 6 日，俄罗斯宪法法院作出裁决：俄罗斯联邦总统有义务批准《贵重文化物品保护法》。[7]

1999 年 10 月 8 日，俄罗斯和德国政府就 101 幅油画与版画组合展开协商与

---

〔1〕 Konstantin Akinsha, "Why Can't Private Art 'Trophies' Go Home From the War?", *International Journal of Cultural Property*, 17 (2010), p. 268; Jeanette Greenfield, *The Return of Cultural Treasures*, Cambridge : Cambridge University Press, 3rd ed., 2007, pp. 185 – 186.

〔2〕 Treaty Between the Federal Republic of Germany and the Union of Soviet Socialist, Republics on Good – Neighbourliness, Partnership and Cooperation, signed in Bonn, November 9, 1990, ILM 30 (1991), 504 et seq.

〔3〕 Treaty between the Federal Republic of Germany and the Russian Federation on Cultural Cooperation (Abkommen zwischen der Regierung der Bundesrepublik Deutschland und der Regierung der Russischen Föderation über kulturelle Zusammenarbeit) signed in Moscow, December 16, 1992, Bundesgesetzblatt Teil II (1993), p. 1256.

〔4〕 Wolfgang Eichwede, "Trophy Art as Ambassadors: Reflections Beyond Diplomatic Deadlock in the German – Russian Dialogue", *International Journal of Cultural Property*, 17 (2010), p. 395.

〔5〕 Decree of the State Duma of the Federal Assembly of the Russian Federation, "On a Moratorium on the Return of Cultural Valuables Displaced in the Years of the Great Fatherland [Second World War]", April 2, 1995, No. 725 – I GD.

〔6〕 Fiedler, Wilfried, "Documents—Russian Federal Law of 13 May 1997 on Cultural Values that have been Displaced to the U. S. S. R. as a Result of World War II and are to be Found in the Russian Federation Territory", *International Journal of Cultural Property*, 7 No. 2 (1998), pp. 514 – 525.

〔7〕 Translated by Konstantin Akinsha and Lynn Visson, "Project for Documentation on Wartime Cultural Losses".

谈判。[1]

2000 年 4 月 29 日，俄罗斯政府向德国不莱梅市政府提出返还佛罗伦萨镶嵌版面画。双方之间开始商榷如何组织进行艺术品的交换与返还，并最终达成一致。[2]

2000 年 4 月 30 日，德国不莱梅艺术博物馆与俄罗斯政府就这些二战战利品进行了相互交换与返还。[3]

（三）争议焦点

本案涉及的主要争议焦点是：围绕二战期间流失文化财产的所有权归属问题而展开。

首先，德国政府提出，《1907 年海牙公约》的第 23 条 G 款禁止在武装冲突期间扣押或破坏文化财产，[4]俄罗斯政府基于战争占有文化财产的行为是违反国际法的，这种非法占有并不发生所有权的转移。[5]因此，德国政府要求，俄罗斯政府应恪守国际法规定，履行国际法义务，无条件返还战时流失或非法占有的文化财产。[6]此外，德国政府还依据《1907 年海牙公约》第 53 - 56 条，反驳俄罗斯联邦杜马试图以国内法设限，达到继续占有战时流失文化财产的目的，并要求对非法转移或非法占有的德国文化财产作出补偿。[7]

其次，德国政府认为，对先前德俄（苏联）之间就返还遗失或非法转移的

---

〔1〕 Akinsha, "Why Can't Private Art 'Trophies' Go Home From the War?", *International Journal of Cultural Property*, 17 (2010), p. 269.

〔2〕 Jeanette Greenfield, *The Return of Cultural Treasures*, Cambridge: Cambridge University Press, 3rd ed., 2007, pp. 186 – 188.

〔3〕 Akinsha, "Why Can't Private Art 'Trophies' Go Home From the War?", *International Journal of Cultural Property*, 17 (2010), p. 395.

〔4〕 Hague Convention (IV) Respecting the Laws and Customs of War on Land and Its Annex: Regulations Concerning the Laws and Customs of War on Land, The Hague, October 18, p. 1907.

〔5〕 Lina M. Monten, "Case Notes and Comments: Soviet World War II Trophy Art in Present Day Russia: The Events, the Law and the Current Controversies", *De Paul Journal of Art and Entertainment Law*, 15 (2004), p. 65.

〔6〕 Osteuropa, "Freundschaft ja, Dürer nein", p. 76.

〔7〕 Wilfried Fiedler, "Legal Issues Bearing on the Restitution of German Cultural Property in Russia", in *The Spoils of War: World War II and Its Aftermath: The Loss, Reappearance, and Recovery of Cultural Property*, ed., Elizabeth Simpson, New York: Harry N. Abrahams, Inc., 1997, p. 178; Susanne Schoen, "Larry Kaye, Laws in Force at the Dawn of World War II: International Conventions and National Laws", in *The Spoils of War: World War II and Its Aftermath: The Loss, Reappearance, and Recovery of Cultural Property*, ed., Elizabeth Simpson New York: Harry N. Abrahams, Inc., 1997, p. 102.

文化财产签订了双边协议，两国虽在相关术语的认知与理解上存在差异，[1]但这种差异主要源自双方基于各自国家利益所做的解读。[2]

最后，德国政府还根据双方的两个协议提出了返还请求与赔偿请求。[3]德国政府认为，在制定《贵重文化物品保护法》之前，俄罗斯联邦杜马曾以苏联政府在1945-1949年颁布的一系列征收政策系为铲除德国纳粹影响并实现非军事化与民主化为由，拒绝返还战时流失至俄罗斯或被俄罗斯非法占有的德国文化财产，这是对本国政府颁布的行政政策与国内法的误读。因此，俄罗斯联邦政府应当承担返还义务。[4]

此外，俄罗斯政府起初依《贵重文化物品保护法》表明，其无法返还这些德国文化财产，仅可作出相应补偿。[5]另外，俄罗斯政府还曾指出，德国就这些文化财产请求俄罗斯返还的诉讼时效早已届满。[6]

为解决这些问题，几经周转，俄罗斯宪法法院找到了相关的国内法依据。1998年《文化财产国有化法》第8条明确规定，未与德国纳粹结盟的宗教组织或私人慈善机构，或曾遭受社会主义阵营破坏的私营机构，可以做例外情况处理。由于本案中的原所有权者德国不莱梅艺术博物馆是一家私人控股的艺术博物馆，故可以适用该法的例外规定加以处理。[7]

---

〔1〕　Treaty Between the Federal Republic of Germany and the Russian Federation on Cultural Cooperation (Abkommen zwischen der Regierung der Bundesrepublik Deutschland und der Regierung der Russischen Föderation über kulturelle Zusammenarbeit) signed in Moscow, 16 December 1992, Bundesgesetzblatt Teil II (1993), p. 1256.

〔2〕　Hiller, Armin, "The German—Russian Negotiations over the Contents of the Russian Repositories", in The Spoils of War: World War II and Its Aftermath: The Loss, Reappearance, and Recovery of Cultural Property, Edited by Elizabeth Simpson, New York: Harry N. Abrahams, Inc., 1997, p. 177. 虽然德意志联邦共和国还以《1954年海牙公约》第4条与其第一议定书中第1条第3款为依据，要求俄罗斯联邦政府返还，但由于《1954年海牙公约》并无法律溯及力，故其无法适用于本案。

〔3〕　Wilfried Fiedler, "Legal Issues Bearing on the Restitution of German Cultural Property in Russia", in The Spoils of War: World War II and Its Aftermath: The Loss, Reappearance, and Recovery of Cultural Property, ed., Elizabeth Simpson, New York: Harry N. Abrahams, Inc., 1997, p. 178.

〔4〕　Gattini, "Restitution by Russia of Works of Art", p. 79 [referring to Die vertraglichen Vereinbarungen zwischen Deutschland und Russland zur Ruckfiihrung kriegsbedingt verbrachter Kulturguter – Die Rechtslage aus deutscher Sicht, Veröffentlichung des Ausw. Amtes (1994) n. 13-22].

〔5〕　Lina M. Monten, "Case Notes and Comments: Soviet World War II Trophy Art in Present Day Russia: The Events, the Law and the Current Controversies", De Paul Journal of Art and Entertainment Law, 15 (2004), pp. 67-68; see also Osteuropa, "Freundschaft ja, Dürer nein", p. 76.

〔6〕　Note that the time limitation has been abandoned with the amendment of the law on May 25, 2000 (Federal Law No 70 – FZ 2000).

〔7〕　Ian Traynor, "Russian to Return Looted Art, But Not to Germany", Guardian, April 21, 2000.

（四）本案返还的具体方式：协商与谈判

尽管俄罗斯联邦政府早在 1993 年 7 月 15 日就将所藏的 101 幅油画与版画组合移交给了德国驻莫斯科大使馆，并等待出口批准，但俄罗斯联邦杜马随后通过的立法阻止了这一返还进程。

由于俄罗斯方面需要执行《贵重文化物品保护法》，双方政府之间的谈判变得异常困难。[1] 在此背景下，前德意志银行行长威廉·克里斯汀（William Christine）提议，德俄之间应进行一次非正式会谈，[2] 并由德国相关企业提供必要的资金支持。[3]

在时任俄罗斯总统普京与德国政府的推动下，不莱梅参议院和俄罗斯文化事务部于 1999 年 10 月 8 日就争议画作的归属进行了非正式谈判。与此同时，俄罗斯宪法法院以 1998 年《文化财产国有化法》第 8 条为依据，为两国间就文物交换问题找到了法律突破口。

2000 年 4 月 29 日，德国不莱梅市政府提出，以艺术品交换的方式来解决两国关于彼此返还战时遭劫掠文物的争议，即以佛罗伦萨镶嵌版面画来换取德国 101 幅油画与版画组合。[4] 次日，德俄双方最终达成返还协议，由俄罗斯政府将这 101 幅油画与版画组合交还德国不莱梅大学东欧研究所主任沃尔夫冈（Wolfgang）；[5] 而德国政府则将出自彼得大帝琥珀屋的画作《嗅觉与触觉》和《五斗衣柜》等佛罗伦萨镶嵌版面画返还给俄罗斯。[6]

（五）经验总结

通过对本案的详细分析，我们可以学到一些经验，并得到以下启示：

第一，现今文物市场国大多通过了相关的文化财产保护法，这要求中国积极了解与掌握这些国家相关的国内法，归纳对中国追索流失文物有利的法律依据，总结追索流失文物的法律障碍，并以此为依据因地制宜地制定追索流失文物的

---

〔1〕 Russian Federal Law on Cultural Valuables Displaced to the U. S. S. R. as a Result of World War II and Located on the Territory of the Russian Federation, translated by Konstantin Akinsha and Lynn Visson, "Project for Documentation on Wartime Cultural Losses".

〔2〕 Eichwede, "Trophy Art as Ambassadors: Reflections Beyond Diplomatic Deadlock in the German—Russian Dialogue", *International Journal of Cultural Property*, 17 (2) (2010), p. 391.

〔3〕 *Ibid.*

〔4〕 Jeanette Greenfield, *The Return of Cultural Treasures*, Cambridge : Cambridge University Press, 3rd ed. , 2007, pp. 186 – 188.

〔5〕 Eichwede, "Trophy Art as Ambassadors: Reflections Beyond Diplomatic Deadlock in the German—Russian Dialogue", *International Journal of Cultural Property*, 17 (2) (2010), p. 395.

〔6〕 Sylvia Hochfield, "The German—Russian Stalemate", *Art News*, February 1, 2011.

策略。

第二，明确不同目的与意义的文物交换。就国内馆藏文物的交换而言，是指文物收藏单位为展览、科研的需要，依据博物馆的性质调入或调出文物。与文物调拨情况有所不同，它没有指令性，在交换双方自愿的原则下进行。然而，针对流失文物的交换，则是基于双方国家或馆藏机构就争议文物所进行的交换与返还行为。这种以文物交换的返还有其特殊性，通常发生在涉案当事国双方均收藏了对方流失文物的情况下。因此，以物换物，可以较好地解决文物返还过程中的争议问题，从而达到双赢结果。

二、德国普鲁士文化遗产基金会返还津巴布韦石鸟下半段基座案（2004 年）

（一）背景概述

本案是由津巴布韦石鸟的下半段基座引发的跨国文物追索。这段津巴布韦石鸟下半段基座在历经盗掘、非法买卖、非法出境等不幸遭遇后，最终由德国普鲁士文化遗产基金会以"永久租借"的形式返还给津巴布韦。[1]

提到非洲的津巴布韦共和国，有一种鸟不可不知，那便是津巴布韦的国鸟，世称"津巴布韦鸟"。津巴布韦鸟其实是一种虚拟的图腾鸟，由微红色皂石雕刻而成，其躯体似鹰，头似鸽子，颈部高高挺直，两翅紧紧贴着躯体，伫立在津巴布韦石头城的石柱顶端，亦是津巴布韦的国宝级文物之一。今天，津巴布韦的国旗、货币与邮票均有津巴布韦鸟的图案，足见津巴布韦鸟在津巴布韦人民心中的神圣地位。[2]

若要探究与追根溯源津巴布韦鸟的历史由来，就不得不提到大津巴布韦遗址。大津巴布韦遗址是非洲南部迄今发现的最大古代建筑群之一。据科学考证，早在 11 世纪时，津巴布韦马卡兰加古王国（Karan Ma Kako Kingdom）就曾在此大兴土木、营建石头城，历经几个世纪最终建成。13 世纪时，津巴布韦石头城成为莫诺莫塔帕王国（Monod Mo Thapa Kingdom）的都城，亦是该王国鼎盛时期的历史见证。15 世纪后期，由于战争动乱与其他未知原因，津巴布韦遗址逐渐

---

〔1〕 德国普鲁士文化遗产基金会成立于 1957 年 7 月 25 日，其宗旨是保护、管理与传承 1947 年解散的普鲁士王国的建筑、艺术品、档案馆和图书馆遗留物，另外该基金会亦是包括柏林国家博物馆（Staatliche Museen zu Berlin）、国家图书馆（Staatsbibliothek）、普鲁士国家机密档案馆（GeheimesStaatsarchiv Preußischer Kulturbesitz）等收藏单位的法人。

〔2〕 Thomas N. Huffman, "The Soapstone Birds from Great Zimbabwe", *African Arts*, 18（3）（1985）, pp. 68 – 73, 99 – 100.

衰败，湮没于历史尘埃中。[1]

值得一提的是，津巴布韦鸟是津巴布韦石头城遗址中发现的最为引人注目的珍贵文物之一。这些津巴布韦鸟出自 13 至 15 世纪马卡兰加人的能工巧匠之手。[2]它们被雕刻在津巴布韦石头城遗址微红色皂石柱的顶端，每根石柱仅刻一只鸟，并辅饰许多优美的图案。[3]这些津巴布韦鸟雕塑的出现，间接证明了津巴布韦古遗址附近有古代王室存在过的迹象，亦印证了盛极一时的莫诺莫塔帕王国的存在。[4]津巴布韦鸟虽然是虚构的神鸟，但它已成为津巴布韦部族世代崇拜的图腾，一直信奉至今。[5]

津巴布韦石头城遗址已被联合国列入世界文化遗产之一，是撒哈拉以南非洲大陆最重要的古代遗迹。津巴布韦石头城遗址代表着黑非洲最辉煌的古代文明，被称为"津巴布韦文化"。

（二）案情简介

1. 案件基本情况

2003 年 5 月 14 日，一尊刚刚黏合完整的津巴布韦鸟雕塑引起了世人的关注。这一天，津巴布韦政府在国家行政厅内举行了津巴布韦鸟下半段基座的移交仪式。津巴布韦共和国总统穆加贝（Mugabe）从德国驻津巴布韦大使彼得·施密特（Peter Schmidt）手中小心翼翼地接过这一下半段基座。至此，漂泊百余年的津巴布韦鸟下半段基座终于重返故里。[6]

这块高约 50cm 的石柱基座是津巴布韦鸟雕塑中的重要组成部分。英国殖民时期，这尊津巴布韦鸟下半段基座被人从大津巴布韦遗址中掠走，不久，又被德国传教士收购，寄存在德国柏林的民俗博物馆中。二战期间，这尊津巴布韦鸟的下半段基座幸免于战争蹂躏；二战结束前夕，苏联红军攻入德国，包括这尊津巴布韦鸟下半段基座内在的大量战利品被运往列宁格勒人种学与人类学博物馆。两

---

〔1〕 Department of Arts of Africa, Oceania, and the Americas, The Metropolitan Museum of Art. Great Zimbabwe（Eleventh – Fifteenth Centuries），载 http：//www. metmuseum. org/toah/hd/zimb/hd_ zimb. htm，访问时间：2017 年 5 月 3 日。

〔2〕 Paul Sinclair, Review, "The Soapstone Birds of Great Zimbabwe Symbols of a Nation by Edward Matenga", *The South African Archaeological Bulletin*, 56（173/174）（2011），p. 105.

〔3〕 *Ibid.* , at 106.

〔4〕 *Ibid.*

〔5〕 Thomas N. Huffman, "The Soapstone Birds from Great Zimbabwe", *African Arts*, 18（3）（1985），pp. 68 – 73，99 – 100.

〔6〕 Dewey, William J, "Repatriation of a Great Zimbabwe Bird, Presentation to the Society of Africanist Archaeologists", *SAFA*, （2006），p. 30.

德统一后，这尊津巴布韦鸟下半段基座被俄罗斯返还德国，由德国柏林博物馆收藏。然而，它的曲折经历远未就此完结。

1997 – 1998 年间，比利时坦比连（Tervuren）皇家中非博物馆举行了一场名为"石头的传奇：津巴布韦的往昔与现今"的艺术品展览会，展期为一年。[1]这次展览将先前那尊津巴布韦鸟的上半段与下半段基座聚合到一起，实属不易。在展览会之前，津巴布韦政府本不愿出借津巴布韦鸟的上半段，但在得知德国柏林博物馆承诺愿意出借下半段基座后，才答应了比利时方面的请求。这为津巴布韦鸟下半段基座日后返还津巴布韦打下了基础。

这尊津巴布韦鸟下半段基座的返还，体现了全球背景下不同群体交织的利益关系，它们彼此之间既相互掣肘，也相互妥协。最终，德国普鲁士文化遗产基金会以"永久租借"的方式将津巴布韦鸟下半段基座返还津巴布韦，这是特定环境下解决文物归属争议的方案之一。

2. 案情事实

1871 年 3 月 26 日，听闻了关于非洲南部存在古代文明遗迹的传闻后，德国地质学家、探险家卡尔·芒厄尔（Carl Maunch）决心去一探究竟。到达非洲南部后，芒厄尔很快发现了大津巴布韦遗址。在游记中，他以叙述的方式对津巴布韦进行了描述。芒厄尔笔下的津巴布韦是一座始建于 12 – 16 世纪的非洲大都市，作为当地人进行图腾崇拜之地，大津巴布韦遗址的地位声名显赫。[2]不过，芒厄尔的游记并未提及津巴布韦鸟的存在。[3]正是芒厄尔的所见所闻为欧洲人了解非洲开辟了新的视野，也使其成为历史上第一位到访与记载津巴布韦的欧洲人。

1889 年 8 月 17 日，南非贸易商兼职业猎手威利·波塞尔特（Willie Posselt）在大津巴布韦遗址山地要塞处的圣至所（即大津巴布韦的卫城）中发现了四尊津巴布韦鸟。他试图带走其中的一只，但遭到当地绍纳人（Shona）的阻止与抗议。波塞尔特用贿赂的方式平息了当地人的抗议。随后，他将这四尊津巴布韦鸟从其基座上截取下来，转移并存放在一处无人知晓的地方。[4]

1891 年 4 月 21 日，以古董商西奥多·本特（Theodore Bent）为首的英国南非公司在负责开发大津巴布韦遗址时，发现了藏在附近的四尊半津巴布韦鸟。随

〔1〕　*Ibid.*, at 16.

〔2〕　Munjeri, Dawson, "The Reunification of a National Symbol", *Museum International*, 61 No. 1 – 2 (2009), p. 13.

〔3〕　Dewey, William J, "Repatriation of a Great Zimbabwe Bird, Presentation to the Society of Africanist Archaeologists", *SAFA* (2006), p. 9.

〔4〕　*Ibid.*, at 10.

后，本特将这四尊半津巴布韦鸟转移到今天位于开普敦的南非博物馆。据推测，这四尊半津巴布韦鸟中的四尊很有可能是当年波塞尔特秘密隐匿起来的，不过，对于剩余的这半尊（上半段），其出处则无法考证。[1]

1892 年 1 月 17 日，津巴布韦地区的地产大亨、罗德西亚殖民地（今津巴布韦）头目塞西尔·罗德斯（Cecil Rhodes）兼并了英国南非公司。罗德斯狂热追求鸟类标本、造型等物品，因此绝大多数在大津巴布韦遗址中先前未曾发现的津巴布韦鸟均可以在其家中见到。外界相信，之前与津巴布韦鸟上半段相连的下半段基座亦曾收藏在罗德斯家中。然而，遗憾的是，无人知晓这尊津巴布韦鸟下半段基座到底是如何从津巴布韦出境的。[2]

1902 年 5 月 11 日，英国考古学家理查德·霍尔（Richard Hall）发现了先前那尊津巴布韦鸟的上半段，遂将其转交给津巴布韦地方政府，并由津巴布韦首都哈拉雷国家博物馆收藏。[3]

1906 – 1907 年间，先前那尊津巴布韦鸟的下半段基座被一位名叫卡尔·阿克森费尔德（Karl Axenfeld）的德国传教士以 500 德国马克收购。[4]随后，他将这尊津巴布韦鸟的下半段基座寄存在德国柏林的民俗博物馆中。[5]

20 世纪 40 年代，纳粹当局将其所劫掠、抢占的文物与艺术品进行转移并严加看管，以致无人知晓这些珍贵文物与艺术品的具体藏匿地点。[6]苏联红军攻入德国后，包括那尊津巴布韦鸟下半段基座内在的大量战利品被陆续缴获，并运往列宁格勒人种学与人类学博物馆。[7]

1970 年 3 月 19 日，苏联与德意志民主共和国达成了一项双边协定，苏联政府决定将战时转移与收藏的战利品返还给德意志民主共和国。返还的战利品包括那尊津巴布韦鸟的下半段基座。[8]

---

〔1〕 *Ibid.*, at 16.

〔2〕 *Ibid.*

〔3〕 *Ibid.*

〔4〕 Munjeri, Dawson, "The Reunification of a National Symbol", *Museum International*, 61 No. 1 – 2 (2009), p. 16.

〔5〕 Dewey, William J, "Repatriation of a Great Zimbabwe Bird, Presentation to the Society of Africanist Archaeologists", *SAFA* (2006), p. 2.

〔6〕 Munjeri, Dawson, "The Reunification of a National Symbol", Museum International 61 No. 1 – 2 (2009), p. 16.

〔7〕 Dewey, William J, "Repatriation of a Great Zimbabwe Bird, Presentation to the Society of Africanist Archaeologists", *SAFA* (2006), p. 24.

〔8〕 Munjeri, Dawson, "The Reunification of a National Symbol", *Museum International*, 61 No. 1 – 2 (2009), p. 16.

　　1978 年 5 月 1 日，包括津巴布韦鸟下半段基座在内的战利品均被送往德国莱比锡民族博物馆。两德统一后，津巴布韦鸟的下半段基座被收藏在德国柏林博物馆。[1]

　　1980 年 4 月 18 日，津巴布韦共和国宣布独立。随后不久，津巴布韦政府就津巴布韦鸟的下半段基座向德国政府提出返还请求。[2]

　　1997 - 1998 年间，比利时坦比连皇家中非博物馆举行了以“石头的传奇：津巴布韦的往昔与现今”为主题的艺术品展览会。值得注意的是，在这次展览中，先前那尊津巴布韦鸟的上半段与下半段基座合璧展出。[3]

　　1999 年 11 月 28 日，负责管理柏林博物馆的德国普鲁士文化遗产基金会对外表示，[4]相信德国政府会支持将津巴布韦鸟下半段基座还给津巴布韦。[5]

　　2000 年 2 月 1 日，普鲁士文化遗产基金会以“永久租借”的方式将津巴布韦鸟的下半段基座返还津巴布韦国家博物馆，但普鲁士文化遗产基金会仍旧对津巴布韦鸟的下半段基座享有所有权。[6]

　　2003 年 5 月 14 日，津巴布韦鸟下半段基座的返还仪式在津巴布韦首都进行。[7]

　　2004 年 5 月 6 日，津巴布韦鸟下半段基座交由津巴布韦共和国国家博物馆收藏。[8]

　　（三）争议焦点

　　本案涉及津巴布韦政府向德国普鲁士文化遗产基金会追索遗失的津巴布韦鸟下半段基座。本案的主要焦点问题集中体现在以下两点：

　　第一，殖民时期津巴布韦鸟下半段基座流失出境的举证问题。

---

　　[1]　*Ibid.*

　　[2]　Thomas N. Huffman, "The Soapstone Birds from Great Zimbabwe", *African Arts*, 18 (3) (1985), pp. 68 - 73, 99 - 100.

　　[3]　Munjeri, Dawson, "The Reunification of a National Symbol", *Museum International*, 61 No. 1 - 2 (2009), p. 16.

　　[4]　普鲁士文化遗产基金会（Stiftung Preußischer Kulturbesitz）成立于 1957 年 7 月 25 日，其宗旨是保护和传承 1947 年解散的普鲁士王国的建筑、艺术品、档案馆和图书馆遗留物，包括柏林国家博物馆（Staatliche Museen zu Berlin）、国家图书馆（Staatsbibliothek）、普鲁士国家机密档案馆（Geheimes Staatsarchiv Preußischer Kulturbesitz）等。德国政府和 16 个联邦州共同为其承担法律和财务方面的责任。

　　[5]　Dewey, William J, "Repatriation of a Great Zimbabwe Bird, Presentation to the Society of Africanist Archaeologists", *SAFA*, (2006), p. 28.

　　[6]　*Ibid.*, at 30.

　　[7]　*Ibid.*

　　[8]　*Ibid.*, at 31.

　　追索方津巴布韦政府与返还方德国普鲁士文化遗产基金会分别就与争议标的物有关的证据进行了举证。德国普鲁士文化遗产基金会认为，本案的争议标的物历经盗掘、非法出境与非法买卖等几个阶段，故其非法流失的性质较为复杂。此外，鉴于当时并无相关的法律规定欧洲考古学者或相关从业人员不得私自携带文物出境，津巴布韦亦未有规范与保护本国文化财产的法律，再加上这尊津巴布韦鸟下半段基座又经过多次转手，故不应将其以非法流失一概而论。

　　然而，基于现存的相关历史资料与解密档案，津巴布韦政府就其他遗失的津巴布韦鸟的来源途径与获取方式进行了详细调查与仔细分析，进一步确定了津巴布韦鸟下半段基座应是在殖民时期遭到非法盗掘而流失的文物。

　　第二，德国普鲁士文化遗产基金会是否已经获得津巴布韦鸟下半段基座的所有权。

　　针对这一问题，德国普鲁士文化遗产基金会坚称对津巴布韦鸟下半段基座享有所有权。对于这一主张，津巴布韦政府予以反驳，指出非法盗掘或劫掠文物有违国际道义准则。津巴布韦鸟的下半段基座最初是波塞尔特通过贿赂手段移走的，并未经过当地居民与氏族族群的同意，这一行为的性质等同于"偷盗行为"。依据《德国民法典》第 935 条第 1 款，[1] 被盗物的所有权不发生转移。因此，德国普鲁士文化遗产基金会未获得津巴布韦鸟下半段基座的所有权。

　　（四）本案返还的具体方式：协商与谈判

　　1980 年 4 月 18 日，津巴布韦共和国宣布独立。此后，津巴布韦政府向德国政府提出返还津巴布韦鸟下半段基座的请求。[2] 遗憾的是，双方一度协商无果。津巴布韦共和国庆祝独立一周年之际，总统穆加贝要求南非共和国返还该国所藏的四尊津巴布韦鸟。为此，津巴布韦政府决定将一些珍贵的昆虫标本作为交换，南非政府接受了这一建议，随即返还了这四尊津巴布韦鸟。[3] 然而，最后一尊津巴布韦鸟由于上下基座分离，迟迟未能返回故土。

　　返还津巴布韦鸟下半段基座的契机，出现在比利时坦比连皇家中非博物馆举行的以"石头的传奇：津巴布韦的往昔与现今"为主题的艺术品展览会上。当时，美国学者威廉·杜威（William Dewey）博士正着手研究绍纳民族艺术史，在

────────

　　〔1〕 该条规定：物从所有人处被盗、遗失或其他以违背所有人意愿方式丧失的，不发生以第 932 条至 934 条为依据的所有权取得。在所有人只是间接占有人的情况下，物从占有人处丧失的，亦同。《德国民法典》（第 2 版），陈卫佐译，法律出版社 2006 年版，第 339 页。

　　〔2〕 Thomas N. Huffman, "The Soapstone Birds from Great Zimbabwe", *African Arts*, 18（3）（1985），pp. 68 – 73.

　　〔3〕 *Ibid.*, at 99 – 100.

一项跟踪调查中，他找到了津巴布韦鸟下半段基座的所在地——德国柏林博物馆。杜威联系到当时负责该馆非洲藏品馆的馆长汉斯·约阿希米·克罗斯（Hans Joachim Koloss），向他进一步核实具体信息。在得到后者的肯定回复之后，艺术品展览会的策展方——皇家中非博物馆试图说服德国普鲁士文化遗产基金会，使其同意出让津巴布韦鸟下半段基座用于展出。[1]这一请求成为后来津巴布韦与德国进行协商谈判的基础。

随后，津巴布韦国家博物馆、德国柏林博物馆与比利时皇家中非博物馆的负责人连同三国外交人员一道就津巴布韦鸟的上下段合璧展出进行了协商。德国驻津巴布韦大使率先表示，将尽努力保证津巴布韦鸟下半段基座能够得以重聚；比利时驻津巴布韦大使则保证，在这次艺术品展览会上，本国王室成员与政府官员届时将会如约出席；而津巴布韦驻德国与比利时的两国大使均表示，将愿意配合并确保津巴布韦鸟上半段能够如期参展。三国外交部长亦在其中发挥了积极作用。

1998 年 1 月 7 日，穆加贝参观了这次艺术品展览会。让各方感动的是，借展览之机，津巴布韦鸟的上下段得以合璧展出，[2]自那一刻起，各方意识到，这样分离的情况不能再持续下去了。盗掘他国文物的罪恶行径应受到谴责，正义应当以看得见的方式实现。

鉴于此，普鲁士文化遗产基金会同意将津巴布韦鸟下半段基座返还津巴布韦。2000 年 2 月 1 日，津巴布韦国家博物馆执行馆长道森·穆涅里（Dawson Munjeri）起草了返还协定，返还程序按照国际博物馆协会推荐的方式进行。[3]在得到德国普鲁士文化遗产基金会的应允后，津巴布韦鸟下半段基座被秘密地返还给津巴布韦国家博物馆，直至 2003 年 5 月 14 日才对外正式披露返还细节。

之所以时隔三年才对外公开，主要是基于德国普鲁士文化遗产基金会和津巴布韦国家博物馆之间达成的谅解备忘录中的规定。在先前的谈判当中，普鲁士文化遗产基金会引用了威廉·莎士比亚《威尼斯商人》中的语段来表明自己的立场："准备着动手割肉吧，但不准流一滴血。"换言之，将雕像返还给津巴布韦的条件是不能让普鲁士文化遗产基金会的利益蒙受损失，这是其坚守的前提立场。此外，按照普鲁士文化遗产基金会的理解，津巴布韦鸟下半段基座并不是文

---

〔1〕 Munjeri, Dawson, "The Reunification of a National Symbol", *Museum International*, 61 No. 1 – 2 (2009), p. 14.

〔2〕 *Ibid.*, at 15.

〔3〕 Dewey, William J, "Repatriation of a Great Zimbabwe Bird, Presentation to the Society of Africanist Archaeologists", *SAFA*, (2006), p. 30.

物，而仅为"人工制品"。同时，津巴布韦要获得下半段基座只能通过"永久租借"的方式。为此，津巴布韦政府耗时3年与普鲁士文化遗产基金会进行秘密协商与谈判。[1]

出于对津巴布韦鸟下半段基座返还故土的迫切之心，津巴布韦政府最终选择了妥协，接受了普鲁士文化遗产基金会提出的"永久租借"的条件，从而促成了津巴布韦鸟下半段基座的物理返还。

（五）经验总结

通过对本案的详细分析与解读，我们可以学到一些经验，并得出以下启示：

第一，追索海外流失文物时，追索方与返还方应当本着友好合作、互利共赢的态度促成纠纷的解决，并以灵活、创新性的方式探寻适合彼此解决争议文物返还的具体路径。然而，需要指出的是，包括中国在内的文物来源国，在进行双边协商与谈判的过程中，应当本着基本立场不动摇、根本利益不退让的原则，分阶段、有步骤、有计划性地展开追索。文物来源国唯有坚持上述原则，并结合涉案文物的具体情况，才能达成切实可行的返还方案。

第二，厘清文物无条件返还与有条件返还之间的关系，促成海外流失文物的永久返还。在对文物市场国进行文物追索时，以中国为代表的文物来源国应当尽可能地促成流失文物的无条件返还，即永久返还。这一返还是指不仅实现文物的物理性返还，还要在法律上实现所有权的回归。就目前中国追索海外流失文物的实践来看，大都同时实现物理返还与法律返还；而包括韩国以及津巴布韦等在内的不少文物原属国因各种原因羁绊，不得不接受有条件的返还，如"永久租借""永久留置"或租赁等方式。从这个意义上说，中国的追索成果更加彻底。鉴于中国的实际情况，我们认为，实践物理返还与法律返还同步实现的追索未来应当继续坚持。

三、德国返还土耳其博阿兹柯伊斯芬克斯神像案（2011年）

（一）背景概述

继德意志民主共和国于1987年返还土耳其7400件赫梯楔形文字泥板（Cuneiform Tablets）后，土耳其再次向德意志联邦共和国请求返还博阿兹柯伊考古文物。需要指出的是，这两个案例并非像其他文物返还案例那样，或通过诉讼途径或通过直接协商与谈判渠道予以解决，而是由土耳其政府向联合国教科文组织

〔1〕 Munjeri, Dawson, "The Reunification of a National Symbol", *Museum International*, 61 No. 1 – 2 (2009), p. 15.

"促使文化财产返还原属国或归还非法占有的文化财产政府间委员会"（"ICPRCP"）提交请求，并通过该委员会的斡旋予以解决的。

鉴于民主德国返还土耳其 7400 件赫梯楔形文字泥板案距今已有 30 年，相关史实资料与案情细节考证起来颇为困难，加之赫梯楔形文字泥板与本案的争议标的物——博阿兹柯伊斯芬克斯神像均出自博阿兹柯伊考古遗址，故此处仅讨论德意志联邦共和国返还土耳其博阿兹柯伊斯芬克斯神像的具体情况。

提到博阿兹柯伊斯芬克斯神像，就要说到阿拉加霍裕克遗址（Alacahöyük）和博阿兹柯伊哈图莎什（Hattusas）历史遗址。这两个历史遗址均是赫梯时期代表性的历史遗址。前者由赫梯早期（公元前 1750 年至公元前 1180 年）的历史遗迹所组成。当地人围绕着该历史遗迹建造了一个形状近似圆圈的防御工事，直径长达 250 米。防御区的侧面则是两扇大门，人们可以通过这两扇大门越过这道防御系统直接进城。其中一扇大门的西南角上刻有斯芬克斯像，这种斯芬克斯雕刻像均是浅浮雕，形状并不明显。另一扇大门则未见画像，仅伫立在废墟西面，并附带着旁门。值得一提的是，这附带的旁门边伫立着两座斯芬克斯像。然而，最能凸显这两座斯芬克斯神像特征的部分在其头部，神像的两个头部均刻在单片的石板上，高度均超过两米。霍特风格的发型从前额开始一直往下披散到两个像的肩膀上，最后下披的头发则以卷发收尾。此外，这两座斯芬克斯像的肚子都很大，向前凸出，像身坐在叉开的短腿上。东边的斯芬克斯像雕刻有一只双头鹰，它的爪子抓着一只兔子，老鹰上面则是穿着长裙的女神。女神面朝城池，部分长裙则拖地而摆。[1]

博阿兹柯伊哈图莎什历史遗址位于土耳其乔鲁姆（Çorum）西南 82 公里处，距离安卡拉（Ankara）约 208 公里。这一历史遗址处在赫梯王国的核心地区，也就是布达考祖河谷（Budak″ozü River）的最南边。这处遗址高出平原约 300 米，平原四周皆是岩石群。岩石群的北边与西边则分别是山脉和悬崖。除了该遗址的北部，其余三面则均被城墙所包围。1834 年 6 月 12 日，考古学家查尔斯·德克斯特（Charles Dexter）考察了博阿兹柯伊哈图莎什历史遗址，首次将其考察的情况公之于众。1882 年 3 月 23 日，考古学家卡尔·赫曼（Carl Human）与奥图·普池斯坦恩（Otto Puchstein）一起来到博阿兹柯伊哈图莎什历史遗址。他们按计划进行了周密的调查与研究，并根据当地雅兹勒卡亚（Yazilikaya）残片做了石膏模型。这些石膏模型则保存在今德国贝加蒙（Pergamon）博物馆。1905 年 8 月

---

〔1〕《阿拉加霍裕克（Alacahöyük）遗址》，载 http：//www.goturkey.com.cn/i/364.html，访问时间：2017 年 5 月 5 日。

4 日，德国考古科研人员迈克瑞迪（Makridi）与温克勒（Winckler）实地考察了博阿兹柯伊哈图莎什历史遗址，他们发掘了超过一万件赫梯楔形文字泥板和两尊赫梯时期的斯芬克斯神像。[1]正是这些重见天日的出土文物，为本案埋下了伏笔。

（二）案情简介

1. 案件基本情况

20 世纪初，出于发掘历史遗址的需要，土耳其政府邀请德国考古研究所的考古人员参与土耳其国内重点历史遗址的发掘。在勘探与发掘博阿兹柯伊哈图莎什历史遗址时，德土两国的考古人员有了重大的考古发现。考古人员先后发现了超过一万件的楔形文字泥版和两尊赫梯时期的博阿兹柯伊斯芬克斯神像。当考古挖掘接近尾声时，由于土耳其的研究水平与科研条件不够完善，土耳其政府请求德国考古研究所施以援助与支持。德国考古研究所提议，将这些出土的土耳其文物暂时运往德国进行后期清理、修复和编目工作，待工作完成之后再将其悉数返还。鉴于德土两国之前的科考工作合作得较为顺利，土耳其政府同意了德方的这一提议。此后，德方遵照先前的约定，在对这些出土文物做完编目工作后，将之陆续返还给土耳其。

不过，有一部分文物迟迟未被归还土耳其，它们一直被收藏于德国柏林古代近东博物馆和贝加蒙博物馆。在这些迟迟未返还的出土文物中，有一尊博阿兹柯伊斯芬克斯神像格外引人注目。这尊博阿兹柯伊斯芬克斯神像原有一对，德方已将另外一尊返还给土耳其，但这尊一直未被返还。

然而，土耳其并未像其他文物来源国那样，就那些滞留在德国的出土文物直接向德国政府提请返还，而是重点就其中 7400 件楔形文字泥版和博阿兹柯伊斯芬克斯神像向"ICPRCP"提交了申请，要求当时的德意志民主共和国返还 7400 件楔形文字泥版和博阿兹柯伊斯芬克斯神像。在该委员会的积极斡旋下，德土政府展开了长期协商与谈判，最终使 7400 件楔形文字泥版和博阿兹柯伊斯芬克斯神像重归故土。

2. 案情事实

1905 年 8 月 4 日，应土耳其政府请求，德国考古研究所的科研人员迈克瑞迪与温克勒实地考察了博阿兹柯伊哈图莎什历史遗址，并发掘了超过一万件赫梯楔

---

〔1〕《土耳其哈图莎什：倾听历史的声音》，载 http：//travel. sina. com. cn/world/2013 – 05 – 09/1053 193796. shtml？from = wap，访问时间：2017 年 5 月 5 日。

形文字泥板和两尊赫梯时期的斯芬克斯神像。[1]

　　1917 年 3 月 13 日，在得到土耳其政府批准后，德国考古研究所的科研人员将从博阿兹柯伊哈图莎什历史遗址中发掘的文物转运至德国进行清理、修复和编目。在清理与修复、编目工作完成之后，许多出土文物被送还土耳其，其中包括两尊赫梯时期斯芬克斯神像中的一尊。但另外一尊斯芬克斯神像与其他一部分文物仍旧被保留在柏林古代近东博物馆和贝加蒙博物馆中。[2]

　　1987 年 4 月 7 日，土耳其向"ICPRCP"提交了返还申请，要求民主德国返还 7400 件楔形文字泥版，但并未就另一尊博阿兹柯伊斯芬克斯神像提出返还请求。在"ICPRCP"斡旋下，民主德国与土耳其政府展开了协商与谈判。最终，民主德国返还土耳其 7400 件楔形文字泥版。[3]

　　1987 年 7 月，土耳其共和国向"ICPRCP"提交了一份返还博阿兹柯伊斯芬克斯神像的申请。随后，在该委员会的斡旋之下，民主德国与土耳其政府展开了协商与谈判。

　　2010 年 9 月 21 至 23 日，"ICPRCP"召开第 16 届理事会。会上，该委员会敦请德土两国政府尽快就博阿兹柯伊斯芬克斯神像进行全面谈判，早日解决这一纠纷。[4]

　　2011 年 4 月至 5 月，德土两国分别在安卡拉和柏林举行了专家会议，并签署了谅解备忘录。在这份谅解备忘录中，德方表示，愿将博阿兹柯伊斯芬克斯神像返还给土方。

　　2011 年 5 月 13 日，德国与土耳其就博阿兹柯伊斯芬克斯神像签订了返还协议。依此，德方将在 2011 年 11 月 28 日之前将博阿兹柯伊斯芬克斯神像返还给土耳其共和国政府。[5]

　　（三）争议焦点

　　本案涉及的法律问题并不多，原因在于德土双方就博阿兹柯伊斯芬克斯神像

---

　　[1]　Report of the Rapporteur Mr. Folarin Shyllon to the Intergovernmental Committee for Promoting the Return of Cultural Property to Its Countries of Origin or Its Restitution in Case of Illicit Appropriation, Sixteenth Session, Paris, 21 – 23 September 2010, Doc. CLT – 2010/CONF. 203/COM. 16/8, October 2010.

　　[2]　Ibid.

　　[3]　Intergovernmental Committee for Promoting the Return of Cultural Property to its Countries of Origin or its Restitution in Case of Illicit Appropriation, Sixteenth session, Paris, 21 – 23 September 2010, Doc. CLT – 2010/CONF. 203/COM. 16/5, Recommendation No. 2.

　　[4]　Ibid.

　　[5]　Press and Information Office of the Federal Government Press Release, Turkey to Receive Hittite Sphinx, May 13, 2011.

的出土地与所有权归属等问题并无异议。鉴于此，涉案德土两国政府无需就其合法来源与争议标的所有权进行辩论。不过，土耳其政府需要就以下两点进行举证说明。

其一，博阿兹柯伊斯芬克斯神像是德方以清理与修复、编目为目的暂时转移至德国的；其二，德国（民主德国）是如何返还先前土耳其出土的其他文物的，这反过来可对第一点加以佐证。[1]

（四）本案返还的具体方式：通过"ICPRCP"斡旋解决

在本案中，追索方土耳其政府系借助"ICPRCP"建立的纠纷解决机制向德国追索博阿兹柯伊斯芬克斯神像。自成立起，"ICPRCP"在斡旋、调停、调解当事国之间的文物纠纷方面作出了诸多工作和制度性贡献。依据其章程，应联合国教科文组织成员国或准成员国的请求，"ICPRCP"可以启动调停或斡旋进程，以解决《1970年公约》调整范围之外的、具有重大意义的文化财产归属纠纷。

1987年7月21日，土耳其共和国向"ICPRCP"提交了要求民主德国返还博阿兹柯伊斯芬克斯神像的申请。随后，在该委员会的斡旋下，两国展开了协商与谈判。但后因两德统一等多重原因，这一纠纷迟迟未得到解决。

2002年11月19日，土耳其政府与德国政府就博阿兹柯伊斯芬克斯神像的返还事宜在柏林举行会谈，但并未达成解决意向。

2006年16日至17日，土耳其政府与德国政府就博阿兹柯伊斯芬克斯神像问题召开了专门会议。

2010年3月15日，德国举行柏林旅游博览会期间，两国政府进行了非正式接洽，就博阿兹柯伊斯芬克斯神像问题进行了商谈。

2010年9月21日至23日，"ICPRCP"召开第16届理事会。会上，该委员会敦请德土两国政府尽快就博阿兹柯伊斯芬克斯神像进行谈判，并要求涉案当事国随时向该委员会通报协商与谈判的进展情况。[2]

土耳其与德国政府接受了"ICPRCP"的建议，继续展开协商与谈判。在谈判中，德国曾提议以复制品的形式返还，但遭到土耳其的强烈反对。土耳其针锋

---

〔1〕 "Boğazköy Sphinx Finally Returns to Turkey after Decades in Germany", *Daily News*, July 28, 2011, 载 http：//www. hurriyetdailynews. com/n. php？ n = bogazkoy – sphinx – finally – returns – to – turkey – after – dec-ades – in – germany – 2011 – 07 – 28，访问时间：2017年5月6日。

〔2〕 Intergovernmental Committee for Promoting the Return of Cultural Property to its Countries of Origin or its Restitution in Case of Illicit Appropriation, Sixteenth session, Paris, September 21 – 23, 2010, Doc. CLT – 2010/CONF. 203/COM. 16/5, Recommendation No. 2.

相对地提出，复制品应交由德方，但原物必须返还土耳其。谈判一度陷入僵局。[1]随后，土耳其中断了德国在其境内的科考活动，禁止对德国政府签发科考许可证，以此给德国施加压力，以期推动返还进展。这一举措令德国倍感压力，并开始在谈判中作出让步。[2]

2011 年 4 月至 5 月，德国与土耳其分别在安卡拉和柏林举行了专家会议，并签署了一份谅解备忘录。[3]在这份谅解备忘录中，德方表示愿将博阿兹柯伊斯芬克斯神像返还土方，以示友好。

2011 年 5 月 13 日，德国与土耳其就博阿兹柯伊斯芬克斯神像达成了返还协议。根据该协议，德方将于 2011 年 11 月 28 日之前将博阿兹柯伊斯芬克斯神像"移交"土耳其。[4]双方选定上述日期主要是为了呼应土耳其赫梯时期文明入选1972 年《世界文化遗产公约名录》25 周年纪念日。值得提及的是，德国政府有意避免使用"归还"或"返还"的字眼，故该协议使用的是"移交"的措辞。[5]该表述表明，德国希望以此最大限度地避免潜在的法律风险。此外，该返还协议还包括德土两国公立收藏单位与考古机构的一揽子双边合作计划。[6]

2011 年 7 月 27 日，博阿兹柯伊斯芬克斯神像被运到伊斯坦布尔。[7]

（五）经验总结

通过对本案的详细分析与解读，我们可知，在"ICPRCP"的积极主导与斡旋之下，土耳其政府与德国政府展开了一系列的协商与谈判，加之土耳其政府采取了施压措施，最终促成了博阿兹柯伊斯芬克斯神像的成功返还。鉴此，我们可以学到一些经验，并得出以下启示：

第一，文物来源国政府与相关政府职能部门应当积极、主动掌握流失文物的

---

〔1〕　Report of the Rapporteur Mr. Folarin Shyllon to the Intergovernmental Committee for Promoting the Return of Cultural Property to Its Countries of Origin or Its Restitution in Case of Illicit Appropriation, Sixteenth Session, Paris, September 21 – 23, 2010.

〔2〕　Susanne Güsten, "Turkey Presses Harder for Return of Antiquities", *The New York Times*, May 25, 2011.

〔3〕　Press and Information Office of the Federal Government Press Release, Turkey to Receive Hittite Sphinx, May 13, 2011.

〔4〕　"Bogazköy Sphinx Finally Returns to Turkey after Decades in Germany", *Daily News*, July 28, 2011, 载 http://www.hurriyetdailynews.com/n.php? n = bogazkoy – sphinx – finally – returns – to – turkey – after – decades – in – germany –2011 –07 –28, 访问时间：2017 年 5 月 6 日。

〔5〕．Press and Information Office of the Federal Government Press Release, Turkey to Receive Hittite Sphinx, May 13, 2011.

〔6〕　*Ibid.*

〔7〕　*Ibid.*

证据，以完整的证据链来支撑追索。如涉案文物的返还争议在现行国际公约调整范围之外，可以考虑提请"ICPRCP"，并在其斡旋之下，促使文物市场国回到友好协商与谈判的轨道中来。

第二，如文物市场国拒绝返还流失文物且立场顽固，包括中国在内的文物来源国可以合理借鉴土耳其政府在本案中的做法，利用本国丰富的考古及文物资源对文物市场国采取施压措施，采取刚柔并济的追索策略，从而达到良好的追索效果。

四、德国柏林夏里特医学院返还纳米比亚政府 20 颗土著民头盖骨案（2011 年）

（一）背景概述

本案涉及纳米比亚共和国就其土著部落族群——纳马族（Nama）与赫雷罗族（Herero）土著居民流失的头盖骨向德国柏林夏里特医学院（Charité Universitätsmedizin Berlin）提出的返还请求。

20 世纪初，纳米比亚境内生活着两大部落族群，它们分别是赫雷罗族和纳马族。赫雷罗族隶属于西南非洲民族，主要居住在今纳米比亚北部和安哥拉南部。赫雷罗族属班图尼格罗人种，与奥万博人（Ovambo）血缘相近。赫雷罗族使用的是赫雷罗语，其隶属于尼日尔—科尔多凡语系，西南班图语群。赫雷罗族主要以畜牧业为生，族内普遍实行一夫多妻制与双系制，进而形成了以父系与母系并存的两大亲属集团。赫雷罗族的旁邻纳马族则是纳米比亚科伊科伊人（Khoekhoe）中最大的一支部落群体，曾约占纳米比亚总人口的1/8。现今，纳米比亚共和国境内仍有纳马族的存在，而这类族人多充当附近农场的临时工人，负责放牧绵羊、看管田园，或辅做家事等。[1]

1884 年 7 月 14 日，德国占领纳米比亚，开始征收当地人的土地与牲畜，并驱使他们筑路开矿，服务于各种劳役。短短的几年时间里，纳米比亚赫雷罗族就失去了三分之二的土地，一半以上的牲畜也被德国人占有。德国殖民者的残暴压迫与疯狂掠夺激起了当地人民的强烈不满与反抗。1904 年 1 月 12 日，赫雷罗族与纳马族联合起来向德国殖民者发动突然袭击。德皇威廉二世获悉后，随即调遣军队进行镇压。德军指挥官特罗塔（Trotta）下达了"灭绝令"，并发令道：一旦发现有赫雷罗族或纳马族人，无论其是否携带武器，一律格杀勿论。

在德军的追杀之下，赫雷罗族与纳马族人被迫背井离乡，踏上逃亡之路。不

---

〔1〕《8 万多人活活渴死，德国为灭绝赫雷罗人道歉》，载 http://www.chinadaily.com.cn/gb/doc/2004 -01/13/content_ 298473. htm，访问时间：2017 年 5 月 6 日。

过，德军指挥官特罗塔并未就此罢休，而是带领军队从三面追击，把赫雷罗族人赶进了沙漠。随后，他下令把沙漠出入口围住，并派士兵在沙漠仅剩的水源里下毒。大约 8 万多赫雷罗族人在茫茫大漠中悲惨死去，一些妇女和儿童侥幸活下来，却被德军押往死亡集中营。德国对纳米比亚实施的"灭绝行动"持续了 3 年的时间。最惨的当属赫雷罗族，该族从原本的 120 万人口骤降到 50 多万，最后仅剩下 1 万多人，几乎濒临灭绝。[1]而一些赫雷罗族与纳马族人的遗体则被殖民者运回德国，作"科学研究"之用。

纳米比亚独立后，开始要求德国政府为当年的殖民入侵与种族屠杀向纳米比亚人致歉，并就非法贩运的赫雷罗族与纳马族人的头盖骨提出了返还请求。

（二）案情简介

1. 案件基本情况

1884 – 1915 年，德国对纳米比亚进行了长达 31 年的殖民统治。在此期间，为了镇压赫雷罗族与纳马族人的起义，德属纳米比亚（当时称德属西南非洲）政府决定实施种族屠杀。在这场残酷的种族屠杀中，有大约 4.5 万至 6.5 万赫雷罗族与纳马族人遇害，约 300 具纳米比亚原住民人体遗骸被带到德国境内进行所谓的"科学研究"。[2]

独立以后，纳米比亚共和国政府向德国政府提出了赔偿与返还人体头盖骨的请求。同时，赫雷罗族与纳马族部落的两位首领维库·里鲁阿科（Vekuii Ruko-ro）和大卫·弗雷德里奇（David Fredericks）在海牙国际法院起诉了德国政府，要求德国政府就殖民时期在纳米比亚国内进行的种族大屠杀公开道歉，并赔偿300 亿美元。不过，因受案管辖权问题，该诉讼未被国际法院受理。[3]

由于德国柏林夏里特医学院收藏了殖民时期被非法贩运至德国的 20 颗土著人头盖骨，其中包括 9 颗赫雷罗族人头盖骨与 11 颗纳马族人头盖骨。在纳米比亚执政党"西南非洲人民组织"的带领下，赫雷罗族与纳马族有计划、有策略地对该医院展开了追讨工作。[4]

最终，经过德国政府与纳米比亚政府的友好协商与谈判，柏林夏里特医学院

---

〔1〕　Ibid.

〔2〕　Reinhart Kößler, "Namibia, Postkolonial Ignoriert", *Blätter für deutsche und internationale Politik*，11 (2011)，p.37.

〔3〕　《纳米比亚要求德国　为殖民大屠杀赔款》，载 http://www.zaobao.com.sg/news/world/story20170319 – 737690，访问时间：2017 年 5 月 8 日。

〔4〕　Reinhart Kößler, "Namibia, Postkolonial Ignoriert", *Blätter für deutsche und internationale Politik*，11 (2011)，p.39.

将 20 颗土著人头盖骨返还给纳米比亚。

2. 案情事实

1904 - 1907 年间，西南非洲赫雷罗族和纳马族发起了反抗德国殖民统治的起义。然而，这场起义很快被德国殖民者镇压。随后，赫雷罗族和纳马族遭到残忍的种族屠杀。[1]一部分被屠杀的原住民遗体被运往德国，并以"科学研究"为目的被存放在德国不同的科研机构。[2]

20 世纪 90 年代初，[3]德国一家公立的大学医院——柏林夏里特医学院获得了 20 颗非洲土著人的人体头盖骨，这些人体头盖骨包括 9 颗赫雷罗族人头盖骨与 11 颗纳马族人头盖骨（均是成年的人体头盖骨，年龄在 20 周岁至 40 周岁之间）。[4]

1990 年 3 月 21 日，纳米比亚宣布独立，国名为纳米比亚共和国，殖民时代终结。[5]

2004 年 8 月 14 日，在纳米比亚殖民大屠杀 100 周年纪念仪式上，德国经济合作与发展部部长海德玛丽·维乔雷克·措伊尔（Heidemarie Wieczorek - Zeul）代表德国政府向赫雷罗族与纳马族人道歉，并承认在殖民期间所犯下的罪行，愿意承担道德、政治与历史责任。[6]

2006 年 10 月 17 日，纳米比亚共和国执政党——西南非洲人民组织要求德国政府就殖民时期种族灭绝行为的赔偿事宜与纳米比亚进行协商与谈判。[7]

2008 年 5 月 12 日，德国纪录片广播公司播出了德国科研机构收藏纳米比亚人头盖骨的纪录片。此后，纳米比亚人头盖骨成为两国间的政治敏感话题。[8]

---

〔1〕　Charité Universitätsmedizin Berlin Press Release, Universitätsmedizin Berlin Honours the Victims, September 30, 2009.

〔2〕　Reinhart Kößler, "Namibia, Postkolonial Ignoriert", *Blätter für deutsche und internationale Politik*, 11 (2011), p. 37.

〔3〕　约 1990 年，柏林夏里特医学院发布的对外声明并未交代具体时间。

〔4〕　David Knight, "There was Injustice—Skulls of Colonial Victims Returned to Namibia", *Spiegel Online*, September 27, 2012.

〔5〕　Reinhart Kößler, "Namibia, Postkolonial Ignoriert", *Blätter für deutsche und internationale Politik*, 11 (2011), p. 37.

〔6〕　David Bargueño, "Cash for Genocide? The Politics of Memory in the Herero Case for Reparations", *Holocaust and Genocide Studies*, 26, No. 3 (2012), p. 397.

〔7〕　Reinhart Kößler, "Namibia, Postkolonial Ignoriert", *Blätter für deutsche und internationale Politik*, 11 (2011), p. 39.

〔8〕　Godwin Kornes, "Nation Building, Nationale Erinnerungskultur und die Politik der Toten in Namibia", in Beiträgezur 3, *Kölner Afrikawissenschaftlichen Nachwuchstagung* (KANT III), ed., Larissa Fuhrmann et al, pp. 17 - 18.

2008 年 10 月 3 日，赫雷罗族和纳马族群的代表开始与纳米比亚政府接触，敦请本国政府向德国追索其族人的头盖骨。[1]为促成土著人体头盖骨的顺利返还，纳米比亚政府还组成了以由国家文化遗产委员会和赫雷罗族与纳马族群为代表的政府代表团，正式向德国追索土著人体头盖骨。[2]随后，德国政府与纳米比亚政府就土著人头盖骨的返还事宜进行了协商与谈判。[3]

2011 年 9 月 30 日，德国柏林夏里特医学院向纳米比亚政府代表团返还 20 颗土著人头盖骨。[4]

2011 年 10 月 5 日，两国政府在纳米比亚共同举办返还 20 颗土著人体头盖骨的交接仪式。[5]

（三）争议焦点

本案的争议焦点体现在以下两点：

第一，返还头盖骨是否属于德国殖民时期犯下的屠杀行为应承担的国家责任。针对这一问题，德国政府最初的观点是，由于在 1948 年《防止及惩治危害种族罪公约》实施之前，国际法上并无认定种族灭绝罪的法律依据，德国在 1884 - 1915 年期间对纳米比亚进行的殖民统治以及在此期间实施种族屠杀行为不构成国际法上的种族灭绝罪。[6]因此，德国承担的国家责任主要是人道主义责任，头盖骨的返还也并非属于严格意义上的国家责任。[7]

针对德国政府的观点，纳米比亚政府提出如下观点：首先，对殖民统治纳米比亚期间犯下的罪行，德国政府仅做出形式上的道歉是不够的。德国政府应当正式、公开地向纳米比亚共和国道歉。其次，在对纳米比亚部落族群实施种族屠杀的定性问题上，德国政府的态度不明。纳米比亚政府认为，德国政府应当承认当年犯下的种族屠杀罪行，返还头盖骨因而是德国应当承担的国家责任。

第二，如何确定本案中的返还主体。起初，纳米比亚政府以德国政府为追索对象，后经双方协商，柏林夏里特医学院加入协商与谈判。换言之，本案的返还

---

〔1〕　*Ibid.*

〔2〕　*Ibid.*

〔3〕　The National Heritage Council is a Namibian Administrative Body Responsible for the Protection of Namibia's Natural and Cultural Heritage, see about the National Heritage Council, National Heritage Council, 载 http：//www. nhc - nam. org/ab_ aboutus. php，访问时间：2017 年 5 月 9 日。

〔4〕　David Bargueño, "Cash for Genocide? The Politics of Memory in the Herero Case for Reparations", *Holocaust and Genocide Studies*, 26, No. 3 (2012), p. 394.

〔5〕　*Ibid.*

〔6〕　*Ibid.* , at 397.

〔7〕　*Ibid.* , at 398.

主体从德国政府变为柏林夏里特医学院。

（四）本案返还的具体方式：协商与谈判

为促成土著人体头盖骨的顺利返还，纳米比亚组成了以国家文化遗产委员会和赫雷罗族与纳马族群为代表的政府代表团，开启了对德国追索 20 颗土著人体头盖骨的工作。起初，进行协商与谈判的双方是德国政府与纳米比亚共和国政府，本案中的现占有者德国柏林夏里特医学院并未参与。[1]

鉴于战争索赔与人体遗骸追索是两个具有不同法律性质的请求权，纳米比亚政府代表团认为，德国政府就殖民时期的种族屠杀给予赔偿，这是侵权损害赔偿；而人体遗骸的追索是原物返还请求。因此，有必要请现占有者柏林夏里特医学院参与协商和谈判。该医学院表示同意，但强调其对人体遗骸进行的研究旨在更好地了解赫雷罗族与纳马族群的历史与生存状况。

随后，纳米比亚政府代表团出示了本案争议标的物——20 颗土著人体头盖骨的相关情况与信息。面对这些证据，夏里特医学院承认，用收藏的人体头盖骨进行科学实验是对殖民历史的淡漠，更是对赫雷罗族与纳马族群的亵渎与犯罪。[2]至此，该院表达了深刻的反思与歉意。[3]之后的谈判也因此进展顺利。随后，夏里特医学院董事长与纳米比亚国家文化遗产委员会代表双方正式签署了20 颗土著人体头盖骨的返还协议，[4]从而使本案得到圆满解决。

（五）经验总结

通过对本案的详细分析与解读，我们可以学到一些经验，并得到以下启示：

第一，在追索流失海外的中国文物时，中方需对返还主体予以明确。只有明确了涉案的返还主体，方可有计划、有针对性地对其提出返还请求。事实证明，在不少案例中，文物来源国向流失文物的现占有者或收藏机构进行直接谈判，比向文物市场国政府提出返还请求更为恰当、有效。

第二，中国在制定追索流失海外文物的战略与策略时，对于曾对中国发动侵略战争的国家，如日本，应当通盘考虑其承担的国家责任。这样不仅有利于文物的返还，还有利于国家整体外交政策的实现。

---

〔1〕　Charité Universitätsmedizin Berlin Press Release, Universitätsmedizin Berlin Honours the Victims.

〔2〕　Ibid.

〔3〕　Reinhart Kößler, "Namibia, Postkolonial Ignoriert", Blätter für deutsche und internationale Politik, 11 (2011), p. 38.

〔4〕　Ibid.

五、德国波恩艺术博物馆返还阿尔弗雷德·弗莱希特海姆后裔画作《旋转光束的灯塔》案（2012 年）

（一）背景概述

本案也是德国返还战时被劫掠犹太人艺术品的经典案例之一，不过本案的争议标的物即油画《旋转光束的灯塔》（Lighthouse With Rotating Beam）并未返还给原属者后裔，而是给予其原属者后裔以经济补偿，原画继续收藏并保存在德国波恩艺术博物馆。

静态油画《旋转光束的灯塔》的作者是德国油画家保罗·阿道尔夫·斯豪斯（Paul Adolf Seehaus，1891 – 1919 年）。斯豪斯是德国近代表现主义的绘画大师，他的油画以立体、多面、抽象与幻象的笔调为主，经常运用暗色系的格调与层次不齐的空间构造来营造其所描绘的艺术意境。[1] 这幅油画《旋转光束的灯塔》是斯豪斯传世不多的代表作之一。然而，这幅名画经历了买卖、有偿出借、参展、非法侵占、公开拍卖与收藏等过程，可谓命运坎坷，一波三折。最终，它被收藏并保存在德国波恩艺术博物馆中。

（二）案情简介

1. 案件基本情况

这幅名为《旋转光束的灯塔》的静态油画是斯豪斯于 1913 年创作的名画，亦是其晚年的代表作之一。最早收购该油画的是德国籍犹太艺术品经销商兼收藏家阿尔弗雷德·弗莱希特海姆（Alfred Flechtheim）。值得一提的是，弗莱希特海姆不仅是德国最早收藏毕加索（Picasso）作品的收藏家，亦曾代理过克利、乔治·格罗茨（George Grosz）和马克斯·贝克曼（Max Beckmann）的艺术画作等。弗莱希特海姆早年曾在德国杜塞尔多夫和柏林开过艺术画廊。在这两个地区的艺术画廊里，他曾举办过一系列不同主题的艺术画作展，还创办过与艺术画作相关的艺术杂志。

正是由于大量收购与出售艺术品和珍贵画作，弗莱希特海姆成为纳粹当局重点迫害的犹太人士之一。为避免遭到迫害，弗莱希特海姆只得低价处理其收藏的艺术画作，以筹措资金逃离德国。这些被处理的艺术画作包括《旋转光束的灯塔》、保罗·克利（Paul Klee）在 1919 年创作的油画作品《羽状植物》（Feather Plant）以及胡安·格里斯（Juan Gris）在 1913 年创作的作品《静物画——小提

---

〔1〕 Lost Art Internet Database, Koordinierungsstelle Magdeburg: "Flechtheim, Alfred", 载 http: //www. lostart. de/Content/051_ ProvenienzRaubkunst/DE/Sammler/F/Flechtheim,% 20Alfred. html? nn = 5144&lv2 = 5664&lv3 =36110, 访问时间：2017 年 5 月 11 日。

琴与墨水瓶》（Still Life—Violin and Inkwell）等。

除通过协商与谈判等非诉途径解决《旋转光束的灯塔》的返还争议之外，居住在美国加州的弗莱希特海姆的侄孙迈克尔·休尔顿（Michael Hulton）及其夫人还以德国巴伐利亚州的北莱茵－威斯特伐利亚艺术博物馆（The Art Museum of North Rhine－Westphalia）为被告，在美国联邦地方法院提起返还之诉，要求被告返还艺术画作《羽状植物》和《静物画——小提琴与墨水瓶》。遗憾的是，这一诉求未获法院支持。[1]

最终，休尔顿夫妇未能如愿追索回本案的争议画作《旋转光束的灯塔》，但德国波恩艺术博物馆以画作的市场价格对休尔顿夫妇予以补偿。

2. 案情事实

1932 年 3 月 11 日，著名德国籍犹太裔艺术品经销商兼收藏家弗莱希特海姆收购了德国油画家斯豪斯于 1913 年创作的静态油画《旋转光束的灯塔》。[2]

1933 年 3 月 17 日，为避免纳粹的迫害与无端骚扰，弗莱希特海姆携家眷逃出德国。他与妻子先逃往瑞士苏黎世，再取道法国巴黎辗转至英国伦敦，并在此定居。在弗莱希特海姆决定逃离德国之前，出于对自身经济压力与家庭负担的考虑，他将自己收藏的艺术品画作，包括《旋转光束的灯塔》等在内的部分油画有偿出借给德国柏林太子宫（Kronprinzenpalais）。[3]

1933－1949 年，弗莱希特海姆位于德国杜塞尔多夫的艺术画廊因纳粹实施的反犹政策而被"分割"。该艺术画廊中的一部分艺术画作被分给时任德国纳粹党政府成员，亦是弗莱希特海姆的前雇员埃里克森·沃梅（Alex Vömel）。沃梅还利用其职务之便侵占了德国柏林太子宫的馆藏文物，包括《旋转光束的灯塔》在内的部分油画。随后，弗莱希特海姆位于德国柏林的艺术画廊也遭到纳粹的资产清算，其私人藏品遭到贱卖，其中包括皮埃尔·奥古斯特·雷诺阿（Pierre－Auguste Renoir）、瓦西里·康定斯基（Wassily Kandinsky）、费尔南德·雷捷（Fernand Leger）、乔治·布拉克（Georges Braque）和亨利·马蒂斯（Henri Ma-

---

〔1〕《犹太艺术商后人向博物馆索要藏品未果》，载 http：//collection. sina. com. cn/hwdt/20130131/0905102142. shtml，访问时间：2017 年 5 月 11 日。

〔2〕 Lost Art Internet Database, Koordinierungsstelle Magdeburg："Flechtheim, Alfred"，载 http：//www. lostart. de/Content/051_ ProvenienzRaubkunst/DE/Sammler/F/Flechtheim,% 20Alfred. html? nn = 5144&lv2 = 5664&lv3 = 36110，访问时间：2017 年 5 月 11 日。

〔3〕 Joint Press Release, "Kunstmuseum Bonn and Flechtheim Heirs", Bericht aus Bonn/Kultur － Paul Adolf Seehaus, "Leuchtturm mit rotierenden Strahlen: Einigung zwischen den Erben von Alfred Flechtheim und dem Kunstmuseum Bonn", Stadt Bonn, April 13, 2012.

tisse）等著名画家的作品。[1]

1937 年 10 月 11 日，在穷困潦倒中，弗莱希特海姆因败血症去世。不久，弗莱希特海姆的妻子自杀身亡。[2]

1945 年二战胜利之后，弗莱希特海姆家族开始着手追索因纳粹迫害而贱卖或出借的艺术画作。[3]

1949 年 7 月 27 日，德国波恩艺术博物馆在斯图加特拍卖行举办的一次拍卖中拍得《旋转光束的灯塔》。[4]

2009 年 9 月 10 日，在得知《旋转光束的灯塔》为波恩艺术博物馆收藏后，居住在美国加州的弗莱希特海姆的侄孙休尔顿与妻子向该博物馆提出了返还请求。[5]

2012 年 4 月 12 日，波恩艺术博物馆对外发表公开声明：二战期间弗莱希特海姆出借与贱卖私人收藏的艺术画作确系因纳粹迫害而作出的无奈之举。尽管缺乏关键性的证据来源，它依然愿意对原所有人的继承人作出经济补偿。[6]

（三）争议焦点

本案的争议焦点主要是围绕争议标的物《旋转光束的灯塔》的所有权归属问题而展开的。

对于战时被劫掠或流失的文物而言，其所有权归属通常是文物原所有权者或原属国在追索过程中需要解决的重点问题。客观而言，在本案中，追索方弗莱希特海姆的侄孙休尔顿无法就其对争议标的物——《旋转光束的灯塔》拥有所有权提出直接证据。此外，按照《德国民法典》关于善意取得与时效制度的规定，其主张对标的物的所有权缺少法律支撑。[7]

----

〔1〕 *Ibid.*

〔2〕 Gunnar Schnabel and Monika Tatzkow, Nazi Looted Art—Handbuch Kunstrestitution Weltweit, Berlin：Proprietas Verlag, 2007, 39 et seqq.

〔3〕 *Ibid.*

〔4〕 Joint Press Release, "Kunstmuseum Bonn and Flechtheim Heirs", Bericht aus Bonn/Kultur – Paul Adolf Seehaus, "Leuchtturm mit rotierenden Strahlen：Einigung zwischen den Erben von Alfred Flechtheim und dem Kunstmuseum Bonn", Stadt Bonn, April 13, 2012.

〔5〕 Gunnar Schnabel and Monika Tatzkow, Nazi Looted Art—Handbuch Kunstrestitution weltweit, Berlin：Proprietas Verlag, 2007, 39 et seqq.

〔6〕 Hickley, Catherine, "Jewish Art Dealer's Heir Settles Nazi – Era Claim With Bonn Museum", *Bloomberg*, April 12, 2012, 载 http：//www. bloomberg. com/news/2012 – 04 – 12/jewish – art – dealer – s – heir – settles – nazi – era – claim – with – bonn – museum. html, 访问时间：2017 年 5 月 11 日。

〔7〕 Gunnar Schnabel and Monika Tatzkow, *Nazi Looted Art—Handbuch Kunstrestitution Weltweit*, Berlin：Proprietas Verlag, 2007, 39 et seqq.

休尔顿夫妇认为，鉴于纳粹当局众所周知的反犹政策，有理由相信弗莱希特海姆有偿出借与贱卖是迫于纳粹德国的高压政策，倘若弗莱希特海姆真心愿意出售且交易所收藏的画作，便不存在出借一说，更不可能以近乎免费的价格变卖这些艺术品画作。

波恩艺术博物馆认为，无法确定弗莱希特海姆当时是出于什么动机来处理这些艺术画作的；在1949年7月27日公开拍卖之前，对于弗莱希特海姆转移与出售艺术品画作的目的与具体情况亦不得而知。鉴此，《旋转光束的灯塔》的所有权归属有待进一步确定。[1]

（四）本案返还的具体方式：协商与谈判

当得知《旋转光束的灯塔》被收藏于波恩艺术博物馆后，休尔顿夫妇致信该博物馆提出返还请求。为此，休尔顿夫妇提供了相关的档案材料。收到休尔顿夫妇的返还请求后，波恩艺术博物馆立即对《旋转光束的灯塔》展开调查。该博物馆还聘请了两位专家，就画作《旋转光束的灯塔》的合法性来源进行鉴定与评估。然而，在随后公布的鉴定结果中，该博物馆并未就该画作是在何时以及在何种情况下被非法占有，又是如何成为德国斯图加特拍卖会拍品的具体情况予以说明与澄清。至于在拍得这幅《旋转光束的灯塔》是否履行了尽职调查义务，该博物馆也讳莫如深。[2]

在休尔顿夫妇与波恩艺术博物馆协商与谈判期间，前者提出，二战期间，弗莱希特海姆贱卖自己所收藏的艺术画作，并将《旋转光束的灯塔》有偿出借给德国柏林太子宫，这些行为足以说明，弗莱希特海姆当时的目的是筹措资金以逃离纳粹统治下的德国。鉴于此，可将包括《旋转光束的灯塔》在内的艺术画作定性为战时遭劫掠或侵占的文化财产，弗莱希特海姆受到纳粹德国的政治迫害亦无疑义。针对休尔顿夫妇的观点，波恩艺术博物馆表示，该博物馆愿意积极回应二战受害者或其后裔的返还请求，主要是基于《关于被纳粹没收艺术品返还的原则宣言》（《华盛顿宣言》）的规定，即拥有被纳粹劫掠艺术品的博物馆和其他公共机构应将艺术品归还失主或其后人。[3]

〔1〕 Joint Press Release, "Kunstmuseum Bonn and Flechtheim Heirs", Bericht aus Bonn/Kultur – Paul Adolf Seehaus, "Leuchtturm mit rotierenden Strahlen: Einigung zwischen den Erben von Alfred Flechtheim und dem Kunstmuseum Bonn", Stadt Bonn, April 13, 2012.

〔2〕 Gunnar Schnabel and Monika Tatzkow, *Nazi Looted Art—Handbuch Kunstrestitution Weltweit*, Berlin: Proprietas Verlag, 2007, 39 et seqq.

〔3〕 Washington Conference Principles on Nazi—Confiscated Art, December 3, 1998.

最后，波恩艺术博物馆宣布承认弗莱希特海姆受到了纳粹的政治迫害，[1]并愿基于《华盛顿宣言》第 8 条与第 9 条的规定，给予受害者或其后裔以经济补偿。不过，该博物馆坚持认为，争议画作的所有权仍归其所有。换言之，波恩艺术博物馆愿以艺术画作的市场价格补偿休尔顿夫妇，但不同意返还该画。

（五）经验总结

通过对本案的详细分析与解读，我们可以学到一些经验，并得到以下启示：

第一，针对战时被劫掠的中国文物，中国政府应当尽可能利用国际道义准则或原则作为追索的依据。鉴于当代关于文物返还的国际公约大都于 20 世纪下半叶订立，依据"法不溯及既往"原则，中国追索战时被劫掠文物缺少直接的国际法依据，在这种情形下，将国际道德规范与国际道义准则（包括联合国与联合国教科文组织的宣言与决议等）作为追索文物的"准法律"依据，特具重要意义。

第二，中国应与主要文物市场国积极展开对话与磋商，及时主张权利，努力促使战时被劫掠或流失文物的返还。从各国的追索实践来看，双边谈判是解决历史遗留问题的最有效途径。因此，即便我们不能达成一揽子协议，也应该努力就一些具有特殊重要性的文物返还达成特别协议。但是，鉴于文物追索的目的与中国的实际情况，我们应当明确拒绝文物市场国以经济补偿代替原物返还的方案。

六、德国斯图加特林登博物馆返还印度政府杜尔迦女神图腾像案（2015 年）

（一）背景概述

本案涉及印度政府向德国斯图加特林登博物馆追索一尊公元 10 世纪的杜尔迦（Durga）女神图腾像，亦是印度政府灵活运用外交谈判等方式索回被盗流失文物的典型案例。

提到杜尔迦女神图腾像，就不得不说杜尔迦女神，她是印度教神话湿婆之妻——雪山女神的众多传世形象之一，也是性力派崇拜的主神之一。杜尔迦是其本名，"难近母"则是取自她所消灭的罗刹。其主要功绩是消灭了杜尔格摩、巽婆与尼巽等凶残的罗刹。根据《往世书》的记载，古代印度有位可怕的凶神，名叫阿修罗，常善于伪装变幻。为了下天界来折磨诸神，它伪装成水牛。百年之后，阿修罗把诸神从天堂赶出，自己登上了因陀罗的宝座。诸神向梵天祈祷，期待得到湿婆和毗湿奴的援助。在得知阿修罗的暴虐无道后，湿婆和毗湿奴运功发

---

[1] Joint Press Release, Kunstmuseum Bonn and Flechtheim Heirs, Bericht aus Bonn/Kultur – Paul Adolf Seehaus, "Leuchtturm mit rotierenden Strahlen".

力，合力喷出了一种特别的火焰，将其照射到整个宇宙大地。火焰瞬间化身成为一位漂亮的女神，这便是杜尔迦女神。此时，诸神纷纷向杜尔迦女神赠予各种护法宝物。有的赠送丝绸服装，有的赠送各种首饰，有的则送盔甲与武器，而喜马拉雅山山神则赠送给她一头战无不胜的雄狮，以当坐骑。随后，杜尔迦女神向四周伸开十只臂，向阿修罗挑战。自带各种武器的阿修罗立即率领军队前来应战。这样，一场激烈的战斗就此打响。转瞬间，地动山摇，海水翻滚，杜尔迦女神投出了名叫"巴希"的武器，将阿修罗死死套住。顿时，整个宇宙天地摇晃起来，紧接着阿修罗又变幻成各种形状，千方百计地想要砍断束缚于身的"巴希"。尽管它努力再三，终究未能逃离"巴希"的束缚。最后，杜尔迦女神抽出宝剑，一剑将其刺死。诸神与百姓见状欢声雷动，纷纷向杜尔迦女神朝贺，并向其致敬。

至此之后，在印度国内，杜尔迦被看作是降妖除魔的女神而备受崇拜。在现代印度绘画与雕塑作品中，杜尔迦女神的形象随处可见。她的皮肤呈蜡黄色，上躯有着八、十或十八只手臂，手持诸神所赐的各类武器，还有长矛与毒蛇护其左右，坐骑则多以虎或狮为主。为了感谢杜尔迦女神驱邪扶正的功绩，每年9月和10月印度教徒庆祝"难近母"（杜尔迦）节，该节日成为印度东南地区最为隆重的宗教节日之一。信徒们将特制的"难近母"像供奉九天后沉入水中，随即举行大规模的游行与祭祀活动。[1]

（二）案情简介

1. 案件基本情况

20世纪90年代（具体年月无从考证），一尊公元10世纪的杜尔迦女神图腾像从印度查谟与克什米尔邦（Jammu and Kashmir）的普尔瓦纳（Pulwana）一处寺庙中被盗，从此便杳无音讯。[2] 2000年4月10日，德国斯图加特林登博物馆收购了这尊杜尔迦女神图腾像。[3]

经过10年的调查与追踪，印度中央调查局宣布对美国纽约帕斯特艺术画廊（The Art of the Past Gallery）经理萨博哈什·卡珀尔（Subhash Kapoor）发布国际

---

〔1〕《杜尔迦女神节》，载 http://www.yinduabc.com/hindu/1111.htm，访问时间：2017年5月12日。

〔2〕当地媒体报道杜尔迦女神图腾像失踪后，印控克什米尔地区第一时间向该地区政府提交了一份失窃的信息报告。Aamir M. Khan, "Stolen Durga Idol Returns to Valley after 25 Years", *The Tribune India*, March 31, 2016.

〔3〕Alexandra Scherle, "Germany Returns Hindu Statue to India", *Deutsche Welle*, September 23, 2015.

逮捕令，理由是其涉嫌盗窃与非法出口杜尔迦女神图腾像。[1]不久，印度考古学会收到一份关于杜尔迦女神图腾像信息来源的匿名报告，由此证实杜尔迦女神图腾像现保存在斯图加特林登博物馆。

随后，印度考古学界派官方代表前往德国斯图加特，向林登博物馆提供了有关杜尔迦女神图腾像来源与其被盗流失的证据，请求将其还给印度。此后，德国与印度政府展开了一系列协商与谈判。最终，德国斯图加特林登博物馆宣布，基于"伦理与道义规则"将这尊杜尔迦女神图腾像还给印度政府。[2]

2. 案情事实

20 世纪 90 年代，一尊公元 10 世纪的杜尔迦女神图腾像从印度查谟与克什米尔邦的普尔瓦纳一处寺庙中被盗。[3]

2000 年 4 月 10 日，德国斯图加特林登博物馆购买了杜尔迦女神图腾像，收购价为 224 000 欧元。[4]

2011 年 10 月 25 日，印度中央调查局对美国纽约帕斯特艺术画廊经理卡珀尔发布国际逮捕令。[5]

2011 年 10 月 30 日，卡珀尔在德国被捕。[6]

2012 年 7 月 2 日，印度考古学会收到匿名信息，称杜尔迦女神图腾像现存放在德国斯图加特林登博物馆中。[7]

2012 年 7 月 14 日，卡珀尔因被指控涉嫌非法掠夺与出口文化财产，被引渡到印度。[8]

2014 年 3 月 17 日，印度考古学界派代表前往德国斯图加特，向该博物馆提

〔1〕 Jason Felch, "Reckless: In Pursuit of Shiva, the National Gallery of Australia Ignored the Advice of Its Attorney", *Chasing Aphrodite*, March 17, 2014.

〔2〕 Priyanka Mogul, "Angela Merkel Returns Stolen 10th Century Goddess Statue to Indian Prime Minister Narendra Modi", *International Business Times*, October 6, 2015.

〔3〕 Aamir M. Khan, "Stolen Durga Idol Returns to Valley after 25 Years", *The Tribune India*, March 31, 2016.

〔4〕 Alexandra Scherle, "Germany Returns Hindu Statue to India", *Deutsche Welle*, September 23, 2015.

〔5〕 *Ibid.*

〔6〕 Jason Felch, "Reckless: In Pursuit of Shiva, the National Gallery of Australia Ignored the Advice of Its Attorney", *Chasing Aphrodite*, March 17, 2014.

〔7〕 "Germany Returns Stolen Durga Idol Found in Linden Museum", *Huffington Post India*, October 5, 2015.

〔8〕 Jason Felch, "Reckless: In Pursuit of Shiva, the National Gallery of Australia Ignored the Advice of Its Attorney", *Chasing Aphrodite*, March 17, 2014.

供了有关杜尔迦女神图腾像来源与其被盗的证据，并向该博物馆提出了返还请求。[1]

2015 年 9 月 23 日，德国斯图加特林登博物馆将杜尔迦女神图腾像移交给印度驻德国大使。[2]

2015 年 10 月 5 日，在印度举行的交接仪式上，德国总理安吉拉·默克尔（Angela Merkel）向印度总理纳伦德拉·莫迪（Narendra Modi）返还了杜尔迦女神图腾像。[3]

（三）争议焦点

本案的争议焦点主要是围绕杜尔迦女神图腾像的所有权问题而展开的。

依据 1972 年印度《文物古董法案》，印度境内的古物归国家所有，[4]且只有经印度政府主管进出口部门的审核与批准，在获得出口许可证后，相关古物才能出口。[5]由于本案的争议文物杜尔迦女神图腾像系遭盗窃并非法出口，它自然没有获得出口许可证。

美国纽约帕斯特艺术画廊经理卡珀尔被印度政府指控涉嫌盗掘与非法出口杜尔迦女神图腾像，被引渡到印度后，他立即被逮捕并起诉。在案件审理期间，卡珀尔的业务合作伙伴亚伦·弗里德曼（Aaron Freedman）出庭作证，向法庭承认，杜尔迦女神图腾像确系他与卡珀尔从印度国内的寺庙中偷来的，并通过伪造大量文物来源合法性的证明与文件，将包括杜尔迦女神图腾像在内的这些盗掘与非法出境的文物销往世界各地的博物馆与艺术画廊。[6]

此外，德国斯图加特林登博物馆也承认，之所以未对这尊杜尔迦女神图腾像进行来源合法性的彻底调查就将其收购入馆，完全是出于对这位"经验丰富、信用可靠"的经销商卡珀尔的信任。[7]至此，杜尔迦女神图腾像的所有权归属与非法盗窃流失的性质得到确认，从而解决了因这尊图腾像归属所引发的争议。

〔1〕　Priyanka Mogul, "Angela Merkel Returns Stolen 10th Century Goddess Statue to Indian Prime Minister Narendra Modi", *International Business Times*, October 6, 2015.

〔2〕　"Germany Returns Durga Idol Stolen 20 Years Ago From Kashmir Temple", *The Quint*, October 5, 2015.

〔3〕　Priyanka Mogul, "Angela Merkel Returns Stolen 10th Century Goddess Statue to Indian Prime Minister Narendra Modi", *International Business Times*, October 6, 2015.

〔4〕　Section 3 (1) of the Antiquities and Art Treasures Act 1972.

〔5〕　*Ibid.*, Section 5.

〔6〕　People of the State of New York v. Aaron Freedman, No. 13 – 091098, N. Y. Sup. Ct., plea agreement, 4 December 2013.

〔7〕　*Ibid.*

（四）本案返还的具体方式：协商与谈判

杜尔迦女神图腾像遭盗窃非法流失之后，印度政府与印度考古学会相继展开对这尊图腾像的调查工作。

在收到一份关于杜尔迦女神图腾像的匿名报告后，印度考古学会证实，杜尔迦女神图腾像被保存在德国斯图特加特林登博物馆中。随后，两名来自印度考古学会的官方代表前往德国斯图加特林登博物馆进行接洽与和谈，向该博物馆提供了非法盗窃出口杜尔迦女神图腾像的证据，并提出返还请求。之后，德国巴登－符腾堡州与印度驻德国柏林大使馆也参与到协商谈判中。

林登博物馆表示，尽管这尊杜尔迦女神图腾像被盗非法出口的事实无疑；但希望对方能够站在维护该博物馆声誉的角度出发，理解其以"伦理与道义规则"考虑返还这尊杜尔迦女神图腾像的立场。

未过多久，林登博物馆将杜尔迦女神图腾像移交印度驻德国大使。最终，德国总理默克尔在印度举办的返还仪式上向印度总理莫迪亲自返还了这尊杜尔迦女神图腾像。

（五）经验总结

通过对本案的详细分析与解读，我们可以学到一些经验，并得到以下启示：

第一，现今许多文物经销商或文物收藏家通过伪造盗窃、盗掘以及非法出口文物的合法来源证据以"漂洗文物"，让非法流失的文物披上合法外衣，导致此类文物在文物市场国进行"合法"交易。这一犯罪行为亟待引起文物来源国与国际社会的重视，并采取切实措施打击之。本案中，印度政府对犯罪嫌疑人发布国际逮捕令，并通过国际执法合作将之引渡回国，并对其绳之以法，这值得广大文物来源国学习。

第二，本案说明，在获得文物被盗的确凿信息后，文物原属国应综合利用国际执法合作、外交、刑事与国际民事诉讼等手段，促成文物的返还，并将犯罪实施者绳之以法。综合利用各种手段不仅有利于促成流失文物的返还，还有利于打击文物犯罪，从而遏制文物流失，维护文物安全。从这个意义上说，印度政府在本案中的处理手段尤为值得借鉴。

第五章　日本篇

　　近代以来，日本发动了多次侵华战争。日本的侵略使中华大地山河破碎、满目疮痍，给中华民族造成了深重灾难。日本侵华期间，劫掠中国文物是日本政府既定的文化政策之一。从最早制定的《战时清国宝物搜集办法》到日本军部派遣的"中国文物考察团"，[1]再到侵华日军专门配备的"文物搜集专员"等，[2]从踏上中国国土那一天起，日军就开始有计划地劫掠各类中国文物。

　　日本劫掠的中国文物，无论在数量上，还是在品质上，均远超欧美列强。据不完全统计，抗日战争爆发后至1945年8月15日战争结束，被日本劫掠的中国文物共计1879箱，360万件，遭到破坏的文化古迹则高达741处。[3]据《中国甲午以后流入日本之文物目录》记载，自中日甲午战争至抗日战争胜利前夕，被日本劫掠的有据可查的中国文物高达15 245件。[4]

　　作为二战战胜国之一的中国，战后仅从日本收回了10箱化石、35 000余册古书与58卷绢制古画，返还的数量可谓寥寥无几。[5]目前，日本拥有一千余座大小博物馆，共收藏中国历代文物近两百万件之多，大多数为日本侵华战争期间被劫掠到日本的，仅东京国立博物馆一家就藏有中国历代文物珍品九万余件，其中珍品、孤品（如南宋著名画家马远的《寒江独钓图》）不计其数，远远超过中国国内的许多博物馆。[6]此外，大阪市立东洋陶瓷美术馆、大阪市立美术馆、京

　　〔1〕　戴雄：《抗战时期中国文物损失概况》，载《民国档案》2003年第2期，第84页。

　　〔2〕　韩文琦：《抗战时期日本侵占中国文物论述》，载《南京政治学院学报》2012年第5期，第78页。

　　〔3〕　《中国文物流失日本调查：日本有计划地掠夺中国文物》，载《国际先驱导报》2011年1月11日，第7版。

　　〔4〕　谢辰生、顾廷龙主编：《中国甲午以后流入日本之文物目录》，中西书局2012年版，第1页。

　　〔5〕　《中国文物流失日本调查：日本有计划地掠夺中国文物》，载《国际先驱导报》2011年1月11日，第7版。

　　〔6〕　吴树：《谁在收藏中国》，山西人民出版社2008年版，第47页。

都泉屋博古馆、藤井有邻馆、根津美术馆等也收藏了大量中国珍贵文物，包括王羲之的《妹至帖》《定武兰亭序》《十七帖》《集王圣教序》，前凉时代的《李柏尺牍稿》等稀世文物珍品。[1]这些被劫掠至日本的中国文物，既是中华民族无法割舍的文化珍宝，也是日本侵略罪行的有力证据。

尤其值得强调的是，抗日战争是世界反法西斯战争的重要组成部分。日本掠夺文物和纳粹德国掠夺艺术品均对受害国家和受害者造成了重大损害。然而，与日本几乎未归还中国文物不同，同样作为二战的战败国，德国在战争期间劫掠他国的文物及艺术品在战后得到了系统性返还，这应当引起我国政府与学界的高度关注与深入思考。当前，中日关系因日本当局试图否认甚至美化侵略历史以及钓鱼岛主权纠纷等原因陷入低谷，同时，日本国内出现了政治右倾化发展的态势，否认甚至美化帝国主义战争罪行的言论甚嚣尘上。在此背景下，对日本侵华期间劫掠中国文物的返还问题展开研究并提出对策，不仅具有重要的理论价值，也是与日本右翼势力进行斗争的有力手段，符合国家的重大现实需求。

第一节　涉及文物返还的日本法研究

日本是东北亚地区的重要国家，亦是世界主要文物市场国。在世界近现代史上，中国、韩国、菲律宾、马来西亚等国不计其数的珍贵文物因战争劫掠、盗掘以及走私等原因流失到日本。由于日本在地理上与中国毗邻，在文化上与中国接近，无论是近代还是当代，日本均为中国文物流出的主要目的国之一。鉴于此，日本涉及文物保护与返还的法律制度值得我们高度关注。

在亚洲诸国中，日本在文化财领域的立法起步最早，大致可以追溯到明治维新时期。彼时，为有效地遏制因社会历史变迁与本国政治体制改革等因素所造成的文物破坏、历史古迹损毁与非法交易等问题，日本政府效法西欧国家，先后制定了《古器旧物保存法》《古社寺保护法》《历史名胜古迹与自然纪念碑保护法》《国宝保护法》等一系列法律。[2]二战结束后，日本政府在文化财领域又颁布了诸多法律，涉及民事、刑事与行政等各领域。

此外，日本还缔结并加入了一系列文化财条约，既包括《1954年海牙公约》

---

〔1〕谢辰生、顾廷龙主编：《中国甲午以后流入日本之文物目录》，中西书局2012年版，第1页。

〔2〕白红平：《非法流失文物追索中的法律冲突及中国的选择》，法律出版社2014年版，第58-59页。

《1970 年公约》等多边国际条约，也包括《日本与韩国有关文化财的协定》这样的双边条约。[1]为实施《1970 年公约》等国际条约，日本还颁布了《文化财非法进出口控制法》《就保护外国文化遗产促进国际合作法》等。总体而言，日本保护文化财的国内法律制度具有类别多、保护范围广、体系性强等特点。

一、涉及文物返还的民事法律

涉及文物返还的日本民事法律主要体现在《日本民法典》关于善意取得、取得时效与消灭时效的规定中，本小节分述之。[2]

（一）善意取得

《日本民法典》深受欧洲大陆法（尤其是德国法）的影响，同时，经过多次修订，该法典结合本国国情制定了不少颇具日本特点的规定。具体到善意取得制度而言，《日本民法典》第 192 条规定："通过交易行为，平稳而公然地开始占有动产者，如系善意且无过失，则即时取得行使于该物上的权利。"[3]可见，与德国法类似，《日本民法典》在原则上确认，善意购买人可以从无权利人处取得物的权利。不过，日本法对善意取得的要求亦有特殊之处。日本法学家依据《日本民法典》第 192 条学理总结出，动产的善意取得需具备以下要件：

其一，须为动产。其二，依据交易而占有，亦即交易行为，这是由善意取得系保护交易安全之制度所决定的。所谓交易行为，日本学界尚有不同看法，主流观点认为此处的交易行为是指"施行以取得所有权或者质权为目的的行为"，主要是指买卖（包括拍卖）、代物清偿、作为清偿的给付及为成立消费信贷所进行的交付等情形，而继承则不属于交易行为。[4]其三，须自无处分动产权限者处占有。对于何谓无权处分动产权限，须通过排除第 193 条规定之情形加以理解。其四，须为平稳、公然、善意且无过失。依据日本学理及判例，这些要件如果在交易时及施行占有时存在，即足矣。自此之后，即使变为恶意，也不丧失权利。此外，依据《日本民法典》第 186 条，应推定占有人为善意、平稳且公然占有。最后，日本学理认为，第 192 条虽位于第二编"物权"之第二章"占有权"内，

---

[1] Geoffrey Scott, "Spoliation, Cultural Property, and Japan", *University of Pennsylvania Journal of International Law*, Vol. 29：4（2008），p. 889.

[2] 本节内容主要摘录自霍政欣：《追索海外流失文物的法律问题》，中国政法大学出版社 2013 年版，第 42 – 65 页。

[3] 如无特别说明，本书所引《日本民法典》之中译文均源自《最新日本民法》，渠涛编译，法律出版社 2006 年版。

[4] ［日］我妻荣：《我妻荣民法讲义——新订物权法》，于敏译，中国法制出版社 2008 年版，第 225 – 226 页。

但善意取得的效力在实际上仅限于所有权与质权。[1]

如前文所及，依绝大部分大陆法国家的法律，善意取得是有例外的，日本法亦概莫能外。《日本民法典》第 193 条规定："于前条，如果占有物系赃物或遗失物时，受害人或遗失人自被盗或遗失之时起两年以内，可以向占有人请求该物的回复。"依据日本学理，所谓赃物，是指因盗窃或者抢劫而被侵占所持的物。被诈取、吞占的物等不属于赃物。所谓遗失物，是指不依占有人意思而脱离其所持的物，但不为赃物。[2]可见，如果现占有人持有的是遭盗抢文物，那么，原所有人可以在两年内要求现占有人返还。与法国法类似，《日本民法典》第 193 条规定的两年期间为非时效期间。[3]

对于这条关于赃物善意取得的例外，日本法还规定了例外之例外，亦即"公开市场规则"，以保护现代商业活动的交易安全。《日本民法典》第 194 条规定："占有人对盗赃或遗失物，系于拍卖或公共市场，或者在销售与其物同种之物的商人处善意买得时，受害人或遗失人，非偿还占有人所付代价，不得请求恢复其物。"这一条规定显然与《法国民法典》第 2277 条极为近似；换言之，被盗文物原所有人需要向善意购买人支付其购买盗赃物的价款，以平衡善意第三人的利益。

此外，需要注意的是，日本于 2002 年加入《1970 年公约》，并为实施该公约专门制定了《关于控制非法进出口文化财的法律》。[4]该法第 6 条对《日本民法典》第 193 条关于赃物或遗失物的 2 年追索期间进行了修正，依此，即使某特定外国文化财产的现占有人满足了民法典第 192 条规定的情形，即善意且无过失，如果该文化财是被盗文物，作为盗窃的受害人，其要求现占有人返还的期间从第 193 条规定的 2 年延长至 10 年。与《日本民法典》的规定相比，对于文物追索而言，这一规定显然是一个进步。

（二）取得时效与诉讼时效

与德国法不同，日本法将取得时效和消灭时效视为一体，作为引起民事法律

---

〔1〕 [日] 我妻荣：《我妻荣民法讲义——新订物权法》，于敏译，中国法制出版社 2008 年版，第 236 页。

〔2〕 [日] 我妻荣：《我妻荣民法讲义——新订物权法》，于敏译，中国法制出版社 2008 年版，第 239 页。

〔3〕 [日] 我妻荣：《我妻荣民法讲义——新订物权法》，于敏译，中国法制出版社 2008 年版，第 244 页。

〔4〕 关于该法的英文条文，载 http://www.cprinst.org/Home/cultural - property - laws/law - concerning - controls - on - the - illicit - export - and - import - of - cultural - property，访问时间：2017 年 5 月 16 日。

关系产生、变更或消灭的重要法律事实，统一于"时效"这一概念之下。[1]所以，《日本民法典》在第一编"总则"之第六章"期间的计算"中专设两节，分别规定取得时效与消灭时效，其中第162条涉及所有权的取得时效，具体规定如下：

　　1. 二十年间，以所有的意思平稳且公然占有他人之物者，取得其所有权。

　　2. 十年间，以所有的意思平稳且公然占有他人之物者，其占有开始时为善意且无过失，取得其所有权。

　　由以上两款规定可见，在日本法上，取得时效的构成要件包括：其一，具备一定要件的占有；其二，一定期间的继续。细言之，占有需要具备的要件包括：其一，以所有的意识占有，这与《德国民法典》规定的自主占有相同；其二，和平、公然的占有；其三，占有他人之物，既包括动产，也包括不动产。就时效期间而言，日本法依占有者在占有时效对他人之物是否属于善意且无过失规定了不同的时效期间：对于恶意或有过失者，动产、不动产都是20年；对于善意且无过失者，则为10年。另外，依据《日本民法典》第186条，占有者被推定为具有所有的意思以及和平、公然、善意、占有的继续等要件，所以为主张时效之取得，这些要件没有主张者亲自证明的必要，只要证明无过失即可。[2]由是观之，与德国法相比，日本法对时效取得的要求是相当宽松的，极易满足。

　　在日本民法上，消灭时效以权利不行使的事实状态与一定期间的继续为要件，其效果是实体权利的消灭，但所有权不适用于消灭时效。[3]依据《日本民法典》第167条，消灭时效自权利可以行使时进行，第168条进一步规定，债权因10年不行使而消灭，债权或所有权以外的财产权因20年不行使而消灭。

　　鉴于此，就所有权而言，《日本民法典》关于取得时效与消灭时效的规定成为一个有机的体系：由于所有权的取得时效无需以善意为要件，极易满足，因此日本法没有必要借助消灭时效调整所有权。换言之，在日本法上，现占有人依据取得时效获得财产所有权之时，就是原所有人丧失所有权之时，两者实为一体之

---

　　〔1〕　马俊驹、余延满：《民法原论》（第4版），法律出版社2010年版，第242页。

　　〔2〕　[日] 我妻荣：《我妻荣民法讲义——新订民法总则》，于敏译，中国法制出版社2008年版，第443－445页。

　　〔3〕　[日] 我妻荣：《我妻荣民法讲义——新订民法总则》，于敏译，中国法制出版社2008年版，第447－458页。

两面。[1]

二、涉及文化财的刑事法律

在一国的文化财产法律制度中，刑事立法对于打击文化财产犯罪、促进非法流失文物的返还发挥着重要作用。《日本刑法典》的诸多条款可以涵盖对文化财的犯罪。此外，《日本文化财保护法》第七章对非法出口文化财以及破坏、损毁或侵吞文化财犯罪行为作出了更加具体的规定。

《日本刑法典》第235条第1款对"盗窃罪"的规定如下："盗窃财物的行为应当受到惩罚，该类盗窃罪行将处10年以下惩役或不超过50万日元的罚款。"[2] 该法典第256条对"赃物罪"的规定为："对被盗财物进行非法窝藏、转移、收购、代为销售等行为，应当受惩罚，该类罪行将判处10年以下惩役，并处不超过50万日元的罚款。"[3]

上述两条中犯罪的客体均为"财物"，包括文化财。因此，盗窃文化财、对被盗文化财进行非法窝藏、转移、收购、代为销售等行为均受上述条款的调整。对于"财物"是否包括不动产，通说与判例当中均采取了否定的态度。

此外，日本于1950年5月30日颁布的第214号法——《日本文化财保护法》在第七章中专门对非法出口文化财以及破坏、损毁或侵吞文化财等犯罪施加了刑事处罚。[4]

针对非法出口本国文化财，该法第106条规定："任何人违反第44条的规定，未获文化厅长官的许可出口重要文化财的，将处5年以下有期徒刑、劳役，或50万日元以下的罚款。"针对破坏、损毁或侵吞文化财，该法第107条的规定相当细致，具体条款如下：

> 损坏、毁弃或侵吞重要文化财的，判处5年以下有期徒刑、劳役，或判处20万日元以下的罚款。
>
> 如果犯罪实施人亦是重要文化财的所有者，判处两年以下有期徒刑、劳役，或判处10万日元以下的罚款。
>
> 改变历史遗址、优美景点或天然遗迹的原始状态，或致使其毁灭、损坏或腐烂的，判处5年以下有期徒刑、劳役，或判处20万日元以下的罚款。

---

〔1〕 当然，从法理上说，两者仍是不同的法律制度。［日］我妻荣：《我妻荣民法讲义——新订民法总则》，于敏译，中国法制出版社2008年版，第447页。

〔2〕 《日本刑法典》，张明楷译，法律出版社2006年版，第89页。

〔3〕 《日本刑法典》，张明楷译，法律出版社2006年版，第90页。

〔4〕 ［日］文化财管理局编：《日本的文化财保护实务》（内部资料），1988年版，第132－141页。

如果犯罪实施人亦为历史遗址、优美景点或天然遗迹的所有者，判处两年以下有期徒刑、劳役，或判处 10 万日元以下的罚款。

触犯下列各条，处以 10 万日元以下的罚款：

1. 任何违反第 43 条或第 80 条的规定，未经文化厅长官、县教育委员会知事的许可，或没有按该长官规定的条件，或无视该长官或教育委员会知事发出的令其终止或暂缓改变重要文化财的原始状态及保护方法的命令，改变重要文化财、历史遗址、优美景点、自然遗迹的原始状态或作出影响其保护方法的行为的。

2. 任何无视文化厅长官发出的暂缓或禁止为改变其存在状态的命令，并违反第 57 条第 2 款的规定的。

如果法人代表、法人或自然人的代理人、官员或其他雇员，不履行自己对国家财产应负的保护等职责，并违反上述规定构成犯罪的，不仅犯罪实施人会受到处罚，该法人或自然人亦会根据特别条款受到惩处[1]。

由此可见，《日本文化财保护法》对破坏、损毁或侵吞文化财等行为规定了具体处罚，但整体而言，相对于其他财产型犯罪，该法规定的处罚力度较小。

综上所述，《日本刑法典》就盗窃、窝赃等财产型犯罪作出了规定，涵盖了针对文化财的相关犯罪。《日本文化财保护法》则对非法出口文化财以及破坏、损毁或侵吞文化财等行为作出了具体的处罚。

三、涉及文化财的行政法律

19 世纪 60 年代末期，为建立一个能与西方列强抗衡的亚洲强国，日本开始了一场自上而下的全方位改革，史称"明治维新"。[2]明治维新使日本成为亚洲第一个走上工业化道路的国家，并跻身于世界强国之列。不过，明治维新后期，由于崇洋思想的盛行，毁佛倒释之风持续蔓延，包括各地佛教寺庙在内的许多日本文化遗产面临严重威胁。

为切实遏制与打击破坏文物与历史名胜古迹的行为，日本政府效仿西方国家建立保护文化财的法律制度，开始有计划、有目的地制定保护文化财的法律、法规。

---

〔1〕 ［日］文化财管理局编：《日本的文化财保护实务》（内部资料），1988 年版，第 137 页。
〔2〕 ［日］竹内理三：《日本历史辞典》，天津人民出版社 1988 年版，第 222 页。

1871 年 5 月 23 日，日本太政官接受了大学（现日本文部省的前身）的建议,[1]制定并通过了保护工艺美术品的《古器旧物保存法》。[2]这是日本政府颁布的第一部涉及文化财保护的法律，拉开了日本保护文化财的立法序幕。依据该法规定，太政官成立古器旧物调查委员会。次年起，该委员会负责搜集、调查并登记日本各地的古器旧物与珍宝，并按照古器旧物的类别进行分类编册，共统计为 31 种，囊括了日本所有类别的文化财（除不动产外）。根据古器旧物调查委员会的调查报告，此次全国范围内搜集、调查与登记的古器旧物，共计超过二十万件。值得注意的是，经调查，古器旧物调查委员会发现，奈良与京都地区的寺庙存在严重损毁的情况，寺内收藏的珍贵古董也遭到不同程度的破坏。因此，该委员会建议，明治政府应当筹建第一家国家博物馆，即东京国立博物馆，用以保护日本的珍贵文物与古董。[3]

1879 年 3 月 12 日，太政官制定并通过了《永久保存神社、寺庙与其宝藏的法令》，次年 4 月 4 日，太政官作出决定，加大对全国古寺庙与神社的资金补助。[4]尽管明治政府每年拨款用于寺庙与神社的日常维护，但从早年古器旧物调查委员会的报告来看，明治政府的拨款并不能满足当时文化遗产保护与馆藏古器旧物维护与修缮的要求。

随着甲午战争的爆发，日本的民族主义得以激发，明治政府也因此加强了对文化财与历史古迹的保护力度。在这一背景下，1897 年 6 月 10 日，一部更为全面的《古社寺保护法》应运而生。这部被视为日本文化财保护制度雏形的《古社寺保护法》为此后一系列日本国内法奠定了基础。[5]该法将社寺建筑物及宝物中具有重要历史价值与美术上具有典范意义的物品统称为"具有特别保护价值的建筑物或国宝"。该法规定，宝物所在的寺庙有责任保护好这些国宝级文物，也有转交公立博物馆保存的义务，严禁随意处置或转让。根据该法，日本政府应当根据各地寺庙与神社的请求，继续提供专项资金用于修复本国境内的寺庙与神社，并对其附近的相关建筑进行必要修缮。此外，该法允许各地寺庙与神社继续保存其藏品，允许藏品在国家博物馆与公立的馆藏机构展出与租借，且政府需为

---

〔1〕　太政官是日本律令制度下执掌国家司法、行政、立法大权的最高国家机构。太政官的最高长官是太政大臣，但通常由在太政大臣之下的左大臣和右大臣担任长官。

〔2〕　徐小虎：《被遗忘的真迹：吴镇书画重鉴》（第 1 册），广西师范大学出版社 2012 年版，第 78 页。

〔3〕　［日］文化厅编：《我国的文化与文化行政》，行政株式会社昭和 63 年版，第 34 页。

〔4〕　［日］文化厅编：《我国的文化与文化行政》，行政株式会社昭和 63 年版，第 34 页。

〔5〕　［日］文化厅编：《我国的文化与文化行政》，行政株式会社昭和 63 年版，第 35 页。

此提供展出资金。对于那些私自出售或处理寺庙或神社内国宝的单位或个人，给予相应处罚。由此可见，这部《古社寺保护法》已经包含了现代文化财保护法的基本内容，它的颁布标志着日本文化财的保护工作步入法制化轨道。[1]

1899 年 5 月 17 日，日本帝国议会（现日本国会）制定并通过了《遗失物法》。该法明确规定，在无法判断失主的情况下，出土文物应当收归国家所有。上交后的出土文物，属石器时代的由东京帝国大学保存；古坟以及其他时代的出土文物由日本宫内省加以维护与保存。日本政府还应向出土文物的发现者支付与文物价值同等数量的补助金额。[2]

1919 年 4 月 10 日，日本帝国议会制定并通过了《古迹名胜天然纪念物保护法》。该法是在早年《古坟发现时的呈报制度》以及《人民私有地内发现古坟等的呈报制度》的基础上制定的关于名胜古迹与天然纪念物的保护法。该法旨在对因社会历史变迁等因素被破坏的历史古迹、纪念碑进行专门保护。[3]根据该法，日本政府将规范全国境内的历史名胜古迹与纪念碑，并将其纳入政府财政资助的项目。任何未经政府许可并可能影响或有碍这些历史名胜古迹、纪念碑的行为将被禁止。为此，日本地方政府还在这些历史名胜古迹、自然纪念碑的附近建立起相关的保护设施。

《古迹名胜天然纪念物保护法》的基本内容包括：古迹名胜天然纪念物由日本内务大臣指定，在紧急情况下可由地方长官负责临时性保护；对指定对象进行改造或会影响指定对象现状保护的施工，须事先征得地方长官同意；为保护对象划出一定的保护区域，对遗址、景观进行整体保护；日本内务大臣可指定地方团体协助政府保护文化遗址与自然景观。[4]

1929 年 7 月 1 日，日本帝国议会制定并通过了《国宝保存法》，代替了先前的《古社寺保护法》。该法值得关注的内容如下：其一，将原来"需要特别保护的建筑物以及具有国宝资格的文物"统称为"国宝"，扩大了"国宝"的保护范围；与此同时，需要保护的文物不再局限于寺庙建筑以及庙宇所藏的宝物，而是扩大到所有国家、社会团体以及个人所藏的宝物。对于被认定的日本"国宝"，该法限制对其进行销售、处置与出境。其二，对于被认定的日本"国宝"，其输出与转让必须经过文部大臣的许可。其三，在对"国宝"进行修护之前，须征得文部大臣的许可。其四，收藏不是保存文物的唯一目的，在保存好文物的同

---

〔1〕［日］文化厅编：《我国的文化与文化行政》，行政株式会社昭和 63 年版，第 35 页。
〔2〕［日］文化厅编：《我国的文化与文化行政》，行政株式会社昭和 63 年版，第 35 页。
〔3〕［日］文化厅编：《我国的文化与文化行政》，行政株式会社昭和 63 年版，第 36 页。
〔4〕［日］文化厅编：《我国的文化与文化行政》，行政株式会社昭和 63 年版，第 36 页。

时，还应注意到文物的有效使用；可以通过展示的方法，发挥文物的实用价值。自《国宝保存法》实施以后，日本文物保护的成效显著。随着日本"国宝"数量的大幅攀升，文物流失的情况也得到了有效扼制。[1]

1933 年 2 月 6 日，日本帝国议会制定并通过了《重要艺术品保存法》，该法规定，历史上或美术史上具有特别价值的文物如需进行出口或转让，须征得文部大臣的许可，并办理相关手续。对于提出申请而未获得批准的文物，须在 1 年之内交予国家鉴定，以便对其做出是否具有国宝资格的最终认定。[2]

1950 年 5 月 30 日，在上述各类法律的基础上，日本国会修改、整合了相关规定，并进一步扩充、完善了有关文化财的保护制度，从而形成了一部《日本文化财保护法》，并由日本文部委员会提交国会进行讨论。同年 5 月 10 日，《日本文化财保护法》获得国会通过，并于 8 月 20 日起实施。[3]

《日本文化财保护法》是日本文化财领域的核心法律。它是在以往诸多法律条文的基础上发展而来的，具有全面性与系统性。此外，为适应社会实践的发展，该法还增加了若干新的内容，主要包括：其一，扩大了本法的保护范围。在《日本文化财保护法》颁布之前，日本文化财的保护对象局限于传统建筑、美术工艺品、名胜古迹及天然纪念物。《日本文化财保护法》在原有基础上拓展了文化财的保护范围，将无形文化财、地下文物一并列入保护范围，形成了大文化财的理念。事实表明，这个理念的提出具有世界意义，对许多国家文化财产的立法及本领域国际条约的制定产生了影响。其二，设置了文化财保护委员会。该法规定，为推进文化财保护工作，在文部省之外，另设文化财保护委员会，全面负责文化财保护工作。其三，确定了文化财保护的中央与地方分工协作体制。以往，文化财的保护工作由中央政府的文部省负责。但这一行政管理体制难免存在鞭长莫及的问题。鉴于此，该法律构建了国家与地方协同共管的文化财保护与管理体制。国家有权委任都、道、府、县的教育委员会进行地方文化遗的保护与活用。文化财也被分为国家指定文化财、县指定文化财和市町指定文化财三种。这改变了文化财的保护原先由国家一包到底的做法。[4]

1954 年 5 月 12 日，日本国会参议院下属的文化财保护委员会组织对《日本

---

〔1〕《日本文化财富保护法》，中国民族民间文化保护工程领导小组办公室编：《中国民族民间文化保护工程试工作会议参考资料》（一），内部资料，第 1－11 页。

〔2〕［日］文化厅编：《我国的文化与文化行政》，行政株式会社昭和 63 年版，第 40 页。

〔3〕［韩］文化财管理局编：《日本的文化财保护实务》（内部资料），1988 年版，第 131 页。

〔4〕［韩］文化财管理局编：《日本的文化财保护实务》（内部资料），1988 年版，第 132 页。

文化财保护法》进行了一次修订。[1]经修订，《日本文化财保护法》的变化主要体现在以下五个方面：

第一，对重要文化财实行新的管理模式。之前，文化财的所有权者即文化财的管理者，而这次修订后，除古迹名胜及天然纪念物外，文化财原则上由文化财的所有权者进行保管与收藏，但如所有权者保护不利或无法对其进行有效保管时，则政府可以指定地方公共团体或其他法人作为法定管理团体进行代管。在代管的同时，法定管理团体有责任和义务代替所有权者对文化财进行维修和展示。

第二，明确规定可以指定无形文化财。鉴于无形文化财具有"无形性"，为使其具体化，该法规定，无形文化财的体现者，即该项技术的保有者应被一并列入文化财加以确认。此外，该法要求对重要无形文化财中价值较高者进行田野调查，并以田野报告的方式将该无形文化财生成的历史与现状、传承方式等全面而科学地记录下来。

第三，加强对日本民俗资料的保护。民俗资料是日本文化财类别中的一种，对于有形的民俗文化财，该法对其管理、修理及公开展示等方面采取了与重要文化财大致相同的运作方式。对于无形民俗资料，该法要求选出其中价值较高者，以田野报告的方式记录下来。

第四，明确规定地方公共团体如何参与地方文化财的保护工作。参与文化财的保护工作已经成为日本许多地方公共团体的一项重要工作，修订后的《日本文化财保护法》进一步明确了这些地方公共团体的责任与义务，并鼓励他们参与保护文化财的工作。

第五，对于那些被随意改造或遭破坏的文物，日本政府将以文物修复令的方式授权相关政府职能部门进行必要、妥善的修复。随意破坏文物者将受到追责。除对实施者施加刑事处罚外，该法还对责任人施以行政处罚。[2]

综上可知，修订后的《日本文化财保护法》在原有的有形文化财、古迹名胜以及天然纪念物的基础上，增加了无形文化财、民俗资料等，使得受保护文化财的范围更加全面。此外，该法完善了文化财的管理体制，在维护文化财保护委员会权威的基础上，充分发挥地方公共团体的重要作用，并赋予它们更大的权力，从而调动了地方参与和保护文化财的积极性。

---

〔1〕　赵云川：《日本文化遗产保护法的滥觞和步履》，载《装饰》2011年第4期，第127页。
〔2〕　赵云川：《日本文化遗产保护法的滥觞和步履》，载《装饰》2011年第4期，第128页。

四、涉及文物返还的国际条约

相比国内立法而言，日本政府加入文化财公约的步伐较慢。例如，日本议会于 2002 年 6 月才批准加入《1970 年公约》，2007 年 9 月才批准加入《1954 年海牙公约》。[1]鉴于《1954 年海牙公约》与文物返还关系甚微，本节主要介绍日本批准《1970 年公约》的背景以及该公约在日本的实施情况。[2]此外，鉴于日韩间签署了关于日本返还劫掠朝鲜半岛文化财产的双边协议，本节也将对该协议做出梳理与研究。

（一）《1970 年公约》

《1970 年公约》生效后，出于对其既有利益的保护，日本一直拒绝加入；与此同时，在主要文物贸易国中，日本国内法也是对文物原属人（或原属国）较为不利的。[3]随着世界上越来越多的国家（尤其是欧美文物贸易国）陆续加入公约，日本面临的国际压力越来越大。[4]特别是伊拉克战争爆发后，大批从伊拉克国立博物馆等机构中被盗抢的珍贵文物流转到日本，成为日本文物黑市的宠儿，这引起国际社会的广泛谴责。[5]鉴此，日本学者发动了一场要求政府打击文物贩运的运动，他们批评日本政府对文物贩运持纵容态度，呼吁日本政府立即采取行动打击愈加猖獗的文物黑市交易，并接受《1970 年公约》的约束。[6]

正是在这样的背景下，日本政府启动了接受《1970 年公约》的立法进程，以图扭转日本日益孤立的局势。2002 年 6 月 9 日，日本议会批准加入《1970 年公约》，并通过旨在实施公约的《文化财非法进出口控制法》（以下简称"进出口控制法"）。[7]同年 9 月 9 日，日本政府正式向联合国教科文组织交存接受公约约束的法律文件，据此，公约自 2002 年 12 月 9 日起对日本生效。

---

〔1〕 参见 http：//www. unesco. org/eri/la/convention. asp？ KO = 13637&language = E&order = alpha，访问时间：2017 年 5 月 17 日。

〔2〕 此部分主要参考霍政欣：《1970 年 UNESCO 公约：文本、实施与改革》，中国政法大学出版社 2015 年版，第 184 - 194 页。

〔3〕 主要包括 1950 年 5 月 30 日颁布、8 月 29 日实施的《文化财保护法》以及《日本民法典》的相关条款。

〔4〕 Patrick J. O'Keffe, "Commentary on the UNESCO 1970 Convention on the Means of Prohibiting and Preventing the Illicit Import, Export and Transfer of Ownership of Cultural Property", *The Institute of Art and Law*, 46 (2007), p. 124.

〔5〕 Hideo Fuji, "Particulars of Japan's Accession to the 1970 UNESCO Convention and an Outstanding Problem", *Culture without Context*, 14 (2004), p. 22.

〔6〕 *Ibid.*

〔7〕 该法的英文文本，载 http：//www. bunka. go. jp/english/law. html，访问时间：2017 年 5 月 17 日。

《进出口控制法》共 7 条，另有 3 条附属条款。第 1 条"目的"，旨在说明立法意旨；第 2 条"定义"，对"文化财"这一术语的含义做出解释；第 3 条"具体指定的外国文化财"，旨在实施《1970 年公约》第 7 条第 2 款；第 4 条"进口限制"，援引《对外交往与外贸法》第 52 条，规定了文化财入境日本的条件；第 5 条"通告的宣布等"，对日本国内发生文化财盗窃案后如何向公约其他成员国通告作出程序上的规定；第 6 条"与索回具体指定的外国文化财相关的例外"，对《日本民法典》第 193 条关于赃物的两年追索期间进行了修正；第 8 条"加深公众理解的措施"，规定日本政府应努力通过教育等手段提高公众对于打击文物非法进出口及其转让的意识。附属条款共 3 条，第 1 条规定本法自《1970 年公约》对日本生效之日起实施；第 2 条规定本法第 3 条不适用于本法实施前被盗的文化财；第 3 条规定本法第 5 条不适用于本法实施前被盗或丢失的文化财。

依据《进出口控制法》第 2 条第 1 款，文化财系指"国内文化财"以及《1970 年公约》其他成员国政府依据公约第 1 条指定的文化财。从该条第 1 款对文化财的定义来看，日本政府显然认为，依《1970 年公约》，每个成员国均有权对文化财进行具体指定，因此日本对该定义采取了较为广义的解释。

为协调各方立场，《1970 年公约》第 1 条关于文化财产的定义采用了"混合法"：一方面，它允许各国自行对文化财产进行指定；另一方面，它规定了必要的强制性要素，即具有重要考古、史前史、历史、文学、艺术或科学价值的财产并属于本条所列之各类者。在加入公约之前，日本对七十余个公约成员国实施公约第 1 条的情况进行了细致调研。调研结果表明，自公约实施以来，对于如何理解"明确指定"，各国立场并不一致，有些国家通过分类法，以类别化的方式对文化财产进行宽泛指定，而另一些国家则通过制定国家文化财产目录清单，对文化财产进行具体指定。[1] 鉴于各国事实上采取不同方法实施公约第 1 条，《进出口控制法》第 2 条采取了对文化财产做宽泛理解的立场，依之，日本承认各国自行对文化财产所做的指定。

在此背景下，该条第 2 款对《1970 年公约》框架下的日本国内文化财做出明确指定，依之，本法所称的"国内文化财"须满足以下两项条件：其一，属于《1970 年公约》第 1 条列出的 11 项具体类别；其二，依据《日本文化财保护法》第 27 条被指定为重要的文化财，或依据该法第 56 条第 1 款指定为重要的有形民族文化财，或依据该法第 69 条第 1 款被指定为历史遗址、风景名胜或自然遗址。

---

〔1〕　霍政欣：《追索海外流失文物的法律问题》，中国政法大学出版社 2013 年版，第 113 页。

作为主要文物贸易国，日本实施《1970 年公约》关于进口控制的条款特具重要性。需要强调，尽管《进出口控制法》第 2 条对公约调整范围内的文化财采取宽泛解释，接受各国自行指定，但该法第 3 条、第 4 条及附属条款的规定在很大程度上缩减了公约关于进口限制的义务。

《进出口控制法》第 3 条规定，在收到外国政府发出的符合公约第 7 条第 2 款第 1 项规定的文化财被盗的通知后，外务大臣应立即告知文部科学大臣。在收到外务大臣的通知后，文部科学大臣应与经济产业大臣会商，将通知所列的文化财明确为"具体指定的外国文化财"。另一方面，《进出口控制法》附属条款第 2 条明确规定，本法第 3 条不适用于本法实施之前被盗的文化财；换言之，它仅适用于 2002 年 12 月 9 日以后被盗的文化财。

由此可见，对于禁止进口的文化财的范围，日本严格依据《1970 年公约》第 7 条第 2 款第 1 项所限定的条件。即，其一，有关文化财必须是另一成员国的博物馆或宗教或世俗的公共纪念馆或类似机构中的被盗物；其二，有关文化财必须业已用文件形式列入该机构的财产清册。

如本书第二章对公约此项规定的分析，将禁止进口的文化财严格限定在满足第 7 条第 2 款第 1 项的范围内必然导致属于禁止进口之列的文化财极其有限。考虑到《进出口控制法》附属条款第 2 条进一步将禁止进口的范围限定在 2002 年 12 月 9 日以后被盗的文化财，日本实施《1970 年公约》禁止进口的文化财须满足的条件甚为苛刻。在《进出口控制法》实施后日本政府首次收到外国政府要求禁止进口被盗文化财的案例中，这一问题得以充分显露。

自 2002 年 12 月 9 日至 2013 年 1 月 4 日，土耳其一家博物馆发生连环盗窃案。共有 236 件珍贵文物被窃。土耳其政府将盗窃案的情况告知日本政府，要求依据《1970 年公约》禁止所有失窃文物进口日本。然而，由于这家博物馆并没有建立财产清册，土耳其政府无法提供所有失窃文物的具体信息，因此日本政府最终于 2003 年 10 月发布政府命令，仅将其中有具体信息的两件被盗文物明确为"具体指定的外国文化财"，列入禁止进口清单。[1]

可见，公约第 7 条第 2 款第 1 项在日本得以实施，须满足苛刻的条件。这不仅是因为该条本身对禁止进口的被盗文化财施加了严格的限制条件，而且在于外国政府只有在提供了此类被盗文化财的具体信息后，日本政府才会将被盗文物列

---

〔1〕 Toshiyuki Kono, "UNESCO Convention on the Means of Prohibiting and Preventing the Illicit Import, Export and Transfer of Ownership of Cultural Property and Its Implementation in Japan", in Urtnasan N. & Hellmann N. eds., *UNESCO Regional Workshop on the Illicit Traffic of Cultural Property*, Paris: UNESCO Publishing, 2003, p. 66.

为"具体指定的外国文化财",从而禁止其进口。因此,尚未发掘的考古类文化财被盗后,其所在国政府无法要求日本政府发布禁止进口令。对此,文部科学省法律顾问、日本九州大学国际法教授河野俊行强调:[1]

日本政府已经向公约所有其他成员国提供了日本进口法律制度的信息。属于公约第7条第2款第1项规定的文化财一旦被盗,被盗的博物馆或类似机构所在国政府有权自行决定是否通知其他国家,如做出通知的决定,日本政府将要求该外国提供足够的信息,这是保证法律得到有效执行的前提。

《进出口控制法》第3条规定,任何人若想将具体指定的外国文化财进口到日本,须依《对外交往与外贸法》第52条的规定,得到进口许可后才可进口。[2]依据《对外交往与外贸法》第53条规定,未取得许可进口货物的,将会被处以不超过100万日元的罚款或不超过3年的监禁。[3]

将《进出口控制法》与《对外交往与外贸法》结合起来,可以得出以下结论,如果一个人知道拟进口的物品属于"具体指定的外国文化财",则不可能申请进口许可;只有在日本境外已取得此类财产的人,在不知道该财产属于"具体指定的外国文化财"的情况下,才有可能向日本政府提出进口许可。如果进口人在未获得进口许可的情况下进口"具体指定的外国文化财",那么将面临罚金或监禁。日本现行法律并没有扣押所涉文化财的法律规定,因此处罚应该是在"具体指定的外国文化财"顺利入境日本后被发现时,才对其进口人施加。不过,日本学者并不认同这一规定。河野俊行认为,如果进口的物品属于"具体指定的外国文化财",进口人应该在过关时将之主动交给海关处理。[4]一旦交给海关,此类文化财即由日本政府依据《1970年公约》的规定返还其原属国。日本学者的这一观点听起来甚好,但在实践中,进口人是否真能如此行事,则令人怀疑。

如前所述,《进出口控制法》第2条对"国内文化财"做了定义;依据《日

---

〔1〕 Toshiyuki Kono, "Japan's Measures for the Implementation of the 1970 UNESCO Convention", *Art Antiquity and Law*, 8 (2003), p. 114.

〔2〕 该法第52条规定为:为了对外贸易与国家经济的健康发展,进口人进口货物,依据政府颁布的法令,可能需要获得许可。该法的英文文本,载 http://www.japanlaw.info/forex/law/JS.htm,访问时间:2017年5月18日。

〔3〕 Patrick J. O'Keffe, "Commentary on the UNESCO 1970 Convention on the Means of Prohibiting and Preventing the Illicit Import, Export and Transfer of Ownership of Cultural property", *The Institute of Art and Law*, 46 (2007), p. 126.

〔4〕 Toshiyuki Kono, "Japan's Measures for the Implementation of the 1970 UNESCO Convention", *Art Antiquity and Law*, 8 (2003), p. 114.

本文化财保护法》，一旦此类财产丢失或被盗，应立即将情况报告给文化厅长官，并在政府公报中刊登失窃信息。如果被盗的文物满足《1970 年公约》第 7 条第 2 款第 1 项所限定的条件，《进出口控制法》第 5 条要求将失窃信息立即报告外务大臣，而后者应立即通知公约其他成员国政府。

对于日本国内文化财的出口管制，《进出口控制法》未做详细规定，相应的规定主要体现在《日本文化财保护法》中。在序言中，《日本文化财保护法》规定，只有在特殊情况下，才可以出口重要的有形文化财和国宝；持有特别许可证可以出口其他类别的文化财。该法第 44 条进一步规定，所有重要的文化财都不得出口，但是，如果文化厅长官基于国际文化交流或其他特殊需要的考虑，可以批准其出口。该法第 56 条规定，任何人意图出口重要的有形民族文化财，应至少在此之前 20 日内根据文部省的规定将此情况报告文化厅长官。如果文化厅长官认为重要的有形民族文化财需要保护，可以限制该财产的出口。该法第 106 条对违反第 44 条的行径规定了刑事处罚，依之，未获文化厅长官的许可出口重要文化财的，将被处以 5 年以下有期徒刑、劳役，或处以 50 万日元以下的罚款。不过，有学者对该法实施以来的实践进行了统计，发现迄今为止，尚没有人因违反《日本文化财保护法》第 44 条而受到处罚。[1]

《日本民法典》第 192 条规定："通过交易行为，平稳而公然地开始占有动产者，如系善意且无过失，则即时取得行使于该物上的权利。"第 193 条规定："于前条，如果占有物系赃物或遗失物时，受害人或遗失人自被盗或遗失之时起 2 年以内，可以向占有人请求该物的回复。"可见，依据《日本民法典》，如果现占有人持有的是被盗文物，那么，原所有人只能在 2 年内要求现占有人返还，经此期间，文物的所有权就归属其善意取得人。

由于文物的非法交易大都处于隐蔽状态，2 年的索回期间显然对文物原属国或原属人极其不利，也与《1970 年公约》的立法精神不符。日本民法上关于被盗物品过短的索回期间，因而饱受国际社会的诟病。[2] 鉴此，《进出口控制法》对《日本民法典》第 193 条规定的 2 年期限进行了延长。该法第 6 条规定，即便具体指定的外国文化财的占有人满足了第 192 条的规定，本法第 3 条第 1 款所称的盗窃受害者可以在盗窃发生后的 10 年内要求现占有人返还，但须赔偿占有人

---

〔1〕 Geoffrey Scott, "Spoliation, Cultural Property, and Japan", *University of Pennsylvania Journal of International Law*, Vol. 29: 4 (2008), pp. 866, 803 – 854.

〔2〕 Patrick J. O'Keffe, "Commentary on the UNESCO 1970 Convention on the Means of Prohibiting and Preventing the Illicit Import, Export and Transfer of Ownership of Cultural property", *The Institute of Art and Law*, 46 (2007), p. 127.

购买此财产的价款。

由此可见，为应对国际社会的压力，《进出口控制法》规定，作为盗窃文化财的受害人，其要求现占有人返还的期间从《日本民法典》第193条规定的2年延长至10年，但其须向善意占有人赔偿购买该财产的价款。将返还期间从2年延长至10年，这当然是一个进步，但是与国际社会的期望（如采纳《1995年公约》的标准），甚至与其他一些主要文物贸易国（如瑞士）的法律相比，10年的返还期间仍然是较短的。另外，要求被盗文物的原属国向现占有人支付后者的购买价款，也会对被盗文物的返还构成经济障碍，此亦与《1970年公约》的规定不符。

值得一提的是，《1970年公约》第7条第1款要求公约成员国采取与本国立法相一致的必要措施，防止其领土内的博物馆及类似机构获取来源于另一成员国并于本公约在有关国家生效后非法出口的文化财；而据日本学者的统计，[1]已经约有1500家日本境内的博物馆或类似机构接到政府通知，要求其遵守《国际博物馆协会博物馆职业道德准则》。[2]不过，有西方学者经过实证调研后发现，依据日本政府的通知，这些机构唯一需要采取的行动是购买文物之前向政府相关部门询问，所涉之文物是否属于非法出口或是被具体指定的外国文化财。[3]

综上可见，在强大的国际压力下，日本最终于2002年加入《1970年公约》，并颁布了旨在实施该公约的《进出口控制法》，这自然是向正确方向迈出了重要一步。然而，亦应看到，在主要文物贸易国中，日本对公约义务的履行是最具限制性的，以至于有西方学者质疑日本加入公约的有效性。[4]

客观而言，西方学者的担心不无道理。尽管在第1条中，《进出口控制法》将其目的定性为"采取与进出口及追索被盗文化财相关的措施"，以确保《1970年公约》得到适当执行，但通观该法不难看出，颁布该法的主要目的在于限制、缩减公约义务，尽可能使公约与日本既有国内法相协调。这主要体现在以下四个方面：其一，《进出口控制法》条款有限，其核心规定仅体现了公约第7条第2款第1项的规定。其二，在执行该法过程中，日本政府对实施第7条第2款第1项的要求甚为苛刻，这使得该项在实践中得以成功适用的几率进一步降低。其

---

〔1〕　Toshiyuki Kono, "Japan's Measures for the Implementation of the 1970 UNESCO Convention", *Art Antiquity and Law*, 8 (2003), p. 107.

〔2〕　霍政欣：《追索海外流失文物的法律问题》，中国政法大学出版社2013年版，第186－188页。

〔3〕　Patrick J. O'Keffe, "Commentary on the UNESCO 1970 Convention on the Means of Prohibiting and Preventing the Illicit Import, Export and Transfer of Ownership of Cultural property", *The Institute of Art and Law*, 46 (2007), p. 127.

〔4〕　霍政欣：《追索海外流失文物的法律问题》，中国政法大学出版社2013年版，第186－188页。

三，该法对海关如何实施公约义务未做任何规定。其四，该法明确规定不具溯及力，仅适用于 2002 年 12 月 9 日以后被盗的文化财。

因此，我们有理由质疑日本加入公约的诚意，有理由认为《进出口控制法》的真实意图不在于确保公约的实施，而是限制公约在日本的效力，有理由要求日本政府给国际社会一个明确的回答。然而，日本学者却多次表明日本政府现阶段不可能采取其他具体措施促进公约实施的立场："在当前阶段，由于缺少辨识'被盗窃文化财'的法律手段，除了民法典已经确立的规则外，引入任何具体机制均不具任何现实可行性。"[1]

（二）双边协定

1965 年 6 月 22 日，日本政府与韩国政府签订了《日本与韩国有关文化财的协定》。[2] 该双边协定是在日韩建交的基础之上，两国政府为系统解决日据时期日本劫掠朝鲜半岛文物的返还问题而签订的。《日本与韩国有关文化财的协定》也是迄今为止日本政府与外国签订的唯一一个有关文化财的双边协定。该协定全文共计四条，全文如下：

鉴于两国在文化上的历史关系，为推动两国的学术与文化发展及研究，日本与韩国兹签订本协定。

第一条 为增进两国国民的文化关系，日本政府与韩国政府将尽可能给予对方协助。

第二条 本协定的效力产生之后的 6 个月内，日本政府将把附属文件所列的文化财依照双方政府认同的手续或方式转交韩国政府。

第三条 日本政府与韩国政府应给对方国国民尽可能地提供便利，以助其利用各自国家的美术馆、博物馆、图书馆、艺术馆保有的文化财资料与设施展开学术研究。

第四条 两国政府应无条件地批准本协定。批准文件将在韩国首都汉城交换。此协定亦将于批准文件交换的当天起生效实施。[3]

---

〔1〕 Toshiyuki Kono, "Japan's Measures for the Implementation of the 1970 UNESCO Convention", *Art Antiquity and Law*, 8（2003），p. 107.

〔2〕 Geoffrey Scott, "Spoliation, Cultural Property, and Japan", *University of Pennsylvania Journal of International Law*, Vol. 29：4（2008），p. 889.

〔3〕 参见《日本与韩国关系之各个协定——有关文化财产的协定》，由东京大学东方文化研究所国际关系教授田中彦先生负责将其翻译成中文与英文。

二战结束后，在美国主导下，日韩建立友好邦交关系，东亚冷战格局确立。在此背景下，日韩政府就文化财的返还问题签订了双边协定。从该双边协定的条款来看，不仅就日本需要返还的战时劫掠文物以清单形式确定下来，还规定日本政府须在 6 个月内将之返还给韩国。此外，该协定还就两国国民利用对方保有的文化财展开学术研究等事宜作出规定。最引人注意的则是最后一条的措辞，即"两国政府应无条件地批准本协定"。

迄今为止，日本还未曾在《1970 年公约》框架下与其他国家签订双边协定。值得注意的是，2007 年 3 月 19 日，意大利副总理兼文化遗产与活动部部长佛朗切斯科·卢泰利（Francesco Rutelli）与日本文部科学大臣伊吹文明（Bunmei Ibuki）代表各自国家表示，希望通过双边合作保护两国的文化遗产，并有意签订《关于促进文化遗产保护合作的谅解备忘录》。然而，日本与意大利并未即刻签订这一合作备忘录，而是签订了一份"会议纪要"，作为今后签订合作备忘录的准备。[1]

2007 年 4 月 4 日，意大利文化遗产与活动部立法办公室致函日本文部科学省，提供了由其草拟的备忘录文本，并随函附上意大利与中国于 2006 年 1 月 20 日签订的《中国国家文物局与意大利文化遗产与活动部关于促进文化遗产保护合作的谅解备忘录》。[2]意大利方面表示，希望借鉴意中文化遗产保护合作谅解备忘录的成功经验推动意日之间尽早签订备忘录。

2007 年 4 月 13 日，日本文部科学省国际关系办公室回函称，签订备忘录目前尚存困难；同时，鉴于保密原则，日方无法透露现阶段的具体情况。4 月 20 日，意大利文化遗产与活动部立法办公室与日本文部科学省国际关系办公室再次联系。随后，日本方面表示，将在不久之后正式签订《日本文部科学省与意大利文化遗产与活动部关于促进文化遗产保护合作的谅解备忘录》。不过，遗憾的是，截至本书写作时，日本与意大利仍未签订该合作备忘录。

---

〔1〕　Geoffrey Scott, "Spoliation, Cultural Property, and Japan", *University of Pennsylvania Journal of International Law*, Vol. 29: 4 (2008), pp. 897 – 898.

〔2〕　*Ibid.*, at 899 – 900.

第二节 日本返还文物的司法案例研究

中国民间向日本追索唐代鸿胪井刻石碑案（2014 年）[1]

（一）背景概述

本案是围绕"唐代鸿胪井刻石碑"展开的一场跨国文物追索。公元 696 年 6 月 16 日，松漠都督、契丹人李尽忠在营州率军反唐。与此同时，粟末靺鞨首领大祚荣趁机率部东迁以求自立建国。这两件事震惊了唐朝朝野。为阻止粟末靺鞨首领另立门户，唐皇武则天决定派兵讨伐。[2]

公元 698 年 10 月 17 日，唐朝大将李楷固率领唐军与大祚荣所率部下在天门岭（今吉林省哈达岭诸山）激烈交战，唐朝军队战败而归。大祚荣顺势率部迁往牡丹江上游的东牟山（今吉林省敦化市）修筑城池，自立为震国王。[3]至此，大祚荣与唐朝分国而治。唐中宗继位后，主张采取和平方式化解唐朝与大祚荣之间的矛盾。705 年 1 月 3 日，唐中宗派侍御史张行岌招慰大祚荣。[4]同时，大祚荣亦为表示自己对唐朝的诚意与忠心，派儿子赴唐朝觐见，缓解了唐朝中央政权与靺鞨之间的关系。[5]713 年 2 月 14 日，唐玄宗派遣鸿胪卿崔忻为代表，远赴渤海册封靺鞨族首领大祚荣为渤海郡王、左骁卫员外大将军、忽汗州都督，靺鞨国

---

〔1〕 鉴于目前日本各大公立收藏单位或机构中所馆藏的文物，大多来源并不光彩，亦或来源背景与方式非法，故日本政府时常以拒绝、回避、暧昧的态度对待来自诸多文物来源国的文物返还请求。截至目前，日本政府不仅未通过诉讼途径返还任何文物来源国的流失文物，亦鲜有与除韩国以外的其他文物来源国就文物返还进行协商、谈判。故本节只能就中国民间对日索赔联合会以诉讼方式对日本皇室追索唐代鸿胪井刻石碑案的可行性进行分析。目前，该案陷入停滞状态，故本案的写作体例与其他国别篇的司法解决案例有所区别。

〔2〕 详见《资治通鉴》"万岁通天元年"：营州契丹松漠都督李尽忠、归诚州刺史孙万荣举兵反，攻陷营州，杀都督赵文翙。尽忠，万荣之妹夫也，皆居于营州城侧。文翙刚愎，契丹饥不加赈给，视酋长如奴仆，故二人怨而反。

〔3〕 幸时代：《营州叛党的东逃与大祚荣东逃建国》，载《西北民族大学学报（哲学社会科学版）》2015 年第 4 期，第 59 页。

〔4〕 详见《新唐书·卷四·本纪第四》：神龙元年正月，张柬之等以羽林兵讨乱。甲辰，皇太子监国，大赦，改元。丙午，复于位，大赦，赐文武官阶、爵，民酺五日，免今岁租赋，给复房州三年，放宫女三千人。

〔5〕 幸时代：《营州叛党的东逃与大祚荣东逃建国》，载《西北民族大学学报（哲学社会科学版）》2015 年第 4 期，第 59 页。

"自是始去靺鞨号，专称渤海"，与唐朝正式建立藩属关系[1]。

完成使命之后，唐使鸿胪卿崔忻循原路返回长安，路经旅顺都里镇时，为纪念这次册封盛事，在黄金山下凿井两口、刻石一块，永为证验。这块刻石碑正面宽 3 米、高 1.8 米、重 9.5 吨，是一块单体十多立方米的驼形天然顽石[2]。刻石文字共计 29 字，分 3 行自上而下、自右向左书写："敕持节宣劳靺鞨使、鸿胪卿崔、忻井两口，永为记验。开元二年五月十七日。"[3] 按照唐朝惯例，朝廷命官持节册封，均要留实物证验，或立碑，或建亭，或刻石，或凿井等。当时崔忻凿的两口井，一口在黄金山北麓，至今遗迹尚存，鸿胪井刻石碑先前便伫立在这口井旁；另一口则在黄金山南麓，后来被沙俄军队破坏，如今已无迹可考[4]。此后，历代官方均对该石碑与井的情况予以记载。需要指出的是，由于"唐代鸿胪井刻石碑"体型巨大，且多年一直暴露在野外，现实状况堪忧。因此，在清光绪二十一年（1895 年）七月十八日，清政府建议对"唐代鸿胪井刻石碑"给予合理保护。此时，前任山东登莱青兵备道、安徽贵池人刘含芳派人根据"唐代鸿胪井刻石碑"的大小建造了一座石亭，以保护"唐代鸿胪井刻石碑"。该碑亭建成后，取名"唐碑亭"。随后，刘含芳等人在原刻石碑的左侧又添镌五行共 68 字记其始末。所添镌的内容包括："此石在金州旅顺海口黄金山阴，其大如驼。唐开元二年至今一千一百八十二年，其井已湮，其石尚存。"[5]

清王朝覆灭前夕，日俄战争爆发。日本从俄国手中"继承"了所谓的"满蒙权益"，在中国东北取得了旅顺、大连两处租借地以及中东铁路长春以南路段和其他一些地方特权。随后，日本政府鼓励国民移民中国东北，并设立"关东都督府"与"南满铁路株式会社"管理旅顺与大连地区以及南满铁路。在此背景之下，日本的一些所谓"满蒙学者"在东北四处活动，进行文化侵略，掠夺、盗窃中华文物等活动。这些"满蒙学者"在旅顺考察时，发现了"唐代鸿胪井

---

〔1〕 幸时代：《营州叛党的东逃与大祚荣东逃建国》，载《西北民族大学学报（哲学社会科学版）》2015 年第 4 期，第 59 页。

〔2〕《"鸿胪井刻石"飘零记》，载 http://shizheng.xilu.com/20141223/1000150003632499.html，访问时间：2017 年 5 月 20 日。

〔3〕《大祚荣和他的唐鸿胪井刻石》，载 http://hlj.ifeng.com/culture/figure/detail_ 2014_ 09/17/2921784_ 0.shtml，访问时间：2017 年 5 月 20 日。

〔4〕《"中华唐鸿胪井刻石"——我国民间首次向日本追讨的文物》，载 http://www.fjsen.com/yhzh/2015 –01/16/content_ 15560584_ 2.htm，访问时间：2017 年 5 月 20 日。

〔5〕《向日本追讨的"唐鸿胪井刻石"是什么文物？》，载 http://www.ce.cn/culture/gd/201412/22/t20141222_ 4174307.shtml，访问时间：2017 年 5 月 20 日。

刻石碑"[1] 1905 年 7 月 13 日，日本大阪朝日新闻社评论员、东洋史学家内藤湖南以外务省特派员的身份来旅顺"调研"清朝的文化遗产。在此期间，主管该区域的日本海军就先前"满蒙学者"发现的"唐代鸿胪井刻石碑"秘密委托内藤湖南进行鉴定。内藤湖南鉴定后认为，该石碑的历史价值与文化价值定当不菲。1908 年 4 月 30 日，"唐代鸿胪井刻石碑"与遮盖在其上方的"唐碑亭"被日军驻旅顺海军司令官富冈定恭用军舰运往日本东京。日本海军省则以日俄战争"战利品"的名义将该石碑献给了日本皇室。[2]

综上可知，"唐代鸿胪井刻石碑"距今已有 1300 多年的历史，是唐代王朝管辖渤海民族政权的见证。由于历史上的靺鞨国后被契丹政权推翻，靺鞨国的档案文书、文献资料均被毁坏殆尽，仅存于世的"唐代鸿胪井刻石碑"则成为目前极少有关靺鞨国的实物见证之一，其历史与文物价值因而非常突出。

（二）案情简介

1. 案件基本情况

本案是中国民间向日本追索战时被劫掠文物的第一案，提起追索请求的是中国民间团体——"中国民间对日索赔联合会"（以下简称"对日索赔联合会"），被请求方则是日本皇室。[3]

中国民间对日索赔联合会之所以将"唐代鸿胪井刻石碑"选为对日本追索战时劫掠的文物，主要有两个方面的考量：其一，"唐代鸿胪井刻石碑"是目前已知的鸦片战争以来中国被劫掠至海外体积最大的文物，如若能将该石碑追索回国，具有象征意义与示范作用。其二，"唐代鸿胪井刻石碑"流失出境的证据充分。目前，中国学者已成立唐代鸿胪井刻石碑研究会，对唐代鸿胪井刻石碑进行了系统的学术研究，已掌握包括碑的历史价值与作用、最早存放于中国何处、何

---

〔1〕《"中华唐鸿胪井刻石"——我国民间首次向日本追讨的文物》，载 http：//www. fjsen. com/yhzh/2015 – 01/16/content_ 15560584_ 2. htm，访问时间：2017 年 5 月 20 日。

〔2〕《向日本追讨的"唐鸿胪井刻石"是什么文物?》，载 http：//www. ce. cn/culture/gd/201412/22/t20141222_ 4174307. shtml，访问时间：2017 年 5 月 20 日。

〔3〕中国民间对日索赔联合会是旨在专门帮助中国二战时期民间受害者进行对日索赔的民间公益性组织。自 1991 年"中国民间对日索赔第一人"童增提出中国二战时期民间受害者有权向日本政府与相关企业索赔后，中国的受害者便在日本国内先后提起三十余起索赔诉讼，但最终无一胜诉。鉴于此，2006 年4 月 3 日成立以来，中国民间对日索赔联合会则一直致力于推动中国二战时期民间受害者对日索赔的国内诉讼。近年来，中国民间对日索赔国内诉讼的大门缓缓打开，上海中威船案的胜诉与强制执行，以及二战被掳日劳工在北京首诉日本三菱、三井案的受理与立案，使得二战时期民间战争受害者在中国国内诉讼成为现实。此次是中国民间对日索赔联合会首次以民间团体的身份，踏上了对日本追索战时劫掠文物的道路。

时劫掠至日本、现存于何处等证据。[1]

鉴此，对日索赔联合会致函日本天皇明仁和日本政府，要求日本返还从中国劫掠的"唐代鸿胪井刻石碑"。不过，日本皇室与日本政府并未回函，而日本宫内厅对外表示，"唐代鸿胪井刻石碑"是日本的国有文化财，至今尚未公开展示。至于将其返还中国，目前无法对此发表任何评论。[2]鉴此，对日索赔联合会分别向北京市高级人民法院、东京地方法院、海牙国际法院等递交了诉讼状，要求日本皇室返还"唐代鸿胪井刻石碑"。截至本书写作之时，上述司法机构均未就这一诉求给予书面回复。[3]

2. 案情事实

1908 年 4 月 30 日，"唐代鸿胪井刻石碑"与遮盖在其上方的"唐碑亭"被日军驻旅顺海军司令官富冈定恭用军舰运往日本东京。日本海军省以日俄战争"战利品"的名义将该石碑献给日本皇室。[4]

1979 年 6 月 6 日，为保护鸿胪井，中国旅顺口区革命委员会在遗迹旁立一文物保护碑，将鸿胪井定为市级保护文物。[5]

2014 年 8 月 7 日，中国民间对日索赔联合会通过日本驻华大使馆致函日本天皇与日本政府，要求返还"唐代鸿胪井刻石碑"，但未获回函。[6]

2014 年 8 月 25 日，日本《产经新闻》发表题为"反日运动的新借口？"的报道，称先前向日本追讨战争赔偿的中国民间对日索赔联合会又开始要求日本返还日俄战争后从中国"转移"至日本皇室皇宫内的"唐代鸿胪井刻石碑"，并对该联合会的追索资格提出质疑。[7]

2014 年 12 月 23 日，对日索赔联合会文物追讨部部长王锦思等人抵达日本东京，向日本外务省与宫内厅递交了追索中国"唐代鸿胪井刻石碑"的信函，但

---

〔1〕《中国民间首向日皇室追讨文物 要求归还唐代石碑》，载 http：//news. artron. net/20140811/n639863. html，访问时间：2017 年 5 月 21 日。

〔2〕《日媒称中国民间没资格向日追索国宝，只为抹黑日》，载 http：//news. qq. com/a/20140826/056226. htm，访问时间：2017 年 5 月 21 日。

〔3〕《中国民间在三地起诉日本，要求归还国宝》，载 http：//news. qq. com/a/20150609/042791. htm，访问时间：2017 年 5 月 21 日。

〔4〕《向日本追讨的"唐鸿胪井刻石"是什么文物？》，载 http：//www. ce. cn/culture/gd/201412/22/t20141222_ 4174307. shtml，访问时间：2017 年 5 月 21 日。

〔5〕《旅顺国宝鸿胪井》，载 http：//www. honglujing. com/hlj/hljjs，访问时间：2017 年 5 月 21 日。

〔6〕《中国民间首向日皇室追讨文物 要求归还唐代石碑》，载 http：//news. artron. net/20140811/n639863. html，访问时间：2017 年 5 月 21 日。

〔7〕《日媒称中国民间没资格向日追索国宝，只为抹黑日》，载 http：//news. qq. com/a/20140826/056226. htm，访问时间：2017 年 5 月 21 日。

未获回函。[1]

2015 年 6 月 8 日，王锦思与代理律师张星水以邮寄方式，就追索战时流失的"唐代鸿胪井刻石碑"，分别向东京地方法院、海牙国际法院递交起诉书。[2]

2015 年 6 月 9 日，王锦思与张星水律师一行到北京市高级人民法院呈交诉状，要求日本政府归还中国海外流失第一国宝——"唐代鸿胪井刻石碑"，并对中国人民公开赔礼道歉，给予合理赔偿。[3]

（三）跨国追索诉讼的法律分析

鉴于对日索赔联合会向日本皇室与日本政府递交追索唐代鸿胪井刻石碑的信函后，并未获得任何回应，且中国政府与相关政府职能部门亦未介入，为继续展开对日追索，对日索赔联合会专门成立了文物追讨部，并分别向北京市高级人民法院、日本东京地方法院、荷兰海牙国际法院等三地司法机构呈交诉状，要求日本政府返还唐代鸿胪井刻石碑，并公开赔礼道歉。截至本书写作时，三地司法机构均未向原告出具书面的受案通知书。

笔者从本案的代理律师处获悉，在这份起诉状中，对日索赔联合会作为原告，将日本皇宫宫内厅、日本政府首相安倍晋三以及时任日本驻华大使木寺昌人列为被告，诉讼请求包括两点：

第一，请求法院判令被告公开道歉，无偿返还唐代鸿胪井刻石碑，并由被告负责将其运送回中国旅顺。

第二，请求法院判令被告承担原告为追讨文物等对日历史遗留问题活动支出的所有费用，共计人民币 1301 万元；判令被告因侵权行为向以原告为代表的中国人民赔偿精神损失费，共计人民币 14 亿元。

可见，在对日追索战时劫掠的唐代鸿胪井刻石碑时，对日索赔联合会选择了国际民事诉讼的途径。如本书前述各编，近年来世界各地已经出现不少通过国际民事诉讼成功索回的案例。因此，诉讼作为追索文物的可选途径之一应无疑义。然而，为什么对日索赔联合会在三地司法机关起诉后，连是否受案这个"门槛性"问题迄今还未得到解决？这是值得我们深思的问题。鉴于本案目前仍在发展中，为避免对追索鸿胪井刻石碑产生不必要的影响，经慎重考虑，针对本案的具

---

〔1〕《日媒称中国民间没资格向日追索国宝，只为抹黑日》，载 http：//news. qq. com/a/20140826/056226. htm，访问时间：2017 年 5 月 21 日。

〔2〕《中国民间在三地起诉日本，要求归还国宝》，载 http：//news. qq. com/a/20150609/042791. htm，访问时间：2017 年 5 月 21 日。

〔3〕《中国民间在三地起诉日本，要求归还国宝》，载 http：//news. qq. com/a/20150609/042791. htm，访问时间：2017 年 5 月 21 日。

体分析在此不予呈现，望读者谅解。

第三节 日本返还文物的司法外解决案例研究

一、日本靖国神社返还朝韩北关大捷石碑案 (2006 年)

（一）背景概述

日本对朝鲜半岛进行殖民统治期间，曾进行了大规模的文物劫掠。追讨流失日本的文物，因而成为韩国政府与民间齐心努力的目标。本案中的北关大捷碑就是被掠夺流失到日本的众多文物中的典型代表之一。在韩国政府与民间以及朝鲜政府的共同努力下，朝韩与日本进行了多番交涉和协商，几经曲折，终于成功索回北关大捷碑。

公元 1591 年 6 月 8 日，日本太阁丰臣秀吉以"假道入唐"为名义，派出使者宗义智先后以致函与通告的方式知会朝鲜国王宣祖李昖，表示自己将率领日军于次年春天借道朝鲜进攻中国，请求朝鲜给予尽可能的协助。[1]在请求被拒之后，1592 年 4 月 12 日，丰臣秀吉突然派兵入侵朝鲜。日军从釜山登陆之后，一度攻占汉城，逼近平壤。[2]生死存亡的紧要关头，朝鲜国王宣祖李昖派遣了几批使臣前往明朝求救。明朝朝廷认为"倭寇之图朝鲜，意实在中国，而我兵之救朝鲜实所以保中国"，因此在收到朝鲜请求后不久，明朝出兵援助朝鲜。在明朝军队的援助下，朝鲜军民奋起反抗，战争局势发生了扭转。1598 年 9 月 18 日，丰臣秀吉病逝。很快，这一消息迅速传至朝鲜境内，日军士气一落千丈，溃不成军，被迫撤出朝鲜半岛。

1707 年 5 月 2 日，为纪念中朝义勇军击退丰臣秀吉所率领的日本侵略军，让后世铭记中朝军民抵御外辱的抗争史，也为颂扬中朝人民并肩作战的传统友谊，朝鲜宣祖李昖国王下令在朝鲜北关（今朝鲜咸镜北道）立碑记事，碑名全称为"明朝鲜国咸镜道壬辰义兵大捷碑"，碑身上方书写"北关大捷碑"五个大字，

---

〔1〕《万历朝鲜战争》，载 http：//newpaper. dahe. cn/jrab/html/2013 – 04/15/content_ 877758. htm? div = -1，访问时间：2017 年 5 月 22 日。

〔2〕《万历朝鲜战争》，载 http：//newpaper. dahe. cn/jrab/html/2013 – 04/15/content_ 877758. htm? div = -1，访问时间：2017 年 5 月 22 日。

这便是朝鲜"北关大捷碑"的由来。[1]

（二）案情简介

1. 案件基本情况

据韩国统计，1909 – 1945 年间，日本抢夺、劫掠与盗掘的韩国文物共计 74 434 件，其中珍贵文物 34 331 件。[2]二战结束后，韩国政府与民间一同致力于对日追索战时流失的韩国文物。尽管对日本追索战时劫掠文物面临着重重困难，但整体而言，韩国对日追索文物取得了成功。除依据双边协定系统地解决文物归属问题外，韩国也多次成功追索协定之外的珍贵文物，包括从日本东京大学索回 47 册《朝鲜王朝实录》与从日本靖国神社索回北关大捷碑等。

如前所述，壬辰倭乱结束后，为纪念中朝军民英勇无畏的抗日精神，朝鲜国王宣祖李昖特命朝鲜北关地方官在吉州郡临溟村树立了"北关大捷碑"，以示纪念。日本占领朝鲜半岛期间，这块树立在朝鲜咸镜北道的北关大捷碑被日军将领运往日本，并放置在靖国神社中。

韩国政府与民间团体曾多次要求日本靖国神社返还劫掠的北关大捷碑，但屡遭后者婉拒。靖国神社将返还一事推脱给日本政府，并向韩国政府表示，应先由韩日两国政府进行磋商与谈判，如日本政府同意并批准，靖国神社定会返还北关大捷碑。然而，日本政府以北关大捷碑取自朝鲜，日本与朝鲜未建立外交关系为由，拖延返还事宜。此后，在韩朝两国政府与民间佛教界的相互推动下，韩国与朝鲜共同向日本政府提出了返还北关大捷碑的要求。最终，在漂泊异乡百年之后，北关大捷碑终于回到了它的故土——朝鲜。

2. 案情事实

1904 年 2 月 8 日，日俄战争爆发，日本侵占朝鲜半岛。次年 12 月 2 日，日军第二师第十七旅旅长池田正介发现了北关大捷碑，并将此发现报告给日军中将三好成行。三好成行对这一发现惊喜不已，决定将北关大捷碑运往日本。[3]

1906 年 4 月 19 日，三好成行因不识北关大捷碑上 1400 个汉字的碑文，原本打算将其作为战利品呈献给日本天皇皇宫内专藏战利品的振天府。后来，通过翻译与解释，他获知该石碑是纪念中朝义勇军联手击败日本侵略战争所立的。日本

〔1〕 "Japan Returns Anti – Aggression Stele to Koreans"，载 http：//news. xinhuanet. com/english/2005 – 10/12/content_ 3609261. htm，访问时间：2017 年 5 月 22 日。

〔2〕《韩国追讨流失海外文物的得与失》，载 http：//www. cyol. net/zqb/content/2009 – 03/30/content_ 2601621. htm，访问时间：2017 年 5 月 22 日。

〔3〕 "Ancient Monument Restored in North Korea"，*North Korean Agency*，March 23，2006，载 http：//english. kbs. co. kr/news/ newsviewsub. php？ menu = 5&key = 2006032330，访问时间：2017 年 5 月 24 日。

军部认为，"北关大捷碑"是战败耻辱的象征，将其进献给天皇陛下有辱国家，故最终决定将之交由靖国神社代为保管。[1]

1909 年 7 月 11 日，旅日韩裔学生赵少阳在靖国神社发现了北关大捷碑。为唤醒朝鲜半岛人民的斗志，赵少阳在《大韩兴学报》上发表了题为《咸镜道壬辰义兵大捷碑》的文章，并发出了"大韩国人岂能不愤慨，窃碑者焉能免其罪"的怒吼，呼吁对日本追索北关大捷碑。然而，当时朝鲜半岛危在旦夕，赵少阳的此番呐喊无果而殇。[2]

1910 年 8 月 22 日，伊藤博文政府迫使朝鲜政府签订《日韩合并条约》，标志着日本正式吞并朝鲜半岛。在日本的殖民统治中，被安放在靖国神社的北关大捷碑逐渐被遗忘。[3]

1978 年 3 月 7 日，访日韩国学者崔书勉偶然间读到了赵少阳的文章《咸镜道壬辰义兵大捷碑》，并决心按图索骥地去寻找北关大捷碑。经过一系列调查后，崔书勉在靖国神社一处隐匿的角落找到了这块石碑。随后，他将这一情况向时任韩国总统的朴正熙汇报。[4]

1978 年 4 月 12 日，《朝鲜日报》刊发了崔书勉的署名文章，号召韩国追索北关大捷碑。这篇文章发表后，韩国民众义愤填膺，发起了签名运动，要求日本政府返还北关大捷碑。[5]

1998 年 2 月 25 日，金大中宣誓就任韩国总统。金大中总统在任期间，对朝鲜推行"阳光政策"，南北对话频频展开，双方关系也由此得以缓和。在此背景下，韩国与朝鲜追求民族和解与合作的愿景不断增强，这为南北携手促成北关大捷碑的返还创造了良机。[6]

2000 年 9 月 13 日，韩国佛教界、市民团体和政界人士成立了"北关大捷碑民族运动中央会"，启动了韩国民间对靖国神社追索北关大捷碑的进程。靖国神社拒绝了"北关大捷碑民族运动中央会"的返还请求，理由有二：其一，由其

---

〔1〕 "Japan Slams the Door on Stolen Artwork", *Japan Times Online*, December 4, 2002, 载 http: //search. japantimes. co. jp/cgi – bin/eo20021204bg. html，访问时间：2017 年 5 月 24 日。

〔2〕 "Japan Returns Bukgwandaecheopbi Monument to Korea", 载 http: //www. elginism. com/similar – cases/japan – returns – bukgwandaecheopbi – monument – to – korea/20051216/285，访问时间：2017 年 5 月 24 日。

〔3〕 Geoffrey Scott, "Spoliation, Cultural Property, and Japan", *University of Pennsylvania Journal of International Law*, Vol. 29：4 (2008)，p. 846.

〔4〕 *Ibid.*

〔5〕 *Ibid.*, at 847.

〔6〕 *Ibid.*

返还北关大捷碑违反了"政教分离"原则；其二，鉴于北关大捷碑原本位于今朝鲜境内，其返还应当由朝鲜民主主义人民共和国提出请求，韩国不具有提出返还请求的资格。[1]

2003年12月18日，韩国外交通商部向日本政府提出返还北关大捷碑的要求。日本政府给予回复，要求韩国先就返还一事与朝鲜协商一致，再由韩国政府通过外交途径向日本政府提出。[2]

2004年4月23日，为索回北关大捷碑，韩国与朝鲜打破了彼此沟通的僵局。时任韩国国务总理李海瓒与时任朝鲜最高人民会议常任委员会委员长金永南在印度尼西亚雅加达围绕日本追索北关大捷碑举行会谈，双方就联合对日本追索北关大捷碑达成了共识。另外，韩国政府还成立了处理北关大捷碑返还事宜的特别行动小组。[3]

2005年5月12日，韩国政府就北关大捷碑的返还问题向朝鲜政府提出进行政府间对话的请求。韩朝第十五次南北部长级会谈期间，双方决定南北联合向日本追索北关大捷碑，并就此展开事务协商。经协商后，双方同意将北关大捷碑先交给韩国，待韩国政府进行复原处理并向国民展示后再移交朝鲜。[4]

2005年5月20日，时任韩国总统卢武铉与时任日本首相小泉纯一郎会晤，就北关大捷碑的返还事宜达成共识。[5]

2005年6月28日，通过一系列协商与前期准备，韩国外交通商部正式向日本外务省提出交涉，要求日本政府返还北关大捷碑。[6]

2005年10月11日，靖国神社宣布将把北关大捷碑返还给韩国。[7]

2005年10月12日，靖国神社为北关大捷碑举行简短的纪念礼，日本外务省代表、韩驻日大使等官员出席了上述仪式。随后，北关大捷碑被运往韩国。[8]

2006年3月23日，北关大捷碑由韩国运往朝鲜咸镜北道原地落成，并成为

---

〔1〕《北关大捷碑如何从日靖国神社回到朝鲜半岛》，载 http：//www. hawh. cn/whzx/2015 – 09/07/content_ 225847. htm，访问时间：2017 年 5 月 25 日。

〔2〕 *Ibid.*

〔3〕 *Ibid.*

〔4〕 *Ibid.*

〔5〕 *Ibid.*

〔6〕 "Japan Returns Bukgwandaecheopbi Monument to Korea"，载 http：//www. elginism. com/similar – cases/japan – returns – bukgwandaecheopbi – monument – to – korea/20051216/285，访问时间：2017 年 5 月 25 日。

〔7〕 "Japan Returns Anti – Aggression Stele to Koreans"，载 http：//news. xinhuanet. com/english/2005 – 10/12/content_ 3609261. htm，访问时间：2017 年 5 月 25 日。

〔8〕 "Joseon Monument Put on Public Display"，*KBS News*，November 17，2006.

朝鲜国家第 193 号文物。[1]

（三）争议焦点

本案所涉及的主要争议焦点有两项：其一，追索北关大捷碑应由韩国提出，还是由朝鲜提出？其二，追索请求应向靖国神社提出，还是向日本政府提出？

对于第一个问题，由于北关大捷碑原落成于今朝鲜境内，因此日本方面认为，返还请求应由朝鲜政府提出。然而，韩朝两国长期处于严重对峙状态，加之日本与朝鲜亦无外交关系，北关大捷碑的返还事宜因而被长期搁置。

对于第二个问题，靖国神社方面主张，[2]由于它是宗教机构，并非国有文物的收藏单位，北关大捷碑的返还因而需要在韩朝两国达成合作协议的前提下，通过外交途径向日本政府提出请求。这一主张，一度对北关大捷碑的返还造成了难以克服的障碍。

（四）本案返还的具体方式：协商与谈判

本案的特殊性在于：文物流失后，文物原属国分裂，因而产生文物返还的请求由分裂后的哪一国政府提出的问题。鉴于朝鲜与韩国长期处于敌对状态，前者亦与日本无外交关系，靖国神社与日本政府充分利用这一困局，长期拖延北关大捷碑的返还进程。

困局解决的契机出现在，金大中就任韩国总统并对朝鲜推行"阳光政策"后。"阳光政策"使朝韩的对立局势渐趋缓和，这为朝韩协力联合追索北关大捷碑奠定了良好的政治基础。

此外，在此次追索北关大捷碑中，韩国民间也发挥了重要作用并与韩国政府形成了良性互动关系。最早呼吁对日本追索北关大捷碑的是赵少阳与崔书勉。正是在这两位韩国爱国人士的呼吁下，韩国民间团体与政府才关注到被劫掠至日本的北关大捷碑。由此，也触发了韩国佛教界、市民团体与政界人士等的关切。他们随即成立了"北关大捷碑民族运动中央会"，并对日本展开了民间追讨北关大捷碑的活动。在此期间，这些民间团体也与靖国神社进行了多轮谈判。

在民间团体的推动下，2003 年 12 月 18 日，韩国外交通商部向日本政府提出

〔1〕 "Ancient Monument Restored in N. Korea", *KBS News*, March 23, 2006.

〔2〕 靖国神社的前身是 1869 年 8 月 6 日（明治二年六月二十九日）的东京招魂社，最初是为了纪念明治维新时期的日本内战——戊辰战争中为恢复明治天皇权力而牺牲的 3500 多名反幕武士。1879 年（明治十二年）8 月 6 日，东京招魂社改名为靖国神社。"靖国"是由明治天皇命名，该名出自《左传·僖公二十三年》的"吾以靖国也"，意为使国家安定，此后由日本军方专门负责管理。《靖国神社史》，载 http://www. yasukuni. or. jp/history/history. html，访问时间：2017 年 5 月 26 日。

返还北关大捷碑的请求，但日本政府要求韩国就返还一事先与朝鲜协商一致。[1]
为达到日本政府的要求，韩日佛教福祉协议会挺身而出。2005 年 3 月 28 日，韩
日佛教福祉协议会与朝鲜佛教联盟在北京举行会面。双方通过友好协商，一致决
定将北关大捷碑最终返还给朝鲜进行安放。随后，双方与靖国神社进行了多次沟
通，终于通过民间渠道就返还北关大捷碑事宜达成了一致。[2]

在韩朝佛教界的推动下，韩朝政府也利用各种场合进行了磋商，并最终在韩
朝第十五次南北部长级会谈期间就所有事宜达成协议，从而扫清了日本政府为返
还北关大捷碑设置的障碍。

在此背景下，韩国总统卢武铉与日本首相小泉纯一郎就北关大捷碑的返还事
宜达成了一致意见。随后，韩国外交通商部正式向日本外务省提出交涉，要求其
返还北关大捷碑。同年 10 月 10 日，日本向韩国返还北关大捷碑，日韩两国政府
官员均出席了北关大捷碑返还仪式。

北关大捷碑在韩国展示一段时间后，于 2006 年 3 月 23 日移交朝鲜政府，并
在朝鲜咸镜北道落成。[3]

（五）经验总结

通过对本案的详细分析与解读，我们可以学到一些经验，并得到以下启示：

第一，政府间的友好协商与谈判是追索战时劫掠文物过程中不可或缺的重要
一环。韩国与朝鲜联合向日本追索战时劫掠的北关大捷碑的过程漫长而艰辛，因
此可以预见，今后中国对日本追索战时被劫掠文物必定困难重重。鉴于此，中国
政府应当做好打"持久战"的准备，做好对日追索的各项前期准备工作。在此
基础上，中国政府再寻找适当的时机向日本政府提出追索请求。

第二，此次韩国政府对日本追索北关大捷碑经历民间发起、政府介入、南北
合力追索等漫长过程。中国对日追索文物可以借鉴韩国经验，形成对日文物追索
政府与民间的良性互动格局。鉴于中日关系的重要性与敏感性，中国政府应当鼓
励民间机构与社会团体发挥积极作用，构建民间辅助官方、官方促进民间、官方
与民间相互配合的追索格局。现阶段，中国政府尤其应鼓励民间团体发挥社会舆
论与道义支持的作用，并利用各种渠道对被日劫掠文物进行现状调查，收集相关
文物资料，从而为未来适时启动官方对日追索工作打下基础。

---

〔1〕《北关大捷碑如何从日靖国神社回到朝鲜半岛》，载 http://www. hawh. cn/whzx/2015 - 09/07/
content_ 225847. htm，访问时间：2017 年 5 月 26 日。

〔2〕 *Ibid.*

〔3〕 Geoffrey Scott, "Spoliation, Cultural Property, and Japan", *University of Pennsylvania Journal of International Law*, Vol. 29：4（2008），p. 847.

二、日本美秀美术馆返还中国山东省博兴县北魏朝青石圆雕菩萨立像案 (2008 年)

（一）背景概述

本案是日本返还中国被盗流失文物的第一案，亦是迄今为止中日两国文物收藏单位之间成功解决文物返还争议的经典案例。

本案的返还标的物——北魏朝青石圆雕菩萨立像，是山东省滨州市博兴县龙华寺遗址窖藏出土的一类石刻佛教雕像。虽然这尊青石圆雕菩萨立像并无镌刻纪年铭，但考古专家们推测造像纪年约为东魏武定五年（547 年）至北齐武平元年（570 年）。这尊青石圆雕菩萨立像面相方圆、弯眉细目、微翘的嘴角饱含笑意，使信众观赏后倍感亲切慈祥，顿生虔诚皈依之情。另外，这尊青石圆雕菩萨立像雕造工艺精细且有一特别之处，即菩萨头上所佩戴的宝冠正中多是安置化佛或宝珠的位置，其中却雕出了一只双目朝上两翅下垂伏卧的蝉纹，类似于当时世俗官员冠上的蝉纹金珰，独由朝廷侍中等近臣所戴用。或许是因当时僧侣将佛像比拟成人间皇帝，故在这类青石圆雕菩萨冠上雕饰蝉珰。事实上，在菩萨宝冠上饰蝉纹是极为罕见的。

至今，仅在山东地区北朝石雕造像中发现两尊，除本案涉及的一尊外，另一尊出土于山东青州龙兴寺窖藏中，其体高、造型及服饰大致与上述这尊青石圆雕菩萨立像相近，但残损较甚，双足已断，且头光缺失。鉴于此，山东省滨州市博兴县出土的这件北魏朝青石圆雕菩萨立像，确是山东地区单体菩萨造像中不可多得的佳作，堪称国宝级文物。[1]

（二）案情简介

1. 案件基本情况

距离日本京都约 20 英里之外，位于日本滋贺县甲贺市信乐町桃谷的美秀美术馆（MIHO）是一座由日本新兴宗教组织神慈秀明会出资创办的私立博物馆。该馆由著名美籍华裔建筑师贝聿铭设计，于 1996 年 8 月 21 日开始施工建设，于 1997 年 11 月 3 日正式开馆，并因其丰富的馆藏而成为世界知名的美术馆。该美术馆内收藏着约两千件来自埃及、希腊、罗马、中国、韩国、古波斯以及日本等国的稀世珍品。[2]

〔1〕《归来的菩萨》，载中国网 http://www.china.com.cn/aboutchina/zhuanti/zhuanti/hwlsdzgww/2008 - 06/20/content_ 15859867. htm，访问时间：2017 年 5 月 26 日。

〔2〕"Miho Museum"，载 http://www.miho.jp，访问时间：2017 年 5 月 26 日。

在建馆之初，负责筹备该馆的片山崛内先生从伦敦埃斯凯纳齐东方艺术组织处购得一尊北魏朝青石圆雕菩萨立像，但并未向外界透露当时的交易方式与具体金额。[1]此后不久，中国国家文物局获悉被盗的北魏朝青石圆雕菩萨立像出现在美秀美术馆中。随即，国家文物局决定派员与美秀美术馆进行交涉。

经过双方长期磋商与谈判，国家文物局与美秀美术馆最终签署了《北魏朝青石圆雕菩萨立像返还备忘录》。依据该备忘录，美秀美术馆同意将北魏朝青石圆雕菩萨立像无偿返还给中国；作为互惠安排，国家文物局同意美秀美术馆将该菩萨立像进行展借，展借期为 7 年。[2]

这尊被盗流失的北魏朝青石圆雕菩萨立像得以重返祖国怀抱，既是国人与国际友人共同努力的结果，也是国家文物局、山东省博物馆与美秀美术馆相互协商谈判的智慧结晶。

当然，这尊体高超过 1 米的硕大石雕佛教雕像竟然如此轻易地被盗且流出国境，这也暴露出 20 世纪 90 年代我国文物保护与出入境制度存在的问题。我们也希望通过对本案的回顾与梳理，能让我国文物主管机关吸取教训，确保今后国宝级文物被盗流失的事件不再重演。

2. 案情事实

1976 年 3 月 17 日，山东省滨州市博兴县陈户镇张官村村民张立山家中在盖房挖宅基时，发现了一尊北魏朝青石圆雕菩萨立像。然而，这尊菩萨立像出土后便散失民间。[3]

1979 年 5 月 8 日，山东省滨州市博兴县文管所业务干部李少南前后用了 3 年时间，从 3 位村民家中将这尊北魏朝青石圆雕菩萨立像失散的上、中、下三部分身躯收集齐，并入藏博兴县博物馆。[4]

1983 年 7 月 1 日，中国学术期刊《文物》第 7 期刊载了由常叙政、李少南撰写的一篇关于北魏朝青石圆雕菩萨立像的考古简报。该文以图文形式详细地介绍了这尊北魏朝青石圆雕菩萨立像出土与发现的全过程，并就这一菩萨像的历史

---

〔1〕 Lyndel V. Prott, *Witnesses to History: A Compendium of Documents and Writings on the Return of Cultural Objects*, Paris: UNESCO, 2009, p. 340.

〔2〕 《归来的菩萨》，载中国网 http://www.china.com.cn/aboutchina/zhuanti/zhuanti/hwlsdzgww/2008 - 06/20/content_ 15859867. htm，访问时间：2017 年 5 月 26 日。

〔3〕 《失窃菩萨造像回国记》，载浙江在线新闻 http://culture.zjol.com.cn/05culture/system/2008/01/14/009140526_ 01. shtm，访问时间：2017 年 5 月 26 日。

〔4〕 Lyndel V. Prott, *Witnesses to History: A Compendium of Documents and Writings on the Return of Cultural Objects*, Paris: UNESCO, 2009, p. 340.

文化价值与艺术价值进行了认定，引起中外文物考古界的高度重视。[1]

1993 年 1 月 31 日，《山东画报》开年第 1 期的封面使用了北魏朝青石圆雕菩萨立像。该期不仅详细介绍了山东省滨州市博兴县的文物收藏情况，还着重对这尊北魏朝青石圆雕菩萨立像进行了说明。[2]

1994 年 7 月 3 日深夜，这尊收藏在山东省滨州市博兴县博物馆中的北魏朝青石圆雕菩萨立像被盗，其后便不知所踪。[3]

1995 年 6 月 29 日，北魏朝青石圆雕菩萨立像被收录在英国伦敦埃斯凯纳齐（J. E. Eskennazi）东方艺术组织（一个以经营中国文物为主的商业机构）编印的东方艺术展览目录中。[4]

1995 年 10 月 7 日，日本美秀美术馆从英国伦敦埃斯凯纳齐东方艺术组织处购得了这尊菩萨立像。[5]

1997 年 12 月 29 日，时任中国社会科学院考古研究所高级研究员、古佛像研究专家的杨泓收到了一份来自日本美秀美术馆藏品的精装目录。该目录中的一件雕像藏品极像 1983 年《文物》介绍的北魏朝青石圆雕菩萨立像。经过对比后，杨泓发现，两者都有着巨大的圆形祥光，雕像的帽冠处皆有一只极为罕见的蝉纹装饰。另外，两者具有相同的尺寸与用石材料。更有说服力的是，这尊雕像藏品与北魏朝青石圆雕菩萨立像在手臂、身体上均有着完全相同的受损图案，这也印证了两者应是同一件雕像，即被盗流失的北魏朝青石圆雕菩萨立像。[6]

1999 年 12 月 11 日，瑞士米西奈斯古代艺术基金会（Maecenas Foundation for Ancient Art）主席马里奥·罗伯特先生（Mario Robert）将其所获知的北魏朝青石圆雕菩萨立像的情况直接致函山东省滨州市博兴县文管所。[7]

1999 年 12 月 31 日，杨泓将这一情况致信山东省文化厅，并提供了这尊菩萨

---

〔1〕　*Ibid.*

〔2〕　《归来的菩萨》，载中国网 http://www. china. com. cn/aboutchina/zhuanti/zhuanti/hwlsdzgww/2008 – 06/20/content_ 15859867. htm，访问时间：2017 年 5 月 26 日。

〔3〕　*Ibid.*

〔4〕　《失窃菩萨造像回国记》，载浙江在线新闻 http://culture. zjol. com. cn/05culture/system/2008/01/14/009140526_ 01. shtm，访问时间：2017 年 5 月 26 日。

〔5〕　Lyndel V. Prott, *Witnesses to History: A Compendium of Documents and Writings on the Return of Cultural Objects*, Paris: UNESCO, 2009, p. 340.

〔6〕　*Ibid.*

〔7〕　《归来的菩萨》，载 http://www. china. com. cn/aboutchina/zhuanti/zhuanti/hwlsdzgww/2008 – 06/20/content_ 15859867. htm，访问时间：2017 年 5 月 26 日。

立像收藏在日本美秀美术馆的具体信息。[1]

2000 年 1 月 7 日，山东省滨州市博兴县文管所向山东省文化厅汇报了罗伯特主席就北魏朝青石圆雕菩萨立像情况的来信。山东省文化厅将有关情况汇总后，向国家文物局作了专题汇报，请求国家文物局帮助其对日本展开追索。[2]

2000 年 8 月 24 日，日本东京举办名为"四大文明"的展览。借此机会，时任国家文物局指派外事办公室主任王立梅与日本神慈秀明会会长小山弘子女士进行首次接触。在此次接触中，双方以友好、坦诚的态度交换了相关信息与彼此立场，并达成友好协商、妥善解决纠纷的共识。[3]

2001 年 4 月 9 日，王立梅与小山弘子在北京达成返还意向。日方愿以中日友好关系大局为重，秉持博物馆职业道德操守，无偿返还这尊北魏朝青石圆雕菩萨立像。[4]

2001 年 4 月 16 日，山东省文化厅与神慈秀明会在日本美秀美术馆正式签署《北魏朝青石圆雕菩萨立像返还备忘录》和《展借协议书》。依据备忘录，美秀美术馆同意将这尊菩萨立像无偿返还中国。与此同时，考虑到美秀美术馆购买、保护这尊菩萨立像付出的巨大经济代价以及无偿返还的友善态度，中国国家文物局同意将这尊菩萨立像继续放在美秀美术馆展出至 2007 年，并在美秀美术馆建馆 10 周年纪念活动结束后运回山东省博物馆。[5]

2008 年 1 月 9 日，美秀美术馆返还中国北魏朝青石圆雕菩萨立像，入藏山东省博物馆。

（三）争议焦点

本案的主要争议焦点是，中国国家文物局向日本美秀美术馆提出追索请求是否具有法律依据？

在对本案相关情况进行初步调查与核实后，中国国家文物局认为，通过法律途径向美秀美术馆提出返还请求面临重大法律障碍。首先，当初购买这尊北魏朝青石圆雕菩萨立像时，美秀美术馆曾向国际刑警组织查询，在确认其未列入各国

---

〔1〕 Lyndel V. Prott, *Witnesses to History: A Compendium of Documents and Writings on the Return of Cultural Objects*, Paris: UNESCO, 2009, p. 340.

〔2〕《失窃菩萨造像回国记》，载浙江在线新闻 http://culture.zjol.com.cn/05culture/system/2008/01/14/009140526_01.shtml，访问时间：2017 年 5 月 26 日。

〔3〕《北魏石刻菩萨造像追索记》，载《检察日报》2008 年 1 月 18 日，第 5 版。

〔4〕 Lyndel V. Prott, *Witnesses to History: A Compendium of Documents and Writings on the Return of Cultural Objects*, Paris: UNESCO, 2009, p. 341.

〔5〕《归来的菩萨》，载中国网 http://www.china.com.cn/aboutchina/zhuanti/zhuanti/hwlsdzgww/2008-06/20/content_15859867.htm，访问时间：2017 年 5 月 26 日。

被盗文物名单后才决定购买；而这尊菩萨立像被盗失窃后，中国方面并未向国际刑警组织报告，这导致美秀美术馆可依《日本民法典》的规定，获得善意购买者的地位。[1]其次，当时日本还未加入《1970年公约》，因此，中国无法依据该公约进行追索。

鉴此，国家文物局认为，只有采用友好谈判、协商的方式，在互惠、互让的基础之上才有可能促成菩萨像的回国。鉴于购买并展览这尊菩萨立像的美秀美术馆是日本宗教组织神慈秀明会的私立博物馆，追求"真、善、美"是其办馆宗旨，而收藏这样一件被盗流失的文物，对于这个新兴的美术馆来说显然是一件极不光彩的事情，中国国家文物局经过研判，认为以《国际博物馆协会职业道德准则》为依据与之展开协商与谈判促成返还，具有可行性。

在此背景下，国家文物局派员与美秀博物馆商谈，以博物馆职业道德为依据，做出互惠互利的灵活安排，最终促成了这尊菩萨立像的返还。

（四）本案返还的具体方式：协商与谈判

鉴于本案的特殊情况，通过法律渠道追索不具可行性，国家文物局遂决定通过友好谈判、协商的方式，在互惠、互让的基础上寻找解决方案。

2000年8月24日，日本东京举办名为"四大文明"的展览。时任中国国家文物局局长的张文彬认为，这次展览将是开启对日协商谈判的一次重要契机，故指派时任外事办公室主任的王立梅赴日与日本神慈秀明会会长小山弘子女士进行首次接触。[2]

在此次接触中，王立梅选择了一个友好、坦诚的开场白。她对小山弘子会长说："其实，我们都是受害者。我们的文物被盗，而你们不知情买了被盗文物。这对双方的形象都不好，我们应该商谈解决这件事。"小山弘子回道："你没有指责我们，这让我很意外，也很高兴。"[3]在友好与坦诚的氛围下，双方达成以友好协商妥善解决纠纷的共识。

接下来，中日之间的具体谈判持续进行了8个月，日方由片山崛内先生负责接手谈判工作，并每隔两至三周到北京与王立梅进行协商。片山崛内先生表示：

---

〔1〕《日本民法典》第192条规定："通过交易行为，平稳而公然地开始占有动产者，如系善意且无过失，则即时取得行使于该物上的权利。"此外，《日本民法典》第193条规定："于前条情形，占有物系盗赃或遗失物时，受害人或遗失人自被盗或遗失之时起2年间，可以向占有人请求回复其物。"可见，如果先占有人持有的是盗抢文物，那么，原所有人可以在两年内要求先占有人返还。而追索时，距离美秀博物馆早已超过了两年期限。

〔2〕《北魏石刻菩萨造像追索记》，载《检察日报》2008年1月18日，第5版。

〔3〕《北魏石刻菩萨造像追索记》，载《检察日报》2008年1月18日，第5版。

"美秀美术馆一直以来均从信誉良好的卖家手中购买艺术品，目的旨在防止收藏被盗流失的艺术品或文物。藏品一旦经我们善意购买，即成为我馆藏品，我们没有无条件返还的义务，希望中方考虑到我方的这一情况。如中方能够提供赔偿金，我方返还北魏朝青石圆雕菩萨立像也并非完全不可能。"[1]王立梅表示理解其立场，但坚持返还被盗流失文物是各国博物馆应尽的职业道德。

在获悉美秀美术馆购买了被盗于中国的文物后，日本舆论一片哗然，让小山弘子会长备受压力。鉴此，王立梅提议："返还被盗流失的文物是有国际先例的，美国博物馆曾经返还给印度一尊被盗流失的湿婆像，为了补偿美国博物馆的损失，印度同意将湿婆像展借给美国10年。鉴于本案的特殊情况，不妨参考这一国际先例。"[2]美秀美术馆表示将予以考虑。2001年4月9日，中日双方在北京达成返还意向。

2001年4月16日，双方就返还北魏朝青石圆雕菩萨立像签署《北魏朝青石圆雕菩萨立像返还备忘录》和《展借协议书》。为了感谢美秀美术馆无偿返还北魏朝青石圆雕菩萨立像，中方同意将其免费展借给美秀美术馆直至2007年，即该馆开馆10周年纪念日之时。作为返还备忘中的一部分，中国政府公开声明，表示相信美秀美术馆是在公开场合善意购买这尊菩萨立像，并无不当行为。备忘录与展借协议均写明，美秀美术馆要求中国承诺将采取必要措施加强管理与确保文物的安全，并在国际范围内及时发布被盗流失文物的信息。以后美秀美术馆在购买任何一件中国艺术品之前，会在第一时间向中国国家文物局与文化部的官员咨询。[3]

2008年1月9日，美秀美术馆返还中国北魏朝青石圆雕菩萨立像。在阔别中国14年后，这尊菩萨立像终于落户在山东省博物馆。[4]

（五）经验总结

本案系中国首次对日本追索被盗流失文物的成功案例，是在既有法律框架之外，经过友好协商谈判得以实现返还的，其积极意义与示范作用不容小觑。通过对本案的详细分析与解读，我们可以学到一些经验，并得到以下启示：

---

〔1〕　Lyndel V. Prott, *Witnesses to History: A Compendium of Documents and Writings on the Return of Cultural Objects*, Paris: UNESCO, 2009, p. 341.

〔2〕《北魏石刻菩萨造像追索记》，载《检察日报》2008年1月18日，第5版。

〔3〕　Lyndel V. Prott, *Witnesses to History: A Compendium of Documents and Writings on the Return of Cultural Objects*, Paris: UNESCO, 2009, p. 341.

〔4〕　E. Eckholm and C. Sims, "Stolen Chinese Relic a Showpiece in Japan? Archaeologists See an Epidemic of Theft", *New York Times*, April 24, 2000.

第一，在对涉案的文物市场国进行追索被盗流失文物时，如该国未加入《1970年公约》或《1995年公约》，且无其他直接的法律依据，中方可以采取法律以外的途径，如与对方展开协商与谈判，进行文物追索。在谈判的过程中，我方应综合考虑文物流失的具体情况，借鉴其他类似文物返还的成功先例，制定灵活、互惠的追索方案，促成文物返还。

第二，在知晓文物被盗或贩运出境后，我国应及时向国际刑警组织、联合国教科文组织等国际机构报告，将信息录入国际上主要的被盗文物数据库，以阻止被盗流失文物流入他国并避免为追索制造法律上的困境。本案中，在这尊菩萨立像被盗失窃后，中国方面未向国际刑警组织报告，导致日本美秀美术馆获得善意购买者的地位，这阻断了追索该菩萨立像的法律途径，教训深刻。

第六章　欧盟篇

在前述五章中，本书已就美、英、法、德、日涉及文物返还的国内法做了梳理与归纳，亦对前述五国文物返还的典型案例进行了汇总与分析，其中英、法、德三国属于欧盟国家。[1]需要指出的是，中国向欧盟成员国追索文物时，不能将研究的范围局限于其国内法规范，还应该分析与研读欧盟法律体系中的相关规定，诸如：欧盟成员国是如何在欧盟法律框架下规范文物进出境的？欧盟是否存在统一的文物返还法令？如何具体操作欧盟境内的文物返还程序？在欧盟成员国与非成员国之间的文物返还又是如何展开的？[2]

为此，本章先重点介绍欧盟有关文物保护与返还的指令与条例等；既而，将针对除英、法、德之外的欧盟其他国家涉及文物返还的典型案例进行分析与解读。需要说明的是，尽管瑞士不是欧盟成员国，但鉴于其为欧洲重要的文物市场国，且在地理位置上被欧盟成员国包围，故在案例研究中，本章将该国案例一并收入。

第一节　涉及文物返还的欧盟法研究

欧盟在区域合作上取得了非凡的成就，实现了欧盟范围内各成员国之间商品、人员的自由流动，促进了欧洲经济与文化的勃兴。然而，区域一体化不可避免地带来了许多问题，如跨境犯罪、文物贩运等。随着欧盟内部边界控制制度的废除，欧盟各成员国面临着日趋严重的文物及艺术品盗窃和走私问题。如何既能

---

〔1〕　英国于 2016 年通过公投决定退出欧盟，但目前尚未完成"脱欧"的法律程序。

〔2〕　Kimberly A. Short, "Preventing the Theft and Illegal Export of Art in Europe without Borders", 26 *Vanderbilt Journal of Transnational Law* (1993), pp. 633, 638 – 639.

确保欧盟各国人员、商品的自由流通，又能有效打击文物贩运，遂成为欧盟一体化进程中亟待解决的难题。

根据欧共体边界开放与自由市场的理念，法国、联邦德国、意大利、荷兰、比利时和卢森堡六国领导人于 1957 年签署了《罗马条约》，[1] 货物由此可以在欧盟内部自由流通、买卖与交易。[2] 此外，欧共体理事会于 1992 年 12 月 9 日颁布了《关于文化物品出口的 3911/92 条例》（以下简称《3911/92 条例》）；[3] 次年 3 月 15 日，欧共体理事会颁布了《关于返还从成员国境内非法转移文物的 93 /7/EEC 指令》（以下简称《93 /7/EEC 指令》）。[4] 2014 年 5 月 15 日，欧盟理事会颁布了《关于返还从成员国境内非法转移文物的 2014/60/EU 指令》（以下简称《2014/60/EU 指令》），并代替了先前的《93 /7/EEC 指令》。[5]

上述条例与指令为规范欧盟各成员国的文物进出口、加强成员国的文物执法合作、便利文物返还提供了欧盟层面上的法律依据。

一、立法背景

《罗马条约》第 36 条为欧盟（欧共体）成员国采取合理的非关税贸易壁垒限制文物出入境奠定了法律基础，该条规定为："如符合保护具有历史或考古意义的'国宝'的需要，[6] 不排除对成员国之间进出口或运送过程中的货物加以禁

---

〔1〕 1957 年 3 月 25 日，法国、联邦德国、意大利、荷兰、比利时和卢森堡六国领导人在罗马签署《欧洲经济共同体条约》和《欧洲原子能共同体条约》。后来，人们把这两个条约统称为《罗马条约》。条约的签署标志着欧盟的前身——欧洲共同体（欧共体）的诞生。

〔2〕 《罗马条约》本身未就"货物"作出明确界定，而欧洲法院（ECJ）认为该术语涵盖所有具有货币价位可以作为商业交易客体的物。正如 ECJ 在意大利艺术品宝藏案中指出的，尽管艺术品有其独特性，但基本上符合《欧共体条约》第 9 条（1）意义上的"货物"，可以作为商业交易物。See Commission v. Italy, Case 7/68，[1968] E. C. R, 642.

〔3〕 European Council Regulation (EEC) No. 3911/92 of 9 December 1992 on the Export of Cultural Goods，载 https: //eca. state. gov/files/bureau/eu3911. pdf，访问时间：2017 年 5 月 27 日。

〔4〕 Council Directive 93 /7 /EEC of 15 March 1993 on the Return of Cultural Objects Unlawfully Removed from the Territory of a Member State，载 http: //ec. europa. eu /growth /single – market /goods /free – movement – sectors /return – cultural – goods /index_ en. htm，访问时间：2017 年 5 月 27 日。

〔5〕 Directive 2014/60/EU of the European Parliament and of the Council of 15 May 2014 on the Return of Cultural Objects Unlawfully Removed from the Territory of a Member State and Amending Regulation (EU)，载 http: //ec. europa. eu/growth/single – market/goods/free – movement – sectors/return – cultural – goods/index_ en. htm，访问时间：2017 年 5 月 27 日。

〔6〕 "国宝"一词来源于《里斯本条约》第 36 条中的"National Treasure"，指欧盟各成员国将根据本国立法所确定的有重要价值的文物，即国家的重要文物。

止或限制。"[1]据此，如保护"国宝"的理由成立，欧盟成员国可为货物自由流通原则设定例外规则。欧洲法院曾明确表示，必须对货物自由流通这一基本原则制定例外规则，但采取保护性措施的各成员国必须证明，其措施符合《罗马条约》第36条。[2]

依据自身的经济状况与贸易状况和利益，各成员国倾向于采取宽严不同的文物进出口措施。整体而言，欧盟南部的成员国，如法国、西班牙、意大利、葡萄牙以及希腊等国，担心欧盟内部边界的开放会使其文物资源流向经济富庶的北部国家，故主张制定严格的文物进出口制度。与此相对，欧盟北部成员国，如荷兰、德国等则担心过于严格的文物进出口制度会对欧盟各国的贸易与人员的自由往来构成障碍。这样一来，就有必要在欧盟层面采取措施协调不同成员国的利益需求。

在此背景下，欧共体理事会制定了《93/7/EEC 指令》，旨在促进欧盟各成员国之间相互合作，有效打击文物的非法流转，促使非法出境文物返还原属国。《93/7/EEC 指令》的实施对《罗马条约》规定之"国宝"的保护具有重要作用。[3]此外，《3911/92 条例》旨在对欧盟各成员国的文化财产出口加以管控。细言之，欧盟之所以制定并实施涉及有关文物返还的相关立法，主要源于以下三方面的因素：

首先，在《3911/92 条例》和《93/7/EEC 指令》颁布与实施之前，欧盟已有的立法未能有效遏制文物的贩运与流失出境。依据《罗马条约》以及《里斯本条约》，各成员国不得在欧盟范围内的进出口环节施加数量限制以确保货物的自由流通；与此同时，两条约设立了贸易保护的例外条款，依之，一国基于保护具有历史、文化及考古价值的"国宝"可以不受货物自由流通的限制。然而，由于两公约未对"国宝"的含义做出界定，各成员国得依据本国国内法界定之，建立欧盟统一的文物进出口制度因而具有必要性。

其次，欧盟各成员国的文物保护立法存在较大差异，这为文物贩运与非法交易提供了一定的操作空间。例如，在对被盗流失文物的所有权问题上，欧盟各成员国存在明显的立法差异，有些国家的法律倾向于保护所有权，有些则倾向于保护交易安全。鉴于前述各章已对英、法、德等主要欧盟成员国的国内法进行了详

---

[1]　Kimberly A. Short, "Preventing the Theft and Illegal Export of Art in Europe without Borders", 26 Vanderbilt Journal of Transnational Law, (1993) 633, pp. 638 – 639.

[2]　Ibid. , at 633.

[3]　Talbot J. Nicholas Ⅱ, "EEC Measures on the Treatment of National Treasures", Loyola of Los Angeles International and Comparative Law Review, 12, 11 (1993), p. 135.

细分析，此处不再赘述。欧盟内部边界控制的废除，客观上便利了犯罪分子利用欧盟成员国之间的货物自由流通制度，将被盗文物转移至倾向于保护交易安全的国家，进而"漂白"所有权存在瑕疵的文物。

最后，欧盟各成员国对于文物的进出口管制规定存在分歧。细言之，文物资源丰富的欧盟成员国多主张加强对文物的保护，要求采取有效措施避免文物的非法流转，遏制文物的非法流失。其他一些欧盟成员国则支持艺术品与文物的自由贸易，认为合法交易可以促使艺术品与文物流向最能充分对其进行保护的地方。[1]

二、欧盟涉及文物返还的条例与指令

欧盟关于文物出口以及返还从各成员国境内非法转移文物的条例与指令，是我们研究对欧盟文物市场国追索流失文物的主要法律文本。唯有对其进行深入理解，我们才能够有针对性、有计划地展开对欧盟国家追索流失文物的工作。

（一）《3911/92 条例》

《3911/92 条例》主要着眼于规范欧盟各成员国的文物出口到欧盟以外的国家（并非欧盟各成员国之间的出口），它借鉴了《1970 年公约》的相关规定，要求作为欧盟各成员国的文物来源国按该公约规定对出口文物签发出口许可证。换言之，《3911/92 条例》试图通过引入出口许可制度，达到遏制欧盟各成员国向欧盟以外地区非法出口文物的目的。[2]

根据《3911/92 条例》，凡列入条例附录之中的物品，只有经出入境主管部门批准并获得出口许可证后，方可出口；未列入附录中的物品，则按照出口国的国内法规定以确定是否准许其出口。可见，对于附录列入的物品清单，欧盟各成员国必须实施强制的出口控制。虽然这一出口控制会对欧盟各成员国之间以及欧盟成员国与非成员国之间的货物自由流通构成一定限制，但在很大程度上可以抑制文物的非法流出。

《3911/92 条例》具有普遍约束力，直接适用于欧盟各成员国。因此，无论出口许可证是由哪一个欧盟成员国签发的，在欧盟境内都具有法律效力。出口申请人只需要向作为出口文物来源地国的欧盟成员国的进出口主管机关提出出口申

---

〔1〕 高升：《欧盟立法中货物自由流通与文物保护的冲突与协调》，载《法治论丛》2008 年第 6 期，第 63 页。

〔2〕 "3911/92 条例"所指"文物"这一术语的解释要参照条例的附录，附录列举的物品种类都有最低的年代和价格限制。属于列举种类之一且符合规定的最低年代和价值标准的物品，就是适格的文物，其向共同体之外出口需获得出口许可。

请即可。该欧盟成员国在签发出口许可证时，其进出口主管机关将保留一份出口许可证副本，这为以后追索非法流转文物的请求国提供了备份证明。一旦欧盟某一成员国发现申请出口的物品是被盗物、走私物或非法出口物，且违反了有关协议或欧盟成员国的国内立法，就应拒绝签发出口许可证。[1]

尽管该条例对于遏制欧盟各成员国的文物贩运或流转有重要作用，但其自身也存在一些缺陷。

第一，《3911/92 条例》对于"文化物品"（cultural goods）的界定不甚明晰，认定的范围也较狭窄。该条例仅在附录中列举了文化物品的种类，且设有最低出口年代与价格的限制。只有属于附录列举种类之一，且符合最低出口年代与价格标准的文化物品，才能被认定为该条例规定的文化物品。

第二，《3911/92 条例》仅限制欧盟各成员国的文物向欧盟之外的地区出口，对欧盟成员国内部文物的跨境流转并无限制，欧盟各成员国只能继续依据《罗马条约》第36条来限制欧盟各成员国之间文物的非法流转。

第三，《3911/92 条例》的附录不可能穷尽性地列举欧盟各成员国受保护的文物，该条例附录所列文化物品之外的文物，其认定只能交由欧盟各成员国。所以，如果某一文物或艺术品在欧盟某一成员国国内受到保护且严禁其出口，但未被列入《3911/92 条例》的附录，则该文物很有可能被运往出口管制宽松的其他欧盟成员国，进而再转移到欧盟成员国之外的地方，显然有架空《3911/92 条例》主旨之虞。

第四，《3911/92 条例》未就《罗马条约》第36条中的"国宝"进行界定，该问题因而仍交由欧盟各成员国自行决定与处理，无疑使欧盟各成员国进出口管控制度的不统一性与不确定性在很大程度上得以保留。

（二）《93/7/EEC 指令》

《93/7/EEC 指令》着眼于遏制欧盟内部文物的非法流转，为从某一欧盟成员国非法转移到另一成员国的文物构建一套返还法律程序。因此，该指令常被称为"文物返还的欧盟法律基石"。[2]细言之，《93/7/EEC 指令》详细规定了受保护文物的种类与范围、对应的返还程序、法定时效以及补偿条款等。

首先，该指令对其调整范围作出了具体说明。依据第1条第1款，欧盟各成员国必须证明请求返还的文物系属于本指令附录的文物类别或被列入博物馆、档

〔1〕 Kimberly A. Short, "Preventing the Theft and Illegal Export of Art in Europe without Borders", 26 *Vanderbilt Journal of Transnational Law* (1993), pp. 638 – 639.

〔2〕 Talbot J. Nicholas Ⅱ, "EEC Measures on the Treatment of National Treasures", *Loyola of Los Angeles International and Comparative Law Review*, 12, 11 (1993), p. 127.

案馆、图书馆、基督教会等公共机构收藏的文物档案，且被欧盟各成员国的国内法定义为"国宝"。[1]

可见，该指令对受其保护的"文物"范围的界定较为严苛，不仅须符合该指令附录所列举的物品种类或进入馆藏文物档案，且必须属于欧盟各成员国国内法规定的"国宝"范畴，两者缺一不可。[2]倘若某一文物未被请求国列入"国宝"的范畴，则无论其出口是否附有出口许可证，均不受《93/7/EEC 指令》的调整。

其次，该指令对文物的返还方式与程序进行了较为全面的规定。该指令第 4 条以列举的形式规定了欧盟各成员国政府间文物返还合作的方式，要求被请求国积极配合文物现占有者与请求国，协调好各方诉求与利益，促成返还。[3]

从具体的返还程序来看，《93/7/EEC 指令》要求欧盟各成员国建立起相应的返还程序，准许某一欧盟成员国在另一欧盟成员国国内的法院提请司法程序，确保将非法出口的文物予以追还。如采取司法途径追索非法转移的文物，请求国提出的返还请求必须满足三个条件：其一，请求国必须证明争议文物属于《93/7/EEC 指令》的调整范围；其二，争议文物系在 1993 年 1 月 1 日之后被非法转移的；其三，请求国的返还请求在该指令第 7 条所规定的期限内提出，即应在请求国发现文物所在地或持有者之日起 1 年内提出，但自文物非法转移之日起最长不得超过 30 年。如上述三个条件之一未能满足，则返还请求将被拒绝。被请求国法院必须对请求国的实体法作出解释。如其他成员国提出证据证明其对争议中的文物享有合法利益，可以加入该诉讼程序，或独立提出返还请求。[4]

《93/7/EEC 指令》还引入了新的冲突法规则，即争议文物返还后的所有权问题受提出返还请求的欧盟成员国的国内法支配。据此，如果根据该请求国的国内法，争议文物是不可转让之物或国家文物，则该争议文物在返还请求国之后，并

---

〔1〕 Council Directive 93 /7 /EEC of 15 March 1993, Article 1.

〔2〕 Council Directive 93 /7 /EEC of 15 March 1993, Article 1 (1).

〔3〕 《93/7/EEC 指令》第 4 条：被请求国应当：①根据请求国的申请积极查找请求国流失文物，查明流失文物所有者或持有者；②在其领土内发现可能为非法流转的文物时及时通知文物的可能原属国；③为请求国确认文物来源提供必要的协助，文物返还请求国在收到被请求国的通知后必须于收到通知之日起 2 个月内及时确认文物是否属于应当返还的范围，如在期间届满后仍未确认，被请求国将终止行政合作；④同时依法采取措施维护文物安全；⑤禁止妨碍文物返还程序进行的一切行为；⑥若文物被请求国认定为其所有的流失文物或根据请求国的申请查明文物的所在及其持有者之时，被请求国应当积极充当文物现持有者和请求国的协调者，为促进两者的和平解决，在不违反第 5 条的前提下，积极协调两者首选仲裁程序。

〔4〕 高升：《欧盟立法中货物自由流通与文物保护的冲突与协调》，载《法治论丛》2008 年第 6 期，第 65 页。

不会因其被非法转移而导致所有权的变动。[1]

最后，关于对文物现持有人的补偿，《93/7/EEC 指令》规定，须结合善意取得的认定。[2]该指令第 9 条第 2 款规定，应按照被请求国的国内法进行举证责任的分配。然而，在实践中，往往由请求补偿者承担这一举证责任，受案法院将根据证据确定请求者是否已经采取一切必要的防范措施。[3]由于各国的立法实际情况不同，加之法官的自由裁量，往往会产生不同的解释，因此也导致了不同的判决结果。[4]

综上所述，上述《3911/92 条例》与《93/7/EEC 指令》试图通过欧盟立法协调各成员国关于保护具有艺术、历史或考古价值的文物的国内立法，旨在遏制"国宝"类文物非法转移出欧盟，并在一定程度上统一欧盟内部的进出口管控制度。此外，它们要求相互承认欧盟成员国的国内出口管制措施，以协助返还非法转移的"国宝"。[5]

《3911/92 条例》与《93/7/EEC 指令》形成互补关系。前者调整欧盟成员国与非成员国之间的文物进出口，后者规范欧盟各成员国内部非法流转文物返还的事宜。它们均最大限度地协调了不同利益体的现实需求，对遏制文物贩运与加强欧盟各成员国的文物返还合作产生了积极作用。

（三）《2014/60/EU 指令》

《2014/60/EU 指令》是对先前《93/7/EEC 指令》做出的修正。修正的主要依据是，欧盟理事会基于 2000 年、2005 年、2009 年以及 2013 年对后者的评估报告所得出的结论。[6]在这份结论中，欧盟理事会指出，随着欧盟各成员国社会、政治与经济的不断发展，《93/7/EEC 指令》在实施过程中暴露的问题愈加明显：主要包括：

其一，受该指令保护文物的种类与范围较为局限，所设定的条件较为苛刻。

---

〔1〕 Thomas Von Plehwe, "European Union and the Free Movement of Cultural Goods", 20. *E. L. Rev.* 431 (1995), p. 450.

〔2〕 需要注意的是，"93/7/EEC 指令"与其后的"2014/60/EU 指令"都没有使用"善意"（good faith, bone fide）的措辞，而是使用的 due care and attention（充分注意义务）。

〔3〕 Talbot J. Nicholas Ⅱ, "EEC Measures on the Treatment of National Treasures", *Loyola of Los Angeles International and Comparative Law Review*, 12, 11 (1993), p. 127.

〔4〕 Council Directive 93 /7 /EEC of 15 March 1993, Article 9 (2).

〔5〕 Talbot J. Nicholas Ⅱ, "EEC Measures on the Treatment of National Treasures", *Loyola of Los Angeles International and Comparative Law Review*, 12, 11 (1993), p. 127.

〔6〕 Commission report set out at COM (2000) final; Commission report set out at COM (2005) final; Commission report set out at COM (2009) 408 final; Commission report set out at COM (2013) 310 final.

其二，根据该指令第 13 条，请求国只能就 1993 年 1 月 1 日之后被非法转移的文物提出返还请求。其三，该指令规定的 1 年时效期间较短，不利于请求国追索非法转移的文物。其四，该指令要求，某一欧盟成员国在收到其他成员国要求确认争议文物是否为非法转移的通知后，须在 2 个月内确认争议文物是否属于应当返还的范围，这 2 个月的期限过短。其五，该指令未就善意购买者的制定划定明确标准。[1]

针对上述问题，《2014/60/EU 指令》做了诸多修正，主要包括以下四个方面：

第一，扩大了受保护文物的种类与范围。《2014/60/EU 指令》删除了《93/7/EEC 指令》的附录，将认定受保护文物的种类与范围的权限下放给欧盟成员国。简言之，欧盟各成员国可依据其国内法对《里斯本条约》第 36 条中的"国宝"予以界定。因此，如某一欧盟成员国向另一成员国提出返还非法转移文物的请求时，前者须证明该文物符合其国内法关于国宝的定义。值得注意的是，根据《2014/60/EU 指令》，请求国既可在文物被非法转移出境前，也可在出境后将之界定为"国宝"。这一规定非常有利于追索已被非法转移但尚未被界定为"国宝"的文物，从而为追索流失文物提供了便利，增加了成功追索的可能性。

第二，改进、完善了欧盟各成员国政府间文物返还的合作方式。《2014/60/EU 指令》第 5 条承袭了《93/7/EEC 指令》第 4 条的主要内容，但对其进行了适当修正，将请求国接到被请求国通知后认定争议文物是否为非法转移文物的期限由 2 个月延长至 6 个月。6 个月的时间可以给予欧盟各成员国相对充分的时间来搜集与准备关于文物被盗、被非法转移及其所有权的证据及证明材料，从而提高确认文物来源的准确率，促成文物的成功返还。《2014/60/EU 指令》还要求欧盟各成员国利用欧盟建立的网上信息平台，即"内部市场信息系统"（Internal Market Information System，以下简称 IMI）进行合作和信息交流，及时将与被盗或非法转移文物案件有关的信息或文物返还诉讼的相关信息公布，以便欧盟各成员国知晓。IMI 能够自动将信息转换为欧盟各成员国的官方语言，解决了因各国语言差异造成的交流和合作困境，畅通了各国的信息共享渠道，使文物返还的行政合作更具可操作性。[2]

第三，《2014/60/EU 指令》对诉讼时效进行了修正。鉴于《93/7/EEC 指

---

〔1〕 Commission proposal set out at COM（2013）31 1 final, 2 – 3.

〔2〕 高升、李广：《欧盟关于文物返还与合作立法的新发展》，载《上海政法学院学报（法治论丛）》2015 年 9 月，第 30 卷第 5 期，第 150 – 157 页。

令》关于文物返还的诉讼时效过短，无法满足文物返还的现实需求，《2014/60/EU 指令》将文物返还的诉讼时效由 1 年延长至 3 年。

第四，《2014/60/EU 指令》明确了善意购买者的认定标准。在保留《93/7/EEC 指令》第 9 条第 1 款的前提下，《2014/60/EU 指令》第 9 条第 2 款对善意标准的认定作出了明确规定，即要求在认定善意与否时应当考虑所有的可能情况，即包括关于文物来源合法性文件、请求国出示文物进出口许可文件、请求国对争议文物的特征描述、购买时的价格、购买者是否咨询过专门的盗窃文物登记机构以及任何其能够获得的相关信息与可能采取的其他措施等。[1] 另外，该指令还要求非法转移文物的欧盟成员国向被盗艺术品和文物登记处报告文物被盗或非法流转的情况等。

综上可知，《2014/60/EU 指令》对《93/7/EEC 指令》做出了的重要修正，对于打击文物贩运，增加欧盟层面的国际执法合作，促进文物返还具有重要作用。尽管如此，该指令依然存在一些缺陷。

第一，与先前的《93/7/EEC 指令》一样，《2014/60/EU 指令》也是调整欧盟各成员国之间文物流转的法律指令，仅能为欧盟各国提供文物返还的法律依据，无法适用于欧盟成员国与非欧盟成员国之间有关文物返还的争议纠纷。

第二，《2014/60/EU 指令》沿袭了《93/7/EEC 指令》的规定，即请求国只能就 1993 年 1 月 1 日之后被非法转移的文物提出返还请求。

第三，客观而言，《2014/60/EU 指令》虽然延长了认定争议文物是否为非法转移文物的期限与诉讼时效，但在实际操作过程中，一些未知因素与不可抗力往往会影响追索非法转移文物的进程。因此，该指令适当延长的期限仍相对较短。

第四，尽管《2014/60/EU 指令》明确了对善意购买人的认定标准，并以列举的方式明确如何认定购买者是否履行了"充分注意义务"，但依然没有对善意购买人的补偿作出统一规定。

三、《1970 年公约》在欧盟国家实施的情况概述

《1970 年公约》是当前世界上打击文物贩运与促进文物返还领域影响最大的国际公约。由于主要文物市场国的相当比例属于欧盟国家，因此欧盟国家是否加入，对于该公约的实际效力影响甚大。下表是截至本书写作时，欧盟各成员国加入、批准《1970 年公约》的情况。

---

[1]　Directive 2014/60/EU of the European Parliament and of the Council of 15 May 2014, Article 9（2）.

欧盟成员国加入、批准《1970 年公约》的具体情况[1]

国　别	交存日期	具体情况
德国	2007 年 11 月 30 日	已批准
奥地利	2015 年 7 月 15 日	已批准
比利时	2009 年 3 月 31 日	已批准
保加利亚	1971 年 9 月 15 日	已批准
塞浦路斯	1979 年 10 月 19 日	已批准
丹麦	2003 年 3 月 26 日	已批准
西班牙	1986 年 1 月 10 日	已批准
爱沙尼亚	1995 年 10 月 27 日	已批准
芬兰	1999 年 6 月 14 日	已批准
法国	1997 年 1 月 7 日	已批准
希腊	1981 年 6 月 5 日	已批准
匈牙利	1978 年 10 月 23 日	已批准
爱尔兰	——	——
意大利	1978 年 10 月 2 日	已批准
拉脱维亚	——	——
立陶宛	1998 年 7 月 27 日	已批准
卢森堡	2015 年 2 月 3 日	已批准
马耳他	——	——
荷兰	2009 年 7 月 17 日	已接受
波兰	1974 年 1 月 31 日	已批准

---

[1]　《欧盟各成员国加入、批准〈1970 年公约〉的具体情况》，详见《1970 年公约》官网 http://www. unesco. org/eri/la/convention. asp? KO = 13039&language = E&order = alpha，访问时间：2017 年 7 月 5日。"批准"是一国据以"在国际上确定其同意接受条约拘束之国际行为"；"接受"的法律效果与批准相同，但在程序上更为简化，其目的主要是为了帮助国家避免因必须通过其议会批准的宪法程序而产生的某些内部困难；"加入"是指未参加起草一定条约的国家据以成为条约当事方的通常程序，其国际法上的法律效果与批准或接受相同。"发出继承通知"对于一般的国际公约而言，新独立国家可发出继承通知，确立其作为该公约当事国的地位，对于需经全体当事国同意方可参加的国际公约，新独立国家只有获得此种同意后才能成为其当事国。参见［英］詹宁斯、瓦茨：《奥本海国际法》，王铁崖等译，中国大百科全书出版社 1998 年版，第 638－646 页。

续表

国　别	交存日期	具体情况
葡萄牙	1985 年 12 月 9 日	已批准
捷克共和国	1993 年 3 月 26 日	发出继承通知
罗马尼亚	1993 年 12 月 6 日	已接受
英国	2002 年 8 月 1 日	已接受
斯洛伐克	1993 年 3 月 31 日	发出继承通知
斯洛文尼亚	1992 年 11 月 5 日	发出继承通知
瑞典	2003 年 1 月 13 日	已接受

从上表可知，大多数欧盟成员国已成为《1970 年公约》缔约国，仅剩 3 个国家还游离在《1970 年公约》之外。另外，一些欧盟成员国在向联合国教科文组织总干事交存《1970 年公约》接受书时，针对该公约中的某些条款与规则的适用做出了特别声明与保留。[1]

由于欧盟成员国的具体国情与法律制度差异较大，各国实施《1970 年公约》的方式与具体情形不尽相同。一些国家，如德国，制定了专门实施《1970 年公约》的国内法；一些国家，如法国，则通过修改其国内法规范，使《1970 年公约》的实施与其国内法相协调。从比较法的视角来看，由于欧盟各国基本为法制健全的发达国家，故其对《1970 年公约》的实施在整体上较为理想。

第二节　意大利与瑞士返还文物的司法案例研究

一、贝耶勒诉意大利案（2002 年）

（一）背景概述

"贝耶勒诉意大利案"（Beyeler v. Italy）系围绕一位瑞士籍知名艺术品收藏家恩斯特·贝耶勒（Ernst Beyeler）收藏的一幅梵高油画《年轻农夫的肖像》

---

〔1〕 欧盟各成员国的具体情况，详见《1970 年公约》官网 http：//www.unesco.org/eri/la/convention.asp？KO = 13039&language = E&order = alpha，访问时间：2017 年 7 月 5 日。

（Portrait of a Young Peasant）而展开的一场跨国文物买卖纠纷。[1]

本案原告贝耶勒出生在瑞士巴塞尔一个普通的铁路工人家庭。年幼时，由于家境贫寒，贝耶勒未能接受系统的国民教育，而是通过自学研习了经济学与艺术史。二战爆发后，为了逃难与谋生，贝耶勒找到了一份在古玩店的兼职工作。在工作中，贝耶勒表现出对艺术品收藏的独到见解，善于发掘那些能够潜在升值的艺术品和画作，为这家古玩店收购了许多具有艺术价值与收藏价值的艺术品与画作。正因如此，贝耶勒受到了古玩店老板的赏识与器重。二战结束后不久，古玩店老板因病辞世。由于贝耶勒业务能力突出、责任心强，很快便接手了这家古玩店的日常经营与管理工作。

在艺术品收购与收藏方面，贝耶勒总能在某些艺术品或画作被同行估价贬低时，以其独到敏锐的眼光将其相中，进而低价收购：从法国印象派画家克劳德·莫奈（Claude Monet）的《仙女》（Fairy）到梵高的《麦田》（Wheat Field），再到法国原始派画家亨利·卢梭（Henri Rousseau）的《饥饿的狮子扑向羚羊》（The Hungry Lion Throws Itself on the Antelope），不胜枚举。[2]作为本案标的物的油画《年轻农夫的肖像》亦是贝耶勒收购而得的，不过，在收购期间发生了收购、认证与买卖等一系列风波，该幅油画的所有权归属产生了纠纷。纠纷最终诉至欧洲人权法院，并获解决。

（二）案情简介

1. 案件基本情况

贝耶勒委托艺术品代理商皮耶兰杰利（Pierangeli）先生帮助其寻觅一些具有增值潜力的艺术品。在一次偶然的场合，他们共同关注到艺术品收藏家韦鲁西奥（Verusio）收藏的一幅名为《年轻农夫的肖像》的梵高油画。[3]贝耶勒向皮耶兰杰利表示，自己愿以6亿意大利里拉的价格收购，后者则表示愿尽力帮助他促成此画的交易。[4]

随后，在与韦鲁西奥的接洽中，皮耶兰杰利向其表达了收购油画《年轻农夫的肖像》的意向，但并未告知买家信息，而是以艺术品代理商的身份代为收购。在双方签订的买卖合同中，买方为皮耶兰杰利。[5]根据意大利法律，涉及艺术品

---

〔1〕 Beyeler v. Italy, European Court of Human Rights, Application No. 33202/96, 5 January 2000. Beyeler v. Italy, European Court of Human Rights, Application No. 33202/96, 28 May 2002 (just satisfaction).

〔2〕 Beyeler v. Italy, European Court of Human Rights, Application No. 33202/96, 5 January 2000.

〔3〕 *Ibid.*, §.4.

〔4〕 *Ibid.*, §.5

〔5〕 *Ibid.*, §.5.

的交易与出境等情况需向意大利文化遗产部汇报与备案，故皮耶兰杰利将相关情况向意大利文化遗产部报备，但未向该部披露该画作的真实买家为贝耶勒。[1]

不久，意大利威尼斯佩吉古根海姆收藏中心（The Peggy Guggenheim Collection）向贝耶勒表示，该收藏中心欲收购这幅《年轻农夫的肖像》，并愿意为此支付 210 万美元。贝耶勒遂打算将之卖给该中心，并随即将这一情况向意大利文化遗产部汇报。在对这次收购情况进行复查时，意大利文化遗产部发现，贝耶勒很有可能是先前收购画作《年轻农夫的肖像》的真实买家，[2]故以先前的买卖合同存在瑕疵为由，通知皮耶兰杰利进一步核实交易情况。

对此，皮耶兰杰利并未予以否认，而是向意大利文化遗产部告知，先前的买卖确系在贝耶勒的授权下进行的。随后，对先前买卖合同中的法定主体以及争议画作的所有权归属，意大利文化遗产部与皮耶兰杰利及贝耶勒产生了严重分歧。

鉴于分歧无法解决，贝耶勒先后向意大利拉齐奥地区行政法院、上诉法院以及宪法法院等意大利法院提起诉讼，主张对《年轻农夫的肖像》享有所有权，其诉讼请求被上述法院——驳回。[3]无奈之下，贝耶勒向欧洲人权法院提起诉讼，从而拉开了本案的大幕。[4]

2. 案情事实

1954 年 10 月 13 日，艺术品收藏家韦鲁西奥收藏了一幅名为《年轻农夫的肖像》的梵高油画作品。[5]依据意大利 1939 年 6 月 1 日第 1089 号特别法的规定，该油画作品被认定为是具有一定历史意义与艺术价值的作品，并受到该法保护。[6]

1977 年 7 月 28 日，瑞士籍著名艺术品收藏家贝耶勒在艺术品代理商皮耶兰杰利的帮助下，从韦鲁西奥手上以 6 亿意大利里拉的价格收购了这幅梵高油画。[7]

1977 年 8 月 1 日，根据意大利法律规定，皮耶兰杰利将收购梵高油画《年轻农夫的肖像》的相关情况向意大利文化遗产部报备。在对该画作买卖合同的核

---

〔1〕 *Ibid.*

〔2〕 *Ibid.*，§.6.

〔3〕 *Ibid.*，§§.8 – 14.

〔4〕 Beyeler v. Italy, European Court of Human Rights, Application No. 33202/96, 28 May 2002 (just satisfaction).

〔5〕 The Judgment Beyeler v. Italy, European Court of Human Rights, Application No. 33202/96, 5 January 2000.

〔6〕 Law of 1 June 1939, No. 1089, concerning the Protection of Objects of Artistic and Historic Interest.

〔7〕 Beyeler v. Italy, European Court of Human Rights, Application No. 33202/96, 5 January 2000, §.4.

查中，意大利文化遗产部发现这份买卖合同的买方是皮耶兰杰利。[1]

1983 年 10 月 17 日，意大利威尼斯的佩吉古根海姆收藏中心向贝耶勒表示，该收藏中心有意收购梵高油画《年轻农夫的肖像》。[2]

1983 年 11 月 2 日，贝耶勒与皮耶兰杰利第二次向意大利文化遗产部进行汇报与备案，表示佩吉古根海姆收藏中心欲以 210 万美元收购梵高油画《年轻农夫的肖像》。[3]

1983 年 12 月 1 日，皮耶兰杰利告知意大利文化遗产部，他先前对争议画作《年轻农夫的肖像》的收购行为系在贝耶勒的授权下而进行的。[4]

1985 年 4 月 9 日，为了便于例行的艺术品检查，意大利文化遗产部批准将该画转移到威尼斯。[5]

1986 年 4 月 23 日，由于无法确认争议画作《年轻农夫的肖像》的真正所有权者，意大利文化遗产部指令将该画作送往罗马现当代艺术美术馆暂时保管。与此同时，佩吉古根海姆收藏中心对外正式宣布，放弃对争议画作《年轻农夫的肖像》的收购。[6]

1988 年 1 月 11 日，意大利文化遗产部向贝耶勒先生的律师求证其是否享有画作《年轻农夫的肖像》的所有权。[7]

1988 年 2 月 22 日，鉴于之前佩吉古根海姆收藏中心放弃了对争议画作《年轻农夫的肖像》的收购，意大利文化遗产部表示，该部有意向收购该画作。然而，碍于有限的财政预算，收购交易未能达成。[8]

1988 年 2 月 26 日，贝耶勒以信件形式告知意大利文化遗产部，表示自己愿以 110 万美元将此画作出售给意大利政府。对此，文化遗产部未予回应。[9]

1988 年 5 月 2 日，贝耶勒将《年轻农夫的肖像》的售价降至 85 万美元，试图将该画作出售给佩吉古根海姆收藏中心。然而，按照意大利法律规定，他仍旧须将这一交易报备意大利文化遗产部。[10]

---

〔1〕 *Ibid.*
〔2〕 *Ibid.*, §.5.
〔3〕 *Ibid.*, §.4.
〔4〕 *Ibid.*
〔5〕 *Ibid.*
〔6〕 *Ibid.*, §.5.
〔7〕 *Ibid.*, §.6.
〔8〕 *Ibid.*
〔9〕 *Ibid.*
〔10〕 *Ibid.*

1988 年 7 月 1 日，接到《年轻农夫的肖像》被转卖的报告后，意大利文化遗产部重新核实了先前的买卖合同，发现该买卖合同存在瑕疵，并通知皮耶兰杰利。文化遗产部认为，作为当年买卖合同的签订者，皮耶兰杰利应是该幅画作的合法所有权者，而并非贝耶勒。[1]

1988 年 9 月 16 日，贝耶勒将其先前收购《年轻农夫的肖像》的 6 亿意大利里拉的银行账单邮寄给意大利文化遗产部，并表示皮耶兰杰利只是在其授权下进行画作的收购，后者并非该画作的实际所有者。[2]

1988 年 11 月 24 日，鉴于对 1977 年 7 月 28 日《年轻农夫的肖像》收购交易的真正所有权者存有争议，加之先前买卖合同中的买方与实际收购者存在出入，意大利文化遗产部认为，该次收购交易属于无效买卖，并由此对之主张优先购买权。[3]

1989 - 1995 年间，贝耶勒分别在意大利拉齐奥地区行政法院、上诉法院与宪法法院起诉，反对意大利文化遗产部行使优先购买权，并主张对该画享有所有权。然而，上述法院均驳回了贝耶勒的诉讼请求。[4]

1996 年 9 月 5 日，贝耶勒向欧洲人权法院提起诉讼，指摘意大利文化遗产部违反了《欧洲人权公约》第一号议定书第 1 条对人权与基本权利的保护，[5]并以该条款为依据主张对本案争议画作享有所有权。[6]

2000 年 1 月 5 日，欧洲人权法院裁定，意大利文化遗产部违反了《欧洲人权公约》第一号议定书第 1 条的规定，并认为贝耶勒对争议画作《年轻农夫的肖像》享有所有权。[7]

2002 年 5 月 28 日，欧洲人权法院做出最终判决，判令意大利文化遗产部返还该画作，并支付贝耶勒共计 1 355 000 欧元的经济补偿。[8]

（三）争议焦点

本案的争议焦点主要围绕以下两个问题展开：

---

〔1〕 *Ibid.*

〔2〕 *Ibid.*，§.7.

〔3〕 *Ibid.*

〔4〕 *Ibid.*，§§.8 - 14.

〔5〕 Council of Europe, European Convention for the Protection of Human Rights and Fundamental Freedoms, as amended by Protocols Nos. 11 and 14, 4 November 1950, ETS 5.

〔6〕 *Ibid.*

〔7〕 Council of Europe, Protocol 1 to the European Convention for the Protection of Human Rights and Fundamental Freedoms, 20 March 1952, ETS 9.

〔8〕 Beyeler v. Italy, European Court of Human Rights, Application No. 33202/96, 28 May 2002 (just satisfaction).

争议之一：争议画作《年轻农夫的肖像》的所有权问题。

1996 年 9 月 5 日，贝耶勒向欧洲人权法院提起诉讼，提出意大利文化遗产部违反了《欧洲人权公约》第一号议定书第 1 条，[1]并以该条款为依据主张对争议画作享有所有权。[2]贝耶勒认为，《年轻农夫的肖像》是他委托艺术品中介商皮耶兰杰利代为收购的，真实的收购者与所有权者是其本人。

与此相反，意大利文化遗产部认为，由于时间已久，很难判断先前买卖合同双方当事人的真实意图。从买卖合同的条款来看，买方为皮耶兰杰利，而非贝耶勒，故后者并不是争议画作的买方，对争议画作不享有所有权。鉴此，意大利文化遗产部要求贝耶勒对物之所有权进行举证。在这种情况下，贝耶勒将先前收购画作的 6 亿意大利里拉的银行账单邮寄给被告。[3]

争议之二：意大利文化遗产部是否对《年轻农夫的肖像》享有优先购买权。

如前所述，根据意大利 1939 年 6 月 1 日第 1089 号特别法，凡被认定具有一定历史意义与艺术价值的意大利艺术品，均受到该法调整。该法要求，涉及此类意大利艺术品的交易须向文化遗产部报备；在报备的两个月期限内，文化遗产部可以在买卖合同所注明的价格范围内对标的物享有优先购买权。如若合同双方违反上述规定进行了交易，相关行为将被视为无效，文化遗产部仍可对标的物行使优先购买权。[4]

在本案中，皮耶兰杰利于 1977 年 8 月 1 日将收购事宜向意大利文化遗产部报备时未向之透露真实买家为贝耶勒。此外，在画作的收购过程中，被代理人贝耶勒并未以真实身份参与买卖合同的签订，故先前的买卖合同对贝耶勒并不具有法律约束力。鉴于此，意大利文化遗产部认定 1977 年 8 月 1 日的收购交易无效，并进而主张对争议画作《年轻农夫的肖像》享有优先购买权。[5]

（四）法院裁判

在本案中，欧洲人权法院认为，意大利文化遗产部应当在第一次查明与知晓

〔1〕　Council of Europe, European Convention for the Protection of Human Rights and Fundamental Freedoms, as amended by Protocols Nos. 11 and 14, 4 November 1950, ETS 5.

〔2〕　Ibid.

〔3〕　Ibid. , §.7.

〔4〕　上述特别法的内容沿袭了 1913 年 1 月 30 日《第 363 号皇家法令》（The Royal Decree No. 363 of 30 January 1913）的规定，依之，政府主管部门需核实艺术品买卖合同双方当事人的真实身份信息；若无法在规定期限内核实信息或买卖双方信息不准确，将认定为买卖无效。Beyeler v. Italy, European Court of Human Rights, Application No. 33202/96, 5 January 2000, § §.65 - 72.

〔5〕　Ibid. , § §. 38 - 53.

贝耶勒作为真实买家的身份时就行使优先购买权，而不应在时隔几年后再提出。[1]换言之，该法院认为，意大利文化遗产部行使这一优先购买权干涉了贝耶勒在正常授权范围内的合法收购，损害了他对《年轻农夫的肖像》的所有权。[2]

2000年1月5日，结合本案具体情况并参考相关判例法后，欧洲人权法院裁定，意大利文化遗产部未能在实现追求公共利益的目标与政府干预之间进行平衡，在对贝耶勒收购争议画作一事上所做出的干预亦并非旨在以保护本国艺术与文化遗产为目的所进行的政府管控行为。基于此，根据《欧洲人权公约》第一号议定书第1条之规定，认定意大利政府的干涉行为属于非法，争议画作《年轻农夫的肖像》的所有权属于贝耶勒。另外，该法院决定，在作出最终判决前给予原被告双方6个月的时间考虑就是否可以在经济补偿方面达成协议。[3]不过，原被告未能在此期间就补偿金额达成一致。

2002年5月28日，欧洲人权法院依据《欧洲人权公约》第41条等规定作出如下判决：《年轻农夫的肖像》须返还原告贝耶勒；[4]被告意大利文化遗产部须支付贝耶勒130万欧元的经济补偿与55 000欧元的额外补偿。[5]至于赔偿数额，欧洲人权法院系以时间段为界限并基于以下考量予以确定：[6]

第一，1977 – 1983年期间，贝耶勒收藏的画作因艺术品市场价格的波动所引起的潜在经济损失。

第二，1984 – 1998年期间，原告贝耶勒收藏的画作因艺术品市场价格的波动所引起的潜在经济损失，以及在争议画作未被确认所有权归属之前由原告所承担的额外费用。

第三，1988 – 2002年期间，争议画作的增值利润。

第四，2000 – 2002年期间，贝耶勒所支付的诉讼费用与相关开销等。

（五）经验总结

本案是通过将艺术品纠纷诉至欧洲人权法院得以解决的经典案例。通过对本案的详细分析与解读，我们可以得到以下启示：

第一，包括中国在内的文物来源国应当重视与了解文物市场国有关文化财产

---

〔1〕 *Ibid.*, §. 119.

〔2〕 *Ibid.*, §. 107.

〔3〕 Council of Europe, Protocol 1 to the European Convention for the Protection of Human Rights and Fundamental Freedoms, 20 March 1952, ETS 9.

〔4〕 *Ibid.*, §.32.

〔5〕 *Ibid.*, §.31.

〔6〕 Beyeler v. Italy, European Court of Human Rights, Application No. 33202/96, 28 May 2002 (just satisfaction), pp. 20 – 31.

交易的优先购买权问题。国家对私人合法转让文物与艺术品享有优先购买权的规定不仅可能涉及文物追索，这一制度对于我国未来完善相关立法亦具有参考意义。

第二，在欧洲层面，涉及艺术品及文物的纠纷，有管辖权的司法机关不仅包括各国国内司法机关，还有可能包括国际司法机构，如对本案作出判决的欧洲人权法院等。同时，由于欧盟法制发展水平在整体上高于世界其他地区，涉及文物返还的纠纷，不仅牵涉民商法、行政法、刑法等领域的法律问题，而且有可能涉及人权法，尤其在标的物为人体遗骸以及政府对私人交易施加限制的情况下。这一点，应当引起我国关注。

二、安德鲁·奥尔金诉瑞士联邦政府案（2011 年）

（一）背景概述

"安德鲁·奥尔金诉瑞士联邦政府案"是瑞士被诉要求返还战时流失文物的代表性案例之一。[1]本案涉及的争议画作是一幅由梵高绘制的钢笔素描画《桑泰斯·马里耶德拉·梅小镇全景图》（View of Les Saintes－Maries－de－la－Mer）。钢笔素描画源自欧洲，19 世纪末时已经发展成一种独立的绘画种类。梵高、毕加索等艺术大师都曾使用钢笔创作过很多精美的艺术作品。钢笔素描画有其自身的创作特点，其绘画工具简单、易于操作。不同于水粉油画那样朦胧写意，也不像水彩画那般明艳光亮，钢笔素描画主要运用黑白光照的强烈对比，辅之以丰富表现力，佐之以清晰流畅的线条，使得整个画面充满节奏感与韵律感。[2]从这幅《桑泰斯·马里耶德拉·梅小镇全景图》来看，梵高的钢笔素描画创作独具风格，运用明暗相间的色彩进行对比着色，以简单写实的手法再现了早晨太阳初升时法国小镇桑泰斯·马里耶德拉·梅一派静谧祥和的光景。[3]本案即围绕该钢笔素描画的归属展开跨国追索诉讼。

（二）案情简介

1. 案件基本情况

本案中，追索方是《桑泰斯·马里耶德拉·梅小镇全景图》原所有权者玛

---

〔1〕 Andrew Orkin v. The Swiss Confederation, et al., Case No. 9 Civ. 10013（LAK），2011 U. S. Dist. Lexis 4357（January 13, 2011）；Andrew Orkin v. The Swiss Confederation, et al., 770 F. Supp. 2d 612, 2011 U. S. Lexis 24507（S. D. N. Y., March 11, 2011）；Andrew Orkin v. The Swiss Confederation, et al., 2011 U. S. App. Lexis 20639（October 12, 2011）.

〔2〕 "Van Goh Museum", https：//www. vangoghmuseum. nl/en，访问时间：2017 年 6 月 7 日。

〔3〕 *Ibid*.

格丽特·马特纳（Margarethe Mauthner）的曾孙安德鲁·奥尔金（Andrew Orkin）。

奥尔金在美国纽约南区联邦地方法院起诉瑞士联邦政府、奥斯卡·莱因哈特基金会（The Foundation of Oskar Reinhart）与瑞士温特图尔市收藏馆（The Winterthur's Collections），请求被告返还其曾祖母玛格丽特所收藏的画作《桑泰斯·马里耶德拉·梅小镇全景图》。

奥尔金提出，由于二战期间纳粹德国实施的政治迫害与种族灭绝政策，瑞士艺术品收藏家奥斯卡·莱因哈特（Oskar Reinhart）才有机会以明显低于市值的收购价将这幅争议画作收入囊中。[1]鉴于此，莱因哈特对争议画作的收购无效，其未获得这幅画作的所有权；与此相应，莱因哈特随后所进行的一系列收藏与捐赠行为也均属非法之举。[2]

纽约南区联邦地方法院根据美国《外国主权豁免法》的相关规定，以缺乏管辖权为由，裁定驳回了奥尔金的诉讼请求。[3]随后，奥尔金上诉至美国联邦第二巡回上诉法院，但该上诉法院维持了原审法院的裁定。[4]

2. 案情事实

1906 年 10 月 4 日，德国籍犹太人玛格丽特购买了梵高创作的钢笔素描画《桑泰斯·马里耶德拉·梅小镇全景图》。[5]

1933 年 7 月 16 日，玛格丽特将这幅钢笔素描画以 8000 德国马克的价格卖给了瑞士艺术品收藏家莱因哈特，以期筹措资金逃离德国。[6]

1939 年 12 月 18 日，玛格丽特举家逃往南非避难。[7]

1945 年 9 月 11 日，莱因哈特创立了奥斯卡·莱因哈特基金会。为此，他捐

---

〔1〕 Catherine Cossy, "Le musée 'Am Römerholz' peut garder son dessin de Van Gogh", *Le Temps*, February 23, 2012, 载 http：//www. letemps. ch/Page/Uu*Id*/201a0626 – 5e44 – 11e1 – 9d26 – 32e99746e1f6/Le_ mus% C3% A9e_ Am_ R% C3% B6merholz_ peut_ garder_ son_ dessin_ de_ Van_ Gogh, 访问时间：2017 年 6 月 7 日。

〔2〕 Andrew Orkin v. The Swiss Confederation, et al. , 770 F. Supp. 2d 612, 2011 U. S. （S. D. N. Y. , March 11, 2011）, p. 4.

〔3〕 *Ibid.*

〔4〕 Catherine Cossy, "Le musée 'Am Römerholz' peut garder son dessin de Van Gogh", *Le Temps*, February 23, 2012, 载 http：//www. letemps. ch/Page/Uu*Id*/201a0626 – 5e44 – 11e1 – 9d26 – 32e99746e1f6/Le_ mus% C3% A9e_ Am_ R% C3% B6merholz_ peut_ garder_ son_ dessin_ de_ Van_ Gogh, 访问时间：2017 年 6 月 7 日。

〔5〕 Andrew Orkin v. The Swiss Confederation, et al. , 770 F. Supp. 2d 612, 2011 U. S. （S. D. N. Y. , March 11, 2011）, p. 37.

〔6〕 *Ibid.* , § §. 47 – 48.

〔7〕 *Ibid.* , §. 48.

赠了自己收藏的部分艺术品与艺术画作，但并未包括《桑泰斯·马里耶德拉·梅小镇全景图》。[1]

1947 年 4 月 24 日，玛格丽特在南非去世。[2]

1951 - 1965 年期间，奥斯卡·莱因哈特基金会将所有受赠艺术品与艺术画作进行公开展陈。[3]

1958 年 6 月 13 日，莱因哈特将其剩余的所有艺术品与艺术画作全部捐赠给瑞士联邦政府。其中，包括从玛格丽特手中购买的《桑泰斯·马里耶德拉·梅小镇全景图》。自此以后，这幅钢笔素描画被收藏在瑞士温特图尔市收藏馆中。[4]

2009 年 12 月 7 日，玛格丽特的后裔加拿大籍公民奥尔金起诉瑞士联邦政府、奥斯卡·莱因哈特基金会与瑞士温特图尔市收藏馆，请求被告返还《桑泰斯·马里耶德拉·梅小镇全景图》。[5]

2011 年 3 月 11 日，纽约南区联邦地方法院做出裁定，鉴于本案被告包括瑞士联邦政府，根据美国《外国主权豁免法》其无管辖权，故驳回原告奥尔金的起诉。[6] 随后，奥尔金上诉至美国联邦第二巡回上诉法院。[7]

2011 年 10 月 12 日，美国联邦第二巡回上诉法院驳回了奥尔金的上诉。[8]

（三）争议焦点

本案的争议焦点主要集中在以下两个方面：

争议之一：莱因哈特收购《桑泰斯·马里耶德拉·梅小镇全景图》的合法性及其对争议标的物所有权归属的影响。

奥尔金对莱因哈特收购争议标的物的合法性提出了质疑。他认为，莱因哈特是以明显低于市值的价格收购这幅钢笔素描画的，这一收购并非正当、公平的交易行为。安德鲁指出，他的曾祖母玛格丽特系由于担心受到纳粹的迫害，才不得不贱卖其收藏的艺术品。因此，莱因哈特的收购行为不合法，争议画作的所有权

---

〔1〕 *Ibid.*，§.66 - 70.

〔2〕 *Ibid.*，§.70.

〔3〕 *Ibid.*，§.71.

〔4〕 *Ibid.*，§.72.

〔5〕 *Ibid.*，§.73.

〔6〕 Andrew Orkin v. The Swiss Confederation, et al.，2011 U. S. App. Lexis 20639（October 12, 2011），p. 4.

〔7〕 *Ibid.*

〔8〕 Catherine Cossy,"Am Le musée ' Am Römerholz' peut garder son dessin de Van Gogh", *Le Temps*, February 23, 2012，载 http: //www. letemps. ch/Page/Uuld/201a0626 - 5e44 - 11e1 - 9d26 - 32e99746e1f6/Le_mus% C3% A9e_ Am_ R% C3% B6merholz_ peut_ garder_ son_ dessin_ de_ Van_ Gogh，访问时间：2017 年 6 月 7 日。

因而未发生变更。[1]

针对原告的上述主张，奥斯卡·莱因哈特基金会与瑞士温特图尔市收藏馆予以反驳。它们提出，莱因哈特对争议画作的收购系合法的商业行为，随后进行的收藏与捐赠行为亦属合法。[2]

争议之二：美国法院对本纠纷是否享有管辖权。

奥尔金认为，美国《外国主权豁免法》虽体现了国家主权豁免原则，但也规定了例外情况。[3]本案应当适用该法规定的例外情况。[4]首先，被告瑞士系一个主权国家，符合适用该法的基本形式要件。第二，莱因哈特基金会与瑞士温特图尔市收藏馆属于该法例外规定中的"其他机构"，故应当适用本法中的例外情况。

然而，纽约南区联邦地方法院认为，奥尔金未能证明导致本纠纷的行为系基于在美国境内实施的商业活动，或在美国境外实施但对美国产生直接影响的商业活动，故驳回了其诉讼请求。

随后，奥尔金又向联邦第二巡回上诉法院提出上诉。这次，他以美国《外国人侵权法》为依据提出，[5]美国联邦第二巡回上诉法院对本案享有管辖权。[6]对此，瑞士联邦政府、奥斯卡·莱因哈特基金会与瑞士温特图尔市收藏馆提出以下抗辩理由：其一，根据先前的交易记录，艺术品收藏家莱因哈特与玛格丽特之间存在长期稳定的艺术品合作关系。其二，莱因哈特是在正当、合理合法的情况下，以公平交易的收购价格从玛格丽特手中购得画作。[7]瑞士联邦文化办公室通过被盗艺术品联络局和瑞士温特图尔市收藏馆向美国联邦第二巡回上诉法院请求，确认莱因哈特对该幅画作享有合法的所有权，并请求驳回上诉人奥尔金的诉

---

〔1〕 Andrew Orkin v. The Swiss Confederation, et al. , 2011 U. S. App. Lexis 20639（October 12, 2011）, p. 113.

〔2〕 *Ibid.* , §. 113.

〔3〕 根据本案的具体案情，安德鲁要在美国纽约南区联邦地方法院提起诉讼，他必须就以下三点进行举证：其一，财产所有权存在争议；其二，被告获得的标的物系因违反国际法所取得的财产；其三，有关行为系基于在美国境内实施的商业活动，或在美国境外实施但对美国产生直接影响的商业活动。28 USC 1330, pp. 1602 – 1611.

〔4〕 The Alien Tort Statute, 28 U. S. C. § 1605（a）（3）.

〔5〕 28 USC § 1350.

〔6〕 Andrew Orkin v. The Swiss Confederation, et al. , 770 F. Supp. 2d 612, 2011 U. S.（S. D. N. Y. , March 11, 2011）, p. 8.

〔7〕 The Contact Bureau on Looted Art is a Center of Expertise at the Federal Level to Respond to all Issues Linked to Looted Art from the World War II era. See Federal Office of Culture FOC, "Looted Art", 载 http: // www. bak. admin. ch/kulturerbe/04402/index. html? lang = en, 访问时间：2017 年 6 月 9 日。

讼请求。[1]

2011 年 10 月 12 日，美国联邦第二巡回上诉法院做出裁决，驳回了奥尔金的上诉。[2]

（四）法院裁判

纽约南区地方联邦法院认为，奥尔金并未就《外国主权豁免法》中的例外情况进行有效举证，对该法例外情况的解读存在偏差。事实上，当年画作的交易行为仅是莱因哈特与玛格丽特之间的私人买卖行为，并不涉及政府或国家间的行为。美国《外国主权豁免法》因而并不适用于本案。[3]鉴此，纽约南区联邦地方法院驳回了原告的诉讼请求。

二审美国联邦第二巡回上诉法院认为，奥尔金并未就美国《外国人侵权法》对本案的可适用性进行举证说明；此外，被上诉人仅是接受收藏家捐赠的艺术品画作，[4]并不存在违反国际法或习惯国际法的规定。所以，该法院驳回了奥尔金的上诉。[5]

（五）经验总结

本案原告安德鲁·奥尔金并未成功通过诉讼索回争议画作，其失败教训值得我们深思。奥尔金对美国的相关法律，尤其是《外国主权豁免法》与《外国人侵权法》中的相关规定理解不准确，这是其诉讼失败的主因。通过本案的详细分析与解读，我们可以从中学到一定经验，并得到以下启示：

第一，包括中国在内的文物来源国在决定是否通过国际民事诉讼的途径追索流失文物时，首先需要确定提请诉讼的法院是否享有管辖权，原被告双方的诉讼主体资格是否正确、适格。需要指出的是，由于中国一贯坚持国家主权豁免原则，因此，以中国国家为原告在外国国内法院提起文物追索诉讼应十分谨慎。需要指出的是，国家主权豁免原则是指外国法院不得受理以国家或国家机构为被告的案件，并不限制国家作为原告在外国国家提起诉讼。因此，我们认为，对于流失境外的国有文物，国家是唯一有资格提起追索的主体，而且不应也无需回避。对此，本书在"英国篇"中已做详述。

---

［1］　Federal Office of Cultural Affairs Press Release, "Van Gogh's 'View of Les Saintes‑Maries‑de‑la‑Mer' Remains in the Oskar Reinhart Collection 'Am Römerholz' in Winterthur".

［2］　*Ibid.*

［3］　Andrew Orkin v. The Swiss Confederation, et al. , 770 F. Supp. 2d 612, 2011 U. S. （S. D. N. Y. , March 11, 2011）, p. 7.

［4］　*Ibid.* , §. 9.

［5］　*Ibid.*

第二，在外国法院提起诉讼前，应尽可能地熟悉对方国家相关的法律规定，避免误读、错读相关法律条款，并因此制定错误的文物追索策略，从而给国家造成不可挽回的损失。

第三节　丹麦、瑞士、意大利等国返还文物的司法外
解决案例研究

一、丹麦国家博物馆返还格陵兰文物与人类民族史料案（1984 年）

（一）背景概述

本案涉及格陵兰国家博物与档案馆向丹麦国家博物馆追索一批丹麦殖民统治期间流失的格陵兰文物与人类民族史料。值得关注的是，本案牵涉到一些重要的国际法问题，如国际法上的"自治""自治政府"与"主权国家"之间的关系等。

早在一千多年前，加拿大北部的因纽特人就曾迁至格陵兰岛定居，他们世代以捕鱼、狩猎为生。公元 982 年 11 月 8 日，挪威人埃里克（Eric）因杀人罪被冰岛政府驱逐出境。随后，他逃到格陵兰岛定居。公元 985 年 4 月 12 日，埃里克回到挪威，将其在格陵兰岛上的所见所闻叙述成书，引起了外界对于格陵兰岛的好奇与向往。

1261 年 7 月 4 日，格陵兰岛沦为挪威殖民地。1380 年 7 月 10 日，丹麦与挪威达成统一联盟，格陵兰转由丹麦、挪威共同管理。1841 年 3 月 15 日，格陵兰岛成为丹麦的殖民地，但关于格陵兰岛的归属问题，挪威与丹麦存在分歧。在第二次世界大战期间，格陵兰岛一度由美国代管。

战后，美国将管理权转交给丹麦。随后，丹麦议会修改宪法，使格陵兰岛成为丹麦的一个州，与法罗群岛一样，它在丹麦议会中拥有两个合法席位。[1] 1973 年 7 月 1 日，格陵兰岛跟随丹麦加入欧盟的前身欧共体。1979 年 5 月 1 日，格陵兰岛实行内部自治，但外交、防务与司法仍由丹麦政府掌管。

2008 年 11 月 25 日，格陵兰岛举行自治公投，本次公投以超过 75% 选民支持自治而获得通过，这成为格陵兰岛脱离丹麦王国统治进而获得独立的前奏。2009 年 6 月 21 日，格陵兰岛获得了自治地位。相比较先前格陵兰岛所实施的内

---

[1]　"Greenland in Figures 2013"，载 http://www.stat.gl/publ/en/GF/2013/pdf/Greenland% 20in% 20Fig ures% 202013. pdf，访问时间：2017 年 6 月 10 日。

部自治，这次自治公投使格陵兰岛获得了管理自身内政、司法与资源分配的运用，但其国防、外交与财政相关事务由丹麦政府协助。由此可见，格陵兰岛正处于迈向完全独立的进程中。[1]

格陵兰岛拥有许多独特的民族文物。在本案标的物中，具有代表性的文物主要有女性雕塑、因纽特人面具、防水镜与眼罩等。这些格陵兰文物的成功返还，得益于格陵兰国家博物与档案馆和丹麦国家博物馆之间密切、良好的文化合作。

（二）案情简介

1. 案件基本情况

丹麦王国统治格陵兰期间，丹麦驻格陵兰岛的政府官员、以科考为名的探险家以及传教士与普通丹麦民众等不断来到该岛参与开发、从事贸易或在此定居生活。多年以来，这些丹麦人收集了格陵兰岛上各种珍贵的人类民族史实材料以及相关的民族文物等。这些人类民族史料与民族文物被陆续带回丹麦本土。[2]

到19世纪末期，有关格陵兰岛东部和西北部的人类民族史料的收集活动仍在进行之中。前述这两个地区的收集活动主要是在荷兰科学家的主导下进行，并由丹麦国家博物馆出资与协助完成，而收集的资料与研究的成果大都被运往该博物馆收藏与展览。丹麦国家图书馆将所收集到的格陵兰重要史实资料分成以下六大类：一是格陵兰岛维京时期的人类居住情况资料；二是，因纽特人的进化史料；三是格陵兰岛的人类民族遗物；四是当地特有的水彩画作；五是记录有关格陵兰岛史前信息的档案材料；六是格陵兰岛当地人类民族的口头文化信息。[3]

1913年，格陵兰政府第一次向丹麦国家博物馆提出返还文物与相关资料的请求，但以失败告终。二战结束之后，丹麦王国颁布了《丹麦宪法》，根据该宪法，格陵兰岛再次成为丹麦王国的一部分。而后，格陵兰政府第二次向丹麦国家博物馆提出文物返还事宜，再次无功而返。[4]

尽管格陵兰政府两次追索流失文物均未成功，但并未动摇其索回本民族文物与人类民族史料的决心。在格陵兰政府的主导与支持下，格陵兰国家博物与档案馆临危受命，担此重任。一方面，该馆积极改善基础设施与馆藏设备；另一方

---

〔1〕《格陵兰岛全民公投谋求独立，终结丹麦300年统治》，载 http://news. sohu. com/20081126/n260850175. shtml，访问时间：2017年6月10日。

〔2〕 Daniel Thorleifsen, "The Repatriation of Greenland's Cultural Heritage", *Museum International*, 241 – 242 (2009), pp. 25 ~ 26.

〔3〕 *Ibid.*, at 26.

〔4〕 Mille Gabriel, "The Return of Cultural Heritage from Denmark to Greenland", *Museum International*, No. 241 – 242, Vol. 61 (2009), pp. 35 – 36.

面，主动与丹麦国家博物馆建立文化、科考等方面的合作。在建立友好合作关系的基础上，双方博物馆选派代表联合成立了文物返还特别委员会。以该特别委员会为沟通平台，双方就格陵兰岛民族文物与人类民族史料的返还事宜展开了协商和谈判。[1]最终，丹麦国家博物馆同意将35 000件格陵兰岛民族文物、人类民族史料以及204幅当地水彩画作返还格陵兰国家博物与档案馆。[2]

2. 案情事实

1721 – 1953年丹麦王国对格陵兰岛殖民统治期间，丹麦各行业、不同阶层的人员来到该岛参与开发。与此同时，不少丹麦人在岛上积极收集珍贵民族文物与人类民族史料，并将其带回丹麦本土。[3]

1913年10月14日，格陵兰政府第一次向丹麦国家博物馆提出返还文物与相关史实资料的请求，但遭后者拒绝。[4]

1953年6月5日，丹麦王国颁布《丹麦宪法》，据此格陵兰岛成为丹麦王国的一部分。[5]

1954年7月12日，格陵兰政府第二次向丹麦国家博物馆提出返还文物与相关史实资料的请求，再次遭到后者拒绝。[6]

1966年2月14日，格陵兰政府开始寻求与丹麦国家博物馆就文化、艺术、考古、科考等领域展开互利合作。[7]

1978年7月21日，在改善与升级现代馆藏设施之后，格陵兰国家博物与档案馆开始与丹麦国家博物馆之间合作进行考古挖掘。在丹麦国家博物馆的帮助下，大量格陵兰岛文物被挖掘出土，并由格陵兰国家博物与档案馆负责管理、收藏与布展。[8]

1979年5月1日，格陵兰岛正式实行内部自治。随后，格陵兰政府制定了包

---

〔1〕 Bjarne, Gronnow, and Einar Lund Jensen, "Utimut: Repatriation and Collaboration between Denmark and Greenland", in Mille Gabriel and Jens Dahl ed., *Utimut: Past Heritage – Future Partnerships*, Discussions on Repatriation in the 21st Century, 181 et seqq. Copenhagen: Work Group for Indigenous Affairs & the Greenland National of Museum and Archives, 2008, p. 183.

〔2〕 *Ibid.*

〔3〕 Daniel Thorleifsen, "The Repatriation of Greenland's Cultural Heritage", *Museum International*, No. 241 –242 (2009), p. 25.

〔4〕 *Ibid.*, at 26.

〔5〕 *Ibid.*

〔6〕 Mille Gabriel, "The Return of Cultural Heritage from Denmark to Greenland", *Museum International*, No. 241 –242, Vol. 61 (2009), pp. 35 –36.

〔7〕 *Ibid.*, at 37.

〔8〕 *Ibid.*

括博物馆管理政策在内的自治方针，并加强对岛内文物与文化遗产的保护。[1]

1980 年 4 月 6 日，格陵兰国家博物与档案馆和丹麦国家博物馆就格陵兰岛的民族文物与人类民族史料进行了协商与谈判。[2]

1982 – 2001 年期间，格陵兰国家博物与档案馆与丹麦国家博物馆展开了一系列馆际文物的交流与合作。[3]

1982 年 9 月 19 日，丹麦议会制定并通过返还法令，同意将格陵兰岛当地的 204 幅水彩画返还格陵兰国家博物与档案馆。[4]

1982 年 10 月 7 日，丹麦国家博物馆和格陵兰国家博物与档案馆签署了双边合作协议（包括文物返还事项），共同约定该协议于次年 3 月 1 日起生效实施。

1984 年 1 月 1 日，丹麦国家博物馆和格陵兰国家博物与档案馆就双方的合作原则与指导方针再次进行探讨，并落实了双方的后续合作与文物返还事宜。随后，丹麦国家博物馆决定将 35 000 件格陵兰岛民族文物与人类民族史料返还格陵兰国家博物与档案馆。[5]

（三）争议焦点

本案的争议焦点是对于国际公法上"自治政府"与"主权国家"的理解。换言之，本案是否涉及两个主权国家之间就文物归属产生的争议。

格陵兰岛曾是丹麦的殖民地，1979 年 5 月 1 日起，开始实行内部自治，并建立了内部自治政府。[6]内部自治使格陵兰享有了高度的自治权，例如为保护自身渔场不受欧洲市场的干扰与限制，格陵兰政府主动脱离了欧洲共同体（欧盟前身）。格陵兰岛自治政府还在岛内大刀阔斧地进行过各项体制改革，包括对文物与博物馆管理制度进行的实质性改革。从国际法角度来看，作为自治体的格陵兰终究还不是一个完全独立的国家，其国防与外交事务仍旧由丹麦政府管理或协助管理。

鉴于独特的政治地位，格陵兰岛政府认为，为避免引起不必要的争议与纠纷，不宜以政府名义向丹麦政府提起文物返还请求，而是以格陵兰国家博物与档

---

[1] The Greenland Home Rule Act (Act No. 577 of 29 November 1978).

[2] Daniel Thorleifsen, "The Repatriation of Greenland's Cultural Heritage", *Museum International*, No. 241 – 242 (2009), p. 26.

[3] Emil Rosing and Birte Haagen, "Aron From Kangeq and the Dano – Greenlandic Museum Cooperation", *Arctic Anthropology*, Vol. 23, Nos. 1 – 2 (1986), p. 247.

[4] *Ibid.*, at 183.

[5] *Ibid.*

[6] The Greenland Home Rule Act (Act No. 577 of 29 November 1978).

案馆为追索主体向丹麦国家博物馆提出返还请求。[1]

(四) 本案返还的具体方式: 协商谈判与文化合作

1982 - 2001 年, 格陵兰国家博物与档案馆主动与丹麦国家博物馆打破隔阂, 建立并加强了合作关系, 展开了一系列馆际文物交流与合作项目。[2]在良好、互惠的双边关系的基础上, 双方博物馆就返还事宜做出了诸多努力。丹麦国家博物馆认为, 本国需要在立法上做出必要修改, 从而为合理、合法返还文物扫清法律障碍。格陵兰国家博物与档案馆认为, 不仅要积极追索流失的民族文物和人类民族史料, 还要为返还之后如何保存与收藏这些文物和史料提供完备的馆藏设施。与此同时, 格陵兰岛人发起了公共话语权活动, 主张格陵兰岛人应当接纳与尊重自己本民族的历史和特有的文化习俗, 以格陵兰岛人的身份实现当家作主。[3]这一民意进一步坚定了格陵兰国家博物与档案馆追索回流失民族文物和人类民族史料的信心。

在协商与谈判的过程中, 丹麦国家博物馆承诺, 一旦条件成熟, 将返还部分人类民族史料给格陵兰国家博物与档案馆,[4]但同时强调返还存在的两大障碍: 其一, 丹麦国内法上的时效规则;[5]其二, 格陵兰国家博物与档案馆现有的基础设施和人员配置无法有效管理与保护这些民族文物和人类民族史料。鉴于此, 格陵兰国家博物与档案馆承诺, 将培训馆藏人员并积极改善该馆设施。[6]与此同时, 为回应格陵兰人期盼史前民族文物和人类民族史料早日回归的心愿, 丹麦政府公开表示, 愿意促成这些文物的返还, 以此表示对格陵兰岛当地文化与历史的尊重和理解。[7]

1982 年 9 月 19 日, 丹麦议会通过了特别返还法令, 同意将格陵兰岛当地的 204 幅水彩画返还给格陵兰国家博物与档案馆。[8]在返还这 204 幅水彩画之前,

---

〔1〕　Daniel Thorleifsen, "The Repatriation of Greenland's Cultural Heritage", *Museum International*, No. 241 - 242 (2009), p. 33.

〔2〕　Emil Rosing and Birte Haagen, "Aron From Kangeq and the Dano - Greenlandic Museum Cooperation", *Arctic Anthropology*, Vol. 23, Nos. 1 - 2 (1986), p. 247.

〔3〕　Bjarne Gronnow and Einar Lund Jensen, "Utimut: Repatriation and Collaboration Between Denmark and Greenland", in Mille Gabriel and Jens Dahl ed. , *Utimut: Past Heritage - Future Partnerships*, Discussions on Repatriation in the 21st Century, Copenhagen: Work Group for Indigenous Affairs & the Greenland National of Museum and Archives, 2007, p. 181.

〔4〕　*Ibid.* , at 183.

〔5〕　*Ibid.*

〔6〕　*Ibid.* , at 183.

〔7〕　*Ibid.*

〔8〕　*Ibid.*

丹麦国家博物馆将这些水彩画进行了一一拍照、复制并暂存在该馆内，以用于后续的科学研究。鉴于这 204 幅水彩画对格陵兰岛本土文化的重要性，格陵兰国家博物与档案馆表示，将在双方文化合作与交流的基础上，促成两地之间的巡回展览。[1]待巡回展览之后，丹麦国家博物馆就将 204 幅水彩画返还给格陵兰国家博物与档案馆。[2]

为推动剩余的民族文物和人类民族史料的返还，丹麦国家博物馆和格陵兰国家博物与档案馆决定组建一个文物返还特别委员会。该委员会的委员由 3 名格陵兰岛自治政府的官员和丹麦文化部所挑选的 3 名专业人士组成，这些委员并非完全来自政府职能部门，亦并非代表各自政府的利益，但均具有相当深厚的文博专业背景。[3]

1983 年 10 月 17 日，该特别委员会举行了组建后的第一次会议，并对该特别委员会的章程作出详细规定。[4]该特别委员会的秘书处设在丹麦国家博物馆人类民族学分部，其主要职能是执行该特别委员会的决策。[5]随后，该特别委员会对丹麦国家博物馆数以千计的民族文物和人类民族史料进行了审查、分类、再评估，将格陵兰岛文物从丹麦本国的藏品中区分出来。双方表示，对于收藏在丹麦国家博物馆中具有自然属性的民族文物，应尽量地保持其完整性，不得将其分离。同年 10 月 29 日，双方签署了包括文物返还事项在内的双边合作协议，该协议于次年 3 月 1 日起生效实施。

1984 年 1 月 1 日，丹麦国家博物馆和格陵兰国家博物与档案馆就合作原则与指导方针再次进行探讨，并具体落实了后续的合作与文物返还事宜。随后，丹麦国家博物馆决定，将 35 000 件格陵兰岛民族文物与人类民族史料返还给格陵兰国家博物与档案馆。[6]双方还决定在格陵兰岛国家博物与档案馆建立有关史前民族文物与人类民族史料的电子数据库。同时，在互惠与合作的基础上，格陵兰国家博物与档案馆决定在丹麦国家博物馆设立格陵兰研究中心，进一步加强双方博

---

〔1〕　*Ibid.* , at 253.

〔2〕　*Ibid.*

〔3〕　Mille Gabriel, "The Return of Cultural Heritage from Denmark to Greenland", *Museum International*, No. 241 – 242, Vol. 61 (2009), p. 33.

〔4〕　Emil Rosing , Birte Haagen, "Aron from Kangeq and the Dano – Greenlandic Museum Cooperation", *Arctic Anthropology*, 23 (1/2) (1986), p. 253.

〔5〕　For more informations on the organisation of the Dano – Greenlandic museum coopération, see Emil Rosing , Birte Haagen, "Aron from Kangeq and the Dano – Greenlandic Museum Cooperation", *Arctic Anthropology*, 23 (1/2) (1986), p. 256.

〔6〕　*Ibid.*

物馆之间的文化合作与科学研究。[1]

（五）经验总结

通过对本案的详细分析与解读，我们可以学到一定经验，并得到以下启示：

第一，文物原属国如能与文物市场国建立良好密切的合作关系，营造友好互利的氛围，会对文物追索十分有利。文物原属国大都是文物资源丰富的国家，以本国丰富的文物资源为基础与文物市场国建立合作关系，通常会得到对方的积极回应。一旦双方建立了密切的合作关系，今后流失文物的追索就会顺利得多。

第二，对于涉及敏感政治或外交议题的文物追索，文物原属国应在做仔细研判的基础上选择妥当、有利的追索策略。如本案中的格陵兰政府，考虑到自治政府与丹麦政府微妙、敏感的关系，最终选择由其本国博物馆向对方博物馆提出文物返还的请求，避免了因政府直接出面产生政治及法律上的难题。

第三，文物追索方在与被追索方展开协商与谈判时，可以尝试与对方共同组建专家小组或类似于本案中的文物返还特别委员会，并在这类具有中立性与专业性的机构的推动下就文物返还方案与具体事宜展开协商。这也是本案给予我们的重要启示之一。

二、瑞士库尔州立博物馆返还油画《缝纫技校——阿姆斯特丹的孤儿院》案（2000 年）

（一）背景概述

本案涉及犹太受害者后裔向瑞士博物馆追索二战期间流失的油画，并以成功返还终结。本案争议的标的物是由德国油画家马克思·利伯曼（Max Liebermann，1847–1935 年）创作的布面油画《缝纫技校——阿姆斯特丹的孤儿院》（Nähschule – Arbeitssaal im Amsterdamer Waisenhaus）（1876 年）。

利伯曼出生于德国柏林，并在当地接受了系统的教育。之后，利伯曼前往法国，在让－弗朗索瓦·米勒（Jean – Francois Millet）门下潜心学习美术理论与艺术创作。由于受到米勒的创作手法与艺术风格（巴比松画派）的影响，利伯曼的艺术创作亦以风俗画为主，并多以描绘荷兰、法国、德国等普通平民的日常生活而闻名。在后期的艺术创作生涯中，因受到法国印象派奠基人爱德华·马奈（édouard Manet）的艺术影响，利伯曼加入了印象派画家的行列。正因如此，利伯曼也把法国印象主义等欧洲艺术创作风潮引入到德国。[2]

---

[1]　Ibid. , at 253.

[2]　《马克思·利伯曼》，载 http：//www. bowenwang. com. cn/painting – max – liebermann. htm，访问时间：2017 年 6 月 12 日。

从这幅《缝纫技校——阿姆斯特丹的孤儿院》中可以看出，利伯曼对当时的欧洲资本主义社会表达出了强烈不满，而对下层劳动人民饱含怜悯之心。他运用朴实无华的艺术创作手法，再现了荷兰阿姆斯特丹孤儿院中孤儿学技谋生的现实状态。[1]利伯曼的油画作品对德国的绘画艺术史与文化史起到了重要的影响。此外，利伯曼积极参与文化、政治活动，在德国产生了广泛的社会影响力。

（二）案情简介

1. 案件基本情况

由于受纳粹对犹太人实施的各种迫害与歧视政策的影响，犹太裔德国实业家兼艺术品收藏家马克思·西尔伯贝格（Max Silberberg）被迫贱卖其收藏的各类珍贵的艺术品与文物，以此应对纳粹的恐怖政策，并缓解自身日益严峻的经济状况。在此过程中，西尔伯贝格试图通过艺术商布鲁诺·卡西尔（Bruno Cassirer），暂时出售自己收藏的布面油画《缝纫技校——阿姆斯特丹的孤儿院》。[2]值得庆幸的是，这幅布面画作由瑞士知名的艺术品收藏家恩斯特·费尔（Adolf Jöhr）以16 000瑞士法郎的价格购得，从而为西尔伯贝格解决了燃眉之急。买卖双方约定，卖方西尔伯贝格在保留物之所有权的基础上将这幅油画"出售"给费尔，并由后者暂时保管与收藏；同时，这幅布面油画产生的任何亏损与收益归属买方。随后，费尔将这幅油画用于商业展出，并从中获取盈利。[3]这幅布面油画曾在瑞士伯尔尼艺术馆（Art Gallery in Bern）和巴塞尔艺术馆（Art Gallery in Basel）先后展出。

费尔因病去世后，其名下所收藏的珍贵艺术品由其遗孀玛利亚·库尔-费尔（Marianne Krüger-Jöhr）继承。按照费尔的遗愿，玛利亚将其收藏的艺术品悉数捐赠给瑞士库尔州立博物馆（Bündner Kunstmuseum Chur）。[4] 7年后，西尔伯贝格唯一的继承人，其儿媳格塔·西尔伯贝格（Gerta Silberberg-Bartnitzki）通过代理律师致信瑞士库尔州立博物馆，请求该博物馆返还这幅布面油画。[5]

最终，瑞士库尔州立博物馆将这幅布面油画无条件地返还给格塔。随后，她将该油画委托伦敦苏富比拍卖行公开拍卖，并以539 884欧元的成交价拍出。[6]

---

[1] *Ibid.*

[2] Beat Stutzer, "Zur Restitution eines Max Liebermann-Gemäldes durch das Bündner Kunstmuseum", Kunst und Recht KUR 3/4 (2009), p. 105.

[3] *Ibid.*

[4] *Ibid.*

[5] *Ibid.*

[6] *Ibid.*, at 106.

2. 案情事实

1934 年 7 月 3 日，瑞士知名艺术品收藏家费尔以 16 000 瑞士法郎的价格从西尔伯贝格手中购得布面油画《缝纫技校——阿姆斯特丹的孤儿院》[1]

1937 - 1938 年，费尔在多地博物馆对外展出《缝纫技校——阿姆斯特丹的孤儿院》，包括瑞士伯尔尼艺术馆和巴塞尔艺术馆。[2]

1992 年 3 月 19 日，费尔病逝，其妻玛利亚遵照其遗愿，将包括《缝纫技校——阿姆斯特丹的孤儿院》在内的收藏艺术品全部捐赠给瑞士库尔州立博物馆。[3]

1999 年 8 月 5 日，西尔伯贝格的唯一继承人，其儿媳格塔通过德国的代理律师致信库尔州立博物馆，请求该博物馆返还《缝纫技校——阿姆斯特丹的孤儿院》。[4]

1999 年 10 月 7 日，库尔州立博物馆通知格塔的代理律师，表示其将这幅布面油画无条件返还给格塔的意愿。与此同时，该博物馆决定对这幅布面油画的合法性来源以及所有权信息进行调查与核实。[5]

2000 年 5 月 9 日，在调查这幅布面油画的合法性来源与所有权信息后，库尔州立博物馆决定，将该布面油画返还给格塔。[6]

2000 年 10 月 18 日，格塔委托伦敦苏富比拍卖行拍卖这幅布面油画《缝纫技校——阿姆斯特丹的孤儿院》，并以 539 884 欧元的成交价成功拍出。[7]

（三）争议焦点

本案的争议焦点是围绕争议画作《缝纫技校——阿姆斯特丹的孤儿院》的所有权而展开的。由于受到纳粹德国政府的政治迫害与社会经济压力的影响，西尔伯贝格在保留所有权的前提下，将争议画作转让给艺术收藏家费尔。两人先后离世。后来，玛利亚遵照丈夫费尔的遗愿，将包括《缝纫技校——阿姆斯特丹的孤儿院》在内的艺术品捐赠给瑞士库尔州立博物馆。

1999 年 8 月，西尔伯贝格的唯一继承人格塔要求库尔州立博物馆将这幅画作返还给她。她的代理律师认为，费尔的遗孀将争议画作赠与该博物馆，这不是一

---

〔1〕 *Ibid.*, at 105.

〔2〕 *Ibid.*

〔3〕 *Ibid.*

〔4〕 *Ibid.*

〔5〕 *Ibid.*, at 106.

〔6〕 *Ibid.*, at 107.

〔7〕 *Ibid.*

种买卖，受让者取得财产是无偿的，因此该捐赠行为并不适用于善意取得制度。换言之，通过继承、遗赠等行为取得私人财产不能产生善意取得之效力，因此这幅布面油画的所有权并未发生变更。此外，西尔伯贝格与费尔的合同明确约定，双方之间的买卖是建立在前者保留物之所有权的基础上，故这幅布面油画的所有权仍归属于西尔伯贝格。[1]

在对这幅布面油画的合法性来源以及所有权信息进行调查与核实后，瑞士库尔州立博物馆确认了西尔伯贝格的儿媳格塔享有这幅油画的所有权。尽管如此，该博物馆无条件返还这幅布面油画主要系于道义上的考量，而并非法律上的考虑。事实上，在收到格塔的返还请求时，该博物馆当即就表明了其友善解决争议的态度，并愿意遵循《华盛顿宣言》中的相关规定，以"便捷的、非官方的形式"将这幅布面油画予以返还。[2]

（四）本案返还的具体方式：协商与谈判

如前所述，西尔伯贝格的儿媳格塔通过其代理律师致信瑞士库尔州立博物馆，请求该博物馆返还争议的布面油画，并随信附上了一些相关的证据材料佐证其请求的合理性与合法性。

1999 年 10 月 7 日，库尔州立博物馆通知格塔的代理律师，表示其有意愿无条件地接受格塔提出的返还请求，但需要通过召开馆内特别会议才能做出最终的返还决定。该博物馆还决定对这幅争议的布面油画的合法性来源以及所有权信息进行调查与核实。[3]与此同时，格塔的代理律师也就这幅布面油画收购来源的合法性进行了举证，主要证据是当年西尔伯贝格的收购合同及交易记录。西尔伯贝格与费尔的合同明确约定，这幅布面油画的交易系建立在西尔伯贝格保留物之所有权的基础之上进行的，故这幅布面油画仍归西尔伯贝格所有。

在调查与核实了相关信息后，瑞士库尔州立博物馆于 2000 年 5 月 9 日决定，遵照《华盛顿宣言》的基本原则与相关规定，依据国际道义准则，自愿将该布面油画返还给西尔伯贝格的儿媳格塔。[4]

（五）经验总结

通过对本案的详细分析与解读，我们可知，本案涉及的事实证据确凿，法律

---

〔1〕　Gunnar Schnabel, and Monika Tatzkow, *Nazi Looted Art – Handbuch Kunstrestitution Weltweit*, Berlin：Proprietas Verlag, 2007, p. 404.

〔2〕　*Ibid.*

〔3〕　Beat Stutzer, "Zur Restitution eines Max Liebermann – Gemäldes durch das Bündner Kunstmuseum", Kunst und Recht KUR 3/4 (2009), p. 106.

〔4〕　*Ibid.*, at 107.

争议不大，故瑞士库尔州立博物馆将争议画作无条件地返还给原所有权者的继承人。当然，我们仍可从中学到一些经验，并得出以下启示：

第一，文物追索的成功与否主要取决于证据。如果文物被盗及流失出境的证据链完整，即便追索存在时效等法律上的限制，文物现持有人通常也会表现出合作的态度。

第二，在掌握确凿证据的基础上，原属国追索流失文物，特别是追索那些战时被劫掠或流失的文物时，应当充分利用道义规则和相关的国际软法来支撑返还请求。

三、瑞士苏黎世州政府返还圣加仑州政府古代手稿与地球仪案（2006 年）

（一）背景概述

本案并非传统意义上文物原属国和文物市场国之间就某一文物归属展开的国家间较量，而是一个主权国家内部不同的行政区域围绕战时被劫掠文物归属展开的争夺。就本案的争议标的物而言，亦并非只有一件或一类文物，而是一批原收藏于瑞士圣加仑修道院图书馆的古代书稿和一尊古地球仪。值得关注的是，本案双方——瑞士苏黎世州政府与圣加仑州政府成功解决争议，系得益于瑞士联邦政府的斡旋。在调解小组的主导与推动之下，两州政府最终达成了调解协议，从而终结了这场旷日持久的文物争夺战。

位于瑞士东部圣加仑市（Saint－Gall）的圣加仑修道院（The Abbey of Saint－Gall）是欧洲的重要教会之一，其由来可以追溯到公元 7 世纪爱尔兰的修道士加卢斯（Gallus）。相传他追随导师科隆邦（Cologne）准备前往意大利罗马修行。公元 612 年，行进途中的加卢斯患病，无法继续前行，于是他决定留在当地隐修。加卢斯搭建了几间简陋的小屋，这便成了圣加仑修道院的雏形。后来，加卢斯的传承人在这几间小屋的原址上兴建了学校与图书馆，圣加仑逐步成为欧洲的文化与宗教中心之一。

公元 12 世纪是圣加仑修道院的黄金时代，该修道院通过土地与相关资产的馈赠逐渐富有起来。在相关古籍研究领域，圣加仑修道院也成为著书立说与开展研究的绝佳场所。在 18 世纪末期的宗教改革期间，圣加仑民众推翻了包括天主教城邦在内的旧制度，成了第二个皈依新教的瑞士城市。此后，圣加仑修道院得到了政府的资金资助，其图书馆也得到翻新与修葺。19 世纪初，新成立的圣加仑州急于削弱本州修道院的影响力，故决定解散圣加仑修道院，该院内修士的身影也就此消失。但值得庆幸的是，圣加仑修道院内的图书馆得以保留下来。[1]

圣加仑修道院图书馆被誉为圣加仑文化中的瑰宝，这座图书馆有近八百年的历史，藏书共计 17 万册和 2100 本中世纪手抄书稿，还保存着上百册无价的羊皮纸手稿，其中包括早期绘制于羊皮上的建筑设计构想图等珍贵手稿，也有公元 9 世纪的著名建筑图纸。圣加仑修道院的图书馆所收藏的大部分图书均为基督教典籍，据说其中就有加卢斯手书的教会词典。正是由于这座久负盛名的图书馆，圣加仑也成为德语国家宗教、教育与文化的中心。圣加仑修道院的图书馆既是欧洲最古老的图书馆之一，也是世界上历史最悠久、馆藏最丰富的图书馆之一。此外，圣加仑大教堂也是欧洲巴洛克时期最具纪念意义的建筑之一。1983 年 8 月 15 日，圣加仑修道院和图书馆被联合国教科文组织列入世界文化遗产名录。[2]

（二）案情简介

1. 案件基本情况

1519 年，苏黎世大教堂的本堂神父乌尔里希·慈温利（Ulrich Zwingli）在瑞士苏黎世州发起了宗教改革运动。乌尔里希抨击瑞士教会腐败堕落，并指出"基督训诲中无任何一点能够表明教会所拥有的权力与财富是合法的"，并倡导"回到圣经上去"以寻求新的方法。乌尔里希还谴责农奴制，主张减轻苛捐杂税。与此同时，在瑞士的结盟区日内瓦，约翰·卡尔文（Johannes Calvin）倡导的宗教改革也得以迅速发展，并扩及周边的法语区。

1566 年 3 月 22 日，信奉乌尔里希教诲的城市和拥护卡尔文训谕的城市选定"海尔维第重定教义"作为共同的信仰。经过这一次宗教改革后，瑞士联邦逐渐形成以苏黎世、伯尔尼、巴塞尔、沙夫豪森（Schaffhausen）、圣加仑、日内瓦等城邦为一方的新教联盟和以乌里（Uri）、施维茨（Schweitz）、翁特瓦尔登（Wentwald）、卢塞恩（Lucerne）、楚格（Zug）、弗里堡（Friborg）、索洛图恩（Solothurn）等城邦为一方的旧教联盟，两大营垒就此形成。新教、旧教联盟随后兵戎相见，旋即达成妥协。未过多久，新旧教联盟之间再度爆发战争，天主教派占据优势，同年双方缔结《卡佩尔和约》（The Peace Treaty of Kappel）。《卡佩尔和约》确认了教派的分野，也确立了天主教州在瑞士联邦国会的多数席位。至此，新旧教联盟两大营垒之间的争斗虽仍继续，但大体上维持着和平的局面。

18 世纪初，西班牙王位继承问题导致欧洲烽烟四起。1712 年，第二次维尔

---

〔1〕 "Codices Electronici Sangallenses（CESG）"，载 http：//www. cesg. unifr. ch/en/description. htm，访问时间：2017 年 6 月 14 日。

〔2〕 "Abbey of St Gall"，载 http：//whc. unesco. org/en/list/268，访问时间：2017 年 6 月 14 日。

梅根战争（War of Villmergen）爆发，托根堡（Toggenburg）的改革者和圣加仑天主教（Catholic St. Gallen）修道院为争夺连接中部各州和德国南部的公路建筑权而引起争端；苏黎世和伯尔尼均支持托根堡，并最终击败了圣加仑天主教派。同年，新旧教联盟两大营垒签署了有利于新教州的第四次民族和约，该民族和约标志着长达近两个世纪的教派斗争基本结束。在此期间，大批收藏在圣加仑修道院图书馆中的珍贵文物遭到洗劫，并被带到苏黎世。[1]

1718 年 6 月 15 日，圣加仑州与苏黎世州签署了《巴登和平协议》（The Peace Treaty of Baden）。除其他百余件文物外，苏黎世州同意将绝大部分从圣加仑修道院流出的文物返还给圣加仑州。[2]随后不久，圣加仑州发现，仍有不少文物在苏黎世州未能返还，诸如书册、手稿和陆地模型、地球仪等。尽管两州在这些文物的归属问题上进行了长期的交涉，但始终无法达成一致。

最终，在瑞士联邦政府任命与组建的调解小组的调解下，两州就文物返还达成协议，从而解决了旷日持久的文物归属争议：这批文物的所有权归苏黎世州，但其中的 35 件珍贵文物以无偿的方式租赁给圣加仑州；其余文物的原件运往圣加仑州免费展览 4 个月，同时，苏黎世州负责制作这批文物的仿制品并将之赠送给圣加仑州。[3]

2. 案情事实

1712 年 7 月，第二次维尔梅根战役爆发。一大批属于圣加仑修道院图书馆的珍贵文物遭到洗劫并转移到苏黎世。[4]

1718 年 6 月 15 日，瑞士圣加仑州与苏黎世州签订《巴登和平协议》，[5]苏黎世同意返还绝大部分原属于圣加仑修道院的文物。[6]

1718 年 8 月 5 日，《巴登和平协议》生效实施。[7]在接下来的几年间，苏黎世州返还了大部分原属于圣加仑州的文物，但依然有部分文物被留在位于苏黎世

---

〔1〕　Rainer J. Schweizer, Kay Hailbronner and Karl Heinz Burmeister, Der Anspruch von St. Gallen auf Rückerstattung seiner Kulturgüter aus Zürich（Zürich et al: Schulthess, 2002）, p. 103.

〔2〕　Mediation Agreement between the Canton of Saint - Gall and the Catholic Representative on the One Hand, and the Foundation of the Central Library in Zurich as well as the Canton and City of Zurich on the other Hand, April 27, 2006, 载 http://www. news. admin. ch/NSBSubscriber/message/attachments/2567. pdf, 访问时间：2017 年 6 月 14 日。

〔3〕　霍政欣：《追索海外流失问题的法律问题》，中国政法大学出版社 2013 年版，第 206 页。

〔4〕　Rainer J. Schweizer, Kay Hailbronner and Karl Heinz Burmeister, Der Anspruch von St. Gallen auf Rückerstattung seiner Kulturgüter aus Zürich（Zürich et al: Schulthess, 2002）, p. 103.

〔5〕　Ibid.

〔6〕　Ibid. , at 104.

〔7〕　Ibid. , at 106.

州的中央博物馆与瑞士国家博物馆内。针对这些战时劫掠的流失文物，圣加仑州声明，绝不放弃追索的权利，并一再要求苏黎世州返还。[1]

1735 年 6 月 14 日，圣加仑州致信苏黎世州，请求进一步返还留在苏黎世境内的书册、手稿、陆地模型、地球仪等。然而，请求未得到苏黎世州的回应。[2] 两州之间的文物归属因而成为悬而未决的事项。

1996 年 10 月 19 日，圣加仑州的一家文物杂志社收到了一封读者来信。信中，这位读者请求州政府保护所有当时保存在中央图书馆和瑞士国家博物馆的圣加仑文物，并向苏黎世州政府追索这些战时劫掠的文物。[3]

1998 – 2002 年，圣加仑州政府开始与苏黎世州政府进行接洽，并展开谈判。不过，谈判一直未有突破。

2002 年，瑞士联邦政府出面斡旋，在征得两州同意后，任命并组建了一个调解小组，帮助两州解决文物返还争议。[4]

2006 年 4 月 27 日，瑞士圣加仑州政府与苏黎世州政府通过调解达成了文物返还协议。[5]

（三）争议焦点

本案的主要争议焦点是在历史上被劫掠文物的所有权归属问题。

圣加仑州政府在请求苏黎世州政府返还这批文物时提出，可以援引现行《瑞士联邦战争法》中关于禁止文物盗窃、抢占、掠夺等行为的规定支持其返还请求。然而，苏黎世方面指称，依据当时的战争法，获得战利品是战争中获胜一方享有的法定权利，且依据《瑞士联邦战争法》，圣加仑的主张早已超过时效。[6] 对此，圣加仑从这批文物对该州历史文化的重要性入手，指出这批文物是该州历史文化标志的重要组成部分，它们的回归意义重大。[7] 如此一来，圣加仑州政府与苏黎世州政府在这批战时劫掠文物的所有权归属问题上产生了尖锐的对立。

事实上，有关物之所有权的依据可以在两州先前签订的和平协议中找到。根

---

〔1〕 *Ibid.* , at 117.

〔2〕 *Ibid.* , at 107.

〔3〕 *Ibid.*

〔4〕 *Ibid.* , at 108.

〔5〕 Mediation Agreement between the Canton of Saint – Gall and the Catholic Representative on the one Hand, and the Foundation of the Central Library in Zurich as well as the Canton and City of Zurich on the other Hand, April 27, 2006, 载 http://www. news. admin. ch/NSBSubscriber/message/attachments/2567. pdf, 访问时间: 2017 年 6 月 14 日。

〔6〕 Cf. NZZ, Nr. 203, of 3. 9. 2003, 46.

〔7〕 Beat Schönenberger, *The Restitution of Cultural Assets*, Bern: Stämpfli Verlag AG, 2009, p. 101.

据《巴登和平协议》第 81 条，在战争期间转移文物所有权的行为不应予以承认，应当将原物及时返还给原物主或原属地。[1]随后，经过调查与核实，两州政府亦将这批转移文物的属性认定为战时劫掠的文物。《巴登和平协议》的规定还包括：须在双方协议主张的范围内确认所有权的转移，亦可依据法院判决或圣加仑州政府的同意授权，才能转移文物的所有权。换言之，依据该协议，圣加仑州享有这批战时劫掠文物的所有权。

（四）本案返还的具体方式：国内调解

从 1998－2002 年，圣加仑州与苏黎世州政府就战时劫掠文物的返还问题谈判了近四年，却依旧未能达成一致。双方认为，最后只有一个可行的办法，即根据《瑞士宪法》第 44 条第 3 款："双方搁置法律争议，着眼于双方间的彼此利益，以寻求第三方来解决争议。"[2]

随后，瑞士联邦政府任命并组建了一个调解小组，由其负责调解两州政府之间的文物归属争议。2006 年 4 月 27 日，瑞士圣加仑州政府与苏黎世州政府通过调解，达成了文物返还协议。[3]

两州政府之所以最终就返还事项达成一致，主要是因为这份调解协议平衡了双方的利益，提供了双方均可接受的解决方案。其要点如下：

第一，圣加仑州政府承认，收藏于苏黎世国家博物馆和中央图书馆的这批战时劫掠文物归苏黎世州所有（第 1 条）。[4]苏黎世州政府承认，该批文物对圣加仑州文化认同的重要性（第 2 条）。[5]

第二，苏黎世州政府将收藏于中央图书馆的 35 件古代手稿无限期地租借给圣加仑州政府，并承诺免除租金（第 4 条）。苏黎世州政府还同意将世界地球仪的原件租借给圣加仑州展出 4 个月（第 3 条）。[6]

第三，苏黎世州政府将仿制这尊古代世界地球仪，并将其制成的仿制品捐赠给圣加仑州政府并将其保存在圣加仑修道院图书馆（第 3 条），但原件仍被保留

---

〔1〕　*Ibid.*，at 94.

〔2〕　The Swiss Constitution，Article 44（3）（1999）.

〔3〕　Mediation Agreement between the Canton of Saint－Gall and the Catholic Representative on the one Hand，and the Foundation of the Central Library in Zurich as well as the Canton and City of Zurich on the other Hand，April 27，2006，载 http：//www. news. admin. ch/NSBSubscriber/message/attachments/2567. pdf，访问时间：2017 年 5 月 28 日。

〔4〕　具体的调解协议，参见 http：//www. news. admin. ch/NSBSubscriber/message/attachments/2567. pdf，访问时间：2017 年 6 月 14 日。

〔5〕　*Ibid.*

〔6〕　*Ibid.*

在瑞士国家博物馆中。[1]

第四，任何关于租借协议的修订或终止必须在 38 年之后进行，并由来自双方最高的行政机关联合提出申请请求（第 6 – 7 条）。[2]

（五）经验总结

本案是同一主权国家不同行政区域之间就战时劫掠文物的归属展开的争夺战。通过对本案的详细分析与解读，我们可知，在瑞士联邦政府的斡旋下，苏黎世州政府和圣加仑州政府均作出了妥协与让步，最终通过调解达成了纠纷解决协议。本案虽具有诸多特殊性，但也具有诸多借鉴与启示意义。

第一，就目前来看，通过第三方调解等促成文物返还的成功案例并不多见，但我们并不能就此否认调解作为文物归属纠纷解决途径的可行性与相对优势。对于某些文物归属纠纷，文物原属国可以通过将纠纷交由第三方调解，并以此途径解决争端。本案中，由于纠纷双方是同属于一个主权国家的两个州，因此它们的纠纷最终交由联邦政府任命的调解小组，并通过其调解最终得到圆满解决。

第二，就中国追索流失海外文物而言，对于那些追索存在法律障碍的国宝级文物，我国可以考虑在条件允许的情况下借助联合国教科文组织委员会等权威国际组织构建或倡导建立的调解机构解决纠纷，如"ICPRCP"以及"1970 年公约附属委员会"等。由于我国在这些国际组织中发挥着越来越重要的作用，借助其设立的调解机构解决纠纷的可行性将越来越大。

四、荷兰返还雅克·戈德斯提克尔后裔 202 幅艺术画作案（2006 年）

（一）背景概述

本案是欧洲主要文物市场国之一的荷兰返还战时劫掠艺术品案。在本案中，追索方是雅克·戈德斯提克尔（Jacques Goudstikker）唯一在世的后裔马瑞·翁·萨赫（Marei von Saher），他向荷兰政府请求返还 202 幅艺术画作。本案的追索过程较为曲折，涉及的法律问题颇多，值得深入分析。

起先，戈德斯提克尔的遗孀希瑞·戈德斯提克尔（Shire Goudstikker）以国内民事诉讼的方式对荷兰政府提起返还之诉，并以庭外和解的方式追索回部分艺术品。后来，为将原属于戈德斯提克尔的剩余艺术品追回，萨赫则采取了多种途径，包括诉讼、协商与谈判等，才最终获得成功。在本案中，追索方综合运用了诉讼和非诉相结合的追索方式向荷兰政府追索战时劫掠的文物，这尤其值得我们关注。

---

[1] *Ibid.*

[2] *Ibid.*

1897 年 8 月 30 日，戈德斯提克尔出生在阿姆斯特丹，是艺术商爱德华·戈德斯提克尔（Edward Goudstikker）的儿子。他早年就读于阿姆斯特丹的商业学校，后来曾先后赴莱顿和乌得勒支学习。学成之后，戈德斯提克尔加入其父在阿姆斯特丹经营的艺术画廊，并将其重组改制成为一个有限责任制的艺术品销售公司，自己出任该公司的董事，并持有主要股份。

在公司的发展过程中，戈德斯提克尔购买了许多种类多元、风格多样的画作。与此同时，他在巴黎公开发布公司的艺术品名录，并首次在荷兰以外就意大利文艺复兴时期的绘画作品进行了详细介绍。[1]这一举动在当时的荷兰可谓革新式的创举，引起社会各界的广泛关注。

第一次世界大战以后，阿姆斯特丹再次成为欧洲商贸中心，戈德斯提克尔与同行德波尔（DerBoe）、亨利（Henry）等人也迎来了事业的春天。他们三人一起将先前的艺术品销售公司打造成一家藏品丰富、精品众多的高品质艺术馆，包括各类不同派系画家的画作、各类雕塑、地毯和其他类别的艺术品等。该艺术馆被同一时期伦敦、巴黎与纽约的艺术商们纷纷效仿。[2]

不幸的是，二战爆发后，纳粹德国攻占荷兰。为了躲避纳粹的迫害，戈德斯提克尔计划举家逃离荷兰。然而在出逃的途中，他死在南荷兰省的博德赫拉芬 - 雷韦克（Bodegraven - Reeuwijk）。戈德斯提克尔死后，其收藏的大批文物与艺术品被纳粹劫掠、抢占与瓜分。二战结束后，德国政府将这些战时劫掠的文物与艺术品返还原属国荷兰，并由荷兰政府代为保管与收藏。[3]后来，戈德斯提克尔的继承人——希瑞与萨赫相继踏上了漫漫追索路。

（二）案情简介

1. 案件基本情况

戈德斯提克尔是 20 世纪初欧洲最富有的艺术品商人之一，他的妻子是维也纳歌剧院的歌唱家希瑞·冯·汉拉巴·库尔兹（Désirée von Halban - Kurz）。[4]正当事业和家庭生活步入崭新阶段时，第二次世界大战爆发，荷兰沦陷。为了躲避

---

〔1〕 Bert Dermasin, Postdoctoral Researcher at K. U. Leuven Law School hold at the Conference "Art and Cultural Heritage Law: Developments and Challenges in Past and Presents", in Maastricht, March 27 and 28, 2011.

〔2〕 Dutch Restitution Commission, Recommendation Regarding the Application by Amsterdamse Negotiatie Compagnie NV in Liquidation for the Restitution of 267 Works of Art from the Dutch National Art Collection (Case number RC 1. 15), n. 14.

〔3〕 Ibid.

〔4〕 Ibid.

纳粹的迫害，戈德斯提克尔计划携妻儿逃离荷兰，却在逃亡途中遇险去世。[1]

　　事实上，早在计划逃亡之前，为防不测，戈德斯提克尔就已经对自己经营的艺术馆和收藏的艺术品等做了安排，并全权交由其委托人，即雇员坦德·布鲁克（Ten Broek）和狄更（Dik）管理。遗憾的是，布鲁克与狄更并未按照戈德斯提克尔之托进行管理，而是与德国银行家兼商人阿洛伊斯·米德尔（Alois Miedl）签订了转卖协议，将戈德斯提克尔生前经营的艺术馆以及该馆中收藏的艺术品转卖给后者。[2]随后，这份转卖协议遭纳粹德国空军大元帅赫尔曼·戈林（Hermann Göring）的否决。戈林要求米德尔与其签订一份涉及这些艺术品的转卖协议。[3]正是这一前一后的两份转卖协议，为日后戈德斯提克尔的继承人追索这些艺术品埋下了伏笔。

　　二战结束后，在德国政府的协助下，盟军清点与整理了由纳粹抢占与收藏的大量文物与艺术品。鉴于将这些文物与艺术品返还原物主的任务艰巨，盟军与德国政府只得将这些艺术品和文物返还给原属国，再由原属国处理进一步的返还事项。于是，原属戈德斯提克尔的艺术品被返还给荷兰，交由荷兰政府代为保存与收藏。在荷兰国内，具体负责文物返还的机构是荷兰文化财产基金会。[4]

　　戈德斯提克尔的遗孀希瑞保留着丈夫生前的黑色笔记本，上面列出了他收藏的所有艺术品。以此为依据，希瑞着手调查这些艺术品的现状。在得知德国政府已将丈夫生前所收藏的艺术品和艺术画作返还给荷兰政府后，希瑞在荷兰法院提起民事诉讼，对荷兰政府提起了返还之诉。起诉后，荷兰政府与希瑞以庭外和解的方式解决了部分艺术品的归属纠纷。[5]遗憾的是，还未等到这些艺术品交回希瑞手中，她便因病去世了。[6]

　　此后，戈德斯提克尔唯一在世的继承人萨赫两度起诉荷兰政府，并请求被告

　　〔1〕　Herrick, Feinstein LLP Press Release, "Five Paintings from the Goudstikker Collection to Stay in the Netherlands", 载 http://www.herrick.com/siteFiles/News/348BE2B3003D0184D9843D5803C288A0.pdf，访问时间：2017年6月15日。

　　〔2〕　*Ibid.*

　　〔3〕　*Ibid.*

　　〔4〕　Lawrence M. Kaye, "The Netherlands: The Return of the Goudstikker Collection", Holocaust Art Restitution Symposium Presented by Christie's and Union Internationale des Avocats (UIA), Milan, June 23, 2011.

　　〔5〕　Dutch Restitution Commission, Recommendation Regarding the Application by Amsterdamse Negotiatie Compagnie NV in Liquidation for the Restitution of 267 Works of Art from the Dutch National Art Collection (Case number RC 1.15), n. 15.

　　〔6〕　Lawrence M. Kaye, "The Netherlands: The Return of the Goudstikker Collection", Holocaust Art Restitution Symposium Presented by Christie's and Union Internationale des Avocats (UIA), Milan, June 23, 2011.

荷兰政府返还原属于戈德斯提克尔的剩余艺术画作。[1]在两度败诉后,萨赫向荷兰"二战劫掠艺术品返还委员会"提出申请,请求该返还委员会做出合理的建议。[2]最终,该返还委员会做出返还建议,从而促使荷兰政府将这202件艺术品画作返还给萨赫。[3]

2. 案情事实

1940年5月14日,纳粹德国军队入侵荷兰东部地区。戈德斯提克尔决定举家逃往英国。不幸的是,在逃亡途中,他遇险去世。戈德斯提克尔生前在荷兰艺术品收藏领域的声名吸引了戈林的注意。在戈林的指挥下,德军调查了戈德斯提克尔的住宅及其艺术馆的收藏情况。[4]

1940年7月1日,戈德斯提克尔的委托人布鲁克和狄更决定将其生前经营的艺术馆以及馆中所收藏的艺术品转卖给德国银行家兼商人米德尔,并计划签订转卖协议。[5]

1940年7月13日,布鲁克、狄更与米德尔签订了转卖戈德斯提克尔生前的不动产、艺术馆及馆藏艺术品的协议,转卖金额共计550 000荷兰盾。这是本案涉及的第一份转卖协议。布鲁克与狄更从这一转卖协议中获利近400 000荷兰盾。在收购艺术馆以及馆藏艺术品后,米德尔以戈德斯提克尔公司的名义继续运营。[6]

1940年7月26日,戈林宣布布鲁克、狄更与米德尔之间的转卖协议无效。在戈林的要求下,米德尔与其就原属戈德斯提克尔的艺术品归属进行了协商。最终,米德尔将这些艺术品中的大部分以共计2 000 000荷兰盾的价格暂时出让给戈林,让后者代为保管。双方的协议还规定其有效期至1952年7月26日止。这是本案涉及的第二份协议。[7]

1946年1月12日,在德国政府将战时纳粹劫掠或抢占的荷兰文物返还荷兰

---

〔1〕 Dutch Restitution Commission, Recommendation Regarding the Application by Amsterdamse Negotiatie Compagnie NV in LiquIdation for the Restitution of 267 Works of Art from the Dutch National Art Collection (Case number RC 1. 15), n. 16 – 17.

〔2〕 *Ibid.*, at 18.

〔3〕 *Ibid.*

〔4〕 Herrick, Feinstein LLP Press Release, "Five Paintings from the Goudstikker Collection to Stay in the Netherlands", 载 http://www. herrick. com/siteFiles/News/348BE2B3003D0184D9843D5803C288A0. pdf, 访问时间: 2017年6月15日。

〔5〕 *Ibid.*

〔6〕 Dutch Restitution Commission, Recommendation Regarding the Application by Amsterdamse Negotiatie Compagnie NV in LiquIdation for the Restitution of 267 Works of Art from the Dutch National Art Collection (Case number RC 1. 15), n. 14.

〔7〕 *Ibid.*

政府后，戈德斯提克尔的遗孀希瑞请求荷兰政府返还其丈夫所收藏的艺术品。[1]

1952年8月1日，在返还请求未获回应之后，希瑞以荷兰政府为被告在海牙当地的法院提请艺术品与艺术画作的返还之诉。原被告双方的诉讼持续了7年之久。最后，希瑞与荷兰政府就返还部分戈德斯提克尔的艺术品达成了庭外和解协议。[2]

1996年3月16日，希瑞因病辞世。[3]

1998年1月21日，戈德斯提克尔唯一在世的继承人萨赫以荷兰政府为被告在海牙当地的法院再次提起返还之诉。[4]

1998年3月7日，法院判决萨赫败诉。[5]

1999年12月16日，上诉法院维持了荷兰地方法院的一审判决。[6]

2002年1月9日，荷兰政府专门成立了二战劫掠艺术品返还委员会，尤其处理二战期间被纳粹劫掠、抢占、征收、强制交易等文物的返还事宜。[7]

2004年7月2日，萨赫请求二战劫掠艺术品返还委员会就原属于戈德斯提克尔的剩余艺术品做出建议返还的决定。[8]

2005年12月19日，经过仔细调查与证实后，二战劫掠艺术品返还委员会建议荷兰政府返还先前戈林占有的267幅艺术画作中的202件艺术画作。剩余的画作无须返还是因为其中有40幅艺术画作与萨赫的诉求并无关联，另有21幅依据第一份转卖协议应归属于米德尔，此外还有4幅艺术画作现已遗失。[9]

2006年2月6日，基于二战劫掠艺术品返还委员会的建议，荷兰政府决定返还202件艺术品画作给萨赫。[10]为了表示对荷兰政府的感激，萨赫将其中一幅艺

---

〔1〕 *Ibid.*

〔2〕 *Ibid.*, at 15.

〔3〕 Lawrence M. Kaye, "The Netherlands: The Return of the Goudstikker Collection", Holocaust Art Restitution Symposium Presented by Christie's and Union Internationale des Avocats (UIA), Milan, June 23, 2011.

〔4〕 Dutch Restitution Commission, Recommendation Regarding the Application by Amsterdamse Negotiatie Compagnie NV in Liquidation for the Restitution of 267 Works of Art from the Dutch National Art Collection (Case number RC 1.15), n.16.

〔5〕 *Ibid.*

〔6〕 *Ibid.*, at 17.

〔7〕 *Ibid.*, at 18.

〔8〕 *Ibid.*

〔9〕 Lawrence M. Kaye, "The Netherlands: The Return of the Goudstikker Collection", Holocaust Art Restitution Symposium Presented by Christie's and Union Internationale des Avocats (UIA), Milan, June 23, 2011.

〔10〕 *Ibid.*

术画作捐献给荷兰政府。[1]

（三）争议焦点

在本案中，由于各方面的因素交织影响，使得返还进程异常艰难且复杂。概言之，本案的争议焦点主要包括：

争议之一：涉及返还的艺术品的范围。

在"希瑞诉荷兰政府案"中，海牙当地的法院就涉及争议艺术品的范围进行了询问与界定。希瑞认为，存在归属争议的艺术品应当是 1952 年第二份转让协议中所涵盖的艺术品。而荷兰政府认为，争议艺术品应当涵盖戈德斯提克尔生前所有的全部艺术品。法院则认为，1952 年协议以外的艺术品与艺术画作不是本案争议的艺术品。可见，法院支持了希瑞的观点。[2]

争议之二：《荷兰民法典》关于诉讼时效的规定。

在"萨赫诉荷兰政府案"中，一审法院与上诉法院均认为，萨赫提出的返还请求受制于《荷兰民法典》诉讼时效的规定。因此，涉及本案文物追索的诉讼时效到 1951 年 7 月 1 日届满。职是之故，一审法院与上诉法院均未支持萨赫的诉讼请求。[3]

争议之三：争议艺术画作的定性问题。

对于戈德斯提克尔生前收藏的艺术品，是否能将之定性为因遭非法劫掠与抢占而流失？对此，荷兰二战劫掠艺术品返还委员会认为，戈德斯提克尔死后，其收藏的艺术品，不论是第一次转卖，还是第二次转让，均与纳粹有直接关联，故应当认定这些艺术品属于遭非法劫掠与抢占。[4]

（四）本案返还的具体方式：协商与谈判

二战结束后不久，荷兰政府便与希瑞展开了协商。不过，双方最终仅就部分艺术品的返还达成了一致。根据双方于 1952 年 8 月 1 日签订的和解协议，希瑞以低价回购的方式从荷兰政府手上买回了 300 件艺术品。此次回购的艺术品是布鲁克、狄更与米德尔之间转卖协议涵盖的一部分艺术品，即除去后来被戈林强占的那一部分。这些艺术品在战争期间幸由米德尔保管才得以保存下来，故希瑞不

---

〔1〕　Herrick, Feinstein LLP Press Release, "Five Paintings from the Goudstikker Collection to Stay in the Netherlands", 载 http：//www. herrick. com/siteFiles/News/348BE2B3003D0184D9843D5803C288A0. pdf，访问时间：2017 年 6 月 15 日。

〔2〕　Dutch Restitution Commission, Recommendation Regarding the Application by Amsterdamse Negotiatie Compagnie NV in LiquIdation for the Restitution of 267 Works of Art from the Dutch National Art Collection (Case number RC 1. 15), n. 16.

〔3〕　Ibid. , at 17.

〔4〕　Ibid. , at 18.

再坚持争夺这些艺术品的所有权，而是以回购的方式将其买回。然而，对戈林占有的那些艺术画作，希瑞坚持拥有所有权，并不懈地追索之。[1]

2004年7月2日，萨赫请求荷兰二战劫掠艺术品返还委员会就戈德斯提克尔生前收藏的剩余艺术品做出建议返还的决定。[2]经过调查与核实后，该返还委员会认为，荷兰政府作为暂时代为保管与收藏的原属国政府，在找寻到原物所有权者或其后裔后应当返还之，故建议荷兰政府先返还戈林所占有的267幅艺术画作中的202件给萨赫。[3]

（五）经验总结

通过对本案的详细分析与解读，我们可以学到一些经验，并得到以下启示：

第一，对于战时劫掠文物与艺术品的追索，文物原属国应重视国际道义准则的作用，善于运用道义原则克服法律上可能存在的障碍。如果文物市场国成立了专门处理战时被劫掠文物及艺术品返还事宜的机构（如本案中的荷兰二战劫掠艺术品返还委员会），文物原属国应重点考虑通过此类机构来解决纠纷。

第二，文物原属国应重视对物之所有权的举证，只有掌握并向对方出具确凿的证据，追索才有获得成功的可能。

五、意大利返还埃塞俄比亚阿克苏姆方尖碑案（2008年）

（一）背景概述

本案系跨国追索文物的著名案例，追索方是埃塞俄比亚政府，被追索方是意大利政府，追索标的物是二战初期意大利入侵埃塞俄比亚劫掠的阿克苏姆方尖碑（Obelisk of Axum）。尽管多年以来，埃塞俄比亚政府一直要求意大利政府返还阿克苏姆方尖碑，却进展缓慢。值得庆幸的是，意大利政府最终同意将阿克苏姆方尖碑返还给埃塞俄比亚。

埃塞俄比亚是一个拥有三千年历史的文明古国，其境内的埃塞俄比亚高原与青尼罗河水系曾繁衍了闻名于世的阿克苏姆文明。在阿克苏姆文明中，曾经在公元1世纪时兴起了阿克苏姆王国，并在公元4至6世纪时达到鼎盛期，故该王国

---

〔1〕 Lawrence M. Kaye, "The Netherlands: The Return of the Goudstikker Collection", Holocaust Art Restitution Symposium Presented by Christie's and Union Internationale des Avocats (UIA), Milan, June 23, 2011.

〔2〕 Dutch Restitution Commission, Recommendation Regarding the Application by Amsterdamse Negotiatie Compagnie NV in LiquIdation for the Restitution of 267 Works of Art from the Dutch National Art Collection (Case number RC 1. 15), n. 18.

〔3〕 Herrick, Feinstein LLP Press Release, "Five Paintings from the Goudstikker Collection to Stay in the Netherlands", 载 http://www.herrick.com/siteFiles/News/348BE2B3003D0184D9843D5803C288A0.pdf，访问时间：2017年6月17日。

被称为埃塞俄比亚的"基石""城市之母"或"古代文明之摇篮"。在阿克苏姆王国里，最为引人瞩目的是许多高耸入云的、由整块花岗岩石凿切而成的方尖石碑，这些石碑亦是当今世界独一无二的文化景观之一。

本案的争议标的物，即阿克苏姆方尖碑，始建于公元4世纪的阿克苏姆王朝时期，四面均刻有浮雕，造型精美，被视为埃塞俄比亚古代文明的象征，亦是人类迄今为止竖立起的最高石碑。这座方尖碑的正面雕刻出了如同九层塔楼的式样，门、窗、梁等一应俱全。每层之间的空隙由象征性的圆木柱区分出来，一扇象征性的门则使得该方尖碑更似一座楼。整座花岗岩方尖碑高约24米，重达160吨。基座有两扇假门，各面均有类似窗口的装饰，而其顶部则为半圆形的凸起宝顶。[1]

（二）案情简介

1. 案件基本情况

20世纪30年代，为了缓解经济危机给意大利带来的负面冲击，墨索里尼准备通过对外侵略转移国内矛盾，并于1935年10月对埃塞俄比亚发动了侵略战争，很快便占领了埃塞俄比亚。在埃塞俄比亚境内，意大利士兵发现了该国古代文明的标志性建筑，即阿克苏姆方尖碑。[2]在得知这一发现后，墨索里尼下令将其切割为5个部分，作为战利品运回意大利。鉴于石碑巨大而笨重，无奈之下，意大利军队只得将这三截石碑沿着埃塞俄比亚的阿克苏姆与马萨瓦之间的一条折中路线行走，历时近两个月后，意大利军队再换卡车将之运到马萨瓦港。之后，意大利军队便用轮船将其运到那不勒斯，并最终运到罗马。[3]

与阿克苏姆方尖碑一起被劫掠至意大利的还有一尊象征着埃塞俄比亚君主权力的犹大之狮铜像。在墨索里尼的指挥下，犹大之狮铜像被视为战胜埃塞俄比亚的象征竖立在君士坦丁拱门附近，以纪念征服埃塞俄比亚和短命的"新罗马帝国"的诞生；而阿克苏姆方尖碑则被安放在卡佩纳门广场（The Square of Capenam），以纪念意大利建军15周年。[4]

二战结束后，埃塞俄比亚政府通过外交途径不断向意大利政府索要阿克苏姆

---

〔1〕［美］费尔南德兹·阿迈斯托：《世界：一部历史》（第2版），钱乘旦审读，北京大学出版社2010年版，第288页。

〔2〕B. Poissonnier, "The Giant Stelae of Aksum in the Light of the 1999 Excavations", in Fauvelle - Aymar F. - X. ed., *Palethnology of Africa*, *Palethnology*, 4（2012）, pp. 49 - 86.

〔3〕Tullio Scovazzi, The Return of the Axum Obelisk—the Recent Story of the Axum Obelisk，载http://www.unesco.org/culture/laws/pdf/abstract_ scovazzi.pdf，访问时间：2017年6月17日。

〔4〕"No Return for Ethiopian Treasure", *BBC News*, June 22, 2001.

方尖碑。虽然根据意埃两国战后达成的《和平协议》，意大利政府表示同意将此方尖碑和其他劫掠的战利品返还给埃塞俄比亚，但迟迟没有付诸行动。1970 年，埃塞俄比亚皇帝海尔·塞拉西一世（Haile Selassie I）应邀访问意大利，并促成了犹大之狮铜像的顺利回归[1]。不过，阿克苏姆方尖碑迟迟未能返还，主要有以下两个原因：其一，意大利政府一直以运输存在技术难题为借口拖延返还；其二，意大利政府更迭过于频繁，导致其领导人的某些口头承诺有时会变得虎头蛇尾[2]。此外，也有一些意大利政府官员担心，返还阿克苏姆方尖碑会引发多米诺骨牌式的效应[3]。

面对意大利政府在返还阿克苏姆方尖碑问题上长期持不合作的立场，时任埃塞俄比亚总理的梅莱斯（Meles）率先在外交场合声讨意大利，并引起国际舆论的广泛关注。面对愈加强大的国际压力，意大利政府逐渐改变了原先的消极态度。之后，埃塞俄比亚政府专门成立了阿克苏姆方尖碑返还国家委员会，并尝试与意大利政府进行协商与谈判[4]。

最终，两国政府均做出了一定程度的妥协与让步，解决了阿克苏姆方尖碑返还运输过程中的难题，顺利实现了返还。

2. 案情事实

1935 年 10 月 3 日，一位入侵埃塞俄比亚的意大利士兵发现了阿克苏姆方尖碑[5]。

1937 年 7 月 12 日，墨索里尼下令将阿克苏姆方尖碑当作战利品运至意大利本土[6]。

1937 年 10 月 28 日，墨索里尼下令将劫掠而来的阿克苏姆方尖碑安放在罗马的卡佩纳门广场上，以纪念意大利建军 15 周年[7]。

1947 年 2 月 10 日，埃塞俄比亚政府与意大利政府签订了《和平协议》。该协议第 37 条规定："本和约生效后的 18 个月内，意大利政府将自 1935 年 10 月 3

---

〔1〕 Tullio Scovazzi, The Return of the Axum Obelisk—the Recent Story of the Axum Obelisk，载 http：// www. unesco. org/culture/laws/pdf/abstract_ scovazzi. pdf，访问时间：2017 年 6 月 17 日。

〔2〕 *Ibid.*

〔3〕 "No Return for Ethiopian Treasure"，*BBC News*，June 22，2001.

〔4〕 "Ethiopia Unveils Ancient Obelisk"，*BBC News*，September 4，2008.

〔5〕 B. Poissonnier，"The Giant Stelae of Aksum in the Light of the 1999 Excavations"，in Fauvelle – Aymar F. – X. ed.，*Palethnology of Africa*，*Palethnology*，4（2012），pp. 49 – 86.

〔6〕 Tullio Scovazzi, The Return of the Axum Obelisk—The Recent Story of the Axum Obelisk，载 http：// www. unesco. org/culture/laws/pdf/abstract_ scovazzi. pdf，访问时间：2017 年 6 月 17 日。

〔7〕 "No Return for Ethiopian Treasure"，*BBC News*，June 22，2001.

日起从埃塞俄比亚转移至意大利的所有艺术品、宗教物品、档案材料以及其他具有历史、文化、艺术价值的物品返还给埃塞俄比亚或其国民。"据此，埃塞俄比亚政府通过外交途径不断向意大利政府提出返还阿克苏姆方尖碑的要求。[1]

1956 年 3 月 5 日，为促进两国间的经贸往来与合作，在《和平协议》的基础上，埃塞俄比亚政府与意大利政府在亚的斯亚贝巴签订一份合作协议。该合作协议有三个附件，其中第三附件规定意大利应当返还阿克苏姆方尖碑。[2]

1972 - 1999 年，尽管历任意大利政府均承诺返还阿克苏姆方尖碑，但始终没有付诸实际行动。[3]

1997 年 3 月 4 日，埃塞俄比亚政府与意大利政府就返还阿克苏姆方尖碑发表了两国联合声明。[4]

2004 年 11 月 18 日，埃塞俄比亚和意大利签署返还阿克苏姆方尖碑的备忘录。[5]

2005 年 4 月 19 日，意大利政府将阿克苏姆方尖碑的第一段返还给埃塞俄比亚政府。[6]

2005 年 4 月 22 日，意大利政府将阿克苏姆方尖碑的第二段返还给埃塞俄比亚政府。[7]

2005 年 4 月 25 日，意大利政府将阿克苏姆方尖碑的最后一段返还给埃塞俄比亚政府。[8]

2008 年 6 月 13 日，联合国教科文组织派出援助团队将埃塞俄比亚阿克苏姆方尖碑进行重组。[9]

2008 年 9 月 4 日，阿克苏姆方尖碑在埃塞俄比亚落成。[10]

（三）争议焦点

由于阿克苏姆方尖碑被意大利从埃塞俄比亚劫掠至罗马的事实清楚，证据确

---

〔1〕　Tullio Scovazzi, The Return of the Axum Obelisk—The Recent Story of the Axum Obelisk，载 http：// www. unesco. org/culture/laws/pdf/abstract_ scovazzi. pdf，访问时间：2017 年 6 月 17 日。

〔2〕　*Ibid.*

〔3〕　"No Return for Ethiopian Treasure"，*BBC News*，June 22，2001.

〔4〕　Tullio Scovazzi, The Return of the Axum Obelisk—the Recent Story of the Axum Obelisk，载 http：// www. unesco. org/culture/laws/pdf/abstract_ scovazzi. pdf，访问时间：2017 年 6 月 17 日。

〔5〕　"Obelisk Arrives Back in Ethiopia"，*BBC News*，April 19，2005.

〔6〕　"Ethiopia Unveils Ancient Obelisk"，*BBC News*，September 4，2008.

〔7〕　*Ibid.*

〔8〕　*Ibid.*

〔9〕　*Ibid.*

〔10〕　*Ibid.*

凿，且意大利政府在双边协议中承诺返还该方尖碑，本案中的主要争议焦点因而集中于意大利政府与埃塞俄比亚政府围绕如何突破返还阿克苏姆方尖碑的运输技术与资金难题。换言之，如何将这座高 24 米、重 160 吨的庞然大物安全地运回埃塞俄比亚，并筹集到足够的运输及安置资金是两国谈判过程中的争议焦点。

（四）本案返还的具体方式：协商与谈判

二战结束后，埃塞俄比亚政府屡次向意大利政府提出返还阿克苏姆方尖碑的请求，但迟迟没有取得实质性进展。2002 年 6 月 17 日，时任埃塞俄比亚总理的梅莱斯在罗马世界粮食首脑会议的大会发言中，突然话锋一转，面对会议主席意大利总理贝卢斯科尼（Berlusconi）与其他各国代表团，就阿克苏姆方尖碑的返还问题向意大利发出公开批评。这一出人意料的大会插曲，被各国媒体广泛报道，使得埃塞俄比亚政府追索阿克苏姆方尖碑出现了转机。[1]

为了挽回意大利的声誉与本国政府的形象，2002 年 7 月 13 日，意大利总理贝卢斯科尼签发了返还阿克苏姆方尖碑的行政令，并获得意大利社会各界的一致赞同。[2]在埃塞俄比亚方面，则由阿克苏姆方尖碑返还国家委员会出面予以积极回应，并就接下来具体的返还事宜与意大利政府进行协商与谈判。

为解决返还运输过程中面临的技术难题，双方想到了意大利法西斯军队先前将其劫掠出境的方式。当时，意大利法西斯军队把阿克苏姆方尖碑运回到罗马时曾将它分割为五个部分。经过两个月的海上航行运抵那不勒斯港，最终辗转运到目的地罗马。因此，能否以同样方式分批运输并返还就成为需要考虑的重要问题。[3]鉴于厄立特里亚与埃塞俄比亚的关系紧张，通过厄立特里亚的马萨瓦港，即阿克苏姆方尖碑先前离开非洲的港口实现返还已不具可行性。经过反复探讨与研究，两国决定采用分批空运的方式将阿克苏姆方尖碑运回埃塞俄比亚。

随后，在埃塞俄比亚阿克苏姆方尖碑返还国家委员会的推动下，埃塞俄比亚政府与意大利政府达成了返还备忘录。意大利政府表示，愿意承担运输与重组的全部费用。最初，意大利政府对阿克苏姆方尖碑运输和重建的工程预算确定为150 万欧元，但后期由于工程技术难度颇大，预算竟高达 600 万欧元。对此，负责返还阿克苏姆方尖碑空运任务的罗马大学教授克罗西（Crocy）解释道："从技术角度来说，空运如此庞大的阿克苏姆方尖碑是非常困难的，因为事先需要进行

---

〔1〕 Tullio Scovazzi, The Return of the Axum Obelisk—The Recent Story of the Axum Obelisk，载 http：//www. unesco. org/culture/laws/pdf/abstract_ scovazzi. pdf，访问时间：2017 年 6 月 17 日。

〔2〕 "No return for Ethiopian treasure"，*BBC News*，June 22, 2001.

〔3〕 "An Open Letter to the US Ambassador in Addis"，Ethiopic. com，访问时间：2017 年 6 月 17 日。

长时间的研究与测试，以确保空运不会对阿克苏姆方尖碑造成损坏。"[1]在空运前，为了减少对阿克苏姆方尖碑的破坏，意大利工程技术人员在阿克苏姆方尖碑的表面刷上了碳元素涂料与树脂。

2003 年 11 月 17 日，意大利政府将阿克苏姆方尖碑原有的五部分分成三段，以便在 2004 年 3 月之前结束分割工作，并在 4 月将其运回埃塞俄比亚。未料，返还阿克苏姆方尖碑遇到一系列障碍，包括：对于运输阿克苏姆方尖碑的货运飞机而言，埃塞俄比亚阿克苏姆机场的跑道过于狭窄，无法降落与起飞；亚的斯亚贝巴和阿克苏姆之间的道路与桥梁也无法满足道路运输的基本要求。[2]

就在这时，意大利政府声称，用于返还阿克苏姆方尖碑运输费用的资金已耗尽。意大利曾试图寻求美国帮助，但未成功。在这种情况下，埃塞俄比亚阿克苏姆方尖碑返还国家委员会对外公开呼吁各方捐款，以筹措运输资金。[3]在海外爱国人士的捐助下，埃塞俄比亚阿克苏姆方尖碑返还国家委员会筹得善款。接下来，为了迎接阿克苏姆方尖碑，埃塞俄比亚对阿克苏姆机场与陆地运输通道等基础设施进行了升级改造。在一切准备就绪之后，2005 年 4 月 19 日至次年 4 月 25日，意大利政府将被拆除的阿克苏姆方尖碑分三段分批运回埃塞俄比亚，从而最终实现了阿克苏姆方尖碑的返还。[4]

（五）经验总结

通过对本案的详细分析与解读，我们可以学到一些经验，并得到以下启示：

第一，包括中国在内的文物来源国追索海外流失的文物，可以考虑设立专职负责追索的机构；针对一些国宝级文物，还可以设立专门负责追索的特别委员会。例如，埃塞俄比亚组建了负责文物追讨的专职机构，即文物返还委员会，该委员会隶属于埃塞俄比亚文化部，专门负责流失海外文物的追讨工作。此外，为推进阿克苏姆方尖碑的追索工作，该国还成立了阿克苏姆方尖碑国家返还委员会，并由文化部部长担任委员会主席。在本案中，该返还委员会积极协商与谈判，对促成阿克苏姆方尖碑的返还发挥了重要作用。

第二，对于国宝级文物的追索，文物来源国的国家及政府领导人可以利用适当的场合通过适当的方式发挥影响力，促成文物的返还。例如，埃塞俄比亚皇帝海尔·塞拉西一世访问意大利时，通过其努力，促成了犹大之狮铜像的回归。而

---

〔1〕 Tullio Scovazzi, The Return of the Axum Obelisk—The Recent Story of the Axum Obelisk，载 http：//www.unesco.org/culture/laws/pdf/abstract_scovazzi.pdf，访问时间：2017 年 6 月 17 日。

〔2〕 "An Open Letter to the US Ambassador in Addis"，载 Ethiopic.com，访问时间：2017 年 6 月 17 日。

〔3〕 Ibid.

〔4〕 Ibid.

阿克苏姆方尖碑的返还，很大程度上归功于埃塞俄比亚总理梅莱斯利用重大国际会议向意大利发难，从而引发国际舆论压力。埃塞俄比亚的主要领导人亲自出面，为其国宝级文物的追索起到了重大的推动作用，创造了有利的外部条件，营造了良好的舆论助推力，这一点值得我们学习。

第三，某些特殊文物的返还会耗费巨额资金，并需要解决技术难题，面对这些问题，文物原属国与文物市场国只要秉持平等合作的原则，相互体谅，采用灵活多样的资金筹措方法，就能够找到彼此都能接受的方案。

六、荷兰阿姆斯特丹市返还 14 幅油画案（2008 年）

（一）背景概述

本案亦是一起二战受害者后裔追索战时劫掠文物的典型案例，争议标的物是卡西米尔·塞文洛维奇·马列维奇（Kazimir Severinovich Malewicz）创作的 14 幅艺术画作。为索回这 14 幅艺术画作的返还争议，马列维奇的后裔将荷兰阿姆斯特丹市政府先后诉至美国哥伦比亚地区法院和哥伦比亚地区上诉法院。最终，原被告以庭外和解的方式解决了争议。

马列维奇系俄罗斯至上主义创始人，是构成主义与几何抽象派画家，其代表作有《黑方块》（1915 年）以及《白色上的白色》（1918 年）等[1]他出生于基辅附近一个普通的波兰裔家庭[2]这样的成长环境，也使得马列维奇从小会说波兰语和俄语。少年时期，马列维奇见到了一群从圣彼得堡来乡镇装饰教堂的美术家，由此点燃了他对艺术绘画创作的激情。从那时起，马列维奇就开始自学绘画基本功，并常常将农民与农村的自然景色当成描绘的对象。青年时代，他随全家移居库尔斯克。在这座陌生的城市里，马列维奇找到了一份制图工作，并结婚成家，开始了全新的生活。不久以后，马列维奇结识了一批热爱美术的年轻人，他们共同组成了一个美术社团，一起作画、联合办展，度过了一段欢乐时光。但这种偏远地区的美术活动远不能满足马列维奇内心的需求，他决定奔赴莫斯科接受正规的美术教育，以提高自己的艺术修养与创作技艺[3]

到达莫斯科后，马列维奇遂进入一家私人补习班跟随费多尔·雷贝格（Fedor Rehberg）学习绘画与雕塑。1905－1907 年，马列维奇连续三年未能通过莫斯

---

〔1〕　Kazimir Severinovich Malevich，载 http：//www. encyclopedia. com/topic/Kazimir_ Severinovich_ Malevich. aspx，访问时间：2017 年 6 月 19 日。

〔2〕　Andrzej Turowski, Malewicz w Warszawie：Rekonstrukcje i Symulacje［Malevich in Warsaw：Reconstructions and Simulations］, Krakow：Universitas, 2002.

〔3〕　Alison, Hilton, Kazimir Malevich, N. Y.：Rizzoli, 1992.

科绘画雕塑建筑学院的入学考试。无奈之下，他只能继续在雷贝格的画室里学习。虽然无缘莫斯科绘画雕塑建筑学院，但此时的马列维奇已经创作出了一些具有代表性的作品，如本案的争议画作《有黄房子的风景》（约 1904 年）、《自画像》（1909 年）以及《至上主义》《黑色方块》等超现实主义画作。[1]今天，马列维奇已经被公认为几何形抽象美术的先驱者，一位伟大的美术家。2008 年 11 月 3 日，美国纽约苏富比拍卖行公开拍卖了马列维奇创作于 1916 年的艺术画《绝对主义的创作》，该画被一名俄罗斯收藏家以 6000 万美元的成交价拍得，这足以证明其作品的价值。[2]

（二）案情简介

1. 案件基本情况

1927 年，马列维奇携其艺术画作来到德国柏林参加艺术展览。然而，参展期间，家中突遭变故，马列维奇不得不临时折回列宁格勒，并将自己参展的艺术画交由德国朋友雨果·哈林（Hugo Henry）和亚历山大·多纳（Alexander Dona）博士暂为保管。[3]

不久，在德国政府的严厉管控下，柏林艺术展览被迫取消，马列维奇参展的艺术画被运到其好友多纳博士家中。当多纳博士打算将这些艺术画返还给马列维奇时，他得知斯大林正在对包括马列维奇在内的不少苏联艺术家进行迫害，为保护这些艺术画，多纳博士只得将打包待寄的马列维奇画作转运到由其出任馆长的德国汉诺威国家博物馆进行收藏与保存。[4]还未待这些艺术画作返还到马列维奇手中时，多纳博士却收到了马列维奇去世的消息。

出于对马列维奇作品的仰慕，时任美国纽约现代艺术博物馆馆长的阿尔弗雷德·巴尔（Alfred H. Barr）访问了德国汉诺威国家博物馆，并拜访了多纳博士。在与多纳博士会谈时，巴尔游说其将馆藏的马列维奇的艺术画出借给美国纽约现代艺术博物馆，但未获应允。

不久，迫于国内形势，多纳博士决定离开德国。多纳博士随身带走了两幅马列维奇的艺术画，剩余的画作则被打包转移到好友雨果家中。[5]在去世前，多纳博士将自己收藏的这两幅马列维奇艺术画作捐赠给哈佛大学布施赖辛格博物馆（Busch-Reisinger Museum）。后来，应马列维奇后裔的要求，布施赖辛格博物馆

---

〔1〕　*Ibid.*

〔2〕　*Ibid.*

〔3〕　Malewicz v. City of Amsterdam, 362 F. Supp. 2d 298, 302－304 (D. D. C. 2005).

〔4〕　*Ibid.*

〔5〕　*Ibid.*

将这两幅艺术画予以返还。[1]

　　保存在雨果家中的马列维奇画作吸引了慕名而来的博物馆专业人士。时任荷兰阿姆斯特丹市立博物馆馆长的斯坦伯格（Steinberg）博士试图游说雨果，将这些画作放到该博物馆收藏展出。然而，雨果拒绝了这一请求，并一再强调他仅为马列维奇画作的代管人，只负责保护这些画作的安全，无权处分之。然而，斯坦伯格博士并未就此放弃，而是不断地与雨果做工作，并终于打动了他。雨果同意将这些画作出借给荷兰阿姆斯特丹市立博物馆，并签订了出借协议。[2]

　　不久以后，由35位马列维奇后裔组成的代表团请求荷兰阿姆斯特丹市返还这些画作，但遭拒绝。[3]于是，他们将荷兰阿姆斯特丹市政府诉至美国法院，并以庭外和解的方式索回了这些画作。[4]

　　2. 案情事实

　　1927年4月17日，俄罗斯著名画家马列维奇带着他创作的艺术画作前往德国柏林参加艺术展览。[5]

　　1927年6月21日，因家庭变故，马列维奇不得不中途折返列宁格勒（今圣彼得堡）。为保证自己的画作能够顺利参展，马列维奇将这些画作委托其在德国的好友多纳博士暂为保管。[6]

　　1927年9月13日，德国柏林的艺术展览因故取消，马列维奇的参展画作被运往多纳博士家中暂存。由于斯大林公开谴责抽象画派艺术作品，以致许多同类作品惨遭没收与损毁，为保护马列维奇的艺术画作免受损坏，多纳博士将这些艺术画作转运到由其出任馆长的汉诺威国家博物馆。[7]

　　1935年5月15日，时年57岁的马列维奇因病逝世。[8]

　　1937年7月19日，纳粹德国政府开始公开打击所谓的"堕落艺术"，这一举措迫使多纳博士不得不将包括马列维奇画作在内的汉诺威国家博物馆的馆藏艺术品进行转移。他起先将这些画作藏在该博物馆的地下室里，随后又将其转交给

---

　[1]　Malewicz v. City of Amsterdam, 517 F. Supp. 2d 322（D. D. C. 2007）.

　[2]　Ibid.

　[3]　Ibid.

　[4]　Herrick, Feinstein LLP Press Release, "The City of Amsterdam and the Heirs of Kazimir Malevich Reach an Amicable Settlement Regarding the Malevich Collection in Amsterdam".

　[5]　Malewicz v. City of Amsterdam, 362 F. Supp. 2d 298, at 302 – 304（D. D. C. 2005）.

　[6]　Ibid.

　[7]　Ibid.

　[8]　Malewicz v. City of Amsterdam, 517 F. Supp. 2d 322（D. D. C. 2007）.

马列维奇的另一位好友雨果保存。[1]

1956 年 3 月 7 日，雨果将其保存的马列维奇创作画作出借给荷兰阿姆斯特丹市的市立博物馆展览。值得一提的是，本次出借协议并未涉及这些艺术画作的所有权归属问题。协议仅规定，阿姆斯特丹市立博物馆需要支付 12 000 马克的年租金，并妥善保管好这些艺术画作。[2]

1958 年 5 月 22 日，雨果在其家乡比伯拉赫去世。[3]

1996 年 8 月 12 日，由 35 位马列维奇后裔组成的代表团请求阿姆斯特丹市立博物馆返还其收藏的马列维奇艺术画作，但遭拒绝。该博物馆表示，由于它归属阿姆斯特丹市且接受该市专项财政支持，故其无权决定是否将其返还之。[4]

2003 年 4 月 29 日，阿姆斯特丹市立博物馆收藏的共计 84 件马列维奇艺术画作中的 14 幅（包括 13 幅艺术画作与 1 幅马列维奇的自画素描）被运往美国进行跨国馆际交流。[5]

2003 年 5 月 22 日至 2004 年 1 月 11 日，这 14 幅艺术画作先后在美国纽约古根海姆博物馆（Guggenheim Museum）与休斯顿梅尼尔收藏博物馆（Menil Collection Gallery）展出。[6]

2004 年 1 月 9 日，马列维奇的后裔代表团诉至美国哥伦比亚地区法院，要求阿姆斯特丹市补偿损失或返还艺术品。[7]

2004 年 4 月 30 日，阿姆斯特丹市政府提出不予返还的动议请求，但遭到哥伦比亚地区法院的驳回。[8]

2005 年 3 月 30 日，阿姆斯特丹市政府向美国哥伦比亚地区法院提出了补充性证据，以支持其不予返还画作的主张，但亦遭到否决。[9]

2007 年 6 月 27 日，阿姆斯特丹市政府上诉至哥伦比亚地区上诉法院。[10]

2008 年 4 月 24 日，在上诉期间，马列维奇的后裔代表团与阿姆斯特丹市政府达成庭外和解协议，阿姆斯特丹市政府同意向马列维奇的后裔代表团返还争议

---

〔1〕 *Ibid.*

〔2〕 *Ibid.*

〔3〕 Malewicz v. City of Amsterdam, 362 F. Supp. 2d 298, 302 – 304（D. D. C. 2005）.

〔4〕 Malewicz v. City of Amsterdam, 517 F. Supp. 2d 322（D. D. C. 2007）.

〔5〕 *Ibid.*

〔6〕 *Ibid.*

〔7〕 Malewicz v. City of Amsterdam, 362 F. Supp. 2d 298, 302 – 304（D. D. C. 2005）.

〔8〕 *Ibid.*

〔9〕 *Ibid.*

〔10〕 Malewicz v. City of Amsterdam, 517 F. Supp. 2d 322（D. D. C. 2007）.

画作。[1]

(三)争议焦点

本案关键性的争议问题是如何理解美国的两部法律,即《外国主权豁免法》和《扣押豁免法》。

1965年生效的美国《扣押豁免法》旨在保证在符合该法规定的范围内,美国博物馆、收藏机构或研究机构从外国借展的艺术品与文物在美国境内免司法扣押,以促进美国与外国的文化交流,尤其是文物及艺术品借展。根据该法,对于符合国家利益且具有一定文化价值的展借艺术品或文物,美国非盈利性博物馆、收藏机构或研究机构等可向国务院提出免扣押的申请。如申请获得批准,这些艺术品或文物将免受司法扣押。[2]

1976年实施的美国《外国主权豁免法》采用了"限制豁免论",在确定国家及其财产享有主权豁免的原则上,作出了例外规定。这些例外情况主要包括:

第一,该外国已明确地或默示地放弃其豁免权。

第二,该诉讼是基于该外国在美国进行的商业活动而提出的;或者基于与该外国在别处的商业活动有关而在美国完成的行为提出的;或者基于与该外国在别处的商业活动有关,而且在美国领土以外进行但在美国引起直接影响的行为提出的。

第三,违反国际法取得的财产,其财产权利尚有争议并且该项财产或者用该项财产换得的任何财产现在美国境内且与该外国在美国进行的商业活动有关的;或者该项财产或者用该项财产换得的任何财产是属于该外国在美国从事商业活动的某一机构所有或者属于该机构经营者所有的。

第四,由于继承或馈赠而取得的在美国的财产权利,或者尚有争议的坐落在美国的不动产权利。

第五,某外国或者该外国任何官员或雇员在职务或雇佣范围内的行动中发生侵权行为或过失,从而在美国境内造成人身伤害、死亡或者财产损害或丧失,(受害一方)为此向该外国追索损害赔偿金的。

第六,基于外国商业活动而发生的对外国船货行使海上留置权的诉讼。[3]

由于原告起诉索回马列维奇的14幅艺术画时,诉讼标的物在美国博物馆展出,故他们曾主张法院对之采取司法扣押。不过,这些艺术画已获得美国国务院

---

〔1〕 Herrick, Feinstein LLP Press Release, "The City of Amsterdam and the Heirs of Kazimir Malevich Reach an Amicable Settlement Regarding the Malevich Collection in Amsterdam".

〔2〕 Immunity from Seizure Act (IFSA), 22 U. S. C. §2459 (1965).

〔3〕 Foreign Sovereign Immunity Act (FSIA), 28 U. S. C. §1602 (1976).

的批准而免于司法扣押，故法院并未支持原告的这一主张。此外，原告主张，依据美国《外国主权豁免法》的例外规定，阿姆斯特丹市政府不享有豁免权，主要观点如下：

第一，阿姆斯特丹市政府通过该市立博物馆收藏马列维奇的艺术画作不合法，且并未向原告支付经济补偿。

第二，本诉讼发生时，争议标的物在美国博物馆借展，位于美国境内。

第三，这次争议标的物被出借给美国纽约古根海姆博物馆与休斯顿梅尼尔收藏博物馆，出借方与承租方均为非政府机构，这构成《外国主权豁免法》关于商业行为的例外规定。[1]

被告阿姆斯特丹市政府向法院提出，美国法院对本诉讼没有管辖权，主要理由包括：

第一，原告没有穷尽其本国——荷兰的司法救济。

第二，标的物仅为在美国短期展借，不能将之定性为在美国本土发生的商业行为，不构成美国《外国主权豁免法》关于国家主权豁免的例外规定。[2]

（四）本案返还的具体方式：庭外和解

一次偶然的机会，马列维奇家族的后裔们在阿姆斯特丹市立博物馆发现了马列维奇创作的艺术画。随后，他们组成追索代表团要求该博物馆返还这些艺术画作。该博物馆表示，该馆归属荷兰阿姆斯特丹市，且接受该市专项财政支持，故该馆无权决定是否返还之。[3]

随后，荷兰阿姆斯特丹市政府回应道，这些艺术画作是该市立博物馆从雨果那里租借而来的，此后它们一直在该博物馆收藏与展出。尽管租借协议未就所有权归属进行规定，但依据《荷兰民法典》第3条，荷兰阿姆斯特丹市政府可自1993年1月1日起成为这些艺术画作的合法所有权者。[4]

然而，马列维奇的后裔代表团则主张，阿姆斯特丹市立博物馆从雨果那里租借这些艺术画作系属无效行为，因为雨果本人并非合法所有权人，自然无权处分这些艺术画作，包括出借或对其所有权进行转移。[5]另外，该博物馆也未将租借这些艺术画作的情况记录在当年的年度报告或收藏名录中，因而缺乏必要的证

---

〔1〕　Malewicz v. City of Amsterdam, 362 F. Supp. 298, 302 – 304 (D. D. C. 2005).

〔2〕　*Ibid.*

〔3〕　Malewicz v. City of Amsterdam, 517 F. Supp. 2d 322 (D. D. C. 2007).

〔4〕　*Ibid.*

〔5〕　Malewicz v. City of Amsterdam, 362 F. Supp. 2d, 301 – 303 (D. D. C. 2005).

据。[1]哥伦比亚地区法院否决了被告荷兰阿姆斯特丹市关于举证新证据的动议，主要理由如下：

第一，受制于荷兰国内法上诉讼时效的限制，原告无法在荷兰境内通过司法获得救济，故被告以原告未能穷尽其国内司法救济反驳其起诉的理由不成立。

第二，原告起诉时，作为诉讼标的物的这14幅艺术画确系在美国境内展出，这符合《外国主权豁免法》规定的例外情形；即使这14幅艺术画作后来从美国离境，也依然满足其规定的例外情形。

第三，根据本案的具体情况，被告出借争议标的物到美国博物馆展览是一种变相的商业交流行为，并不涉及任何主权方面的问题。鉴于此，哥伦比亚地区法院支持了原告的诉讼请求。

此后，阿姆斯特丹市上诉至美国哥伦比亚地区上诉法院。在上诉期间，原被告展开了一系列协商与谈判。最终，原被告双方达成了庭外和解协议，依此，阿姆斯特丹市政府将向马列维奇的后裔返还本案的争议标的物。[2]

（五）经验总结

本案案情曲折，在整个追索过程中亦衍生出诸多法律问题。在最初谈判未果的情况下，原告借争议标的物在美国借展的机会，向美国法院提起了诉讼，并最终在上诉期间以庭外和解的方式解决了纠纷。通过对本案的详细分析与解读，我们可以学到一些经验，并得到以下启示：

采取跨国民事诉讼的途径追索海外流失文物，需要寻找有利的时机。由于受制于荷兰法上时效的限制，原告已经失去了在荷兰诉诸司法的可行性，故在海外诉讼成为必选策略。在这种情况下，原告借助标的物在美国借展的机会，在美国提起返还之诉，并借助美国国内法上的规定赢得了一审。一审的结果给阿姆斯特丹市政府以极大的压力，所以尽管它提起上诉，但在上诉期间与马列维奇的后裔代表团积极进行商谈，并最终做出了同意返还的决定。

本案的启示在于：除可选择在文物现持有人所在国法院起诉外，文物原属国还可以考虑文物因借展或其他原因位于第三国时，利用第三国更加有利的法律规定，择时、择地提起返还诉讼。

---

〔1〕 *Ibid.*

〔2〕 Malewicz v. City of Amsterdam, 517 F. Supp. 2d 322（D. D. C. 2007）.

七、意大利返还利比亚维纳斯雕塑案（2008 年）

（一）背景概述

本案系一尊源自利比亚境内古罗马时期昔兰尼（Cyrene）地区的维纳斯雕塑引发的跨国追索。古代利比亚深受希腊与罗马文明的影响，所以利比亚境内留下了不少创作于古代的以维纳斯命名的裸体女性雕像。这些裸体女性雕塑的基本造型相似，大多数是头部转向左侧，右手抬举护乳，左手覆盖下身，体现出女性本能的羞怯，面部则流露出高雅的贵族气质。本案中的这尊昔兰尼的维纳斯雕塑亦是创作于古典时期的裸体美女雕塑，虽无神性，却充满着人性的魅力。[1]

在意大利殖民利比亚时期里，意大利军队将这尊无头断臂的维纳斯雕塑从利比亚的昔兰尼地区劫掠而走。77 年后，1989 年 4 月 22 日，利比亚政府首次向意大利政府提出返还这尊维纳斯雕塑的要求。[2]在获得意大利政府的同意之后，利比亚与意大利政府发表了联合公报，随后就返还这尊维纳斯雕塑达成了协议。

然而，正当准备返还这尊维纳斯雕塑之时，意大利国内的非政府组织"诺斯特拉"（Nostra）提出反对，并通过各种途径阻挠返还进程。起初，诺斯特拉就意大利与利比亚政府的联合公报和返还协议的合法性提出质疑；接着，该组织试图请求意大利法院废止政府颁布的执行返还协议的法令。尽管该组织对意大利政府返还这尊维纳斯雕塑百般阻挠，最终还是未能阻挡其返还的进程。

（二）案情简介

1. 案件基本情况

1911 年 9 月 29 日，意大利突然对奥斯曼土耳其帝国宣战，目标是夺取地中海对岸的的黎波里塔尼亚（Tripolitani）和昔兰尼。被迫应战的奥斯曼帝国节节败退，并在不久之后向意大利投降。次年 10 月 18 日，意大利与奥斯曼帝国签订了《乌希和平条约》（The Peace Treaty of Ouchy），前者正式吞并了的黎波里塔尼亚和昔兰尼。[3]不过，直到 1923 年 7 月 24 日，欧洲列强才通过《洛桑和平条约》（The Peace Treaty of Lausanne）承认了意大利对利比亚享有主权统治。至此，

---

〔1〕 世界著名雕塑欣赏之二，载 http://blog. sina. com. cn/s/blog_ 9f60d39b01011yip. html，访问时间：2017 年 6 月 21 日。

〔2〕 Nancy C. Wilkie, "Colonization and Its Effect on the Cultural Property of Libya", in James A. R. Nafziger and Ann M. Nicgorski ed., *Cultural Heritage Issues: The Legacy of Conquest, Colonization, and Commerce*, LeIden: Martinus Nijhoff Publishers, 2009, pp. 170 ~ 171.

〔3〕 Albert Adu Boahen ed., *General History of Africa, VII, Africa under Colonial Domination* 1880 - 1935, Paris: UNESCO, 1985, pp. 94 - 100.

意大利才真正得以控制利比亚全境。[1]

占领利比亚以后，在一次军队巡岗至昔兰尼地区时，意军士兵偶然发现了一尊由大理石雕刻而成的无头断臂的维纳斯雕塑，[2]并通过海上运输线将之劫掠到意大利。[3]随着二战中意大利的节节败退，墨索里尼政府被迫与利比亚政府签订和平协议，放弃了对利比亚的统治。1951 年，利比亚宣布独立，从此走上民主独立之路。经过几十年的建设与改造，到 20 世纪 80 年代，利比亚的政治、经济与文化得到了明显发展，政府也愈加重视对历史文化遗址与珍贵文物的保护，开始追索流失海外的利比亚文物。为此，利比亚政府开始系统调查流失海外的利比亚文物的现状。

在调查过程中，利比亚政府查明了作为本案标的物的这尊利比亚昔兰尼维纳斯雕塑的具体情况，随后向意大利政府提出返还请求。经过多年协商与谈判后，两国政府先就文化交流与合作发表了联合公报，接着对殖民时期非法流失至意大利的利比亚文物签订了返还协议。为实施该双边返还协议，意大利议会还通过了一项特别法令。[4]

然而，出人意料的是，正当意大利政府准备返还这尊维纳斯雕塑时，意大利的非政府组织诺斯特拉却发起反对行动。为阻止返还进程，该组织将负责执行这次文物返还的意大利文化遗产部诉至拉齐奥地区行政法庭，请求法院宣布意利两国的联合公报与返还协议无效。在诉讼请求被驳回后，诺斯特拉又将其请求提交至负责审核意大利行政政策合法性的国务委员会。不过，该委员会亦未支持其请求。至此，意大利政府依据先前的联合公报与双边协议，将这尊昔兰尼的维纳斯雕塑返还给利比亚政府。[5]

2. 案情事实

1913 年 12 月 28 日，意大利军队在位于利比亚海岸的昔兰尼地区发现一尊由大理石雕刻而成的裸体女性维纳斯雕塑（已无头且断臂）。[6]

---

〔1〕 Nancy C. Wilkie, "Colonization and Its Effect on the Cultural Property of Libya", in James A. R. Nafziger and Ann M. Nicgorski ed., *Cultural Heritage Issues: The Legacy of Conquest, Colonization, and Commerce*, LeIden: Martinus Nijhoff Publishers, 2009, pp. 170 – 171.

〔2〕 *Ibid.*, at 176.

〔3〕 *Ibid.*

〔4〕 *Ibid.*, at 170 – 171.

〔5〕 "Italy Seals Libya Colonial Deal", *BBC News*, August 30, 2008.

〔6〕 Nancy C. Wilkie, "Colonization and Its Effect on the Cultural Property of Libya", in James A. R. Nafziger and Ann M. Nicgorski ed., *Cultural Heritage Issues: The Legacy of Conquest, Colonization, and Commerce*, LeIden: Martinus Nijhoff Publishers, 2009, p. 176.

1915 年 3 月 11 日，意军士兵将这尊维纳斯雕塑通过海上运输线转运到意大利。[1]

1951 年 12 月 24 日，利比亚宣布独立。[2]

1989 年 4 月 22 日，利比亚政府首次要求意大利政府返还这尊维纳斯雕塑。[3]

1998 年 7 月 4 日，利比亚与意大利就返还非法流失至意大利的利比亚文物发表了联合公报。[4]

2000 年 5 月 19 日，利比亚与意大利就返还包括这尊维纳斯雕塑在内的文物签订了返还协议。[5]

2002 年 8 月 1 日，意大利议会制定并通过了一项旨在实施 1998 年双方联合公报与 2000 年返还协议的特别法令。依据这一执行法令，意大利政府授权文化遗产部具体负责这尊维纳斯雕塑的返还工作。[6]

2002 年 11 月 14 日，意大利的非政府组织诺斯特拉以意大利文化遗产部为被告，向拉齐奥地区行政法庭提起诉讼，请求法院废除 2002 年 8 月 1 日的特别法令。[7]

2007 年 2 月 28 日，拉齐奥地区行政法庭驳回了诺斯特拉的诉讼请求，强调该特别法令是以 1998 年联合公报与 2000 年返还协议的规定为基础，具有合法性。[8]诺斯特拉对此裁定不服，并诉至负责审核意大利行政政策合法性的国务委员会。[9]

2008 年 6 月 23 日，意大利国务委员会维持了一审法庭的裁定。[10]

2008 年 8 月 30 日，到访利比亚的意大利总理贝卢斯科尼将这尊雕塑亲手还给时任利比亚领导人的穆阿玛尔·卡扎菲（Moammar Gadhafi）。

---

〔1〕　*Ibid.*

〔2〕　*Ibid.*

〔3〕　*Ibid.*, at. 170－171.

〔4〕　*Ibid.*

〔5〕　*Ibid.*, at 176.

〔6〕　*Ibid.*, at 170－171.

〔7〕　*Ibid.*

〔8〕　Tribunale Amministrativo Regionale del Lazio（Sez. Ⅱ－quarter），28 February 2007，No. 3518，Associazione nazionale Italia Nostra Onlus c. Ministero per i beni e le attività culturali et al.

〔9〕　*Ibid.*

〔10〕　Consiglio di Stato，23 June 2008，No. 3154，Associazione nazionale Italia Nostra Onlus c. Ministero per i beni e le attività culturali et al.

（三）争议焦点

本案的主要争议焦点是这尊利比亚昔兰尼的维纳斯雕塑的所有权归属问题。对这一问题，意大利政府与利比亚政府曾存在分歧。

意大利政府认为，根据《意大利民法典》及其文化财产保护法，意大利国有博物馆的馆藏文物归属于意大利，严禁出售且不得转让、出境或返还给其他国家。因此，若将其返还给利比亚，势必会违反意大利的法律规定[1]。

对意大利政府的上述主张，利比亚政府予以了反驳，并就这尊雕塑的真实出处与来源史料进行举证。利比亚政府用确凿的证据证明，这尊雕塑是被意大利军队从昔兰尼地区劫掠走的。面对史实资料和事实证据，意大利政府不得不承认当年的劫掠行径。尽管如此，意大利政府指出，返还这尊雕像须经过法令程序，即意大利立法机关须制定法令，将其从国家文化财产中降级，并授权政府返还[2]。

（四）本案返还的具体方式：协商与谈判

早在 1989 年 4 月 22 日，利比亚政府就曾对昔兰尼地区的维纳斯雕塑向意大利政府提出了返还请求[3]。对这一返还请求，意大利政府随即表示同意，并建议展开双边协商与谈判。然而，鉴于意大利与利比亚两国之间的关系时好时坏，加之返还受意大利国内法律与社会力量的掣肘，这尊雕塑的返还可谓一波三折。

利比亚政府与意大利政府于 1998 年 7 月 4 日就返还殖民时期意大利非法劫掠利比亚的文物发表了联合公报。在这份联合公报中，意大利政府对当年的殖民统治进行道歉，并愿意为开启两国平等友好关系的新时代而努力。与此同时，该联合公报还就意利两国之间贸易、工业、能源、国防、裁军、打击恐怖主义与非法移民等领域展开合作奠定了基调[4]。随后，意利双方于 2000 年 5 月 19 日，就返还包括这尊维纳斯雕塑在内的利比亚文物签订了返还协议[5]。

为了执行双方的联合公报和返还协议，意大利议会制定并通过了一项执行法令。该执行法令确认意大利政府将不再享有这尊昔兰尼的维纳斯雕塑的所有权，

[1]　Alessandro Chechi，"The Return of Cultural Objects Removed in Times of Colonial Domination and International Law: The Case of the Venus of Cyrene"，*Italian Yearbook of International Law*，(2008)，pp. 159 - 180.

[2]　*Ibid.*，at 181.

[3]　Nancy C. Wilkie，"Colonization and Its Effect on the Cultural Property of Libya"，in Cultural Heritage Issues: The Legacy of Conquest, Colonization, and Commerce, ed. James A. R. Nafziger and Ann M. Nicgorski，Leiden: Martinus Nijhoff Publishers, 2009, pp. 170 ~ 171.

[4]　*Ibid.*

[5]　Nancy C. Wilkie，"Colonization and Its Effect on the Cultural Property of Libya"，in Cultural Heritage Issues: The Legacy of Conquest, Colonization, and Commerce, ed. James A. R. Nafziger and Ann M. Nicgorski，Leiden: Martinus Nijhoff Publishers, 2009, p. 176.

授权政府将其从意大利国家文化财产中降级，使之转变成普通物品，从而为将其返还利比亚政府扫清了法律障碍。[1]

　　然而，就在一切进展顺利之时，意大利国内的非政府组织诺斯特拉就意大利政府返还利比亚这尊雕塑提出了反对意见并诉至法院，一度阻碍了返还进程。[2] 诺斯特拉主张废除执行法令的主要原因是，这尊雕塑已成为意大利文化财产的重要组成部分，将其返还有违本国民法典与文化财产保护法。此外，如果意大利将这尊雕塑返还给利比亚，则会危及意大利的文化主权，因为将本国国家文化财产转移出境就是将文化主权让渡给外国。诺斯特拉还指出，意大利政府在返还雕塑的问题上不断退让与妥协，此先例一旦开口，必会招致后来者源源不断地向本国政府提出返还要求，从而使意大利的国家文化财产被掏空。[3]

　　不过，一审法院——意大利拉齐奥地区行政法庭驳回了原告的诉求，并做出如下说明：

　　第一，就国家责任而言，意大利政府授权文化遗产部返还这尊维纳斯雕塑并无过错。意大利政府是在遵守每一国应对其不法行为承担国际责任的国际法义务。军事占领征服殖民地人民，依据国际法，意大利政府有义务在做出此不法行为后给予该殖民地国家或人民以赔偿，使其能够有能力重建战前的和平秩序。返还非法占有的文化财产则是意大利违反禁止使用武力原则后的救济手段之一。只有当返还无法实现或穷尽时，方可寻求其他形式的救济手段，包括赔偿、道歉等。

　　第二，意利双方的联合公报与返还协议系意大利与利比亚两国政府在自愿友好的基础上达成的政治文件与双边协议。意大利政府应当根据上述联合公报与返还协议的规定，切实履行返还义务，并保证被劫掠的文化财产返还至原属国。

　　第三，意大利政府返还这尊雕塑并不违反民法典与文化财产保护法的相关规定，因为意大利议会制定并通过的返还法令使返还不再有任何法律障碍。[4]

　　尽管诺斯特拉对一审法院的上述裁定表示不满，并上诉至国务委员会，但最

---

　　[1]　The Italian Text of the Decree was Published in Gazzetta Ufficiale No. 190 of 14 August 2002.

　　[2]　Nancy C. Wilkie, "Colonization and Its Effect on the Cultural Property of Libya", in Cultural Heritage Issues: The Legacy of Conquest, Colonization, and Commerce, ed. James A. R. Nafziger and Ann M. Nicgorski, LeIden: Martinus Nijhoff Publishers, 2009, pp. 170 – 171.

　　[3]　Tribunale Amministrativo Regionale del Lazio (Sez. II – quarter), 28 February 2007, No. 3518.

　　[4]　Tribunale Amministrativo Regionale del Lazio (Sez. II – quarter), 28 February 2007, No. 3518, Associazione nazionale Italia Nostra Onlus c. Ministero per i beni e le attività culturali et al.

终以失败告终。[1]

2008年8月30日，到访利比亚的意大利总理贝卢斯科尼将这尊雕塑亲手交给时任利比亚领导人的卡扎菲，并对卡扎菲说："亲爱的穆阿玛尔，我把这个姑娘给你带回家了。"随后，双方领导人签署了两国的友好互助合作条约，就此解决了两国之间的历史遗留问题，为两国建立友好邦交关系奠定了基础。[2]

（五）经验总结

通过对本案的详细分析与解读，我们可以学到一些经验，并得到以下启示：

第一，作为占领国或殖民宗主国的文物现占有国返还劫掠自其他国家的文物，事实上是在履行其应承担的国际法与道义责任。所以，文物原属国应该理直气壮地提出此类文物的返还。从这个意义上说，中国追索列强侵略或占领中国期间的文物，应该有底气，尤其对于二战期间被日本劫掠的文物，更不应该选择回避。我国应当选择适当的时机，正式向日本提出返还侵华期间劫掠的中国文物。此外，文物现占有国返还其战时劫掠的他国文物亦是该国政府致力于恢复国际正义、勇于承担国际义务的表现。所以，日本应该充分认识到返还劫掠中国文物的重要性，早日采取行动，抵制其国内右翼势力的干扰，履行因发动侵略战争而应担负的国际义务。

第二，包括中国在内的文物来源国在制定追索流失文物的战略与策略过程中，须将文物追索放在与对方国家整体外交的框架下运筹，在与对方建立良好的政治、外交、经济与文化的双边关系的框架下推进文物追索工作。

---

[1] Consiglio di Stato, June 23, 2008, No. 3154, Associazione nazionale Italia Nostra Onlus c. Ministero per i beni e le attività culturali et al.

[2] "Italy Seals Libya Colonial Deal", *BBC News*, August 30, 2008.

第七章　中国海外流失文物的回归：回顾与展望

　　文物承载灿烂文明，传承历史文化，维系民族精神。[1]文物是一国国家历史与民族文化的见证与传承载体，反映了文明被传承、被保护、被珍视的历史脉络。文物的归属不仅关乎国家的经济利益，更关乎其文化主权，甚至民族情感。

　　作为世界文明古国之一，中国拥有丰富的文物资源，这不仅是中华民族传承的文化瑰宝，也是中华文明联系历史与现实的重要纽带。然而令人痛心的是，自清末以来，中国有不计其数的珍贵文物因战争、非法发掘、盗抢及走私等原因流失海外。海外流失文物回归的问题也由此而来。

　　自1949年以来，我国政府与民间一直关注海外流失文物的命运，为流失文物的回归积极努力，促成了相当数量的流失文物回归。但总体而言，与韩国、希腊、土耳其、埃及等其他主要文物流失国相比，中国的文物追索工作起步较晚、进展相对缓慢，成功追索回国的文物数量有限，尤其是中国主动向外国有关机构或个人提出返还文物要求的先例不多，遑论建立起系统的、可持续发展的追索战略。鉴于此，有必要系统考察我国促成海外流失文物回归的法律依据，科学分析新中国成立以来文物回归的成功案例，通过回顾历史，把握发展脉络，并在此基础上对文物回归对策作出积极务实的展望。

第一节　海外流失文物回归的法律依据

　　在现代国际环境中，海外流失文物的回归须依法进行，因此法律依据是促成海外流失文物回归的前提保障。这里的法律依据，不仅包括我国加入的国际公

---

　　[1]　《切实加大文物保护力度，推进文物合理适度利用，努力走出一条符合国情的文物保护利用之路》，载《人民日报》2016年4月13日，第1版。

约、双边协定，还包括旨在保护文物、遏制文物非法流转的国内法律规范等。

一、国际公约

20 世纪下半叶以来，我国积极加入了一系列保护文化财产的国际公约。其中，涉及防止文化财产遭受盗窃、盗掘和非法跨境交易并促进其返还原属国的国际公约主要包括 1954 年《关于发生武装冲突时保护文化财产的公约》、1970 年《关于禁止和防止非法进出口文化财产和非法转让其所有权的方法的公约》、1995 年《关于被盗或非法出口文物的公约》及 2000 年《联合国打击跨国有组织犯罪公约》。中国加入这些公约，承认并遵守公约所确立的保护文化财产的基本准则和立场，表明中国政府愿意承担相应的国际道义和国际法责任，共同防止和打击文化财产的非法进出口犯罪，促进流失海外文物的归还。

（一）1954 年《关于发生武装冲突时保护文化财产的公约》及其议定书

第二次世界大战中，大量文化遗产遭到了史无前例的损毁和掠夺。在此背景下，联合国教科文组织于 1954 年 5 月 14 日通过了《关于发生武装冲突情况下保护文化财产的公约》（即《1954 年公约》）及其议定书。《1954 年公约》是第一份专门针对武装冲突情况下保护文化遗产的多边国际条约。该公约涉及可移动和不可移动的文化财产，包括建筑、艺术或历史纪念物、考古遗址、艺术作品、手稿、书籍和其他具有艺术、历史或考古价值的物品以及各类科学收藏品。公约的议定书首次明确提出了武装冲突情况下流失文化财产的返还问题。为防止文化财产从被占领土出口，该议定书禁止从被占领土上输出文化财产，并要求把此项财产返还给输出国领土。议定书还禁止把文化财产作为战争赔偿而予以留置。20世纪 80 年代末至 90 年代初，国内及国家间冲突导致大量文化财产被毁，为完善《1954 年公约》，该公约的第二议定书于 1999 年 3 月 26 日通过。第二议定书设立了对重大文化财产的"加强保护"制度，确立了破坏文化财产的刑事责任和打击犯罪的国际合作制度。

1999 年 10 月 31 日，第九届全国人大常委会第十二次会议通过了加入《1954年公约》及其议定书的决定。自 2000 年 4 月 5 日起，该公约及其议定书对我国生效。目前，我国尚未加入第二议定书。

（二）1970 年《关于禁止和防止非法进出口文化财产和非法转让其所有权的方法的公约》

联合国教科文组织于 1970 年 11 月 14 日在第十六届会议通过了《关于禁止和防止非法进出口文化财产和非法转让其所有权的方法的公约》（即《1970 年公约》）。《1970 年公约》是首次规范和平时期文物非法流转的国际条约。公约要求各缔约国采取建立文物清册、出口证明、贸易监管、刑罚制裁或行政处分、教育宣传活动等措施防止文化财产的非法进出口和非法转让。《1970 年公约》所调整的文物归还问题，主要通过外交途径解决，即有关当事国进行协商和谈判，使缔约国把从博物馆或类似机构中被盗的并已列入文物清册的文化财产归还其他文物原主缔约国。公约还强调国际协作互助，要求加强缔约国多边和双边合作。2012年 7 月 1 日，联合国教科文组织设立了《1970 年公约》新的监督机制，建立了由 18 个成员国代表组成的附属委员会，主要负责拟定并向缔约国会议提交有助于公约实施的建议和指南，审议公约成员国提交的国别报告等。我国以亚太组别最高票当选该公约首届附属委员会委员国，任期两年。

2015 年 5 月 18 日至 20 日，《1970 年公约操作指南》在联合国教科文组织1970 年公约第三次缔约国大会上通过，是该公约启动实质性改革以来的重大成果，具有里程碑意义。《操作指南》有关条款充分吸收了 2014 年 9 月在敦煌召开的"第四届防止文化财产非法贩运国际专家会议"通过的《敦煌宣言》的精神与实质内容，反映了我国在此领域的诉求，也为今后我国在文化遗产国际组织以及国际规则制定中发出中国声音、维护中国利益，提供了成功的经验。

中国国务院于 1989 年 11 月 28 日批准同意接受《1970 年公约》，该公约自1990 年 2 月 28 日起对我国（大陆地区）生效。

（三）1995 年《关于被盗或非法出口文物的公约》

1995 年 6 月 24 日，应联合国教科文组织的要求，由国际统一私法协会（UNIDROIT）起草的《关于被盗或者非法出口文物的公约》（即《1995 年公约》）在罗马政府间外交会议上获得通过。《1995 年公约》作为《1970 年公约》的补充性文件，在私法领域为文物追索提供了法律依据，为缔约国追索被盗和非法出口文物创设了私人请求权。公约确立了被盗文物应当返还的原则，扩大了被盗文物的范围，认可了被盗文物的私人诉讼权利，最大限度地保护了文物合法所有人的利益。同时，公约要求缔约国购买人承担审慎义务以确保取得的文物的合法来源，并对善意取得者进行公平合理的补偿。

我国于 1997 年 5 月 7 日加入《1995 年公约》，该公约自 1998 年 7 月 1 日起对我国生效。我国在加入《1995 年公约》时，做出了三点声明：其一，中国加入本公约不意味着承认发生在本公约以前的任何从中国盗走和非法出口文物的行为是合法的，中国保留收回本公约生效前被盗和非法出口的文物的权利；其二，根据公约第 3 条第 5 款的规定，中国关于返还被盗文物的申请受 75 年的时效限制，并保留将来根据法律规定延长时效限制的权利；其三，根据公约第 8 条向中国提出的对文物返还或者归还的请求，可以直接向中国法院提出或者通过中国文物行政主管机关转交中国法院。

（四）2000 年《联合国打击跨国有组织犯罪公约》

《联合国打击跨国有组织犯罪公约》于 2000 年 11 月 15 日经第五十五届联合国大会通过，是联合国近来在刑事司法领域制定的重要国际法律文书，旨在加强国际合作与交流，更有效地预防和打击洗钱、腐败、非法贩运文化财产等有组织犯罪。截至今日，已有 187 个国家加入该公约。[1]

2003 年 8 月 27 日，第十届全国人民代表大会常务委员会第四次会议批准公约，并声明对公约第 35 条第 2 款关于通过仲裁和国际法院解决争议条款做出保留，公约于 2003 年 10 月 23 日对中国生效。公约同时适用于澳门特别行政区，并于 2006 年 10 月 27 日适用于香港特别行政区。

2014 年 9 月 9 日，经中国代表团和与会各国的共同努力，《关于贩运文化财产及其他相关犯罪的预防犯罪和刑事司法对策国际准则》在联合国毒品和犯罪问题办公室（UNODC）第三次"保护文物免遭贩运问题政府间专家组会议"上通过。该准则规定了文物犯罪的预防、定罪、国际合作等方面的内容，为各国提供打击和预防非法贩运文物刑事司法对策具有重要意义。

此外，自 2002 年开始，我国一直积极支持和参与联合国教科文组织制定修改《关于第二次世界大战流失文物的原则宣言草案》的相关工作，使这一文件能够充分体现文物返还原属国的基本精神，成为相关领域国际合作的普遍准则和指导方针，并为战争期间流失文物等返还问题确立公认的国际准则，推动海外流失文物返还中国。

二、双边协定

通过与有关国家签订双边协议，可以建立起更加灵活、务实的文物返还和交流合作机制，健全文物保护与返还的双边条约体系，为一国的文物主权与安全提供国际法保护和支持。

近年来，我国积极推进与相关国家签订双边协议。截至 2017 年 5 月，中国先后与秘鲁、意大利、印度、菲律宾、希腊、智利、塞浦路斯、委内瑞拉、美国、土耳其、埃塞俄比亚、澳大利亚、埃及、蒙古、墨西哥、哥伦比亚、尼日利亚、瑞士、柬埔寨与缅甸共 20 个国家签署了防止盗窃、盗掘和非法进出境文化财产的双边协定及谅解备忘录，并在信息交流、相互协作、人员培训、文物返还

---

〔1〕 参见联合国毒品和犯罪问题办公室（UNODC）网站 https：//www.unodc.org/unodc/en/treaties/CTOC/signatures.html，访问时间：2017 年 6 月 21 日。

等方面取得了实质性的合作成果。双边协定以及了解备忘录的签订，不仅是中国政府为遏制文化财产非法贩运寻求国际公约框架下的国家间合作所作的重要努力，对国际社会加强重视人类共有文化遗产保护也产生了积极影响。

以中美签订的谅解备忘录为例，历经十年谈判磋商，2009 年 1 月 13 日中美两国政府签署了《对旧石器时代到唐末的归类考古材料以及至少 250 年以上的古迹雕塑和壁上艺术实施进口限制的谅解备忘录》（简称《谅解备忘录》）。《谅解备忘录》共 4 条 20 款，有效期 5 年，经双方同意可予修订或顺延。2014 年 1 月 14 日，经国务院批准并经中美双方互换照会确认，该谅解备忘录的修订及顺延有效期工作顺利完成。新文本于 2014 年 1 月 17 日生效，有效期 5 年。修订后的新文本对原谅解备忘录的第 1 条和第 2 条进行了修订，内容涉及公众意识和宣传、文物保护与保存、交流与合作、执法及信息分享等。

根据《谅解备忘录》，美国政府依照其《文化财产公约实施法》，应限制以下考古材料进口到美国：从旧石器时代（约公元前 75 000 年）到唐代结束（公元 907 年）源于中国并代表中国文化遗产的考古材料和迄本备忘录生效之日（2009 年 1 月 14 日）至少 250 年以上的古迹雕塑和壁上艺术，包括由美国政府公布的清单上所列的各类金属物、陶瓷、石材、纺织品、其他有机物质、玻璃和绘画（中国政府签发许可或其他证件证明出口不违反中国法律的除外）。该谅解备忘录作为中美政府间法律文件，为我国追索被盗中国文物提供了法律保障，对文物的非法贩运和交易起到了强有力的法律震慑。

三、国内法律规范

《中华人民共和国宪法》第 22 条规定，"国家保护名胜古迹、珍贵文物和其他重要历史文化遗产"，确立了我国保护文化财产的基本原则。通过立法有效地保护我国境内文化财产，遏制我国文化财产的非法流失，对我国的文化财产事业有着举足轻重的意义。

目前，尽管我国没有专门针对促进流失文物返还的法律规范，但是与流失文物相关的法律体系已基本建立起来，并主要分为两大类：第一类是以《中华人民共和国文物保护法》（简称《文物保护法》）、《中华人民共和国刑法》（简称《刑法》）为核心的旨在保护国内文物、遏制文物非法流转的法律规范；第二类是与通过国际民事诉讼追索流失文物直接相关的国内法律规范。

我国保护国内文物、遏制文物非法流转的法律规范主要包括：《文物保护法》及相关条例办法等行政法律规范和《刑法》及相关司法解释等刑事法律规范。

我国《文物保护法》于 1982 年 11 月 19 日第五届全国人民代表大会常务委员会第二十五次会议通过，并分别于 1991 年、2002 年、2013 年、2015 年历经四次修正。现行《文物保护法》（2015 年）及根据其制定的相关条例办法，包括《文物保护法实施条例》（2016 年）、《水下文物保护管理条例》（2011 年）、《文物认定管理暂行办法》（2009 年）、《文物进出境审核管理办法》（2007 年）、《文物出境审核标准》（2007 年）、《文物行政处罚程序暂行规定》（2004 年）等在内，确立了文物认定和定级制度、文物进出境管制的出境许可制度，加强了文物市场和社会文物鉴定的规范管理，构建了我国文化财产保护和管理的法律体系。

我国现行《刑法》于 1997 年 3 月 14 日第八届全国人民代表大会第五次会议通过，此后通过了九次《刑法修正案》的修正。《刑法》中涉及文物的犯罪主要规定在第四节"妨害文物管理罪"（第 324 - 328 条）、"走私文物罪"（第 151 条）和"失职造成珍贵文物损毁、流失罪"（第 419 条）。其中，"妨害文物管理罪"这一类罪下包含"故意损毁文物罪、故意损毁名胜古迹罪、过失损毁文物罪"（第 324 条）、"非法向外国人出售、赠送珍贵文物罪"（第 325 条）、"倒卖文物罪"（第 326 条）、"非法出售、私赠文物藏品罪"（第 327 条）和"盗掘古文化遗址、古墓葬罪、盗掘古人类化石、古脊椎动物化石罪"（第 328 条）。此外，2015 年通过的《最高人民法院、最高人民检察院关于办理妨害文物管理等刑事案件适用法律若干问题的解释》还就办理此类刑事案件确定了定罪量刑的依据，包括结合文物等级标准，综合考虑文物数量、可评定价格以及其他情节等。

在通过国际民事诉讼追索流失文物时，《中华人民共和国民法通则》《中华人民共和国物权法》《中华人民共和国合同法》《中华人民共和国拍卖法》等民事法律规范也常用于确定诉讼主体、处理善意取得和时效制度等问题。以确定诉讼主体为例，我国对文物所有权的法律规定直接关系到在追索某件流失文物时，由国家还是由公民、法人或其他组织提起国际民事诉讼。

通过国际民事诉讼追索流失文物，还常涉及外国的国内法律规范。外国的国内法律规范包括实体法、程序法和冲突法，涵盖民事、刑事、行政等各类法令法规。一般而言，国际文物追索诉讼通常由起诉时文物所在地国的法院管辖。在文物归属的实体法问题上，英国、美国等英美法系国家的法律更有利于保护文物的原所有权人，而法国、意大利、荷兰等大陆法系国家的法律则倾向于保护善意购买的文物现持有人。

第二节　海外流失文物回归途径的回顾

海外流失文物回归的途径主要有四种：国际执法合作、国际民事诉讼、谈判与协商、返还与捐赠。我国目前已经发生的海外流失文物回归案例中，该四种途径均有涉及。

一、国际执法合作

国际执法合作是指国家间依据参加或缔结的国际条约或本着友好互信精神的执法合作，由文物所在国主管部门将其依法扣押收缴的或通过其本国司法程序追回的流失文物归还我国的途径。积极利用国际执法合作机制追索流失文物，不仅意味着请求国事先做好国内文物的登记归档工作，明确文物的所有权归属，还要求请求国在发现文物失窃后及时向国际组织通报涉案文物信息，积极搜集证据，为提出返还请求做好充分准备。

目前，我国已参加或缔结了一定数量的国际条约与双边协定，在条约的调整范围内，我国可以依据条约规定的程序向有关国家提出返还请求。

近年来，在我国通过国际执法合作促进流失文物的返还中，双边协定已发挥出积极作用，不仅为我国追索被盗中国文物提供法律保障，也对文物的非法贩运和交易起到强有力的法律震慑。以 2015 年美国向我国移交 22 件流失文物和 1 件古生物化石为例，本次返还是自中美谅解备忘录签署以来，继 2011 年向我国移交 14 件流失文物后，美国政府第二次向我国返还流失文物。此外，2014 年瑞士归还一尊中国汉代彩塑陶俑，系中瑞两国 2013 年签署《关于非法进出境文化财产及其返还的协定》后的首次文物归还。2015 年澳大利亚政府将一尊清代观音像归还中国，系中澳两国 2009 年签署《关于文物保护的谅解备忘录》以来的首次文物归还。

截至 2017 年 8 月 31 日，我国通过国际执法合作成功追回流失文物及古生物化石已有 17 例，包括：2001 年从美国追回五代王处直墓武士浮雕像；2002 - 2010 年间美国五次移交其查获的数批古生物化石；2003 年从美国追回西汉窦皇后墓 6 件汉代陶俑；2004 - 2008 年间澳大利亚三次移交其查获的数批古生物化石；2011 年从美国追回 22 枚"恐龙蛋窝"化石；2011 年美国移交其查获的 14 件流失文物；2014 年瑞士归还汉代彩塑陶俑；2015 年澳大利亚归还清代观音像；2015 年美国移交其查获的 22 件流失文物和 1 件古生物化石；2016 年加拿大归还一对十九世纪古建筑木雕；2017 年埃及移交其查获的 13 件流失文物。

其中，2001 年从美国追回五代王处直墓武士浮雕像案是我国通过国际执法合作促使流失文物回归的成功范例。1994 年 6 月，我国河北省曲阳县灵山镇西燕川村西坟山上的一座古墓被盗，墓主为唐末五代的义武军节度使王处直。被盗物品包括墓内的随葬品和壁龛内的石雕共十件，其中有两件是镶嵌在甬道两壁上的高达 140cm 的浮雕守门武士像。2000 年 3 月 21 日，在佳士得拍卖行拟于纽约举行的"中国陶瓷、绘画、艺术品"拍卖会上，第 209 号拍品"疑似"为河北曲阳王处直墓被盗的浮雕武士石像，此事立即引起了河北省文物局的重视。经比对，我方确认该件浮雕像正是 1994 年王处直墓甬道处被盗的两块浮雕中的一块。

2000 年 3 月 2 日，国家文物局就此事照会美国驻华使馆，希望美方在友好的基础上，根据国际公约，采取必要的手段，阻止拍卖行拍卖中国被盗文物，并使文物返还中国。公安部向国际刑警组织美国中心局发出通报，请求给予合作。同年 3 月 8 日和 11 日，美国驻华使馆海关处及美国海关纽约中心局分别致函国家文物局和中国驻美使馆，表示为协助阻止拍卖中国文物，他们将根据《1970 年公约》及相关美国国内法的规定办理，希望中方提供必要的法律文件和证据。主要包括：失窃现场勘察报告、照片、警方立案报告、中国的有关法律、曲阳县政府将王墓公布为保护单位的时间等。为此，公安部和国家文物局急电命令河北公安、文物部门，在最短的时间内将所要物证和文字材料准备好。3 月 14 日上午，所有相关证据送达北京，当日下午公安部刑侦局以特急件的形式签发明传电报，物证则被直接空运至美国。

收到中国方面提供的证据后，美国纽约州南区地方法院于 3 月 21 日通知佳士得拍卖行停止对拍品 209 号的拍卖，同时下达了民事没收令，授权美海关总署纽约中心局没收武士像。3 月 28 日，美国海关官员查扣了这件中国文物。2001 年 3 月 7 日，美国法院作出裁决，没收被扣押的武士浮雕像，并返还给中国政府。2001 年 5 月 26 日，王处直墓的彩绘石雕武士像返回中国，被定为国家一级文物，入藏中国历史博物馆（现中国国家博物馆）。

此次武士浮雕像的成功回归，不仅是中美两国通过国际执法合作，共同打击非法出口文化财产的成果，也为后来中美两国在文物领域展开更为密切的合作，直至 2009 年签订中美谅解备忘录奠定了良好的基础。

二、国际民事诉讼

国际民事诉讼，是指我国文物原所有人通过在文物所在国法院提起文物返还的民事诉讼，追回流失文物的途径。在国际民事诉讼机制下促进流失文物的回归，追索国或其他追索主体需要在充分了解文物所在国法院诉讼程序和司法证明标准等方面的基础上，尽可能确认文物的下落和文物持有人的身份，并在掌握相关证据后，及时向该国法院依法提出文物返还的请求。

通过国际民事诉讼追索流失文物，还可以结合和解或调停等方式解决争议。在一国法院起诉通常可对诉讼对方当事人形成法律、心理及舆论压力，因而也有不少文物归属纠纷在提交法院后双方当事人才在庭外或当庭达成和解。以 1998 年我国成功从英国追索三千余件流失文物为例，该案就是因中国通过在英国启动的民事诉讼程序，使得犯罪嫌疑人迫于强大的法律及舆论压力才同意以庭外和解的方式返还文物。

截至 2017 年 8 月 31 日，我国通过国际民事诉讼成功追回流失文物已有两例，包括：1995 年从英国追回恐龙化石、史前陶器等三千余件文物；2008 年从丹麦追回 156 件流失文物。

其中，2008 年从丹麦追回 156 件流失文物是我国通过国际民事诉讼促使流失文物回归的成功范例。2006 年 2 月，丹麦警方在哥本哈根市一民居中查扣了一批中国文物，并向中国驻丹麦使馆通报了有关情况。国家文物局根据丹麦警方提供的照片资料，判断这批中国文物属于出土文物。根据联合国教科文组织《1970 年公约》有关规定，国家文物局通过我国驻丹麦使馆与丹方磋商，要求返还这批中国文物。

2007 年 8 月，丹麦警方通知中国驻丹麦大使馆，由于证据不足，未达到刑事起诉标准，本案已于 6 月 15 日由刑事法庭转移到民事法庭，并建议中国向丹麦法庭提出文物返还诉讼。中国方面接受此建议，并委托丹麦律师代表中国向哥本哈根地方法院提出文物返还的请求。当时依据丹麦警方提供的信息，我方仅知该批文物由丹麦买家于 1995 年从德国购得，至于之前如何从中国流失到德国，没有任何线索和证据。

国家文物局随后派出工作小组赴丹麦对警方查扣的文物进行现场鉴定评估，确认了这批中国文物共计 156 件，包括新石器至元、明不同时代墓葬的随葬品，三分之一以上属珍贵文物。其中，编号为 512 的陶牛尊和编号为 509 的陶象尊印有"寄寄老人"的陶文，为查找被盗地点提供了重要线索。经调查发现，西安博物院收藏的 4 件元代陶器印有"寄寄老人"的陶文，与丹麦查扣文物上的陶文一致。元代陕西制陶名匠"寄寄老人"的陶器与文献资料印证，证明了丹麦查扣文物为中国出土文物。据此，国家文物局会同公安部迅速查清这批文物的被盗地点，并及时将相关材料和追索法律依据提交法庭。

在案件审理过程中，中国驻丹麦使馆和国内相关部门密切配合，提供了大量充分有力的证据，并得到当地社会力量的支持。2008 年 2 月 28 日，丹麦法院经审理宣判：中国政府对这批文物享有所有权，文物应当返还中国。同年 4 月 4 日，这批文物顺利完成接收手续。该批文物回归后，已划归入藏海南省博物馆。

此次 156 件流失文物的成功回归，是我国通过国际民事诉讼追回流失文物的一次成功尝试，表明了中国政府依法追索非法流失境外的中国文物的坚强决心和积极努力。

三、谈判与协商

协商与谈判，是指我国政府或其代理人与文物持有人直接交涉，澄清事实、阐明观点、消除隔阂，寻求双方都能接受的解决方法，促使其自愿将流失文物归还给我国的途径。与有关国家、机构或个人展开灵活的外交谈判与协商，针对流失文物的具体情况，在顾及历史、考虑现实的情况下达成平等、双赢的解决方案是务实有效的流失文物追索途径。从近几十年的实践来看，大多数跨国文物追索就是通过谈判与协商的方式得到解决的。

截至 2017 年 8 月 31 日，我国通过谈判与协商成功追回的流失文物已有 4例，包括：1989 年从美国追回屈原纪念馆被盗战国铜敦；2008 年从日本追回被盗北朝石刻菩萨像；2011 年从美国追回唐贞顺皇后陵墓被盗文物；2015 年从法国追回 56 件大堡子山遗址流失金饰片。

其中，2015 年从法国追回 56 件大堡子山遗址流失金饰片案是我国通过协商谈判促使流失文物回归的成功范例。20 世纪 90 年代初，甘肃礼县大堡子山遗址被非法盗掘，金饰片及其他珍贵文物流失海外。90 年代中后期，国家文物部门对大堡子山遗址进行了抢救性发掘。经科学发掘考察，大堡子山遗址在早期秦人、秦族、秦文化乃至中国古代文明的研究中具有重要价值。

大堡子山遗址被盗后，国家文物部门和有关文博单位积极努力，在相关国家政府和友好人士的支持下，陆续促成了一些流失海外的大堡子山文物回归祖国。在此次流失金饰片回归之前，已有美国收藏家范季融、胡盈莹夫妇于 2009 年将所藏的 6 件秦国早期青铜器捐赠给中国，其中包括秦公鼎 3 件、秦公簋 2 件、秦式镈 1 件。经考证，捐赠文物均出自大堡子山遗址。2011 年，全国政协委员郭炎将自境外征集的 2 件鸷鸟形金饰片、1 组小型金饰片捐赠给国家。

2005 年，国家文物局启动有关海外流失文物的调查工作，针对大堡子山流失文物进行专题调查研究。在获悉法国吉美博物馆收藏有大堡子山流失的金饰片后，国家文物局积极与法方协商流失文物返还事宜，并组织专题调查，收集证据材料，开展成分检测、金相分析等科技鉴定工作，最终认定吉美博物馆收藏的金饰片为 1992 – 1993 年礼县大堡子山秦公大墓被盗文物。

2014 年，中法两国联合组建专家小组，对法国吉美博物馆所藏金饰片的来源等问题进行实地考察，两国政府相关部门保持密切沟通，积极寻求文物返还的恰当途径。2014 年 10 月，经中法两国磋商，双方就大堡子山遗址被盗流失金器返还问题达成共识，并最终促成金饰片原捐赠人——法国收藏家弗朗索瓦·亨利·皮诺（François – Henri Pinault）、克里斯蒂安·戴迪安（Christian Deydier）——同意撤销对吉美博物馆的捐赠行为，使文物退出法国国家馆藏再将文物返还给中国。2015 年 4 月 13 日、5 月 13 日，我国分别在巴黎、北京接收法国政府通过原捐赠人返还的 32 件大堡子山流失金饰片；9 月 21 日，戴迪安再次返还其持有的 24 件大堡子山流失方形金饰片。至此，流失境外二十余年的大堡子山遗址秦国金饰片回归祖国，现已划拨入藏甘肃省博物馆。

此次大堡子遗址流失金饰片的回归，是中法两国首次通过协商合作促成流失文物回归的成功案例。中法两国摸索出了恰当的文物返还途径——私人持有人通过撤销捐赠，使文物退出所在国的国有馆藏后再将其归还中国，为传统的文物回归路径提供了新的尝试。

四、回赠与回购

回赠是指海外收藏者通过将其所藏的中国流失文物无偿捐赠给国家或国内博物机构，以促成文物回归的途径。我国欢迎并鼓励海外华人、华侨及对华友好的个人与团体捐赠、归还流失出境的中国文物。在不放弃流失文物所有权的前提下，按照国际公约的精神和惯例，适当考虑善意文物持有人有权得到公正合理的补偿，以促成更多的流失文物回归祖国。

截至 2017 年 8 月 31 日，我国通过回赠的方式促使海外流失文物的回归已有 11 例，包括：20 世纪 50 年代苏联及德意志民主共和国归还 67 册《永乐大典》；1993 年美国国际集团友邦保险公司捐赠颐和园十扇铜窗；2000 年美国藏家安思远捐赠五代王处直墓武士浮雕像；2001 年加拿大国家美术馆归还龙门石窟石雕罗汉像；2005 年英国朴茨茅斯市归还大沽古钟；2005 年瑞典东亚博物馆归还汉代陶马俑；2006 年欧洲保护中华艺术协会捐赠战国青铜鼎；2006 年美籍华人范世兴等人捐赠 31 件汉阳陵西汉文物；2009 年美籍华人范季融等人捐赠 9 件秦公晋侯青铜器；2013 年法国藏家弗朗索瓦·亨利·皮诺捐赠圆明园鼠首、兔首；

2015 年翁氏后人捐赠《翁同龢日记》等翁氏文献。[1]

　　回购是指国内机构或个人通过参与拍卖或其他商业渠道，将流失海外的文物购回，以实现文物回归的途径。自中华人民共和国成立以来，回购一直是海外流失文物回归的重要渠道。20 世纪 50 年代根据周恩来总理的批示，文化部从海外回购大批珍贵文物，包括 1951 年文化部从香港以 48 万港币购回东晋王献之《中秋帖》和王珣《伯远帖》。1952 年，文化部报周恩来总理批准，财务部逐年拨专款，用于重点文物保护维修、重点考古发掘和珍贵文物收购三项，并规定了专款专用、不得挪用、允许跨年使用等原则。以此为基础，嗣后演变为国家文物局的"直接经费"转款。

　　20 世纪 90 年代以来，随着我国国力增强及国家对流失文物回归问题日益重视，流失文物的回归呈现上升态势。自 2002 年起，财政部与国家文物局共同启动了"国家重点珍贵文物征集专项经费"，每年拨付 5000 万元用于征集流失海外和民间的珍品文物，如 2002 年以 2999 万元购回北宋米芾《研山铭》。在地方财政支持下，各地地方文博机构也加大了文物回购力度，包括 2003 年上海博物馆以 450 万美元购回北宋祖刻最善本《淳化阁帖》等。此外，中国保利集团、中华抢救流失海外文物专项基金等机构和个人也自发以回赠、回购等方式陆续促成流失海外文物的回归。

　　随着中国文物价格在国际市场上的非理性飙升，回购的缺陷逐渐暴露，我国政府对商业回购文物的态度随之调整。2008 年 10 月，国家文物局表示坚决反对佳士得拍卖圆明园文物，不赞成国内博物馆购买非法流失出境的中国文物，并主张通过外交和法律的手段实现非法流失出境文物的回归。为防止借拍卖之机炒作、哄抬被劫掠文物价格的行为，国家文物局于 2008 年 11 月发布《关于被盗或非法出口文物有关问题的通知》，要求各级文物行政部门采取切实措施，劝阻我国境内机构和个人参与竞拍、购买任何被盗或非法出口的中国文物。政府设立的文物收藏机构以及登记注册的各类博物馆，不得购买被盗或非法出口的文物。

　　截至 2017 年 8 月 31 日，我国通过回购的方式促使海外流失文物回归已有 16 例，包括：1951 年文化部购回东晋王献之《中秋帖》和王珣《伯远帖》；1951 年文化部购回五代顾闳中《韩熙载夜宴图》、五代董源《潇湘图》和《溪山行旅图》；1952 年文化部购回唐韩滉《五牛图》等珍贵文物；1953 年文化部购回宋

---

〔1〕　因我国台湾地区不属于境外，故在此为纳入自我国台湾地区归还的文物案例，这些案例包括但不限于：1999 年中国台湾地区实业家陈永泰捐赠 16 尊罗汉头像和 2 尊童子头；2006 年中国台湾地区学者李敖捐赠《乾隆题〈王著书千字文〉》；2014 年中国台湾地区星云大师捐赠北齐佛首造像。

马远《踏歌图》等珍贵文物及陈仁涛收藏钱币 1.7 万余枚；1955 年文化部购回"金匮藏泉"钱币 3.92 万余枚；1955 年文化部购回陈清华藏书 131 种 509 册，1965 年购回第二批陈氏藏书 25 种；1992 年上海博物馆购回 14 件晋侯苏编钟；1994 年上海博物馆购回 1200 余枚战国竹简；2000 年中国保利集团购回圆明园虎首、牛首和猴首铜像；2000 年上海图书馆购回翁氏藏书 80 种 542 册；2003 年上海博物馆购回北宋祖刻最善本《淳化阁帖》；2003 年香港实业家张永珍购回清雍正橄榄瓶；2003 年澳门实业家何鸿燊购回圆明园猪首铜像；2007 年澳门实业家何鸿燊购回圆明园马首铜像；2008 年大陆实业家许鹏购回天龙山石窟 10 号窟佛首；2014 年湖南省购回商代青铜重器皿方罍器身。

第三节　海外流失文物回归案例的统计

自 1949 年中华人民共和国成立以来，我国政府与民间一直关注海外流失文物的命运，为流失文物的回归积极努力，并通过国际执法合作、国际民事诉讼、协商与谈判、回赠与回购等途径促成了相当数量流失文物的回归。笔者在查阅二十余个省、市、自治区的地方志文物卷及个别省市的文物志、《文物博物馆事业纪事（1949－1999）》《故宫博物院年鉴》等资料的基础上，本节将对 1949－2017 年间成功促进海外流失文物回归的案例进行数据统计与分析。

一、案例统计的数据说明

为考察我国海外流失文物回归的发展，首先要在准确把握海外流失文物回归案例指标意义的基础上，对 1949 年以来的公开数据进行科学观察。[1] 对"海外流失文物回归"的合理界定是数据收集之后进行归类与分析的前提和标准，在此有必要作出如下说明：

（一）"海外"的界定

"海外"系指境外国家或地区。对于自中国香港、澳门回归的文物，以香港、澳门各自回归日为时间节点：在回归日之后自港、澳特别行政区回归的文

---

〔1〕 自 2002 年起，财政部与国家文物局共同启动了"国家重点珍贵文物征集专项经费"，每年拨付5000 万元用于征集流失海外和民间的珍品文物。例如，现入藏海南省博物馆的"越王亓北古"错金铭文青铜复合剑、唐三彩马和宋青白釉花口凤首壶，正是通过该专项经费从海外征集而来的。但是，因该"国家重点珍贵文物征集专项经费"历年文物征集的信息尚未公开，故通过该经费成功征集的海外流失文物未纳入本次数据统计中。

物，不属于"海外文物"范围。在回归日之前自港、澳特别行政区回归的文物，计为自"境外地区"回归的文物，属于"海外文物"范围。[1]

（二）"流失文物"的界定

"流失文物"是指，因战争劫掠、盗掘、非法转让及走私等不法原因或不道德手段转移出境的文物。因此，"流失文物"的界定，并不以文物出境的不法性为前提。换言之，这里"流失文物"的"流失"，不仅包括依据我国相关法律，文物非法离开我国的情形，还包括在有关文化财产保护的国内法和国际法尚未形成之前，文物因战争劫掠或被侵略占领之特别时期，因不当捐赠、交换、贸易等原因离开我国的情形。[2]

（三）"回归"的界定

"回归"文物是指，通过国际执法合作、国际民事诉讼、协商与谈判、回赠与回购等途径回到我国境内，并由国家、国内机构或个人永久收藏的流失文物。

1. 文物的回归状态

文物的客体（即物）和所有权一并回归最理想的文物回归状态。但在国际追索流失文物的实践中，一些新的回归方式也逐渐在摸索中产生，并为人们所接受。例如，2011 年在韩国与法国就外奎章阁图书的返还达成一致，将 297 卷外奎章阁图书以"法方保留所有权、韩方无限期租借"的方式归还韩国。[3] 在这些情况下，文物的物和所有权并不同时回归，有可能是物回归所有权不回归，如外奎章阁图书案中"无限期租借"的回归方式；也有可能是所有权先回归物后回归，如 2008 年我国从日本追回被盗北朝石刻菩萨像中，我国保留文物所有权，

---

〔1〕 以自香港特别行政区回归的文物为例，因时间节点为香港回归日 1997 年 7 月 1 日，故这里将"1992 年上海博物馆从香港购回 14 件晋侯苏编钟案"收录于案例集，但"2003 年从香港追回 49 件河北承德外八庙珍贵文物案"则被排除在外。

〔2〕 根据联合国教育、科学及文化组织"促使文化财产返还原主国或归还非法占有文化财产政府间委员会"（ICPRCP）于 1986 年颁布的《关于"请求返还或归还的标准形式"的使用指南》，这两种不同情形的流失文物对应的追索请求用词也不同：对前种非法流失文物的追索适用"返还"（restitution），对后种文物流失没有违反当时既有法律之情形则适用"归还"（return）。ICPRCP, A. 9 "Circumstances under which the object left the country of origin", The Guidelines for the Use of the Standard from Concerning Request for Return or Restitution, CC‑86/WS/3, Paris：UNESCO, 1986, 11. 本书在此不作区分，除另有说明外，统一以"归还"一词指代两种流失文物情形下的追索。

〔3〕 Ana Filipa Vrdoljak, "Restitution of Cultural Properties Trafficked during Colonization：A Human Rights Perspective", Strategies to Build the International Network for the Return of Cultural Property, 1 (2012), pp. 35 – 45. Also Lyndel V. Prott, Witnesses to History：A Compendium of Documents and Writings on the Return of Cultural Objects, Paris：UNESCO, 2009, pp. 300 – 302.

并有限期出借给日方的回归方式。[1] 以上所及的回归方式，都属于"回归"的范围。

2. 文物归还方/促进文物归还方

"文物归还方"系指，在国际执法合作、国际民事诉讼法、协商与谈判或回赠等途径下将海外流失文物归还给我国的主体；"促进文物归还方"则是指，为使海外流失文物回归而以参与拍卖或其他商业渠道将其购回的国内机构或个人，购回国内后，其可能自行持有，也可能会再进行赠与或转让。因此，在"附录1：中国海外流失文物回归案例汇总表"中"促使海外流失文物回归的主体"有两个表述，即"文物归还方"和"促进文物归还方"。

作此区分的目的在于，在通过回购实现文物回归的情形中，虽然文物出卖人是"文物归还方"，但通常因商业秘密等原因，文物出卖人的身份难以确定。与之相对，文物回购人的身份更易查明，且在促成文物回归的过程中甚至发挥了更重要的作用，故将文物回购人列为"促进文物回购方"。以2002年香港实业家张永珍购回清雍正橄榄瓶、2003年上海博物馆购回北宋祖刻最善本《淳化阁帖》为例，文物回购人张永珍、上海博物馆均为"促进文物归还方"。如无特别说明，在通过回购实现文物回归情形下，文中数据所列主体均为"促进文物归还方"。

3. 同件（组）文物分批回归的处理

如同件（组）文物分批回归，且数次回归方式相同，则合并处理，只记为一次文物回归。以20世纪50年代苏联及德意志民主共和国归还67册《永乐大典》为例，1951－1955年期间，苏联列宁格勒大学、苏联国立列宁图书馆、苏联科学院和德意志民主共和国分别向我国归还了数量不等的数册《永乐大典》，在统计时只记为一次文物回归。再如，1955年文化部购回陈清华藏书131种509册，1965年购回第二批陈氏藏书25种，统计时也只记为一次文物回归。[2]

如同件（组）文物分批回归，且数次回归方式不同，则分别各记为一次文物回归。例如，2000年上海图书馆购回翁氏藏书80种542册，2015年翁氏后人

---

〔1〕 需要指出，在记录"所有权先回归物后回归"这类案例的回归时间时，这里采"物回归"的时间。以2008年我国从日本追回被盗北朝石刻菩萨像为例，北朝石刻菩萨像回归时间为2008年，即文物由日本美秀博物馆正式归还之时并非2001年中日双方签署备忘录确认文物自备忘录签署之日起则属中国山东省之时。

〔2〕 2004年，陈清华之子陈国琅将陈氏善本古籍23种、画轴1件及收藏印18枚转让给国家，为第三批陈氏藏书的回归，是通过"国家重点珍贵文物征集专项经费"成功征集实现的，不属于本次数据的录入范围。

捐赠《翁同龢日记》等翁氏文献，前后均为翁氏藏书文献的回归，但因回归方式不同，则各记为一次。

二、案例统计的数据分析

本次所收集的1949－2017年期间我国海外流失文物回归的案例共计50例，可参见"附录1：中国海外流失文物回归案例汇总表"。

依流失文物的回归途径分类，通过国际执法合作回归的有17例，通过国际民事诉讼回归的有2例，通过谈判与协商回归的有4例，通过回赠与回购回归的有27例。

（一）回归途径的整体趋势

通过统计50起海外流失文物的回归案例，可以发现自1949年至今，我国海外流失文物的回归途径以"回赠与回归"与"国际执法合作"为主，各占比54%和34%，以"协商谈判"和"国际民事诉讼"途径为辅，各占比8%和4%（见图7－1）。此外，总体而言，我国海外流失文物的回归呈现逐步上升的趋势（见图7－2）。

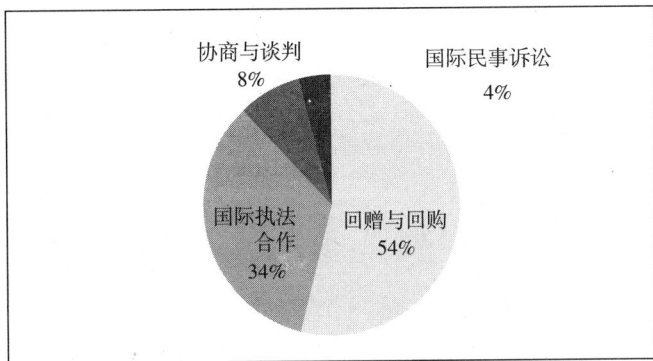

图7－1　流失文物回归各途径所占比例

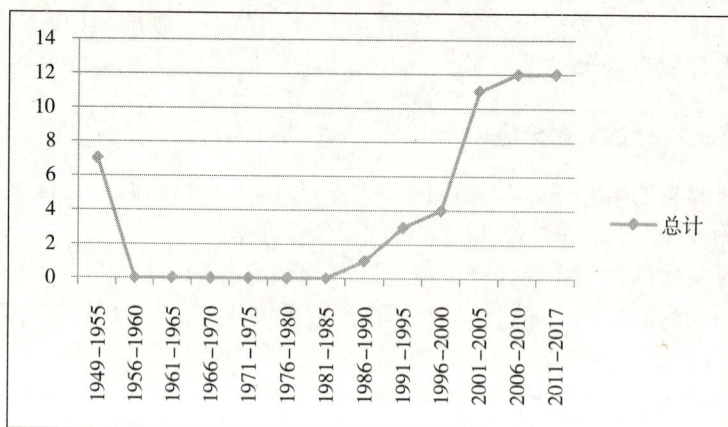

图 7 - 2　流失文物回归案例总量变化（1949 - 2017 年）

　　历史地来看，四种回归途径也呈现出不同的发展趋势——"回赠与回购"先扬后抑，"国际执法合作"后来居上，"协商与谈判"小幅上升，"国际民事诉讼"偶有发展（见图 7 - 3）。

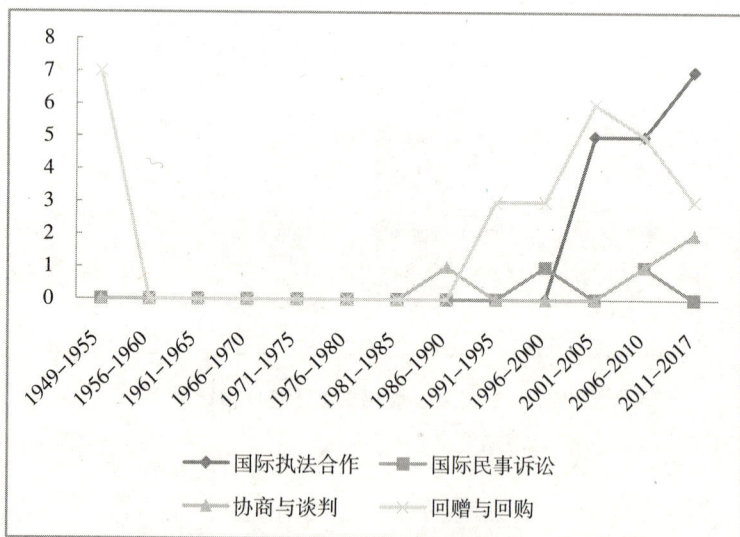

图 7 - 3　海外流失文物回归各途径发展变化（1949 - 2017 年）

（二）四种回归途径发展不一

　　具体而言，如以每 5 年左右为一个时间段，四种文物回归途径的发展如下：

通过"国际执法合作"途径实现文物回归的案例自 2001 - 2005 年段有 5 例出现，此后两个 5 年时间段均保持有 5 例成功案例。可见，国际执法合作这一途径虽然自 2001 年才开始发挥作用，但一跃成为最主要的文物返还途径之一，并保持势头始终处于每 5 年 5 - 7 例的高位，呈现出"后来居上"的发展趋势。

通过"国际民事诉讼"途径实现的文物回归案例总共仅 2 例。一例是 1998 年从英国追回三千余件流失文物，另一例是 2008 年从丹麦追回 156 件流失文物，属于"偶有发展"。

通过"协商与谈判"途径实现的文物回归案例总共 4 例。其中 1986 - 1990 年段有 1 例，即 1989 年从美国追回屈原纪念馆被盗战国铜敦；2006 - 2010 年段有 1 例，即 2008 年从日本追回被盗北朝石刻菩萨像；2011 - 2017 年段有 2 例，即 2011 年从美国追回唐贞顺皇后陵墓被盗文物；2015 年从法国追回 56 件大堡子山遗址流失金饰片。总体呈现出小幅稳步上升的发展趋势。

通过"回赠与回购"途径实现的文物回归案例出现得很早，在 1949 - 1955 年段就出现了 7 例。之后经过长达 35 年的"沉默期"，自 1991 年起呈现上升势态，1991 - 1995 年段出现 3 例，1996 - 2000 年段出现 3 例，至 21 世纪初数据达到峰值，仅 2001 - 2005 年段就出现了 6 例，随后略有回落，2006 - 2010 年段出现 5 例，2011 - 2017 年段出现 3 例，总体呈现出先扬后抑的发展趋势。

（三）综合运用多种回归途径

通过考察四种促成海外流失文物回归途径所占比例的变化，可以发现：我国已经完成了从"依靠单一途径"到"综合运用多途径"的转变（见图 7 - 4）。

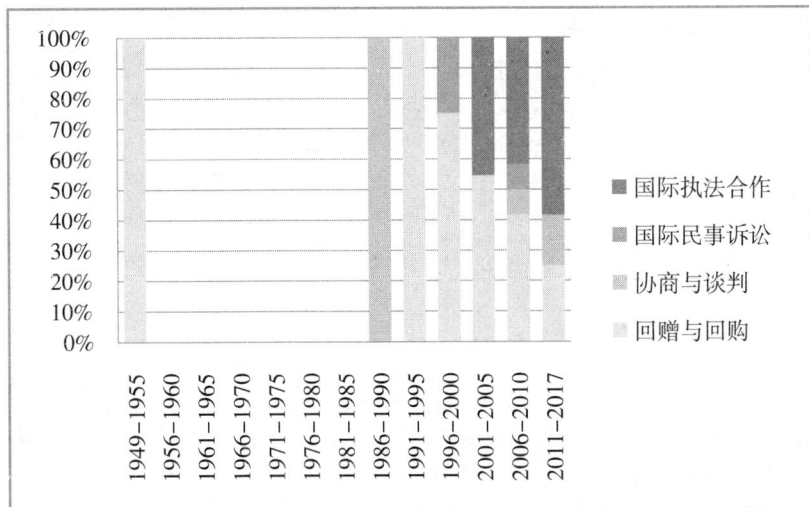

图 7 - 4 流失文物回归途径所占比例变化（1949 - 2017 年）

在中华人民共和国成立初期，通过回购促成海外流失文物回归的实践开始萌发，且在相当一段时间内一直是我国海外流失文物回归的重要渠道。这一期间的回购是以政府为主导、以国家财力为保障的珍贵文物收购。[1]

20 世纪 90 年代起，各种促成海外流失文物回归的途径开始涌现并逐步发展。回赠与回购不再是唯一的文物回归途径，其他途径如国际执法合作、协商与谈判、国际民事诉讼都在不断尝试中发展。2000 年以来，我国迎来了文物回归多途径综合利用的时代，国际执法合作、协商与谈判、回赠与回购一并成为我国主要的文物回归途径。

值得注意的是，各文物回归途径在实践中的运用并不孤立，并且有相当数量的成功文物回归案例都是各途径综合运用、多面出击的结果。以 1998 年我国从英国追回 3494 件流失文物为例，该案的成功不仅涉及国际民事诉讼，还与诉讼开始前期的国际执法合作、诉讼阶段的协商与谈判密切相关。最终，正是中国通过在英国启动的民事诉讼程序，使犯罪嫌疑人迫于强大的法律及舆论压力才同意以庭外和解的方式返还文物。[2]

自然，在同一案例中各回归途径综合运用不可避免地给数据统计时的分类带来一个问题。为便于研究，这里选择了最具典型意义、起主要作用的途径作为案例回归途径划分的分类标准。细言之，"协商与谈判"和"回赠与回购"常常运用于同一个案例中，二者是手段与结果的关系。如此，要判定一个案例的回归途径属于"协商与谈判"抑或"回赠与回购"，则看哪个途径是最具典型意义、起主要作用的途径。以 2015 年从法国追回 56 件大堡子山遗址流失金饰片为例，尽管该案文物的回归最终是通过两位法国藏家无偿捐赠所藏文物实现的，但该案的意义在于这是中法两国首次通过协商合作促成流失文物回归的成功案例。"协商与谈判"在该案起到了关键作用，为中法两国摸索出恰当的文物返还途径提供了可能，是故该案被列为通过"协商与谈判"途径实现文物回归的案例。

---

〔1〕 20 世纪 50 年代根据周恩来总理的批示，文化部从海外回购大批珍贵文物，包括 1951 年文化部从香港以 48 万港币购回东晋王献之《中秋帖》和王珣《伯远帖》。1952 年，文化部报周恩来总理批准，财务部逐年拨专款，用于重点文物保护维修、重点考古发掘和珍贵文物收购三项，并规定了专款专用、不得挪用、允许跨年使用等原则。以此为基础，嗣后演变为国家文物局的"直接经费"转款。国家文物局编：《中华人民共和国文物博物馆事业纪事（1949 - 1999）》，文物出版社 2002 年版，第 50 页。

〔2〕 曹兵武：《中国索还走私文物案例》，载《国际博物馆（全球中文版）》2009 年第 1 - 2 期，第 144 - 149 页。

第四节 海外流失文物回归对策的展望

通过对 1949 – 2017 年间成功促进海外流失文物回归的案例进行数据统计与分析，可以发现海外流失文物的顺利回归须充分利用多种途径。同时，每一个途径若要充分发挥其作用，都需要依据其面临的情况采取不同的方法，以便相关途径产生实际效果。在此基础上，我国海外流失文物回归的相关法律及政策也应当据此进行针对性的研究与调整，使我国未来在海外流失文物回归的各项工作中处于更有利的地位。

一、国际执法合作

在前述数据中，通过国际执法合作途径实现的文物回归案例呈现出两大特点：其一，案例总数较多且发展稳定；其中，流失文物比流失古生物化石的回归案例占比较少（仅达 40%）。其二，通过该途径单次回归的文物件数相比于其他途径往往更多。

（一）案例统计解读

特点一：案例总数较多且发展稳定。这在很大程度上归因于国际公约、双边协定为国家间发展良好的国际执法合作关系提供了法律支撑。近年来，双边协定在促进流失文物归还中的作用日益凸显，我国也因此取得了实质性的合作成果[1] 以 2015 年美国向我国移交 22 件流失文物和 1 件古生物化石为例，本次返还是自 2009 年中美谅解备忘录签署以来，继 2011 年向我国移交 14 件流失文物后，美国政府第二次向我国返还流失文物[2]再如，2014 年瑞士归还一尊中国汉代彩塑陶俑，2015 年澳大利亚政府将一尊清代观音像归还中国，以及 2017 年埃及移交其查获的 13 件流失文物分别系中瑞《关于非法进出境文化财产及其返还的协定》、中澳《关于文物保护的谅解备忘录》、中埃《关于保护和返还从原属

---

〔1〕 People's Republic of China, National Report on the Implementation of the 1970 Convention on the Means of Prohibiting and Preventing the Illicit Import, Export and Transfer of Ownership of Cultural Property (2011 – 2015), Paris: UNESCO, 2015, 11 – 12.

〔2〕 外交部：《驻美国大使崔天凯出席美国政府向中国政府移交流失文物和化石交接仪式》，载 http://www.fmprc.gov.cn/web/zwbd_ 673032/gzhd_ 673042/t1323667.shtml，访问时间：2017 年 6 月 28 日。

国非法贩运被盗文化财产的协定》签订后的首次文物归还。[1]

特点二：流失文物回归的案例占比少。自 2001 年起至今的 16 年间，据不完全统计，古生物化石回归的案例已有 10 起甚至更多，而文物回归的案例仅有 8 起。[2]这与二者不同的追索机制不无关系。细言之，非法出境的古生物化石是由国土资源主管部门负责具体追索工作，外交、公安、海关等部门提供支持与配合。[3]而对于流失文物的追索，目前我国建立的是由文物行政部门与公安、海关等部门参与的多部门协调机制，部门之间长期"条块分割"的工作方式使得文物追索工作缺乏统筹协调，效率相对较低。[4]

（二）应对策略

鉴此，我们建议从以下两点完善国际执法合作途径：

第一，进一步推进与有关国家签订防止盗窃、盗掘和非法进出境文化财产的双边协定。在美国于 1983 年加入《1970 年公约》后，其他主要文物市场国，如法国、日本、英国、瑞士、德国、比利时和荷兰等国也都先后加入了该公约。[5]除美国、瑞士和意大利外，我国目前尚未与其他主要文物市场国就文物返还与打击文物非法贩运等议题签订双边协议。根据《1970 年公约》第 15 条规定，公约不影响已存在的相关国际条约；事实上，依据其宗旨，该公约鼓励缔约国以其为法律框架签订更为具体的双边协议，以便建立一套操作性更强、更加务实有效的

---

〔1〕外交部：《驻瑞士大使许镜湖出席瑞士联邦文化总局中国文物归还仪式》，载 http://www.fmprc.gov.cn/ce/cech/chn/dssghd/t1219400.htm，访问时间：2017 年 6 月 28 日。李佳彬：《澳大利亚归还中国一尊清代观音像》，载《光明日报》2015 年 3 月 8 日，第 12 版。

〔2〕鉴于资料有限，本章所列成功追回海外流失古生物化石的案例统计并不完全。根据我国国土资源部的数据，"近三年来，在外交、海关等有关部门的大力协助下，先后从澳大利亚、美国、加拿大、意大利追回我国流失国外的古生物化石 5000 多件，多数是我国列为重点保护的化石，如恐龙骨骼化石、恐龙蛋化石、剑齿虎头骨化石、鹦鹉嘴龙头骨化石等"。参见汪民：《开启我国古生物化石保护工作的新里程》，载中华人民共和国国土资源部网站 http://www.mlr.gov.cn/dzhj/gswhs/gzzd/201110/t20111008_981586.htm，访问时间：2017 年 6 月 28 日。

〔3〕《古生物化石保护条例》（2011 年）第 34 条规定："国家对违法出境的古生物化石有权进行追索。国务院国土资源主管部门代表国家具体负责追索工作。国务院外交、公安、海关等部门应当配合国务院国土资源主管部门做好违法出境古生物化石的追索工作。"《古生物化石保护条例实施办法》（2012 年）第 47 条规定："对境外查获的有理由怀疑属于我国古生物化石的物品，国土资源部应当组织国家古生物化石专家委员会进行鉴定。对违法出境的古生物化石，国土资源部应当在国务院外交、公安、海关等部门的支持和配合下进行追索。追回的古生物化石，由国土资源部交符合相应条件的收藏单位收藏。"

〔4〕霍政欣：《追索海外流失文物的法律问题》，中国政法大学出版社 2013 年版，第 292–293 页。王仙波：《文物保护执法应注意的六种关系》，载《中国文物科学研究》2009 年第 1 期，第 7 页。

〔5〕Lyndel V. Prott, "Strengths and Weaknesses of the 1970 Convention: An Evaluation 40 years after Its Adoption", *Meeting of The 1970 Convention: Past and Future*, Paris, UNESCO Headquarters, 2011, 2.

文物返还和执法合作机制。

因此，我国应以《1970 年公约》为框架，以彼此国内法为依托，积极推动与英法等主要文物市场国政府就签订关于打击文物犯罪与促进流失文物返还的双边协议展开谈判。如果我国与世界上的主要文物市场国订立了双边协议，不仅能提升文物保护的国际执法合作水平，为防止中国文物非法流失海外构建坚固的防线，还能对未来推进包括《1970 年公约》在内的多边国际条约的改革与完善打下基础。

第二，逐步建立以国家文物行政部门为主导，外交、公安、海关等部门相配合的文物追索机制。2015 年 12 月报国务院审议的《中华人民共和国文物保护法修订草案（送审稿）》（以下简称《文物保护法修订草案》）中，首次拟对文物追索机制作出规定，即"非法出境的文物，由国务院文物主管部门会同国务院其他有关部门予以追索"。该条虽然并未指定文物行政部门为文物追索工作的主管负责部门，但确认了文物行政部门的牵头角色和"会同国务院其他有关部门"进行追索工作的职责。[1] 对此，建议借本次《文物保护法》修订之契机，明确规定由国家文物行政部门代表国家具体负责流失文物的追索工作，并由外交、公安、海关等部门为追索工作提供支持与配合。

二、国际民事诉讼

通过国际民事诉讼途径实现文物归还的案例数据呈现出两个特点：其一，成功案例的个数少，目前仅有两起；其二，追索主体的诉讼策略由"被动"转变为"相对主动"。

（一）案例统计解读

特点一：成功案例的个数少。这一方面在于启动一项国际民事诉讼自身有难度，其不仅要求追索方积极收集证据，尽可能确认文物的下落和文物持有人的身份，还要求追索方充分了解文物所在国法院的诉讼程序和司法证明标准，对追索方的法律专业知识与诉讼应对能力都提出较高要求。[2] 另一方面，国际民事诉讼往往程序繁琐、耗时长、诉讼成本高昂，也是很多文物原所有人放弃选择通过

---

〔1〕《中华人民共和国文物保护法修订草案（送审稿）》（2015 年 12 月）第 69 条规定："非法出境的文物，由国务院文物主管部门会同国务院其他有关部门予以追索。对历史上非法出境的文物，国家保留收回的权利。国务院文物主管部门应当会同国务院其他有关部门，对历史上非法出境的文物开展调查，促进其返还。"

〔2〕高升：《国际法视野下中国追索非法流失文物的策略研究》，载《湖南科技大学学报》2008 年第 6 期，第 49 页。

跨境诉讼追回文物的原因之一。[1]

特点二：追索主体的诉讼策略由"被动"转变为"相对主动"。不同于在1998 年从英国追回 3494 件流失文物案中我国迫于形势的"被动应诉"，[2] 2008年我国从丹麦追回 156 件流失文物时，接受了丹麦警方建议选择"主动起诉"，向丹麦哥本哈根地方法院提出文物返还请求，并最终获得胜诉判决。[3]这是我国在诉讼策略上由"被动"转为"相对主动"的体现。而且，近年来，除国家主动提起诉讼之外，民间团体和个人也积极尝试通过国际民事诉讼追回流失文物。目前正在进行的福建大田阳春村被盗宋代章公祖师像追索返还就是一例。[4]

（二）应对策略

鉴此，我们建议从以下三点完善国际民事诉讼途径：

第一，妥善运用国际民事诉讼机制。与其他途径相比，通过在其他国家的国内法院提起民事诉讼来追索流失文物有利也有弊。国际民事诉讼的优势主要体现在，启动诉讼程序后，原告可请求法院采取诉讼保全措施，以免标的物被原告转移、藏匿或毁坏；在普通法国家，依"因循先例"原则，一旦胜诉，判例会产生强烈的示范作用，并对今后在该国追索文物提供判例法支持。而其劣势在于，诉讼成本高昂，程序繁冗耗时，对人力、物力都有较高要求。因此，我们应在重视国际民事诉讼机制的同时，对相关国家的国内法做深入研究，审慎选择在有胜诉把握的国家提起民事诉讼。[5]

需要指出，在决定启动国际民事诉讼程序之后，我方应准确把握诉讼所在地国的诉讼规则，善于利用对追索有利的各项规则。以美国民事诉讼中的证据开示程序为例，在此阶段，追索方不仅有权要求文物持有人披露所有与案件有关的证明材料（包括对持有人自己不利的材料），还可以将己方已掌握的材料与尚处于文物持有人占有之下的涉案文物进行比对，通过委托专家鉴定并出具专家证人意见等方式，收集更多有利证据。

此外，运用国际民事诉讼机制，这不仅要求追索人合理利用文物目的国的司

〔1〕　Marie Cornu and Marc – André Renold, "New Developments in the Restitution of Cultural Property: Alternative Means of Dispute Resolution", *International Journal of Cultural Property*, 17 (2010), p. 23.

〔2〕　曹兵武：《中国索还走私文物案例》，载《国际博物馆（全球中文版）》2009 年第 1 – 2 期，第144 –149 页。

〔3〕　廖翊：《两年前非法流失到丹麦，156 件文物今天运送回国》，载《人民日报》2008 年 4 月 10日，第 11 版。黄风、马曼：《从丹麦返还文物案谈境外追索文物的法律问题》，载《法学》2008 年第 8期，第 75 页。

〔4〕　《"章公祖师像属阳春村"证据确凿》，载《人民日报（海外版）》2015 年 12 月 8 日，第 4 版。

〔5〕　霍政欣：《追索海外流失文物的法律问题》，中国政法大学出版社 2013 年版，第 294 页。

法诉讼程序，提出文物返还请求，维护自身权利；还意味着追索人可以通过提起跨国民事诉讼，以诉促谈，为协商、谈判等其他文物追索方式创造有利条件。同时，还应充分动员各方力量为国际民事诉讼提供支持和配合，包括高校科研机构等科研力量，律师事务所等专业机构的法律服务资源以及拍卖公司、文物收藏人士、华人华侨和民间机构的力量。

第二，健全我国文物立法，确保国家所有权清晰明确。在追索海外流失文物的诉讼中，文物的所有权归属通常是原所有人要证明的核心问题。原所有人如果是个人、机构或其他组织，可以通过文件记录、图像资料等证明其私人所有权；原所有人如果是国家，要证明文物归国家所有，其颁布实施的有关文物属于国有的法律是重要依据。因此，我国应当健全我国国内法律，尤其应对考古类文物的国家所有权做出清晰、明确的规定，以便未来在外国法院提起文物返还诉讼时，外国法院确认流失文物归我国所有，以提高胜诉率。

具体而言，对于考古类文物（包括尚未发掘的地下或水下文物），可参考2011年联合国教科文组织和国际统一私法协会联合发布的《未发掘文化财产的国家所有权的示范条款》及其解释性指导原则，以完善我国现有对未发掘文物的规定。例如，该示范条款第4条规定："凡违法盗掘或合法挖掘后非法占有的文物，一律为被盗物。"[1]对此，我国已有《文物保护法》明确"境内地下、内水和领海中遗存的一切文物，属于国家所有""地下埋藏的文物，任何单位或者个人都不得私自发掘""考古发掘的文物，任何单位或者个人不得侵占"，[2]并有《刑法》及2015年《关于办理妨害文物管理等刑事案件适用法律若干问题的解释》有关"盗掘古文化遗址、古墓葬罪"的规定。[3]尽管通过对上述中国法律规定的推断，我们似可得出"违法盗掘或合法挖掘后非法占有的文物"属于"被盗物"的结论。但是，由于缺少法律的明确定性与规定，外国法院在审理我国提出的文物返还诉讼时，还是有可能做出不同的理解与结论，从而会给将此类文物判定为"被盗物"增添不确定性。由此可见，健全我国法律仍是追索工作中不容忽略的关键一环。

第三，完善文物信息登记制度。这不仅能为我国文物所有权人在举证文物归属问题上提供证据支持，也能在一定程度上阻碍文物购买人在诉讼中以善意取得

---

〔1〕　Provision 4, UNESCO – UNIDROIT Model Provisions on State Ownership of Undiscovered Cultural Objects (2011).

〔2〕　《中华人民共和国文物保护法（2015年）》第5条、第27条、第34条。

〔3〕　《中华人民共和国刑法》第328条，最高人民法院、最高人民检察院《关于办理妨害文物管理等刑事案件适用法律若干问题的解释（2015年）》第8条、第9条。

来抗辩。目前，我国通过 2001 年启动的"文物调查及数据库管理系统建设项目"以及 2013 年展开的第一次全国可移动文物普查工作，已初步完成文物信息数据系统的建设。[1] 在此基础上，可以考虑由国家文物行政管理部门与公安、海关等部门就文物犯罪的数据实现信息共享，从而进一步完善文物信息登记制度。《文物保护法修订草案》第 14 条即拟在此方面作出规定。[2]

　　此外，建议加强与国际刑警组织、联合国药物和犯罪问题办公室（UNODC）等国际组织的合作，并及时将我国被盗或非法出口文物的情况通报给国际刑警组织"被盗艺术品数据库"等国际主要被盗文物登记数据中心。

三、协商与谈判

　　通过协商与谈判途径实现的文物回归案例呈现出两大特点：其一，协商谈判主体不固定；其二，在个案中摸索创新归还模式。

　　（一）案例统计解读

　　特点一：协商谈判主体不固定。通过协商与谈判促成文物回归的成功案例数量有限，目前仅有 4 例。在这 4 起案例中，有一例是国家文物局与公安部门参与的（1989 年从美国追回屈原纪念馆被盗战国铜敦案）；[3] 有一例是公安部门与博物馆组成谈判小组的（2011 年从美国追回唐贞顺皇后陵墓被盗文物案）；[4] 还有两例是由国家文物局主导谈判的（2008 年从日本追回被盗北朝石刻菩萨像案和 2015 年从法国追回 56 件大堡子山遗址流失金饰片案）。[5] 协商谈判主体不固定在于没有常设的专门机构和人员来负责协商谈判。如前所述，我国的流失文物追索是文物行政管理、公安等多部门协调合作机制，没有专门的追索机构，也没有专门负责文物追索中谈判协商工作的人员队伍，才会出现谈判主体不固定、

---

　　〔1〕　国家文物局：《"文物调查及数据库管理系统建设"项目圆满完成》，载 http：//www. nach. gov. cn/art/2011/6/24/art_ 98_ 3204. html，访问时间：2017 年 6 月 30 日；国家文物局：《第一次全国可移动文物普查工作取得重要阶段性成果》，载 http：//www. sach. gov. cn/art/2015/3/3/art_ 722_ 117233. html，访问时间：2017 年 6 月 30 日。

　　〔2〕　《中华人民共和国文物保护法修订草案（送审稿）》（2015 年 12 月）第 14 条规定："国家建立文物登录制度，完善文物资源管理，推动文物信息共享，具体标准及办法由国务院文物主管部门制定。"

　　〔3〕　《中国失窃的战国铜敦从美国回到祖国》，载宋继朝主编：《中国年鉴》（1989 年），中国年鉴出版社 1989 年版，第 481 页。齐欣：《战国古铜敦失窃以后》，载《人民日报》1988 年 12 月 13 日，第 3 版。

　　〔4〕　《追索唐贞顺皇后陵墓（敬陵）被盗石椁回归》，载吴晓丛主编：《陕西文物年鉴（2010 年）》，陕西人民出版社 2010 年版，第 83 - 84 页。胡杰：《国宝唐贞顺皇后石椁回归始末》，载《人民公安报》2010 年 6 月 18 日，第 4 版。

　　〔5〕　郑博超：《北魏石刻菩萨造像追索记》，载《检察日报》2008 年 1 月 18 日，第 5 版。王立梅：《挚爱与奉献：我所参与的中国文物对外交流》，文物出版社 2008 年版。

各案各有不同的情况。

特点二：在个案中摸索创新归还模式。在 2008 年从日本追回被盗北朝石刻菩萨像案中，中日双方经磋商同意以"保留所有权、有限期租借"的方式实现文物回归，即自 2001 年中日备忘录签署之日起中方享有该菩萨像的所有权，并允许日本美秀博物馆借展至 2007 年底。再如，在 2015 年从法国追回 56 件大堡子山遗址流失金饰片案中，中法两国经多次磋商，最终促成两位法国藏家撤销对法国吉美博物馆的捐赠，使文物退出法国国家馆藏再将文物返还给中国。[1] 此种"撤销赠与再赠与"的方式，解决了法国"公共收藏品不得转让"的难题。[2] 以上两种归还模式，为传统的文物回归路径提供了更加灵活、务实的尝试，也反映了谈判人员变通灵活的工作思路和谈判技巧。

（二）应对策略

鉴此，我们建议从以下三点完善协商谈判途径：

第一，建议在国家文物局下专设文物追索部门，由其负责包括协商谈判在内的文物追索工作，并配备专业的谈判人员和其他辅助工作人员，建立起分工明确、有组织基础的谈判队伍。

在开展协商谈判工作时，我方应针对流失文物的具体情况，在顾及历史、考虑现实的情况下，把握文物持有人的需求，因势利导，尽力寻求双方都能接受的解决方案。例如，如果是向博物馆、美术馆等公共收藏机构追索文物，文物借展和交流合作通常是其最看重的资源和交换条件。在文物返还协议达成后，双方还常就文物借展、科研交流等方面达成合作意向，这不仅实现了文物回归，也能促进文化交流。因此，如条件允许，我方可以借展合作为筹码，助力谈判。再如，如果是向国外高校博物馆追索文物，教育交流等渠道也可成为促成谈判的契机。教育研究、交流合作是高校与科研机构向来看重的资源，在谈判协商过程中也是较有分量的谈判筹码。[3]

第二，借助海外专设机构追索二战时期被掠文物。当前，为解决二战时期被

---

〔1〕　杨雪梅：《熠熠国之宝，漫漫回家路》，载《人民日报》2015 年 7 月 15 日，第 12 版。

〔2〕　《法国博物馆法》（Loi relative aux musées de France）于 2002 年 1 月 4 日正式颁布，并纳入 2004 年 2 月 20 日通过的《法国文化资产法》（Code du Patrimoine de France）第四部《博物馆法》之中。《法国博物馆法》第 11 条第 II 款规定："公法人所有的法国博物馆其收藏品属于公共财产，因此其所有权不得转移。上述财产解除重要文物指定应先经学术委员会审核同意。学术委员会的组织及运作方式由行政机关另定。……藉由捐赠、遗赠纳入公共典藏的文物不得解除指定。"

〔3〕　以 2010 年耶鲁大学返还秘鲁印加文物为例，双方在达成文物返还协议之外，另一项重要谈判成果就是在秘鲁共同设立"国立库斯科圣安东尼阿巴大学—耶鲁大学马丘比丘与印加文化国际研究中心"，以便开展科研合作和学术交流。

掠文物的争议纠纷，不少欧洲国家政府设立了专门机构受理被掠夺受害者的文物返还请求。例如，法国于 1999 年设立的被掠夺受害者赔偿委员会，[1] 英国于 2000 年设立的被掠夺文物建议委员会，[2] 荷兰于 2002 年设立的二战文化财产返还申请评估咨询委员会，[3] 德意志联邦政府、州和地方政府于 2003 年联合设立的因纳粹迫害被掠夺文化资产返还顾问委员等。[4] 尽管这些机构作出的决定或建议通常不具有法律约束力，但其为此类归属争端提供了公正的解决方案，也为国家制定相应的返还政策提供了重要的咨询意见。[5] 对这类机构作出的决定，文物现持有方，无论是个人、机构还是国家，大多会表示尊重。[6] 因此，我国可以借助这样的海外专设机构，在其主持之下与文物现持有方展开谈判协商，最大限度地促成文物返还与归还纠纷妥善解决。

第三，摸底调查海外藏中国文物，了解世界著名博物馆和收藏机构所藏中国文物的总量，梳理海外流失文物流转的路径，以此为基础建立数据库进行分析研究，并寻求相应的政策制定和解决沟通渠道。这一工作对于海外流失文物追索工作有着战略性的指导意义。目前，中国国家博物馆与海外博物馆专家共同合作完成的《海外藏中国古代文物精粹》丛书，就是摸底调查海外藏中国文物的成果之一。[7] 但是，该项工作还需得到进一步加强。

在此基础上，我国可利用海外公开的文物电子数据平台，如法国的文化财产电子参考系统、德国的国家文化财产数据库和二战时期被掠文物数据库等，调查外国收藏机构的藏品，排查出可疑的中国文物。此外，我国还可借鉴埃及的经验，成立专门的工作组，由其负责对全球主要经营文物的网站进行监控。与此同时，我国还可借助驻外使领馆及华人团体的力量，密切关注海外涉及中国文物的拍卖与转让活动。一旦发现有非法流出的中国文物参与拍卖与展览，及时通报国

---

〔1〕 "Commission for the Compensation of Victims of Spoliation"（法语简称：C. I. V. S.），France，载 http：//www. civs. gouv. fr/home，访问时间：2017 年 6 月 22 日。

〔2〕 "Spoliation Advisory Panel"，U. K.，载 https：//www. gov. uk/government/groups/spoliation – advisory – panel，访问时间：2017 年 6 月 22 日。

〔3〕 "The Advisory Committee on the Assessment of Restitution Applications for Items of Cultural Value and the Second World War"，Netherlands，载 http：//www. restitutiecommissie. nl/en，访问时间：2017 年 6 月 22 日。

〔4〕 "Advisory Commission on the Return of Cultural Property Seized as a Result of Nazi Persecution"，Germany，载 https：//www. kulturgutverluste. de/Webs/EN/Start/Index. html，访问时间：2017 年 6 月 22 日。

〔5〕 *Ibid.*

〔6〕 王云霞：《从纳粹掠夺艺术品的返还看日掠文物返还可行性》，载《政法论丛》2015 年第 4 期，第 59 页。

〔7〕 鲁博林：《摸清中国海外文物的"底"》，载《光明日报》2015 年 4 月 8 日，第 5 版。

内有关部门，以便于后者尽快制定应对方案。

四、回赠与回购

通过回赠与回购途径实现的文物回归案例呈现出两大特点：其一，成功案例多且发展迅速，文物回赠主体以华人华侨相对为主（占比 46.7%）；其二，出现两例海外博物馆主动归还的案例。

（一）案例统计解读

特点一：成功案例多且发展迅速。一方面，随着我国国力增强，国民对文物保护意识的提升，民间兴起了一股"文物回流潮"[1] 自 20 世纪末，中国保利集团等民间机构和个人自发以回购、回赠的方式陆续促成流失海外文物的回归。[2] 另一方面，"文物回流潮"也与国家的支持和鼓励密切相关。首先，在回赠问题上，我国一直欢迎并鼓励海外华人、华侨及对华友好的个人与团体捐赠、归还流失出境的中国文物，并且"在不放弃流失文物所有权的前提下，按照国际公约精神和惯例，适当考虑善意文物持有人有权得到公正合理的补偿，以促成更多的流失文物回归祖国"。[3] 其次，在回购问题上，20 世纪 50 年代文化部从海外回购大批珍贵文物，以及自 2002 年起财政部与国家文物局共同启动的"国家重点珍贵文物征集专项经费"，都是以国家之力积极征集流失海外和民间珍品文物的体现。[4] 然而，值得注意的是，随着中国文物价格非理性飙升，回购的缺陷逐渐暴露，我国政府对商业回购文物的态度逐渐转变。[5] 2008 年 10 月，国家文物局表示不赞成国内博物馆购买非法流失出境的中国文物，并主张通过外交和

---

〔1〕 李玉雪：《文物返还问题的法律思考》，载《中国法学》2005 年第 6 期，第 97 页。

〔2〕 如 2000 年中国保利集团购回圆明园虎首、牛首和猴首铜像；2003 年、2007 年澳门实业家何鸿燊分别购回圆明园猪首和马首铜像；2006 年美籍华人范世兴等人捐赠 31 件汉阳陵西汉文物；2009 年美籍华人范季融等人捐赠 9 件秦公晋侯青铜器等。

〔3〕 屈菡：《中国政府不会购买非法盗掘走私出境的中国文物》，载《中国文化报》2010 年 3 月 15 日，第 1 版。

〔4〕 谢小铨：《子龙鼎归国始末》，载《中国历史文物》2006 年第 5 期，第 18－19 页。马继东：《五年两亿五千万——海外重点珍贵文物回流工程今年"收官"》，载《文汇报》2007 年 1 月 9 日，第 11 版。

〔5〕 霍政欣：《追索海外流失文物的国际私法问题》，载《华东政法大学学报》2015 年第 2 期，第 105 页。

法律的手段实现非法流失出境文物的回归。[1] 此后，通过回购途径回归的文物数量也逐年下降。

特点二：出现两起海外博物馆主动归还的案例。即 2001 年加拿大国家美术馆归还龙门石窟石雕佛像 1 件和 2005 年瑞典东亚博物馆归还汉代陶马俑 1 件。以上两例都是海外博物馆秉承国际公约精神和博物馆行业道德准则将流失文物归还我国的。[2] 由此可见，博物馆行业道德准则尽管没有法律约束力，却发挥着补充法律的行为引导作用。以 2004 年国际博物馆协会《博物馆道德准则》为例，该准则为博物馆从业人员设立的自律性行业道德标准，就比一般法律规定提出了更高的责任要求。[3] 这些道德准则在世界范围内为大多数博物馆所遵守，影响颇大。[4]

（二）应对策略

鉴此，我们建议从以下两点完善回赠回购途径：

第一，有序引导回赠回购机制。对于回购，国家文物行政部门可采取相关措施适时引导需求，允许摸索并创新合理的商业回购模式。以 2014 年湖南省从境外成功征集商代青铜重器皿方罍器身案为例，湖南省博物馆联合私人藏家成功洽购促成流失皿方罍器身回归，就为此开创了一个新的范例。[5]

对于回赠，应考虑在税收优惠等方面探索我国文物捐赠的激励机制。依照《博物馆条例》，向博物馆提供捐赠的，按国家有关规定享受税收优惠。[6] 而当前，除国有公益性收藏单位"以接受境外捐赠、归还、追索和购买等方式进口的

〔1〕 为防止借拍卖之机炒作、哄抬被劫掠文物价格的行为，国家文物局于 2008 年 11 月发布《关于被盗或非法出口文物有关问题的通知》，要求各级文物行政部门采取切实措施，劝阻我国境内的博物馆及其相关机构和个人参与竞拍、购买任何被盗或非法出口的中国文物。参见本报全国"两会"专题报道组：《单霁翔委员就"圆明园兽首文物拍卖"事件答本报记者问》，载《中国文物报》2009 年 3 月 11 日，第 1 版。

〔2〕 刘琼：《追索流失的国宝，守住今天的国门》，载《人民日报》2009 年 3 月 6 日，第 16 版。

〔3〕 [澳]伯尼斯·墨菲：《现行的有约束力的多样化的博物馆道德公约——国际博协 1970 年以来对道德准则不断深入的关注》，载《中国博物馆》2006 年第 3 期，第 18 页。

〔4〕 作为博物馆道德准则的代表之一，2004 年国际博物馆协会《博物馆道德准则》就对三千多个国际博物馆协会（ICOM）博物馆成员发挥作用。以荷兰为例，所有在荷兰博物馆协会（The Netherlands Museums Association）注册的博物馆都要遵守国际博物馆协会博物馆道德准则。See Barbara Torggler, Margarita Abakova, and Anna Rubin, "Evaluation of UNESCO's Standard—Setting Work of the Culture Sector, Part II—1970 Convention on the Means of Prohibiting and Preventing the Illicit Import, Export and Transfer of Ownership of Cultural Property", UNESCO Final report (2014), p. 4.

〔5〕 龙军：《"方罍之王"即还桑梓》，载《光明日报》2014 年 3 月 21 日，第 7 版。

〔6〕 《博物馆条例》（国务院令第 659 号，2015 年）第 6 条。

藏品"免征进口关税和进口环节增值税、消费税外，[1] 我国国内尚未建立起系统的税收优惠制度以鼓励文物捐赠。因此，需要进一步完善相关政策。

一方面，文物捐赠人在所得税上应当享有相关优惠政策。文物捐赠属于公益事业捐赠，国家予以鼓励支持，[2] 企业或个人用于公益事业的捐赠支出，可按规定进行所得税税前扣除。[3]

另一方面，为使文物捐赠人尽可能享受到税收优惠政策，应扩大相关受捐赠人的范围。目前，我国法律规定前述可税前扣除的公益性捐赠支出，须通过以下两类主体之一——"获得公益性捐赠税前扣除资格的公益性社会团体"或"县级以上人民政府及其组成部门和直属机构"进行。[4] 鉴此，由于博物馆等收藏单位通常并非"公益性社会团体"，向博物馆等直接捐赠文物的企业或个人，因而无法享受到公益事业捐赠应有的税收优惠政策。因此，立法上应扩大受捐赠人的范围，将博物馆等公益性收藏单位也纳入其中，以便文物捐赠人享受税收优惠政策。除了立法之外，还可以采取某些变通措施。如，在此情形下，博物馆设立基金，并使基金会具备公益性社会团体性质，采取基金会模式接收社会捐赠，不失为一种有益尝试。[5] 由此，通过设立基金会，并经行政确认程序可获得公益性捐赠税前扣除资格，[6] 可使捐赠人享受到税前扣除的优惠政策，进而达到鼓励捐赠的激励效果。

第二，重视博物馆道德准则作用。我国要重视博物馆道德准则在流失文物归还中发生的重要作用，尤其是其在涉及博物馆有效所有权（valid title）和尽职尽

---

〔1〕《国有公益性收藏单位进口藏品免税暂行规定》（财政部、海关总署、国家税务总局公告2009年第2号，2009年）第2条。

〔2〕《公益事业捐赠法》（主席令第19号，1999年），第8条。

〔3〕《中华人民共和国企业所得税法》（主席令第63号，2008年）第9条规定："企业发生的公益性捐赠支出，在年度利润总额12%以内的部分，准予在计算应纳税所得额时扣除。"《中华人民共和国个人所得税法实施条例》（国务院令第600号，2011年）第24条规定："捐赠额未超过纳税义务人申报的应纳税所得额30%的部分，可以从其应纳税所得额中扣除。"

〔4〕《关于公益性捐赠税前扣除有关问题的通知》（财政部、国家税务总局、民政部，财税〔2008〕160号，2008年）；《关于公益性捐赠税前扣除有关问题的补充通知》（财政部、国家税务总局、民政部，财税〔2010〕45号，2010年）。

〔5〕2016年，苏州博物馆设立了苏州博物馆发展基金，这是继宁波博物馆、故宫博物院、中国国家博物馆等基金会成立之后，第四所尝试基金管理模式的博物馆（参见《苏州博物馆理事会成立》，载《中国文化报》2016年7月19日）。目前，已设立的三家基金会——"宁波博物馆文化发展基金会""北京故宫文物保护基金会""北京中国国家博物馆事业发展基金会"已取得公益性捐赠税前扣除资格。

〔6〕《关于公益性捐赠税前扣除资格确认审批有关调整事项的通知》（财政部、国家税务总局、民政部，财税〔2015〕141号，2015年）。

责义务（due diligence）等方面的责任设定对博物馆藏品取得和保存工作的影响。[1]一方面，我国要合理运用此类道德准则；另一方面，或如有可能，积极参与此类道德准则的制订，从而引导博物馆对流失文物的关注和认识，也是间接促进流失文物归还的方式之一。

由此可见，通过尽可能全面地搜集和统计1949年至今的文物回归案例，梳理不同回归途径的历史发展，可以把握发展趋势，探究趋势背后的原因，并在此基础上讨论有针对性的应对策略，以促进各回归途径的进一步发展，创造出更有利于我国海外流失文物回归的条件。

具体而言，一方面，四大回归途径在近年来呈现出新的发展势态，值得关注：在国际执法合作中，除国际公约外，双边协定的作用日益凸显；在国际民事诉讼中，追索主体的诉讼策略经历了从"被动"到"相对主动"的转变；在协商与谈判中，不断创新摸索出新的返还模式，包括"保留所有权、有限期租借"和"撤销赠与再赠与"；在回赠与回购中，已有海外博物馆主动归还我国流失文物的案例，并出现了国内博物馆联合民间团体和个人洽购促成流失文物回归的积极尝试。

另一方面，四大回归途径在发展中暴露出来的问题不容忽视，为此提出以下建议：其一，进一步推进与有关国家，尤其是主要文物市场国，签订双边协定，并逐步建立以文物行政部门为主导的追索机制；其二，妥善运用国际民事诉讼机制，健全我国文物立法，并完善文物信息登记制度；其三，设立专门追索机构，负责包括协商谈判在内的文物追索工作，借助海外专设机构追索二战时期被掠文物，并摸底调查海外流失文物藏量情况。其四，有序引导回赠回购机制，同时重视博物馆道德准则的作用。

---

〔1〕 以2004年国际博物馆协会《博物馆道德准则》为例，"准则2.2"和"准则2.9"规定了博物馆在收购藏品时要满足"存在有效所有权（valid title）"的前提，"准则2.3"确立了博物馆要充分调查文物来源的尽职尽责义务（due diligence）。

附录1：中国海外流失文物回归案例汇总表

编号	回归途径	回归时间	海外流失文物回归案例	文物归还方/促进文物归还方	文物现藏地
01	国际执法合作	2001	2001年从美国追回五代王处直墓武士浮雕像	美国政府	国家博物馆
02	国际执法合作	2002	2002年美国移交其查获的93箱110余件古生物化石	美国政府	北京自然博物馆
03	国际执法合作	2003	2003年从美国追回西汉窦皇后墓6件汉代陶俑	美国政府	陕西汉阳陵博物馆
04	国际执法合作	2004	2004年澳大利亚移交其查获的32件古生物化石	澳大利亚政府	中国地质博物馆
05	国际执法合作	2005	2005年澳大利亚移交其查获的一万多件古生物化石	澳大利亚政府	中国地质博物馆
06	国际执法合作	2006	2006年美国移交其查获的42箱恐龙蛋化石	美国政府	中国地质博物馆
07	国际执法合作	2008	2008年澳大利亚移交其查获的千余件古生物化石	澳大利亚政府	中国地质博物馆
08	国际执法合作	2009	2009年美国移交剑齿虎头骨等一批古生物动物化石	美国政府	中国地质博物馆
09	国际执法合作	2009	2009年美国移交62件珍贵古生物化石	美国政府	中国地质博物馆
10	国际执法合作	2010	2010年美国移交其查获的61件古生物化石	美国政府	中国地质博物馆

续表

编号	回归途径	回归时间	海外流失文物回归案例	文物归还方/促进文物归还方	文物现藏地
11	国际执法合作	2011	2011 年美国移交其查获的 14 件流失文物	美国政府	海南省博物馆
12	国际执法合作	2011	2011 年从美国追回 22 枚 "恐龙蛋窝" 化石	美国政府	中国地质博物馆
13	国际执法合作	2014	2014 年瑞士归还汉代彩塑陶俑	瑞士政府	不详
14	国际执法合作	2015	2015 年美国移交其查获的 22 件流失文物和 1 件古生物化石	美国政府	国家文物局
15	国际执法合作	2015	2015 年澳大利亚归还清代观音像	澳大利亚政府	不详
16	国际执法合作	2016	2016 年加拿大归还 1 对十九世纪古建筑木雕	加拿大政府	不详
17	国际执法合作	2017	2017 年埃及移交其查获的 13 件流失文物	埃及政府	不详
18	国际民事诉讼	1998	1998 年从英国追回 3000 余件流失文物	走私嫌疑人	不详
19	国际民事诉讼	2008	2008 年从丹麦追回 156 件流失文物	丹麦藏家	海南省博物馆
20	协商与谈判	1989	1989 年从美国追回屈原纪念馆被盗战国铜敦	美国藏家	湖北省屈原纪念馆
21	协商与谈判	2008	2008 年从日本追回被盗北朝石刻菩萨像	日本美秀博物馆	山东省博物馆
22	协商与谈判	2011	2011 年从美国追回唐贞顺皇后陵墓被盗文物	美国藏家	陕西历史博物馆

编号	回归途径	回归时间	海外流失文物回归案例	文物归还方/促进文物归还方	文物现藏地
23	协商与谈判	2015	2015年从法国追回56件大堡子山遗址流失金饰片	法国藏家弗朗索瓦·亨利·皮诺和克里斯蒂安·戴迪安	甘肃省博物馆
24	捐赠（归还）	1951	20世纪50年代苏联及前德意志民主共和国归还67册《永乐大典》	苏联列宁格勒大学、苏联国立列宁图书馆、苏联科学院和德意志民主共和国	国家图书馆
25	回购	1951	1951年文化部购回五代顾闳中《韩熙载夜宴图》、五代董源《潇湘图》和《溪山行旅图》	我国文化部	故宫博物院
26	回购	1951	1951年文化部购回东晋王献之《中秋帖》和王珣《伯远帖》	我国文化部	故宫博物院
27	回购	1952	1952年文化部购回唐韩滉《五牛图》、宋徽宗赵佶《祥龙石图》、宋马麟《二老观瀑图》、元任仁发《张果见明皇图》、元王蒙《山水轴》等珍贵文物	我国文化部	故宫博物院

续表

编号	回归途径	回归时间	海外流失文物回归案例	文物归还方/促进文物归还方	文物现藏地
28	回购	1953	1953 年文化部购回宋马远《踏歌图》、宋米友仁《云山图》、宋赵孟坚《墨兰图》、宋毛益《牧牛图》、元朱泽民《秀野轩图》、宋王希孟《千里江山图》、宋李唐《采薇图》等珍贵文物及从陈仁涛藏钱币1.7 万余枚	我国文化部	故宫博物院
29	回购	1955	1955 年文化部购回陈清华藏书 131 种 509 册，1965 年购回第二批陈氏藏书 25 种	我国文化部	国家图书馆
30	回购	1955	1955 年文化部购回"金匮藏泉"钱币 3.92 万余枚	我国文化部	国家博物馆
31	回购	1992	1992 年上海博物馆购回 14 件晋侯苏编钟	上海博物馆	上海博物馆
32	捐赠	1993	1993 年美国国际集团友邦保险公司捐赠颐和园十扇铜窗	美国国际集团友邦保险公司	颐和园
33	回购	1994	1994 年上海博物馆购回 1200 余枚战国竹简	上海博物馆	上海博物馆
34	回购	2000	2000 年上海图书馆购回翁氏藏书 80 种 542 册	上海博物馆	上海图书馆
35	捐赠	2000	2000 年美国藏家安思远捐赠五代王处直墓武士浮雕像	美国藏家安思远	国家博物馆

续表

编号	回归途径	回归时间	海外流失文物回归案例	文物归还方/促进文物归还方	文物现藏地
36	回购	2000	2000 年中国保利集团购回圆明园虎首、牛首和猴首铜像	中国保利集团	北京保利艺术博物馆
37	捐赠（归还）	2001	2001 年加拿大国家美术馆归还龙门石窟石雕罗汉像	加拿大国家美术馆	河南龙门博物馆
38	回购	2002	2002 年香港实业家张永珍购回清雍正橄榄瓶	香港特别行政区实业家张永珍	上海博物馆
39	回购	2003	2003 年上海博物馆购回北宋祖刻最善本《淳化阁帖》	上海博物馆	上海博物馆
40	回购	2003	2003 年澳门实业家何鸿燊购回圆明园猪首铜像	澳门特别行政区实业家何鸿燊	北京保利艺术博物馆
41	捐赠（归还）	2005	2005 年英国朴茨茅斯市归还大沽古钟	英国朴茨茅斯市	天津塘沽博物馆
42	捐赠（归还）	2005	2005 年瑞典东亚博物馆归还汉代陶马俑	瑞典东亚博物馆	不详
43	捐赠	2006	2006 年美籍华人范世兴等人捐赠 31 件汉阳陵西汉文物	美籍华人范世兴等	陕西汉阳陵博物馆
44	捐赠	2006	2006 年欧洲保护中华艺术协会捐赠战国青铜鼎	欧洲保护中华艺术协会	陕西省秦始皇兵马俑博物馆
45	回购	2007	2007 年澳门实业家何鸿燊购回圆明园马首铜像	澳门特别行政区实业家何鸿燊	国家博物馆
46	回购	2008	2008 年大陆实业家许鹏购回天龙山石窟 10 号窟佛首	中国大陆实业家许鹏	不详

编号	回归途径	回归时间	海外流失文物回归案例	文物归还方/促进文物归还方	文物现藏地
47	捐赠	2009	2009 年美籍华人范季融等人捐赠 9 件秦公晋侯青铜器	美籍华人范季融等	上海博物馆
48	捐赠	2013	2013 年法国藏家弗朗索瓦·亨利·皮诺捐赠圆明园鼠首、兔首	法国藏家弗朗索瓦·亨利·皮诺	国家博物馆
49	回购	2014	2014 年湖南省购回商代青铜重器皿方罍器身	湖南省博物馆及私人藏家	湖南省博物馆
50	捐赠	2015	2015 年翁氏后人捐赠《翁同龢日记》等翁氏文献	美籍华人翁万戈	上海图书馆

附录 2：中国海外流失文物回归案例汇编

一、通过国际执法合作回归的案例

（一）2001 年从美国追回五代王处直墓武士浮雕像

2001 年 5 月 23 日，我国从美国成功追回五代王处直墓武士浮雕像。

此次回归的武士浮雕像与 2000 年美国收藏家安思远所捐五代王处直墓武士浮雕像原为一对，出土自河北省曲阳县的五代义武军节度使王处直之墓。这件彩绘武士像是在长方形汉白玉上高浮雕而成，高 113.5cm、宽 58cm、厚 11.7cm。武士身着盔甲，手持宝剑，立于麋鹿之上，肩上立一龙，应是佛教护法神的天王形象。其艺术风格上承唐代之遗韵，下开宋元之先河，具有很高的艺术价值。该件武士浮雕像回归后，被定为国家一级文物，入藏中国历史博物馆（今中国国家博物馆）。

1994 年，河北曲阳县王处直墓被盗掘，镶嵌在其甬道和前室四壁的 10 块浮雕也一并被盗走。2000 年 2 月，一件武士浮雕像出现在佳士得拍卖行于纽约举行的中国文物拍卖会上。我方经比对，确认该件浮雕正是 1994 年王处直墓甬道处被盗的两块浮雕中的一块。国家文物局获悉后，要求美方依据国际法将文物归还中国。同年 3 月 21 日，在收到中国方面提供的证据后，美国纽约州南区地方法院通知佳士德拍卖行停止拍卖，并下达了民事没收令。3 月 28 日，美国海关官员查扣了这件中国文物。在大量的证据面前，美国法院作出裁决：没收被扣押的武士浮雕像并返还给中国政府。5 月 23 日，美国政府正式将此件武士浮雕像移交给中国。此外，与之成对的另一块武士浮雕像也于 2000 年由美国收藏家安思远（Robert Hatfield Ellsworth）无偿捐赠给中国。

（二）2002 - 2010 年美国五次移交其查获的数批古生物化石

2002 年 6 月，美国政府向我国移交 93 箱走私的珍贵古生物化石，共计 110 余件，重达 14 吨，由美国圣地亚哥海关缴获。经初步鉴定，该批化石中最珍贵的是一条约四五米长且保存较完整的贵州鱼龙，另有 10 条贵州龙以及少量的古哺乳动物的牙齿和鱼类化石，其余大部分化石是产自我国贵州的海百合。该批文物已入藏北京自然博物馆。

2006 年 7 月，美国政府向我国移交 42 箱恐龙蛋化石，共计数百枚。该批化石系美国移民与海关执法局 2001 年在执法过程中查获的。该批恐龙蛋化石是由一名澳大利亚籍文物商人在中国东部地区非法获得，将其走私运入美国。根据美国有关法律规定，美国海关在与中国有关部门接洽后决定向中方移交这批化石。该批化石已入藏中国地质博物馆。

2009 年 9 月，美国移民和海关执法局、美国海关和边境保护局联合向我国移交 62 件珍贵古生物化石。这批化石是 2006 - 2007 年美国海关和边境保护局在伊利诺伊州和华盛顿缴获的非法走私品。该批化石已入藏中国地质博物馆。

2009 年 9 月 14 日，美国国土资源部向我国移交一批古生物动物化石，包括恐龙蛋化石 24 枚，剑齿虎头骨化石 1 件，鹦鹉嘴龙头骨化石 3 件以及其他骨骼化石碎片若干。该批化石系不法分子从中国分别通过芝加哥和弗吉尼亚州非法运至美国，由美国执法机关缴获并移交我国。经鉴定，在芝加哥缴获的动物骨骼化石具有 1 亿年历史，在弗吉尼亚州缴获的 24 枚恐龙蛋化石具有 6000 万年历史，极具科学研究价值，并已初步确定史前动物骨骼化石来源于辽宁省朝阳市，恐龙蛋来源于中国广东。该批化石现入藏中国地质博物馆。

2010 年 5 月，美国移民和海关执法局（ICE）、美国海关和边境保护局（CBP）再次向我国移交其缴获的 61 件中国史前生物化石，其中 1 件为脊椎类化石，其余为有古生物形状和特征的化石。该批化石系不法分子从中国大陆通过香港特别行政区等地未经申报运至美国，由美国执法机关缴获并移交我国。经美国芝加哥菲尔德博物馆鉴定，这批化石距今约 5.25 亿年。该批化石已入藏中国地质博物馆。

（三）2003 年从美国追回西汉窦皇后墓 6 件汉代陶俑

2003 年 6 月 17 日，美国海关将 6 件被盗走私出境的西汉陶俑归还中国。

此次回归的汉代陶俑为黑裸俑，出自陕西省西安市东郊的西汉窦皇后陵墓。汉至两晋时期，6 件汉裸俑埋藏之地曾遭破坏并被火焚烧，专家推测大火致使墓内木质炭化，陶俑因长期与木炭接触，整体变成黑色。这些陶俑埋藏时身体为橙红色，原身着丝织或麻织衣物，因年久腐烂，故为陶俑裸体。本批文物现入藏陕西汉阳陵博物馆。

此批汉代陶俑是犯罪分子从陕西省西安市的西汉窦皇后墓中盗掘文物的一部分，被偷运出境后原定于 2003 年 3 月在纽约的索斯比拍卖行拍卖。外交部、公安部、国家文物局和陕西省有关部门依照国际公约迅速展开追索工作。国际刑警组织中国国家中心局将这一情况紧急通知了中国驻美国大使馆。经中方与美国政府有关方面的联系、交涉，美国海关成功阻止了西汉陶俑的拍卖，并完成了对这批文物的法律扣留、封存程序，并最终归还中国。

（四）2004 - 2008 年澳大利亚三次移交其查获的数批古生物化石

2004 年 6 月，澳大利亚政府向中国移交其查获的恐龙蛋化石、鱼化石等 32 件中国古生物化石。2005 年 9 月，澳大利亚政府向中国移交其查获的一万多件化石。2008 年 1 月，澳大利亚政府向中国移交其查获的恐龙蛋化石、鱼化石、动物牙齿等上千件古生物化石。经移交的古生物化石均由不法分子近年从中国偷运至澳大利亚，于 2004 - 2007 年间被澳警方查缴。大批古生物化石回归后，入藏中国地质博物馆。

2008 年回归的古生物化石是澳大利亚政府第三次向中国政府移交所截获的走私化石。该批化石总重 750kg，有恐龙蛋化石、鱼类化石、动物牙齿化石等 540 件和 730 余件碎片。其中，化石类型以恐龙蛋为主，还有哺乳动物骨骼、龟化石、贵州龙、三叶虫、角石等，部分已有

4.5 亿年历史。恐龙蛋化石的保存程度相对较好，有 10 件成窝保存的标本完好。

自 2003 年至今，澳方应我国请求，协助我国追踪调查中国化石走私案件，并陆续查获了多批从中国走私出境的化石，并根据联合国教科文组织 1970 年《关于禁止和防止非法进出口文化财产和非法转让其所有权的方法的公约》、1972 年《保护世界文化和自然遗产公约》和澳大利亚 1986 年《可移动文化遗产保护法》规定，先后三次向中国政府移交了在澳截获的非法进口中国古生物化石。

（五）2011 年从美国追回 22 枚"恐龙蛋窝"化石

2011 年 12 月 1 日，我国从美国成功追回 22 枚"恐龙蛋窝"化石。

此次回归的"恐龙蛋窝"化石出自于我国广东省南雄盆地，含 22 枚"窃蛋龙"蛋，每枚蛋长 145 – 170mm、宽 50 – 70mm。其中，19 枚恐龙蛋可见初具雏形的恐龙胚胎，已有 6500 万年历史，具有极高的科研价值，已入藏中国地质博物馆。

据推算，该"恐龙蛋窝"化石于 20 世纪 80 年代被走私出境后流转至美国。2006 年，该化石在美国洛杉矶被公开拍卖并由一美国藏家拍得，引起中国政府的高度关注。2011 年，经中美双方执法部门长达五年的努力，美方通过法律诉讼程序从藏家手中索回了恐龙蛋化石，并于同年 12 月将该化石移交给中国。

（六）2011 年美国移交其查获的 14 件流失文物

2011 年 3 月 11 日，美国国土安全部向中国政府移交在 2010 年期间查获的 14 件非法流失的中国文物，其中包括隋代陶马、唐代马雕像、北魏时期陶马、宋代观音头部雕像、北齐石灰岩佛像、清代瓷瓶和明代石质墙顶饰带等。经鉴定，此批回归文物中部分陶骑俑、佛头像的时代可追溯至北朝晚期及唐代，具有重要文物价值。

该批文物全部系由美国国土安全部 2010 年收缴，来自美国海关在新泽西州、阿拉斯加州和新墨西哥州查获的 7 件包裹。2009 年，中美两国签署《对旧石器时代到唐末的归类考古材料以及至少 250 年以上的古迹雕塑和壁上艺术实施进口限制的谅解备忘录》后，两国执法部门加强合作，加大了对文物走私的打击力度。美国为打击中国走私品展开了代号为"长城"的系列执法行动，本次回归的文物系该执法行动的成果之一。

（七）2014 年瑞士归还汉代彩塑陶俑

2014 年 12 月 12 日，瑞士政府将一尊汉代彩塑陶俑归还中国。

此件回归的彩塑陶俑长约 47cm，造型生动活泼，年代推断为汉代（公元前 200 年左右）。

该彩塑陶俑 2005 年从英国非法流入瑞士境内时，因未经财产申报被瑞士巴塞尔—米卢斯机场的海关人员收缴。根据瑞士相关法规规定，文化财产经过海关时必须如实申报，错报、伪报则违反联邦文化财产国际转让法（LTBC）。陶俑被瑞士海关没收后，经双边沟通安排最终于 2014 年回归中国。

（八）2015 年澳大利亚归还清代观音像

2015 年 3 月 5 日，澳大利亚政府将一尊清代观音像归还中国。

此件回归的观音像被非法走私出境后，由一澳大利亚人在某线上购物网站（eBay）自一美国卖家处购入，在 2013 年 5 月运抵澳大利亚时被海关及边境保卫署扣留并收缴。根据澳大利亚 1986 年《可移动文化遗产保护法》，澳大利亚可应外国政府的要求将非法进口的文化遗产归还其原属国。依照中澳两国政府 2009 年签署的《关于文物保护的谅解备忘录》，澳方决定将该文物归还中国。

（九）2015 年美国移交其查获的 22 件流失文物和 1 件古生物化石

2015 年 12 月 10 日，美国政府向我国移交美国海关截获的包括 16 件（组）玉器、5 件（组）青铜器、1 件陶器在内的 22 件流失文物和 1 件古生物化石。

此批回归文物在美国迈阿密被查获，经中方专家初步鉴定，均为唐代以前文物，具有很高的历史价值和艺术价值。古生物化石经鉴定，为来自中国辽宁的赫氏近鸟龙化石。本批文物已收入国有博物馆馆藏。

美国政府曾于 2011 年 3 月向我国政府返还 14 件流失文物，此次是自 2009 年中美《对旧石器时代到唐末的归类考古材料以及至少 250 年以上的古迹雕塑和壁上艺术实施进口限制的谅解备忘录》签署后，美国政府第二次向我国返还流失文物。

（十）2016 年加拿大归还 1 对十九世纪古建筑木雕

2016 年 12 月，加拿大政府向中方归还 1 对十九世纪古建筑木雕。

此对回归的古建筑木雕在加拿大被查获，经鉴定，确定为中国云南南传上座部佛教流行地区佛寺的建筑构件。2015 年 1 月，加拿大文化遗产部联系中国驻加使馆，告知查扣了一对中国古建筑木雕。依照联合国教科文组织 1970 年《关于禁止和防止非法进出口文化财产和非法转让其所有权的方法的公约》等相关国际公约精神，加拿大向我国归还了该文物，并于 2016 年 12 月完成归还的法律手续。

（十一）2017 年埃及移交其查获的 13 件流失文物

2017 年 8 月 27 日，埃及政府向中方归还其查获的 13 件晚清民国纸币及地方兑换券。

此批回归的古票据中，包括一张光绪二十七年黑龙江矿物总局发行的银票、一张中央苏区于 20 世纪 30 年代初发行的二十元纸币、两张民国时期山东高密县田赋预借券，以及一张朝鲜战争时期中国人民志愿军后方勤务第三分部印发的汽油票等。

2017 年初，埃及邮政海关查获多张疑似中国古票据，其后以照会的形式通报中国驻埃大使馆。经中方专家鉴定，此批票据主要是来自晚清、民国及新中国成立初期的纸币，还有少量澳门地区曾使用的澳币。依照中埃两国政府 2010 年签署的《关于保护和返还从原属国非法贩运被盗文化财产的协定》，埃及决定将该文物归还中国。

二、通过国际民事诉讼回归的案例

（一）1998 年从英国追回 3494 件流失文物

1998 年 2 月 10 日，我国从英国成功追回 3494 件恐龙化石、史前陶器等流失文物。

本次回归的文物涵盖中国历史的各个时期，包括远古时期的恐龙蛋化石以及周代的青铜车马饰件。此外，有汉代墓葬中陪葬的玉衣片、玉璧等，一枚铭刻"张武信印"字样的铜印章、漆鞘铁剑、漆木双角兽，成组随葬的陶俑、陶狗、陶屋、陶鸡圈、陶仓井灶等模型，以及一批约 120 枚、写有隶书文字的珍贵竹简。该批文物还包括晋墓出土的青瓷虎子、瓷砚；唐墓出土的陶武士俑、陶仕女俑、陶马、陶驼铜镜、带盖石墓志、青黄釉执壶；宋元墓葬出土的青釉魂瓶、青铜镜、白瓷枕；明清墓葬出土的陶俑、琉璃楼屋模型明器组合、青花瓷板墓志、绣衣、铠甲等，以及石羊等墓葬封土前的石象生，一块额篆"圣旨"二字的碉龙石碑首。此外，还有一些盗自中国境内寺庙的明清时代文物，如漆木和石质的佛教道教造像、藏经文书、铁香炉等。空间范围上，文物从西北到东南几乎涉及大半个中国，主要为中国传统文化比较发达的中原一带如山西、陕西、河南等省的文物。

1995 年 3 月，英国警方截获了两批各国走私文物，其中涉及 3494 件中国珍贵文物。1996 年 3 月 1 日，国家文物局致函英国内务部，表明这批文物属于中国国家所有，并要求英方予以归还。对此，英国警方虽然积极主张刑事诉讼，但英国皇家检察院以文物走私发生地不在英国本土为由，决定不起诉走私嫌疑人。英国伦敦地方法庭应走私嫌疑人的要求开庭，裁定中方必须在 1997 年 1 月 17 日之前取证完毕并启动民事诉讼，否则将把文物归还对方。1997 年 1 月 8 日，中方代理律师以英国地方法院蔑视国家豁免权为由，要求将案件移交英国上诉法院，以此迫使地方法院不得不对文物进行冻结，直到中方正式参加民事诉讼。

1997 年 1 月 15 日，两名涉案嫌疑人表示了谈判和解的意向，英国法庭也提出了庭外和解的建议。经过一年的交涉，1998 年 1 月 22 日谈判正式开始。1 月 24 日双方达成协议，对方承认中方对全部涉案中国文物的所有权。1998 年 2 月 10 日，双方正式签署法律文件。嗣后，该案另一涉案人从主嫌犯手中购得的几十件涉案文物以同样的方式和程序予以索回。

（二）2008 年从丹麦追回 156 件流失文物

2008 年 4 月 4 日，我国从丹麦成功追回 156 件流失文物。

本批回归的文物共 156 件，除一件已有 4000 多年历史的上古玉钺外，主体部分是陶俑以及家畜、家禽、房舍、家具等明器模型。经鉴定，该批文物系新石器至元、明不同时代墓葬的随葬品，其中 1/3 以上属珍贵文物。经推断，部分文物的出土时间为 20 世纪 90 年代，出土地点涉及陕西、山西及四川等省的古代墓葬。该批文物回归后，全部划归入藏海南省博物馆。

2006 年 2 月，丹麦警方在哥本哈根市查扣了一批可疑的中国文物，并及时向中国驻丹麦使馆通报了有关情况。国家文物局根据丹麦警方提供的照片资料，判断这批中国文物属于出土文物。根据联合国教科文组织 1970 年《关于禁止和防止非法进出口文化财产和非法转让其所有权的方法的公约》的有关规定，国家文物局通过我国驻丹麦使馆与丹方磋商，要求返还这批中国文物。2007 年 8 月，中国政府委托丹麦律师向哥本哈根地方法院提出文物返还的请求。2008 年 2 月 28 日，丹麦地方法院宣判将这批中国文物归还我国政府。同年 4 月 4 日，这批文物顺利完成接收手续。

三、通过谈判与协商回归的案例

（一）1989 年从美国追回屈原纪念馆被盗战国铜敦

1989 年 5 月，湖北省秭归县屈原纪念馆失窃的战国铜敦回归祖国。

此件铜敦于 1974 年出土自湖北省秭归县"屈原坪战国一号墓"，经鉴定为战国时期由贵族使用的饮食器具，距今已有 2400 多年历史。铜敦通体装饰有细刻精镂的蟠螭纹，具有极高的艺术欣赏和科学研究价值，现已回藏湖北省秭归县屈原纪念馆。

该铜敦系 1988 年 6 月失窃，后被盗运海外。同年 11 月，美国纽约索斯比拍卖行准备拍卖。我国政府获悉后，迅速查清该件文物确系当年从湖北省秭归县屈原纪念馆被盗运出境的出土文物，并积极与美国有关方面交涉、磋商谈判。同年 11 月 26 日至 29 日，在国内提供了一系列充分证据的前提下，拍卖行终止了对该件文物的拍卖活动，文物的委托拍卖人表示将无偿把文物归还中国。1989 年 5 月 29 日，战国青铜敦运抵北京。

（二）2008 年从日本追回被盗北朝石刻菩萨像

2008 年 1 月，我国从日本成功追回被盗北朝石刻菩萨像。

本次回归的菩萨像为北朝时期石刻菩萨立像，1976 年 3 月出土于山东省博兴县的一处窖藏中。该尊菩萨像通高 120.5cm，像高 92.2cm，造型整体瘦长，原有彩绘，现已剥落。菩萨像有圆形头光，头光正面和背面均雕饰一个莲花纹，头戴高宝冠，佩戴项圈和璎珞，装饰华丽。菩萨像整体呈现受北朝晚期影响的东魏造型，并有北齐薄衣透体的造像新风，距今约 1500 年，具有较高的历史和艺术价值。该尊菩萨像回归后，入藏山东省博物馆。

1994 年 7 月，山东省博兴县文物保管所藏的一尊北朝菩萨立像被盗，后发现被日本美秀美术馆（MIHO）收购并展出。2000 年，国家文物局获悉后立即派员与该美术馆进行交涉。经过双方磋商，2001 年中日双方签署备忘录，美秀美术馆同意将菩萨像无偿归还中国，同时中方同意美秀美术馆借展该文物至 2007 年底。2008 年 1 月，美秀美术馆将该菩萨像返还中国。

（三）2011 年从美国追回唐贞顺皇后陵墓被盗文物

2010 年，我国陕西警方从美国顺利追回唐贞顺皇后敬陵被盗石椁。2011 年，我国再次成功追回敬陵被盗的 5 幅壁画。至此，敬陵被盗文物全部追缴到案，均入藏陕西历史博物馆。

本次追回的唐贞顺皇后石椁系国家一级文物。石椁为面阔三间、进深两间的仿宫殿造型。石椁装饰采用彩绘、线刻的技法，雕刻出侍女、花卉等，内容丰富，彩绘基本完好，具有极高的科学、历史、艺术价值。回归的 5 幅壁画中，一级文物 3 件、二级文物 2 件，均系唐代文物珍品。

2004 年 6 月至 2005 年 5 月，以杨某为首的文物犯罪团伙对位于陕西省西安市长安区庞留村附近的唐代贞顺皇后敬陵先后 6 次疯狂盗掘，并将墓内石椁采取分解、打包方式盗走，并在香港以 100 万美元倒卖走私出境，造成珍贵文物流失海外的严重后果。2006 年 2 月，该案成功告破，涉案犯罪分子受到法律制裁。

为追缴流失文物，陕西省公安机关和文物部门成立专案组，迅速联络国际刑警组织协助开展追索文物工作。经调查，获悉被盗石椁在美国被某古董商收藏。2010 年 3 月，在政府有关部门的积极配合下，经与美国古董商代理人多次交涉谈判，对方同意将该石椁无条件归还中国。这是近年来陕西警方从境外成功追回重量最大、体积最大、级别最高的唐代文物珍品。2011 年，经多次谈判，美国古董商同意无条件将涉案 5 幅壁画文物归还中国。

此次流失文物回归主要依靠我国公安机关与文物部门的通力合作，在掌握大量确凿证据的情况下，与文物现持有人直接谈判来实现，这也为我国积极打击盗掘、走私文物等严重犯罪活动和追索流失海外文物开创了新途径。

（四）2015 年从法国追回 56 件大堡子山遗址流失金饰片

2015 年，我国从法国成功追回 56 件大堡子山遗址流失金饰片。

本批回归的金饰片出自甘肃省礼县大堡子山遗址，距今至少有 2500 年历史，是研究秦国早期文化的宝贵实物资料，具有重要的历史、艺术和科学价值。该批金饰片回归后，已划拨入藏甘肃省博物馆。

20 世纪 90 年代初，大堡子山遗址被非法盗掘，金饰片不幸被盗并走私出境，后由法国相关人士购买并捐赠给法国国立吉美亚洲艺术博物馆。2014 年 10 月，经多次磋商，中法两国就甘肃大堡子山遗址被盗流失金器返还问题达成共识，并最终促成两位金饰片原捐赠人——法国收藏家弗朗索瓦·亨利·皮诺和克里斯蒂安·戴迪安同意撤销对吉美亚洲艺术博物馆的捐赠，使文物退出法国国家馆藏再将文物返还给中国。2015 年 4 月 13 日，弗朗索瓦·皮诺将 4 件鸷鸟形金饰片归还中国；同年 5 月 13 日，克里斯蒂安·戴迪安归还 28 件春秋时期秦国各形金饰片。同年 9 月 21 日，克里斯蒂安·戴迪安再次向我国归还 24 件春秋时期秦国金饰片。

四、通过回赠与回购回归的案例

（一）20 世纪 50 年代苏联及德意志民主共和国归还 67 册《永乐大典》

1951 年，苏联列宁格勒大学东方系将 11 册《永乐大典》赠还中国政府。文化部接收后即拨交北京图书馆（今国家图书馆）收藏。1954 年，苏联国立列宁图书馆赠还 52 册《永乐大典》。1955 年，德意志民主共和国把原收藏在莱比锡的 3 册《永乐大典》赠还我国，苏联科学院也通过中国科学院图书馆移赠 1 册《永乐大典》。

《永乐大典》成书于明永乐六年（1408 年），载录了当时所能见到的我国上自先秦、下迄明初约八千种古代典籍，以《洪武正韵》分类编排，形成多达 11 095 册 22 877 卷 3.7 亿字的鸿篇巨制。明嘉靖年间，曾摹录一套副本。至今《永乐大典》正本早已渺无踪迹，而副本也在兵燹火厄中陆续散失，从最初的 11 095 册，减至全球范围内仅存的 400 余册，不足全书的 4%，保存在世界 8 个国家的 30 个单位中。

（二）1951 年文化部购回东晋王献之《中秋帖》和王珣《伯远帖》

1951 年 11 月 18 日，根据周恩来总理批示，文化部赴香港以 48 万港币重金赎回王献之《中秋帖》和王珣《伯远帖》。同年 12 月，二帖入藏故宫博物院。

二帖和现藏台北故宫博物院的王羲之《快雪时晴帖》为清乾隆命名的"三希堂"中的三希，是东晋书法艺术珍品。溥仪出宫时携出紫禁城，后流传民间，辗转到香港，被物主郭昭俊典当在一家外国银行里，1951 年典当期满。周恩来总理得知此事后，为避免国宝落到外国人之手，遂指示文化部派人赴香港鉴别真伪后赎回，安全运回北京。

（三）1951 年文化部购回五代顾闳中《韩熙载夜宴图》、五代董源《潇湘图》《溪山行旅图》

1951 年，文化部社会文化事业管理局从香港购回张大千藏五代顾闳中《韩熙载夜宴图》、五代董源《潇湘图》《溪山行旅图》，并入藏故宫博物院。

（四）1952 年文化部购回唐韩滉《五牛图》等珍贵文物

1952 年，经周恩来总理批准，文化部社会文化事业管理局从香港购回唐韩滉《五牛图》、宋徽宗赵佶《祥龙石图》、宋马麟《二老观瀑图》、元任仁发《张果见明皇图》、元王蒙《山水轴》等珍贵文物，并入藏故宫博物院。

（五）1953 年文化部购回宋马远《踏歌图》等珍贵文物及陈仁涛收藏钱币 1.7 万余枚

1953 年，文化部社会文化事业管理局从香港购回宋马远《踏歌图》、宋米友仁《云山图》、宋赵孟坚《墨兰图》、宋毛益《牧牛图》、元朱泽民《秀野轩图》、宋王希孟《千里江山图》、宋李唐《采薇图》等珍贵文物，并入藏故宫博物院。从香港购回的还有陈仁涛收藏的周、汉、六朝、唐、宋、元、明、清各代古钱币 1.7 万余枚。

（六）1955 年文化部购回"金匮藏泉"钱币 3.92 万余枚

1955 年，文化部文物管理局从香港购回陈仁涛的"金匮藏泉"，计钱币 3.92 万余枚，拨交北京历史博物馆（今中国国家博物馆）收藏。

（七）1955 年文化部购回陈清华藏书 131 种 509 册，1965 年购回第二批陈氏藏书 25 种

1955 年 7 月 11 日，文化部从香港购回陈清华郇斋藏书 131 种 509 册，包括宋廖氏世彩堂刊《河东先生集》《昌黎先生集》，北宋刻递修本《汉书》一百卷等，并交北京图书馆（今国家图书馆）收藏。

1965 年 11 月 13 日，文化部从香港购回第二批陈清华郇斋藏书 25 种，其中旧拓碑帖 7 种、善本古籍 8 种，包括宋版《荀子》《梦溪笔谈》二十六卷、宋蜀刻本唐人集《张承吉文集》、五代拓本《神策军碑》、宋拓《蜀石经》《二体石经》等，并交北京图书馆（今国家图书馆）收藏。

2004 年，陈清华之子陈国琅将陈氏善本古籍 23 种、画轴 1 件及收藏印 18 枚转让国家，其中包括宋景定二年陆道源刊《妙法莲华经》、宋版《施顾注东坡先生诗》、宋刻《纂图互注周礼》等。至此，陈氏藏书的海外遗珍全部入藏国家图书馆。

（八）1992 年上海博物馆购回 14 件晋侯苏编钟

1992 年，上海博物馆从香港购回 4 件晋侯业疋盨及 14 件晋侯苏编钟，该铭文记载了晋国历史资料。

晋侯苏编钟为西周厉王（公元前 9 世纪中叶）青铜成组编钟。该组编钟均为甬钟，大小不一，高度自 22cm 至 52cm 不等。编钟刻有铭文 355 字，完整地记载了周厉王三十三年（公

元前 846 年）正月八日，晋侯苏受命伐夙夷的历史过程。

1992 年 12 月，上海博物馆从香港古玩肆中发现此套编钟 14 件，并抢救回归。1993 年初，山西晋侯墓考古发掘出土了残存的 2 件小编钟，形制与 14 件晋侯苏钟相同，大小和文字完全可以连缀起来，证实上海博物馆从香港抢救回归的 14 件与此次发掘出土的 2 件原出同墓，此套完整的编钟数目应是 16 件。

（九）1993 年美国国际集团友邦保险公司捐赠颐和园十扇铜窗

1993 年 7 月，美国国际集团友邦保险公司捐赠颐和园宝云阁十扇铜窗。

此次回归的文物系颐和园万寿山佛香阁西侧铜亭宝云阁流失的 10 扇铜窗，20 世纪初因八国联军劫掠而流失海外。

1993 年 7 月，美国国际集团友邦保险公司创办人科尼利厄斯·范德·斯达（Cornelius Vander Starr）的斯达基金会出资 51.5 万美元，从一法国藏家手中购得此 10 扇铜窗，并无偿送还中国国家文物局。12 月 2 日，国家文物局、北京市园林局和颐和园管理处在颐和园共同举办了宝云阁铜窗安装竣工仪式。

（十）1994 年上海博物馆购回 1200 余枚战国竹简

1994 年 5 月，上海博物馆从香港购回 1200 余枚战国竹简。

此次回归的竹简最长为 57.1cm，最短为 24.6cm，约 3.5 万字。内容涵盖儒家、道家、杂家、兵家等各个方面，涉及古籍 81 种，包括《易经》《诗论》《缁衣》《鲁邦大旱》《孔子闲居》《乐书》《性情论》《颜渊》《曾子立孝》《夫子答史蕾问》《赋》《子路》《恒先》《四帝二王》《曹沫之陈》《武王践阼》《曾子》《彭祖》《乐礼》等。其中多为佚本，少数有今本。该批战国竹简，对中国先秦战国时期的政治、历史、文化等领域研究具有重大的科研价值。

1994 年春，上海博物馆获悉香港古玩市场出现战国竹简，当即决定抢救并出资收购。同年 5 月，这批竹简顺利送抵上海博物馆。1994 年秋冬，香港古玩市场再次出现一批战国竹简，香港友人朱昌言、董慕节等人联合出资收购并将其捐赠给上海博物馆。

（十一）2000 年上海图书馆购回翁氏藏书 80 种 542 册

2000 年 3 月，上海图书馆从美国以 450 万美元购回 80 种翁氏藏书。

此次回归的翁氏藏书共计 80 种、542 册，包括宋刻本 11 种、元刻本 4 种、明刻本 12 种、清刻本 26 种、名家抄本稿本 27 种，其中宋刻本《集韵》《邵子观物内外篇》《长短经》《重雕足本鉴诫录》《会昌一品制集》《丁卯集》《施顾注苏诗》《嵩山居士集》等既是各书的最早刻本和祖本，也是海内外仅存的孤本。

翁氏藏书起源于常熟翁氏十四世孙翁心存，系翁心存之子、晚清名臣翁同龢的产业，跻身"清末九大藏书"之列，代代相传。1949 年初，翁同龢嫡系五世孙翁万戈将其所继承的翁氏世藏古籍善本由上海带至美国。2000 年 3 月，在上海市政府的支持下，上海图书馆从翁万戈手中以 450 万美元购得宋刻孤本《集韵》等 80 种"翁氏藏书"。

（十二）2000 年美国藏家安思远捐赠五代王处直墓武士浮雕像

2000 年 6 月 26 日，美籍犹太人、收藏家安思远（Robert Hatfield Ellsworth）将五代王处直

墓武士浮雕像捐赠给中国。

此件回归的武士浮雕像与 2001 年我国从美国追回五代王处直墓武士浮雕像原为一对，出土自河北省曲阳县的五代义武军节度使王处直之墓。该浮雕像系在长方形汉白玉石上高浮雕而成，高 113.5cm、宽 58cm、厚 11.7cm。武士身着铠甲，手持宝剑，立于牛形鹿角怪兽之上，头顶凤鸟含珠，应是佛教护法神的天王形象。其艺术风格上承唐代之遗韵，下开宋元之先河，具有很高的艺术价值。该武士浮雕像回归后，被定为国家一级文物，入藏中国历史博物馆（今中国国家博物馆）。

1994 年，河北曲阳县王处直墓被盗掘，镶嵌在其甬道和前室四壁的 10 块浮雕也被一并盗走。2000 年，安思远发现自己在我国港澳地区购买的一尊汉白玉彩绘武士浮雕像是被盗文物后，主动与国家文物局取得联系。经磋商，安思远同意将这件文物无偿捐献给中国，并于同年 6 月 26 日亲赴北京，将之交付给国家文物局。2002 年，安思远又将一件西周青铜器"归父敦"送还中国，亦藏于中国国家博物馆。

（十三）圆明园流失兽首系列回归

2000 年，中国保利集团购回圆明园虎首、牛首和猴首铜像，并收藏于北京保利艺术博物馆。2003 年、2007 年澳门实业家何鸿燊前后购回圆明园猪首和马首铜像，并分别赠与北京保利艺术博物馆和国家。2013 年，法国藏家弗朗索瓦·亨利·皮诺捐赠的圆明园鼠首、兔首铜像回国。至此，圆明园十二生肖兽首中已有鼠首、牛首、虎首、兔首、马首、猴首、猪首 7件兽首通过商业回购或捐赠的方式回归祖国。

十二生肖兽首原为清朝皇家园林圆明园海晏堂前喷水池的水力钟构件，由欧洲传教士郎世宁和蒋友仁设计、中国工匠制作，是展现中西方文化交融的艺术珍品。兽首铜像人身兽首，以盘坐之态作双半月形分列喷泉之左右，各自按其代表的十二时辰依次轮流报时。兽首铜像整体风格极为写实，鼻、眼、耳等重点部位及鼻上和颈部皱褶皆表现得十分细腻，表面还以精细的錾工刻划其鬃毛，使之形象夸张而生动，堪称艺术精品。兽首铜像被评为国家一级文物，是现存时代最早、艺术水平最为突出的雕塑艺术杰作，对研究中西方雕塑艺术交流史具有极高的学术价值。

圆明园十二生肖兽首因第二次鸦片战争被英法联军劫掠而流失海外，距今已一个半世纪之久。从 20 世纪 80 年代起，圆明园十二生肖铜兽首在国外相继被发现了七个，即鼠、牛、虎、兔、马、猴、猪。其中，牛、虎、马、猴、猪五个铜兽首在几次拍卖会上出现。

2000 年，保利集团在香港拍卖会上分别以 1544.475 万港元、774.5 万港元、818.5 万港元（价格均含拍卖公司佣金）竞得圆明园虎首、牛首和猴首三件铜像，并收藏于北京保利艺术博物馆。

2003 年，澳门实业家何鸿燊从美国收藏家手中购得铜猪首后赠予香港保利艺术博物馆。2003 年初，中华抢救流失海外文物专项基金会在美国寻访到猪首的下落。经过努力争取，美国藏家同意将猪首转让给该基金会。2003 年 9 月，何鸿燊向该基金会捐款六百余万人民币将猪首铜像购回，其后转赠保利集团，现入藏北京保利艺术博物馆。

2007 年，何鸿燊在拍卖会举行之前以 6910 万元港币（含拍卖公司佣金）从一台湾藏家购得马首铜像，并将其捐赠给国家，现入藏国家博物馆。

2013年，法国藏家弗朗索瓦·亨利·皮诺捐赠圆明园鼠首、兔首铜像。这两件兽首铜像曾因2009年在巴黎拍卖而引起国际社会的关注和谴责，中国政府也明确表示了反对意见。2013年4月26日，弗朗索瓦·亨利·皮诺代表皮诺家族表示，皮诺家族从文物原持有人手中买下了这两件兽首，并愿意无偿捐赠给中国政府，现已入藏国家博物馆。

（十四）2001年加拿大国家美术馆归还龙门石窟石雕罗汉像

2001年4月19日，加拿大国家美术馆归还龙门石窟石雕罗汉像。

此次回归的石雕罗汉像原为龙门石窟东门龙山看经寺中的迦叶罗汉像。摩诃迦叶尊者上半身高0.84m，重96kg，面部高鼻深目，宽嘴大耳，颧骨突出，酷似西域人。罗汉像造像年代为唐武则天时期，现入藏河南省龙门博物馆。

该石雕罗汉像于20世纪30年代被盗流落海外。2001年3月28日，加拿大国家美术馆馆长告知中国驻加拿大使馆，该馆收藏的一件罗汉像系早年从中国流失出境，后经多方转手，于1979年由一加拿大收藏者捐赠给该馆。加拿大国家美术馆根据联合国教科文组织《1970年公约》的精神，决定将罗汉像归还中国。此件石雕罗汉像是20世纪上半叶被盗而流失海外的龙门石窟诸多文物中回归祖国的第一件造像，并自此开启了龙门石窟流散海外文物回归的序幕。

（十五）2002年香港实业家张永珍购回清雍正橄榄瓶

2002年5月，香港实业家张永珍从香港拍卖市场以4150万港元拍得清雍正粉彩蝠桃橄榄瓶，随后捐赠给上海博物馆。

粉彩蝠桃橄榄瓶出产于雍正景德镇官窑，代表了整个清代粉彩的制作水平。宝瓶的瓶体高约38cm，绘制了粉彩八桃两蝠，桃子象征"长寿"，蝠是"福"的谐音，寓意福寿双全。这种以蝠桃为题材的吉祥图案常见于雍乾两朝，多为帝王后妃做寿之用。在传世雍正粉彩瓷器中多为盘子，见于橄榄瓶上的极为罕见，属难得珍品。

此件回归的文物自1900年八国联军入侵中国被掠走后，曾被美国一国会议员收藏用做灯座。2002年5月，香港中华总商会副会长张永珍女士在香港苏富比拍卖行以4150万港元拍下此瓶，创下清代瓷器拍卖的第一高价。2004年2月，张永珍将此橄榄瓶捐给上海博物馆。

（十六）2003年上海博物馆购回北宋祖刻最善本《淳化阁帖》

2003年4月，上海博物馆以450万美元购回四卷北宋祖刻最善本《淳化阁帖》。

此次回归的北宋祖刻最善本《淳化阁帖》共计四卷，第四、七、八卷为北宋祖刻本，第六卷为宋代重辑、翻摹的北宋（泉州本）祖本。除第四卷为历代名臣的书法作品外，第六至八卷全是摹刻王羲之书迹的专卷，共170帖，是了解和研究"书圣"王羲之书法艺术最重要的历史文献。《淳化阁帖》是北宋淳化三年（992年）由宋太宗下旨镌刻的一部古代书法丛帖，为中国最早的一部汇帖，分作10卷420帖，保存了古代大量书法资料，尤其是东晋及南朝的名家书法。《淳化阁帖》枣木原版于宋仁宗庆历年间（1041－1048年）全部焚毁。后世虽多次翻刻《淳化阁帖》，但由枣木原版拓印的少量祖刻帖几经流传，已成凤毛麟角。

这部北宋祖刻《淳化阁帖》在南宋时先后为两名宰相——王淮、贾似道收藏，元代为大书法家赵孟頫所有，历代收藏家在古帖上都留有印记。到 20 世纪 30 年代，这部《淳化阁帖》失去下落，几经流转后，由美国收藏家安思远收藏。1996 年，安思远在北京故宫举办特展，其所藏的《淳化阁帖》第四、六、七、八四卷原刻拓本引起国内关注。2003 年 4 月，在上海市委、市政府和国家文物局的支持下，上海博物馆从安思远手中以 450 万美元购回《淳化阁帖》。

（十七）2005 年英国朴茨茅斯市归还大沽古钟

2005 年 6 月 13 日，英国朴茨茅斯市政府将天津塘沽大沽古钟归还中国。

大沽古钟，又名乐威毅公祠铁钟，为国家一级文物。大沽铁钟铸造于 1884 年，曾被悬挂在石头缝炮台，是为纪念抗击英法联军殉国的直隶提督乐善而铸。铁钟口径 58.5cm，钟体高度 65cm，重量 105kg。挂钟用的钟钮已经残缺；钟顶正中有"天眼"洞孔；钟的上部有 4 个铸孔；钟体外壁上段分为"八宫"，也即八个方格，分别铸有"风""调""雨""顺""国""泰""民""安"八字铭文，钟的下段也分为八宫，铭文分别是"大清光绪十年立""海口大沽""乐威毅公祠""皇图巩固""保定府""练军官兵""全人公立"。铁质精好，钟声响亮，造型美观，铸造工艺高超，反映了晚清时期中国铸铁技术的高超水平。

1900 年，八国联军入侵大沽口，英军占领北炮台后，将铸有铭文的铁钟作为战利品由"奥兰多"号船运回英国，存放于朴茨茅斯市维多利亚公园内。2003 年，中国留学生范辉在维多利亚艺术中心偶然发现该铁钟，后与北京古钟研究所及天津市塘沽文化局取得联系，开启了大钟重回津沽大地的征程。经过多方努力，大沽铁钟于 2005 年 7 月 20 日重归故里。大沽铁钟现收藏于大沽口炮台遗址博物馆，复制的铁钟也已送到英国的朴茨茅斯市。两口铁钟遥相呼应，成为中英两国的历史见证。

（十八）2005 年瑞典东亚博物馆归还汉代陶马俑

2005 年 3 月，瑞典东亚博物馆将汉代彩绘陶马俑归还中国。

彩绘陶马俑高 49cm，长 48cm，宽 11cm，灰色胎体，以红彩涂饰，其上绘白色鞍鞯，颇富神采。陶马造型做直立状，双目凝视，四肢挺立，威武雄壮，气势豪迈奔放，是汉代陶塑艺术的杰作。

1995 年，此件汉代彩绘陶马俑以非法途径流入瑞典。收藏者将其捐献给瑞典东亚博物馆。该馆秉承国际公约和《国际博物馆协会职业道德准则》的精神，决定将这件来源不明的汉代陶马归还中国。2004 年 9 月，经瑞典政府同意，瑞典东亚博物馆将汉代陶马俑交还中国政府。2005 年 3 月，在国家文物局、中国驻瑞典大使馆和中国文物信息咨询中心等单位的共同努力下完成了接收工作。

（十九）2006 年美籍华人范世兴等人捐赠 31 件汉阳陵西汉文物

2006 年，美籍华人范世兴、邓芳夫妇等 14 位海外侨胞和国内爱国人士将 31 件汉阳陵陶俑和编钟捐赠国家，现入藏陕西汉阳陵博物馆。

31 件西汉文物为陕西汉阳陵出土的陪葬品，包括陶编钟一组 9 件、着衣式男性裸体陶俑 4

件、着衣式女性裸体陶俑 6 件、着塑结合式彩绘陶俑 12 件。经鉴定，这批文物中有一级文物 5 件、二级文物 14 件（组）、三级文物 10 件，其余 2 件为一般文物。其中，陶编钟属贵族陪葬用器，是贵族身份的象征，也是研究西汉时期陪葬制度和礼乐陶器的重要实物资料。着塑结合式彩绘陶俑，属西汉时期塑衣式和着衣式陶俑相互演变时期的典型过渡形态，在陕西出土的汉代陶俑中颇为少见，具有鲜明的时代特征和较高的学术研究价值。

2006 年初，美籍华人范世兴、邓芳夫妇在网络上获悉多家美国古董店正出售中国汉代文物。二人便及时与汉阳陵考古陈列馆取得联系，在初步确认文物真伪和时代后，立即订购古董店即将出售的 31 件文物，同时联系旅居国外的爱国侨胞黄翔华等人，联合出资购买并将其无偿捐赠给祖国。

（二十）2006 年欧洲保护中华艺术协会捐赠战国青铜鼎

2006 年 4 月 10 日，欧洲保护中华艺术协会主席伯纳德·高美斯（Bernard Gomez）等人将一件"咸阳宫"战国青铜鼎捐赠给陕西省秦始皇兵马俑博物馆。

此件青铜鼎为圆形素面盖鼎，通高 17.5cm，两耳宽 24.5cm，口径 17.7cm，整体呈墨绿色，略有磨损。在鼎口沿处有类似"宜阳""咸""临晋厨鼎"的战国、秦、西汉等不同时期、不同地域的刻铭五十多字。经初步考证，这件古鼎铸于战国晚期的韩国，距今大约 2300 年，对研究战国晚期到西汉早期的度量衡制度及历史具有重要的学术价值。

该青铜鼎自清末出土后，便辗转流失到海外。2006 年，欧洲保护中华艺术协会主席伯纳德·高美斯先生发现了该青铜鼎，便以协会名义从某法国巴黎家族手中买下并送回中国，捐赠给陕西省秦始皇兵马俑博物馆。

（二十一）2008 年大陆实业家许鹏购回天龙山石窟 10 号窟佛首

2008 年 9 月，大陆实业家许鹏从美国拍卖市场以 72 万美元购得天龙山石窟 10 号窟佛像。

本次回归的佛首系天龙山第 10 号窟西壁主尊佛首，佛首高 38cm，制造年代为北齐，距今约 1450 年。天龙山石窟位于太原市西南 40 公里处的天龙山腰，作为东魏至唐时期的佛教代表石窟，以其造型娴熟、比例适当、线条柔和、雕刻精细著称，为研究佛教、美术、雕刻、建筑等方面提供了丰富的实物资料，是中国古代雕塑艺术的典范。

20 世纪 20 年代初，天龙山石窟被日本人非法盗掘，10 号窟佛首不幸被盗并走私出境。1943 年该佛首由日本山中商会纽约分会售出，后几经辗转，于 1960 年被美国藏家沃特·巴雷斯（Walter Bareiss）收藏。2008 年 9 月，大陆实业家许鹏在纽约佳士得拍卖行以 72 万美元购得天龙山石窟 10 号窟佛像。

（二十二）2009 年美籍华人范季融等捐赠 9 件秦公晋侯青铜器

2009 年 11 月 23 日，美籍华人范季融、胡盈莹夫妇将其在海外市场收集到的 9 件秦公、晋侯青铜器捐赠给国家。

此次回归的 9 件秦公、晋侯青铜器包括晋伯卣、晋侯苏鼎、晋侯对盨、秦公鼎 3 件、秦公簋 2 件、秦垂鳞纹镦，出自甘肃秦公墓和山西晋侯墓，系西周中期至春秋早期器物，铸造精美，风格鲜明，具有重大的研究价值。秦公墓出土的青铜器中多数有"秦公"或"秦子"铭文，是研究秦国早期历史乃至中华文明史的珍贵资料。晋侯墓出土的青铜器对历史学、考古学特别是夏商周断代工程的研究都有重要意义。9 件文物现已入藏上海博物馆。

甘肃秦公墓、陕西晋侯墓均于 20 世纪 90 年代初遭到非法盗掘，许多珍贵文物被非法走私出境并流失海外。部分秦公墓和晋侯墓出土的青铜器流失到美国后，被著名美国华裔收藏家范季融、胡盈莹夫妇所收藏。国家文物局经与范季融、胡盈莹夫妇商洽，获得积极响应，表示愿将所收藏的 9 件秦公晋侯青铜器全部捐赠给国家。2009 年 11 月，鉴于为中外文化交流与合作作出的突出贡献，文化部决定授予美国华裔收藏家范季融先生"文化交流贡献奖"。国家文物局经与财政部商议后，依据国际公约精神及惯例，对范季融先生善意购买的 9 件青铜器给予适当的成本补偿。

（二十三）2014 年湖南省购回商代青铜重器皿方罍器身

2014 年，湖南省购回商代青铜重器皿方罍器身。

皿方罍于 1919 年出土于湖南常德桃源县。皿方罍器盖高 28.9cm、器身高 63.6cm，器盖呈庑殿顶形，有"皿天全作父已尊彝"8 字铭文，器身有"皿作父已尊彝"6 字铭文，罍身以云雷纹为地，上饰兽面纹、夔龙纹、凤鸟纹，肩部两侧装饰双耳衔环，正面腹部下方置一兽首鋬，四面边角及各面中心均装饰突起的长条钩戟形扉棱。整器集立雕、浮雕、线雕于一身，器型硕大，雕刻精美，雄浑庄重，是中国晚商青铜器鼎盛时期的代表作，被誉为"方罍之王"。该皿方罍器身回归后，已入藏湖南省博物馆。

此件皿方罍于 1919 年出土后不久，因种种原因身首分离。器盖自 1956 年起藏于湖南省博物馆；器身几经辗转，流落海外。2014 年，佳士得拍卖行拟在纽约举行专场拍卖皿方罍器身，起拍价 1000 万至 1500 万美元。此事引起国人关注，经湖南省政府、文博机构和多地民间收藏人士通力合作，最终在各方促成下，经谈判以低于预计拍卖成交价一半的价格与卖方及佳士得公司达成购买协议，洽购成功。至此，由博物馆联合私人藏家合力成功从境外购回流失文物，皿方罍"身盖合一，完罍归湘"。

（二十四）2015 年翁氏后人捐赠《翁同龢日记》等翁氏文献

2015 年 12 月，翁氏后人翁万戈将《翁同龢日记》稿本等珍贵文献捐赠给上海图书馆。

此次回归的翁氏文献，包括 47 册《翁同龢日记》和 12 包《翁氏文献丛编》手稿。翁同龢日记起自清咸丰八年六月二十一日（1857 年 7 月 31 日），止于清光绪三十年五月十四日（1904 年 6 月 27 日），持续时间长达 46 年之久，为研究晚清极重要的第一手历史材料。

晚清名臣翁同龢去世后，其日记手稿一直由其后人珍藏。1949 年初，翁同龢嫡系五世孙翁万戈将其所继承的《翁同龢日记》等翁氏文献由上海带至美国。2015 年 12 月 17 日，翁氏后人翁万戈在美国将《翁同龢日记》《翁氏文献丛编》捐赠给上海图书馆。同月 19 日，该批文献回归后入藏上海图书馆。

参考文献

一、外文文献

（一）外文著作

1. Saheed A. Adekumobi, *The History of Ethiopia*, Greenwood Publishing Group, 2007.

2. Alessandro Chechi, *The Settlement of International Cultural Heritage Disputes*, Oxford : Oxford University Press, 2014.

3. Allan D. Austin, *African Muslims in Antebellum America: Transatlantic Stories and Spiritual Struggles*, Routledge, 1997.

4. Andrzej Turowski, *Malewicz w Warszawie: Rekonstrukcje i Symulacje* [*Malevich In Warsaw: Reconstructions And Simulations*], Universitas, 2002.

5. Barbara T. Hoffman, *Art and Cultural Heritage: Law, Policy and Practice*, Cambridge: Cambridge University Press, 2006.

6. Beat Shönenberger, *The Restitution of Cultural Assets: Causes of Action, Obstacles to Restitution, Developments*, Stämpfli, 2009.

7. Thomas Bluett, *Some Memories of the Life of Job, The Son of the Solomon High Priest of Boonda in Africa; Who was a Slave about Two Years in Maryland; and Afterwards Being Brought to England, was Set Free, and Sent to His Native Land in the Year 1734*, Richard Ford, 1734.

8. Brian M. Fagan, *Quest for the Past Great Discoveries in Archaeology*, Addison – Wesley Educational Publishers Inc. 1978.

9. Clifton C. Crais, Pamela Scully, *Sara Baartman and the Hottentot Venus: A Ghost Story and a Biography*, Princeton: Princeton University Press, 2009.

10. Craig Forrest, *International Law and the Protection of Cultural Property*, Routledge, 2010.

11. Deutsches Historisches Museum, *Kunst! Kommerz! Visionen! Deutsche Plakate 1888 – 1933*, Edition Braus, 1993.

12. Ernst Piper, *Alfred Rosenberg – Der Prophet Des Seelenkrieges. Der Gläubige Nazi In Der Führungselite Des Nationalsozialistischen Staates*, Bodenheim Bei Mainz, 1997.

13. Francesco Francioni and James Gordley, *Enforcing International Cultural Heritage Law*, Oxford : Oxford University Press, 2013.

14. Albert Adu Boahen ed. , General History of Africa, Vii, *Africa Under Colonial Domination 1880 – 1935*, UNESCO Publishing, 1985.

15. Gunnar Schnabel and Monika Tatzkow, *Nazi Looted Art – Handbuch Kunstrestitution Weltweit*, Proprietas – Verlag, 2007.

16. Giovanni Belzoni, *Narrative of the Operations and Recent Discoveries within the Pyramids, Temples, Tombs, and Excavations in Egypt and Nubia*, British Museum Press, 1971.

17. Douglas Grant, *The Fortunate Slave: An Illustration of African Slavery in the Early Eighteenth Century*, Oxford : Oxford University Press, 1968.

18. Burkhard Hess, *Der Kunstrechtsstreit Im Internationalen Zivilprozessrecht: Aktuelle Entwicklungen Und Grundsätzliche Fragestellungen*, Dike Verlag Ag, 2010.

19. Alison Hilton, *Kazimir Malevich*, New York: Rizzoli, 1992.

20. Barbara T. Hoffman ed. , *Art and Cultural Heritage – Law, Policy and Practice*, Cambridge: Cambridge University Press, 2006.

21. Irini A. Stamatoudi, *Cultural Property Law and Restitution: A Commentary to International Conventions and European Law*, Edward Elgar, 2011.

22. I. S. Stavrianos, *A Global History: From Prehistory to the 21st Century*, Prentice Hall Inc. , 1999.

23. James Nafziger, Robert Kirkwood Paterson, and Alison Dundes Renteln, *Cultural Law: International, Comparative, and Indigenous*, Cambridge: Cambridge University Press, 2010.

24. Jeanette Greenfield, *The Return of Cultural Treasures*, Cambridge : Cambridge University Press, 2007.

25. James Cuno, *Who Owns Antiquity? Museums and the Battle over Our Ancient Heritage*, Princeton: Princeton University Press, 2008.

26. Kevin Jackson & Jonathan Stamp, *Building the Great Pyramid*, Kevin Jackson and Jonathan Stamp, Firefly Books, 2003.

27. Lawrence Collins, *Dicey & Morris on the Conflict of Laws*, Sweet & Maxwell, 13 th ed. , 1999.

28. Lawrence M. Kaye, *Litigation in Cultural Property: A General Overview*, Schulthess, 2012.

29. Leonard D. Duboff, Christy O. King, *The Desk Book of Art Law*, Oceana Press, 2002.

30. Muriel Lederman and Ingrid Bartsch, *The Gender and Science Reader*, Routledge, 2001.

31. Kevin Shillington, *Encyclopedia of African History*, Fitzroy Dearborn, Routledge, 2004.

32. Lyndel v. Prott ed. , *Witnesses to History: A Compendium of Documents and Writings on the Return of Cultural Objects*, Paris: UNESCO Publishing, 2009.

33. Malcom N. Shaw, *International Law*, Cambridge : Cambridge University Press, 2008.

34. Nancy C. Wilkie, *Colonization and Its Effect on the Cultural Property of Libya*, Martinus Nijhoff Publishers, 2009.

35. Richard Pankhurst, *The Ethiopians: A History*, Blackwell Publishing, 2001.

36. R. Holmes, *The Hottentot Venus: The Life and Death of Saartjie Baartman*, Bloomsbury, 2007.

37. R. K. Paterson, *Taonga Maori Renaissance: Protecting the Cultural Heritage of Aotearoa/New Zealand*, Social Science Electronic Publishing, 2009.

38. Sharon A. Williams, *The International and National Protection of Movable Cultural Property, A Comparative Study*, Oceana Publication, 1978.

39. Stephen M. Gerlis Paula Loughlin, *Civil Procedure*, Routledge – Cavendish, 2004.

40. Stephen Jay Gould, *The Flamingo's Smile: Reflections in Natural History*, W. W. Norton & Company, 1987.

41. Silvia Borelli, Federico Lenzerini, *Cultural Heritage, Cultural Rights, Cultural Diversity: New Developments in International Law*, Palmer & Tano, 2004.

42. Irini A. Stamatoudi, *Cultural Property Law and Restitution: A Commentary to International Conventions and European Union Law*, Edward Elgar Publishing, 2011.

43. Aimée L. Taberner, *Cultural Property Acquisitions: Navigating the Shifting Landscape*, Left Coast Press, 2012.

（二）外文论文

1. R. Atwood, "The Nok of Nigeria", *Archaeology*, July/August, (2011).

2. Alessandro Chechi, "The Return of Cultural Objects Removed in Times of Colonial Domination and International Law: The Case of The Venus of Cyrene", *Italian Yearbook of International Law*, 18 (2008).

3. Andre I. Adler, "California's Latest Foray into Holocaust Art Litigation", *Cultural Heritage & Arts Review*, Fall/Winter, (2010).

4. Michael Anton, "Rechtshandbuch Kulturgüterschutz und Kunstrestitutionsrecht", *Internationales Kulturgüterprivat – Und Zivilverfahrensrecht*, Berlin/New York: De Gruyter, 1 – 3 (2010).

5. Ana Filipa Vrdoljak, "Restitution of Cultural Properties Trafficked During Colonization: A Human Rights Perspective", *Voprosy Onkologii*, 50 (6) (2012).

6. Anna O'Connell, "The Controversial Rule of Market Overt", *Art Loss Review*, 6 (2005).

7. Barbara Torggler, Margarita Abakova, and Anna Rubin, "Evaluation of UNESCO's Standard – Setting Work of the Culture Sector", Part II – 1970 Convention on the Means of Prohibiting and Preventing the Illicit Import, Export and Transfer of Ownership of Cultural Property, *Final Report*, 46 (2014).

8. Beat Stutzer, "Zur Restitution Eines Max Liebermann – Gemäldes Durch Das Bündner Kunstmuseum", *Kunst Und Recht Kur* 3/4, May/August, (2009).

9. Burk Karen Theresa, "International Transfers of Stolen Cultural Property: Should Thieves Continue to Benefit from Domestic Laws Favoring Bona Fide Purchasers", *Loyola of Los Angeles Interna-

tional and Comparative Law Review, 13 （1990）.

10. David Bargueño, "Cash for Genocide? The Politics of Memory in the Herero Case for Reparations", *Holocaust and GenocIde Studies*, 26 （2012）.

11. Bjarne Gronnow and Einar Lund Jensen, "Utimut: Repatriation and Collaboration between Denmark and Greenland", In Mille Gabriel And Jens Dahl ed. , *Utimut: Past Heritage—Future Partnerships*, *Discussions on Repatriation in the 21st Century*, *Copenhagen: Work Group for Indigenous Affairs & The Greenland National of Museum .and Archives*, 181 （2007）.

12. Bator, "International Trade in National Art Treasures: Regulation and Deregulation", in Duboff, 195 *Art Law - Domestic and International*, 300 （1975）.

13. Donald E. Collins and Herbert P. Rothfeder, "The Einsatzstab Reichleiter Rosenberg and the Looting of Jewish and Masonic Libraries During World War II", *Journal of Library History*, 18 （1） （1984）.

14. Courtney S. Perkins, "Seattle Art Museum: A Good Faith Donee Injured in the Restoration of Art Stolen During World War II", *The John Marshall Law Review*, 34 （2000）.

15. Chris Davies and Kate Galloway, "The Story of Seventeen Tasmanians: The Tasmanian Aboriginal Centre and Repatriation from the Natural History Museum", *New Law Review*, 11 （2009）.

16. Marie Cornu, "About Sacred Cultural Property: The Hopi Masks Case", *International Journal of Cultural Property*, 20 （2013）.

17. K. Chamberlain, "UK Accession to the 1970 UNESCO Convention, *Art Antiquity and Law*, Vol. Ⅷ （2002）.

18. Dietrich Von Bothmer, "Greek Vase Painting", *Metropolitan Museum of Art*, 15 （1987）.

19. David Gill and Christopher Chippindale, "From Malibu to Rome: Further Developments on the Return of Antiquities", 14 *International Journal of Cultural Property*, 2 （2007）.

20. D. Rigby, "Cultural Reparations and A New Western Tradition", *The American Scholar*, 13 （1944）.

21. David Gill and Christopher Chippindale, "From Boston to Rome: Reflections on Returning Antiquities", 13 *International Journal of Cultural Property*, 3 （2006）.

22. Daniel Thorleifsen, "The Repatriation of Greenland's Cultural Heritage", *Museum International*, 241 – 242 （2009）.

23. William J. Dewey, "Repatriation of a Great Zimbabwe Bird", *The Society of Africanist Archaeologists*, 30 （2006）.

24. Emil Rosing and Birte Haagen, "Aron from Kangeq and the Dano – Greenlandic Museum Cooperation", *Arctic Anthropology*, 247 （1986）.

25. Hector Feliciano, "The Lost Museum: The Nazi Conspiracy to Steal the World's Greatest Works of Art", *Basic Books*, 2 （1997）.

26. Wilfried Fiedler, " Documents – Russian Federal Law of 13 May 1997 on Cultural Values that

have been Displaced to the U. S. S. R. as a Result of World War II and are to be Found in the Russian Federation Territory", *International Journal of Cultural Property*, 2 (1998).

27. Gilbert & Sullivan, "The Need for Civil – Law Nations to Adopt Discovery Rules in Art Replevin Actions: A Comparative Study", *The Texas Law Review*, 70 (1992).

28. Geoffrey Scott, "Spoliation, Cultural Property, and Japan", *University of Pennsylvania Journal of International Law*, Vol. 29: 4 (2008).

29. Patty Gerstenblith, "The Mcclain/Schultz Doctrine: Another Step against Trade in Stolen Antiquities, Culture without Context: The Newsletter of the Near Eastern Project of the Illicit Antiquities", *Research Centre*, 13 (2003).

30. Patty Gerstenblith, "Schultz and Barakat: Universal Recognition of National Ownership of Antiquities", *Art Antiquity and Law*, 1 (2009).

31. Geogre Panagopoulous, "Substance and Procedure in Private International Law", *Journal of Private International Law*, 69 (2005).

32. Mille Gabriel, "The Return of Cultural Heritage from Denmark to Greenland", *Museum International*, 61 (2009).

33. Godwin Kornes, Nation Building, "Nationale Erinnerungskultur Und Die Politik Der Toten in Namibia", In Beiträgezur, *Kölner Afrikawissenschaftlichen Nachwuchstagung* (Kant Iii), Ed. Larissa Fuhrmann et al, 3 (2002).

34. Steven Gallagher, "Museums and the Return of Human Remains: An Equitable Solution?", *International Journal of Cultural Property*, 17 (2010).

35. Bjarne Gronnow, and Einar Lund Jensen, "Utimut: Repatriation and Collaboration between Denmark and Greenland", In Mille Gabriel And Jens Dahl ed., *Utimut: Past Heritage—Future Partnerships, Discussions on Repatriation in the 21st Century*, 181 Et Seqq., *Copenhagen: Work Group for Indigenous Affairs & The Greenland National of Museum and Archives*, 183 (2008).

36. H. M. Leyten, "African Museum Directors Want Protection of Their Cultural Heritage", *International Journal of Cultural Property*, 7 (1998).

37. Thomas Hoving, "Making the Mummies Dance: Inside the Metropolitan Museum of Art", *Simon and Schuste*, 314 (1994).

38. Hideo Fuji, "Particulars of Japan's Accession to the 1970 UNESCO Convention and an Outstanding Problem", *Culture Without Context*, Vol. 14 (2004).

39. Howard N. Spiegler, and Yael Weitz, "The Ancient World Meets the Modern World: A Primer on the Restitution of Looted Antiquities", *Cultural Heritage & Arts Review*, Fall/Winter, (2010).

40. James Cuno, "Culture War: The Case against Repatriating Museum Artifacts", *Foreign Affairs*, 27 (2014).

41. John Henry Merryman and Albert Edward Elsen, "Law, Ethics and the Visual Arts", *Hague*:

Kluwer Law International, 406 (2002).

42. John Henry Merryman, "Limits on State Recovery of Stolen Artifacts: Peru v. Johnson", *International Journal of Cultural Property*, 1 (1992).

43. Jennifer Boger, "The Met Voluntarily Returns 19 items from King Tut's Tomb to Egypt", *Cultural Heritage & Arts Review*, Fall/Winter, (2010).

44. Judd Trully, "Hot Art, Cold Cash", *Journal of Art*, November, (1990).

45. Joseph M. Cormack, "Renvoi, Characterization, Localization and Preliminary Question in the Conflict of Laws", *Landscape Ecology*, 27 (10) (1940).

46. Josh Shuar, "Is All 'Pharaoh' in Love and War? The British Museum's Title to the Rosetta Stone and the Sphinx's Beard", *Kansas Law Review*, 52 (2004).

47. Jérôme Passa, "Condamnation Du Musée Du Louvre à Restituer Des Tableaux Aux Héritiers Des Propriétaires Spoliés Durant l'Occupation", *Le Dalloz N*, 37 (1999).

48. Jeremy Scott, "War and Cultural Heritage: Return of a Beneventan Missal", *Art Antiquity and Law*, 300 (2005).

49. Kimberly A. Short, "Preventing the Theft and Illegal Export of Art in Europe without Borders", 26 *Vanderbilt Journal of Transnational Law*, 1 (1993).

50. Konstantin Akinsha, "Why Can't Private Art 'Trophies' Go Home from the War?", *International Journal of Cultural Property*, 17 (2010).

51. Lyndel V. Prott, "Strengths and Weaknesses of the 1970 UNESCO Convention: An Evaluation 40 Years after its Adoption", *Meeting of the 1970 UNESCO Convention: Past and Future*, UNESCO (2011).

52. Lyndell V. Prott ed., "Return of the Remains of Seventeen Tasmanian Aboriginals", in *Witnesses to History, a Compendium of Documents and Writings on the Return of Cultural Objects*, UNESCO (2009).

53. Leila Anglade, "Art, Law and the Holocaust: The French Situation", *Art Antiquity and Law*, 4 (1999).

54. Lawrence M. Kaye and Carla T. Main, "The Saga of the Lydian Hoard Antiquities: From Usak to New York and Back again, in Kathryn W. Tubb ed., *Antiquities, Trade or Betrayed: Legal, Ethical And Conservation Issues*, 47 (1995).

55. Lina M. Monten, "Case Notes and Comments: Soviet World War II Trophy Art in Present Day Russia: The Events, the Law and the Current Controversies", *Depaul Journal of Art And Entertainment Law*, 15 (2004).

56. Mark Rose, "Special Report: Church Treasures of Cyprus", *Archaeological Institute of America*, 51 (1998).

57. Marie Cornu and Marc – André Renold, "New Developments in the Restitution of Cultural Property: Alternative Means of Dispute Resolution", *International Journal of Cultural Property*, 17

(2010).

58. Dawson Munjeri, "The Reunification of a National Symbol", *Museum International*, 61 (2009).

59. Mille Gabriel, "The Return of Cultural Heritage from Denmark to Greenland", *Museum International*, 241 – 242 (2009).

60. Norman Palmer, "Human Remains and their Restitution to Indigenous Communities: The Approach in England", Lecture at the Conference on the Restitution of Human Remains, Jointly Held by the Foundation for Art – Law and the Art – Law Centre, Geneva, November 9, (2010).

61. Patrick J. O'Keffe, "Commentary on the UNESCO 1970 Convention on the Means of Prohibiting and Preventing the Illicit Import, Export and Transfer of Ownership of Cultural Property, *The Institute of Art and Law*, 46 (2007).

62. Peter Watson, "The Investigation of Frederick Schultz", *Culture Without Context*, 10 (2002).

63. Peter Watson and Cecilia Todeschini, "The Medici Conspiracy: The Illicit Journey of Looted Antiquities, from Italy's Tomb Raiders to the World's Greatest Museums", *Public Affairs*, 85 (3) (2007).

64. Patrick J. O'Keffe, "Maoris Claim Head", *International Journal of Cultural Property*, 393 (1992).

65. Pontier Jean – Marie, "Spoliation Des", *Euvres d'Art: Quelle Indemnisation*? In Adjda, 343 (2011).

66. Patty Gerstenblith, "International Art and Cultural Heritage", *The International Lawyer*, 45 (2011).

67. B. Poissonnier, "The Giant Stelae of Aksum in the Light of the 1999 Excavations", in Fauvelle – Aymar F. – X. ed., *Palethnology of Africa*, *Palethnology*, 4 (2012).

68. Qureshi, Sadiah, "Displaying Sara Baartman, the 'Venus Hottentot'", *History of Science*, 136 (2004).

69. Robert K. Paterson, "Heading Home: French Law Enables Return of Maori Heads to New Zealand", *International Journal of Cultural Property*, 17 (4) (2010).

70. Russian Federal Law on Cultural Valuables Displaced to the U. S. S. R. As a Result of World War II and Located on the Territory of the Russian Federation, N 64 – Fz, April 15, 1998, Trans. by Konstantin Akinsha and Lynn Visson, *International Journal of Cultural Property*, 7 (1998).

71. Reinhart Kößler, "Namibia, Postkolonial Ignoriert", *Blätter Für Deutsche und Internationale Politik*, 39 (2011).

72. Richard Crewdson, "Some Aspects of the Law as it Affects Dealers in England", in Pierre Lalive ed., *International Sales of Works of Art*, 47 (1988).

73. Robert K. Paterson, "Heading Home: French Law Enables Return of Maori Heads to New

Zealand", *International Journal of Cultural Property*, 17（4）（2010）.

74. Rosemary Listing, "The Treasure Quest: Peru, Machu Picchu and the Yale Peruvian Expedition of 1911 – 1916", *Art Antiquity and Law*, 16（1）（2011）.

75. Rainer J. Schweizer, Kay Hailbronner And Karl Heinz Burmeister, Der Anspruch Von St. Gallen Auf Rückerstattung Seiner Kulturgüter Aus Zürich, 103（2002）.

76. Folarin Shyllon, "Negotiations for the Return of Nok Sculptures from France to Nigeria—An Unrighteous Conclusion", *Art, Antiquity and Law*, 8（2003）.

77. Stefan Gruber, "The Fight against the Illicit Trade in Asian Cultural Artifacts: Connecting Domestic Strategies, Regional Cooperation and International Agreements", *Asiansil Working Paper*, May（2012）.

78. Sibel Özel, "Under the Turkish Blanket Legislation: The Recovery of Cultural Property Removed from Turkey", *International Journal of Legal Information*, 38（2010）.

79. Stephanie Swanson, "Repatriating Cultural Property: The Dispute between Yale and Peru over the Treasures of Machu Picchu, *San Diego Int'l Lj* , 10（2008）.

80. Laurajane Smith, "The Repatriation of Human Remains—Problem or Opportunity? ", *Antiquity*, Vol. 78, No. 300（2004）.

81. Talbot J. Nicholas II, "Eec Measures on the Treatment of National Treasures", 16 *Loyola of Los Angeles International and Comparative Law Review*, 11/12（1993）.

82. Tullio Scovazzi, "The Return of the Benev. Vi 29 Missal to the Chapter Library of Benevento from the British Library, *Art Antiquity and Law*, 2（2011）.

83. Thomas N. Huffman, "The Soapstone Birds from Great Zimbabwe", *African Arts*, 18（3）（1985）.

84. Toshiyuki Kono, "Japan's Measures for the Implementation of the 1970 UNESCO Convention", *Art Antiquities and Law*, 8（2003）.

85. Thomas Von Plehwe, "European Union and the Free Movement of Cultural Goods", 20. *E. l. Rev*, 431（1995）.

86. Véronique Parisot, "The Gentili Di Giuseppe Case in France", *International Journal of Cultural Property*, 10（2001）.

87. Wojciech W. Kowalski, "Restitution of Works of Art pursuant to Private and Public International Law", in *Collected Courses of the Hague Academy of International Law*, 288（2001）.

88. Wolfgang Eichwede, "Trophy Art as Ambassadors: Reflections Beyond Diplomatic Deadlock in the German – Russian Dialogue", *International Journal of Cultural Property*, 17（2010）.

（三）外文判例

1. Autocephalous Greek – Orthodox Church of Cyprus and The Republic of Cyprus v. Goldberg & Feldman Fine Arts, Inc. and Peg Goldberg, 717 F. Supp. 1374（S. D. Ind. 1989）, aff'd, 917 F. 2d 278（7th Cir. 1990）, reh'g denied, No. 89 – 2809, 1990 U. S. App. LEXIS 20398（7th Cir. Nov.

21, 1990), stay vacated by 1991 U. S. Dist. LEXIS 6582 (S. D. Ind. May 3, 1991) (ordering judgment entered for plaintiffs), Cert. denied, 502 U. S. 941 (1991), reh'g denied, 502 U. S. 1050 (1992) (U. S.).

2. Attorney – General of New Zealand v. Oritiz, 1982 1 Q. B. 349; [1982] 3 All E. R. 457 (AC); [1983] 2 All E. R. 98 (HL) (U. K.).

3. Andrew Orkin v. The Swiss Confederation, et al. , Case No. 9 Civ. 10013 (LAK), 2011 U. S. Dist. Lexis 4357 (January 13, 2011); Andrew Orkin v. The Swiss Confederation, et al. , 770 F. Supp. 2d 612, 2011 U. S. Lexis 24507 (S. D. N. Y. , March 11, 2011); Andrew Orkin v. The Swiss Confederation, et al. , 2011 U. S. App. Lexis 20639 (October 12, 2011) (U. S.).

4. At t – Gen (UK) v. He inemann Publishers Australia Pty Ltd (1988) 165 CLR 30; President of the State of Equatorial Guinea v. Royal Bank of Scotland [2006] UKPC 7; Mbasogo v. Logo Ltd [2007] 2 WLR 1062; Robb Evans of Robb Evans & Associates v. European Bank Ltd [2004] NSWCA 82, (2004) 61 NSWLR 75; Etat d'Haiti v. Duvalier, Cass. civ. I, May 29, 1990, 1991 Clunet 137, 1991 Rev. Crit. 386. (U. K.).

5. Bishposgate Motor Finance Corporation Ltd. v. Transport Brakes Limited (1949) 1 KB 336 – 337 (U. K.).

6. Beyeler v. Italy, European Court of Human Rights, Application No. 33202/96, 5 January 2000 (E. U.).

7. Bakalar v. Vavra & Fischer, 619 F. 3d 136, 144 (2d Cir. 2010) (U. S.).

8. Bennis v. Michigan, 516 U. S. 442, 116 S. Ct. 994, 134 L. Ed. 2d 68 (1996) (U. S.).

9. Bibliothèque Royale v. Charron, 56 Rev. crit. de. dr. int. privé (1967) (France).

10. Cf. Attorney – General v. The Trustees of the British Museum, Chancery Division Sir Andrew Morritt VC, [2005] EWHC 1089 (Ch) (2005) Ch 397 (U. K.).

11. Christiane Gentili di Giuseppe et al. v. Musée du Louvre, Court of Appeal of Paris, 1st Division, Section A, June 2, 1999, n. 1998/19209, p. 3 (translated version) (France).

12. Crabb v. Zerbst, 5 Cir. 1939, 99 F. 2d 562, 565 (U. S.).

13. De Weerth v. Baldinger, 658 F. Supp. 688 (S. D. N. Y. 1987), rev'd, 836 F. 2d 103 (2d Cir. 1987), Cert. denied, 486 U. S. 1056 (1988), remanded, 804 F. Supp. 539 (S. D. N. Y. 1992) (mem.) (granting relief from judgment), rev'd, 38 F. 3d 1266 (2d Cir. 1994), Cert. denied, 513 U. S. 1001 (1994) (U. S.).

14. De Préval v. Adrian Alan & Ltd. (1997) (France).

15. Doodeward v. Spence, HCA 45. 6 CLR 406, 422 (1908) (U. S.).

16. Government of the Islamic Republic of Iran v. The Barakat Galleries Limited, [2007] EWCA Civ1374, para. 125 (U. K.).

17. Greek Orthodox Patriarchate of Jerusalem v. Christie's, Inc. , No. 98 Civ. 7664 (KMW), 1999 U. S. Dist. (SDNY Aug. 18, 1999) (U. S.).

18. Grosz v. Museum of Modern Art, 772 F. Supp. 2d 473 (S. D. N. Y. 2010), aff'd, 403 Fed. Appx. 575 (2d Cir. 2010). De Csepel v. Republic of Hungary, 714 F. 3d 591 (D. C. Cir. 2013).

19. Grosz v. Museum of Modern Art, 772 F. Supp. 2d 473, 482 (S. D. N. Y. 2010) (U. S.).

20. Gillet v. Roberts, 57 N. Y. 28 (1874), Court of Appeals of New York, 1874 WL 11171 (U. S.).

21. Government of Peru v. Johnson, 720 F. Supp. 810 (C. D. Cal. 1989), aff'd, 933 F. 2d 1013 (9th Cir. 1991) (U. S.).

22. Government of Peru v. Wendt, 933 F. 2d 1013 (9th Cir. 1991).

23. Huntington v. Attrill [1893] AC 150, at 155; Att – Gen of New Zealand v. Ortiz [1984] A C I, at 32, per Ackner J. (U. K.).

24. Hubbard Mfg. Co. , Inc. v. Greeson, 515 N. E. 2d 1071 (Ind. 1987) (U. K.).

25. Ingram v. Little [1976] 1QB 73 (U. K.).

26. Lake v. United States, 10 Cir. 1964, 338 F. 2d 787 (U. K.).

27. Lancashire & Yorkshire v. MacNicoll [1919] 88 LJKB (U. K.).

28. Menzel v. List, 267 N. Y. S. 2d 804 (N. Y. Sup. Ct. 1966), modified by 279 N. Y. S. 2d 608 (N. Y. App. Div. 1967), rev'd, 298 N. Y. S 2d 979 (1969) (U. S.).

29. Maria Altmann v. Republic of Austria, 142 F. Supp. 2d 1187 (C. D. Cal. 1999), aff'd, 317 F. 3d 954 (9th Cir. 2002), as amended, 327 F. 3d 1246 (9th Cir. 2003), 541 US 677 (2004) (Austria).

30. Malewicz v. City of Amsterdam, 362 F. Supp. 2d 298 (D. D. C. 2005) (U. S.).

31. Michael H. Steinhardt v. United States and Republic of Italy, 528 U. S. 1136 (2000) (U. S.).

32. O'Keeffe v. Snyder, 405 A. 2d 840 (N. J. Super. Ct. App. Div. 1979), rev'd, 416 A. 2d 862 (N. J. Sup. Ct. 1980) (U. S.).

33. Pierce v. Proprietors of Swan Point Cemetery, 10 R. I. 227 (1872).

34. People of the State of New York v. Aaron Freedman, No. 13 – 091098, N. Y. Sup. Ct. , plea agreement, 4 December 2013 (U. S.).

35. Republic of Turkey v. Metropolitan Museum of Art, 762 F. Supp. 44, 47 (S. D. N. Y. 1990) (U. S.).

36. Rosenberg v. Seattle Art Museum, 42 F. Supp. 2d 1029 (W. D. Wash. 1999) (U. S.).

37. Republic of Turkey v. OKS Partners, 797 F. Supp. 64 (D. Mass. 1992) (denying motion to dismiss), discovery motion granted in part and denied in part, 146 F. R. D. 24 (D. Mass. 1993), summary judgment denied, No. 89 – CV – 2061, 1994 U. S. Dist. LEXIS 17032 (D. Mass. June 8, 1994), summary judgment on different claims denied, No. 89 – CV – 3061 – RGS, 1998 U. S. Dist. LEXIS 23526 (D. Mass. Jan. 23, 1998), Settled in 1999 (U. S.).

38. Republic of Peru v. Yale University, No. 1: 08 – cv – 02109 (D. D. C. July 30, 2009), or-

der granting motion to transfer the case to Connecticut, No. 3: 09 – cv – 01332 (D. Conn. Oct. 9, 2009); settlement agreement, No. 3: 09 – cv – 01332 (D. Conn. Dec. 23, 2010) (U. S.).

39. Smith v. Tamworth City Council (1997) 41 NSWLR 680, 691 (Young J) (U. K.).

40. Solomon R. Guggenheim Found v. Lubell, 153 A. D. 2d 143 (N. Y. App. Div. 1990), aff'd, 77 N. Y. 2d 311 (N. Y. Ct. App. 1991) (U. S.).

41. The Republic of Turkey v. The Canton of the City of Basel, Basler Juritiche Mitteilung (BJM 1997 17 ss) (U. S.).

42. United States v. McClain (McClain I), 545 F. 2d 988 (5th Cir. 1977), reh'g denied, 551 F. 2d 52 (5th Cir. 1977); United States v. McClain (McClain II) 593 F. 2d 658 (5th Cir. 1979), Cert. denied, 444 U. S. 918 (1979) (U. S.).

43. United States v. Frederick Schultz, 178 F. Supp. 2d 445 (S. D. N. Y. 2002); 333 F. 3d 393 (2nd Cir. 2003); Cert. denied, 540 U. S. 1106 (2004) (U. S.).

44. United States v. Melnikas, 929 F. Supp. 276 (S. D. Ohio 1996) (U. S.).

45. United States v. Turley, 1957, 352 U. S. 407, 411, 77 S. Ct. 397, 1 L. Ed. 2d 430 (U. S.).

46. United States v. Handler, 2 Cir. 1944, 142 F. 2d 351, Cert. denied, 323 U. S. 741, 65 S. Ct. 40, 89 L. Ed. 594 (U. S.).

47. United States v. Bot – tone, 2 Cir. 1966, 365 F. 2d 389, Cert. denied, 385 U. S. 974, 87 S. Ct. 514, 17 L. Ed. 2d 437 (U. S.).

48. United States v. Vicars, 6 Cir. 1972, 465 F. 2d 720 (U. S.).

49. United States v. An Antique Platter of Gold, 991 F. Supp. 222 (S. D. N. Y. 1997), aff'd, 184 F. 3d 131 (2d Cir. 1999), Cert. denied, 528 U. S. 1136 (2000) (U. S.).

50. United States v. Schultz, 333 F. 2d 393, 406 (2d Cir. 2003) (U. S.).

51. United States v. Corcuera – Valor, 910 F. 2d 198, 199 – 200 (5th Cir. 1990); United States v. Teraoka, 669 F. 2d 577, 579 (9th Cir. 1982) (U. S.).

52. United States v. Holmquist, 36 F. 3d 154, 158 – 61 (1st Cir. 1994); see also United States v. Bagnall, 907 F. 2d 432, 436 – 37 (3d Cir. 1990) (U. S.).

53. United States v. Schultz, 178 F. Supp 2d 445 (S. D. N. Y. 2002), aff'd, 333 F. 3d (2d Cir. 2003), Cert. denied, 540 U. S. 1106 (2004) (U. S.).

54. United States v. Hollinshead, 495 F. 2d 1154 (9th Cir. 1974) (U. S.).

55. United States v. Eighteenth Century Peruvian Oil on Canvas Painting of the "Doble Trinidad" or "Sagrada Familia con Espiritu Santo Y Dios Padre", 597 F. Supp. 2d 618 (E. D. Va. 2009) (U. S.).

56. United States of America v. A 10th Century Cambodian Sandstone Sculpture, Currently Located at Sotheby's in New York, New York, Verified Complaint, 12 Civ. 2600 (GBD), April 2, 2012 (U. S.).

57. United States v. An Antique Platter of Gold, 991 F. Supp. 222 (S. D. N. Y. 1997), 184 F. 3d 131 (2nd Cir. 1999), 133 – 134 (2nd Cir. 1999) (U. S.).

58. United States of America v. A 10th Century Cambodian Sandstone Sculpture, Currently Located at Sotheby's in New York, New York, No. 12 – cv – 2600 – GBD (S. D. N. Y. Mar. 28, 2013), dismissed by No. 12 – cv – 2600 – GBD (S. D. N. Y. Dec. 12, 2013) (U. S.).

59. Union of India v. Bumper Development Corporation Ltd. (unreported decision, Queens Bench Division, 17 February 1988, England) (U. K.).

60. Winkworth v. Christie, Manson & Woods Ltd. and another, [1980] 1 All ER 1121 (U. S.).

(四) 外国法律法规

1. Archaeological Resources Protection Act. (ARPA) (1979) (U. S.).

2. Ancient Monuments and Archaeological Areas Act. (1979) (U. K.).

3. Act No. 5351 of 24 August 1932 and June 1939, Act on Antiquities. (1939) (Egypt).

4. British Library Act. (1972) (U. K.).

5. British Museum Act. (1963) (U. K.).

6. Council Regulation. (2001) (E. U.).

7. Code du Patrimoine. (2004) (France).

8. Code Civil des Français. (2008) (France).

9. Civil Asset Forfeiture Reform Act. (CAFRA) (2000) (U. S.).

10. Convention on Cultural Property Implementation Act. (CPIA) (1983) (U. S.).

11. Customs and Excise Management Act. (1979) (U. K.).

12. Council Regulation (EEC) No 3911/92 of 9 December 1992 on the Export of Cultural Goods. (E. U.).

13. C. Aubry, C. Rau, Droit Civil Français. (1961) (France).

14. Council Directive 93/7/EEC of 15 March 1993 on the Return of Cultural Objects Unlawfully Removed from the Territory of a Member State. (E. U.).

15. Dealing in Cultural Objects (Offences) Act. (2003) (U. K.).

16. Directive 2014/60/EU of the European Parliament and of the Council of 15 May 2014 on the Return of Cultural Objects Unlawfully Removed from the Territory of a Member State and Amending Regulation (E. U.).

17. Décret n° 49 – 1344 du 30 septembre 1949 relatif à la fin des opérations de la commission de récupération artistique (Jo du 02. 10. 1949) (France).

18. Decree of the State Duma of the Federal Assembly of the Russian Federation, "On a Moratorium on the Return of Cultural Valuables Displaced in the Years of the Great Fatherland [Second World War]", April 2, 1995, No. 725 – I GD. (1995) (Russia).

19. Export Control Act. (2002) (U. K.).

20. Export of Cultural Interest (Control) Order of 2003. (U. K.).

21. Edict of 25 March 1997, published in the Journal Officiel de la Republique Francaise of 25 March 1997. (France).

22. European Communities Act. (1972) (U. K.).

23. Emergency Protection for Iraqi Cultural Antiquities Act of 2004. (U. S.).

24. Factors Act. (1889) (U. K.).

25. Foreign Sovereign Immunity Act. (FSIA) (1976) (U. S.).

26. French Law No. 2002 – 323 of 6 March 2002, on the restitution of the remains of Saartje Baartman to South Africa by France, Official Journal of 7 March 2002. (France).

27. Fraud Act. s. 14 (1) (2006) (U. K.).

28. Grundgesetz für die Bundesrepublik Deutschland. (1949) (Germany).

29. Holocaust (Return of Cultural Objects). (2009) (U. K.).

30. Human Tissue Act. (2004) (U. K.).

31. Immunity from Seizure Act. (IFSA) (1965) (U. S.).

32. Iraq (United Nations Sanctions) Order 2003. (U. K.).

33. I Paris, interim order, 6 December 2013, RG n°13/59110, p. 2, and TGI Paris, interim order, 27 June 2014, RG n° Interim Government of the French Republic, order n. 45 – 770, Paris, dated April 21, 1945 (ordonnance portant deuxième application de l'ordonnance du 12 novembre 1943 sur la nullité des actes de spoliation accomplis par l'ennemi ou sous son contrôle et édictant la restitution aux victimes de ces actes de leurs biens qui ont fait l'objet d'actes de disposition) (2013) (France).

34. Les Constitutions de la France. (1946) (1958) (France).

35. Limitation Act. (1980) (U. K.).

36. Loi n° 2010 – 501 du 18 mai 2010 visant à autoriser la restitution par la France des têtes maories à la Nouvelle – Zélande et relative à la gestion des collections. (2010) (France).

37. Loi relative aux musées de France. (2002) (France).

38. Law of 1 June 1939, No. 1089, entitled *Tutela delle cose di interesse storico e artistico* ("Protection of Things of Artistic or Historical Interest"), *Gazzetta Ufficiale*, 8 August 1939, No. 184. (1939) (Germany).

39. Law No. 14 of June 12, 1912. (Egypt).

40. Legal Bill on the Prevention of Unauthorized Excavations and Diggings. (1979) (Iran).

41. Le Code pénal de la France, Article, 311 – 4 – 2. (1980) (France).

42. Loi n°80 – 532 du 15 juillet 1980 relative à la protection des collections publiques contre les actes de malveillance. (1980) (France).

43. Loi sur de fouilles archéologiques. (1941) (France).

44. Loi relative aux musées de France. (2002) (France).

45. Law of 1 June 1939, No. 1089, concerning the Protection of Objects of Artistic and Historic Interest. (1939) (France).

46. M. Planiol, G. Ripert, Traité Pratique de Droit Civil Français. (1952) (France).

47. National Stolen Property Act. (NSPA) (2004) (U. S.).

48. New York McKinney's Civil Practice Law and Rules. (2009) (U. S.).

49. Protect and Preserve International Cultural Property Act. (2016) (U. S.).

50. Sale of Goods Act. (1979) (U. K.).

51. The Antiquities and Art Treasures Act. (1972) (U. S.).

52. UNESCO – UNIDROIT Model Provisions on State Ownership of Undiscovered Cultural Objects. (2011) (U. S.).

53. TGI Paris, interim order, 12 April 2013, RG n°13/25880. (2013) (France).

54. The Sale and Supply of Goods Act. (1994) (U. K.).

55. Theft Act (Northern Ireland). (1969) (U. K.); Theft Act. c. 31. (1978) (U. K.); Theft (Amendment) (1996) (U. K.).

56. The Act on the Return of Cultural Property. (2007) (Germany).

57. The Swiss Constitution. (1999) (Switzerland).

58. The Greenland Home Rule Act. (1978) (Greenland).

59. The European Convention on Human Rights. (1953) (EU).

60. TGI Paris, interim order, 12 April 2013, RG n°13/25880; TGI Paris, interim order, 6 December 2013, RG n°13/59110; TGI Paris, interim order, 27 June 2014, RG n°14/55733.

61. The French Code of Civil Procedure. (1975) (France).

62. TGI Paris, interim order, 27 June 2014, RG n°14/55733. (2014) (France).

63. TGI Paris, interim order, 12 April 2013, RG n°13/25880; TGI Paris, interim order, 6 December 2013, RG n°13/59110. (2013) (France).

64. TGI Paris, interim order, 6 December 2013, RG n°13/59110. (2013) (France).

65. The French Code of Civil Procedure, Article, 809 (1) (1975) (France).

66. TGI Paris, interim order, 12 April 2013, RG n°13/25880. (2013) (France).

67. The Act to Protect German Cultural Property against Removal. (1955) (Germany).

（五）外文报刊

1. Associated Press, "Paris Auction House Sells Hopi Masks despite Tribe's Objection", *The Guardian*, April 12, 2013.

2. Aamir M. Khan, "Stolen Durga Idol Returns to Valley after 25 Years", *The Tribune India*, March 31, 2016.

3. Alexandra Scherle, "Germany Returns Hindu Statue to India", *Deutsche Welle*, September 23, 2015.

4. "Ancient Monument Restored in N. Korea", *KBS News*, March 23, 2006.

5. "Bogazköy Sphinx Finally Returns to Turkey after Decades in Germany", *Daily News*, July 28, 2011.

6. Mike Boehm, "Sacred Hopi Tribal Masks are again Sold at Auction in Paris", *Los Angeles Times*, June 28, 2014.

7. Charité Universitätsmedizin Berlin Press Release, *Universitätsmedizin Berlin Honours the Victims*, September 30, 2009.

8. David Knight, "There was Injustice: Skulls of Colonial Victims Returned to Namibia", *Spiegel Online*, September 27, 2012.

9. Edd McCracken, "Museums Ready to Hand Back Nazi Loot", *The Herald*, June 13, 2009.

10. "Ethiopia Unveils Ancient Obelisk", *BBC News*, September 4, 2008.

11. E. Eckholm and C. Sims, "Stolen Chinese Relic a Showpiece in Japan? Archaeologists See an Epidemic of Theft", *New York Times*, April 24, 2000.

12. Fabio Isman and Gareth Harris, "Smuggler's Final Appeal Fails", *The Art Newspaper*, 232, 2012.

13. Nic Fleming, "I have Solved Riddle of the Sphinx, Says Frenchman", *The Daily Telegraph*, December 14, 2004.

14. F. L. Norden, "Travels in Egypt and Nubia", 1757, plate 47, Profil de la tête colossale du Sphinx, *Brooklyn Museum*, January 24, 2014.

15. Federal Office of Cultural Affairs Press Release, "Van Gogh's 'View of Les Lee Keun Gwan,'", op. cit. Duroy Stéphane, *Le déclassement des biens Meubles Culturels et Cultuels*, in Revue du droit public et de la science politique en France et à l'étranger, 20 novembre 2010, n° 1, 55.

16. "Germany Returns Stolen Durga Idol Found in Linden Museum", *Huffington Post India*, October 5, 2015.

17. Ian Traynor, "Russian to Return Looted Art, But Not to Germany", *Guardian*, April 21, 2000.

18. "Italy Seals Libya Colonial Deal", *BBC News*, August 30, 2008.

19. "Inscrutable but not Immutable", *The Times*, June 16, 1984.

20. Jason Felch, "Reckless: In Pursuit of Shiva, the National Gallery of Australia Ignored the Advice of Its Attorney", *Chasing Aphrodite*, March 17, 2014.

21. Joint Press Release, "Kunstmuseum Bonn and Flechtheim Heirs", Bericht aus Bonn/Kultur – Paul Adolf Seehaus, "Leuchtturm mit rotierenden Strahlen: Einigung zwischen den Erben von Alfred Flechtheim und dem Kunstmuseum Bonn", *Stadt Bonn*, April 13, 2012.

22. "Joseon Monument Put on Public Display", *KBS News*, November 17, 2006.

23. "Libya Says Italy Apologizes for Colonial Occupation", *BBC News*, July 10, 1998.

24. Lyall and Vogel, "Pangs of Loss to Art World after a Fire", *The Guardian*, January 16, 2007.

25. Linda Sandler and James Lumley, "London Insurers, Artists Sue Momart Over 2004 Warehouse Fire", *Bloomberg*, August 18, 2005.

26. Natural History Museum London Press Release, "Natural History Museum Offers an Alternative Dispute Resolution to the Tasmanian Aboriginal Centre (TAC)", 2007.

27. National Portrait Gallery News Release, "Gallery Launches Appeal to Secure First British Portrait of a Black African Muslim and Freed Slave", July 7, 2010.

28. National Portrait Gallery News Release, "First British Portrait of a Black African Muslim and Freed Slave Goes on Display", January 19, 2011.

29. Nina Siegal, "Rare Glimpse of the Elusive Kazimir Malevich", *New York Times*, November 5, 2013.

30. "No Return for Ethiopian Treasure", *BBC News*, June 22, 2001.

31. "Obelisk Arrives Back in Ethiopia", *BBC News*, April 19, 2005.

32. Osteuropa, "Freundschaft ja, Dürer nein. Wolfgang Eichwede über die Abgründe des Beutekunstrechtsstreits zwischen Russland und Deutschland", *Osteuropa* 56 (January – February 2006): 76.

33. Press and Information Office of the Federal Government Press Release, "Turkey to Receive Hittite Sphinx", May 13, 2011.

34. Javier Pes, "Qatar and UK Agree to Share Portrait of a Former African Slave from America", *The Art Newspaper*, January 20, 2011.

35. Priyanka Mogul, "Angela Merkel Returns Stolen 10th Century Goddess Statue to Indian Prime Minister Narendra Modi", *International Business Times*, October 6, 2015.

36. Phil Miller, "Burrell Collection Painting Ruled Part of Nazis' Stolen Art Treasures", *The Herald*, April 9, 2003.

37. Qatar Museums Authority Press Communiqué, "QMA Lends First British Portrait of a Black African Muslim and Free Slave to National Portrait Gallery", January 20, 2011.

38. Reproduced in Louise Jury, "Bill for Momart Art Blaze Surges to £ 60m", *The Independent*, July 10, 2004.

39. Sylvia Hochfield, "The German – Russian Stalemate", *Art News*, February 1, 2011.

40. "Sphinx May Get Its Beard Back", *UPI*, *News Library*, June 12, 1984.

41. Sandra Laville, "Secret Payouts Worth Millions for Art Lost in Warehouse Fire", *The Guardian*, January 15, 2007.

42. Susanne Güsten, "Turkey Presses Harder for Return of Antiquities", *The New York Times*, May 25, 2011.

43. Tom Gordon, "Picture Sold 'To Pay Nazi Tax Bill'", *The Herald*, October 6, 2001.

（六）外文网站

1. "Afromet's Letter to Queen Elizabeth II", http://www.afromet.info/news/archives/

000076. html.

2. Annenberg Foundation Press Release, "Annenberg Foundation and Hopi Nation Announce Return of Sacred Artifacts to Native American Hopi Tribe", December 13, 2013, http: // www. annenbergfoundation. org/node/51351.

3. AFP, "Les masques Hopis se sont très bien vendus à Drouot malgré les protestations", L'OBS, December 9, 2013, http: //tempsreel. nouvelobs. com/culture/20131209. AFP4614/masques – hopis – la – vente – aux – encheres – a – commence – a – l – hotel – drouot. html.

4. AFP, "Des masques Hopis à nouveau aux enchères à Paris", L'OBS, June 26, 2014, http: //tempsreel. nouvelobs. com/monde/20140627. AFP0691/des – masques – hopis – a – nouveau – aux – encheres – a – paris. html.

5. "Advisory Commission on the Return of Cultural Property Seized as a Result of Nazi Persecution", http: //www. kulturgutverluste. de/en/advisory – commission.

6. "Abbey of St Gall", http: //whc. unesco. org/en/list/268.

7. "Antisemitism in France", http: //www. newenglishreview. org/Michael _ Curtis _ /Anti-semitism_ in_ France.

8. Auschwitz – Birkenau State Museum Press Communiqué, *Settlement Reached over Auschwitz Suitcase*, June 4, 2009, http: //en. auschwitz. org. pl/m/index. php? option = com_ content&task = view&*id* = 630&Item*id* = 8.

9. "Ancient Wreath Returns to Greece", *BBC News*, March 30, 2007, http: //news. bbc. co. uk/2/hi/europe/6505971. stm.

10. "Ancient Monument Restored in North Korea", *North Korean Agency*, March. 23, 2006, http: //english. kbs. co. kr/news/ newsviewsub. php? menu = 5&key = 2006032330.

11. Anthee Carassava, "Greeks Hail Getty Museum's Pledge to Return Treasures", *The New York Times*, December 12, 2006, http: //www. nytimes. com/2006/12/12/arts/design/12gett. html.

12. Aranui Amber, Early Collection and Trade of Toi moko, Musée Te Papa, disponible en ligne, http: //www. tepapa. govt. nz/SiteCollectionDocuments/Media/2011/Early Collection and Trade of Toi moko. pdf.

13. American Alliance of Museums (AAM), Standards Regarding the Unlawful Appropriation of Objects During the Nazi Era, http: //www. aam – us. org/resources/ethics – standards – and – best – practices/collections – stewardship/objects – during – the – nazi – era.

14. Association of Art Museum Directors, "Resolutions of Claims for Nazi – Era Cultural Assets", https: //aamd. org/object – registry/resolution – of – claims – for – nazi – era – cultural – assets/more – info.

15. Association of Art Museum Directors, "Strengthened Guidelines on the Acquisition of Archaeological Material and Ancient Art Issued by Association of Art Museum Directors", January 30, 2013, https: //aamd. org/for – the – media/press – release/strengthened – guidelines – on – the – acquisition –

of – archaeological – material.

16. Arthur Feldmann（Biographical details）, https：//www. britishmuseum. org/research/search_ the_ collection_ database/term_ details. aspx? bio*id* = 125369.

17. Alain Riding, "Chirac Exalts African Art, Legal and（Maybe）Illegal", *The New York Times*, November 25, 2000, http：//www. nytimes. com/2000/11/25/world/chirac – exalts – african – art – legal – and – maybe – illegal. html.

18. "Article 50 Process on Brexi Faces Legal Challenge to Ensure Parliamentary Involvement", https：//www. mishcon. com/news/firm_ news/article_ 50_ process_ on_ brexit_ faces_ legal_ challenge_ to_ ensure_ parliamentary_ involvement_ 07_ 2016.

19. "Ancient Korean Royal Books Welcomed Back Home", http：//www. koreaherald. com/view. php? ud = 20110612000269.

20. British Museum Press Release, "Feldmann Drawings Decision", April 15, 2006, http：// www. britishmuseum. org/the_ museum/news_ and_ press_ releases/press_ releases/2006/feldmann_ drawings_ decision. aspx.

21. British Museum Press Release, "High Court – 27 May 2005 – Holocaust Spoliation and the Feldmann Drawings", May 27, 2005, http：//www. lootedartcommission. com/MEWGTQ51450.

22. "Bogazköy Sphinx Finally Returns to Turkey after Decades in Germany", *Daily News*, July 28, 2011, http：//www. hurriyetdailynews. com/n. php? n = bogazkoy – sphinx – finally – returns – to – turkey – after – decades – in – germany – 2011 – 07 – 28.

23. Brodie Neil, "Euphronios（Sarpedon）Krater", *Trafficking Culture：Researching the Global Traffic in Looted Cultural Objects*（2013）, http：//traffickingculture. org/case_ note/euphronios – sarpedon – krater.

24. Neil Brodie, and Donna Yates, "Nok Terracottas", *Trafficking Culture*, last modified August 21, 2012, http：//traffickingculture. org/encyclopedia/case – studies/nok – terracottas.

25. Bureau of Educational and Cultural Affairs, "Cultural Heritage Center – Bilateral Agreements", https：//eca. state. gov/cultural – heritage – center/cultural – property – protection/bilateral – agreements.

26. Bureau of Educational and Cultural Affairs, "Guide to Cultural Property Import Restrictions Currently Imposed by the United States of America", https：//eca. state. gov/files/bureau/chart – of – import – restrictions. pdf.

27. Neil Brodie, "The Investment Potential of Antiquities", *Work in Progress*, Stanford University Archaeology Center, August 2009, http：//www. stanford. edu/group/chr/cgi – bin/drupal/files/investments. pdf.

28. Charles Bremner and Roger Boyes, "Son Sues Auschwitz for father's suitcase", *Times*, August 12, 2006, http：//www. timesonline. co. uk/tol/sport/football/european _ football/article1084430. ece.

29. Carpentier Laurent，"Trois tableaux volés par les nazis restitués par la France"，*Le Monde*，11 mars 2014，http：//www. lemonde. fr/culture/article/2014/03/11/trois – tableaux – voles – par – les – nazis – restitues – par – la – france_ 4381257_ 3246. html.

30. Council Regulation（EEC）No. 3911/92 of 9 December 1992 on the Export of Cultural Goods，http：//eur – lex. europa. eu/LexUriServ/LexUriServ. do? uri = CELEX：31992R3911：EN：HTML.

31. Catherine Cossy，"Le musée 'Am Römerholz' peut garder son dessin de Van Gogh"，Le Temps，February 23，2012，http：//www. letemps. ch/Page/Uuid/201a0626 – 5e44 – 11e1 – 9d26 – 32e99746e1f6/Le_ mus% C3% A9e_ Am_ R% C3% B6merholz_ peut_ garder_ son_ dessin_ de_ Van_ Gogh.

32. "Cultural Property Protection under National Law"，http：//www. kulturgutschutz – deutschland. de/EN/2_ Rechtsgrundlagen/nationales_ Recht/nationales_ recht_ node. html.

33. Council Directive 93 /7 /EEC of 15 March 1993 on the Return of Cultural Objects Unlawfully Removed from the Territory of a Member State，http：//ec. europa. eu /growth /single – market / goods /free – movement – sectors /return – cultural – goods /index_ en. htm.

34. "Curse of Croesus Treasure Continues"，*Today's Zaman*，September 25，2011，http：// treasureworks. com/newandlinks/10000 – treasure/521 – curse – of – croesus – treasure – continues.

35. Charlotte Higgins，"Getty Returns Disputed Works to Greece"，*The Guardian*，13 December 2006，https：//www. theguardian. com/uk/2006/dec/13/artsnews. travelnews.

36. Cleveland，Cleveland Museum of Art Strikes Deal with Italy to Return 14 Ancient Artworks，November 19，2008，http：//www. cleveland. com/arts/index. ssf/2008/11/cleveland_ museum_ of_ art_ 1. html#comments.

37. "Cambodia Presses U. S. Museums to Relinquish Antiquities"，*The New York Times*，May 16，2013，on page C7，http：//www. nytimes. com/2013/05/16/arts/design/cambodia – presses – us – museums – to – return – antiquities. html? _ r = 0.

38. "Christie's to Return Cambodian Statue"，*The New York Times*，May 6，2014，on page C1，http：//www. nytimes. com/2014/05/07/arts/design/christies – to – return – cambodian – statue. html.

39. Davie，Lucille，"Sarah Baartman, at Rest at Last"，*Southafrica. info*，May 14，2012，http：//www. southafrica. info/about/history/saartjie. htm#. UO6byKy3rRs.

40. Department of Arts of Africa，Oceania，and the Americas，The Metropolitan Museum of Art，*Great Zimbabwe（Eleventh – Fifteenth Centuries）*，http：//www. metmuseum. org/toah/hd/zimb/hd_ zimb. htm.

41. "Discours prononcé par Aurélie Filippetti lors de la cérémonie de restitution"，http：// www. culturecommunication. gouv. fr/index. php/Actualites/En – continu/L – histoire – de – trois – tableaux – voles – par – les – nazis.

42. Mathilde Doiezie，"Drouot：les indiens Hopi contestent une vente de masques 'sacrés' " . *Le*

Figaro, December 15, 2014, http://www. lefigaro. fr/culture/encheres/2014/12/15/03016 – 20141 215ARTFIG00067 – drouot – les – indiens – hopi – contestent – une – vente – de – masques – sacres. php.

43. Dallas Museum of Art, "Dallas Museum of Art Launches DMX Program Establishing New Model for International Cultural Exchange", December 3, 2012, https://www. dma. org/press – release/dallas – museum – art – launches – dmx – program – establishing – new – model – international – cultural.

44. Discours prononcé par Jacqueline Domeyko lors de la cérémonie de restitution, vidéo disponible sur, http://www. culturecommunication. gouv. fr/index. php/Actualites/En – continu/L – histoire – de – trois – tableaux – voles – par – les – nazis.

45. Discours de Thierry Tonnelier, avocat de la famille Oppenheimer, lors de la cérémonie de restitution, vidéo disponible sur, http://www. culturecommunication. gouv. fr/index. php/Actualites/En – continu/L – histoire – de – trois – tableaux – voles – par – les – nazis.

46. "Denver Art Museum Returns Looted Sculpture to Cambodia", *The Denver Post*, February 29, 2016, http://www. denverpost. com/2016/02/29/denver – art – museum – returns – looted – sculpture – to – cambodia.

47. "Denver Art Museum Returns Looted 10th – Century Cambodian Statue", *The Artnet*, March 29, 2016, https://news. artnet. com/art – world/denver – art – museum – returns – looted – cambodian – statue – 461384.

48. Directive 2014/60/EU of the European Parliament and of the Council of 15 May 2014 on the Return of Cultural Objects Unlawfully Removed from the Territory of a Member State and Amending Regulation (EU), http://ec. europa. eu/growth/single – market/goods/free – movement – sectors/return – cultural – goods/index_ en. htm.

49. Declaration on the Importance of and Value of Universal Museums, http://www. tomflynn. co. uk/UniversalMuseumsDeclaration. pdf.

50. "Database of cultural property of national significance", http://www. kulturgutschutz – deutschland. de/EN/3_ Datenbank/3_ datenbank_ node. html.

51. "David Cameron promises in/out referendum on EU", *BBC News*, 23 January 2013, http://www. bbc. co. uk/news/uk – politics – 21148282.

52. "European Union Referendum Bill 2015 – 16", Parliament. U. K. , 24 September 2015, http://services. parliament. uk/bills/2015 – 16/europeanunionreferendum. html.

53. "Egypt Cuts Ties With Louvre Over Artifacts", http://www. cbsnews. com/news/egypt – cuts – ties – with – louvre – over – artifacts.

54. European Council Regulation (EEC) No. 3911/92 of 9 December 1992 on the Export of Cultural Goods, https://eca. state. gov/files/bureau/eu3911. pdf.

55. FBI National Press Office, "FBI Returns Paintings to Peru", April 7, 2010, https://www.

fbi. gov/news/pressrel/press – releases/fbi – returns – paintings – to – peru.

56. "France to Return Egyptian Art after Louvre Row", http：//www. newsday. com/travel/ france – to – return – egyptian – art – after – louvre – row – 1. 1512925.

57. Farah Nayeri, "France to Give Back to Egypt Five Artifacts Bought by Louvre", http：// www. elginism. com/similar – cases/louvre – to – return – some – egyptian – artefacts/20091021/2440/ #sthash. 23ns0UYN. dpuf.

58. For more information on the Reviewing Committee on the Export of Works of Art (RCEWA), refer to http：//www. culture. gov. uk/what_ we_ do/cultural_ property/3290. aspx, http：//www. mla. gov. uk/what/cultural/export/reviewing_ cttee.

59. Farah Nayeri, "France to Give Back to Egypt Five Artifacts Bought by Louvre", http：// www. elginism. com/similar – cases/louvre – to – return – some – egyptian – artefacts/20091021/2440/ #sthash. 23ns0UYN. dpuf.

60. French Ministry of Culture and Communication Press Releas, "Une convention entre la France et le Nigéria à propos des œuvres Nok et Sokoto du futur musée du quai Branly", February 13, 2002, http：//www. culture. gouv. fr/culture/actualites/communiq/tasca2002/nok. htm.

61. "Greenland in Figures 2013", http：//www. stat. gl/publ/en/GF/2013/pdf/Greenland% 20in% 20Figures% 202013. pdf.

62. Hugh Eakin, "Italy Using Art Loans to Regain Antiquities", *The New York Times*, January 10, 2006, http：//www. nytimes. com/2005/12/27/arts/27iht – loans. html.

63. Helena Smith, "Greece Demands Return of Stolen Heritage", *The Guardian*, July 11, 2006, https：//www. theguardian. com/world/2006/jul/11/parthenon. arttheft.

64. Hugh Eakin, "Getty Museum Agrees to Return Two Antiquities to Greece", *The New York Times*, July 11, 2006, http：//www. nytimes. com/2006/07/11/arts/11gett. html? _ r = 0.

65. Hugh Eakin, "Italy Teams with Greece to Reclaim Antiquities", *The New York Times*, November 11, 2006, http：//www. nytimes. com/2006/12/11/world/europe/11iht – greece. 3858335. html.

66. Hugh Eakin, Anthee Carassava, "Getty Museum Is Expected to Return Ancient Gold Wreath to Greece", *The New York Times*, December 11, 2006, http：//www. nytimes. com/2006/12/11/ arts/design/11arti. html.

67. Herrick, Feinstein LLP Press Release, "Five Paintings from the Goudstikker Collection to Stay in the Netherlands", http：//www. herrick. com/siteFiles/News/ 348BE2B3003D0184D9843D5803C 288A0. pdf.

68. Catherine Hickley, "Jewish Art Dealer's Heir Settles Nazi – Era Claim with Bonn Museum", Bloomberg, April 12, 2012, http：//www. bloomberg. com/news/2012 – 04 – 12/jewish – art – dealer – s – heir – settles – nazi – era – claim – with – bonn – museum. html.

69. Sonja Horoshko, "Sacred Art for Sale：The Impact of a Paris Auction", *Four Corners Free Press*, May 1, 2013, http：//fourcornersfreepress. com/? p = 1467.

70. Thomas Hoving, (2001a), "Super Art Gems of New York City: The Grand and Glorious 'Hot Pot' —Will Italy Snag It?", http: //www. artnet. com/magazine/features/hoving/hoving6 - 29 - 01. asp.

71. Hugh Eakin, "Italy Using Art Loans to Regain Antiquities", *The New York Times*, January 10, 2006, http: //www. nytimes. com/2005/12/27/arts/27iht - loans. html.

72. Import Restrictions Imposed on Archaeological and Ethnological Material of Iraq, *Federal Register*, April 30, 2008 (Volume 73, Number 84), https: //eca. state. gov/files/bureau/iq2008dlfrn. pdf.

73. Import Restrictions Imposed on Archaeological and Ethnological Material of Syria, *Federal Register*, August 15, 2016 (Volume 81, Number 157), https: //www. gpo. gov/fdsys/pkg/FR - 2016 - 08 - 15/pdf/2016 - 19491. pdf.

74. Judith H. Dobrzynski, "Seattle Museum Is Sued for a Looted Matisse", *The New York Times*, August 4, 1998, http: //www. nytimes. com/1998/08/04/arts/seattle - museum - is - sued - for - a - looted - matisse. html.

75. ICPRCP, "The Secretariat Reports to the Intergovernmental Committee for Promoting the Return of Cultural Property to Its Countries of Origin or Its Restitution in Case of Illicit Appropriation at Its Nineteenth Session on Activities Carried out Since Its Eighteenth Session", http: //www. unesco. org/new/fileadmin/MULTIMEDIA/HQ/CLT/pdf/3_ Report_ Secretariat_ 19_ ICPRCP_ en. pdf.

76. Its First Protocol is Particularly Relevant Here as It Regards the Exportation of Cultural Property, http: //portal. unesco. org/en/ev. php - URL_ Id = 15391&URL_ DO = DO_ TOPIC&URL_ SECTION = 201. html.

77. "ICOM Red List of African Archaeological Cultural Objets at Risk", http: //archives. icom. museum/redlist/afrique/redlistafrica. html.

78. ICOM Press Release, "Nigeria's Ownership of Nok and Sokoto Objects Recognised", March 5, 2002, http: //archives. icom. museum/release. 5march. html.

79. J. Paul Getty Museum, Objects to be Transfered to Greece, http: //www. getty. edu/news/press/center/object_ list_ greece. pdf.

80. J. Paul Getty Museum, Italian Ministry of Culture and the J. Paul Getty Museum Sign Agreement in Rome, August 1, 2007, http: //www. getty. edu/news/press/center/italy_ getty_ joint_ statement_ 080107. html.

81. Jeong - hun Oh, "Ces manuscrits sont maintenant sur le sol coréen durablement", *Yonhap News Agency*, 11 juin 2011 (1), http: //french. yonhapnews. co. kr/sportsculture/2011/06/11/0800000000AFR20110611000400884. HTML.

82. "Japan Returns Anti - Aggression Stele to Koreans", http: //news. xinhuanet. com/english/2005 - 10/12/content_ 3609261. htm.

83. "Japan Slams the Door on Stolen Artwork", *Japan Times Online*, Dec. 4, 2002, http: //

search. japantimes. co. jp/cgi – bin/eo20021204bg. html.

84. "Japan Returns Bukgwandaecheopbi Monument to Korea", http：//www. elginism. com/similar – cases/japan – returns – bukgwandaecheopbi – monument – to – korea/20051216/285.

85. "Japan Returns Anti – Aggression Stele to Koreans", http：//news. xinhuanet. com/english/2005 – 10/12/content_ 3609261. htm.

86. Jean – Baptiste – Siméon Chardin, http：//www. artchive. com/artchive/C/chardin. html.

87. Karolos Grohmann, "Getty Returns More Antiquities to Greece to End Row", *Reuters*, December 11, 2006, http：//www. reuters. com/article/us – greece – getty – *Id*USL1160295020061211.

88. "Kazimir Severinovich Malevich", http：//www. encyclopedia. com/topic/Kazimir_ Severinovich_ Malevich. aspx.

89. Koiwi Tangata, Politique restes humains maoris, Musée Te Papa, Octobre 2010, disponible en ligne：http：//www. tepapa. govt. nz/SiteCollectionDocuments/AboutTePapa/Repatriation/DraftKoiwi-TangataPolicy1October2010. pdf.

90. Kate Taylor, "Met Is to Repatriate to Egypt Artifacts From King Tut's Tomb", *The New York Times*, November 10, 2010, http：//www. nytimes. com/2010/11/10/arts/design/10met. html?_r = 0.

91. Lost Art Internet Database, Koordinierungsstelle Magdeburg, "Flechtheim, Alfred", http：//www. lostart. de/Content/051_ ProvenienzRaubkunst/DE/Sammler/F/Flechtheim,%20Alfred. html?nn = 5144&lv2 = 5664&lv3 = 36110.

92. "La restitution des manuscrits coréens froisse les conservateurs de la BNF", http：//www. lefigaro. fr/culture/2010/11/24/03004 – 20101124ARTFIG00437 – la – restitution – des – manuscrits – coreens – froisse – les – conservateurs – de – la – bnf. php.

93. "La plupart des informations présentées sous cette rubrique proviennent du dossier de presse réalisé par le Ministère de la Culture et de la Communication", http：//www. culturecommunication. gouv. fr/Presse/Dossiers – de – presse/Ceremonie – de – restitution – aux – ayants – droit – de – trois – tableaux – spolies.

94. Mariusz Lodkowski, "Battle over a Suitcase from Auschwitz", *Sunday Times*, August 13, 2006, http：//www. timesonline. co. uk/tol/news/world/article607646. ece.

95. "Louvre to Return Egyptian Frescos", http：//news. bbc. co. uk/2/hi/europe/8299495. stm.

96. "Lost Art Internet Database", http：//www. lostart. de/Webs/EN/LostArt/Index. html.

97. Lee Felicia R, "Seattle Museum to Return Looted Work", *The New York Times*, June 16, 1999, http：//www. nytimes. com/1999/06/16/arts/seattle – museum – to – return – looted – work. html.

98. Tom Mashberg and Ralph Blumenthal, "Mythic Warrior Is Captive in Global Art Conflict", *The New York Times*, February 28, 2012, http：//www. nytimes. com/2012/02/29/arts/design/sothe-

bys – caught – in – dispute – over – prized – cambodian – statue. html? pagewanted = all&_ r = 0.

99. Tom Mashberg, "Despite Legal Challenges, Sale of Hopi Religious Artifacts Continues in France", *The New York Times*, June 29, 2014, http: //www. nytimes. com/2014/06/30/arts/design/sale – of – hopi – religious – items – continuesdespite – us – embassys – efforts. html? _ r = 0.

100. Tom Mashberg, "Hopis Try to Stop Paris Sale of Artifacts", *The New York Times*, April 3, 2013, http: //www. nytimes. com/2013/04/04/arts/design/hopi – tribe – wants – to – stop – paris – auction – of – artifacts. html? pagewanted = all&_ r = 0.

101. Museum of Fine Arts, Bostion, "Museum of Fine Arts, Boston and Turkish Republic Reach Agreement for Transfer of Top Half of Weary Herakles to Turkey", September 23, 2011, http: //mfas3. s3. amazonaws. com/MFA_ Final% 20Weary% 20Herakles% 20Press% 20Release% 20FINAL. pdf.

102. Pascale Mollard – Chenebenoit, "Une vente controversée de masques Hopis à Paris", Le Devoir, December 15, 2014, http: //www. ledevoir. com/culture/actualites – culturelles/426739/une – vente – controverseede – masques – hopis – a – paris.

103. "Museo Nazionale Etrusco di Villa Guilia, Cratere di Euphronios", http: //www. villagiulia. beniculturali. it/index. php? it/141/selezione – di – opere/17/cratere – di – euphronios.

104. "Metropolitan Museum to Return Turkish Art", *The New York Times*, September 23, 1993, http: //www. nytimes. com/1993/09/23/arts/metropolitan – museum – to – return – turkish – art. html.

105. Mark D. Fefer, "Sam Ponders Its Options as Deadline Nears on 'Hot' Matisse", *Seattle Weekly*, October 9, 2006, http: //www. seattleweekly. com/1998 – 05 – 27/news/sam – ponders – its – options – as – deadline – nears – on. – hot – matisse.

106. Museum of Fine Arts, Boston (MFA), Joint Statement from the Museum of Fine Arts, Boston and the Italian Ministry of Culture, September 28, 2006, http: //www. mfa. org/collections/provenance/antiquities – and – cultural – property/italian – ministry – of – culture – agreement.

107. "National Commission for Museums and Monuments Act of 1979", http: //www. african – archaeology. net/heritage_ laws/nigeria_ 28091979. html.

108. "November 3 1983 Britain will Sphinx Beard Restitution", http: //history. 04007. cn/en. php/HisMain/10474. html.

109. U. S. Department of State's Bureau of Educational and Cultural Affairs, 2003 Memorandum of Understanding between the Government of United States of America and the Government of the Kingdom of Cambodia Concerning the Imposition of Import Restrictions on Khmer Archaeological Material, https: //eca. state. gov/cultural – heritage – center/cultural – property – protection/bilateral – agreements/cambodia.

110. Mediation agreement between the Canton of Saint – Gall and the Catholic representative on the one hand, and the Foundation of the Central Library in Zurich as well as the Canton and City of Zurich

on the other hand, April 27, 2006, http：//www. news. admin. ch/NSBSubscriber/message/attach-ments/2567. pdf.

111. Marilyn Truscott, *Repatriation of Indigenous cultural property* (2006) (paper prepared for the 2006 Australian State of the Environment Committee, Department of the Environment and Heritage, Canberra), http：//www. environment. gov. au/soe/2006/publications/emerging/repatriation/pubs/repatriation. pdf.

112. "Miho Museum", http：//www. miho. jp.

113. Norton Simon Museum, "Statement from the Norton Simon Museum and the Norton Simon Art Foundation Concerning the 'Temple Wrestler'", May 6, 2014, http：//www. nortonsimon. org/assets/Uploads/Norton – Simon – MuseumBhima – Press – Release – 05 – 06 – 14. pdf.

114. "November 3 1983 Britain will Sphinx Beard Restitution", http：//history. 04007. cn/en. php/HisMain/10474. html.

115. Nicholas Gage, "How the Metropolitan Acquired 'The Finest Greek Vase There Is'", *The New York Times*, February 19, 1973, http：//www. nytimes. com/1973/02/19/archives/how – the – metropolitan – acquired – the – finest – greek – vase – there – is – how. html.

116. No. 10 Gov. U. K. , *Prime Ministerial Joint Statement on Aboriginal Remains* (July 5, 2000), http：//www. number10. gov. uk/Page282.

117. "Offences about Dealing in 'Tainted' Cultural Objects", http：//www. gov. scot/Publica-tions/2006/12/14095224/7.

118. Patrick Perez, "Marchands et collectionneurs de sacré : retour sur l'affaire des Katsinam ho-pi", September 10, 2013, http：//www. Survivalfrance. org/textes/3317 – katsina # servan – schreiber.

119. Princeton University, Princeton University Art Museum and Italy to sign agreement over an-tiquities, October 26, 2007, http：//www. princeton. edu/main/news/archive/S19/34/26K47/in-dex. xml? section = topstories.

120. "Press release of Peter Sachs' lawyers", http：//www. lootedart. com/web_ images/news/Sachs% 20Press% 20Release. % 202 – 18 – 10. pdf. "Peru drops six charges in suit", *Yale Daily News*, March 22, 2010, http：//yaledailynews. com/blog/2010/03/22/peru – drops – six – charges – in – suit.

121. Alain Riding, "The Fight Over a Suitcase and the Memories It Carries", *New York Times*, September 16, 2006, http：//www. nytimes. com/2006/09/16/arts/design/16rIdi. html.

122. "Report on the Application of the 1970 UNESCO Convention on the Means of Prohibiting and Preventing the Illicit Import, Export and Transfer of Ownership of Cultural Property", http：//www. unesco. org/new/fileadmin/MULTIMEDIA/HQ/CLT/pdf/GERMANY_ report_ 1970_ 001. pdf.

123. Ralph Frammolino and Jason Felch, "Greek Officials Demand the Return of Getty Antiqui-ties", *Los Angeles Times*, October 24, 2005, http：//articles. latimes. com/2005/oct/24/local/me –

getty24.

124. Randy Kennedy, "Museums Set Stricter GuIdelines for Acquiring Antiquities", *The New York Times*, June 4, 2008, http: //www. nytimes. com/2008/06/04/arts/design/04coll. html? _ r = 0.

125. Mark Rose, "Special Report: Church Treasures of Cyprus", Archaeological Institute of America (1998), Vol. 51, No. 4, http: //archive. archaeology. org/9807/etc/special. html.

126. Sue Kovach Shuman, "Egyptian Antiquities on Their Way Home", *IIP Digital*, 17 November 2010, http: //iipdigital. usembassy. gov/st/english/article/2010/11/20101117142038eus0. 3138239. html # axzz4HGeXRvIJ.

127. Shaimaa Fayed, "New York's Met to Return 19 Artifacts to Egypt: MENA", *Reuters*, July 30, 2011, http: //www. reuters. com/article/us – egypt – antiquities – usa – *Id*USTRE76T0TD 20110730.

128. "Seoul National University, kyujanggak Institute for Korean Studies", http: //kyujanggak. snu. ac. kr/LANG/ch/main/main. jsp.

129. Sheila Farr, "Seattle Gets Pick of Paintings after Matisse Loss", *The Seattle Times*, October 13, 2000, http: //community. seattletimes. nwsource. com/archive/? date = 20001013&slug = 404764.

130. Ori Z. Soltes, "HARP and the Hopi Tribes", January 4, 2015, http: //plundered – art. blogspot. fr/2015/01/harp – and – hopi – tribe. html.

131. Suzanne Daley, "Exploited in Life and Death, South African to Go Home", *New York Times*, January 30, 2002, http: //www. nytimes. com/2002/01/30/world/exploited – in – life – and – death – south – african – to – go – home. html.

132. Valérie Sasportas, "La vente controversée d'art amérindien à Paris totalise près d'un million d'euros", *Le Figaro*, December 16, 2014, http: //www. lefigaro. fr/culture/encheres/2014/12/16/ 03016 – 20141216ARTFIG00350 – polemique – mais – legale – la – vente – d – art – amerindien – totalise – 929425 – euros. php.

133. "Speech 2015: EU Referendum, Tax Freeze and Right – to – Buy", *BBC News*, 24 June 2016, http: //www. bbc. co. uk/news/uk – politics – 32894214.

134. "Site Rose – Valland Musées Nationaux Récupération", http: //www. culture. gouv. fr/ documentation/mnr/MnR – pres. htm.

135. "The British Government's Working Group on Human Remains", http: //desgriffin. com/ indigenous – intro/bgwghr.

136. The Guardian, "10th – century statue to be returned to Cambodia", May 8, 2014, http: // www. theguardian. com/world/2014/may/08/stolen – statue – cambodia – duryodhana – bondissant.

137. The Metropolitan Museum of Art, "Statement by the Metropolitan Museum of Art on Its Agreement with Italian Ministry of Culture", February 21, 2006, http: //www. metmuseum. org/press/ news/2006/statement – by – the – metropolitan – museum – of – art – on – its – agreement – with – ital-

ian – ministry – of – culture.

138. The British Museum Compass, "Fragment of the Beard of the Great Sphinx", http: //www. bmimages. com/preview. asp? image = 00031296001.

139. "The 1970 UNESCO Convention – Guidance for Dealers and Auctioneers in Cultural Property", Department for Culture, Media and Sport, Cultural Property Unit, December 2003, http: // www. culture. gov. uk/images/publications/Guide Dealers Auction. pdf.

140. "Theresa May Vows to be 'One Nation' Prime Minister", *BBC News*, 13 July 2016, http: //www. bbc. com/news/uk – politics – 36788782.

141. The House of Commons Hansard Written Answers Text of 7 February 2000, http: //www. publications. parliament. uk/pa/cm199900/cmhansrd/vo000207/text/00 207w03. htm # 00207w03. html _ sbhd3.

142. "The Act to Implement the Hague Convention of 14 May 1954 for the Protection of Cultural Property in the Event of Armed Conflict", http: //www. kulturgutschutz – deutschland. de/EN/2_ Rechtsgrundlagen/Voelkerrecht/Haager% 20Konvention/Haager% 20Konvention _ node. html; jsessionid = 8E8D6020C7CEA6C52D29BA5BDEE AB98C. 2_ c*Id*322.

143. *The Art Newspaper*, May 12, 2015, accessed November 15, 2016, http: //theartnewspaper. com/news/news/france – china – restitution – exercise – backfires.

144. The International Foundation for Art Research (IFAR), Case Summary of Peru v. Johnson, http: //www. ifar. org/case_ summary. php? docid = 1179694754.

145. The International Foundation for Art Research (IFAR), Case Summary of United States v. An Antique Platter of Gold, http: //www. ifar. org/case_ summary. php? docid = 1184703034.

146. "The Case of the Contested Coins, A Modern – Day Battle over Ancient Objects", *The New York Times*, September 24, 1998, http: //www. nytimes. com/1998/09/24/business/the – case – of – the – contested – coins – a – modern – day – battle – over – ancient – objects. html.

147. Turkish Ministry of Culture and Tourism, "Elmali Sikkeleri", http: //www. kulturvarliklari. gov. tr/TR, 44948/elmali – sikkeleri. html.

148. The Getty, Hellenic Republic Ministry of Culture and the J. Paul Getty Trust Issue Joint Statement, August 22, 2006, http: //www. getty. edu/news/press/center/statement06_ getty_ greek_ joint_ release_ 082206. html.

149. The Getty, Ministry of Culture for the Hellenic Republic and J. Paul Getty Museum Sign Agreement Finalizing Return of Objects to Greece, February 7, 2007, http: //www. getty. edu/news/ press/center/getty_ greece_ wreath_ kore_ release0207 07. html.

150. The Getty, Hellenic Republic Ministry of Culture and the J. Paul Getty Trust Joint Statement, July 10, 2006, http: //www. getty. edu/news/press/center/statement 06 _ getty_ greekcultureministry. html.

151. The Getty, Hellenic Republic Ministry of Culture and the J. Paul Getty Trust Issue Joint

Statement, December 11, 2006, http：//www. getty. edu/news/press/center/statement06_ getty_ greek_ joint_ release_ 121106. html.

152. "The Second Meeting of States Parties to the 1970 Convention", http：//www. unesco. org/new/fileadmin/MULTIMEDIA/HQ/CLT/pdf/9_ Emergency_ Actions_ final_ ZH. pdf.

153. The Getty, J. Paul Getty Museum Announces Revised Acquisitions Policy, October 26, 2006, http：//www. getty. edu/news/press/center/revised_ acquisition_ policy_ release_ 102606. html.

154. The Getty, "J. Paul Getty Trust and the Hellenic Republic Ministry of Culture Sign Agreement Creating Framework for Cultural Cooperation", September 22, 2011, http：//news. getty. edu/article_ display. cfm? article_ Id = 5590.

155. The Metropolitan Museum of Art, "Metropolitan Museum and Egyptian Government Announce Initiative to Recognize Egypt's Title to 19 Objects Originally from Tutankhamun's Tomb", November 10, 2010, http：//metmuseum. org/press/news/2010/metropolitan – museum – and – egyptian – government – announce – initiative -- to – recognize – egypts – title – to – 19 – objects – originally – from – tutankhamuns – tomb.

156. The Contact Bureau on Looted Art is a center of expertise at the federal level to respond to all issues linked to looted art from the World War II era. See Federal Office of Culture FOC, "Looted Art", http：//www. bak. admin. ch/kulturerbe/04402/index. html? lang = en.

157. The Metropolitan Museum of Art, "Metropolitan Museum Acquires Important Group of Egyptian Vessels and Ornaments Excavated in 1913 – 14 at Haraga", October 8, 2014, http：//www. metmuseum. org/press/news/2014/egyptian – haraga.

158. The Metropolitan Museum of Art, "Metropolitan Museum of Art Returns a Granite Fragment to Egypt", October 28, 2009, http：//www. metmuseum. org/press/news/2009/metropolitan – museum – of – art – returns – a – granite – fragment – to – egypt.

159. The Metropolitan Museum of Art, "Metropolitan Museum of Art to Return Two Khmer Sculptures to Cambodia", New York, May 3, 2013, http：//www. metmuseum. org/press/news/2013/cambodian – returns.

160. The Christi's, "Christie's Celebrates Return of 10th Century Statues to Cambodia at Official Ceremony in Phnom Penh", June 3, 2014, http：//www. christies. com/about/press – center/releases/pressrelease. aspx? pressrelease*Id* = 7298.

161. The Cleveland Museum of Art, "Cleveland Museum of Art Returns Khmer Sculpture and Is Entering into an Agreement for Cultural Cooperation with Cambodia", May 11, 2015, http：//www. clevelandart. org/about/press/media – kit/cleveland – museum – art – returns – khmer – sculpture – and – entering – agreement – cultural – cooperation – cambodia.

162. The National Heritage Council is a Namibian Administrative Body Responsible for the Protection of Namibia's Natural and Cultural Heritage, National Heritage Council, http：//www. nhc – nam. org/ab_ aboutus. php.

163. Tullio Scovazzi, *The Return of the Axum Obelisk—The Recent Story of the Axum Obelisk*, http://www. unesco. org/culture/laws/pdf/abstract_ scovazzi. pdf.

164. "The Case Studies – Egyptian Artifacts and Cultural Heritage: Egypt and Great Britain", http://www1. american. edu/TED/mummy. htm.

165. The British Museum Compass, *Fragment of the Beard of the Great Sphinx*, http://www. bmimages. com/preview. asp? image = 00031296001.

166. "The Act to Implement the Hague Convention of 14 May 1954 for the Protection of Cultural Property in the Event of Armed Conflict", http://www. kulturgutschutz – deutschland. de/EN/2_ Rechtsgrundlagen/Voelkerrecht/Haager% 20Konvention/Haager% 20Konvention_ node. html; jsessionid = 8E8D6020C7CEA6C52D29BA5BD EEAB98C. 2_ cId322.

167. "The Act to Protect German Cultural Property against Remova", http://www. wipo. int/edocs/lexdocs/laws/en/de/de140en. pdf.

168. "The Act to Implement the Hague Convention of 14 May 1954 for the Protection of Cultural Property in the Event of Armed Conflict", http://www. kulturgutschutz – deutschland. de/EN/2_ Rechtsgrundlagen/Voelkerrecht/Haager% 20Konvention/Haager% 20Konvention _ node. html; jsessionId = 8E8D6020C7CEA6C52D29BA5BD EEAB98C. 2_ cid322.

169. "The Met Will Return a Pair of Statues to Cambodia", *The New York Times*, May 4, 2013, http://www. nytimes. com/2013/05/04/arts/design/the – met – to – return – statues – to – cambodia. html? pagewanted = all&_ r = 0.

170. UNESCO, "Important Khmer Statues Returned to Cambodia during Opening of World Heritage Meeting in Phnom Penh", June16, 2013, http://whc. unesco. org/en/news/1029/.

171. University of Pennsylvania Museum of Archaeology and Anthropology, " Penn Museum Strengthens Partnership with Turkey, Agrees to Indefinite Term Loan of Troy Gold", September 4, 2012, http://www. penn. museum/information/press – room/press – releases – research/771 – penn – museum – strengthens – partnership – with – turkey, – agrees – to – indefinite – term – loan – of – troy – gold.

172. "Van Goh Museum", https://www. vangoghmuseum. nl/en.

173. Working Group on Human Remains Report, 14 November 2003, http://www. museumsbund. de/fileadmin/geschaefts/dokumente/Leitfaeden _ und _ anderes/DCMS_ Working_ Group_ Report_ 2003. pdf.

174. "Yale Returns Final Machu Picchu Artifacts", *Yale Daily News*, November 12, 2012, http://yaledailynews. com/blog/2012/11/12/yale – returns – final – machu – picchu – artifacts.

175. "Yale to Return Artifacts to Peru", *Yale Daily News*, November 29, 2010, http://yaledailynews. com/blog/2010/11/29/yale – to – return – artifacts – to – peru.

二、中文文献

（一）中文著作

1. 白红平：《非法流失文物追索中的法律冲突及中国的选择》，法律出版社 2014 年版。

2. 陈峰君、王传剑：《亚太大国与朝鲜半岛》，北京大学出版社 2002 年版。

3. 陈朝璧：《罗马法原理》，法律出版社 2006 年版。

4. 国家文物局编：《中华人民共和国文物博物馆事业纪事（1949－1999）》，文物出版社 2002 年版。

5. 黄松有：《〈中华人民共和国物权法〉条文理解与适用》，人民法院出版社 2007 年版。

6. 韩大元、林来梵、郑贤君：《宪法学专题研究》，中国人民大学出版社 2004 年版。

7. 黄玹：《梅泉野录》，韩国国史编纂委员会 1955 年版。

8. 何勤华主编：《德国法律发达史》，法律出版社 2000 年版。

9. 霍政欣：《追索海外流失文物的法律问题》，中国政法大学出版社 2013 年版。

10. 霍政欣：《1970 年 UNESCO 公约研究：文本、实施与改革》，中国政法大学出版社 2015 年版。

11. 龙卫球：《民法总论》（第 2 版），中国法制出版社 2002 年版。

12. 李浩培：《条约法概论》，法律出版社 2003 年版。

13. 李能和：《朝鲜基督教及外交史》（下卷），彰文社 1928 年版。

14. 李泰镇、白忠铉：《外奎章阁图书：问题在哪儿？》，首尔大学出版社 1999 年版。

15. 李响：《美国民事诉讼法的制度、案例与材料》，中国政法大学出版社 2006 年版。

16. 马俊驹、余延满：《民法原论》（第 4 版），法律出版社 2010 年版。

17. 钱明星：《物权法原理》，北京大学出版社 1994 年版。

18. 史尚宽：《物权法论》，中国政法大学出版社 2000 年版。

19. 佟柔主编：《中国民法》，法律出版社 1990 年版。

20. 王立梅：《挚爱与奉献：我所参与的中国文物对外交流》，文物出版社 2008 年版。

21. 黄进主编：《国际私法》（第 2 版），法律出版社 2004 年版。

22. 王泽鉴：《民法总论》，中国政法大学出版社 2001 年版。

23. 万鄂湘主编：《国际法与国内法关系研究：以国际法在国内的适用为视角》，北京大学出版社 2011 年版。

24. 吴树：《谁在收藏中国》，山西人民出版社 2008 年版。

25. 王明珂：《华夏边缘：历史记忆与族群认同》，浙江人民出版社 2013 年版。

26. 吴树：《谁在拍卖中国》，山西人民出版社 2010 年版。

27. 谢辰生、顾廷龙主编：《中国甲午以后流入日本之文物目录》，中西书局 2012 年版。

28. 薛波主编：《元照英美法词典》，法律出版社 2003 年版。

29. 谢在全：《民法物权论》，中国政法大学出版社 1999 年版。

30. 徐小虎：《被遗忘的真迹：吴镇书画重鉴》（第 1 册），广西师范大学出版社 2012 年版。

31. 中国第二历史档案馆档案:《中国战时文物损失数量及估价总目》,全5（2）,卷913。

32. 张卫平主编:《外国民事证据制度研究》,清华大学出版社2003年版。

33. 中国民族民间文化保护工程领导小组办公室编:《中国民族民间文化保护工程试工作会议参考资料》(一),2003年版。

（二）中文译著

1. ［朝］朝鲜民主主义人民共和国科学院历史研究所编:《朝鲜通史》（下卷）,吉林省哲学社会科学研究所译,吉林人民出版社1975年版。

2. ［德］W. G. 魏智通主编:《国际法》,吴越、毛晓飞译,法律出版社2002年版。

3. ［德］卡尔·拉伦茨:《德国民法通论》,王晓晔等译,法律出版社2003年版。

4. ［法］布隆戴尔:《1860年征战中国记》,赵珊珊译,中西书局2011年版。

5. ［韩］文化财管理局编:《日本的文化财保护实务》（内部资料）,1988年版。

6. ［韩］文化公报部编:《法兰西的文化政策》（内部资料）,2003年版。

7. ［韩］文化体育部、文化财管理局编:《外国文化财保护法令集》（内部资料）,1993年版。

8. ［美］塞缪尔·亨廷顿:《文明的冲突与世界秩序的重建》,周琪等译,新华出版社2002年版。

9. ［美］菲利普·李·拉尔夫等:《世界文明史》,赵丰等译,商务印书馆2001年版。

10. ［美］斯塔夫里阿诺斯:《全球通史》,吴象婴、梁赤民译,上海社会科学院出版社1999年版。

11. ［美］莎明·韦克斯曼:《流失国宝争夺战》,王若星、朱子昊译,浙江大学出版社2014年版。

12. ［美］马丁·坎普:《牛津西方艺术史》,余君珉译,外语教学与研究出版社2009年版。

13. ［美］史蒂文·L. 伊曼纽尔:《刑法》（英文版）,中信出版社2003年版。

14. ［美］弗里德里希·K. 荣格:《法律选择与涉外司法》,霍政欣、徐妮娜译,北京大学出版社2007年版。

15. ［美］费尔南德兹·阿迈斯托:《世界:一部历史》（第2版）,钱乘旦审读,北京大学出版社2010年版。

16. ［日］文化厅编:《我国的文化与文化行政》,行政株式会社昭和63年版。

17. ［日］我妻荣:《日本物权法》,有桌亨修订,岩波书店1983年版。

18. ［日］田山辉明:《物权法:民法要义2》,成文堂2012年版。

19. ［日］我妻荣:《我妻荣民法讲义——新订物权法》,罗丽译,中国法制出版社2008年版。

20. ［日］西田典之:《日本刑法各论》,刘明祥、王昭武译,武汉大学出版社2005年版。

21. ［日］我妻荣:《我妻荣民法讲义——新订民法总则》,于敏译,中国法制出版社2008年版。

22. ［英］詹宁斯、瓦茨:《奥本海国际法》,王铁崖等译,中国大百科全书出版社1998年版。

23. ［英］安托尼·奥斯特:《现代条约法与实践》,江国青译,中国人民大学出版社2005

年版。

（三）外国法典中文译本

1.《法国民法典》，罗结珍译，北京大学出版社 2010 年版。

2.《法国新民事诉讼法典》（附判例解释），罗结珍译，法律出版社 2008 年版。

3.《意大利民法典》，费安玲等译，中国政法大学出版社 2004 年版。

4.《德国民法典》（第 2 版），陈卫佐译，法律出版社 2006 年版。

5.《德国刑法典》，徐久生、庄敬华译，中国方正出版社 2002 年版。

6.《日本刑法典》，张明楷译，法律出版社 2006 年版。

7.《最新日本民法》，渠涛编译，法律出版社 2006 年版。

（四）中文论文

1. 白红平、李源：《非法流失文物追索中的法律冲突及中国的选择》，载《山西大学学报（哲学社会科学版）》2012 年 9 月，第 35 卷第 5 期。

2. 柴萼：《庚新记事》，载《中国近代史资料丛刊》（第 1 册），上海人民出版社 2000 年版。

3. 曹兵武：《中国索还走私文物案例》，载《国际博物馆（全球中文版）》2009 年第 1、2 期。

4. 戴雄：《抗战时期中国文物损失概况》，载《民国档案》2003 年第 2 期。

5. 杜涛：《境外诉讼追索海外流失文物的冲突法问题——伊朗政府诉巴拉卡特美术馆案及其启示》，载《比较法研究》2009 年第 2 期。

6. 顾军：《法国文化遗产保护运动的理论与实践》，载《江西社会科学》2005 年第 3 期。

7. 高升：《欧盟立法中货物自由流通与文物保护的冲突与协调》，载《法治论丛》2008 年第 6 期。

8. 高升、李广：《欧盟关于文物返还与合作立法的新发展》，载《上海政法学院学报（法治论丛）》2015 年 9 月，第 30 卷第 5 期。

9. 高升：《国际法视野下中国追索非法流失文物的策略研究》，载《湖南科技大学学报》2008 年第 6 期。

10. 黄风：《论对犯罪收益的民事没收》，载《法学家》2009 年第 4 期。

11. 黄风、马曼：《从丹麦返还文物案谈境外追索文物的法律问题》，载《法学》2008 年第 8 期。

12. 黄培昭：《埃及倾力追回流失文物》，载《人民日报》2009 年 10 月 14 日。

13. 霍政欣：《日本侵华期间劫掠文物的返还问题》，载《中国文物报》2015 年 6 月 2 日。

14. 霍政欣：《追索海外流失文物的国际私法问题》，载《华东政法大学学报》2015 年第 2 期。

15. 霍政欣：《追索海外流失文物的法律问题探究——以国际私法与比较法为视角》，载《武大国际法评论》第 12 卷，武汉大学出版社 2010 年版。

16. 韩文琦：《抗战时期日本侵占中国文物论述》，载《南京政治学院学报》2012 年第 5

期。

17. 韩国外交部编：《韩法关系资料（丙寅洋扰)》，载《教会史研究》1979 年版。

18. ［日］户江波二：《〈公民权利和政治权利国际公约〉第 19 条在日本国内的实施》，载《国际法与比较法评论》第 1 卷，北京大学出版社 2000 年版。

19. 金铮：《国际条约在英国国内法解释中的作用》，载《法制与社会》2006 年第 8 期。

20. 蒋晶晶：《透视故宫展品被盗案看博物馆安防现状》，载《青年与社会》2013 年第 14 期。

21. 柯立业：《博物馆治理迈向自主化的趋势：以法国为例》，赖怡妆译，载《博物馆学季刊》2008 年第 22 期。

22. 康纳利·约翰：《霍皮族社会组织》，载《北美印第安人手册》，史密森学会 1979 年版。

23. 刘建锋：《日本民法典的百年历史》，载《日本问题研究》，2003 年 6 月。

24. 李玉雪：《文物返还问题的法律思考》，载《中国法学》2005 年第 6 期。

25. 李兆杰：《条约在我国国内法效力若干问题之探讨》，载《中国国际法年刊》，法律出版社 1993 年版。

26. 刘宝全：《壬辰倭乱时期的朝鲜〈朝天录〉研究》，载《社会科学战线》2011 年第 2 期。

27. 刘艺：《公物法中的物、财产、产权——从德法公物法之客体差异谈起》，载《浙江学刊》2010 年第 2 期。

28. 潘深亮：《中国文物流失经历的浪潮》，载《科学之友》2009 年第 5 期。

29. 彭蕾：《英国文物返还事务处理机构工作评析：标准及其实践》，载《沈阳工业大学学报（社会科学版）》2015 年第 3 期。

30. 钱榆圭、李起陵：《尼日利亚》，载《西亚非洲》1983 年第 3 期。

31. 王云霞：《从纳粹掠夺艺术品的返还看日掠文物返还可行性》，载《政法论丛》2015 年第 4 期。

32. 吴光升：《美国民事没收的无辜所有者抗辩：历史、现状与启示》，载《法治研究》2015 年第 4 期。

33. 王仙波：《文物保护执法应注意的六种关系》，载《中国文物科学研究》2009 年第 1 期。

34. 汪喆：《中国文物的流失与回归问题研究》，中国科学技术大学 2010 年博士学位论文。

35. 王玉苹：《谈善意取得与物权行为无因性原则的功能互补》，载《政法学刊》2009 年 10 月，第 26 卷第 5 期。

36. 谢小铨：《子龙鼎归国始末》，载《中国历史文物》2006 年第 5 期。

37. 幸时代：《营州叛党的东逃与大祚荣东逃建国》，载《西北民族大学学报（哲学社会科学版）》2015 年第 4 期。

38. 杨潇：《中国文物流失链调查》，载《南方人物周刊》2009 年第 11 期。

39. 尹田：《法国物权法上动产的即时取得制度》，载《现代法学》1997 年第 1 期。

40. 于佳佳：《论盗窃罪的边界》，载《中外法学》2008 年第 6 期。

41. 钟鸣：《打击文化财产非法贩运的美国经验及中国启示》，载《当代法学》2016 年第 3 期。

42. 曾大鹏：《商法上的善意取得制度研究——比较法的启示与中国法的完善》，载《时代法学》2011 年第 5 期。

43. 郑成思、黄晖：《法国民法典中的财产权概念与我国立法的选择》，载《知识产权》2002 年第 3 期。

44. 赵云川：《日本文化遗产保护法的滥觞和步履》，载《装饰》2011 年第 4 期。

45.《中国失窃的战国铜敦从美国回到祖国》，载宋继朝主编：《中国年鉴》，中国年鉴出版社 1989 年版。

46.《追索唐贞顺皇后陵墓（敬陵）被盗石椁回归》，载吴晓丛主编：《陕西文物年鉴》，陕西人民出版社 2010 年版。

（五）中国法律法规

1.《博物馆条例》（2015 年）。

2.《国有公益性收藏单位进口藏品免税暂行规定》（2009 年）。

3.《公益事业捐赠法》（1999 年）。

4.《关于公益性捐赠税前扣除有关问题的通知》（2008 年）。

5.《关于公益性捐赠税前扣除有关问题的补充通知》（2010 年）。

6.《中华人民共和国文物保护法》（2013 年）。

7.《中华人民共和国文物保护法实施条例》（2007 年）。

8.《中华人民共和国民法通则》（2009 年）。

9.《中华人民共和国民事诉讼法》（2012 年）。

10.《中华人民共和国物权法》（2007 年）。

11.《中华人民共和国海关法》（2013 年）。

12.《中华人民共和国海关稽查条例》（1997 年）。

13.《中华人民共和国企业所得税法》（2008 年）。

14.《中华人民共和国个人所得税法实施条例》（2011 年）。

（六）中文报刊

1.《北魏石刻菩萨造像追索记》，载《检察日报》2008 年 1 月 18 日。

2. 程帅朋：《埃及众多文物追回有赖多个部门合作》，载《新华每日电讯》2015 年 3 月 31 日。

3. 胡杰：《国宝唐贞顺皇后石椁回归始末》，载《人民公安报》2010 年 6 月 18 日。

4.《柬埔寨建专家团队收集文物被盗证据》，载《新华每日电讯》2015 年 3 月 31 日。

5. 廖翔：《两年前非法流失到丹麦，156 件文物今天运送回国》，载《人民日报》2008 年 4 月 10 日。

6. 鲁博林：《摸清中国海外文物的"底"》，载《光明日报》2015 年 4 月 8 日。

7. 刘琼：《追索流失的国宝，守住今天的国门》，载《人民日报》2009 年 3 月 6 日。

8. 龙军：《"方罍之王"即还桑梓》，载《光明日报》2014 年 3 月 21 日。

9. 李佳彬：《澳大利亚归还中国一尊清代观音像》，载《光明日报》2015 年 3 月 8 日。

10.《秘鲁追索流失文物列入外交优先项目》，载《新华每日电讯》2015 年 3 月 31 日。

11. 马继东：《五年两亿五千万——海外重点珍贵文物回流工程今年"收官"》，载《文汇报》2007 年 1 月 9 日。

12. 全国"两会"专题报道组：《单霁翔委员就"圆明园兽首文物拍卖"事件答本报记者问》，载《中国文物报》2009 年 3 月 11 日。

13. 屈菡：《中国政府不会购买非法盗掘走私出境的中国文物》，载《中国文化报》2010 年 3 月 15 日。

14.《切实加大文物保护力度，推进文物合理适度利用，努力走出一条符合国情的文物保护利用之路》，载《人民日报》2016 年 4 月 13 日。

15. 齐欣：《战国古铜敦失窃以后》，载《人民日报》1988 年 12 月 13 日。

16. 宋轩：《各国追索海外文物不遗余力》，载《解放军报》2009 年 2 月 28 日。

17.《土耳其强势追讨历史文物》，载《人民日报》2012 年 6 月 4 日。

18. 吴辉：《从〈遗产法典〉看"法国的博物馆"》，载《中国文物报》2014 年 7 月 22 日。

19. 杨雪梅：《熠熠国之宝，漫漫回家路》，载《人民日报》2015 年 7 月 15 日。

20. 郑博超：《北魏石刻菩萨造像追索记》，载《检察日报》2008 年 1 月 18 日。

21.《"章公祖师像属阳春村"证据确凿》，载《人民日报（海外版）》2015 年 12 月 8 日。

22.《中国文物流失日本调查：日本有计划地掠夺中国文物》，载《国际先驱导报》，2011 年 1 月 11 日。

23.《中国首次主导制定文物返还国际规则，破解追索海外流失文物难题》，载《中国社会科学报》2014 年 9 月 15 日。

后 记

　　自 20 世纪下半叶以来，尤其是近三十年来，随着国际政治、经济格局的改变与国际法律环境的演进，在文物流失国的不懈努力下，出现了越来越多成功索回文物的案例。从国别来看，这些案例主要发生在作为文物市场国（流入目的国）的欧美国家，尤其是美国、英国、德国与法国等，并呈现逐渐扩展之势；从成功索回的途径来看，既有诉讼，也有捐赠、购买、协商与谈判、仲裁以及第三方斡旋等，文物归属纠纷的多元化解决机制初见端倪。

　　对这些文物追索案例进行系统梳理与深入研究意义重大，刻不容缓。首先，与其他文物流失国一样，中国流失到境外的文物亦主要集中在欧美文物市场国。对这些国家现有的返还文物案例进行分析与研究，不仅可以了解这些国家在该领域的立法与司法实践，还可以掌握这些国家面对外国提出文物返还请求时其相关政府部门的运作机制。这是我国研判在文物市场国追索文物时应采取的途径以及制定系统性的文物追索战略的基础。

　　其次，对这些文物返还案例进行分国别、分途径的归类研究，有助于我国今后处理文物追索个案时视文物所在国的具体国别与具体案情制订有针对性的追索策略与工作方案。尤需强调，由于英、美两大文物市场国均为普通法系国家，依据"因循先例"（*stare decisis*）原则，既有判例对其司法机关未来处理类似的文物归属纠纷具有约束力，对这两个国家的文物返还案例进行梳理研究的重要性因而自不待言。

　　最后，这一研究有助于我国向其他文物流出国汲取成功经验、殷鉴失败教训，有利于我国以更加有力、有效的方式推进文物追索工作。此外，对其他文物流失国追索文物展开实证分析也有助于我国在充分了解其文物追索实践的基础上加强与这些国家的合作与交流，共同推动该领域国际法律秩序的改革与完善，从而为文物追索创造更加公平、正义的国际法律环境。

　　鉴此，本书以欧美主要文物市场国的文物返还案例为研究对象，以在特定国家追索流失文物时可能遇到的各项法律与政策问题为导向，综合运用国际法、民商法、刑法、行政法等法学学科与国际关系学、统计学、社会学、考古学等其他学科的研究方法，以个案研究与比较分析为主要手段，对近三十年来具有典型意义的文物返还案例展开系统的梳理研究，并在此基础上提出我国在各相关国家追索文物的策略，以期为我国的文物追索工作提供理论与策略建议。

综合考量相关国家文物返还案例的数量、代表性、重要性及其与中国文物追索工作的相关度，本书选取美国、英国、德国、法国、日本这五个国家的案例作为主要研究对象，分别单设一章展开研究；此外，再设一章，将瑞士、荷兰、意大利等其他欧洲国家的文物返还案例集合在一章内进行解析。

细言之，每章的体例如下：在对主要文物市场国文物返还的案例展开研究之前，各章先辟一节对各国文物返还涉及的法律进行系统归纳。由于文物返还不仅涉及刑法、行政法等公法，还涉及民法、商法等私法，故介绍各国法律时，这一节通常依法律的性质分别做出梳理与研究。在对各国文物返还案例进行研究时，为便于决策者及读者理解，我们依据文物返还途径的不同分设两节进行解析：第一节是司法途径返还的案例；第二节是司法外途径返还的案例。第一节分析通过在文物市场国提起跨国诉讼实现文物返还的案例；第二节剖析通过谈判与协商、第三方斡旋、捐赠、购买等非司法途径实现文物返还的案例。当然，由于部分文物返还案例综合使用了司法与非司法途径，所以上述区分并非绝对。对于综合使用多种方法实现文物返还的案例，通常依其起关键作用的途径将之归类。本来，在对各国立法与案例进行系统分析后，各章最后一节会提出我国在相关各国追索文物的路径、策略与建议，以揭示研究目的。需要指出的是，在出版成书之际，出于可理解的原因，我们忍痛删除了各章这一部分。

本书的重要之处还在于专辟一章专门对中国流失海外文物的回归做了系统梳理与展望。自中华人民共和国成立以来，尤其是近二十年来，在各界的共同努力下，已有相当数量的流失文物顺利回家。系统梳理与总结这些案例对于我国下一步制定系统性的文物追索战略无疑是极其重要的。

特别需要强调的是，在进入 21 世纪第二个十年的当下，如何在我国对外开放深入发展与快速崛起的大格局下建立起一套符合国家整体利益的、兼具系统性与前瞻性的文物追索战略与策略，是我国文物追索工作的重中之重。为此，本书最后一章系统考察了我国促成海外流失文物回归的法律依据，科学分析新中国成立以来文物回归的成功案例。通过回顾历史，把握发展脉络，并在此基础上对文物追索做出积极务实的展望，俾资决策者与研究者参考。

在研究与写作的过程中，我们对中国文物返还的资料进行了较为完整的数据采集与材料收集。为完整反映我国文物追索的工作现状，本书附录以中国文物返还的案例总表与案例汇编的形式将这些资料呈现给读者。

本书的具体分工如下：我负责本书的整体规划、各章节的安排、导言的撰写，指导其他两位撰稿人的研究并与刘浩一起撰写了第二章至第六章；余萌负责第一章、第七章与附录的撰写；刘浩负责第二章至第六章的资料整理与初稿撰写。书稿完成后，我对各章节提出了修改意见，并与两位撰稿人反复讨论；经过三轮修改后，我又逐字逐句地修订了全书文稿，才最终定稿。

《后汉书·马援传》有云："良工不示人以璞。"我本当如此。但鉴于对跨国文物追索的案例进行梳理与研究已刻不容缓，同时也希望借助本书向方家求教并唤起更多人关注文物追索的工作，故不揣浅陋，组织撰写本书并推动其出版。

最后，需要指出，本书的写作与出版得到诸多单位的帮助与支持。我尤其要向国家文物局社会文物处以及国家领土主权与海洋权益协同创新中心致以谢意，倘无各方的大力支持，本书不可能如此顺利地面世。

霍政欣
丁酉年夏于北京海淀